붓과 칼 사이의 질서 - 조선의 무관 제도사

붓과 칼 사이의 질서-조선의 무관 제도사

초판 1쇄 인쇄 2025년 6월 10일
초판 1쇄 발행 2025년 6월 10일

지 은 이 정해은
발 행 인 박종서
발 행 처 도서출판 역사산책
출판등록 2018년 4월 2일 제2018-60호
주 소 (10477) 경기도 고양시 덕양구 은빛로 39, 401호
(화정동, 세은빌딩)
전 화 031-969-2004
팩 스 031-969-2070
이 메 일 historywalk2018@daum.net
페이스북 https://www.facebook.com/historywalkpub/

ISBN 979-11-90429-36-8

값 30,000원

"이 저서는 2019년 대한민국 교육부와 한국학중앙연구원(한국학진흥사업단)의 한국학 총서사업의 지원을 받아 수행된 연구임(AKS-2019-KSS-1130018)"

붓과 칼 사이의 질서

조선의 무관 제도사

정해은 지음

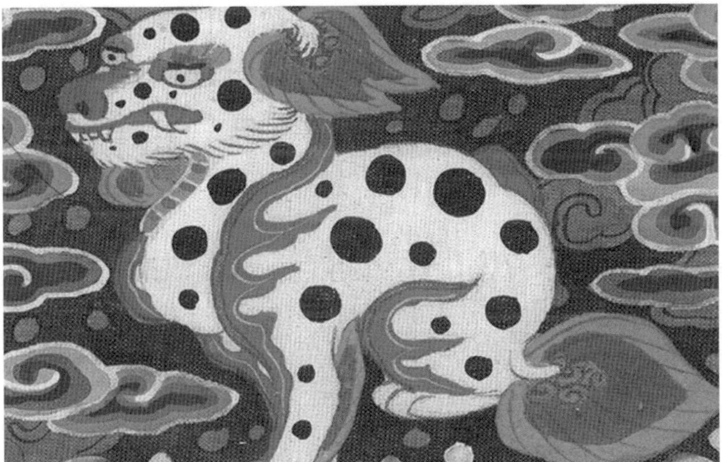

역사산책

차 례

표 목 차

부표 목차

들어가는 말

조선 후기 무관직, 그 의미를 묻다

이 책은 조선 후기 무관직 제도를 체계적으로 분석하고 종합한 연구 결과물이다. 최근 역사학 방법론이 다양해지면서 연구 주제와 관점도 빠르게 전환되고 있다. 이런 흐름 속에서 제도사를 다룬다는 것이 자칫 최신 경향에 뒤떨어진 이야기로 들릴 수 있다.

그러나 역사 속에서 제도는 변화와 연속성에 접근하는 출발점이자, 한 사회의 기본 틀을 형성하며 권력 분배와 자원 배분, 사람 사이의 관계를 규정하는 핵심 요소라 할 수 있다.

예를 들어, 조선시대 서반관계西班官階에 2품 이상의 고위 품계를 두지 않은 점, 국왕을 직접 대면하는 사은숙배謝恩肅拜와 윤대輪對에 문관은 1품부터 9품까지 전부 참여할 수 있었던 반면 무관은 4품 이상만 참여하도록 규정한 제도는 양반 관료 사회에서 무관이 처한 차별의 현실을 선명하게 보여준다.

따라서 제도에 대한 탐구는 단순히 과거 사실을 밝히는 것을 넘어, 사회의 조직 원리나 작동 방식을 깊이 이해하는 길잡이이자 역사 속 개인과 집단의 경험을 입체적으로 접근하는 창구가 된다. 이러한 측면에서 조선 후기 무관직 제도에 주목해야 하는 이유 역시 무관의 실질적인 존재 양태를 밝히고, 이를 바탕으로 양반 관료 사회의 본질에 한층 더 가까이 다가갈 수 있기 때문이다.

왜 무관직 연구인가?

조선시대사 연구자들이 사용하는 용어 중에는 종종 그 의미가 한쪽으로 치우친 경우가 적지 않다. 예를 들어, '양반' 연구라 하면서 대체로 문관에 초점이 맞춰져 있고, '과거科擧' 연구를 표방하면서 실상은 문과文科에 국한되어 있다.

이처럼 '양반=문관', '과거=문과'라는 암묵적 등식은 현재 조선시대사 연구에서 사실상 관행처럼 통용되고 있으며, 이러한 고정관념을 변화하지 않은 채 조선 사회를 다각도로 접근하는 것은 한계가 있을 수밖에 없다.

조선 후기 무관직은 '군영아문軍營衙門'의 존재에도 불구하고 그동안 학계에서 저평가 되어왔다. 조선시대 양반 연구가 주로 정치사적 접근이 강조되면서, 정치권력에서 배제된 무관은 연구의 중심에 설 자리가 많지 않았다. 기존 양반 제도 연구가 권력의 향방에 영향을 미친 문관 청요직을 중심으로 운용의 주체나 독점 양상 등을 탐구하는 데 집중한 결과, 권력과의 연계가 높지 않은 무관직의 경우 군영대장 외에는 관심의 대상이 되지 못했다. 심지어 무관직을 주제로 한 연구조차 그 논의의 중심에는 왕권이나 문관이 자리하는 경향성을 띠어왔다.

이 책은 이러한 문제의식에서 출발하여 조선 후기 무관직 제도를 독자적으로 파헤쳤다. 연구 목표는 단순하면서도 명확하다. 바로 조선 후기 무관직에 대한 이해의 지평을 넓히는 것이다. 조선 후기 무관직이 총 몇 자리인지, 무관과 군직은 어떻게 구별되는지, 서반 체아직은 어떻게 운영되었는지, 법전과 편년 자료에서 자주 등장하는 '변장邊將 제수'의 실상은 무엇인지 등 무관직에 대한 의문들이 여전히 적절한 답변을 찾지 못한 채 옹색한 형편임을 누구나 쉽게 공감할 것이다.

또한, 무관직은 조선왕조실록이나 『승정원일기』와 같은 편년 사료를 비롯하여, 법전, 문집, 일기, 고문서, 족보 등 다양한 자료 속에서 자주 등장하지만 그 성격이나 역할은 여전히 불분명하다. 도총관都摠管, 동지중추부사同知中樞府事, 오위장五衛將, 부장部將, 선전관宣傳官, 수문장守門將, 훈련원 주부, 내승內乘 등은 비교적 익숙한 직책이지만, 이들의 실제 직무는 분명하지 않다. 특히 군영아문 소속의 천총千摠, 파총把摠 등을 비롯해 첨사僉使·만호萬戶·권관權管 등 변장으로 불린 무관직의 전체적인 규모나 역할은 아직도 명확히 밝혀지지 않았다.

무관직에 대한 이해 부족은 잘못된 해석으로 이어지기도 한다. 중추부의 관직을 겸직으로 파악하거나, 오위장을 명예직 정도로 간주한다. 선천宣薦 제도는 선전관 임명을 위한 의망擬望과 혼동되기도 하며, 지구관知彀官은 '구彀' 자 인해 활과 관련된 장교將校로 잘못 이해되기도 한다. 심지어 서반관계인 절충장군折衝將軍(정3품 당상)이나 어모장군禦侮將軍(정3품 당하)을 무관직으로 오해하는 경우도 있다.

무엇보다도 조선 후기는 오군영五軍營으로 대표되는 군영아문의 등장으로 무관의 입장에서 중대한 전환점을 맞이한 시대였다. 군영아문의 성립으로 이전과 다른 군사 체제가 구축되면서 구성원들의 존재도 달라졌으나, 문관 중심의 전통적인 연구 주제에 밀려 충분한 조명을 받지 못하고 있다.

조선시대 서반직은 『경국대전』을 기준으로 3,828자리였으나, 『속대전』에서는 2,778자리로 감소했다. 이전에 비해 1,050자리가 줄었기 때문에 무관직이 대폭 감소한 것처럼 보이지만, 『속대전』 「군영아문」 조에 실린 장교 인원이 3,165명에 달한다. 장교는 품계를 띤 무관직은 아니지만, 이들은 우수한 업무 성과나 장기 근무, 각종 시재試才에서 우수한 성적을 거두면 변장으로 나갈 기회를 얻었다.

대표적인 사례로, 1734년(영조 10) 평안도 청강淸江 동첨절제사로 임명된 김준휘金俊輝는 훈련도감 군병에서 시작하여 기패관旗牌官, 만호, 지구관, 경상도 서생포西生浦 첨사(수군), 지구관으로 근무한 뒤 청강 첨사에 임명되었던 것이다. 그는 첨사를 마친 뒤 다시 지구관으로 복귀했고, 이후 다시 첨사로 나가는 과정을 반복했다.

이는 장교가 변장의 모집단 역할을 했음을 보여주는 사례로, 변장에 대한 이해는 장교에 대한 탐구가 선행되어야 하며, 장교의 존재 양태는 이러한 무관직 제도 속에서 설명되어야 함을 말해준다. 그러나 선행 연구에서 오군영은 주로 정치사적 관점에서 국왕의 국정 운영, 정치 세력 간의 역학 관계, 군권의 향방, 군영대장의 출신 성분 등에 초점을 맞추어 논의되었다. 반면, 군영 아문과 함께 등장한 무관직과 장교직이 갖는 군사사 및 사회사적 의미나 그 속의 다양한 인적 구성원에 대해서는 오랫동안 관심을 두지 않았다.

따라서 조선 후기 무관직 연구는 그동안 주목받지 못한 다양한 계층으로까지 역사적 시야를 확장하는 단서가 된다. 곧, 조선 후기 무관직 제도를 연구하는 것은 양반 관료 사회의 한 축을 담당한 무관에 대한 이해를 풍부하게 해주는 동시에 조선 사회의 다층적 구조를 제대로 드러낼 열쇠가 될 것이다.

무관직 연구, 어디까지 왔나?

조선시대 무관직 연구는 대체로 오위와 오군영, 진관체제鎭管體制와 속오군束伍軍 등 군제와의 관련 속에서 진행되었으며, 최근에는 무관직 자체에 대한 관심도 높아지는 추세다. 중앙 무관직 연구는 군영 대장과 선전관, 체아직을 중심으로 이뤄졌으며, 지방 무관직 연구는 절도사節度使, 영장營將, 첨사, 만호에 대한 관심이 높으며, 특히 수군진 관련 연구가 활발한 편이다.[1]

먼저 조선 전기 무관직 연구의 초기 성과로는 차문섭, 이재룡, 민현구, 오종록의 연구가 주목된다. 이들은 1960~1980년대 무관직 연구를 주도했으며, 조선 전기 무관직들이 대부분 후기까지 이어졌다는 점에서 무관직의 변화 과정을 살필 수 있는 기반을 마련했다.

차문섭은 내금위, 충의위 · 충찬위 · 충순위 등 특수 군종과 조선 후기의 영장, 병마방어영 등의 연구를 통해 무관직 연구의 토대를 마련했다(차문섭, 1964; 1967; 1973(저)). 이재룡은 조선 초기 서반 체아직에 대한 기초 이해를 정립했으며(이재룡, 1967; 1984(저)), 민현구는 오위의 성립과 중추부, 오위도총부, 훈련원 소속 무관직을 체계적으로 정리했다(민현구, 1983(저)). 오종록은 조선 초기 병마절도사 및 첨사 · 만호 · 권관의 존재를 규명하며 지방 무관직 연구를 개척했다(오종록, 1985; 1989; 2014(저)). 이성무는 조선 전기 서반직 규모를 최초로 수치화하여 서반직에 대한 기초 자료를 제공했다(이성무, 1980(저)).

1990년대에는 박홍갑이 선전관과 부장 등 서반 청요직의 존재를 규명해 주목받았다(박홍갑, 1990; 1994(저)). 2000년대 이후로는 연구가 더욱

---

1 무관직 연구 성과에 대한 상세 정보는 참고문헌에 제시했으며, 여기서는 논문의 저자와 연도만을 밝혔다. 저서와 박사논문의 경우 '저' 자를 덧붙여 논문과 구분했다.

확장되었다. 첫째, 훈련원이 주목받아 훈련원의 성립과 운영, 무학 기관으로서의 특징, 습독관과 권지權知 역할에 대한 연구가 진척되었다(박홍갑, 2001; 2002; 류정민, 2022); 정다함, 2003). 둘째, 오위제 관련 무관직 연구가 활발해져 태조~성종 연간 오위직에 대한 체계적 분석(김웅호, 2023(저))과 함께 오위도총부(이재훈, 2000)와 서반 체아직(신유야, 2013(저); 2015; 2022)에 대한 심층 분석이 이뤄졌다. 셋째, 지방 무관직 연구는 첨사와 만호를 중심으로 진행되어 방답 첨사의 역할(변동명, 2007), 만포 첨사의 당상관 파견과 문관 전환 과정(김순남, 2010), 성종 대 만호의 성분과 위상 분석(김주호, 2019) 등이 성과를 거뒀다. 이외에도 조선 전기 무관직의 전체 구조를 밝힌 연구도 주목된다(한충희, 2008(저)).

다음으로, 조선 후기 무관직 연구는 1980년대부터 본격화되었다. 특히 조선 후기 군영을 정치사적 관점에서 새롭게 접근한 이태진의 연구는 이후 군영 및 군영 대장 연구에 지대한 영향을 미쳤다(이태진, 1985(저)). 먼저 조선 후기 중앙 무관직 연구 경향은 대체로 세 가지로 나눠볼 수 있다.

첫째, 별군직, 선전관, 선천 등 서반 청요직 연구가 진척되었다. 이 가운데 별군직 연구는 조선 후기 무관직 연구를 개척했다는 의의를 지니는데, 별군직의 성립과 역할, 정조 대 이후 요직 독점 과정이 규명되었다(장필기, 1989). 또한 『선전관청천안宣傳官廳薦案』 분석을 통해 선천이 서울 거주자 중심으로 운영되며 서반 초사직의 기능을 했음이 드러났고(정해은, 2001), 선전관 출신 집안이 군영 대장을 독점한 양상도 확인되었다(장필기, 2001). 아울러 선전관청의 면신례 관행도 주목받았다(윤진영, 2014; 박홍갑, 2000).

둘째, 군영아문 소속 무관직 연구가 활발한 편이다. 훈련도감의 편제와 관직 구성이 체계적으로 분석되었으며(김종수, 2003(저); 2018(저)), 어영청·총융청·호위청·용호영 소속 장관將官과 장교의 규모도 개략적으로 밝혀졌다(최효식, 1981; 1995(저)). 또한 포도대장 연구를 통해 오군영 성립 이후 포도대장 인사가 정치 세력과 밀접히 연관되었음이 확인되었다(차인배, 2013).

군영 대장 연구는 이태진 연구 이후 심화되었다. 정조 연간 무반 출신 군영 대장의 등장과 그 영향력(배우성, 1991), 무반 벌족 집안의 형성과 세습·통혼을 통한 지위 강화(장필기, 2004(저)), 18세기 이후 군영 대장의 임기 단축과 19세기 훈련대장의 문반계 척신 대체 현상(방범석, 2021; 2022) 등이 주요 성과로 꼽힌다.

셋째, 무관 노상추盧尙樞(1746~1829)가 쓴 일기의 발굴로 무관 관직 생활이라는 새로운 연구가 시도되었다. 노상추가 무과 급제 후 선천을 거쳐 선천 내금위宣薦內禁衛, 무신 겸 선전관, 함경도 진동鎭東 만호, 평안도 삭주朔州 부사로 진출하는 과정을 다루는 한편, 그동안 주목받지 못한 오위장, 금군장 등에 관한 연구도 함께 진행되었다(정해은, 2008; 2019).

다음으로, 조선 후기 지방 무관직 연구는 1980년대에 군 지휘관에 관한 관심을 계기로 본격화되었다. 통제사統制使, 영장, 절도사, 방어사防禦使가 주요 연구 대상이며, 이 가운데 통제사와 영장제는 임진왜란의 영향으로 성립되었기 때문에 일찍부터 주목받았다. 아울러 조선 후기 수군 제도를 정책·재정·훈련의 측면에서 조망한 연구도 수군직 이해를 높인 중요한 성과다(송기중, 2019)

첫째, 통제사 연구는 비교적 이른 시기에 시작되어 통제사의 설치와 임용, 입사로入仕路, 가계, 교체 실태, 대우 등이 세밀히 밝혀졌다(김현구, 1985). 영장제는 속오군 창설과 함께 그 성립 배경과 임무가 조명되었다. 1627년(인조 5) 「영장 절목」 반포로 시작된 영장제는 일시 폐지되었다가 1654년(효종 5) 복구되었고, 이를 계기로 속오군 조련도 제도화되었음이 밝혀졌다(차문섭, 1973(저); 서태원, 1999(저); 김우철, 2000(저)). 최근에는 노상추의 일기를 분석하여 19세기 초 전환기 영장의 역할을 분석한 연구도 나왔다(민장원, 2024).

둘째, 절도사 연구는 병마절도사를 중심으로 이뤄지고 있다. 병마절도사의 주요 직무는 국방과 치안이었으며, 조선 후기 하삼도 병마절도사 494명 가운데 무관이 311명(63%)을 차지한 것으로 나타났다(유동호, 2014(저)). 이어서 『충청병영계록忠淸兵營啓錄』 분석을 통해 19세기 충청도 병마절도사의 구체적 역할이 밝혀졌다(최주희, 2020).

또한 절도사 보좌직인 우후와 북평사 연구도 주목된다. 충청수영 우후는 1669년 원산도가 조운 항로에 포함되면서 조운선 점검과 호송, 해양 경계 등 다양한 임무를 수행했으며(문광균, 2022), 북평사는 홍문관이나 양사兩司 소속 참상관이 파견되어 북관 개시北關開市를 총괄하고, 각종 과거 시험과 수령 감독 등을 담당한 것으로 드러났다(김준영, 2021).

셋째, 첨사와 만호를 중심으로 한 변장 연구도 활발한 편이다. 수군첨사 연구에서는 선생안先生案 분석을 통해 첨사의 운영과 교체 실태가 실증적으로 규명되었다(이원균, 1984; 1985). 또한 충청도의 안흥진 · 소근진, 전라도의 고군산진 · 사도진 등 수군진의 설치와 운영이 세부적으로 검토되었다(김경옥, 2007; 서태원, 2013; 2016; 송은일, 2020).

만호 연구에서는 강원도 월송 만호가 울릉도 수토제와 관련하여 주목받았으며(김호동, 2014; 신태훈, 2021), 노상추의 일기 자료를 바탕으로 진동 만호를 중심으로 한 병마 만호 역할이 세밀히 분석되었다(하명준, 2018; 이강원, 2023). 아울러 1431년 기록에 처음 등장한 권관의 제도화 과정과 인사 규정이 밝혀졌으며(이철희, 2024), 군사사적 관점에서 17세기 후반 대외 정세에 따른 평안도 변장 증설을 조명한 연구도 있다(정해은, 2015).

이 외에도 방어사와 진무사鎭撫使의 성립 과정과 임무(차문섭, 1990; 송양섭, 2002), 1623년 대가代加가 통덕랑으로 제한되기 이전에 무산계武散階를 띤 채 문과에 급제한 사례 연구(최승희, 2012), 군영아문과 병영·수영 등에서 장관將官 및 장교 임명 시 교지나 고신 외에 전령傳令 임명장을 사용한 사실 등도 관심을 모은다(이정일, 2007).

이상에서 살펴본 연구들은 그동안 소외되었던 무관직 연구를 확장하고 학계의 관심을 환기시켰다는 점에서 큰 의의를 지닌다. 그러나 군영 대장 등 일부 고위직 연구가 여전히 우세하며, 중앙과 지방 소속 일반 무관직에 대한 체계적 연구는 부진한 실정이다. 무엇보다 무관직 개별 사례 연구에 치우친 결과, 무관직 전체를 구조적으로 조망하려는 시도가 미흡하며, 무관을 중심에 둔 새로운 논의 또한 사실상 답보 상태에 머물러 있다고 할 수 있다.

연구 방법과 접근

이 책은 조선 후기 무관직의 구조를 종합적으로 파악하는 데 초점을 맞춘 개설서에 가깝다. 곧, 『속대전續大典』과 『대전통편大典通編』을 중심으로 무관직의 구조와 성격, 변화상을 분석하여 무관직을 체계적으로 조망할 수 있는 토대를 마련하고자 했다. 이를 위해 무관의 개념과 관련 용어를 정리하고, 무관직의 전체 구조를 밝히는 기초 작업에 주력했으며, 관직별 구성과 임무 등을 분석하여 개별 무관직에 대한 이해도 높이고자 했다.

이 연구의 중점 사항을 소개하기에 앞서, 이 책에서 사용한 '무관직'이라는 용어의 범주를 먼저 밝히고자 한다. 여기서 무관직이란 『경국대전經國大典』, 『속대전』, 『대전통편』 등 대전류大典類 법전의 권4 「병전兵典」 조에 수록된 관직을 가리키며, 이는 곧 서반 관직을 의미한다.

조선시대에는 '무武'와 관련하여 문·무文武의 '무'나 동·서東西의 '서'자가 널리 쓰였다. 따라서 서반 관직을 지칭하는 용어로 '서반직'과 '무관직' 모두 사용할 수 있지만, 이 책에서는 이해하기 쉽고 더 직관적인 용어인 '무관직'을 주로 사용했다. 다만 무관직이라는 표현이 무관만 담당하는 직책으로 오해될 우려가 있으므로, 필요에 따라 '서반직'이라는 용어도 병행했음을 밝혀둔다.

다음으로, 이 책은 조선 후기 무관직에 접근하기 위해 크게 세 가지 연구 방향을 설정했다. 첫째, 법전의 내용을 면밀하게 분석하는 데 중점을 두고, 법전 자료의 정리와 분석에 많은 시간을 할애했다. 『경국대전』, 『속대전』, 『대전통편』을 기본 자료로 삼고, 『전주찬요銓注纂要』를 비롯한 다양한 법전 자료를 추가로 참고했다. 법전에 기록된 수치와 구조를 명확히 전달하기 위해 해당 내용을 표로 정리했으며, 그 결과 이 책에서 제시한 표는 총 52개에 달한다.

또한 법전의 내용을 심층적으로 이해하고 관직별 연혁과 실상을 파악하기 위해 『승정원일기』를 주요 자료로 삼았으며, 조선왕조실록과 『일성록』, 『비변사등록』 등도 참고했다. 아울러 군영 아문의 연혁, 특성, 역할을 분석하는 데는 『만기요람萬機要覽』을 중점적으로 활용했고,

군영아문 소속 장교들의 연혁과 역할을 검토하기 위해 『기효신서紀效新書』도 참고했다.

이러한 연구 방법을 통해 무관직의 전체 구조 및 각 무관직의 연혁 · 구조 · 규모 · 역할 등을 체계적으로 정리할 수 있었다. 다만, 각 무관직의 시대별 변화나 특징을 세부적으로 다루지 못한 점은 심층적 이해를 원하는 독자에게 아쉬움으로 남을 수 있다.

둘째, 이 책은 조선 후기 무관직 연구를 중심으로 삼았으나, 조선 후기의 변화상을 파악하기 위해 조선 전기의 상황도 함께 검토했다. 조선 후기 무관직을 연구할 때 조선 전기의 제도와 성격을 소급하여 분석하는 작업이 필요했기 때문이다.

이 연구에서 다룬 무관직은 군영아문과 능마아청能麼兒廳 등을 제외하면 대부분 조선 초기부터 공식 또는 비공식적으로 존재한 직책들이다. 무엇보다도 오위 제도가 혁파된 이후 오위도총부, 오위장, 오위직(체아직)의 구조와 임무가 변화했으므로, 이를 고려한 접근이 필요했다. 또한 선전관과 수문장은 조선 전기에 이미 존재했지만, 『속대전』에 비로소 정식 법제화된 경우이므로, 조선 전기까지 시각을 확대하는 작업이 요구되었다.

셋째, 조선 후기 무관직을 무관이나 무인의 입장과 처지에서 접근하고자 했다. 이 책에서 다룬 무관직의 처우와 위상은 이러한 관점을 반영한 결과이며, 이러한 접근은 무관 노상추의 일기 자료 덕분에 가능했다.

예를 들어, 오위장은 매우 흔한 관직이어서 단순 명예직 정도로 간주하기도 하지만, 오위장은 당상관의 직위이면서도 업무 강도가 상당히 높은 자리였다. 이 때문에 기피자도 있었으나, 집안 배경과 인맥이 부족한 무관에게는 중앙에 있으면서 다음번 관직을 모색할 수 있는 발판이 되었다. 이처럼 이 책은 조선시대 무관직의 구조와 제도를 분석하는 작업에 그치지 않고, 그 속에 담긴 의미까지 함께 조망하는 것을 목표로 삼았다.

무관직 연구의 깊이를 더한 두 자료, 『전주찬요』와 『노상추일기』

이 책에서 참고한 자료 중 『전주찬요』와 노상추의 일기는 특별히 언급할 가치가 있다. 『전주찬요』는 무관직의 연혁을 일일이 확인하는 데 큰 도움이 되었고, 『노상추일기』는 무관직이 실제로 어떻게 운영되었는지, 당시 무관들이 그 제도를 어떻게 받아들였는지, 그리고 그들의 심리가 어떠했는지를 이해하는 귀중한 단서를 제공해 주었다.

『전주찬요』는 1823년(순조 23)경 병조 서리 임인묵林仁默이 서반 관련 인사 규정을 정리한 규정집으로, '서전고西銓攷'라고도 불린다. 현재 일본 오사카 부립府立 나카노시마中之島 도서관 소장본이 국내외 유일본이다.

임인묵에 대한 기록은 많지 않다. 『노상추일기』에도 그의 이름이 등장하지만 특별한 언급은 없다. 다만, 몇몇 자료를 통해 그가 서리 집안 출신으로 1789년(정조 13) 음서로 출사한 후, 1792년부터 병조의 무선사武選司에서 근무했으며, 『무과총요武科總要』를 저술했다는 사실 정도만 확인할 수 있다.[2]

『전주찬요』는 총 2책으로 구성된 필사본이다. 1809년(순조 9)에 저자

---

2 임인묵, 『武科總要』「武科總要序」, "余於己酉, 以蔭爲吏西銓, 越三年壬子, 掌武選科擧之事."; 『銓注纂要』, 「題」(南公轍), "林吏仁默, 世爲政吏."

가 직접 작성한 서문이 있으나, 본문에 1810~1811년 규정이 실려 있으며, 상관 등에게 1810년 · 1816년 · 1823년에 각각 받은 제사題辭도 들어 있다. 이를 통해 『전주찬요』가 1809년 무렵 초고를 완성한 후 몇 차례 보완을 거쳐 1823년경 최종 정리되었음을 유추할 수 있다.

기본 자료는 『경국대전』, 『속대전』, 『대전통편』이며, 각종 수교와 전교, 여러 관청 기록 등도 참고했다. 여기에 더하여 문서로 남아 있지 않은 규정까지 '구전유래지정례口傳由來之政例'로 정리한 결과, 대전류 법전보다 훨씬 세부적인 규정까지 담고 있다. 『전주찬요』에 수록된 규정들을 편년 자료와 대조한 결과, 그 정확성이 매우 높아 신뢰성을 갖춘 자료로 판단했다.

다음으로, 『노상추일기』는 무관 노상추가 남긴 기록으로, 무관의 관직 생활과 일상사를 생생히 보여주는 흥미로운 자료다. 경상도 선산 출신인 노상추는 35세에 무과에 급제한 뒤 선천에 뽑혀, 선천 내금위를 거쳐 무신 겸 선전관에 임명되었다. 이후 중앙관직으로 훈련원 주부, 당상 선전관, 오위장(6회), 겸사복장兼司僕將, 우림위장羽林衛將(2회), 금위영 천총, 어영청 천총 · 기사장騎士將, 동지중추부사 등을 역임했으며, 외관직으로는 진동 만호, 삭주 부사, 홍주洪州 영장, 강화 중군江華中軍, 가덕加德 첨사 등을 지냈다.

그는 1762년(영조 38)부터 1829년까지 68년 동안 일기를 기록했으며, 현재 전해지는 분량만 52책에 이른다. 특히 관료 생활에서 겪은 다양한 경험과 감정을 구체적으로 적어두었는데, 이는 무관의 시선으로 무관직 제도의 실상에 구체적으로 접근할 수 있는 요긴한 자료가 된다.

예를 들어, 노상추는 41세에 진동 만호로 임명되었을 때 "세력이 없어 이렇게 쫓김을 당했다."(1787.6.22)라며 낙담했다. 장교 자리인 기패관에 대해서는 "한번 기패관으로 발탁되면 옛날에 같은 항오에 있던 자들이 자신을 소인으로 칭하면서 당하에서 절하므로, 그들의 존비가 하루아침에 현저히 달라지니 스스로 영광으로 여겼다."(1808.6.24)라고 기록했다.

이러한 기록은 무관직 제도가 개인에게 미친 영향을 생생하게 보여주어 조선 후기 무관직의 위상이나 역할을 입체적으로 파악할 수 있는 중요한 단서가 된다. 만약 『노상추일기』와 같은 자료가 없었다면 무관직 제도를 문관이 남긴 기록에만 의존해야 했기에 제도 밖 실상에 주목조차 하지 못했을 것이다.

책의 구성과 내용

이 책은 총 5부 17장으로 이뤄졌다. 제1부는 이 책의 토대를 이루며, 조선시대 무관의 개념과 무관직 구조를 다뤘다. 제2부부터 제4부까지는 서반 경관직을 중심으로 논의를 전개했으며, 제5부에서는 서반 외관직 가운데 변장 및 절도사 보좌 무관직을 중점적으로 분석했다.

제1부는 총 3장으로 구성했다. 1장에서는 이 책의 기초 작업으로서 무관의 개념과 이를 지칭하는 다양한 용어를 분석하고, 문치주의를 표방한 조선에서 무관의 권한을 축소하려 했던 정책의 특징을 탐구했다. 무관이란 단순히 무관직 소유자가 아니라, 무과에 급제하여 관직에 진출한 자를 뜻하며, 동반직이나 동반관계東班官階를 소유할 수도 있었다.

2장에서는 1392년 조선 건국과 함께 제정되어 『경국대전』을 통해 확립된 서반관계西班官階의 구조를 분석하고, 그 운용상의 특징도 짚어

보았다. 문관이 서반관계를 받은 사례도 조사했으며, 절충장군(정3품 당상 서반관계)을 소지한 무관이 가선대부嘉善大夫(종2품 동반관계)로 승진하는 방식을 고찰했다.

3장은 이 책의 뼈대를 이루는 부분으로 조선 후기 무관직 전체를 구조적으로 분석하는 데 주력했다. 『속대전』을 중심으로 서울과 지방의 서반직 종류를 종합적으로 정리하고, 그 전체 규모를 정직正職, 겸직兼職, 체아직遞兒職으로 구분하여 제시했다. 이어지는 제2부부터는 이 3장의 분석을 바탕으로 각 관직의 특성과 역할을 구체적으로 검토했다.

제2부는 서반 최고위직과 청요직을 중심으로 총 3장으로 구성했다. 4장에서는 서반 최고위 관청인 중추부의 조직과 사회적 위상을 검토하고, 중추부 2품 이상 관직이 무관에게 어떤 의미였는지를 탐구했다. 중추부는 문·무 당상관을 우대하기 위한 관청이어서 명예직 정도로 간주하지만, 무관의 입장에서 새롭게 접근할 필요가 있다.

5장에서는 조선 전기에 오위도총부, 병조와 함께 3대 군사 기관으로서의 위상을 가진 훈련원의 성격 변화를 검토했다. 그 변화의 핵심은 조선 후기 훈련도감을 비롯한 오군영이 설립되면서 훈련원의 군사적 기능이 약화되었다는 점이다. 이러한 변화의 모습을 포착하는 작업은 훈련원에 대한 이해를 높일 뿐만 아니라, 조선 후기 군제사 연구의 외연을 확장하는 흥미로운 관점을 제공할 것이다.

6장은 이 책에서 심혈을 기울인 부분으로, 무관 청요직과 천거의 성격을 분석했다. 서반 최고 청요직인 선전관의 특성과 선전관청에서 운영한 선천 제도를 검토했다. 선천은 선전관의 모집단을 미리 발탁하는 천거 제도로, 이를 거치지 않으면 하위직에서 머물 가능성이 컸다.

이어서 선전관과 함께 무관 청요직으로 꼽힌 부장과 수문장을 검토하고, 부천部薦과 수천守薦의 운영 방식도 밝혔다. 부천과 수천은 '부수천部守薦' 또는 '말부천末副薦'으로 통칭될 만큼 선천 못지않게 중요한 천거였다.

제3부는 오위와 오위 체아직을 중심으로 총 3장으로 구성했다. 이 관직들은 이미 조선 전기부터 운영되었기에 조선 후기 변화상을 규명하는 데에 초점을 맞췄다. 7장은 오위 폐지로 유명무실해진 오위도총부의 변화를 다루었고, 8장은 편년 자료나 고문서, 족보 등에 자주 등장하지만 실체가 불분명한 오위장을 검토했다.

9장은 오위 체아직을 분석했다. 조선 전기 3,005자리였던 오위 체아직은 『속대전』에서 1,511자리로 절반 이하로 줄었지만, 여전히 무관직 전체에서 차지하는 비중이 컸다. 따라서 조선 후기 무관직의 실상을 명확히 파악하기 위해서는 오위 체아직의 실체를 규명하는 작업이 필수적이다. 이에 오위 체아직의 종류와 규모, 지급 대상 및 운용 실태를 분석하여 오위 체아직에 대한 이해를 높이고자 했다.

제4부는 조선 후기 서반직의 변화를 주도한 군영아문을 총 3장에 걸쳐 살펴보고, 이어서 산직散職도 검토했다. 10장에서는 조선 후기 새롭게 등장한 군영아문 11개의 특징을 정리하고, 법전을 중심으로 관직 구조와 인적 편제를 전체적으로 분석했다.

11장과 12장은 군영아문 소속의 장관과 장교를 다뤘다. 11장에서는 장관의 임용 방식과 함께 중군, 천총, 파총, 내금위장內禁衛將·우림위장·겸사복장 등을 분석했으며, 12장에서는 군영 소속 장교 가운데 지구관, 교련관教鍊官, 기패관, 국출신局出身의 등장 배경과 임무를 검토했다. 이와 함께 당대 사회에서 장관과 장교로 임명된다는 것이 어떤 의미인지에 대해서도 관심을 기울였다.

13장에서는 『속대전』에서 '산직'으로 신설된 내사복시內司僕寺와 능마아청의 구조와 실상을 다뤘다. 먼저 조선 후기 내사복시의 기능과 소속 관원인 내승이 청요직화되는 과정을 검토했다. 이어 정묘호란의 산물인 능마아청의 변천을 짚어보고, 능마아강能麽兒講의 운영 방식을 노상추의 일기를 통해 구체적으로 접근했다.

제5부는 서반 외관직을 총 4장에 걸쳐 다뤘다. 변장은 이 책에서 서반 청요직과 오위 체아직만큼이나 비중 있게 연구한 주제다. 14장에서는 변장의 개념과 범주를 검토하여 변장을 전임專任의 첨절제사·만호·별장·권관을 포괄하는 용어로 정의했다. 이 중 첨사와 만호가 조선 후기 대표적인 변장으로 꼽혔다.

15장과 16장에서는 조선 후기 첨사, 만호, 권관의 규모와 역할을 중점적으로 분석하고, 변장 직책이 변지邊地·이력履歷·체부遞付·구근久勤·자벽自辟 자리로 차등적으로 운영되었다는 사실을 밝혔다. 이 점은 선행 연구에서 전혀 언급되지 않은 부분으로 변장에 대한 흥미로운 접근과 이해를 보여줄 것이다.

17장에서는 절도사를 보좌한 무관직인 우후와 북평사를 검토했다. 우후는 병영과 수영에서 절도사에 버금가는 자리로 '아장亞將'이라 불렸으며, 북평사는 함경북도에만 설치한 관직으로 문관을 임명하는 점이 특징이다.

이상으로 이 책은 무관의 개념에서 출발하여 조선 후기 무관직의 전체 구조와 개별 직책의 운용 방식을 분석했다. 아울러 무관직이 양반 관료 사회에서 차지하는 위상과 무관직 임명이 개인에게 갖는 의미도 촘촘하게 담아냄으로써 기존에 시도되지 않은 연구 영역을 개척하고자 했다.

제1부

무관의 개념과 무관직 구조

무관의 개념과 무관직 구조

1장

무관의 개념과 정책

1. 무관의 개념

오늘날 경복궁 근정전과 덕수궁 중화전 앞뜰에는 어도御道 좌우로 품계석品階石이 남아있다. 남쪽을 향해 앉은 임금을 바라볼 때, 오른쪽(동쪽)에 놓인 품계석은 문관이 서는 자리였고, 왼쪽(서쪽)은 무관이 서는 자리였다. 그래서 문관을 동반東班, 무관을 서반西班이라 했으며, 이를 합쳐 '양반兩班'이라 불렀다. 이때의 '양반'은 반상班常을 구분하는 신분 개념이 아니라 문·무로 나뉜 벼슬을 가리키는 말이었다.

그렇다면 조선시대에 무관이란 누구를 의미하는가? 이 질문에 대해 학계에서 구체적으로 언급된 적은 없으나, 대체로 무관을 문관에 대칭되는 관료로서 서반직이나 서반관계西班官階를 지닌 채 무武 관련 업무를 담당한 사람으로 간주하는 경향이 있다. 대표적으로 김석형은 무관을 "'무업'이면서 '관료'인 양반층"[3]이라 표현했다. 그러나 이러한 기준만으로는 어떤 사람을 무관으로 볼 것인지는 결정하기 어렵다. 무관이 문관직을 맡거나 문관이 무관직을 담당하는 경우가 빈번했기

---

3 김석형, 『조선봉건시대 농민의 계급구성』, 신서원, 1995, 305쪽.

때문이다. 이러한 점에서 무관에 대한 명확한 개념 정의가 필요하다.

먼저 전자의 대표적인 사례로는 1481년(성종 12) 성종이 어유소魚有沼를 이조 판서로 임명한 일을 들 수 있다.[4] 잘 알려져 있다시피 어유소는 무과로 발신한 무관이다. 사헌부와 사간원에서는 어유소가 무관이라는 이유로 연일 반대 의견을 강력히 개진했다. 양사兩司에서는 어유소가 조정에 적합한 문관을 파악할 수 없을 뿐 아니라, 인재를 시험하는 이조에 적합하지 않다고 주장했다. 그러자 성종은 "그대들은 항상 문신을 동반에 쓰고 무신을 서반에 써야만 만족하겠는가?"라고 하면서 강행했다.[5]

조선 후기에는 무관을 동반직東班職에 임용하는 규정도 생겼다. 문관의 인사권을 가진 이조 판서는 특정 무관이 재주와 국량, 식견이 있다고 판단되면, 그를 육조의 판서나 참판, 한성부의 판윤 또는 좌윤·우윤, 승지 등의 후보자로 추천할 수 있었다.[6] 또 병조 판서를 지낸 무관이라면 의금부의 판의금부사(종1품)의 후보 자격을 획득할 수 있었다.[7]

상황이 이렇게 되자 문관과 무관의 교체 임명을 반대하는 목소리가 높아졌다. 류수원柳壽垣(1694~1755)은 "문관과 무관은 스스로 각기 직분이 있는데 어찌 서로 혼동해서야 되겠는가?"라고 하면서, 아경亞卿(참판)이나 승지, 여러 시寺의 정正·낭관 등에 무관을 등용하는 제도는 근거가 없다고 비판했다.[8]

---

4 『성종실록』 권132, 12년 8월 25일(정묘).

5 『성종실록』 권132, 12년 8월 27일(기사); 8월 28일(경오); 권133, 12년 9월 4일(을해).

6 『속대전』 권1, 이전 경관직, "武臣, 擇其有才局遠識者, 堂上以上, 注擬正亞卿判尹左右尹承旨, 通訓以下, 交差寺正曹郎〈非長官則毋得擅擬〉."

7 『대전통편』 권1, 이전 경관직, "武臣, 判義禁, 經兵判後通擬."

8 柳壽垣, 『迂書』 권3, 官制總論.

무관이 동반직으로 진출할 수 있는 곳은 고위직만이 아니었다. 무과에 장원 급제한 사람은 첫 관직으로 동반 종6품직을 받았다. 『경국대전』에 따르면, 문과와 무과의 장원에게는 첫 관직으로 바로 종6품직을 제수했다.[9] 이 규정에 동반직이라는 명시는 없으나, 사례를 조사한 결과 모두 동반 종6품직으로 확인되었다. 몇 가지 예로, 1523년(중종 18) 무과 장원 김질金軼은 통례원 인의가 되었고, 1535년 무과 장원 조린趙藺은 상의원 주부가 되었다.[10] 조선 후기에는 무과 장원에게 동반 6품 관직을 제수한다는 규정이 공식적으로 명문화되었다.[11]

반대로 문관이 서반직西班職에 임용되는 경우는 오히려 더 많았다. 서반의 정1품 관청인 중추부中樞府는 담당 직무가 없는 문·무 당상관을 예우하기 위한 관청이었다. 대표적으로 의정부의 정승들은 자리에서 물러나면 중추부로 옮겨와 즉시 판사判事(정1품) 등으로 임명되었다.

또한 선조~철종 대까지 훈련도감, 금위영, 어영청의 군영대장을 지낸 162명의 출신 성분을 조사한 결과, 문과 급제자가 35명이나 되었다.[12] 한국사에서 암행어사로 유명한 박문수朴文秀도 잠깐 어영대장을 지냈다. 임진왜란 중에 창설된 삼도수군통제영의 초대 수장이 충무공 이순신李舜臣인데, 이 통제사의 자리까지 문관이 나가기도 했다. 서반의 최고 청요직인 선전관宣傳官에도 '문신 겸 선전관'이라 하여 문관을 임용하는 자리가 따로 있었다.[13]

---

9 『경국대전』 권4, 병전 시취 무과.

10 정해은, 『조선의 무관과 양반사회:무과급제자 16,643명의 분석 보고서』, 역사산책, 2020, 286쪽.

11 『典律通補』 권4, 병전 京官格式, "武科, 依文科例, 除授〈[經] ○甲科第一人, 付東班六品職〉."; 『兩銓便攷』 권2, 西銓 武科, "甲科第一人, 送東授六品職."

12 『登壇錄』 제7책, 先生案(장서각 K2-520).

13 환관에게도 서반직을 제수했다. 대표적으로 1469년(예종 1) 익대공신翊戴功臣 3등인

이처럼 문관과 무관은 동반직과 서반직의 경계를 서로 넘나들었다. 이때 동반직을 맡은 무관을 문관으로 봐야 할지, 서반직을 맡은 문관을 무관으로 봐야 할지 애매할 수 있다. 그러나 그렇게 구분하지 않았다. 문관과 무관의 구분은 관직이 아니라 처음의 출신 경로에 따라 구분했다. 문과文科로 출사했으면 문관이 되고, 무과武科로 출사했으면 무관이 되었다. 문관직에 있으면 문관, 무관직에 있으면 무관으로 판단할 수도 있으나, 실제로는 출사한 과거시험에 따라 한 사람의 출신 성분이 결정되었다.

이미 조선 초에 태조는 문음文蔭, 문과, 이과吏科, 역과譯科, 음양과陰陽科, 의과醫科, 무과의 칠과七科를 설치하고 이를 거치지 않은 자는 유품流品에 들지 못하게 했다. 유품이란 산계散階(실직 없이 품계만 소유)를 말하며, 유품에 들지 못한다는 것은 칠과에 합격하지 않고서는 관료가 될 수 없다는 의미였다. 그 결과 관원의 범주가 크게 문과 출신, 무과 출신, 문음 출신, 잡과 출신으로 구별되었다.[14] 성종이 새로 임명한 충청도의 신창 현감 김숙손金淑孫에게 "너의 출신이 무엇이냐?"[15]고 묻자, 김숙손이 무과라고 대답했듯이 어느 쪽으로 발신했느냐에 따라 문관과 무관, 음관, 기술관으로 나뉜 것이다.

요컨대, 조선시대 관료의 범주는 문과 출신은 문관, 무과 출신은 무관이며, 문음 출신은 음관, 잡과 출신은 기술관으로 구분되었다. 관직이나 전공이 기준이 아니었다. 출사의 길을 문과로 했는지, 무과로 했

환관 류한柳漢에게 동지중추부사(종2품)를 내렸는데, 이때부터 환관이 서반직에 제수되었다고 한다(『예종실록』 권6, 1년 7월 3일(갑신), "漢, 宦官也, 宦官拜西班職, 自此始.")

14 남지대, 『조선초기 중앙정치제도연구』, 서울대 박사학위논문, 1993, 214쪽.

15 『성종실록』 권15, 3년 2월 25일(임진).

는지가 어느 한 개인을 문관과 무관으로 나누는 기준이었다. 여러 선생안先生案에 해당 관료의 출신을 문·음·무로 표시한 것도 문과=문관, 문음=음관, 무과=무관을 나누는 기준을 반영한 것이었다.

2. 무관 관련 용어

무변과 무부

조선시대에는 무관을 지칭하는 용어가 다양했으나 공통된 특징이 있었다. 문·무文武[16]의 '무', 동·서東西의 '서', 용·호龍虎의 '호'처럼 문文과 대칭되는 의미가 담겨 있었다. 문신과 무신, 문관과 무관, 문반文班과 무반武班, 동반과 서반, 용방龍榜과 호방虎榜 등이 대표적이다. '무'와 '서', '호'는 기본적으로 비슷한 의미를 지니며 쓰임새가 크게 다르지는 않았다.

관계官階를 기준으로 지칭할 때는 서반관계나 무산계武散階라는 용어를 사용했다. 관직을 기준으로 지칭할 때는 서반西班, 서반직, 호반虎班[17], 무반, 무신, 무관, 무변武弁 등을 사용했다. 또 사부士夫의 대칭어로 무부武夫를, 문인文人의 대칭어로 무인武人도 사용했다. 전공하는 학

16 문文은 무늬를 뜻하며, 세계의 본질이 외적으로 드러나는 표현이자, 보편적인 문자와 제도를 공유하는 문명의 개념에 가깝다. 무武는 '창[戈]'과 '발[止]'로 이뤄진 글자로, 전장을 향해 나아가는 무사의 모습을 형상화한 것이다. 중세 동아시아에서는 문과 무를 대립 개념이 아니라, 유가적 문명과 문교文敎를 중심에 두고, 이를 뒷받침하는 군사적 수단으로서의 무비를 중시하는 균형적 관계로 이해했다고 한다(김홍백, 「'문文=무武'에 대한 세 가지 담론」, 『이화어문논집』 50, 2020, 86~87쪽).

17 김종서 지음, 김한별·이현주 역주, 『역주 여자초학』, 한국학중앙연구원출판부, 2023, 144쪽.

업을 기준으로 문사文士에 대칭하여 무사武士라는 용어도 있다. 이 중에서 무부·무사·무인은 관직 유무와 상관없이 '무'에 종사하는 사람을 일반적으로 지칭했다. 이밖에 무과 급제자를 지칭하는 용어로 출신出身과 선달先達이 있으며, 오위 체아직五衛遞兒職과 관련해서는 군직軍職 또는 군함軍銜이라는 용어도 자주 나온다.

먼저 '무변'은 조선시대에 무관을 지칭하는 대명사로 자주 사용된 용어다. 무변은 중국 한나라에서 무장이 쓴 관冠으로, '무변대관武弁大冠', '번관緐冠', '건관建冠'이라고도 했다. 이 관은 전국시대 조나라의 혜문관惠文冠에서 유래했으며, 진나라와 한나라를 거쳐 '무변' 또는 '무관武冠'으로 불리게 되었다. 주로 무관의 예식용 관으로 사용되었으나, 후대에는 그 사용이 줄어들어 문학 작품에서나 그 이름을 찾을 수 있게 되었다. 이러한 역사적 배경으로 무변이 무관을 지칭하는 대명사가 되었다.[18]

고려시대에도 무변이란 용어를 찾을 수 있다. '무변관武弁冠'이라 하여 무무武舞를 거행할 때 착용하는 관이었다.[19] 또 "무변을 업신여겼다."[20]라는 표현처럼 무관을 지칭하는 용어로도 사용되었다. 그러나 용례가 적은 편이어서 그다지 활발하게 사용된 것 같지 않다.

이에 비해 조선시대에는 조선왕조실록이나 『승정원일기』, 문집, 일기 등에서 흔히 보이는 용어가 되었다. 대표적으로 『홍재전서弘齋全書』에 실린 「인물고人物考」 총 130권의 목차가 주목된다.[21] 이 「인물고」는 이의현李宜顯이 엮은 『인물고』를 여러 자료를 참고해 증보한 것으로 원

---

18 百度百科(https://baike.baidu.com), 武弁(최종검색일:2024.2.3).

19 『高麗史』 권70, 지 24, 악 1, 雅樂.

20 『고려사』 권128, 열전 41, 반역 2, 정중부.

21 正祖, 『弘齋全書』 권182, 羣書標記 4, 御定 4.

고는 완성하지 못했으나 체재는 이미 정해 놓았다. 항목 구성은 종실宗室부터 방기方技까지 15개로 분류했으며, 그중 6번째 항목이 '무장'이다. 무장은 다시 명장名將, 임장任將, 무재武宰, 무변의 소주제로 나뉘는데, '무변'이 독립적인 항목으로 분리되어 있다.

또한, 조선의 인물 2,091명의 전기를 담은 『국조인물고國朝人物考』도 살펴볼 필요가 있다. 현전하는 『국조인물고』는 72책의 필사본으로, 본래 74책이었으나 2책이 전하지 않는다. 이 책의 편찬 연도는 정조 연간으로 추정되며, 최근에는 영조 대 초반으로 보기도 한다. 이 책의 권32 '무변' 조에는 무과를 통해 출사하여 중앙의 판서·참판이나 지방의 병마절도사·수군절도사 이상에 오른 인물 40명이 소개되어 있다.[22] 이처럼 '무변'이라는 용어가 무관을 지칭하는 대명사로 공식적으로 사용되었음을 알 수 있다.

다음으로 조선시대에 자주 사용된 용어가 '무부'였다. 포괄적인 의미로 관직 유무와 관계 없이 '사부'에 대칭해서 무인을 지칭하거나, 유자儒者에 대칭해서 무업을 강조할 때 사용되었다. 다음은 무관 노상추盧尙樞의 일기에 나오는 무부의 내용이다.

> "옛날에 이름난 유자儒者와 석사碩士들이 늘 글에서 무부를 폄하하면서 '비천한 무리'라 했다. 그러나 그들이 지금 벼슬을 구하여 조정에 나가려고 할 때는 염치가 없고, 구차하게 얻어서는 주색에 빠져 놀고 있으니, 유교가 무엇인지 모르고 종신토록 포기하기 때문이다. 사유四維를 명심하여 스스로를 지키며 말과 행동을 가려 자신을 망치지 않는다면, 비록 무부가 유도儒道를 자처하더라도 저 염치없는 문관과 음관이 어찌 스스로 사림에 견주어 우리 무부를 폄하하겠는가."[23]

---

22 민현구, 「국조인물고 해제」, 『(국역)국조인물고』(1), 세종대왕기념사업회, 1999.

이 일기에서 무업에 종사하는 사람들이 유업을 하는 이들에게 무부라고 무시당하는 현실을 짐작할 수 있다. 이와 관련하여 1657년(효종 8) 효종과 송준길宋浚吉의 대화도 눈길을 끈다.

> 효종: "활쏘기가 지금은 거친 무부의 일이 되었을 뿐이다. 공자의 문인은 몸소 육예六藝를 통달했으니, 어찌 활쏘기를 중히 여기지 않았겠는가."
>
> 송준길: "육예를 모두 통달하면 온전한 유자가 되지만, 활쏘기만 오로지 하고 다른 재능을 통달하지 못하면 무부가 됩니다."[24]

이상의 내용을 살펴보면, 무부는 무관이나 무인을 통칭하는 의미로 사용되었고, 유자나 석사, 사림의 대칭어이자 무업을 강조하는 용어로도 사용되었다고 볼 수 있다.

군직과 군함

군직과 군함은 조선 후기에 오위 체아직과 관련하여 자주 등장하는 용어다. 군직은 넓은 의미로 "수군과 육군의 군직"[25]처럼 서반직 전체나 군영아문軍營衙門, 감영監營, 병영兵營, 수영水營 등에 속한 군사직을 통칭하는 말이지만, 조선 후기에는 주로 오위의 관직을 지칭하는 용어로 사용되었다. 대표적으로 다음의 자료는 군직이 곧 오위직임을 잘 보여준다.

---

23 『盧尙樞日記』 1808년 10월 18일.
24 宋浚吉, 『同春堂集』 續集 권7, 부록 2, 연보, 1657년(정유년, 52세) 9월 25일.
25 『세종실록』 권52, 13년 5월 22일(을유).

㉠ 송수형에게 전교하시기를, "원인손에게 직첩을 주어 임용하고, 구전으로 군직을 주어 내의원이 진찰하러 들어올 때 함께 입시하라."고 했다.26

㉡ 오시에 임금께서 숭문당에 납시었다. 약방이 들어와 진찰했다. 병조판서, 선혜청 당상, 부사과 원인손이 함께 입시한 자리에 (이하 생략)27

자료 ㉠과 ㉡은 모두 1765년(영조 31) 1월 14일자 『승정원일기』의 기사다. 영조가 좌승지 송수형宋秀衡에게 전前 정언 원인손元仁孫의 직첩을 돌려주고 구전口傳으로 군직을 내려 입시하게 하자, 이 명에 따라 원인손이 부사과副司果(종6품)로 임명되어 약방과 함께 입시하는 내용이다. 영조의 지시로 원인손에게 구전으로 내린 군직이 부사과인 점으로 보아, 자료 ㉠에 나오는 군직이 오위직임을 알 수 있다. 당시 원인손이 정언에서 교체되어 실직實職이 없었으므로 영조가 오위의 관직을 내려 입시하게 한 것이다.

'군함'도 군직과 마찬가지로 오위직을 의미했다. '함'은 직함이라는 뜻이다. 군함의 의미와 관련하여 『한경지략漢京識略』에 실린 '군직청'의 내용이 도움이 된다. 여기에 "군직청이 중부의 정선방에 있다. 조선 초기에 창건했다. 문관 · 무관 중 군함만 가진 사람들을 위한 관청이다."28라고 했다. 헌종 대에 편찬된 『궁궐지宮闕志』에도 "군직청이 중부의 정선방에 있다. 문관 · 무관 중 군함만 가진 사람들을 위한 관청이다. 조선 초기에 창건했다."29라고 하여 『한경지략』과 유사한 내용이

26 『승정원일기』 영조 31년 1월 14일(무자).

27 상동.

28 柳本藝, 『漢京識略』 권2, 闕外各司 軍職廳.

실렸다. 두 자료 모두 군직청이 군함만 가진 관료들을 위한 관청이라 했으므로, 군함이 바로 오위직임을 알 수 있다.

나아가, '군직' 또는 '군함'이라는 용어는 오위 체아직을 지칭하는 의미도 갖게 되었다. 조선 후기에 오위의 군제가 폐지되면서 오위는 관청 이름만 유지되었다. 그 결과 『속대전』에서 오위직 1,548자리 중 오위장五衛將과 부장部將을 위한 37자리를 제외한 상호군上護軍(정3품 당하)부터 부사용副司勇(종9품)까지의 1,511자리가 모두 체아직으로 전환되었다. 이에 따라 오위직인 '군직' 또는 '군함'이라는 용어 자체가 오위 체아직의 의미를 띠게 된 것이다. 이 오위 체아직에 대해서는 이 책의 9장에서 자세히 설명할 예정이다.

출신과 선달

무관을 지칭하는 용어와 함께 살펴볼 용어로 '출신'과 '선달'이 있다. 출신과 선달은 무관을 칭하는 용어는 아니지만 무관의 모집단으로서 중요한 용어다.

조선 전기에 출신은 관료가 처음 관직에 나올 때 문과 출신인지 무과 출신인지 잡과 출신인지를 나타내는 용어였다.[30] 그래서 『경국대전주해經國大典註解』에서도 "출신이란 모든 관료의 초입사初入仕를 일컫는다."[31]라고 설명했다.

그러나 17세기 이후로 점차 무과 출신을 지칭하는 용어로 그 의미

29 『궁궐지 2-창경궁 · 경희궁 · 도성지』, 서울학연구소, 1996, 196쪽.
30 유승원, 『조선초기신분제연구』, 을유문화사, 1987, 155쪽.
31 『經國大典註解』 後集上, 吏典 政案條, "出身, 凡官初入仕之稱."

가 축소되었다. 조선 전기처럼 '문·무과 출신'[32] 또는 '잡과 출신'[33]처럼 처음 출사한 입사로를 가리키기도 했으나, 대체로 무과 출신을 의미하는 경우가 많아졌다. 조선 후기의 연대기 자료나 각종 법전을 비롯하여 호적대장에서도 무과 출신을 가리켰다.[34] 대표적으로 두 사례를 소개하면 다음과 같다.

> ㉠ 임금이 말씀하시기를, "수원은 물산이 풍부하고 지역이 광대한데, 군사 수가 얼마나 되는지 모르겠다."라고 하니, 이흥립이 아뢰기를, "출신이 600여 명, 삼수병이 총 2천 수백여 명입니다."라고 했다.[35]
> ㉡ 시사에서 매년 5월과 11월에 병조 판서가 시취하여 화살 수에 따라 녹을 주고, 몰기를 받은 한량은 직부전시하고 출신은 가자한다.[36]

자료 ㉠은 1623년(인조 1) 인조가 수원 부사 이흥립李興立과 나눈 대화 내용이다. 이흥립이 수원군 규모를 출신과 삼수병으로 나누어 대답했는데, '출신'은 삼수병三手兵에 대비된 존재로 무과 출신을 말한다. 자료 ㉡은 금군 시사試射에서 몰기沒技(한 과목 만점)를 받은 사람이 한량閑良이면 직부전시直赴殿試의 상을 내리고, 출신이면 가자加資하라는 내용이다. 여기서도 '출신'은 한량에 대비되는 존재로 무과 출신을 말한다.

다음으로 선달도 조선 후기에 주로 무과 출신을 지칭하는 용어로 사용되었다. '봉이 김선달'이라는 말로 잘 알려진 선달은 본래 본인보

---

32 『受敎輯錄』 권5, 형전 推斷. "成宗朝以上, 士族無全家徙邊者, 嘉靖四年承傳, 作罪人居抄出人內, 文武科出身人員子孫及兩邊四祖……〈嘉靖庚戌承傳〉."

33 『수교집록』 권2, 호전 요역, "三醫司曾經正人及驛官堂上, 與雜科出身, 雖有率丁, 勿爲差役."

34 이준구, 「조선후기 양반신분이동에 관한 연구」(상), 『역사학보』 96, 1982, 173쪽.

35 『인조실록』 권4, 1년 11월 6일(임술).

36 『대전통편』 권4, 병전 시취 금군, "〈試射〉每年五月十一月, 本曹判書試取, 從矢數付祿, 沒技閑良, 直赴殿試, 出身加資."

다 먼저 과거에 급제한 사람을 지칭하거나, 학문이나 벼슬이 본인보다 앞선 선배라는 뜻이다. 그래서 문과나 무과 출신 모두에게 사용했다.[37] 또 "이천근이 무선달武先達이 되었다."[38]라는 표현처럼 '무' 자를 붙여 문·무 출신을 구분하기도 했다.

그러나 조선 후기에 무과 급제자가 양산되면서 선달 역시 무과 출신의 의미로 한정되었다. 1731년(영조 7) 동부승지 조상경은 평안도 무인의 등용 방안을 건의하며 "평안도 무인 중 선달이라 하는 자들은 모두 활과 말을 잘 다루고 신수가 좋지만, 과거에 급제하고도 일명一命도 받지 못한 채 초야에서 늙어 죽는 자가 수천 수백 명"[39]이라고 지적했다. 1809년(순조 9) 윤기尹愭는 과도한 선발로 인한 무과 출신의 적체를 지적하며 "모두 홍패를 받아 선달로 불릴 뿐"[40]이라고 우려했다. 이처럼 무과 출신 중 관직에 나가지 못한 사람들이 많아지면서 선달이라 하면 '출신'처럼 으레 무과 출신을 의미하게 된 것이다.

이상에서 검토한 대로 무관을 지칭하는 용어는 매우 다양했다. 품계를 기준으로는 서반관계나 무산계라 했으며, 관직을 기준으로는 서반직, 서반, 무반, 무신, 무관, 무변 등을 사용했다. 또한 오위 체아직과 관련해서는 군직이나 군함이 쓰였으며, 그 외에도 무부, 무인, 무사라는 용어도 있었다. 출신과 선달은 조선 후기에 그 의미가 축소되어 주로 무관의 모집단인 무과 출신을 지칭하는 말로 고착되었다.

---

37 『六典條例』 권3, 호전 호조 前例房 科場, "卽日放榜時, 文武先達所着, 幞頭也帶紅綠袍木笏, 令各該司進排."

38 『小宅日記』 7(朴周大), 1888년 3월 27일, "白松甥君, 二宿而歸, 李千根爲武先達."

39 『승정원일기』 영조 7년 1월 10일(갑술).

40 尹愭, 『無名子集』 文稿 제5책, 論科擧; 文稿 제10책, 己巳擬上應旨疏.

3. 무관 정책의 특징

문치주의를 지향한 조선에서는 문관을 중시하는 경향이 강했고, 무관이 국정에 관여하는 것을 경계했다. 이에 국왕과 문관들은 무관의 정치적 성장을 제한하고자 여러 정책을 마련하여 『경국대전』에 명시했고, 이후 『속대전』, 『대전통편』에서도 큰 변화 없이 이를 계승했다.

법전에 명시된 무관 정책의 특징은 2품 이상이 없는 서반관계, 문관과 무관의 관직 수 차이, 무관 최고위 관서의 낮은 위상과 청요직 부족, 무관의 군사권 제한, 무관의 사은숙배謝恩肅拜 및 윤대輪對의 차별, 무관 양성 기관 부재, 무관의 인적 관리 미흡 등으로 요약할 수 있다.

첫째, 가장 두드러진 차별이 서반관계에 2품 이상을 두지 않은 점이다. 동반관계는 정1품부터 종9품까지 30개 자급으로 구성되었으나[41], 서반관계는 종9품부터 정3품 당상까지 22개 자급으로 구성되었다. 그래서 무관이 2품 이상으로 오를 때는 동반관계를 받았다. 서반관계에 2품 이상의 품계가 없는 것은 무관을 차별한 대표적인 제도이며, 이런 사실 자체가 문관보다 상대적으로 낮은 무관의 위상을 단박에 보여준다.

둘째, 관직 자리의 수도 차이가 컸다. 『경국대전』에 따르면 동반과 서반의 실직은 5,605자리가 있었다. 동반직이 1,779자리, 서반직이 3,826자리이므로 겉으로 보기에는 무관직이 많으나 실상은 전혀 달랐다. 실직 중 녹봉을 받지 못하는 무록관無祿官, 몇 개월만 녹을 받을 수 있는 체아직遞兒職, 겸직 등을 제외하면 실제로 녹봉을 받는 정직은 동반이 1,579자리, 서반이 821자리에 불과했다.[42] 동반직은 89%가 정직

---

41 『대전회통』(1865년)에서는 정1품인 '상보국숭록대부上輔國崇祿大夫'가 추가되어 총 31개 자급이 되었다.

이지만 서반직은 고작 22%만 정직인 셈이었다.

셋째, 최고위 관청의 위상과 역할도 달랐다. 동반의 최고위 관청인 의정부는 모든 관료를 통솔하는 명실상부한 관청이었다. 반면에 서반의 최고위 관청인 중추부는 고위직에서 물러난 관료들에게 녹봉을 지급하는 기능만 있을 뿐 직무가 전혀 없었다.

또한 출세가 보장되는 청요직도 동반에 집중되었다. 동반의 경우 의정부, 이조, 사헌부, 사간원, 홍문관 등 여러 관청에 청요직을 두었으나, 서반은 선전관宣傳官과 부장部將뿐이었다. 더구나 선전관에는 문관을 임용하는 자리를 따로 두어 문관도 참여할 수 있는 길을 열어놓았다.

넷째, 무관의 군사권을 제한한 구조도 눈여겨봐야 한다. 이는 전략이 전술보다 우월하다는 분위기에서 서반의 최고위직을 문관이 점유하거나 무력화하는 방식으로 이뤄졌다. 조선 전기에 오위의 대장인 오위장은 무려 12명이었고, 오위를 관할하는 오위도총부의 수뇌부인 총관摠管도 10명이었다. 두 곳 모두 복수의 책임자를 두어 군권의 집중을 막은 것이다. 더 놀라운 점은 22명 모두 겸직이며 임기도 1년에 불과해서 이들이 군권을 갖는 것은 애초에 불가능했다.

조선 후기에는 사정이 조금 나아졌으나 기본 취지는 바뀌지 않았다. 군영아문의 핵심이자 삼군문三軍門으로 불린 훈련도감, 어영청, 금위영에는 군영대장(종2품) 위에 도제조(정1품)와 제조(정2품)를 두었다. 도제조는 의정議政 중 1명이 겸임하는 자리였고, 제조는 으레 호조나 병조의 판서가 겸임했다. 도제조나 제조 모두 겸직이자 당연직이나

42 이성무, 『조선초기 양반연구』, 일조각, 1990, 125~126쪽.

적어도 군영의 최고 책임자는 문관이어야 한다는 점을 강조한 조치로 보인다. 지방도 사정은 비슷했다. 각도의 군사 책임자인 병마절도사(종2품)와 수군절도사(정3품 당상)는 지역에 따라 각각 2~3자리인데, 그 중 한 자리는 반드시 관찰사가 겸임했다.

다섯째, 무관이 국왕을 알현할 수 있는 사은숙배나 윤대의 기회도 문관보다 상대적으로 적었다. 사은숙배는 관직에 임명된 사람이 국왕을 비롯해 왕비와 왕세자에게 감사 인사를 드리는 의식이다. 동반직은 최고 1품부터 최하 말단인 9품의 관직까지 한 명도 빠짐없이 모두 사은숙배를 거행했으나, 서반직은 4품 이상의 관직만 거행했다.[43] 5품 이하의 서반직에 임용된 관료는 국왕을 대면할 기회조차 갖지 못한 것이다.

윤대도 마찬가지였다. 윤대는 관아별로 미리 순서를 정한 다음에 그 순서대로 매일 돌아가면서 궐에 들어가 국왕의 질문에 응대하거나 정무를 논의하는 자리였다. 참석 인원은 하루에 5명을 넘을 수 없는데, 문관은 6품 이상의 관료가 참여하고 무관은 4품 이상의 관료가 참석했다.[44] 곧, 사은숙배조차 하지 못한 5품 이하의 무관에게는 원천적으로 국왕을 면대할 기회조차 주어지지 않았다고 볼 수 있다.

여섯째, 무관을 양성하는 교육 기관이 없다는 점도 특징이다. 글을 가르치는 기관은 서당, 향교, 사부학당, 성균관 등이 있어서 어린 시절부터 유학자의 소양을 닦아 생원진사시나 문과를 준비할 수 있었다. 비록 이 기관들이 관료 양성 기능을 수행하지 못했지만 교육 기관을 두었다는 것 자체가 중요하다.

---

43 『경국대전』 권3, 예전 朝儀.
44 상동.

이에 비해 활쏘기를 공식적으로 가르치는 기관은 없었다. 선조 대에 무학武學이 존재했지만 이마저도 오래지 않아 유명무실해졌다. 무관 양성 기관이 없다는 것은 어린 시절부터 무관의 꿈을 키울 수 있는 교육 여건이 사회적으로 준비되지 않았다는 뜻이므로 치명적인 하자로 볼 수 있다.

일곱째, 무관에 대한 인적 관리도 미흡했다. 1402년 무과가 시행된 이후로 문·무는 수레의 두 바퀴와 같다고 하여 반드시 두 과거를 함께 실시했다. 그러나 과거급제자의 명부라 할 수 있는 방목榜目의 간행은 문과와 무과에서 현저히 차이를 보였다.

문과 급제자를 집성한 종합방목은 여러 차례 간행되었으나, 무과 급제자에 대해서는 종합방목을 만들지 않았다. 무관의 모집단이라 할 수 있는 무과 급제자의 명부를 소홀히 취급한 점은 무관에 대한 인적 관리가 미흡한 당시의 현실을 잘 보여준다.

이처럼 무관에게 적용된 정책의 핵심은 무관의 권한을 최소화하는 데 있었다. 이를 위해 무관의 고위직 진출을 차단하거나, 고위 무관직을 유명무실화했다. 따라서 조선시대에 무관의 권리가 문관에 비해 상대적으로 빈약했던 것은 구조적인 사회 시스템의 문제였다고 볼 수 있다.

2장

서반관계의 구성과 운용

1. 서반관계의 구성

'관계'의 종류와 의미

조선시대 관계官階는 『경국대전』을 기준으로 크게 동반관계東班官階, 서반관계西班官階, 잡직계雜職階, 토관계土官階로 나뉜다.

일반적으로 동반관계와 서반관계는 관료를 포함한 일반인이 받는 관계이며, 이 중 동반관계 안에 따로 종친宗親과 의빈儀賓이 받는 관계를 설정하여 운영했다. 또한, 잡직과 토관이 받는 관계는 각각 동반과 서반에 따로 만들어 운영했다. 이에 따라 관계는 총 여덟 가지로 구성되었다.

관계는 관료 체제 내에서 관직 및 관청의 서열이나 관료의 등급을

〈표 1〉 조선시대 관계 종류

구분 \ 대상	관료 등	종친	의빈	잡직	토관
동반	○	○	○	○	○
서반	○	×	×	○	○

나타내는 계급 체계였다. 관계는 산계散階, 산관散官, 품계品階, 관품官品, 직계職階[45] 등으로도 불리며, 관직과 관료를 편제하는 기준이자, 출신과 사회적 지위를 나타내는 척도였다.[46]

『경국대전주해』에서는 "계階는 사다리로, 관官에 등급이 있음을 뜻한다. 마치 사다리에 계단이 있는 것과 같다. '정正'과 '종從'의 품계가 바로 여기에 해당하며, 6품 이상은 계급마다 두 개의 자급을 둔다."[47]라고 설명했다. 이 설명대로 관계는 '영의정 정1품'처럼 관직마다 등급을 나타내거나, '정일품아문正一品衙門'과 같이 관청의 등급을 구분하는 데에도 활용되었다.

또한, 관계는 개인의 직함을 표기할 때 본인 소유의 관계를 가장 먼저 기재하도록 한 것처럼,[48] 개인의 지위와 위상을 드러내는 중요한 척도였다. 개인은 관직 근무 일수, 포폄褒貶 성적, 국왕 특지, 각종 시재나 상전賞典, 대가代加 등 다양한 방법을 통해 관계를 새롭게 획득하거나 더 높일 수 있었다. 이 밖에도 동반 기술직처럼 취재를 거쳐야 하는 아문이나, 충의위 등 서반의 특수 군종은 관직 제수 때마다 관계를 한 단계씩 올려 받았다.[49]

법전에서 '관계'라는 용어는 『전록통고典錄通考』에 처음 등장한다. 『전록통고』는 1707년(숙종 33)에 『경국대전』의 조문과 '삼록三錄'으로 불

---

45 『광해군일기』[중초본] 권60, 14년 3월 6일(임인), "金純職階嘉善, 若付實職, 則當授同知, 而同知(時)無窠闕, 何以爲之." 이 용례에서 보듯이 '직계' 역시 산계의 의미로 사용되었다.

46 남지대, 『조선초기 중앙정치제도연구』, 158쪽.

47 『경국대전주해』 후집상, 이전 경관직조, "階, 梯也, 言官有等列, 如梯之有級也, 卽正從之品是也, 六品以上, 每階二加."

48 『경국대전』 권1, 이전 경관직, "凡職銜, 先階, 次司, 次職."

49 이지훈, 「조선초기 考課制度 연구」, 고려대 박사학위논문, 2022. 69~73쪽.

『경국대전』 서반관계 기재 부분	『전록통고』 '서반관계' 부분
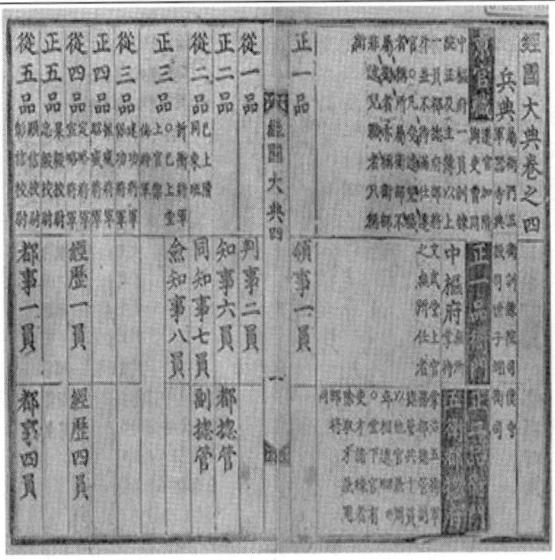	
장서각 (K2-2062)	장서각 (K2-2092)

린 『대전속록』(1492), 『대전후속록』(1543), 『수교집록』(1698)의 조문을 통합하여 편찬한 법전이다. 즉 "『경국대전』은 경서와 같고, 삼록은 전傳이나 주註와 같은"[50] 형태로 편집했으며, 『경국대전』 반포 이후 최초로 수정·증보한 종합 법전이다.

이 법전의 「범례」에 관계와 관련하여 중요한 사항이 들어 있다. 바로 "각 품계의 자급을 작은 글자로 쓰는 것은 적당하지 않으므로 지금 큰 글자로 고치고, '동반관계'라는 글자를 추가한다. 서반도 같다."[51]라는 내용이다.

위의 도판에서 보듯이 『경국대전』에는 아무런 제목 없이 각 관품을 적고, 각 관품에 해당하는 명칭들을 관품 아래에 작은 글씨로 적었다. 이 부분을 『전록통고』에서는 '동반관계'와 '서반관계'라는 제목을 달고 각 품계의 명칭도 큰 글자로 적었다. 따라서 조선시대에 관계를 이르

50 『典錄通考』 凡例.

51 『전록통고』 범례, "各品官資, 不當作小字, 故今改爲大字, 而補東班官階字, 西班同."

는 대표 용어는 '동반관계'와 '서반관계'라 할 수 있다.[52]

한편, 산계 또는 산관도 관계와 관련하여 자주 사용된 용어였다. 『당률소의唐律疏議』(653)에서는 "관장하는 업무가 있는 자를 직사관職事官이라 하고, 관장하는 업무가 없는 자를 산관散官이라 한다."[53]라고 설명했다. 곧, 산관은 직사관과 대비되는 개념으로, 직무가 없는 상태를 의미했다.

『경국대전』에서는 '산계'와 '산관'이라는 용어가 모두 등장한다. 산계는 체아록遞兒祿과 관련하여 한 차례 나오며, "근무 일수를 채우면 자급을 올려주고, 거관하면 산계를 준다."[54]라는 내용이다. 산관은 두 차례 등장하는데 그중 하나를 살펴보면, "무릇 좌석의 차례는 본 아문에서는 직사를 따르고, 관사 밖에서는 산관을 따르되 산관만 받은 자는 실직 본품의 끝에 앉는다."[55]라는 내용이다.

이에 대해 『경국대전주해』에는 "실직이 없고 관계만 있는 것을 산계라고 하니 곧 산관을 말한다. 동반계는 문산관이고, 서반계는 무산관이다."[56]라고 설명했다. 따라서 산계나 산관은 같은 의미이며, 개인이 관계만 소유했거나 관료로 지내다가 실업失業의 상태가 된 경우를 모두 아우른다.

---

52 이 책에서는 '관계' 이외에도, 경우에 따라 더 이해하기 쉽고 직관적인 표현인 '품계'나 '관품' 등의 용어도 사용했다.

53 『唐律疏議』 권1, 名例, 八議, "六曰議貴〈謂職事官三品以上, 散官二品以上, 及爵一品者〉, 疏議曰, 依令, 有執掌者, 爲職事官, 無執掌者, 爲散官, 爵, 謂國公以上."

54 『경국대전』 권1, 이전 체아, "祿毋越階, 兒隨下階, 仕滿遷階, 去官散階."

55 『경국대전』 권3, 예전 京外官會坐, "〈凡座次, 本衙門, 從職事, 司外, 從散官, 只受散官者, 坐實職本品之末〉."

56 『경국대전주해』 후집상, 이전 遞兒條, "散階, 無實職而只有階曰散階, 卽散官也, 東班階文散官, 西班階武散官."

1392년에 제정된 서반관계

조선시대의 관계는 동반관계와 서반관계가 주축을 이뤘다. 이 제도는 1392년(태조 1) 7월에 처음 제정되어 시행되었다. 조선을 창건한 태조 이성계가 고려왕조의 제도를 계승하면서도 조선왕조의 새로운 정치적 요구와 조직에 맞게 개선하여 새롭게 마련한 것이었다.[57]

고려시대의 관계는 몇 차례 변화를 거쳐 완성되었다. 태조 왕건이 신라와 태봉泰封의 관계를 계승하여 제도를 마련했고, 958년(광종 9) 광종이 당나라의 문산계文散階를 도입하여 재정비했다. 이에 당시 관계 체계는 기존의 토착 관계와 당의 문산계를 병용한 혼합적인 구조를 이루었다. 이후 995년(성종 14) 성종이 무산계武散階를 신설함으로써 문산계와 무산계의 체계가 확립되었고, 기존의 토착 관계는 향직계鄕職階로 전환되었다.[58]

〈표 2〉에 따르면, 995년에 마련된 무산계는 종1품부터 종9품까지 총 29개 자급으로 이뤄졌고, 정1품은 존재하지 않았다. 문산계 역시 정1품 없이 종1품부터 종9품까지 29개 자급으로 구성되었다. 여기서 주목할 점은 무산계를 무관에게 지급하지 않았다는 사실이다. 문산계는 문관과 무관에게 지급하고, 무산계는 향리, 여진 추장, 제주 왕족濟州王族, 나이 많은 군사, 악공樂工, 공장工匠 등에게 부여했다.[59]

그래서 조선 초기 『고려사』의 편찬자들은 "지금 역사서에 나오는 내용을 고찰해 보면, 무관에게는 모두 산계가 없다. 따라서 그 연혁이나 설치 및 폐지에 대해 잘 알 수 없다."[60]라고 밝히고 있다. 이는 조

57 이성무, 『조선양반사회연구』, 일조각, 1995, 63쪽.
58 이정훈, 「고려전기 문산계 운영에 대한 재검토」, 『동방학지』 150, 2010, 202쪽.
59 박용운, 『고려시대 관계·관직연구』, 고려대출판부, 1997, 46쪽.

선시대처럼 무산계를 무관에게 적용하지 않았으므로 무관에게는 관계가 없다고 본 것이다.

조선시대의 서반관계는 앞서 언급한 대로 1392년에 관제官制를 정할 때 동반관계와 함께 제정되었다.[61] 서반관계는 3품에서 8품까지 12개 관계로 이뤄졌다. 이 중 6품 이상의 관계는 상·하 두 자급으로 구성하고 7품 이하는 한 자급만 두어 총 12개 관계, 20개 자급이 되었다. 명칭은 4품 이상을 장군將軍, 5품에서 6품까지를 교위校尉, 7품에서 8품까지를 부위副尉로 구분했다.

1392년(태조 1) 제정된 서반관계를 고려의 무산계와 비교하면 큰 변화를 한눈에 알 수 있다. 첫째, 가장 큰 변화는 2품 이상의 관계와 9품의 관계가 사라졌다. 둘째, 3품을 두 자급으로 나누고, 7품과 8품을 한 자급으로 통합한 점도 큰 차이다. 참고로 이때는 정3품 상계上階인 절충장군이 당상관이 아니었다. 셋째, 고려시대에는 교위와 부위가 종6품부터 종9품까지 각 관계의 상·하 자급을 구분하는 명칭이었으나, 조선시대에서는 6품 이상과 7품 이하의 관계를 구분하는 명칭으로 바뀌었다. 넷째, 고려시대에는 '장군' 호칭이 정6품 상계부터 사용되었으나 조선시대에는 4품부터 사용되었다.

한편, 서반관계의 특성을 잘 파악하기 위해서는 1392년에 함께 제정된 동반관계의 특징도 짚어봐야 한다. 동반관계는 정1품에서 종9품까지 총 18개 관계, 30개 자급으로 구성되었다. 서반관계에 비해 2품 이상의 관계 4개(8개 자급)와 9품 관계 2개(2개 자급)가 더 많다. 명칭은 4품 이상을 대부大夫, 5품 이하를 낭郎으로 양분했다.

---

60 『고려사』 권77, 지 31, 백관 2, 武散階.

61 『태조실록』 권1, 1년 7월 28일(정미).

〈표 2〉 고려와 조선의 서반관계

품계 \ 왕조	고려 995년 (성종 14)	조선 1392년 (태조 1)	조선 1466년 (세조 12)	조선 『경국대전』 (1485년 반포)
정1품	·	·	·	이상의 관계는 동반과 같음
종1품	표기대장군			
정2품	보국대장군			
종2품	진국대장군			
정3품	관군대장군	절충장군	절충장군(이상 당상관)	절충장군(이상 당상관)
		과의장군	어모장군	어모장군
종3품	운휘대장군	보의장군	건공장군	건공장군
		보공장군	보공장군	보공장군
정4품	중무장군	위용장군	진위장군	진위장군
	장무장군	위의장군	위의장군	소위장군
종4품	선위장군	선절장군	정략장군	정략장군
	명위장군	선략장군	선략장군	선략장군
정5품	정원장군	충의교위	과의교위	과의교위
	영원장군	현의교위	충의교위	충의교위
종5품	유기장군	현신교위	현신교위	현신교위
	유격장군	창신교위	창신교위	창신교위
정6품	요무장군	돈용교위	돈용교위	돈용교위
	요무부위	진용교위	진용교위	진용교위
종6품	진위교위	승의교위	여절교위	여절교위
	진무부위	수의교위	병절교위	병절교위
정7품	치과교위	돈용부위	적순부위	적순부위
	치과부위			
종7품	익위교위	진용부위	분순부위	분순부위
	익휘부위			
정8품	선절교위	승의부위	승의부위	승의부위
	선절부위			
종8품	어모교위	수의부위	수의부위	수의부위
	어모부위			
정9품	인용교위	·	효력부위	효력부위
	인용부위			
종9품	배융교위		전력부위	전력부위
	배융부위			
계	**29**	**20**	**22**	**30(자체 자급 22)**

이 체계는 『경국대전』에서도 그대로 유지되었고, 다만 정1품의 명칭만 특진보국숭록대부特進輔國崇祿大夫에서 대광보국숭록대부大匡輔國崇祿大夫로, 보국숭정대부輔國崇政大夫에서 보국숭록대부로 바뀌었다.[62] 이후

『대전회통』에서 정1품의 중간 자급으로 상보국숭록대부上輔國崇祿大夫가 추가되어 총 31개 자급이 되었다.[63]

이를 바탕으로 서반관계와 동반관계를 비교해 보면 두 가지 차이를 알 수 있다. 첫째, 서반관계에는 2품 이상의 관계를 두지 않았다. 이 점은 조선왕조가 끝날 때까지 변함없었으며, 무武를 차별한 하나의 증표이자 제도의 반영이라 할 수 있다.[64] 정약용丁若鏞은 서반관계를 개정해서 2품부터 시작해야 한다고 주장했으나, 1품만은 제안하지 않았다. 1품의 관직은 무사武事와 관련한 직임을 맡지 않는다는 이유에서였다.[65]

둘째, 서반관계에는 9품도 존재하지 않았다. 이때 9품이 제외된 이유는 명확하지 않으나. 이로 인해 최하위 무관을 관계에 포함하지 못하는 제도의 미비점이 드러났다.[66] 또한 9품이 없어서 바로 8품으로 넘어가는 구조도 문제였다.

이러한 문제는 1436년(세종 18)에 개선되었다. 세종은 서반에 임용되는 사람들도 9품부터 시작하도록 하여 9품을 추가하고, 정9품은 진무부위進武副尉, 종9품은 진의부위進義副尉라 명명했다.[67] 이로써 서반관계는 총 14개 관계, 22개 자급으로 확대되었다.

---

62 『경국대전』 권1, 이전 경관직.

63 『대전회통』 권1, 이전 경관직 동반관계.

64 남지대는 1392년에 서반관계에서 2품 이상이 사라진 이유를 당상관의 하한선 조정으로 설명했다. 고려시대에는 정2품 이상의 재추만 당상관이어서 서반에 종2품을 두어도 괜찮았으나, 이때는 2품 이상을 당상관으로 간주하면서 서반에서 종2품 이상의 관계를 없앴다고 보았다(남지대, 『조선초기 중앙정치제도연구』, 159~160쪽).

65 丁若鏞, 『經世遺表』 권3, 天官修制, 西班官階, "一品之職, 不任以武事, 唯有東班之階."

66 이성무, 『조선양반사회연구』, 66쪽.

67 『세종실록』 권73, 18년 윤6월 19일(계미).

『경국대전』의 서반관계 구성

조선시대 서반관계는 『경국대전』에서 총 18개 관계, 30개 자급(자체 자급 22개)으로 완성되었다. 이 서반관계는 1466년(세조 12) 세조가 정비한 서반관계의 체제를 거의 그대로 명문화한 것이며, 여기에 2품 이상의 관계 규정을 새롭게 추가한 것이었다.

1466년에 세조가 관제를 재조정하면서 정비한 서반관계는 이전과 비교하여 두 가지 변화를 보였다. 첫째, "절충장군折衝將軍은 당상관으로 올린다."[68]라고 했듯이 절충장군을 당상관으로 승격했다. 이 조치로 2품 이상이 없는 서반관계에 당상관이 새롭게 생겼으므로 큰 변화라 할 수 있다.[69]

둘째, 관계의 명칭도 대폭 바뀌었다. 〈표 2〉에서 보듯이 어모장군禦侮將軍, 건공장군建功將軍, 진위장군振威將軍, 정략장군定略將軍, 과의교위果毅校尉, 여절교위勵節校尉, 병절교위秉節校尉, 적순부위迪順副尉, 분순부위奮順副尉, 효력부위效力副尉, 전력부위展力副尉 등의 새로운 명칭이 제정되었다.

이후 『경국대전』의 서반관계 체제는 세조 대에 정비된 서반관계를 그대로 반영하여 성립되었다. 다만, 정4품 하계下階의 명칭이 위의장군威毅將軍에서 소위장군昭威將軍으로 바뀐 점만 차이가 있었다. 이에 따라 『경국대전』에서도 서반관계는 정3품 당상관부터 종9품까지 총 14개 관계, 22개 자급이 되었다.[70] 3품부터 6품까지는 한 관계에 두 자급을

---

68 『세조실록』 권38, 12년 1월 15일(무오).

69 참고로 통정대부(정3품 당상 동반관계)가 당상관이 된 시점에 대해서는 여러 의견이 있다. 남지대는 1466년 절충장군을 당상관으로 승진시킨 시점으로 보았고, 최이돈은 1477년경으로 파악했다. 한충희는 1484년까지 당상 품계가 정비되었다고 보았다(남지대, 『조선초기 중앙정치제도연구』, 173쪽; 최이돈, 『조선전기 특권신분』, 경인문화사, 2017, 44쪽; 한충희, 『조선초기 관직과 정치』, 계명대학교출판부, 2008, 55쪽).

70 『경국대전』 권4, 병전 경관직.

두었으며, 7품에서 9품까지는 각각 한 자급으로 이뤄졌다. 이 체제는 조선왕조가 끝날 때까지 유지되었다.

그런데『경국대전』의 서반관계는 세조 대와 큰 차이가 한 가지 있었다. 바로 2품 이상에 대해 "이상以上의 관계는 동반과 같다."[71]라는 규정을 신설해서 절충장군까지 올라가면 이어서 동반관계를 받도록 명시한 점이다. 외형적으로는 종전과 마찬가지로 2품 이상의 독자적인 관계는 없었으나, 관련 규정을 신설하여 1품부터 9품까지의 전체 체계를 실현했다는 점에서 큰 진전을 이룬 것이었다.

그 결과『경국대전』의 서반관계는 자체 관계 14개에 정1품부터 종2품까지의 동반관계 4개를 더해 18개 관계가 되고, 자급도 8개[72]가 더해져 30개 자급 체계를 이루게 되었다. 즉,『경국대전』의 서반관계 구조는 총 18개 관계, 30개 자급으로 정비되었다고 할 수 있다. 이후『대전회통』에서 정1품 동반관계에 상보국숭록대부의 자급이 추가되면서 서반관계 자급도 총 31개가 되었다.

일각에서는 무관이 2품 이상의 관계로 올라가면서 '대부'의 칭호를 사용하는 것에 대해 비판적인 시각을 보였다. 류수원柳壽垣은 "무직의 경우 종2품 이상은 모두 대부로 칭하고 정3품 이하는 모두 장군이나 교위로 칭하는데, 이는 참으로 근거가 없는 것이다."[73]라고 지적했다. 그는 중국왕조처럼 1품 이상의 문관과 무관에게 대부의 칭호를 부여하는 것은 적절하다고 보았지만, 2품 이하의 무관까지 대부라 칭하는 것은 제도의 문란을 초래한다고 비판했다.

71『경국대전』권4, 병전 경관직, "已上階, 同東班."

72 동반관계의 8개 자급은 정1품의 대광보국숭록대부 · 보국숭록대부, 종1품의 숭록대부 · 숭정대부, 정2품의 정헌대부 · 자헌대부, 종2품의 가정대부 · 가선대부였다.

73 柳壽垣,『迂書』권3, 관제총론.

이상으로 서반관계는 1392년(태조 1) 처음 제정된 이후, 1436년(세종 18)에 9품을 신설하고, 1466년(세조 12)에 당상관의 관계를 마련하면서 정3품 당상관부터 종9품까지 설정되었다. 이어서 『경국대전』에서는 2품 이상부터 동반관계를 사용하도록 규정하면서 불완전하게나마 1품부터 9품까지 전체 체제가 마련되었다. 이는 문치주의의 제도적 반영이지만, 조선 관료 체제의 중요한 진전으로 평가할 수 있다.

2. 서반관계의 운용

문관도 받는 서반관계

본래 관계는 관직과 함께 운용되었으므로 관직마다 관계를 부여하는 방식이었다. 하지만 점차 관계와 관직이 이원화되면서 관계만 올려주거나, 산관(또는 산계)처럼 관직 없이 관계만 소유하는 사례가 늘어났다.

이런 배경에서 서반관계는 무관만 받지 않았다. 무관도 동반관계를 받았고, 문관도 서반관계를 받았다. 더 정확히 말하면 동반관계와 서반관계는 과거급제 여부나 관직 유무, 문관·무관·음관의 출신 성분과 관계없이 조건만 되면 누구나 받을 수 있었다.

먼저, 서반관계는 문과를 준비하는 학생學生, 유학幼學, 유생儒生 등에게 대가代加로 지급되어 무산계를 갖고 문과에 급제한 사람을 찾아볼 수 있다. 이에 따라 1623년(인조 1) 대가로 받을 수 있는 관계를 통덕랑通德郎(정5품 동반관계)으로 제한하는 조치가 있기 전까지 무산계를 지니고 문과에 급제한 사례가 약 82명으로 확인된다. 그러나 1624년 이후에는 무산계를 띤 채 문과에 급제한 사람을 찾아볼 수 없다.[74]

다음으로 동반관계를 소지한 문관이나 음관이 서반관계를 받는 경우는 주로 서반의 실직이나 '절충장군 행 용양위 부호군折衝將軍行龍驤衛副護軍'과 같이 오위의 군직을 받을 때였다. 단, 가선대부(종2품 동반관계) 이상의 관료는 기존의 동반관계를 그대로 사용했다. 이는 2품 이상의 서반관계가 없어 동반관계를 그대로 사용한 것으로 판단되며, 몇몇 사례에서 이를 확인할 수 있다.

문관 손중돈孫仲暾은 1509년(중종 4) 2월에 상주 목사로 있으면서 통정대부(정3품 당상 동반관계)에 올랐고, 같은 해 6월 '절충장군 행 충좌위 호군'이 되어 중앙으로 복귀했다. 1510년에 '통정대부 좌승지'로 있다가 '절충장군 첨지중추부사'가 되었다. 1513년 '절충장군 행 의흥위 부호군', 1514년 '절충장군 첨지중추부사', 1515년 윤4월 '가선대부 행 첨지중추부사'를 거쳐 같은 해 7월 '가선대부 동지중추부사 겸 오위도총부 부총관'이 되었다.[75] 이처럼 통정대부에 오른 그가 호군(정4품)·부호군(종4품)의 군직이나 중추부의 정직을 받을 때면 절충장군(정3품 당상)의 서반관계를 띠었고, 가선대부로 오른 뒤로는 그대로 가선대부를 사용했다.

조선 후기에도 마찬가지였다. 안극효安克孝는 1741년(영조 17) 문과에

74 최승희, 「조선시대 代加 관련 古文書와 文科榜目 급제자의 文·武散階 記載」, 『조선시대사학보』 63, 2012, 212~215쪽의 〈표1〉, 216~217쪽. 다만, 무관 집안에서는 1623년 이후에도 여전히 무산계로 대가가 이뤄지고 있었다. 대표적으로 학생 하성징河聖澄은 아버지 하진룡河震龍이 대가를 해준 덕분에 수의부위(종8품), 적순부위(정7품), 진용교위(정6품), 현신교위(종5품)가 되었다(『古文書集成 57-晉州 雲門 晉州河氏篇』, 한국정신문화연구원, 2002, 13~14쪽).

75 『고문서집성 32-慶州 慶州孫氏篇』, 한국정신문화연구원, 1997, 35~48쪽.

장원 급제하여 장원 우대 규정에 따라 바로 선무랑 수守 성균관 전적에 임명되었다. 그 뒤 여러 벼슬을 거쳐 1744년 '조봉대부 행 병조 정랑', 1747년 '중훈대부 행 태안 군수'가 되었다. 1748년에는 '통훈대부 행 사헌부 지평', '보공장군 행 용양위 부사직', '어모장군 행 충무위 부사과', 1750년에는 '어모장군 행 충무위 부사과', '통훈대부 진주 목사' 등이 되었다.[76] 안극효 역시 지평, 장령, 목사 등으로 근무하다가 부사직(종5품)이나 부사과(종6품) 등의 군직을 받을 때면 서반관계인 보공장군(종3품), 어모장군(정3품당하)을 띠었다.

순암 안정복安鼎福은 1749년에 문음으로 후릉厚陵 참봉이 되어 관직에 첫발을 내디뎠다. 1752년 의릉懿陵 직장으로 임명되면서 별가別加로 통훈대부(정3품 당하 동반관계)가 되었다. 이후 1765년까지 통훈대부로 있다가 어느 시점인지 알 수 없으나 1772년에는 어모장군을 띠었다. 1789년(정조 13)에는 나이 70세이자 음관으로 40년 동안 관직 생활을 한 공로로 통정대부가 되고, 이어서 같은 해에 '절충장군 첨지중추부사'가 되었다.[77] 안정복은 통정대부의 동반관계가 있었으나 중추부의 벼슬을 받을 때는 절충장군을 띠었다.

한편, 18세기 후반 이후로 문관에게 주는 서반관계는 점차 낮아지는 추세였다. 1783년 문과에 급제한 김낙일金洛一은 1790년에 승훈랑(정6품 동반관계)과 봉렬대부(정4품 동반관계)를 거쳐 '조봉대부 행 성균관 전적'이 되었다. 1793년 '통훈대부 행 병조 좌랑', '통훈대부 행 예조 좌랑' 등으로 임명되고, 1795년 '선략장군 행 훈련원 주부', 1797년 '통훈

76 『고문서집성 98-南原 順興安氏 思齋堂後孫家篇』, 한국학중앙연구원, 2010, 51~71쪽.
77 『고문서집성 8-廣州安氏 · 慶州金氏篇』, 한국정신문화연구원, 1990, 7~19쪽, 31~32쪽; 『승정원일기』 정조 13년 8월 4일(신미).

대부 행 예조 좌랑' 등이 되었다.[78] 김낙일이 통훈대부로서 훈련원 주부로 임명될 때 통훈대부보다 낮은 선략장군(종4품)의 서반관계를 띤 점이 주목된다.

1861년(철종 12) 문과에 급제한 정학묵鄭學默의 사례도 있다. 그는 문과 급제 직후 승정원 가주서로 임명되었으나, 곧 교체된 뒤 다시 가주서로 임명되었다. 이때 직명이 없으므로 전례대로 군직을 주어 관대를 갖추고 근무하라는 전교에 따라 '적순부위 용양위 부사정'이 되었다.[79] 이후 적순부위(정7품 서반관계)에 이어 1863년 승륙陞六이 되면서 '선략장군 부사과'가 되었다. 그 뒤 통훈대부로서 사간원 정언, 사헌부 지평, 홍문관의 교리, 부수찬 등을 지냈으나, 군직을 받을 때는 '선략장군 행 용양위 부사직', '선략장군 행 용양위 부사과'처럼 계속 선략장군을 띠었다.[80]

절충장군에서 가선대부로 올라가는 방식

『경국대전』을 기준으로 조선시대 서반관계의 자체 상한선은 정3품 당상관인 절충장군이었다. 그런데 절충장군까지 오른 사람들이 2품 이상의 관계를 어떤 방식으로 획득했는지는 명확하지 않다. 『경국대전』에는 "이상의 관계는 동반과 같다."라고만 되어 있을 뿐이며 구체적인 규정이나 절차는 제시되어 있지 않다.

위 규정대로라면 절충장군 소유자가 종2품으로 올라갈 때 바로 동

78 『고문서집성 39-海南 金海金氏篇』, 한국정신문화연구원, 1998, 10~21쪽.
79 『승정원일기』 철종 12년 5월 1일(무자).
80 『고문서집성 97-東萊鄭氏 東萊府院君 鄭蘭宗宗宅篇』, 한국학중앙연구원, 2010, 32~42쪽.

반관계의 종2품인 가선대부를 받아야 한다. 그러나 현실에서는 다 그렇지 못했던 것 같다. 절충장군에서 가선대부로 바로 올라가지 못하고 동반관계의 정3품 당상관인 통정대부를 거친 다음에 가선대부를 받는 경우가 종종 있었다. 이로 인해 절충장군을 소지한 무관은 사실상 정3품 당상관 관계를 두 번 거치는 상황이 발생했다.

이러한 방식은 정3품 당상관의 서반관계를 동반관계와 동급으로 인정하지 않아서 생긴 결과로 보인다. 이와 딱 맞아떨어지는 사례는 아니지만 유사한 사례가 있다. 동반 잡직雜職인 사복시의 마의馬醫, 소격서의 도류道流, 도화서의 화원畵員이 정직正職을 받을 때도 관계를 한 자급 내리게 했다.[81] 잡직과 정직이라는 현격한 차이로 인해서 잡직에서 띤 품계를 정직에서 그대로 띠지 못하게 한 조치였다.

또한, 여기에는 가선대부의 위상도 한몫한 것 같다. 1405년(태종 5) 관제 개혁으로 가선대부는 대신大臣으로 불리면서 특권을 갖게 되었고, 통정대부와 현격한 존비의 분별이 생겼다. 사회적으로는 문음과 3대 추증追贈의 혜택을 받았고, 사법적으로는 작은 죄의 경우 면죄를 받고 처벌도 가벼웠다. 또 '계문치죄啓聞治罪'라 하여 먼저 국왕에게 보고한 뒤 죄를 묻게 했다. 고과를 받지 않았고 상피相避의 적용 대상도 아니었으며, 중시重試를 치러야 하는 의무도 없었다. 이처럼 가선대부는 특권을 누리면서 고과나 상피, 자질 검증으로부터 자유로운 특별한 존재였다.[82]

이런 까닭에 절충장군을 소지한 무관이 종2품에 오르기 위해서는 통정대부를 먼저 거치게 한 것으로 보인다. 비록 법전에서는 해당 규

---

81 『경국대전』 권1, 이전 雜職, "授正職時, 降一階."
82 최이돈, 『조선전기 특권신분』, 11~22쪽, 27~31쪽.

정을 찾아볼 수 없으나 조선왕조실록이나 현전하는 교지敎旨에서 이를 뒷받침하는 실례를 다수 확인할 수 있다.

문음으로 출사한 이염의李念義는 1461년(세조 7) 호군(정4품)에 임명된 후 절충장군으로 승진하고, 1463년에 통정대부가 더해지며 첨지중추부사(정3품 당상)에 임명되었다. 이어 1467년에는 가선대부 경주 부윤에 올랐다.[83] 그의 관계를 살펴보면, 절충장군에서 통정대부를 거쳐 가선대부로 승진한 사실을 확인할 수 있다.

조선 후기에 하명상河命祥의 사례도 있다.[84] 1751년(영조 27) 무과에 급제한 그는 1756년 호랑이를 잡은 공으로 절충장군이 되었다가 1763년에 통정대부 기장 현감이 되었다. 이후 10년 뒤인 1773년에 72세의 나이로 인해 특별히 통정대부에 이어 가선대부가 되었다. 하명상도 절충장군에서 통정대부를 거쳐 가선대부로 승진했다.

전라도 구례의 류이주柳爾胄는 1753년 무과에 급제했다. 그는 1768년 절충장군 함경남도 병마 우후 등을 거쳐 1771년 통정대부 행 낙안군수로 임명되었다. 이후 1775년에 무기를 보수하고 새롭게 구비한 공로로 가선대부가 되었고, 1789년(정조 13) 자헌대부(정2품 동반관계)에 올랐다.[85] 그 역시 절충장군, 통정대부, 가선대부를 거쳐 자헌대부에 올랐음을 확인할 수 있다.

경상도 안동의 유학幼學 이찬李瓚은 1875년(고종 12)에 '절충장군 행 용양위 부호군'으로 임명되었고, 1882년에 나이가 85세에 이르자 한 자급을 올리라는 전교에 따라 통정대부가 되었다. 이어 1884년에도 나

83 『성종실록』 권269, 23년 9월 29일(정유).
84 『고문서집성 57-晉州 雲門 晉州河氏篇』, 한국정신문화연구원, 2002, 6쪽, 16~24쪽.
85 『고문서집성 37-求禮 文化柳氏篇(Ⅰ)』, 한국정신문화연구원, 1998, 1~13쪽.

이 87세로 노인직老人職 규정에 따라 가선대부에 올랐다.[86] 이찬의 사례에서 주목할 점은 절충장군에서 한 자급 올라간 관계가 통정대부였다는 사실이다.

절충장군의 위상

절충장군은 여러 족보에서 오위장과 함께 가장 자주 보이는 이력이다. 칭호에 '장군'이 있어서 무관직으로 오인하기 쉬운데 관직이 아니라 관계이다. 절충장군은 1392년(태조 1) 서반관계를 처음 정할 때부터 최고 정점에 있는 정3품 품계였고, 1466년(세조 12) 당상관으로 정해지면서 그 위상을 공고히 하게 되었다.

절충장군은 관계인데도 법전에 "이상 당상관"처럼 '관' 자를 붙여 놓았다. 동반관계도 마찬가지로 '숭정대부'에 "이상 당상관"이라 적혀 있다. 따라서 절충장군은 관계이지만 당상관이라는 위상은 관직 못지않았다.

조선시대에 당상관은 각종 대우를 받는 고급 관료였다. 당상관은 근무 일수에 따라 진급하는 순자법循資法에 구애받지 않았다. 당상관은 직무와 관계없이 자급의 고하에 따라 국왕이 그때그때 좌차座次를 정하는 '좌목座目'에 따라 임명되었다. 파직 뒤에도 자숙의 기간을 거치지 않고 바로 재임용될 수 있었다. 당상관은 초피貂皮로 만든 이엄耳掩을 착용할 수 있고, 당상관의 어머니, 딸, 부인, 며느리는 덮개 있는 가마를 탈 수 있었다.[87] 무엇보다도 당상관은 국왕의 의지로 발탁되고, 특

86 『고문서집성 49-安東 法興 固城李氏篇』, 한국정신문화연구원, 2000, 12~16쪽.
87 이성무, 『조선초기 양반연구』, 88~91쪽.

지로 가자加資되는 그 자체가 정치적 산물이었다.88

서반관계에서 유일한 당상관인 절충장군의 높은 위상은 조선왕조실록에 나오는 여러 사례를 통해 확인할 수 있다. 세조는 '이시애의 난'을 평정한 공으로 적개공신 1등이 된 이숙기李淑琦에게 절충장군을 내려 포상했다.89 적개공신 2등 이서장李恕長에게도 절충장군 대호군(종3품)을 제수했다.90 예종은 남이南怡의 옥사를 다스린 공으로 익대공신 3등이 된 권찬權攢에게 절충장군 행 호군을 내린 뒤 가선대부로 올리고 봉군封君했다.91

성종도 문소전文昭殿 공사를 감독한 공로자들에게 절충장군을 내려주었다.92 중종 역시 반역 모의자들을 고발한 의정부의 남자종 정막개鄭莫介에게 각종 상전과 함께 절충장군 상호군(정3품 당하)을 내려주었다.93 명종 대에도 관사觀射에서 수석과 차석을 차지한 사람들에게 절충장군을 각각 내린 뒤에 그날로 의장을 갖추고 경회루 못가에서 사은숙배하게 했다.94

이처럼 절충장군이 서반관계의 유일한 정3품 당상관이다 보니 상전으로 자주 이용되었다. 이 과정에서 당상관의 수가 급격히 늘어나면서 절충장군의 희소가치도 낮아졌다. 이는 서반관계뿐만 아니라 동반관계도 마찬가지였다. 성종 대에 이미 통정대부 이상의 당상관이 360명에 달했다는 연구 결과도 나와 있다.95

---

88 남지대, 『조선초기 중앙정치제도연구』, 179쪽.
89 『성종실록』 권234, 20년 11월 5일(기미).
90 『성종실록』 권171, 15년 10월 11일(을축).
91 『성종실록』 권204, 18년 6월 11일(기묘).
92 『성종실록』 권289, 25년 4월 19일(정축).
93 『중종실록』 권19, 8년 10월 25일(기미).
94 『명종실록』 권18, 10년 4월 22일(병술).

그럼에도 불구하고 조선 후기에 절충장군의 위상은 여전히 높았다. 인조 대에도 반정反正의 공을 세운 인조의 이모부 홍희洪憙에게 특별히 절충장군을 내려주었다.[96] 1719년(숙종 45) 숙종은 진휼곡을 희사한 경강 상인 김세만金世萬에게 그 공로를 인정하여 절충장군을 내렸다.[97]

무관 노상추盧尙樞의 사례도 절충장군의 위상을 잘 보여준다. 노상추는 1787년(정조 11) 함경도의 진동鎭東 만호로 임명되자 세력이 없어 수령으로 나가지 못했다고 낙담했으나, 1789년 12월에 30개월 임기를 완수하고 출륙出六을 하여 훈련원 주부가 되었다.[98]

그러나 노상추는 임기를 마친 후 큰 병에 걸려 1790년 3월에야 간신히 한양에 도착했다. 그래서 주부 직을 수행하지 못했지만, 진동에서의 근무 성과가 인정되어 한양에 도착하자마자 절충장군이 되었다.[99] 이때 노상추가 받은 교지에 적힌 직함은 '절충장군 행 용양위 부호군'[100]이었으며, 당상관이 된 심정을 다음과 같이 일기에 적었다.

> 병조 하인이 와서 포상을 청한 계사에 대한 회계回啓 문서를 바쳤다. 그것을 보니 과연 어제 가자加資하라고 윤허하셨고, 오늘 정사에서 절충장군의 교지가 왔다. 옥관자를 귀밑머리에 붙이고 하루아침에 당상 칭호를 얻게 되었으니 황송하고 감격스러워 몸 둘 곳을 모르겠다.[101]

---

95 최이돈, 『조선전기 특권신분』, 43쪽.

96 『인조실록』 권6, 2년 7월 6일(무오).

97 『숙종실록』 권64, 45년 7월 11일(임오).

98 『노상추일기』 1787년 6월 22일; 1790년 1월 4일.

99 정해은 「조선후기 무신의 중앙 관료생활 연구」, 『한국사연구』 143, 2008, 309~310쪽.

100 『노상추일기, 노철 · 노상추 부자, 100년의 기록』(구미성리학역사관 기획전시 도록), 구미성리학역사관, 2022, 63쪽.

101 『노상추일기』 1790년 4월 9일.

한편, 당상관으로서 높은 위상을 지닌 절충장군은 임진왜란을 계기로 가선대부, 통정대부와 함께 납속納粟의 대가로 발급하는 공명첩空名帖의 직함으로도 사용되기 시작했다.

명종 대까지 간헐적으로 시행한 납속은 임진왜란을 계기로 본격화되었다.[102] 진휼 및 각종 공사비용, 군량 등의 재원을 마련하기 위해 실시한 납속은 그 대가로 관직이나 관품 제수, 면역免役·면천免賤의 혜택을 내렸다. 이 가운데 관품은 가선대부나 통정대부와 같은 당상관 첩帖을 주었는데, 여기에 절충장군도 포함되었다.

대표적으로 1592년(선조 25) 선조는 군량이 부족하자 군량을 바친 자에게 관직의 상을 내리라고 명했다. 이때 사용된 관계가 통정대부와 절충장군이었으며, 관직은 시寺·감監의 정正에서부터 참봉, 별제 등이었다.[103] 1596년에도 일본인 요시라要時羅와 평경직平敬直이 벼슬을 원하자 절충장군과 호군(정4품)의 공명 고신空名告身을 보내려다가, 선조의 명으로 정직인 첨지중추부사로 교체되었다.[104]

이후에도 여러 이유로 곡식을 희사한 사람들에게 절충장군의 공명첩을 내려주는 조치가 지속적으로 이뤄졌다. 이에 1726년(영조 2) 장령 박필정朴弼正은 지방민의 진휼 자금을 마련하기 위해서 통정대부와 절충장군의 첩을 팔 수 있게 한 규정의 철폐를 건의할 정도였다.[105]

---

102 서한교, 「조선 선조, 광해군대의 납속제도 운영과 그 성과」, 『역사교육논집』 20, 1995, 152쪽.

103 『선조수정실록』 권26, 25년 11월 1일(정사).

104 『선조실록』 권82, 29년 11월 28일(경신).

105 『영조실록』 권9, 2년 3월 25일(정사).

3장

『속대전』의 무관직 구성

1. 서반 경관직의 종류와 규모

관직의 구분

조선시대의 관직은 여러 층위로 구성되어 있었다. 이는 제한된 관직에 비해 수요가 많고, 한정된 재정으로 모든 관료에게 녹봉을 지급하는 데 어려움이 있었기 때문에 복합적으로 운용한 결과였다. 따라서 관직의 성격을 정확히 파악하기 위해 몇 가지 기준을 설정할 필요가 있다.

관직의 종류를 구분하는 가장 중요한 기준은 직무의 유무이며, 이에 따라 실직實職과 산직散職으로 나뉜다. 앞서 2장에서 소개한 대로 『당률소의唐律疏議』(653)에서는 "관장하는 업무가 있는 자를 직사관職事官이라 하고, 관장하는 업무가 없는 자를 산관散官이라 한다."[106]라고 설명하고 있다. 즉, 실직이란 특정 업무를 수행하는 관직을 말하며, 이

106 『唐律疏議』 권1, 名例, 八議, "六曰議貴〈謂職事官三品以上, 散官二品以上, 及爵一品者〉, 疏議曰, 依令, 有執掌者, 爲職事官, 無執掌者, 爲散官, 爵, 謂國公以上."

를 담당하는 사람이 곧 직사관이 된다.[107] 반면, 산직은 직함만 있고 직무가 없는 허직虛職을 뜻한다.[108]

실직은 다음과 같은 몇 가지 기준으로 다시 세분할 수 있다.[109] ① 문반과 무반의 반열에 따라 동반직과 서반직으로 나뉜다. ② 녹봉의 유무에 따라 녹관祿官과 무록관無祿官으로 구분된다. 녹관은 다시 정직正職과 체아직遞兒職으로 나뉘며, 해당 직무를 다른 관원이 겸임하게 하는 겸직兼職도 있다. ③ 관아 소재지에 따라 서울의 경관직과 지방의 외관직으로 구분할 수 있다. ④ 특수직으로서 각종 기술·기능 소지자나 잡역을 맡는 사람에게 주는 잡직雜職, 평안도·함경도 사람에게 주는 토관직土官職이 있다.[110]

정직은 관직의 꽃으로 정기적으로 녹봉이나 급료를 받는 관직이다. 정직 중 동·서반 5품 이상, 육조 낭청郎廳, 감찰, 수령, 선전관, 부장은 '현관顯官'이라 하여 귀한 벼슬로 우대하여 형벌을 경감시키는 대상이었다.[111] 체아직은 여러 사람에게 한자리의 녹을 일정 기간 번갈아 가

107 조선 후기에 실직은 "실직군직實職軍職"처럼 군직(오위 체아직)에 대비되는 개념으로도 사용되었다(『속대전』 권1, 이전, 급가, "堂下官, 勿論實職軍職, 不待受由, 任意下鄕者, 禁推."; 『승정원일기』 정조 6년 2월 25일(임진), "命善曰, 備郎有實職則隨駕, 只軍職則不爲參班故然矣.").

108 산직은 산관(또는 산계)과 구별되는 개념이다. 이성무는 고려시대의 산직을 "일정한 직임이 없는 허설직虛設職"으로 정의하고, 고려의 경우 "산직의 散位가 관품만을 나타내는 散官과 항상 일치하기 때문에 산직은 산관으로 통용하기도 하였다."라고 설명했다. 아울러 조선시대의 산직 유형으로는 영직影職, 노인직老人職, 무록검교관無祿檢校官 등을 제시했다(이성무, 『조선양반사회연구』, 81~90쪽).

109 이성무, 『조선초기 양반연구』, 124~125쪽.

110 잡직은 세종 대 신설 당시에는 천례賤隸가 맡았으나, 성종 대 이후 기술직 관원이나 잡직 유품인을 배치하는 관직으로 정립되면서 상급 양인이 맡는 자리가 되었다(최이돈, 『조선전기 특권신분』, 348쪽).

111 『수교집록』 권5, 형전 推斷, "……嘉靖四年承傳, 作罪入居抄出人內, 文武科出身人員子孫, 及兩邊四祖, 俱有顯官者〈東西班正職五品以上, 六曹郎官, 監察, 守令, 部將, 宣傳官〉, 當身生員進士者, 竝除全家入居, 以之次律定配, 立法至爲詳密, 申明擧行, 永

〈표 3〉 조선 후기 관직 구성

동·서반 \ 종류		일반직				특수직	
		녹관			무록관	잡직	토관직
		정직	체아직	겸직			
동반	경관직	○	○	○	○	○	×
	외관직	○	×	○	×	×	○
서반	경관직	○	○	○	×	○	×
	외관직	○	×	○	×	×	○

면서 지급하는 관직이며, 동반과 서반의 경관직에만 두었다. 조선 초기에는 서반 외관직에도 체아직을 운영한 적이 있으나 『경국대전』(1485년 반포)에서 모두 사라졌다.[112]

무록관은 말 그대로 녹봉이나 급료를 받지 않는 관직으로 동반 경관직에 두었다. 겸직은 조선 전기에는 동반 외관직을 제외하고 모두 운용했으나, 조선 후기에는 동반 외관직에도 관찰사가 감영 소재지의 수령을 겸직하는 겸목제兼牧制의 실시로 겸직이 생겼다.[113] 잡직은 동 · 서반 모두 경관직에만 두었고, 토관직은 함경도와 평안도에만 두었다.[114]

이상의 기준을 바탕으로 서반직의 규모를 경관직과 외관직으로 구분하여 제시하면 〈표 4〉와 같다. 이 표에서는 잡직과 토관직을 제외

爲定法〈嘉靖庚戌承傳〉."

112 한충희, 『조선초기 관직과 정치』, 98쪽.

113 이성무, 『조선초기 양반연구』, 135쪽. 조선 초기에도 겸목제가 1448년(세종 30)부터 1454년(단종 2)까지 시행되다가 반대 여론으로 폐지되었다(고민정, 「조선후기 관찰사의 수령 겸직과 판관의 역할」, 『학림』 50, 2022, 183~185쪽).

114 『경국대전』을 기준으로 토관직을 설치한 고을은 영흥, 평양, 영변, 경성, 의주, 회령, 경원, 종성, 온성, 부령, 경흥, 강계 등 모두 12곳이며, 이들 고을에 각각 동반직과 서반직을 배정했다. 이후 『대전통편』에서는 영흥이 함흥으로 변경되었다(『경국대전』 권1, 이전 토관직; 권4, 병전 토관직; 『대전통편』 권1, 이전 토관직; 권4, 병전 토관직).

〈표 4〉 조선시대 서반 관직 규모

구분 \ 법전	경국대전	속대전	대전통편
경관직	3,328	2,056	2,036
외관직	500	722	693
계	**3,828**	**2,778**	**2,729**

※ 토관직, 잡직 제외

했는데, 잡직의 경우 『경국대전』에 정원이 명시되지 않았으며, 『대전통편』에서도 금군을 제외하면 정원이 명확하지 않기 때문이다. 또한, 토관직은 특정 지역 출신만 임명하는 관직이어서 일반 외관직과는 성격이 다르다고 판단했다.

조선 전기에 서반 실직은 총 3,828자리였다. 조선 후기에는 『속대전』(1746)에서 1,050자리가 줄어 총 2,778자리가 되었고, 『대전통편』에서는 이보다 49자리가 더 줄어 총 2,729자리가 되었다. 조선 후기에 서반직이 축소된 배경에는 오위의 폐지로 경관직 수가 대폭 축소되면서 결정적으로 영향을 미쳤다. 아래에서는 이를 바탕으로 구체적인 내용을 살펴보고자 한다.

서울 소재 서반 아문의 종류

조선 후기에 서울에 위치한 서반 아문은 어떤 종류가 있었으며, 그 구조는 어떻게 이뤄졌을까? 먼저 법전을 근거로 정리한 서반 경아문의 종류를 〈표 5〉에서 제시했다. 이 표에 나타난 각 아문 및 산직, 잡직의 종류는 법전에 기록된 순서를 그대로 따랐다.

조선 후기에 존재한 서반 경아문의 종류를 살펴보기에 앞서, 표의 내용을 정확히 이해하기 위해 『속대전』의 편찬 방식을 우선 검토해 보고자 한다. 『속대전』의 범례에는 다음과 같은 조항이 포함되어 있다.

> "경관이나 외관의 연혁은 하나같이 지금의 제도를 따랐다. 새로 창설한 아문 중 서울의 비변사나 외방의 각 진영과 같은 유형은 모두 '증치' 두 자를 써놓았다. 아문이 비록 『경국대전』에 실렸더라도 관직의 가감과 증치에 관한 것이면 관명만 쓰고 그 아래에 주를 달았다."[115]

즉, 『속대전』에서는 비변사와 같이 새로 창설된 아문의 경우 '증치' 두 글자를 써놓았다. 또한, 『경국대전』에 실린 아문 중 변화가 없는 경우에는 다시 수록하지 않고, 가감이나 증치의 변화가 생긴 관직만 기재하여 그 변동 사항을 반영했다.

예를 들어, 『속대전』에서 중추부中樞府의 기재 사항은 변화가 생긴 종2품과 정3품의 내용으로 한정했고, 오위도총부五衛都摠府도 종4품과 종5품의 내용만 담았다. 그리고 두 아문 모두 『경국대전』의 규정에서 변화가 없는 나머지 관직은 생략되었다. 따라서 『속대전』을 토대로 관직을 조사할 때는 이러한 편찬 방식을 감안하여 『경국대전』과 대조하여 미수록된 아문이나 관직의 내용을 반영해야 한다. 〈표 5〉는 이 점에 유념하며 산출한 결과물이다.

먼저 『경국대전』에 기록된 서울 소재 서반 아문은 7개 아문에 3개 잡직으로 구성되어 있다. 정1품아문에 중추부, 정2품아문에 오위도총부, 종2품아문에 오위五衛, 겸사복兼司僕, 내금위內禁衛, 정3품아문에 훈

115 『속대전』 범례, "一, 內外官沿革, 一從今制, 而新設衙門之內則如備邊司, 外則如各鎭營之類, 竝書增置二字, 衙門雖載大典, 凡係官職之加減增置者, 只書官名, 懸註其下."

련원訓鍊院, 정5품아문에 세자익위사世子翊衛司가 있었다. 겸사복과 내금위는 금군 부대이지만 각각을 단독으로 수록했기에 독립 아문으로 파악했다. 잡직은 파진군破陣軍, 대졸隊卒, 팽배彭排가 있었다.

해당 아문들을 개략적으로 소개하면 다음과 같다. 중추부는 문·무 당상관 중 소임이 없는 사람을 우대하는 관아였다. 오위도총부는 조선 전기의 중앙군 조직인 오위의 군무를 관장했다. 오위는 의흥위義興衛, 용양위龍驤衛, 호분위虎賁衛, 충좌위忠佐衛, 충무위忠武衛로 이뤄졌다. 겸사복과 내금위는 국왕 호위와 궁궐 시위를 담당한 금군이었다. 훈련원은 무과를 관장하고, 무예 및 병학兵學 교육을 담당했다. 세자익위사는 왕세자의 경호를 맡았다.

잡직의 파진군은 화약장火藥匠으로 조직된 군대이며, 전투 때 화포를 갖고 선봉과 후미를 담당했다. 대졸은 오위의 용양위에 속한 병종으로 정원이 3천 명이었고, 팽배는 호분위에 속한 병종으로 정원이 5천 명이었다.

다음으로 조선 후기에는 서울 소재 서반 아문의 종류가 획기적으로 증가했으며, 이 변화가 『속대전』에 집약적으로 반영되었다. 〈표 5〉에서 굵은 글씨로 표시한 곳이 신설 아문이며, 18개 아문에 8개 산직, 9개 잡직이 더해져 총 35개로 늘어났다. 이는 『경국대전』에 비해 3.5배 증가한 수치다. 이 점을 기반으로 『속대전』의 변화 양상을 네 가지로 정리할 수 있다.

첫째, 가장 중요한 변화는 '군영아문軍營衙門'의 신설이다. 『속대전』에는 군영아문에 '증치'라 표기하여 새롭게 설치한 사실을 분명히 나타냈다. 이 군영아문에는 총 11개 군영이 포함되었다. 즉, 훈련도감訓鍊都監,

〈표 5〉 조선시대 서반 경아문의 종류

구분		경국대전	속대전	대전통편
아문	정1품	중추부	중추부	중추부
	정2품	오위도총부	오위도총부	오위도총부
	종2품	오위, 겸사복 내금위	·	·
	정3품	훈련원	오위, 훈련원, 선전관청	오위, 훈련원, 선전관청
	정5품	세자익위사	세자익위사	세자익위사
	종6품	·	수문장청	**세손위종사,** 수문장청
	군영 아문	·	**훈련도감, 금위영 어영청, 수어청, 총융청 경리청, 호위청, 금군청 포도청, 관리영, 진무영**	훈련도감, 금위영 어영청, 수어청, 총융청 호위청, 용호영, 포도청 관리영, 진무영
	소계	7	18	18
산직 및 잡직	산직	·	**별군직청, 내사복시 능마아청, 충장위, 충익위 공궐위, 의장고, 사산**	별군직청, 내사복시 능마아청, **충장위장 충익위장, 공궐위장** 의장고, **사산참군**
	잡직	파진군, 대졸, 팽배	파진군, 대졸, 팽배 **승문원 제원, 교서관 창준 도화서 화원, 금군 각영 군사, 기·보병**	금군, 각영 군사 기·보병, 승문원 제원 교서관 창준 도화서 화원
	소계	3	17	14
계		**10**	**35**	**32**

※ 굵은 글씨는 신설 표시

금위영禁衛營, 어영청御營廳, 수어청守禦廳, 총융청摠戎廳, 경리청經理廳, 호위청扈衛廳, 금군청禁軍廳, 포도청捕盜廳, 관리영管理營, 진무영鎭撫營 등이 이에 해당한다. 이 중 금군청은 『경국대전』에 나오는 겸사복과 내금위에 우림위를 추가하여 창설한 것이다.

둘째, 정3품아문의 선전관청宣傳官廳과 종6품아문의 수문장청守門將廳 역시 '증치'로 표시된 신설 아문이다. 선전관은 서반 최고의 청요직으로, 국왕을 보좌하는 무관 비서 역할을 담당했다. 선전관과 수문장은 15세기 중반부터 존재했으나 아문으로 성립하지 못하다가 『속대전』에서 정식 관아가 되었다. 선전관과 수문장을 공식적으로 관아로 편입한 조치는 서반 근시近侍 및 궁궐 수비 체계를 정비한 결과이자, 서반직의 안정화를 보여주는 중요한 증표라 할 수 있다.

셋째, 오위가 종2품아문에서 정3품아문으로 한 단계 내려갔다. 조선 전기에 중앙군의 핵심 조직인 오위는 "지금 오위의 병제를 모두 혁파하고 관명만 남겨 둔다."[116]라는 규정에 따라 군제를 폐지하고 관직명만 유지되면서 위상도 조금 낮아졌다.

넷째, '산직散職'의 증치도 중요한 변화로 꼽을 수 있다. 8개의 관아 및 관직으로 별군직청別軍職廳, 내사복시內司僕寺, 능마아청能麽兒廳, 충장위忠壯衛, 충익위忠翊衛, 공궐위空闕衛, 의장고儀仗庫, 사산四山이 여기에 속한다. 『속대전』에서 이 8곳을 '산직'으로 분류하고 '증치'라고 부기했다.

별군직청은 1656년(효종 7) 효종이 병자호란 패전 뒤 심양에 볼모로 잡혀갈 때 배종한 군관 8명의 공로를 보상하기 위해 설치한 친위군이다. 내사복시는 국왕의 말과 수레를 관리하는 부서이며, 능마아청은 『병학지남兵學指南』의 습득과 시험을 관장하는 기관이다. 충장위는 군공, 납속納粟, 전망자戰亡者 등의 아들로, 충익위는 원종공신原從功臣과 그의 장자·장손 등으로 편성한 특수 병종이다. 공궐위는 경복궁, 경덕궁, 창경궁이 비워 있을 때 가장假將 각 3명이 그 수비를 담당했으며, 의장고는 각 전殿의 의장을 관리하는 임무를 맡았다. 사산은 감역관監役官 4명이 도성의 금표禁標 내 동·서·남·북 지역의 벌목과 채석을 단속하는 업무를 맡았다.

---

116 『속대전』 권4, 병전 경관직 정삼품아문 오위, "今五衛兵制盡罷, 獨存官名."

이어서 『대전통편』에 오른 서반직은 『속대전』의 내용을 대체로 유지하면서도 몇 가지 변화가 있었다. 첫째, 종6품아문에 세손위종사世孫衛從司가 추가되었다. 세손위종사는 왕세손의 강학과 호위를 담당한 관아로, 세종과 인조 대에 설치한 적이 있었다. 이때는 1751년(영조 27) 영조가 왕세손(후일의 정조)을 책봉하면서 설치한 것이다.[117]

둘째, 군영아문 중 금군청이 용호영龍虎營으로 변경되었다. 이는 1755년 영조가 금군청을 용호영으로 개편한 사실을 『대전통편』에 반영한 것이다. 또한, 경리청이 폐지되어 총융청으로 통합되었다.

셋째, '산직'도 변화가 있었다. 충장위, 충익위가 각각 충장위장忠壯衛將, 충익위장忠翊衛將으로 명칭이 변경되었다. 이는 『속대전』에서도 충장위와 충익위 모두 장將에 관한 규정이었으므로 내용과 표제를 일치시킨 조치로 보인다. 공궐위도 공궐위장으로 명칭이 변경되었으며, 수비 대상 중 경덕궁이 경희궁慶熙宮으로 바뀌고, '가장'의 '가' 자도 삭제되었다. 사산은 1754년 감역관을 폐지하여 참군參軍으로 만든 조치를 반영하여 '사산참군'으로 변경되었고, 사산의 금송禁松을 관리한다는 임무도 명시했다.[118]

위의 표에는 나타내지 못했으나 『대전회통』에서도 세 가지 정도의 변화가 있었다. 첫째, 선혜청宣惠廳과 준천사濬川司가 1865년(고종 2)에 이전吏典에서 병전으로 옮겨오면서 서반 아문이 되었다. 둘째, 종6품아문에 조경묘肇慶廟, 경기전慶基殿, 선원전璿源殿, 화령전華寧殿을 지키는 각전수문장各殿守門將이 추가되었다. 셋째, 군영아문에 총리영摠理營이 추가

117 『승정원일기』 영조 27년 1월 5일(계묘); 4월 15일(임오).

118 『승정원일기』 영조 30년 9월 23일(기해); 10월 14일(기미); 『대전통편』 권4, 병전 경관직 산직 사산참군, "[增]掌四山禁松……[增]罷監役官爲參軍."

되었다.

한편, 잡직의 변화도 주목할 만하다. 『속대전』에서는 조선 전기에 비해 승문원 제원承文院諸員, 교서관 창준校書館唱準, 도화서 화원圖畵署畵員, 금군, 각영 군사各營軍士, 기·보병騎步兵이 추가되었다. 승문원 제원은 장번長番이며, 사대문서에 사용하는 종이를 매끄럽게 다듬는 일이 중요했다.[119] 창준은 서적 간행 시 오탈자를 줄이기 위해 원고를 소리내어 읽는 일을 담당했다. 또한 파진군, 대졸, 팽배는 오위의 폐지로 이미 유명무실화되었으나, 『속대전』에 반영되지 않고 『대전통편』에서 비로소 폐지되었다.

서울 소재 서반직 규모

그렇다면 조선 후기에 서울 소재 서반 아문에 속한 경관직의 수는 어느 정도였을까? 서반 경관직의 규모와 그 변화상을 검토하기 위해 법전을 토대로 조선 전기부터 조선 후기까지 실직의 규모를 종합적으로 조사했다. 그 결과를 정리한 내용이 〈표 6〉이다. 이 표에는 앞서 밝힌대로 〈표 5〉에 나오는 잡직과 산직을 제외했는데, 해당 인원이 명확하지 않기 때문이다.

〈표 6〉에 따르면, 『경국대전』에 기록된 서반 경관직 수는 총 3,328자리로 나타났다.[120] 3,328자리 중 겸직이 34자리이므로 실제 관직 수

119 『경국대전』 권4, 병전 번차도목, "諸員〈承文院則事大文書鍊紙時, 每一日, 給別仕二〉."

120 『경국대전』에 실린 서반 경관직 규모를 이성무는 3,324자리, 한충희는 3,873자리로 계산했다(이성무, 『조선초기 양반연구』, 125쪽의 〈표16〉; 한충희, 『조선초기 관직과 정치』, 115쪽의 〈표3-11〉).

〈표 6〉 조선시대 서반 경관직의 규모

관청 \ 법전		경국대전			속대전			대전통편		
		정직	겸직	체아직	정직	겸직	체아직	정직	겸직	체아직
일반 아문	중추부	26	·	·	23	·	4	23	·	4
	오위도총부	8	10	·	12	10	·	12	10	·
	오위	231	12	3,005	25	12	1,511	25	12	1,511
	겸사복	·	3	·	·			·		
	내금위	·	3	·						
	훈련원	10	6	·	38	2	·	38	2	·
	선전관청	·			71	5	·	74	2	·
	세자익위사	14	·	·	14	·	·	14	·	·
	수문장청	·			23	·	·	23	·	·
	세손위종사	·			·			4	·	·
군영 아문	훈련도감	·			52	6	·	48	6	4
	금위영				58	14	·	58	14	·
	어영청				61	12	·	59	13	·
	수어청				33	1	·	26	1	·
	총융청				28	·	·	24	·	·
	경리청				7	3	·	·		
	호위청				3	3	·	3	1	·
	금군청				1	7	·	·		
	용호영				·			1	7	·
	포도청				6	2	·	6	2	·
	관리영				1	1	·	1	1	·
	진무영				1	6	·	1	6	·
	소계				251	55	·	227	51	4
계		289	34	3,005	457	84	1,515	440	77	1,519
합계		**3,328**			**2,056**			**2,036**		

는 3,294자리라 할 수 있으며, 오위의 관직이 총 3,248자리(97.6%)이므로 조선 전기 서반 경관직은 오위의 관직이라 해도 과언이 아니다. 또한, 3,328자리 중 체아직이 3,005자리이므로 서반 경관직의 약 90%가 체아직으로 운용되었다.

다음으로 〈표 6〉에 나오는 조선 후기 각 서반 아문과 소속 무관직의 특징과 변화에 대해서는 별도의 장에서 자세히 검토할 예정이므로, 여기서는 전체적인 변화상을 세 가지로 간략히 정리하고자 한다.

첫째, 조선 후기 서반 경관직의 가장 두드러진 변화는 규모의 축소다. 『속대전』에 기록된 서반 경관직은 총 2,056자리로, 이는 『경국대전』에 비해 약 38%(1,272자리) 감소한 수치다. 세부적으로 보면, 2,056자리 중 정직이 457자리(22.2%), 겸직이 84자리(4.1%), 체아직이 1,515자리(73.7%)를 차지했다. 특히, 체아직이 1,490자리가 줄면서 경관직 전체 규모도 감소한 것이다. 이후 『대전통편』에서는 『속대전』에 비해 20자리만 줄었을 뿐 큰 변화가 없었으며, 체아직의 경우 『속대전』의 규정에 비해 4자리가 증가했다.

둘째, 조선 전기에 비해 서반 경관직의 전체 규모는 줄어들었으나, 정직은 289자리에서 457자리로 늘어나 오히려 168자리가 증가했다. 이는 약 58%나 증가한 수치였다. 〈표 6〉에서 확인할 수 있듯이 조선 후기 정직의 수가 큰 폭으로 증가한 배경에는 군영아문의 신설이 자리하고 있다. 『속대전』에서 군영 11개가 신설되면서 관직 수도 306자리 증가했으며, 이 가운데 겸직 55자리를 제외한 251자리가 정직으로 편성되었다. 여기에 더하여 선전관청과 수문장청이 정식 아문이 되면서 정직만 94자리가 늘어났고, 훈련원의 정직도 10자리에서 38자리로 증가했다.

군영아문의 신설이 가져온 변화는 단순히 관직 규모의 증가에 그치지 않는다. 중요한 변화는 2품 이상의 고위 관료가 배치된 서반 아문이 새로 생겼다는 점이다. 조선 전기에 2품 이상 관료를 임명한 곳은 중추부, 오위도총부, 오위장, 겸사복장, 내금위장이었다. 그러나 중추부는 실무가 없는 문·무 당상관의 우대 관아이며, 오위도총부의 도총관·부총관 10명, 오위장 12명, 겸사복장과 내금위장 각 3명은 모두 겸직이었다. 이처럼 서반 경관직에는 실질적으로 2품 이상의 관료가 존재하지 않았다고 해도 과언이 아니다. 따라서 군영아문의 신설로 종2품의 대장大將이나 사使와 같은 직책이 새롭게 등장한 것은 매우 의미 있는 변화라 할 수 있다.

셋째, 서반 체아직의 변화도 눈여겨봐야 한다. 먼저 조선 후기 서반 체아직의 규모가 절반 가까이 줄어 3,005자리에서 총 1,515자리(1,511+4)로 축소되었는데, 오위를 폐지한 여파로 오위 관직 수가 1,700자리나 감소했기 때문이다.

또한, 서반 체아직으로 오위 체아직 1,511자리 외에 중추부에 정3품 당상 및 종2품의 '위장 체아衛將遞兒' 4자리를 새롭게 편성한 점도 주목할 만한 변화다. 오위 체아직의 최고 관직인 상호군이 정3품 당하관임을 고려할 때, 이 조치를 통해 오위장을 비롯하여 충장위장, 충익위장, 금군장 등도 2품 관직으로 진출할 수 있는 기회를 갖게 되었다.

『대전통편』에서도 추가로 훈련도감의 초관 34자리 중 지구관知彀官과 기패관旗牌官의 체아직 자리가 각각 2자리씩 총 4자리가 신설되면서 서반 체아직 구조에 또 다른 변화를 가져왔다.[121]

끝으로, 서반 경관직에서 겸직의 변화를 알아볼 차례다. 〈표 7〉에서 정리한 대로 『경국대전』에서 34자리에 불과했던 겸직은 『속대전』에서 84자리로 증가했고, 『대전통편』에서도 77자리를 유지하면서 2배 이상 늘어났다. 이러한 겸직 증가의 주요 원인은 군영아문 겸직이 전

121 『대전통편』 권4, 병전 군영아문, "哨官三十四員〈從九品……二知彀官遞兒, 二旗牌官遞兒, 一漢人."

〈표 7〉 서반 경관직의 겸직 종류와 규모

관청＼법전		경국대전	속대전	대전통편
오위도총부		도총관·부총관(합10)	도총관·부총관(합10)	도총관(5), 부총관(5)
겸사복		장(3)	·	·
내금위		장(3)	·	·
오위		장(12)	장(12)	장(12)
훈련원		지사(1), 도정(1) 참군(2), 봉사(2)	지사(1), 도정(1)	지사(1), 도정(1)
선전관청		·	문신겸선전관(5)	문신겸선전관(2)
군영아문	훈련도감	·	도제조(1), 제조(2) 낭청(3)	도제조(1), 제조(2) 종사관(3)
	금위영		도제조(1), 대장(1) 외방겸파총(12)	도제조(1), 제조(1) 외방겸파총(12)
	어영청		도제조(1), 제조(1) 외방겸파총(10)	도제조(1), 제조(1) 별후부천총(1) 외방겸파총(10)
	수어청		남한수성장(1)	남한수성장(1)
	경리청		도제조(1), 제조(1) 낭청(1)	·
	호위청		대장(3)	대장(1)
	금군청		내금위장(3) 우림위장(2) 겸사복장(2)	·
	용호영		·	내금위장(3) 우림위장(2) 겸사복장(2)
	포도청		종사관(2)	종사관(2)
	관리영		사使(1)	사(1)
	진무영		사(1), 진영장(5)	사(1), 진영장(5)
	소계		55	51
계		**34**	**84**	**77**

※ ( )는 인원 표시

체의 65% 이상을 차지했기 때문이며, 이는 군영아문의 신설에 따른 변화였다. 반면, 일반 아문의 변화는 거의 없었다.

중추부의 관직을 겸직으로 보는 견해도 있으나,[122] 중추부에는 겸직이 없었다. 오위도총부는 여전히 도총관(정2품) · 부총관(종2품)이 겸직이었고, 훈련원에서도 지사知事(정2품) 및 도정都正(정3품 당상) 2명 중 1명이 겸직으로 운영되었다. 『속대전』에 새롭게 오른 선전관청에서는 문신 겸 선전관文臣兼宣傳官이 겸직으로 운영되었다.

군영아문에서는 도제조와 제조, 외방겸파총外方兼把摠, 낭청, 종사관 등이 겸직이며, 호위청 · 관리영 · 진무영은 군영의 최고 통솔자인 대장과 사를 비롯하여 진영장鎭營將을 겸직으로 운영했다. 금위영의 경우 『속대전』에서는 병조 판서가 금위대장을 겸임했으나, 『대전통편』에서는 금위대장을 별도로 두는 대신에 제조를 신설하여 병조 판서가 이를 겸임하도록 변경했다.

이상으로 조선 후기 서반 경관직의 종류와 규모를 살펴보았다. 조선 후기 서반 경관직의 변화를 이끈 가장 중요한 요소는 군영아문의 창설이었다. 『속대전』을 기준으로 보면, 서반 경관직의 규모는 조선 전기에 비해 약 38% 감소하여 총 2,056자리가 되었으며, 이 중 정직이 457자리, 겸직이 84자리, 체아직이 1,515자리였다. 비록 체아직의 비중이 여전히 높았지만, 정직은 오히려 60% 증가하는 변화를 보였다.

2. 서반 외관직의 종류와 규모

도별 외관직 종류

조선 후기 관직 체제에서 서반 외관직에도 크고 작은 변화가 나타났다. 가장 두드러진 변화는 조선 전기에 비해 관직 종류가 다양해지

---

122 이성무, 『조선초기 양반연구』, 133쪽의 〈표25〉.

고, 이에 따라 더 많은 관원을 파견했다는 점이다. 이는 조선 후기에 경관직이 축소된 것과 비교할 때 상당히 대조적인 변화로 볼 수 있다.

대표적으로 『속대전』「병전」의 〈외관직〉 조에는 첫머리에 특기 사항이나 공통 적용 규정이 종합적으로 정리되어 있는데, 이 중 외관직의 변화와 관련하여 주목할 내용이 있다. ① 경상도에 통제사統制使 설치, ② 황해도에 전임專任 병마절도사 설치, ③ 각도에 진영장鎭營將 겸 토포사討捕使 설치, ④ 경기 · 강원도 · 함경도 · 평안도에 방어사防禦使 설치 ⑤ 경기에 통어사統禦使 설치 등이다.[123] 이러한 내용만으로도 외관직의 새로운 변화를 충분히 짐작할 수 있다.

〈표 8〉은 법전을 토대로 조선시대 서반 외관직의 종류를 도별로 정리한 내용이다. 『경국대전』에 나타난 외관직의 종류는 육군의 경우 병마절도사兵馬節度使, 병마 우후兵馬虞候, 병마첨절제사兵馬僉節制使, 병마동첨절제사兵馬同僉節制使, 병마절제도위兵馬節制都尉 등이다. 목장이 있는 곳에는 수령이 겸임하는 감목監牧도 두었으나, 설치 고을과 정원에 관한 규정은 없다.[124] 이밖에 경상도와 전라도에는 병마절제사兵馬節制使를, 함경도와 평안도에는 병마 만호兵馬萬戶와 평사評事를 더 두었다.

이에 비해 수군의 관직 체계는 비교적 단순했다. 경기 · 충청도 · 경상도 · 전라도 · 황해도에 공통으로 수군절도사, 수군첨절제사, 수군 만호를 두었으며, 충청도 · 경상도 · 전라도에는 여기에 수군 우후를 추가로 더 배치했다. 함경도의 경우는 수군절도사와 수군 만호만을

123 『속대전』 권4, 병전 외관직.

124 『경국대전』에서는 감목에 대해 "목장이 있는 곳의 수령이 겸임한다. 제도諸道도 같다."라고만 규정했다(『경국대전』 권4, 병전 외관직, 경기). 그런데 『속대전』에서 구체적으로 규정된 감목관이 강원도만 제외된 점으로 미뤄볼 때, 조선 전기에도 강원도에는 감목이 없었던 것으로 보인다.

두었고, 평안도에는 수군절도사와 수군첨절제사만 두었다.

이후 조선 후기에는 서반 외관직의 종류가 조선 전기에 비해 더욱 다양해졌다. 『속대전』에 따르면, 육군에서는 병마방어사, 진영장, (경기)중군中軍, 순영중군巡營中軍, 위장衛將, 권관權管, 별장別將이 신설되었고, 수군에서는 통제사, 통어사, 수군방어사, 수군동첨절제사水軍同僉節制使가 신설되었다. 또한, 황해도에는 전임 병마절도사와 수군절도사, 병마 만호를 새로 배치하고, 경기에도 병마 만호를 새로 배치했다. 다만, 평안도의 병마 평사는 폐지되었다.

『속대전』에서 외관직의 변화가 두드러진 곳은 육군이었다. 첫째, 병마방어사(종2품)의 설치가 눈에 띈다. 방어사는 고려시대에 서해도와 양계兩界에 지역의 방어 책임자이자 지방관으로 파견했으나, 조선 왕조의 개창과 함께 폐지되었다. 이후 삼포왜란(1510)을 계기로 비상 상황이 발생할 때마다 단발적으로 파견했고, 임진왜란 이후에는 수도권과 변경 방어를 위해 방어영防禦營을 설치하고 방어사를 두었다.[125]

방어사는 1601년(선조 34) 경기병마방어사를 설치한 것이 처음이며, 당시 수원 부사가 겸임했다. 『속대전』에 기록된 병마방어사는 총 8명으로, 모두 수령이 겸임했다. 설치 지역은 경기의 광주 · 수원 · 장단, 강원도의 춘천, 함경도의 성진진城津鎭, 평안도의 선천 · 창성 · 강계 등이었다.

둘째, 진영장(정3품 당상)의 설치다. 진영장은 흔히 영장營將이라 불렸다. 영장은 임진왜란 중 지방에 창설한 속오군束伍軍의 최고 지휘관이며, 효종 대 이후로 충청도 · 경상도 · 전라도 등을 제외한 지역에서는

---

125 차문섭, 「조선후기 병마방어영 설치고」, 『조선시대 군사관계 연구』, 단국대학교출판부, 1996, 284~286쪽.

〈표 8〉 조선시대 서반 외관직의 종류

법전 지역	경국대전	속대전	대전통편
경기	병마절도사, 병마첨절제사 병마동첨절제사 병마절제도위, 감목	병마절도사, **병마방어사** 병마첨절제사, 병마동첨절제사 병마절제도위, **진영장** 중군, **병마만호**, 감목관, **별장**	병마절도사, 병마방어사 **병마절제사**, 병마첨절제사 병마동첨절제사, 병마만호 병마절제도위, **순영중군** 광주중군, 진영장, 감목관, 별장
	수군절도사, 수군첨절제사 수군만호	**통어사**, 수군절도사 **수군방어사**, 수군첨절제사 **수군동첨절제사**, 수군만호	수군통어사, 수군절도사 수군방어사, 수군첨절제사 수군동첨절제사, 수군만호
충청도	병마절도사, 병마우후 병마첨절제사, 병마동첨절제사 병마절제도위, 감목	병마절도사, 병마우후, **진영장** 병마첨절제사, 병마동첨절제사 병마절제도위, 감목관	병마절도사, 병마우후, 병마첨절제사 병마동첨절제사, 병마절제도위 **순영중군**, 진영장, 감목관
	수군절도사, 수군첨절제사 수군우후, 수군만호	수군절도사, 수군첨절제사 수군우후, 수군만호	수군절도사, 수군우후 수군첨절제사, 수군만호
경상도	병마절도사, 병마절제사 병마우후, 병마첨절제사 병마동첨절제사 병마절제도위, 감목	병마절도사, 병마절제사 **진영장**, 병마우후, 병마첨절제사 병마동첨절제사, 병마절제도위 감목관, **권관**, **별장**	병마절도사, 범마우후, 병마절제사 병마첨절제사, 병마동첨절제사 병마절제도위, **순영중군** 진영장, 감목관, 권관, 별장
	수군절도사, 수군첨절제사 수군우후, 수군만호	**통제사**, 수군절도사, **통우후** 수군첨절제사, 수군우후 **수군동첨절제사**, 수군만호	수군통제사, 통우후, 수군절도사 수군우후, 수군첨절제사 수군동첨절제사, 수군만호
전라도	병마절도사, 병마수군절제사 병마절제사, 병마우후 병마첨절제사, 병마동첨절제사 병마절제도위, 감목	병마절도사, 병마수군절제사 병마절제사, **진영장,** 병마우후 병마첨절제사, 병마동첨절제사 병마절제도위, 감목관, **별장**	병마절도사, 병마우후 병마절제사, 병마첨절제사 병마동첨절제사, 병마절제도위 **순영중군**, 진영장, 감목관, 별장
	수군절도사, 수군첨절제사 수군우후, 수군만호	수군절도사, 수군우후 수군첨절제사, **수군동첨절제사** 수군만호	수군절도사, 수군우후, **수군방어사** **수군절제사,** 수군첨절제사 수군동첨절제사, 수군만호
황해도	병마절도사, 병마첨절제사 병마동첨절제사 병마절제도위, 감목	병마절도사, **진영장** 병마첨절제사, 병마동첨절제사 병마절제도위, **병마만호** 감목관, **별장**	병마절도사, 병마첨절제사 병마동첨절제사, 병마만호 병마절제도위, **순영중군** 진영장, 감목관, 별장
	수군절도사, 수군첨절제사 수군만호	수군절도사, 수군첨절제사 **수군동첨절제사**, 수군만호	수군절도사, 수군첨절제사 수군동첨절제사, 수군만호
강원도	병마절도사, 병마첨절제사 병마동첨절제사 병마절제도위	**병마방어사**, **진영장**	병마절도사, 병마방어사 병마첨절제사, 병마동첨절제사 병마절제도위, **순영중군** 진영장
	수군절도사, 수군첨절제사 수군만호	수군절도사, 수군첨절제사 수군만호	수군절도사, 수군첨절제사 수군만호

법전 지역		경국대전	속대전	대전통편
함경도		병마절도사, 병마우후 병마첨절제사 병마동첨절제사 병마만호, 병마평사 병마절제도위, 감목	병마절도사, **병마방어사** 병마우후, 병마첨절제사 병마동첨절제사, 병마만호 병마평사, 병마절제도위, **순영중군** **진영장**, **위장**, 감목관, **권관**, **별장**	병마절도사, 병마우후 병마평사, 병마방어사 병마첨절제사, 병마동첨절제사 병마만호, 병마절제도위, 순영중군 진영장, 위장. 감목관, 권관, 별장
		수군절도사, 수군만호	수군절도사, 수군만호	수군절도사, 수군만호
평안도		병마절도사, 병마우후 병마첨절제사 병마동첨절제사 병마만호, 병마평사 병마절제도위, 감목	병마절도사, 병마우후 **병마방어사**, 병마첨절제사 병마동첨절제사, 병마만호 병마절제도위, **순영중군** **진영장**, 감목관, **권관**, **별장**	병마절도사, 병마우후 병마방어사, **병마절제사** 병마첨절제사, 병마동첨절제사 병마만호, 병마절제도위, 순영중군 진영장, 감목관, 권관, 별장
		수군절도사 수군첨절제사	수군절도사, **수군방어사** 수군첨절제사	수군절도사, 수군방어사 수군첨절제사

※ 굵은 글씨는 신설 관직 표시

수령이 모두 겸임했다. 또한, 대청 관계가 점차 안정되어 가는 현종대 이후로는 토포사討捕使를 겸임하며 치안 업무에도 관여했다. 영장의 파견 지역은 평안도와 함경도를 제외하고 『경국대전』에 나오는 거진巨鎭과 일치하는 곳이 많으므로 군사적 요지라 할 수 있다.[126]

셋째, (경기)중군, 순영 중군, 위장, 권관, 별장도 『속대전』에서 신설된 서반 외관직이다. (경기)중군은 경기의 광주에 설치한 정3품 당상 무관직이며, 순영 중군은 순찰사를 보좌하는 정3품 당상 무관직으로 평안도와 함경도에만 설치했다.[127] 위장은 정3품 무관직으로 함경남·북도의 전위前衛, 좌위左衛, 중위中衛, 우위右衛, 후위後衛에 각 1명씩 총 10명을 두었으며, 수령이 겸임했다.

126 서태원, 『조선후기 지방군제연구-영장제를 중심으로-』, 혜안, 1999, 65쪽, 85쪽. 166~168쪽, 245쪽.

127 (경기)중군과 순영 중군은 『속대전』에 품계가 정3품으로만 되어 있으나, 『대전통편』에는 정3품 당상관으로 명시되어 있다(『속대전』 권4, 병전 외관직 함경도; 평안도; 『대전통편』 권4, 병전 외관직, 함경도; 평안도).

권관은 경상도 · 함경도 · 평안도에 설치한 종9품 무관직이다. 『경국대전』에는 나오지 않지만, 이미 『세종실록』에 등장하며 『신증동국여지승람新增東國輿地勝覽』(1530)에 '권관구자權管口子'로 나온다. 이를 통해 권관이 15세기부터 운용된 관직임을 알 수 있다. 별장은 종9품 무관직으로 각 지방의 산성이나 나루터의 수비 임무를 맡았다. 『속대전』에 별장은 충청도와 강원도를 제외하고 경기 · 경상도 · 전라도 · 황해도 · 평안도 · 함경도 등 6도에 두었다.

감목관은 『속대전』에 이르러 설치 고을과 인원을 명확히 규정했으며, 명칭도 기존의 '감목'에 '관官' 자를 붙여 공식화했다. 조선 전기와 달리 전임관을 두기 시작하여 전체 21명 중 11명이 전임관이었고, 수령 외에 첨사나 만호가 겸임한 곳도 있었다.

다음으로 육군의 변화만큼이나 수군의 변화도 주목할 만하다. 특히 통제사와 통어사의 설치를 가장 중요한 변화로 꼽을 수 있으며, 수군방어사, 수군동첨절제사, 수군절제사도 새롭게 설치되면서 수군 지휘 체계 역시 한층 강화되었다.

통제사는 임진왜란 중인 1593년(선조 26)에 일본군을 격퇴하기 위해 충청도 · 전라도 · 경상도의 수군을 통합 지휘할 목적으로 창설되었다. 첫 통제사가 충무공 이순신李舜臣이었다. 종2품 무관직으로 통어사와 함께 수군의 최고위직이며, 1601년 4대 통제사 이시언李時彦부터 통제사가 경상우수사를 겸임하면서 통제사의 정식 명칭도 '삼도수군통제사 겸 경상우도수군절도사'가 되었다. 19세기에 서세동점으로 해방海防의 중요성이 부각되자, 1865년(고종 2)부터 1874년까지 통제사를 중앙의 군영대장 지위로 격상하여 '외등단外登壇'으로 시행했다. 이에 10년간 통제사 6명이 『등단록登壇錄』에 등재되었다.128

통어사는 경기·충청도·황해도의 수군을 총지휘하는 종2품 무관직으로, 삼도통어사三道統禦使 또는 수군통어사水軍統禦使라고도 불렸다. 1633년(인조 11) 강화부의 교동喬桐에 통어영統禦營을 설치하며 처음 통어사를 두었다. 통어사는 경기수군절도사가 겸임하는 자리이므로 교동 부사가 '경기수군절도사 겸 삼도통어사'가 되었다. 이후 1779년(정조 3) 통어영을 강화부의 진무영鎭撫營과 합치면서 폐지했다가, 1789년에 다시 원래대로 복구했다.

수군방어사는 병마방어사와 마찬가지로 해방의 요충지에 처음 설치한 무관직으로, 『속대전』에는 경기·평안도에만 배치했다. 수군동첨절제사도 『속대전』에 처음 등장하며, 경기·경상도·전라도·황해도의 네 곳만 두었다. 이 직책은 수군 만호와 동일한 종4품이지만 만호보다 위상이 높았다. 이는 『대전통편』에서 전라도의 법성포와 군산포에 동첨절제사를 파견하면서 만호에서 동첨절제사로 "승격"했다고 표현한 부분에서 확인할 수 있다.[129]

『속대전』에 이어 『대전통편』에 나타난 서반 외관직의 종류는 『속대전』과 큰 차이가 없으나 일부 변동이 있었다. 눈에 띄는 변화는 순영 중군의 추가 설치다. 『속대전』에서는 함경도·평안도에만 순영 중군을 배치했으나, 『대전통편』에서는 나머지 6도까지 확대하여 전국에 두었다. 병마절제사도 경기와 평안도에 신규로 설치했다.[130] 이와 함

128 김현구, 「조선후기 통제사에 관한 연구-그 직임을 중심으로」, 『부대사학』 9, 1985, 367~368쪽.

129 『대전통편』 권4, 병전 외관직 전라도.

130 평안도 병마절제사는 『대전통편』과 『전율통보』에 『속대전』부터 증치된 것으로 나오지만, 정작 『속대전』에는 해당 내용이 실려 있지 않다. 이에 이 책에서는 『속대전』을 기준으로 삼았다(『대전통편』 권4, 병전 외관직, 평안도; 『典律通補』 권4, 병전 외관직, 병마절제사).

께 전라도에만 수군절제사를 단독으로 두었는데, 이는 『경국대전』에 나오는 '병마수군절제사'의 명칭을 고친 것이다.

끝으로, 〈표 8〉에서 나타내지 않았으나 『대전회통』에서 나타난 주요 변화도 짚어볼 필요가 있다. 첫째, 1865년(고종 2) 통제사를 외등단으로 격상시키는 과정에서, 기존의 통우후(정3품 당상)를 종2품의 중군中軍으로 승격했다. 둘째, 이 '통제중군統制中軍'을 신설한 직후에 경기의 통어영에도 중군 1명을 증치했으며, 이 경우에는 품계가 한 자급 낮은 정3품 당상관이었다. 셋째, 충청도에 별장을 신설함으로써 강원도를 제외한 전국 7도에 별장이 배치되었다.

서반 외관직의 규모

그렇다면 조선 후기에 서반 외관직의 규모는 어느 정도였을까? 이를 파악하기 위해 법전을 토대로 서반 경관직과 마찬가지로 조선 전기부터 조선 후기까지의 관직 규모를 종합적으로 조사했다. 그 결과를 〈표 9〉와 〈표 10〉에 정리했다.

〈표 9〉에서 확인할 수 있듯이, 『경국대전』에 기록된 서반 외관직의 수는 500자리로 나타났다.[131] 조선 후기로 가면서 서반 외관직 규모는 크게 증가하여 『속대전』에서는 약 44% 늘어난 722자리에 이르렀다. 이후 『대전통편』에서는 『속대전』에 비해 29자리가 줄어든 693자리를 기록했으나, 조선 전기와 비교하면 여전히 상당한 증가세를 유지하고

131 『경국대전』에 기록된 서반 외관직 수를 이성무는 502자리, 한충희는 498자리로 파악했다(이성무, 『조선초기 양반연구』, 125쪽의 〈표16〉; 한충희, 『조선초기 관직과 정치』, 139쪽의 〈표3-15〉).

〈표 9〉 조선시대 서반 외관직의 규모

법전 지역	경국대전		속대전		대전통편	
	전체	겸직	전체	겸직	전체	겸직
경기	49	43 (87.8%)	79	55 (69.6%)	77	53 (68.8%)
충청도	69	60 (87%)	75	62 (82.7%)	71	58 (81.7%)
경상도	103	74 (71.1%)	134	78 (58.2%)	127	77 (60.6%)
전라도	87	64 (73.6%)	110	67 (60.9%)	109	64 (58.7%)
황해도	35	28 (80%)	59	37 (62.7%)	55	32 (58.2%)
강원도	35	30 (85.7%)	36	33 (91.7%)	35	32 (91.4%)
함경도	57	30 (52.6%)	105	49 (46.7%)	101	45 (44.6%)
평안도	65	49 (75.4%)	124	62 (50%)	118	58 (49.2%)
계	**500**	**378 (75.6%)**	**722**	**443 (61.4%)**	**693**	**419 (60.5%)**

있었다.

시기별로 지역의 변화도 주목된다. 『경국대전』에 따르면, 서반 외관직의 규모는 경상도 103자리, 전라도 87자리, 충청도 69자리, 평안도 65자리, 함경도 57자리 순으로 나타났다. 반면에 『속대전』에서는 경상도가 여전히 134자리로 가장 많았으나, 그 뒤를 평안도 124자리, 전라도 110자리, 함경도 105자리, 경기 79자리가 차지했다. 특히, 평안도(59자리 증가, 증가율 91%), 함경도(48자리 증가, 증가율 84%), 경기(30자리 증가, 증가율 61%)의 증가율이 높으므로, 조선 후기에 북부 지역과 경기의 외관직이 크게 확대된 점이 두드러진다.

이 변화의 내용을 구체적으로 파악하기 위해 〈표 10〉에서 『속대전』에 기록된 각도의 외관직을 관직별로 다시 정리했다.[132] 『경국대전』

132 정3품 당상 관직의 경우 『경국대전』에서는 '정3품' 관직에 '절충折衝'이라는 주기를 달아 정3품의 당상관 여부를 분명히 했다. 그러나 『속대전』과 『대전통편』에서는 '정3품'으로만 기록되었으므로 해당 법전만으로는 당상관 여부를 판별하기 어려운 관직들이 있었다. 이에 『양전편고』를 참고하여 당상관 여부를 판단했다(『양전편고』 권2, 西銓 品秩).

의 내용은 〈부표 1〉[133]로, 『대전통편』의 내용은 〈부표 2〉로 정리했다. 조선시대에 서반 외관직에는 1품과 정2품의 관직이 존재하지 않으며, 최고 관직인 병마절도사와 삼도수군통제사 등이 종2품에서 시작한다. 이 점은 동반 외관직도 마찬가지여서 관찰사와 부윤 같은 최고 관직 역시 종2품에서 시작한다.

〈표 10〉과 〈부표 1〉을 비교하면, 『속대전』에서 평안도의 변화가 『경국대전』과 비교하여 상당히 두드러진다. 구체적으로 병마방어사 3자리, 수군방어사 1자리, 진영장 9자리, 순영 중군 1자리, 병마첨절제사 6자리, 병마동첨절제사 10자리, 병마 만호 11자리, 감목관 1자리, 권관 14자리, 별장 5자리가 추가되었다. 반면, 수군절도사와 병마 평사는 각 1자리씩 줄었다.

함경도에서는 『경국대전』에 비해 병마방어사 1자리, 진영장 6자리, 순영중군 1자리, 위장衛將 10자리, 병마첨절제사 4자리, 병마 우후 1자리, 병마동첨절제사 2자리, 병마 만호 4자리, 감목관 3자리, 권관 16자리, 별장 2자리가 늘어났고, 수군 만호는 2자리가 줄었다.

경기의 경우는 『경국대전』에 비해 통어사 1자리, 병마방어사 3자리, 수군방어사 1자리, 진영장 6자리, (경기)중군 1자리, 병마첨절제사 2자리, 수군첨절제사 2자리, 수군동첨절제사 2자리, 병마 만호 5자리, 감목관 5자리, 별장 6자리가 추가되었으며, 수군 만호는 4자리가 감소했다.

이처럼 『속대전』에서 『경국대전』에 비해 외관직 수가 증가한 배경에는 공통적으로 진영장의 설치가 있었는데, 이 관직은 임진왜란과 관련이 있다. 지역별로는 병마첨절제사, 병마동첨절제사, 병마 만호의

133 『경국대전』에 감목의 인원 규정이 없으므로 〈부표 1〉에서는 이를 제외했다.

〈표 10〉『속대전』에 기록된 도별 서반 외관직 내역과 규모

품계 \ 관직 \ 지역		경기	충청도	경상도	전라도	황해도	강원도	함경도	평안도	계	
										전체	겸직
종2	병마절도사	1(겸)	2(겸1)	3(겸1)	2(겸1)	2(겸1)	1(겸)	3(겸1)	2(겸1)	16	8
	통제사	·	·	1	·	·	·	·	·	1	·
	통어사	1	·		·	·	·	·	·	1	·
	병마방어사	3(겸)	·	·	·	·	1(겸)	1(겸)	3(겸)	8	8
	수군방어사	1(겸)	·	·	·	·	·	·	1(겸)	2	2
정3 당상	수군절도사	2(겸)	2(겸1)	3(겸2)	3(겸1)	2(겸1)	1(겸)	3(겸)	1(겸)	17	12
	병마수군절제사	·	·	·	1(겸)	·	·	·	·	1	1
	병마절제사	·	·	1(겸)	1(겸)	·	·	·	·	2	2
	진영장	6(겸)	5(겸1)	6(겸1)	5(겸2)	6(겸)	3(겸2)	6(겸)	9(겸)	46	33
	중군	1	·	·	·	·	·	·	·	1	·
	순영중군	·	·	·	·	·	·	1	1	2	·
	통우후	·	·	1	·	·	·	·	·	1	·
	위장	·	·	·	·	·	·	10(겸)	·	10	10
종3	병마첨절제사	6(겸4)	4(겸)	5(겸)	4(겸)	3(겸2)	3(겸)	19(겸9)	22(겸10)	66	41
	수군첨절제사	3	4	3	4	1	1	·	3	19	·
	병마우후	·	1	2	1	·	·	2	1	7	·
정4	수군우후	·	1	2(겸1)	2	·	·	·	·	5	1
종4	병마동첨절제사	14(겸)	12(겸)	20(겸)	14(겸)	15(겸11)	11(겸)	8(겸6)	27(겸17)	121	105
	수군동첨절제사	2	·	4	6	5	·	·	·	17	·
	병마만호	5	·	·	·	3	·	18	15	41	·
	수군만호	1	1	18	14	1	1	1	·	37	·
정6	병마평사	·	·	·	·	·	·	1	·	1	·
종6	병마절제도위	22(겸)	42(겸)	46(겸)	42(겸)	13(겸)	14(겸)	11(겸)	19(겸)	209	209
	감목관	5(겸2)	1(겸)	3(겸1)	5(겸1)	3(겸)	·	3(겸2)	1(겸)	21	11
종9	권관	·	·	5	·	·	·	16	14	35	·
	별장	6	·	11	6	5	·	2	5	35	·
계		**79 (겸 55)**	**75 (겸 62)**	**134 (겸 78)**	**110 (겸 67)**	**59 (겸 37)**	**36 (겸 33)**	**105 (겸 49)**	**124 (겸 62)**	**722**	**443**

※ 겸: 겸직

증가 및 권관, 별장의 신설로 외관직 수가 크게 늘었는데, 이들 관직은 모두 변장邊將으로 불리는 직책이다. 따라서 조선 후기 서반 외관직

증가는 양란의 경험과 대외 정세 변동에 대응하기 위해 관방 방어를 전담한 변장의 증대와 직결되었음을 알 수 있다.

한편, 〈표 10〉, 〈부표 1〉, 〈부표 2〉를 통해 서반 외관직에서 정3품 당상관 이상의 관직이 증가한 점도 확인할 수 있다. 『경국대전』 → 『속대전』 → 『대전통편』의 순서로 살펴보면, 종2품 관직은 7자리 → 10자리 → 9자리로 변화했고, 정3품 당상관은 9자리 → 25자리 → 36자리로 늘어났다. 종2품 관직은 『속대전』에서 3자리 증가했는데, 통제사, 통어사, 병마절도사가 각각 한자리씩 추가된 결과였다. 정3품 당상관은 『속대전』에서 16자리가 늘었고, 『대전통편』에서는 추가로 11자리가 더 늘어 총 36자리에 달했다. 이는 진영장의 신설로 인해 생긴 변화였다.

끝으로, 서반 외관직에서 주목할 점이 겸직의 비중이다. 앞서 제시한 〈표 9〉에 따르면, 『경국대전』에서는 500자리 중 겸직이 378자리(75.6%)로 매우 높은 비중을 차지했고, 정직은 122자리에 불과했다. 『속대전』에서는 722자리 중 443자리(61.4%), 『대전통편』에서는 693자리 중 419자리(60.5%)가 겸직으로 나타났다.

이를 기준으로 보면, 겸직을 제외한 서반 외관직의 정직은 『속대전』에서 279자리이며, 『대전통편』에서는 274자리에 불과했다. 그러나 『경국대전』의 122자리에 비하면 두 배 이상 증가한 수치여서 조선 전기에 비해 외관직 수가 증가했다고 평가할 수 있다. 또한 전체적으로 겸직의 비중이 14~15% 정도 감소하면서 정직의 비중이 상대적으로 높아진 점도 주목할 만하다.

〈표 9〉에서 도별 겸직 비중을 검토하면, 『속대전』에서는 강원도가 91.7%로 가장 높고, 충청도가 82.7%로 그 뒤를 이었다. 반면, 함경도

는 46.7%로서 비중이 가장 낮았으며, 평안도 50%, 경상도 58.2%, 전라도 60.9%의 비중을 보였다. 또한 겸직 비중이 평안도(25.4% 감소), 경기(18.2% 감소), 황해도(17.3% 감소) 지역에서 크게 낮아진 점도 주목된다. 『대전통편』에서도 강원도 91.4%, 충청도 81.7%로 두 지역이 여전히 높은 비중을 유지했으며, 함경도 44.6%, 평안도 49.2%, 황해도 58.2%, 전라도 58.7%, 경상도 60.6% 순으로 낮게 나타났다.

이처럼 특정 지역의 겸직 비중이 낮다는 것은 전담 관리의 파견이 더 많이 이뤄졌음을 의미하며, 이는 해당 지역이 국방 요충지라는 점과 연관된다. 따라서 이러한 결과는 임진왜란과 병자호란 이후로 육상과 해상의 방어가 함경도와 평안도, 경상도와 전라도 중심으로 강화되고, 여기에 경기와 황해도가 추가로 포함된 양상을 반영한 것으로 해석할 수 있다. 또한 강원도와 충청도는 조선 전기부터 겸직 비중이 80~90% 이상을 상회하므로, 이 지역들에서 서반 외관직의 역할은 상대적으로 미미했음을 보여준다.

다음으로 서반 외관직의 겸직 종류를 〈표 11〉에 나타냈다. 조선 후

〈표 11〉 서반 외관직의 겸직 종류

법전 / 관품	경국대전	속대전	대전통편
종2품	병마절도사 병마절제사	병마절도사, 병마방어사 수군방어사	병마절도사, 병마방어사 수군통어사, 수군방어사
정3품 당상	수군절도사, 병마절제사 병마수군절제사	수군절도사, 진영장 병마절제사, 병마수군절제사	수군절도사, 진영장, 위장 병마절제사, 수군절제사
종3품	병마첨절제사	병마첨절제사	병마첨절제사, 수군첨절제사
정4품	·	·	수군우후
종4품	병마동첨절제사 수군만호	병마동첨절제사	병마동첨절제사
종6품	병마절제도위	병마절제도위, 감목관	병마절제도위, 감목관

기 서반 외관직의 겸직은 다음과 같은 특징을 지닌다. 첫째, 법전의 「병전」 조에 겸임으로 명시되지 않았으나 실제로 겸직으로 수행된 관직이 존재했다. 대표적으로 병마절제사, 수군절제사, 병마수군절제사가 이에 해당하며, 이들은 수령이 겸임하는 직책이다. 이 가운데 병마수군절제사는 제주 목사가 겸임하는 관직인데, 『대전통편』에서는 병마절제사와 수군절제사로 나누어 규정했으나 실제 제주 목사의 직함은 이전과 동일하게 '제주목사 겸 제주진병마수군절제사 · 전라도수군방어사'[134]로 표기했다.

둘째, 겸직으로 명시했으나 그중 일부는 전임관을 파견하여 운영했다. 『경국대전』에서는 병마첨절제사와 병마동첨절제사를 모두 수령이 겸임한다고 규정했으나, 병마첨절제사 53명 중 12명은 전임관이었다. 『속대전』에서는 이러한 전임관이 더 확대되어 병마첨절제사 66명 중 25명, 병마동첨절제사 121명 중 16명이 전임관이었으며, 이들이 바로 변장이었다.[135]

셋째, 조선 후기에 전국적으로 병마절제도위는 수령이 겸직하는 자리였으며, 함경도의 위장도 모두 수령이 겸직하는 자리였다. 이 관직들을 제외하면 동일 관직이라도 지역에 따라 겸직 여부가 다르게 운영되는 특징이 있었다.

〈표 11〉에서 위의 두 관직을 제외하고 절도사, 방어사, 절제사, 병마첨절제사, 병마동첨절제사, 진영장 등은 관찰사나 수령이 겸임하는 직책이었으나, 도에 따라 전임직과 겸직이 혼재했다. 예를 들어, 진영장의 경우 충청도, 경상도, 전라도, 강원도에서는 일부 전임관을 파견

134 『일성록』 정조 23년 4월 9일(정유).

135 이 책 14장의 〈표 39〉 참조.

했으나, 나머지 지역에서는 모두 수령이 겸임했다. 절도사 역시 해당 관직 내 한 두 자리를 겸직으로 운영했다.

이상으로 조선 후기 서반 외관직의 가장 큰 변화는 육군과 수군에서 다양한 관직이 신설되었다는 점이다. 관직 규모도 『경국대전』보다 약 44% 증가하여 『속대전』에서는 722자리가 되었다. 이후 『대전통편』에서는 693자리로 소폭 감소했으나, 여전히 크게 증가한 수치였다. 이 가운데 정직 수 역시 『속대전』에서 279자리, 『대전통편』에서는 274자리로, 『경국대전』에 비해 두 배 이상 증가했다. 특히 평안도, 함경도, 경기 지역의 관직 증가는 관방 방어를 담당한 변장의 증대와 밀접한 관련을 보여 주었다.

제2부

중앙 고위직과 청요직

중앙 고위직과 청요직

4장
서반 최고위 아문 중추부

1. 중추부의 조직과 규모

중추부의 연혁과 특징

조선시대에 중추부中樞府는 서반의 최고위 아문이었다. 서반의 정1품아문으로 '서추西樞' 또는 '홍추鴻樞'로도 불렸다.[1] '홍鴻'은 크다는 뜻을 지니므로 홍추는 최고의 관청을 의미한다.

실제로 『경국대전』 체제 이후 19세기 중반까지 서반에서 정1품아문은 중추부가 유일하며[2],이는 동반의 최고위 관아인 의정부議政府와 짝을 이뤘다. 이러한 사실은 상급 경아전인 녹사錄事가 의정부와 중추부에 각각 소속되어, 동반에서는 의정부에서, 서반에서는 중추부에서 각 관서로 녹사를 파견하는 방식에서도 확인할 수 있다.[3]

---

1 『國朝搢紳案』 중추부, "別號, 西樞鴻樞."

2 1865년(고종2) 선혜청宣惠廳과 준천사濬川司가 동반에서 서반으로 옮겨 오면서 정1품 서반아문이 총 3곳으로 늘었다(『승정원일기』 고종 2년 8월 15일(정미); 『대전회통』 권4, 병전 경관직 정일품아문).

3 『경국대전』 권1, 이전 경아전 錄事.

중추부는 1392년(태조 1) 7월에 문·무 백관의 관제를 정할 때 중추원中樞院으로 처음 창설되었다.[4] 고려의 관제를 계승한 중추원은 왕명의 출납出納을 비롯하여 병정兵政, 군정軍政, 숙위宿衛 등을 관장하고, 인사권까지 가진 막강한 관청이었다. 그러나 1393년 창설된 의흥삼군부義興三軍府(오위도총부五衛都摠府 전신)가 중앙군의 군령권을 갖게 되면서 중추원의 군사 기능은 약화되었다.[5]

1400년(정종 2)에는 사병私兵 혁파와 함께 군제 개편이 이뤄지면서 중추원이 폐지되고 삼군부로 개편되었으며, 승정원이 별도의 관서로 독립되어 왕명 출납의 업무도 승정원으로 이관되었다. 이후 태종이 승하한 이듬해인 1432년(세종 14)에 중추원이 다시 설치되었고, 1466년(세조 12) 1월 관제 개편 때 중추부로 명칭이 변경되었다.[6] 이렇게 변화한 중추부가 조선 후기까지 유지되었다.

이 과정에서 중추부는 처음 창설 때의 모습과는 다르게 문·무 당상관을 예우하는 관서로 바뀌었다. 병조와 오위도총부, 승정원의 성장으로 초창기의 권한을 대부분 상실한 결과였다. 이에 대사헌 서거정徐居正 등은 중추부의 기능을 의정부와 대등하게 되살리기 위해 오위도총부를 혁파하고 그 임무를 중추부에 맡겨야 한다고 건의했다.[7]

그러나 결국 『경국대전』에서 "관장하는 일이 없고, 문·무의 당상관으로 소임이 없는 사람을 대우"[8]하는 관아로 자리 잡았다. 그 결과

---

4 『태조실록』 권1, 1년 7월 28일(정미); 柳本藝, 『漢京誌略』 권2, 闕外各司, 중추부.
5 민현구, 『조선초기의 군사제도와 정치』, 한국연구원, 1983, 269쪽.
6 『세종실록』 권55, 14년 3월 15일(갑술); 3월 16일(을해); 『세조실록』 권38, 12년 1월 15일(무오).
7 『성종실록』 권33, 4년 8월 4일(계해).
8 『경국대전』 권4, 병전 경관직 정일품아문 중추부.

봉조하奉朝賀나 연로한 고위 문관, 일선에서 물러난 대신들이 중추부로 옮겨와 녹을 받는 것이 관례가 되었다.

『대전통편』 기준 동반의 정1품 아문으로는 종친부, 의정부, 충훈부, 의빈부, 돈녕부, 비변사, 선혜청, 제언사, 준천사 등이 있었다.[9] 이 중 의정부와 비변사는 국정을 운영하는 주요 관아였다. 의빈부와 돈녕부는 국왕의 친인척을 관리하는 관아였으며, 충훈부는 공신 관련 사무를 관장했다. 이에 비해 서반의 유일한 정1품아문인 중추부가 사실상 업무가 없는 예우 관아에 불과했다는 점은 조선시대 양반 관료 체제의 중요한 특성이라 볼 수 있다.[10]

중추부의 조직과 규모

조선 전기 중추부의 관원은 『경국대전』을 토대로 조사한 결과 총 26명이었다. 〈표 12〉에서 중추부의 조직과 관원 규모를 살펴보면, 영사領事(정1품) 1명, 판사判事(종1품) 2명, 지사知事(정2품) 6명, 동지사同知事(종2품) 7명, 첨지사僉知事(정3품 당상) 8명을 두었고, 실무 관원으로 경력經歷과 도사都事를 각 1명씩 두었다.

전체적으로 당상관이 24명이며, 당하관 이하가 2명에 불과하여 대부분 당상관이라 해도 과언이 아니다. 고위 관료를 우대하는 관서이므로 당상관의 비중이 높을 수밖에 없었다. 또 고위 관료가 많았으나

---

9 『대전통편』 권1, 이전 경관직 정일품아문.

10 1770년(영조 46) 편찬된 『동국문헌비고』에는 중추부가 '무직武職'이 아니라 '제부諸府'에 속해 있다. 제부에는 중추부, 돈녕부, 의빈부, 충훈부, 의금부 등이 있었다. 이 점으로 미뤄볼 때 중추부는 고위 문관들의 우대처라는 특성상 무관직으로 인식되지 않은 것으로 보인다(『東國文獻備考』 권93, 職官考 3, 諸府).

〈표 12〉 중추부의 관직과 인원

관직 \ 법전		경국대전	속대전	대전통편	대전회통
정1품	영사	1	1	1	1
종1품	판사	2	2	2	2
정2품	지사	6	6	6	6
종2품	동지사	7	8 (위장체아1)	8 (위장체아1)	8 (위장체아1)
정3품당상	첨지사	8	8 (위장체아3)	8 (위장체아3)	8 (위장체아3)
종4품	경력	1	1	1	1
종5품	도사	1	1	1	3
계		**26**	**27**	**27**	**29**

실제 업무가 없어 상피相避 규정도 없었다.

다음으로 〈표 12〉에서 『속대전』의 규모를 검토하면, 동지사의 인원만 한 명 더 늘어 정원이 총 26명에서 총 27명으로 바뀌었을 뿐이다. 겉으로는 조선 후기의 변화가 미미해 보일 수 있으나, 내부적으로는 크고 작은 변화들이 있었다.

첫째, 가장 중요한 변화는 중추부의 고위직 4자리를 '위장 체아衛將遞兒' 자리로 배정한 점이다.[11] 즉, 동지사 1자리와 첨지사 3자리를 체아직으로 만들고, 이 자리에 오위장五衛將, 충장위장忠壯衛將, 충익위장忠翊衛將 등을 임명하도록 했다.

예를 들어, 일반 동지중추부사나 첨지중추부사를 제수하는 임명장에는 "김이기를 가선대부 동지중추부사로 삼음", "김우하를 절충장군 첨지중추부사로 삼음"[12]과 같이 관계官階와 해당 관직만 기재했다. 이

11 『속대전』 권4, 병전 경관직 정일품아문 중추부, "從二品, 同知事, 加一員〈衛將遞兒〉, 正三品, 僉知事〈八員內三員, 衛將遞兒〉."

12 디지털장서각 한국고문서자료관, 1708년 김이기金履基 고신告身; 1773년 김우하金禹河

와 달리 동지중추부사나 첨지중추부사를 체아직으로 임명할 때는 단독이 아닌 실實 관직과 함께 내려 '절충장군 첨지중추부사 겸 오위장'과 같은 형식이 되었다.

실례를 제시하면, 1791년(정조 15) 무관 노상추盧尙樞가 오위장에 임명되었을 때 그의 부인 3명에게도 숙부인淑夫人(외명부 정3품 당하 작호)의 교지가 하사되었다. 이미 사망한 풍산 류씨豊山柳氏와 월성 손씨月城孫氏에게는 추증 교지를, 달성 서씨達城徐氏에게는 일반 교지를 내렸다. 세 교지 모두 세주細註에 "절충장군 첨지중추부사 겸 오위장 노상추의 처를 법전에 의거하여 남편 관직을 따르게 함"[13]이라고 되어 있다. 노상추를 오위장에 임명하면서 위장 체아의 자리인 첨지중추부사의 직함도 함께 내린 것이다.

1833년(순조 33) 류억柳億은 충익위장에 임명되었다. 류억이 받은 교지는 "류억을 절충장군 행 용양위 부호군 충익위장으로 삼음"이라고만 되어 있다. 그러나 그의 부인이 받은 숙부인 교지의 세주에는 "절충장군 첨지중추부사 겸 충익위장 류억의 처를 법전에 의거하여 남편 관직을 따르게 함"[14]이라고 적혀있다. 곧, 류억을 충익위장으로 임명하면서 첨지중추부사의 직함을 함께 내리고, 해당 체아직의 녹祿 자리로 부호군副護軍(종4품)을 지급하면서 교지에는 '용양위 부호군'만 적은 것으로 보인다.

둘째, 조선 전기에 비해 무관을 위한 당하관 이하 자리가 소폭 늘었

고신.

13 안강노씨 화림종중 소장, 1791년 풍산류씨 추증교지, "〈折衝將軍僉知中樞府事兼五衛將盧尙樞妻依法典從夫職〉."

14 디지털장서각 한국고문서자료관, 1833년 유억柳億 고신; 1833년 유억 처 조씨趙氏 고신, "〈折衝將軍僉知中樞府事兼忠翊衛將柳億妻依法典從夫職〉."

다. 경력은 본래 음관 자리였으나, 1676년(숙종 2) 조선왕조 역사상 가장 많은 무과 급제자인 17,652명을 선발한 '병진년 만과丙辰年萬科' 직후에 무관의 적체를 해소하기 위해 무관으로 뽑게 했다.[15]

도사 역시 중간에 폐지했다가 '병진년 만과'로 인한 무관의 적체를 해소하기 위해 1687년에 다시 설치하여 무관으로 선발했다.[16] 이후 1795년(정조 19)에 2자리가 더 늘어 총 3자리가 되었고,[17] 이 조치가 『대전회통』에 반영되어 관원이 29명으로 소폭 증가했다.

셋째, 의정 대신을 우대하고 1품 관직의 자격 요건을 강화한 결과, 중추부 내에서 무관이 맡을 수 있는 관직이 점차 동지중추부사(종2품)나 첨지중추부사(정3품 당상)로 한정되었다.

1685년부터 의정 대신을 우대하여 관직에서 물러난 의정 대신이 중추부로 올 경우, 영중추부사(정1품)나 판중추부사(종1품)의 빈 자리가 없더라도 모두 판중추부사로 임명하게 했다.[18] 1762년(영조 38)부터는 영중추부사와 판중추부사의 자격 요건을 강화했다. 영중추부사는 대신만 임용될 수 있도록 하고, 판중추부사는 이조 판서나 예조 판서. 병조 판서 등을 역임한 자로 제한했다.[19]

이에 따라 무관이 대신이나 판서에 오르는 경우가 드물었으므로, 결과적으로 무관에게 돌아가는 관직은 동지중추부사나 첨지중추부사

---

15 『승정원일기』 숙종 2년 4월 13일(을축), "且中樞經歷, 亦是兵批之職, 今後待其有窠, 竝以武臣差出, 何如, 上曰, 依爲之."; 『전록통고』 兵典上, 경관직; 『승정원일기』 정조 19년 12월 13일(경인), "中樞府經歷都事, 本是蔭窠, 肅廟丙辰年, 始以武臣差出者也."

16 『승정원일기』 숙종 13년 4월 23일(경오); 『銓注纂要』 권1, 중추부, "都事, 中間減省矣, 復設以武臣差出〈康熙丁卯四月〉."

17 『승정원일기』 정조 19년 12월 13일(경인); 『전주찬요』 권1, 중추부, "都事二增設〈乾隆乙卯十二月〉."

18 『대전통편』 권4, 병전 경관직 정일품아문 중추부; 『전주찬요』 권1, 중추부(영인본 31쪽).

19 『속대전』 권4, 병전 경관직 정일품아문 중추부; 『전주찬요』 권1, 중추부(영인본 31쪽).

가 대부분을 차지하게 되었다. 이는 위장 체아 자리를 이 두 관직에만 배치한 것과도 관련이 있다.

넷째, 숙종 대부터는 의관醫官, 역관譯官, 노인직老人職으로 가자된 사람들이 중추부의 관직을 받을 경우 임기를 제한했다. 중추부 관직이 고위 관료뿐만 아니라 의관과 역관은 물론 장수 노인들의 우대 관직으로 활용되면서 나타난 조치였다.

먼저 1675년에 지중추부사, 동지중추부사, 첨지중추부사에 임명되는 의관과 역관의 임기를 30개월로 정했다.[20] 1676년에는 노인직으로 가자되어 임명되면 임기를 3개월로 제한했다. 이는 노쇠로 인해 크고 작은 회의나 모임에 참여하지 못하는 사례가 늘어났을 뿐만 아니라, 평생 교체하지 않으면 다른 사람에게 돌아갈 기회가 줄어들 것이라는 우려에서 내린 결정이었다.[21]

2. 중추부의 임무와 사회적 위상

중추부의 임무와 위상

중추부는 서반의 최고위 관아로서 고유한 업무 없이 고위 관료를 우대하는 곳이었다. 즉, 관직에서 물러난 고위 관료들에게 녹봉을 지급하여 조정에 계속 머물도록 하는 자리였다. 그렇다고 해서 중추부의 관원들이 아무런 일도 하지 않은 것은 아니었다.

---

20 『승정원일기』 숙종 1년 9월 5일(경인); 『속대전』 권4, 병전 경관직 정일품아문 중추부.
21 『승정원일기』 숙종 2년 3월 28일(경술); 『속대전』 권4, 병전 경관직 정일품아문, 중추부.

중추부의 관원은 경력과 도사를 제외하고 대부분 고위직이므로 조정에서 열리는 각종 회의나 모임에 참여했다. 입시入侍를 비롯하여 상참常參, 차대次對, 윤대輪對, 시임時任 · 원임原任 대신의 소견召見, 회강會講, 진찬례進饌禮, 진연進宴, 국상國喪이나 국가 제례祭禮 등에 참석했다. 또 전좌殿座나 친국親鞫 등으로 국왕이 행차할 때면 배종하는 임무를 맡기도 했다.

중추부의 관원은 순장巡將의 역할도 맡았다. 순장은 1소와 2소에 각각 2명씩 배치했으며, 중추부의 지중추부사(정2품), 동지중추부사(종2품), 첨지중추부사(정3품 당상) 중에서 선발했다. 만약 인원이 부족하면 행직당상관行職堂上官을 후보자로 올리게 했다.[22] 행직 당상관이란 현재 당상 관직에 있지는 않으나, 당상관의 관품을 소유한 사람을 의미한다.

이 규정은 조선 후기에도 『속대전』을 거쳐 『대전회통』까지 변함없이 유지되었다. 그러나 현실적으로 중추부의 고위 관원이 야간 순찰을 직접 수행하기에는 어려운 여건이었기 때문에, 순장으로 차출되는 경우는 많지 않았다. 이에 따라 『육전조례』(1867)에는 순장을 당상관 이상의 문관과 무관, 상전賞典으로 가자된 중 · 서인中庶人 중에서 선발하도록 현실화했다.[23]

한편, 중추부의 2품 이상 관직은 정치적 · 사회적 위상이 높았다. 이 점은 『일성록』의 「범례」를 통해 확인할 수 있다. 「범례」에는 병조의 인사 발령 내용을 적는 기준이 제시되어 있는데, 모든 자리를 기록하는 것이 아니라 선별해서 기록하게 했다. 그러므로 이 기준을 통해 당

22 『경국대전』 권4, 병전 行巡, "受點巡將及監軍〈巡將則以中樞府知事以下, 僉知以上望差, 不足則以行職堂上官望差〉."

23 『六典條例』 권8, 병전 巡廳.

대 사회에서 어떤 관직을 중요하게 여겼는지 가늠할 수 있다.

서반 경관직 중 기록 대상은 중추부의 영중추부사, 판중추부사, 지중추부사, 동지중추부사[24], 익위사翊衛司 및 위종사衛從司 관원, 오위도총부 총관摠管, 군영대장, 훈련도감 중군中軍, 금군별장禁軍別將, 좌·우포도대장, 훈련원 도정, 새로 통망된 훈련원 정正과 부정副正 등이며, 처음 임명된 선전관, 무신 겸 선전관(이하 '무겸武兼 선전관'), 부장, 수문장, 참군參軍, 비변사 낭청도 기록 대상이었다.[25] 이처럼 서반 아문 중 중추부만 특별히 영중추부사(정1품)부터 동지중추부사까지 2품 이상 관원을 기록하게 했으므로, 그 중요성을 확인할 수 있다.

또한, 조선 후기에는 오위장, 내금위장, 순장, 겸사복장에게 지급하던 녹사의 지급을 중단했으나, 중추부의 2품 이상 관원에게는 계속 지급했다. 녹사는 일부 고위 부서와 재상급 관료에게만 제한적으로 배치한 상급 경아전이었다. 이에 더해, 조선 전기에는 두지 않던 의원까지 중추부에 한 명 배치하는 변화가 있었다.[26]

동지중추부사의 위상

앞에서 검토한 대로, 조선 후기에 영중추부사와 판중추부사(종1품)의 자격 요건이 강화되면서 무관이 받을 수 있는 관직은 동지중추부사나 첨지중추부사로 집중되었다. 이 중 동지중추부사는 2품 이상의 고위직에 오르기 어려운 무관들에게 남다른 위상과 의미를 지녔다. 이는

---

24 지중추부사와 동지중추부사는 시종侍從의 경력을 가진 사람만 기록했다.

25 『일성록』 凡例, 除拜遞解類.

26 『경국대전』 권1, 이전 경아전 녹사; 『속대전』 권1, 이전 경아전 녹사; 권4, 병전 번차도목 醫員.

무관 노상추의 사례에서 직접적으로 확인할 수 있다.

노상추는 80세가 되던 해인 1825년(순조 25) 1월에 규정에 따라 노인직으로 가자되어 가선대부(종2품 동반관계)의 품계를 받았다. 이어 같은 해 2월 선산에 있으면서 국왕으로부터 홍대紅帶 1개와 금관자金貫子 1쌍을 하사받았다.[27]

그러나 노상추는 당시 동지중추부사의 빈자리가 나지 않아 노인직 가자에 수반되는 해당 관직을 받지 못했다. 같은 해 1월 동지중추부사의 말망末望에 들었으나 낙점을 받지 못했고, 2월에는 수망首望에 들었지만 역시 낙점을 받지 못했다.[28] 그는 3월 중순에도 "동지중추부사의 빈자리가 없어 아직 정사를 거행하지 않았다고 하니 답답하다."[29]라고 하면서 도목정사를 기다렸다. 사실 그는 이미 3월 9일 도목정사에서 낙점되었으나 이를 알지 못했고, 10여 일 지나서야 동지중추부사가 되었음을 알게 되었다.[30] 이 동지중추부사는 노상추가 생전에 역임한 관직 가운데 최고위직이었다.

이처럼 노상추가 동지중추부사 임명을 애타게 기다린 이유는 이 자리가 종2품 실직으로서 선조를 추증追贈할 수 있는 자격이 주어지기 때문이었다. 추증은 종친宗親을 비롯해 문·무관 중 실직 2품 이상에 임명되면 그 3대代까지 관직이나 작호를 내리는 제도였다. 공명첩空名帖 중 동지중추부사의 값이 비싼 이유도 추증과 관련이 있으며, 조정

---

27 『盧尙樞日記』 1825년 1월 20일; 2월 23일; 『승정원일기』 순조 25년 1월 3일(신묘). 해당 노상추의 교지(안강노씨 화림종중 소장)에는 "조관으로 나이 80이 되었으므로 정식에 의거하여 가자함(朝官年八十依定式加資)"이라 되어있다.

28 『노상추일기』 1825년 1월 20일; 2월 23일; 3월 4일.

29 『노상추일기』 1825년 3월 16일.

30 『승정원일기』 순조 25년 3월 9일(병신); 『노상추일기』 1825년 3월 22일.

에서도 '가설동지加設同知'의 공명첩을 이용해 선조를 추증하는 문제가 자주 논의되었다.[31] 따라서 무관 노상추에게 동지중추부사의 제수는 각별한 의미가 있었다. 조부 노계정盧啓禎에 이어 본인 대에 다시 조상의 추증이 이뤄졌으니 이는 집안의 영예였다.

1825년 5월 1일, 노상추의 아들이 한양으로부터 여러 장의 교지를 갖고 선산으로 왔다. 그의 아들이 한양에서 갖고 온 교지는 노상추의 동지중추부사 실직實職 교지와 노상추 아버지의 추증 교지, 노상추 세 부인의 추증 및 일반 교지였다.[32]

노상추는 교지가 오자마자 아버지의 신주를 고쳐 쓴 뒤에 분황焚黃을 거행했다. 일기에는 어머니의 추증 교지에 관한 내용이 없으나 세 어머니 묘소에서 분황을 거행하고, 오늘날 교지도 남아있으므로 세 어머니의 추증도 함께 이뤄졌음을 알 수 있다.[33] 노상추의 아버지는 통덕랑에서 가선대부 호조 참판으로 추증되고, 세 어머니 모두 공인恭人(외명부 5품 작호)에서 정부인貞夫人(외명부 정3품 당상 작호)이 되었다. 부인도 세 명 모두 숙부인淑夫人(외명부 정3품 당하 작호)에서 정부인이 되었다.

노상추 본인에게도 동지중추부사는 중요한 관직이었다. 현전하는 노상추의 호구단자戶口單子는 1774년(영조 50)부터 1828년까지 54년 동안 16회가 남아 있다. 중간에 3회치 호구단자만 빠진 채 시기가 연결되어 있어서 무과 급제 이후부터 세상을 뜨기 1년 전까지 그의 직역을 한눈에 파악할 수 있다.[34]

노상추의 호구단자에서 눈길을 끄는 점은 오위장이나 금군장과 같

---

31 『승정원일기』 경종 즉위년 8월 5일(기해); 영조 1년 5월 6일(계묘).

32 『노상추일기』 1825년 5월 1일.

33 『노상추일기』 1825년 5월 27일.

34 최승희, 「조선후기 양반의 사환과 가세변동」, 『한국사론』 19, 1988, 356쪽.

은 직책이 한 번도 기재되지 않았다는 사실이다. 무과 급제 이전에는 유학幼學의 직역을 3회 사용했다. 무과 급제 이후의 직역은 무겸 선전관 1회, 삭주 도호부사 1회, 전前 삭주 도호부사 8회, 가덕진 수군첨절제사 1회였고, 1828년(순조 28) 호구단자에는 동지중추부사가 기재되어 있다.[35] 이 사실은 삭주 부사와 말년의 동지중추부사가 노상추의 생애에서 가장 영예로운 관직이었음을 시사한다.

이상과 같이 중추부는 서반의 최고위 아문으로 고유한 업무 없이 고위 관료를 우대하는 관청이었다. 조선 후기에 영사나 판사의 자격 요건이 강화되면서 무관이 맡을 수 있는 관직은 주로 동지중추부사와 첨지중추부사로 제한되었다. 이 중 동지중추부사는 종2품의 실직으로서 조상을 추증할 자격을 부여받았으므로, 고위직에 오르기 어려운 무관들에게 특별한 위상과 의미를 지닌 관직이었다.

---

35 최승희, 위의 논문, 362~363쪽의 〈표 2〉.

5장

훈련원의 지속과 변화

1. 훈련원의 확대

훈련원의 연원과 특징

조선시대 훈련원은 서반의 정3품아문으로서 무관을 선발하고 군사를 양성하는 국방의 산실이었다. 훈련원에서 무과를 비롯한 각종 무재武才 시험과 군사 훈련, 병학 강습이 이뤄졌으니, 그야말로 군사에 종사하는 사람이라면 반드시 훈련원과 인연을 맺어야 했다. 문관 양성소로서 성균관이 있다면 무관 양성소로서 훈련원이 있다고 할 수 있다.

훈련원의 연원은 1392년(태조 1) 조선왕조의 건국과 동시에 설치한 훈련관訓鍊觀으로 거슬러 올라간다. 훈련관은 고려왕조에서 중시한 십학十學의 하나인 무학武學을 토대로 출범했다. 군사들에게 활쏘기와 말타기, 무경칠서武經七書를 가르친 뒤에 성적 우수자 33명을 무관 후보자로 뽑아 병조에 전달하는 역할을 맡았다. 곧, 병조와 함께 무관 선발 권한을 가졌다고 할 수 있다. 1394년에는 고려 말 무학을 담당한 또 다른 기관인 중군군후소中軍軍候所를 흡수했으며, 이듬해에는 병조의 관할 부서가 되었다.

그 뒤 1466년(세조 12)에 '훈련원'으로 개칭되었다가 그대로 『경국대전』에 올랐다.[36] 『경국대전』에 규정된 훈련원의 역할은 "군사의 시재試才와 무예 훈련, 무경武經 학습의 일을 관장하는 것"이었다.[37] 곧, 무과 및 각종 시재를 주관하고, 군사 훈련과 병학 교육을 담당했던 것이다. 이 밖에 새로 뽑힌 무과 급제자가 이곳에서 권지權知로 근무했으므로, 무관의 모집단을 관리하는 관아이기도 했다.

조선 전기에 3품 이상의 서반 아문은 훈련원 이외에도 중추부(정1품아문), 오위도총부(정2품아문), 오위(종2품아문)가 있었다. 중추부는 문·무 당상관 중 직책이 없는 고위 관료에게 직함을 주기 위한 관아이므로 권한이 없었다. 그러므로 『경국대전』을 기준으로 중추부를 제외한 세 기관의 순위를 매겨보면 훈련원 → 오위 → 오위도총부이었다.

그러나 조선 후기에 오위의 군사제도가 폐지되면서 오위를 관장한 오위도총부는 역할이 축소되고 위상도 낮아졌다. 오위도 명목만 유지한 채 정3품아문으로 한 단계 떨어졌다.[38] 이에 비해 훈련원은 조선 전기부터 정3품아문이었음에도 정2품 지사知事를 두어 고위 아문의 성격을 띠었다. 서반 아문 중 지사를 둔 곳은 중추부를 제외하면 훈련원이 유일했다. 따라서 조선 후기 고유한 권한을 가진 명실상부한 서반 고위 아문을 꼽는다면 훈련원이라 할 수 있다.

---

36 박홍갑, 「조선시대 군사훈련기구 훈련원의 성립과정과 역할」, 『군사』 43, 2001, 209~212쪽.

37 『경국대전』 권4, 병전 경관직 정삼품아문 훈련원, "掌軍士試才鍊藝武經習讀之事."

38 『속대전』 권4, 병전 경관직 정삼품아문.

소속 관원의 증가

조선 전기에 훈련원의 관원은 총 16명이었다. 〈표 13〉에서 보듯이 정3품아문이었음에도 최고위직으로 정2품의 지사 1명을 겸직으로 둔 점이 특징이다. 지사 아래에는 실무 책임자로 정3품 당상관인 도정都正 2명을 두었는데, 1명은 훈련원만 전담하는 '실도정實都正'이며 다른 1명은 겸직이었다.

도정 아래에는 정正 1명(정3품 당하), 부정副正(종3품) 2명, 첨정僉正(종4품) 2명, 판관判官(종5품) 2명, 주부主簿(종6품) 2명을 두었다. 참하관으로는 참군參軍(정7품)과 봉사奉事(종8품)를 각 2명씩 두었는데 모두 겸직이었다. 참군과 봉사의 겸직 문제는 아래에서 자세히 설명할 예정이다.

훈련원은 무관만 들어올 수 있는 관청으로 음관은 들어오지 못했다.[39] 예외적으로 부정, 첨정, 판관, 주부의 8자리 중 1자리만 문관으

〈표 13〉 훈련원의 관직과 인원

관직 \ 법전		경국대전	속대전	대전통편	대전회통
정2품	지사	1(겸)	1(겸)	1(겸)	1(겸)
정3품 당상	도정	2(겸1)	2(겸1)	2(겸1)	2(겸1)
정3품 당하	정	1	1	1	1
종3품	부정	2	2	2	2
종4품	첨정	2	4	4	12
종5품	판관	2	8	8	18
종6품	주부	2	18	18	38
정7품	참군	2(겸)	2	2	2
종8품	봉사	2(겸)	2	2	2
계		**16 (겸 6)**	**40 (겸 2)**	**40 (겸 2)**	**78 (겸 2)**

※ 겸: 겸직

39 『경국대전』 권4, 병전 경관직 정삼품아문 훈련원, "竝用武官."

로 임용했는데,[40] 참하 문관의 승륙陞六과 승진을 위해 마련한 자리였다. 또한 정부터 주부까지는 1명을 제외하고 근무 일수를 채우지 않고도 다른 관직으로 옮겨갈 수 있는 특전이 있었다. 문관과 무관의 근무 일수는 통상 6품 이상이면 900일이었으나, 훈련원의 6품 이상 관원은 1명을 제외하고 이 규정에서 자유로운 편이었다.[41] 1명만 재직 일수대로 근무하게 한 것은 아마도 장기 근무자를 남겨서 업무에 차질을 빚지 않으려는 의도로 보인다.

조선 후기에 훈련원 관원은 크게 확대되었다. 『속대전』을 기준으로 관원이 2.5배나 늘어나 총 40명이 되었고, 『대전회통』에서는 78명까지 치솟았다. 이처럼 훈련원의 관원은 지속적으로 늘었는데, 특히 숙종과 정조 대의 변화가 큰 편이었다.

숙종 대는 1676년(숙종 2)에 조선왕조사상 가장 많은 무과 급제자인 17,652명을 선발한 '병진년 만과'가 계기가 되었다. 숙종은 참하 무관의 진로를 터주기 위해서 만과를 실시한 그해에 주부 2명, 판관 2명을 추가하고, 1687년에는 첨정 2명, 판관 4명, 주부 7명을 더 늘렸다.[42] 영조도 1730년(영조 6)과 1738년에 각각 주부 3명씩을 더 늘렸다.[43] 그 결과 첨정이 총 4명, 판관이 총 8명, 주부가 총 18명[44]이 되었고, 이

---

40 『경국대전』 권4, 병전 경관직 정삼품아문 훈련원, "副正以下主簿以上一員, 文臣."

41 『경국대전』 권1, 이전 경관직, "六品以上仕滿九百, 七品以下仕滿四百五十, 遷官."; 권4, 병전 경관직, "遷官加階, 與吏曹同, 中樞府一員, 訓鍊院正及主簿以上一員, 都摠府部將外, 竝不待滿仕遷官."

42 『전록통고』 권8, 兵典上, 경관직, 수교집록, "訓鍊主簿二額, 判官一額, 加設……〈康熙丙辰承傳〉."; "訓鍊判官一員, 加設〈康熙丙辰承傳〉."; 『승정원일기』 숙종 13년 4월 23일(경오).

43 『일성록』 정조 19년 12월 13일(경인).

44 숙종~영조 대에 주부는 총 15명(2+7+3+3=15)이 늘었으나, 『속대전』에는 16명이 증가한 상태였다. 이 한 명의 오차에 대해서 『전주찬요』에서는 1676년 이전에 증설했을 것으로 추정했다(『전주찬요』 권1, 훈련원, "主簿……一窠, 文書無出處, 大典本是二

내용이 『속대전』에 올랐다.

정조는 여기에 16명을 추가로 증원했다. 먼저 1790년(정조 14)에 첨정 2명을 늘리고, 1795년에는 첨정 1명, 판관 2명, 주부 8명을 추가했다.[45] 또한 같은 해에 참상 이하의 문관을 위해 기존의 1명을 확대하여 첨정, 판관, 주부의 각 자리에 문관을 1명씩 더 두었다. 이에 따라 1795년에만 총 14명을 추가한 셈이었다. 이 조치는 『대전통편』 간행 이후에 이뤄졌으므로 반영되지 못하고, 『전주찬요』(1823년경)에서 정원 56명을 확인할 수 있다. 이 때의 인원 구성은 지사부터 부정까지는 동일하며, 첨정 8명, 판관 11명, 주부 27명, 참군 2명, 봉사 2명이었다.[46]

이처럼 정조가 1795년에 훈련원의 관원을 대폭 늘린 이유는 오랫동안 근무하고도 승진이나 옮겨갈 자리가 없는 하급 무관의 진로를 열어주기 위해서였다. 정조는 주부 자리만 문관 1자리를 포함해 9자리를 늘렸는데, 이는 주부가 참하관에서 참상관으로 올라가는 승륙 자리로서 하급 무관의 처우 개선과 밀접한 관련을 맺고 있었기 때문이다.

그리고 정조는 이 재정을 같은 해 '겸내금위兼內禁衛' 제도의 시행을 통해 확보했다. 1795년 정조는 금군의 질을 높이기 위해 양반가 자제를 금군으로 편입한 "옛 규례"의 회복을 명분으로, 선전관, 무겸 선전관, 부장, 수문장 중 참하 무관 59명 전원을 1번 내금위에서 근무하도록 했다.[47] 이 조치가 바로 겸내금위 제도였다.

窠, 而康熙丙辰前, 有三員竝出之時, 此其一窠之增設耶, 未可詳也.").

45 『승정원일기』 정조 19년 12월 28일(을사); 『전주찬요』 권1, 훈련원(영인본 59~60쪽).

46 『전주찬요』 권1, 훈련원(영인본 52쪽).

47 정해은, 「조선 정조 대 훈련원의 정비 방향과 금군 강화-1797년의 〈훈련원절목〉을 중심으로」, 『역사학연구』 88, 2022, 173쪽. 참하 무관 59명은 선전관 14명, 무겸 선전관 12명, 부장 15명, 수문장 18명이었다.

이 겸내금위 59명은 모두 각 소속 관청에서 녹을 받았으므로, 1번 내금위 100명 중 59명에게 지급할 체아록이 남게 되었고, 이를 재원으로 무관을 위한 자리를 마련할 수 있었다.[48] 이어서 추가로 사산참군四山參軍 중 북도北道 참군을 제외한 참군 3명도 내금위를 겸하게 했다.[49] 이로써 겸내금위는 총 62명이 되었다.

이렇게 확보한 재정으로 늘린 무관의 자리는 훈련원에만 국한되지 않았다. 훈련원의 14자리 외에도 참상 선전관 1자리, 수문장 6자리, 중추부 도사 2자리, 오위장 3자리를 더 추가했다.[50] 이 가운데 훈련원의 증가 폭이 가장 두드러진다. 이는 훈련원이 권지를 비롯해 신진 무관들이 배치되는 관서로서 무관의 진로와 밀접한 관련이 있었기에 특별히 배려한 것으로 보인다.

한편, 참군과 봉사는 인원의 증감 없이 각각 2명의 정원을 유지했다. 이 4자리는 모두 군기시軍器寺의 직장(종7품), 봉사(종8품), 부봉사(정9품), 참봉(종9품)이 겸임하는 자리였다. 군기시는 병조의 속아문이지만, 「이전」 조에 있는 정3품 동반 관아에 해당한다.[51] 군기시의 직장, 봉사, 부봉사, 참봉의 정원이 각각 1명씩이므로, 군기시 참하관 모두 훈련원의 참하관을 겸하는 셈이었다.

흥미로운 사실은 이들 모두 훈련원의 관원이나 권지로 근무하다가 군기시로 옮겨간 사람들이라는 점이다. 군기시로 옮겨간 이들은 근무

48 『승정원일기』 정조 19년 12월 13일(경인).

49 사산참군 중 3명만 포함한 이유는 북도 참군의 경우 이미 총융청의 선천宣薦 초관으로 임명하여 외산外山을 전담하게 했으므로 제외한 것으로 보인다(『전주찬요』 권1, 四山參軍(영인본 116쪽)).

50 『승정원일기』 정조 19년 12월 28일(을사).

51 『경국대전』 권4, 병전 경관직, "兵典〈屬衙門, 五衛, 訓鍊院, 司僕寺, 軍器寺, 典設司, 世子翊衛司〉." ; 권1, 이전 경관직 정삼품아문 군기시.

일수에 따라 차례로 다시 훈련원의 참군과 봉사를 겸임했고, 매년 두 차례의 도목정사에서 3명씩 다른 관아로 옮겨갔다.[52] 이 때문에 군기시 참하관이 다른 관아로 이동하려면 훈련원으로 되돌아가서 출륙하는 문제점이 자주 지적되었다.[53]

1553년(명종 8) 조정에서는 이 문제를 해결하기 위해 군기시의 참하관을 다시 훈련원으로 보내지 않고 군기시에서 바로 승진하는 방안을 논의했다.[54] 그 결과 1556년부터 훈련원의 봉사는 참군을 거쳐 순서대로 군기시에 소속된 뒤, 참봉, 부봉사, 봉사에 이어 직장까지 승진하면 6품으로 바로 승진하고, 매년 두 차례의 도목정사에서 1명씩 다른 관아로 옮겨갈 수 있었다. 이 조치는 그대로 『속대전』에 반영되었으며, 이로 인해 군기시 관원의 겸직도 자연스럽게 사라지게 되었다.[55]

이처럼 훈련원의 관원은 숙종과 정조 대에 크게 늘어났다. 숙종은 '병진년 만과'로 양산된 참하 무관의 진로를 열어주기 위해서 첨정 2자리, 판관 6자리, 주부 9자리 등 총 17자리를 증설했다. 영조 역시 주부 6자리를 추가했다. 정조는 총 16자리를 늘렸는데, 1790년(정조 14)에 2자리를 늘린 데 이어, 1795년 '겸내금위' 제도를 실시한 후 남은 재정으로 훈련원에 가장 많은 자리를 배정하여 다시 14자리를 추가했다.

---

52 『경국대전』 권4, 병전 경관직 정삼품아문 훈련원; 권1, 이전 경관직 정삼품아문 군기시; 『중종실록』 권54, 20년 5월 4일(임술).

53 『중종실록』 권54, 20년 5월 4일(임술).

54 『명종실록』 권15, 8년 7월 15일(기미).

55 『수교집록』 권4, 병전 관직, "訓鍊院參軍以下, 量其次第, 分屬軍器寺, 由參軍陞直長, 一年兩都目, 每一人去官〈嘉靖丙辰承傳〉."; 『속대전』 권4, 병전 경관직 정삼품아문 훈련원.

2. 훈련원의 변화

훈련원의 군사적 위상 저하

임진왜란을 거치면서 조선왕조의 시스템은 국가 재건 과정에서 큰 변혁을 맞이했다. 이 변화 속에서 훈련원의 역할과 위상은 예전만 못하게 되었는데, 오군영이 창설되면서 군사 훈련의 역할을 중앙 군문에 넘겨주었기 때문이다.

조선 전기 군사 체제에서 훈련원의 위상이 높아진 요인 중 하나는 오위의 구조 때문이었다. 오위 체제에서는 군권이 병조 판서를 거쳐 국왕에게 집중되었다. 오위의 최고 책임자인 오위장은 12명이며, 오위를 관할하는 오위도총부의 수뇌부인 총관도 10명이었다. 이들 모두 겸직이며 임기도 1년에 불과해 군권을 갖기 어려운 구조였다.

더불어 오위의 근간을 이루는 정병正兵은 일정 기간마다 교체되는 번상군으로 운영되었으므로, 지휘관이 휘하 군병을 제대로 파악하기 어려운 구조였다. 이로 인해 지휘관과 군사 간의 유대감이 약해지고, 군병 역시 지휘관을 잘 모르는 문제가 발생했다.[56] 이런 구조 속에서 훈련원의 역할이 더욱 중요해졌다.[57] 병조 판서의 지휘 아래 군사를 훈련시키고 병학 교육을 담당하는 임무가 훈련원에 부여되었고, 특히 번을 서기 위해 서울로 온 정병의 훈련을 단독으로 주관했다.[58]

그러나 임진왜란을 거치면서 훈련원의 군사적 역할은 점차 축소되

---

56 『승정원일기』 인조 5년 5월 13일(무인).

57 민현구, 『조선초기의 군사제도와 정치』, 299쪽.

58 『경국대전』 권4, 병전 試取 內禁衛, "本曹, 同都摠府訓鍊院堂上官各一員試取〈凡軍士試取同, 但正兵鍊才, 則訓鍊院試取〉."

었다. 오군영 체제는 1593년 임진왜란 당시 훈련도감의 설치를 시작으로, 인조반정 직후 총융청(1624), 어영청(1624), 수어청(1626)이 차례로 창설되었고, 숙종 대에 금위영(1682)을 추가하면서 완성되었다.

오군영 체제의 핵심 군영인 훈련도감은 장번長番이라 하여 모병募兵 방식으로 충원한 직업 군인을 주축으로 했으므로, 군병의 변동이 오위 체제 때보다 적었다. 또한, 군권이 군영 대장에게 집중되어 보병의 경우 군영대장 → 중군中軍 → 천총千摠 → 파총把摠 → 초관哨官 → 기장旗將 → 대장隊將 → 군병으로 이어지는 명확한 명령 계통을 갖추었다.59

이러한 체제 아래에서 군영대장을 비롯한 각 지휘관은 군병에 대한 통솔권을 강하게 행사했고, 군사 훈련과 무예 시험도 훈련원에 맡기지 않고 직접 담당했다. 이 과정에서 훈련원은 점차 군사 훈련의 역할을 상실하고, 주로 무과를 관장하는 기능만 남게 되었다. 이런 배경에서 정약용丁若鏞은 훈련원이 오군영 설치 이후 그저 한가한 관청이 되어 무과만 주관하고 있으므로, 아예 '무거원武擧院'으로 이름을 바꾸어야 한다고 주장하기까지 했다.60

여기에 더해, 이 책 13장에서 검토할 능마아청能麽兒廳의 신설도 훈련원이 수행해 온 병학 교육의 기능을 유명무실하게 만든 요인이었다. 능마아청은 병서의 고강考講과 권장을 관장하는 기관으로, 1629년(인조 7) 정묘호란 직후 후금의 기병騎兵에 대응하기 위한 전략으로 오위 진법의 중요성이 부각되자, 병학 교육을 전담할 목적으로 설치되었다. 그 결과 기존에 훈련원이 누려온 병학 교육 기관으로서의 위상마저 약화되고 말았다. 이는 훈련원이 병학 교육뿐만 아니라 실질적

---

59 김종수, 『조선후기 중앙군제연구-훈련도감의 설립과 사회변동』, 혜안, 2003, 92쪽.
60 丁若鏞, 『經世遺表』 권2, 夏官兵曹 4, 武擧院.

인 군사적 역할에서도 점차 배제되는 과정의 일환이었다.

이에 훈련원을 다시 병학 교육의 중심 기관으로 복원하려는 시도가 정조 대에 이뤄졌다. 정조는 재위 후반인 1796년(정조 20) 훈련원 건물을 새롭게 정비하고, 이듬해인 1797년에 〈훈련원절목訓鍊院節目〉을 최종 완성했다. 이 절목에서 정조는 능마아청에 대한 훈련원의 영향력을 강화하기 위해 능마아청 낭청 전원의 인사권을 훈련원이 갖게 하고, 실도정이 능마아청 당상을 으레 겸임하도록 했다.[61] 이는 훈련원을 무학의 본산으로 되살리기 위한 조치였으나, 정조의 승하로 더 이상 진척되지 못했다.

이력 자리의 확대

앞서 살펴본 대로, 조선 후기에 훈련원의 군사적 위상은 점차 약화된 반면, 무관의 출세와 밀접한 관아로 변모했다. 훈련원을 거치는 것이 고위직 승진에 유리하게 작용했으며, 이러한 직책을 '이력履歷' 자리라 불렀다.

조선 후기에도 훈련원은 무과 급제자가 아니면 들어오지 못했다. "훈련원은 문관으로 치면 승문원과 마찬가지여서 음관을 의망할 수 없습니다."[62]라는 지적대로, 훈련원은 음관의 진출을 허용하지 않았다. 예를 들어, 남항 부장南行部將의 경우 중추부, 도총부, 선전관청, 수문장청, 부장청 등에 등용되었으나, 훈련원만은 허용되지 않았다.[63]

---

61 정조가 시도한 훈련원의 무학 기능 강화에 대해서는 정해은, 「조선 정조 대 훈련원의 정비 방향과 금군 강화-1797년의 〈훈련원절목〉을 중심으로」, 183~184쪽 참조.

62 『승정원일기』 영조 9년 5월 11일(신묘); 정조 24년 윤4월 29일(신사).

63 『일성록』 정조 22년 12월 20일(기유); 정조 24년 4월 29일(신해); 윤4월 24일(병자).

훈련원은 서얼의 진출도 허용되지 않았다. 서얼에 대한 허통 조치가 이뤄졌을 때도 훈련원은 서얼에게 금단의 땅과도 같았다. 1777년 양첩良妾 및 천첩賤妾 자손의 관직 진출을 위해 만든 「통의절목通擬節目」에서도 서얼의 참상 무관에게는 훈련원의 부정(종3품) 자리를 허용하지 않았다.64 이처럼 음관 및 서얼 출신 무관의 진출을 허용하지 않은 훈련원은 다른 무관에게는 출세의 기회를 제공했다.

첫째, 훈련원의 정(정3품 당하)과 부정은 당하 무관직 중에서도 명망 높은 자리로 평가되었다. 이에 자격 요건이 엄격하여 부정은 무관 청요직인 참상 선전관을 거쳐야 임용되는 자리였고,65 위에서 언급한 대로 서얼 출신을 제한했다. 정은 부정이나 부사府使 등 3품의 내·외직을 지낸 사람만을 후보자로 올리게 했고, 1742년(영조 18)에는 이 규정을 엄격히 준수할 것을 재확인했다.66

정조가 "훈련원 정과 부정은 비록 무관직이나 본디 청환직인데, 이따금 어느 족속인지도 알 수 없는 사람이 있기도 하다."67라고 언급하며, 병조 판서에게 자격을 갖춘 사람을 선발하도록 지시한 것도 이러한 이유에서였다.

둘째, 훈련원 정은 매우 특별한 자리로, 이 자리를 거치면 당상관으로 바로 승진할 기회가 주어졌다. 이 때문에 엽등獵等의 폐단이 거론될 정도였으며,68 승진을 보장하는 필수 이력으로 자리 잡았다. 정을 거

---

64 『대전통편』 권1, 이전 限品敍用.

65 『대전통편』 권4, 병전 경관직; 『일성록』 정조 4년 12월 3일(정미); 정조 5년 11월 11일(기유).

66 『속대전』 권4, 병전 경관직 정삼품아문, 훈련원; 『승정원일기』 영조 18년 8월 11일(정유).

67 『정조실록』 권48, 22년 3월 28일(임진).

68 『승정원일기』 영조 18년 8월 11일(정유); 『정조실록』 권18, 8년 11월 14일(을축).

치면 영장營將이나 중군中軍으로 승진하는 것이 규례였고,[69] 절도사나 우후虞候의 후보자가 될 수 있었기 때문에 신중한 선발이 이뤄졌다.[70] 1776년(정조 즉위)에는 북도北道의 변장邊將은 반드시 정을 지낸 사람이나 장수 집안의 자제로 임명하는 정식이 마련되었고, 1796년에도 이 규정을 다시 한번 확인하여 시행했다.[71]

셋째, 훈련원의 주부 자리는 군영아문의 선천宣薦 초관哨官에게 천전遷轉의 발판이 되었다. 주부는 참하관에서 참상관으로 올라가는 승륙의 자리로서 중요한 의미를 가졌다. 1737년(영조 13) 영조는 훈련원의 주부 1자리를 각 군영아문의 선천 초관이 들어오는 자리로 만들어 출륙의 길을 열어주었다.[72]

더 나아가 정조는 정원 외에 가설加設 첨정 1자리, 가설 판관 1자리, 가설 주부 3자리를 추가로 신설하여 선천·부천部薦·수천守薦 가운데 선발된 유천 초관有薦哨官에게 출륙과 승진의 기회를 확대했다.[73]

이상의 내용을 종합하면, 조선 후기 오군영 체제에서 군사기관으로서의 훈련원의 위상은 점차 약화되었다. 그 대신 무관의 경력 관리와 승진을 위한 필수적인 경유지로서의 기능이 강조되었으며, 이를 통해 관아의 성격도 변모했음을 알 수 있다.

---

69 『일성록』 정조 12년 6월 20일(신해).

70 『일성록』 정조 즉위년 11월 19일(정해).

71 『일성록』 정조 20년 7월 25일(무진).

72 『승정원일기』 영조 13년 12월 8일(무신); 『속대전』 권4, 병전 경관직 정삼품아문 훈련원.

73 『대전통편』 권4, 병전 경관직 정삼품아문 훈련원. 가설 판관은 가설 주부 중에서 임명했으며, 가설 첨정은 가설 판관 중 반드시 선천으로 임명했다.

3. 습독관과 권지

습독관의 규모와 역할

훈련원에는 정규 조직에는 빠져있으나 중요한 역할을 맡은 구성원이 있었다. 바로 습독관習讀官과 권지의 존재였다.

습독관은 실용 분야의 전문가를 양성하기 위해 젊고 총명한 인재를 선발하여 지식 습득의 임무를 부여한 자리였다. 훈련원에는 총 30명의 습독관을 두었다.[74] 특히 서반 아문 중에서 습독관을 둔 곳은 훈련원이 유일했는데, 훈련원이 병학 강습을 담당하는 기관이었기 때문이다.[75]

훈련원 습독관은 병학 전문가를 양성하기 위해 1422년(세종 4)에 무경武經 습독관을 설치한 것이 시초였다.[76] 이들은 『자치통감資治通鑑』을 비롯하여 무경칠서武經七書, 『역대병요歷代兵要』, 『장감박의將鑑博議』, 『진법陣法』, 『병장설兵將說』 등의 병서를 공부하고, 여기에 겸하여 무관의 필수 조건인 활쏘기와 말타기의 기예까지 익혀야 했다.

훈련원 습독관은 장번으로 근무했다. 장번이란 상번上番과 하번下番의 교대 없이 계속 근무하는 형태로, 상비 인력으로 운영했음을 의미한다. 이들은 매년 1월과 7월의 양도목兩都目에 근무 평가를 받았고, 체아직으로는 종7품(부사정)에 1명, 종8품(부사맹)에 3명, 종9품(부사용)에 4명이 배정되었다.[77] 전체 정원 중 27%에 해당하는 인원이 6개월마다

---

74 『경국대전』 권4, 경관직 정삼품아문 훈련원.

75 동반 아문에서는 승문원의 이문吏文 습독관, 관상감의 천문학 습독관, 전의감의 의서醫書 습독관, 사역원의 한학漢學 습독관 등 총 4곳에 두었다.

76 김중권, 「조선시대 武經讀書에 관한 연구」, 『서지학연구』 17, 1999, 212~214쪽.

교대로 녹을 받고 근무하는 방식이었다고 할 수 있다.

훈련원 습독관의 승진 규정은 7품 이상은 근무 일수 900일, 7품 이하는 450일을 채우면 관품이 올라갔다. 또 매달 치러지는 시험 성적에 따라 정식 관원이 되는 길도 있었다. 곧, 훈련원의 당상관이 매달 병조와 오위도총부의 당상관 각 1명과 함께 훈련원 소속의 녹관祿官[78] 및 습독관·권지를 대상으로 고강을 실시한 뒤 점수를 매기고, 6월과 12월에 점수를 통산하여 우등자를 3명 이내로 뽑아 임금께 보고하여 관직에 임명하는 방식이었다.[79]

훈련원 습독관은 실용 기예를 익힌다는 점에서 중인 신분의 기술관技術官과 유사해 보이지만, 신분적으로 분명한 차이가 있었다. 습독관은 문관을 비롯하여 문·무과 급제자, 생원·진사, 성균관 유생, 사학 생도, 의관 자제衣冠子弟 중에서 적임자를 선발한 후 일정한 교육을 거쳐 임명했다. 또한 앞서 확인한 대로 습독관은 근무 및 시험 성적에 따라 가계加階나 등용의 기회를 얻을 수 있었으며 녹봉도 지급받았다. 이러한 점에서 습독관은 기술관과 구별되는 양반 계층으로 볼 수 있다.[80]

조선 후기에 들어서면서 훈련원 습독관의 처우는 일부 개선되었다. 기본적으로 30명 전원이 여전히 장번으로 근무했으나 종전보다 체아직 배정이 대폭 증가하여 전원 체아직을 받을 수 있게 되었다. 『속대전』을 기준으로 종6품(부사과) 7명, 종7품 1명, 종9품 22명으로 총 30명이 배정되었다. 이 과정에서 종8품직이 없어지는 대신 종6품직이

---

77 『경국대전』 권4, 병전 番次都目 습독관.

78 여기서 훈련원의 祿官이란 당상관이 시험을 주관했으므로 당상관을 제외한 정 이하부터 봉사까지를 말한다.

79 『경국대전』 권4, 병전 경관직 훈련원.

80 정다함, 「조선초기 습독관 제도의 운영과 그 실태」, 『진단학보』 96, 2003, 43쪽, 64~65쪽.

신설되었으며, 종9품직이 크게 늘어났다. 근무 평가 방식도 1년 2회 양도목에서 1년 4회 사도목四都目으로 바뀌었다.[81]

제도에도 일부 변화가 있었다. 능마아청의 설치로 습독관이 능마아청의 낭청郎廳 4명 중 2명을 겸임하게 되었다.[82] 또한, 조선 전기에는 근무 일수에 따라 품계를 올려 주거나 시험 성적 우수자에게 관직 진출의 기회를 부여했으나, 조선 후기로 접어들면서 통상 45개월 이상 근무하면 구근久勤 기준이 적용되어 변장의 후보자가 될 수 있도록 변화했다.[83]

권지의 운영

훈련원 권지는 분관分館으로 배치되는 수습직이었다. 분관이란 문과나 무과에 새로 급제한 사람 중에서 실직實職에 임명되지 못하고 품계만 받은 급제자를 관련 부서로 보내 실무를 익히게 하는 제도였다. 조선 전기에 무과 급제자의 권지 부서로는 훈련원과 별시위別侍衛가 지정되어 있었다.[84]

조선 후기로 접어들면서 권지의 운영에도 변화가 생겼다. 대표적으로 권지 참군權知參軍과 권지 봉사權知奉事의 직책을 신설하여 권지에게도 체아직을 지급한 조치였다. 이는 무과 급제자들이 자원에 따라 3명

---

81 『속대전』 권4, 병전 경관직 정삼품아문 오위; 권4, 병전 번차도목 습독관.

82 『속대전』 권4, 병전 경관직 散職 능마아청.

83 『승정원일기』 경종 3년 8월 9일(병진); 『대전통편』 권4, 병전 경관직, "各營門久勤, 滿四十五朔後, 始報勤仕, 擬差邊將."

84 『경국대전』 권4, 병전 무과. 별시위는 분관 사례가 별로 없어서 실제 배속 여부가 확실하지 않다(박홍갑, 「조선초기 훈련원의 위상과 기능-습독관과 권지를 중심으로」, 『사학연구』 67, 2002, 125쪽).

의 보증서를 제출한 후 권지청權知廳에 소속되어 근무하면, 45개월 이상 장기로 근무한 순서에 따라 권지 봉사로 임명한다는 규정에 따른 것이다.[85]

이 규정에서 '권지청'이 구체적으로 어디인지 명시되지 않았으나, 실질적으로는 훈련원을 의미했다. 이는 권지 부서 중 하나였던 별시위가 오위 중 좌위左衛인 용양위龍驤衛에 속한 병종이었으나, 오위 체제가 폐지되면서 함께 사라졌기 때문이다. 따라서 조선 후기에는 무과 급제자의 분관 부서로 훈련원만 남게 되었고, 인원 제한은 없었다.

조선 후기에 훈련원 권지는 습독관과 마찬가지로 장번으로 근무했으며, 『속대전』을 기준으로 신설된 체아직 수는 총 46자리였다. 권지 참군이 총 8명으로 종7품에 2명, 종8품에 2명, 종9품에 4명을 배정했으며, 권지 봉사는 종7품에만 38명을 배정했다. 이에 따라 매년 1월, 4월, 7월, 10월에 3개월마다 근무평정을 실시한 후 그 결과에 따라 녹을 지급했다. 『대전통편』에서도 같은 규모를 유지했으나, 『대전회통』에서는 권지 봉사 38자리 중 12자리를 훈련원의 참상관 자리로 전환하면서 총 26자리로 축소되었다.[86]

한편, 훈련원 권지가 되는 방식이 스스로 지원하는 방식으로 바뀐 것도 중요한 변화로 보인다. 권지로 들어오는 사람들은 대체로 각처에서 근무하다가 무과에 급제한 사람들로, 급료도 없이 오랜 기간 근무한 뒤에야 체아록을 받는 권지 봉사가 될 수 있었다. 이들을 '근사

85 『전율통보』 권4, 병전 京官格式, "武科, 依文科例, 除授〈[經] ○甲科第一人, 付東班六品職, 第二三人, 付七品軍職[司正], 加陞法, 同文科[補]〉, 差訓鍊權知〈[經] ○凡出身, 從自願受三保, 入屬權知廳, 無定數, 從勤仕次第, 差權知奉事[補]〉."

86 『속대전』 권4, 병전 番次都目 訓鍊院權知; 『대전통편』 권4, 병전 번차도목 훈련원권지; 『대전회통』 권4, 병전 번차도목 훈련원권지.

봉사勤仕奉事'로 불렀으며, 정조 대는 50명 정도가 근무했다.[87]

승진 규정도 있어서 권지 봉사는 근무 일수에 따라 순차적으로 권지 참군으로 승진할 수 있었다. 이어서 권지 참군 8명은 제1인부터 제8인까지 등급이 매겨져 있었는데, 근무 일수에 따라 제8인의 자리에 있는 사람이 제5인의 자리까지 올라갈 수 있었다. 이후 제4인의 자리로 승급하거나, 훈련원 본원의 봉사 자리로 옮겨가 실實 참군으로 승진할 수 있었다. 실직의 참군으로 승진한 뒤에는 군기시로 옮겨가 참봉(종9품), 부봉사(정9품), 봉사(종8품), 직장(종7품)을 거쳐 승륙할 수 있는 길이 있었다. 한편, 제4인에 이른 사람이 실 봉사로 가지 않고 계속 근무하여 제1인의 자리에 이르면 구근으로 천전했다. 또한 도목정사 때마다 병조에서는 이들을 주부로 거관去官시켜 즉시 변장으로 임명했으며, 이조에서는 간도목間都目(3월, 9월)마다 6품직으로 임명했다.[88]

이처럼 훈련원 권지에게는 승진의 기회가 있었다. 다만, 권지 봉사에서 권지 참군으로, 다시 권지 참군에서 실직의 봉사나 참군으로 승진해 승륙 또는 변장이 되려면 근무 일수가 중요했으므로 장기간 훈련원에서 근무해야 했다. 무엇보다 관료들이 목표로 하는 6품으로 올라가기 위해서는 실직에 있는 사람들과 경쟁이 불가피했다. 그럼에도 근무 일수에 따라 순차적으로 승진하여 실직으로 옮겨가거나 승륙할 기회가 주어졌다는 점이 중요해 보인다.

---

87 『승정원일기』 정조 15년 12월 20일(경신). 이 기사에 따르면 근사 봉사의 근무 기간이 15년이었는데, 관련 기사가 이 자료뿐이어서 더 조사하지 못했다.

88 『전율통보』 권4, 병전 경관직 〈정3〉훈련원, "〈權知奉事, 次次陞付權知參軍[補], ○權知參軍, 第八計仕, 至第五, 或陞第四, 或遷實奉事, 陞參軍, 或屬軍器寺, 由參奉副奉事奉事直長而陞六, 第四計仕, 至第一, 久勤遷轉[[續][增][補]……], 又與實參軍輪回, 兩銓遷轉, 本曹每都目, 去官主簿, 卽差邊將, 吏曹間都目, 差六品職, 權知奉事, 亦久勤遷轉[續][增][補]〉."; 『대전통편』 권4, 병전 경관직 훈련원, "權知奉事四十六人, 計仕陞差, 每都目, 兩銓, 各一人久勤遷轉."

6장

무관 청요직과 천거

1. 서반 최고 청요직 선전관

선전관의 연혁

조선시대 선전관宣傳官은 국왕을 보좌하는 무관 비서로 서반 최고의 청요직이었다. 국왕의 문관 비서가 승지承旨라면 무관 비서가 선전관이었다. 그래서 선전관은 '서반 승지'라 불리면서 한림翰林(봉교奉敎 · 대교待敎 · 검열檢閱)이나 옥당玉堂(홍문관)에 비유될 만큼 무관의 꽃으로 여겨졌다.

선전관은 서반 고위직으로 가기 위해서는 반드시 거쳐야 하는 엘리트 코스였다. 그래서 선전관은 무관이라면 누구나 선망하는 자리지만 아무나 임명하지 않았다. 국왕의 무관 비서로서 늘 국왕 가까이에 있어야 하므로 신원이 확실해야 했고, 대대로 명문가의 자제나 신임이 두터운 집안의 자제가 아니면 들어오기 쉽지 않았다.

선전관은 왕위 찬탈을 통해 즉위한 세조가 1457년(세조 3) 국왕의 호위와 숙위를 강화할 목적으로 설치했다. 처음에는 가전훈도駕前訓導란 이름으로 운영하다가 이 해 선전관으로 바꾼 것이다. 선전관 이외에 국왕의 필요에 따라 수시로 임명하는 겸선전관兼宣傳官도 있었다.[89]

그러나 조선 전기에 선전관은 정식 관청으로는 성립하지 못했다. 1464년에 선전관청宣傳官廳이 조선왕조실록에 등장하나 실제 운영 여부가 분명하지 않다. 『경국대전』에도 선전관청이 실리지 않았으며, 선전관의 체아직遞兒職 8자리만 규정되었을 뿐이다.[90]

선전관의 선발은 병조에서 무과 급제자 가운데 적합한 후보자를 올려 국왕의 낙점을 받아서 이뤄졌다. 무과 급제자가 아니면 취재取才를 치러서 임용했는데, 과목은 목전木箭과 강서講書였다. 단, 현직에 있는 내금위內禁衛나 무예武藝는 강서만 치르면 되었다.[91] 『경국대전』에서 시취를 치르는 20여 개 서반직 및 병종 가운데 강서를 치는 곳은 오위도총부의 당하관과 선전관, 부장部將, 무예뿐이었다. 선전관은 서경署經도 거쳐야 했는데, 무관 중 오위도총부 관원, 선전관, 부장만 서경을 거쳤으므로 선전관의 중요성을 짐작할 수 있다.

조선 후기에 선전관은 큰 변화를 맞았다. 『속대전』에 선전관청이 정3품아문으로 오른 것이다. 이보다 앞서 '선전관청'이 처음 등장하는 법전은 『대전속록大典續錄』(1492)으로, 선전관청에 신부信符 2개를 지급한다는 규정이다.[92] 이때 신부를 각위군사청各衛軍士廳과 위장청衛將廳에도 2개씩 지급했는데, 당시 오위 군사가 속한 각위군사청이나 오위장이 속한 위장청이라는 관아는 없었다. 따라서 선전관청, 각위군사청,

---

89 박홍갑, 『조선시대 문음제도 연구』, 탐구당, 1994, 268~269쪽, 273쪽.

90 『세조실록』 권34, 10년 11월 26일(을해); 『경국대전』 권4, 병전 번차도목 선전관.

91 『경국대전』 권4, 병전 시취.

92 『大典續錄』 권4, 병전 符信, "信符, 依詳定數, 曹堂上親監烙給……宣傳官廳二."

위장청은 관아가 아니라 집무처로 봐야 하며, 선전관청이 공식적인 관아로 공포된 최초 법전은 『속대전』이라 할 수 있다.

조선 후기에 선전관청이 정식 관아로 격상된 배경에는 두 가지 변화를 고려해야 한다. 첫째, 관직의 측면에서 서반 청요직의 필요성이 대두된 점이다. 조선 전기에 선전관은 국왕을 가까이 모시는 '근시近侍'라 하여 가장 가려 뽑는 자리였지만 공식 아문으로 만들지 않았다.[93] 오히려 성종 초기에는 문치文治에 방해가 된다면서 폐지까지 거론되는 상황이었다.

1473년(성종 4) 대사간 성준成俊 등은 선전관을 "한때의 임시변통으로 둔 것이므로, 지금 직무가 없으니 없애도 되는 소용없는 벼슬"[94]이라고 평가했다. 부제학 이극기李克基도 세조가 군사에 골몰하여 설치한 관직으로서, 지금처럼 문치가 태평한 시대에는 할 일이 없으므로 폐지해야 한다고 주장했다.[95]

그러나 중종반정(1506) 이후 이런 분위기가 역전되었다. 중종이 논공행상 과정에서 선전관을 문음으로 등용하면서 선전관이라는 근시직의 필요성이 부각되기 시작한 것이다. 1507년(중종 2) 대사헌 이유청李惟淸은 녹봉의 절약을 위해 추가로 설치한 선전관을 혁파해야 한다고 주장했다.[96] 이에 대해 병조 판서 홍경주洪景舟는 해당 자리에 원훈元勳 자제들이 있으므로 혁파하지 말 것을 건의했다. 이처럼 공신에 대한 반대급부로 공신 자제들을 문음으로 등용할 수 있는 관직이 필요해지면서, 서반 청요직이자 근시직인 선전관의 중요성이 강조되었다고 할 수 있다.

---

93 『성종실록』 권80, 8년 5월 29일(을미); 권146, 13년 9월 29일(갑자).
94 『성종실록』 권26, 4년 1월 12일(계묘).
95 『성종실록』 권32, 4년 7월 30일(기미).
96 『중종실록』 권4, 2년 11월 15일(갑인).

둘째, 임진왜란과 병자호란을 거치면서 국왕을 가까이에서 보좌하는 무관의 중요성이 부각된 점이다. 1516년에 중종은 변방이 위태로운데도 이조에서 무관을 쓰지 않으려는 분위기를 질타했다. 이에 대해 영의정 정광필鄭光弼은 무관을 쓸 자리가 오위도총부, 훈련원, 부장, 선전관에 불과해서 등용하지 못하고 있다고 답변했다. 병조 판서 고형산高荊山은 무관은 병조에서 그 내력에 따라 임용할 뿐이며 사람됨이 괜찮은지 경박한지를 알 수 없어서 잘 쓸 수 없다고 대답했다.97

이처럼 국왕의 발언에도 움직이지 않던 문관들도 문치로만 국정을 운영할 수 없는 '태평'하지 않은 시대가 도래하자 서반직의 필요성을 절감했다. 바로 임진왜란과 병자호란이었다. 양란을 거치면서 중앙군이 오위에서 오군영으로 바뀌고, 국왕이 있는 수도 방위에 역점을 두면서 국왕의 신변 보호와 궁궐 수비가 강조되었다. 선전관은 국왕을 시위하고 궁궐을 지켰으며, 왕명 전달과 부신符信 출납 같은 엄중한 임무를 담당했는데 두 차례의 전쟁을 겪으면서 그 임무가 부각되었다. 궁궐문을 관장하는 수문장청이 선전관청과 마찬가지로 『속대전』에서 정식 관청이 된 것도 이러한 맥락에서 이해할 수 있다.

결과적으로 선전관청은 16세기와 17세기 전반의 변화를 거친 산물이라 할 수 있다. 문관들은 서반직의 증가를 탐탁하게 여기지 않았고, 무관의 자질을 잘 알 수 없다는 이유로 무관의 임용 확대에도 반대했다. 그러나 두 차례의 큰 전쟁을 겪은 뒤로 새로운 군영들이 창설되고 서반 근시직에 대한 필요성이 증대하면서 선전관청이 공식적인 관청으로 자리 잡게 되었다고 판단된다.

---

97 『중종실록』 권25, 11년 5월 30일(경술).

선전관청의 조직과 인적 구성

조선 후기에 선전관청은 정3품아문으로서 76명이 속한 대규모 관청으로 등장했다. 『속대전』에는 선전관청에 대해 "『경국대전』의 번차도목에는 단지 8명이었으나, 이후 정직正職으로 만들어 인원을 늘이고 관청을 설치했다."[98]라고 밝히고 있다.

〈표 14〉에서 조선 후기 법전에 기록된 선전관청의 관직과 관원 규모를 정리했다. 선전관청은 선전관 21명, 문신 겸 선전관文臣兼宣傳官(이하 '문겸 선전관') 5명, 무신 겸 선전관武臣兼宣傳官(이하 '무겸 선전관') 50명으로 구성되었다.

세부적으로 살펴보면, 선전관은 당상 선전관 1명, 무정품無定品의 참상 선전관 3명, 종9품의 참하 선전관 17명으로 구성되었다. 그리고 참하 선전관 중에는 남항 선전관 2명이 포함되어 있었다. 무정품은 관품을 특정하지 않고 임용된 사람의 관품에 따라 종6품에서 정4품까지 부

〈표 14〉 선전관청의 관직과 인원

법전 / 관품	속대전			대전통편			대전회통		
	선전관	문겸	무겸	선전관	문겸	무겸	선전관	문겸	무겸
정3품당상	1	·	·	4	·	·	4	·	·
무정품 참상	3	·	·	6	·	·	7	·	·
종6품	·	5(겸)	38	·	2(겸)	38	·	2(겸)	40
종9품	17 (남항2)	·	12	14 (남항2)	·	12	14 (남항2)	·	10
소계	21	5(겸)	50	24	2(겸)	50	25	2(겸)	50
계	**76 (겸 5)**			**76 (겸 2)**			**77 (겸 2)**		

※ 겸: 겸직

98 『속대전』 권4, 병전 경관직 정삼품아문 선전관청, "大典番次都目, 只有八員, 後爲正職, 增員設廳."

여하는 방식이었다. 문겸 선전관은 종6품 참상관만 5명이며, 무겸 선전관은 종6품이 38명, 종9품이 12명으로 이뤄졌다.

『속대전』에서 주목할 사항은 문겸 선전관, 무겸 선전관, 남항 선전관의 존재이다. 문관이나 무관이 선전관을 겸임하는 제도는 이미 세조 대부터 시행되었으나 문겸 선전관과 무겸 선전관으로 뚜렷이 구분하여 이를 공식화한 점은 크게 달라진 사항이다.

문겸 선전관 제도는 문관 장수를 양성하려는 조치로, 1492년(성종 23) 처음 실시한 것으로 보인다. 성종은 병조의 건의를 받아들여 활을 잘 쏘는 문관을 겸선전관으로 임명했으며, 이것이 문겸 선전관의 시초로 판단된다.99 조선왕조실록에서 '문신 겸 선전관'이라는 직함도 같은 해에 처음 등장하며, 이후 1602년(선조 35)에는 '문겸 선전관文兼宣傳官'이라는 명칭을 확인할 수 있다.100

중종 역시 문신 선전관을 두는 이유가 병무를 익히게 하여 후일을 대비하기 위함이라고 강조하며, 이들 중 실력이 부족한 자를 내보내고 새로운 인원으로 충원할 것을 지시했다.101 이후 정확한 시기는 확인되지 않지만 문겸 선전관의 수가 10명에서 1652년(효종 3) 5명으로 축소되었고, 이것이 『속대전』에 명문화되었다. 임기는 1년이며, 다른 관직으로 옮겨가더라도 그대로 선전관의 직무를 수행하게 했다.102

문겸 선전관은 전통적으로 홍문관원이나 병조 정랑 등이 겸임했으

---

99 『성종실록』 권263, 23년 3월 25일(을미); 4월 1일(신축); 4월 8일(무신).

100 『성종실록』 권265, 23년 5월 15일(갑신); 『선조실록』 권149, 35년 4월 11일(임인).

101 『중종실록』 권18, 중종 8년 4월 9일(정미).

102 『속대전』 권4, 병전 경관직 정삼품아문 선전관청; 『대전통편』 권4, 병전 경관직 정삼품아문 선전관청, "文臣兼二員〈……[增]減三員, 雖移他職, 亦仍帶〉."; 『전주찬요』 권1, 선전관청, "文兼瓜限, 以周年〈乾隆庚辰十月〉傳敎, 今後謝恩〈乾隆丙申八月〉, 原來十窠, 議大臣減五窠〈順治壬辰九月〉."

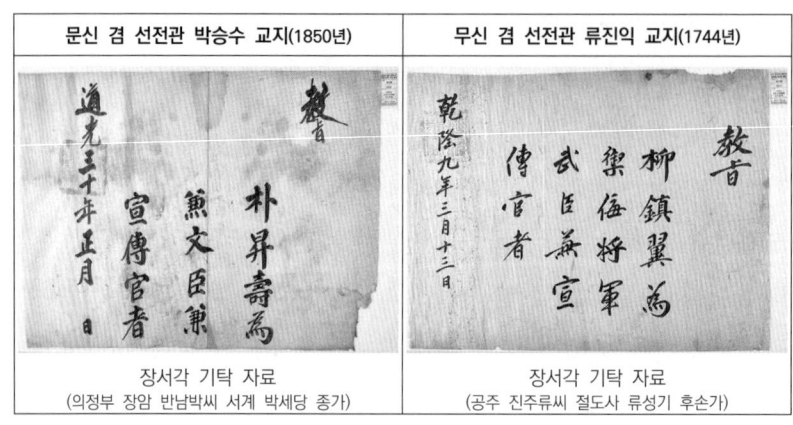

문신 겸 선전관 박승수 교지(1850년)	무신 겸 선전관 류진익 교지(1744년)
 敎旨 朴昇壽爲 兼文臣兼 宣傳官者 道光三十年正月 日	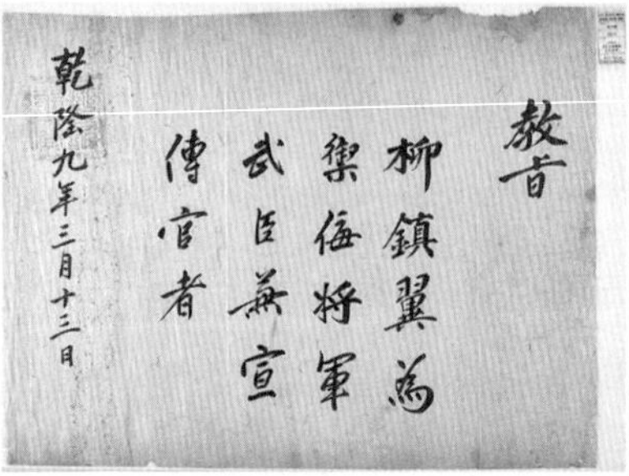 敎旨 柳鎭翼爲 禦侮將軍爲 武臣兼宣 傳官者 乾隆九年三月十三日
장서각 기탁 자료 (의정부 장암 반남박씨 서계 박세당 종가)	장서각 기탁 자료 (공주 진주류씨 절도사 류성기 후손가)

며,[103] 영조 대에는 홍문관과 세자시강원, 예문관의 한림을 거친 사람들로 임명했다.[104] 1776년(정조 즉위년)에도 '홍문록弘文錄'에 오르거나 한림에 추천된 사람을 후보자로 올리게 했고, 1787년에는 사간원과 사헌부의 관원도 차출했다.[105] 『대전회통』에서는 옥당이나 한림, 주서로서 6품으로 오른 사람을 차출하도록 명시했다.[106]

무겸 선전관은 언제 시작되었는지 명확하지 않으나, '무신 겸 선전관'이라는 직함이 처음 등장한 것은 임진왜란 직후인 1599년(선조 32)이다.[107] 무겸 선전관에서 유의할 점은 문겸 선전관과 달리 겸직이 아니라 무관만을 대상으로 한 정직이었다는 사실이다.

예를 들어, 1850년(철종 1) 박승수朴昇壽가 받은 문겸 선전관의 교지에는 "박승수를 문신 겸 선전관에 겸하게 함."[108]이라고 기재하여, '겸'

103 『정조실록』 권2, 즉위년 8월 5일(갑진); 『전주찬요』 권1, 선전관청(영인본 64쪽).

104 『영조실록』 권59, 20년 7월 8일(계미).

105 『일성록』 정조 즉위년 8월 5일(갑진); 정조 11년 7월 12일(정축).

106 『대전회통』 권4, 병전 경관직 정삼품아문 선전관청.

107 『선조실록』 권114, 선조 32년 6월 12일(기축). '武兼宣傳官'의 직함은 1601년에 보인다(『선조실록』 권138, 34년 6월 21일(정해)).

자를 사용해 해당 관직이 겸직임을 분명히 나타냈다. 반면, 1744년(영조 20) 류진익柳鎭翼이 받은 무겸 선전관의 교지에는 "류진익을 어모장군 무신 겸 선전관으로 삼음."[109]이라고 적혀 있어, 서반관계인 어모장군(정3품 당하)과 해당 관직만 기재되었을 뿐 '겸' 자가 없어서 겸직이 아님을 확인할 수 있다.

무겸 선전관 역시 정확한 시기는 알 수 없지만 43명으로 운영하다가 1676년(숙종 2) 14명을 늘려 57명이 되었고, 1682년에는 3명을 더 늘려 60명이 되었다.[110] 이때 무겸 선전관 자리를 대폭 확대한 이유는 1676년 '병진년 만과萬科'에서 조선왕조 역사상 최다인 17,652명의 급제자를 선발했기 때문이다. 그러나 1687년 병조 판서 김석주金錫冑의 건의로 무관의 당하·참상 실직을 늘리기 위해 무겸 선전관 10자리를 덜어내어 오위도총부와 훈련원의 자리를 늘리면서 50명으로 줄었고,[111] 이것이 『속대전』에 명문화되었다.

끝으로 남항 선전관의 존재다. 선전관에 음관이 들어오는 현상은 앞서 살펴본 대로 중종 대에 반정 공신의 자제들이 진출하면서 본격화되었다.[112] 이후 어느 시점인지 정확히 알 수 없으나 참하 선전관에 따로 남항을 임명할 수 있는 두 자리가 마련되었다.

---

108 디지털장서각 한국고문서자료관, 1850년 박승수朴昇壽 고신, "敎旨, 朴昇壽爲兼文臣兼宣傳官者, 道光三十年正月日."

109 디지털장서각 한국고문서자료관, 1744년 류진익柳鎭翼 고신, "敎旨, 柳鎭翼爲禦侮將軍武臣兼宣傳官者, 乾隆九年三月十三日."

110 『수교집록』 권4, 병전 관직, "武兼十四窠, 加設〈康熙丙辰承傳〉."; 『승정원일기』 숙종 8년 1월 3일(신해); 『전주찬요』 권1, 선전관청(영인본 69쪽). 김석주는 무겸 선전관 인원이 48명에서 57명으로 증가했다고 했으나, 『수교집록』과 『전주찬요』에 따르면 14자리를 늘린 것이 확실하므로 43명으로 파악했다.

111 『승정원일기』 숙종 13년 4월 23일(경오).

112 박홍갑, 『조선시대 문음제도 연구』, 284~286쪽.

그 뒤 1676년(숙종 2) '병진년 만과'에서 남항 선전관 1명이 무과에 급제하자 그 한 자리를 임시로 무과 급제자의 자리로 만들었고, 나머지 한 자리마저 한시적으로 무과 급제자의 자리로 만들었다가 복구했다.[113] 이후 1707년에는 세 자리로 늘었다가, 그 뒤 다시 두 자리로 고정되었다.[114] 남항 선전관은 무과에 급제하면 해당 자리가 음관 자리이므로 그만두어야 했다.[115]

선전관청은 『대전통편』에 이르러 다시 변화를 맞이했다. 첫째, 선전관청의 임무가 비로소 명시되었다. 곧, 형명形名, 계라啓螺, 시위侍衛, 왕명 전달, 부신符信 출납을 관장하는 관청으로 규정되었다.[116] 형명은 깃발이나 북 등을 사용한 호령 신호법이며, 계라는 국왕 거둥 때 북이나 나팔을 치거나 부는 일이다. 부신은 각종 증명패를 말한다.

둘째, 정원은 76명을 유지했으나 관품별 인원은 조정되었다. 먼저 1778년(정조 2)에 선전관의 수가 부족해 왕명의 전달이 원활하지 않다는 지적이 있자, 문겸 선전관 3자리를 당상 선전관의 자리로 전환하면서 문겸 선전관은 2명으로 줄고 당상 선전관은 4명으로 늘었다.[117] 또한 참상 선전관은 종9품 3자리를 흡수해서 총 6명이 되었다.

이후 『대전회통』에서는 참상 선전관이 1명 더 늘어 총 7명이 되었고, 무겸 선전관 중 종6품 인원이 종9품 두 자리를 이관받아 총 40명이 되었다.

---

113 『승정원일기』 숙종 2년 4월 13일(을축); 12월 23일(신미).

114 『전주찬요』 권1, 선전관청(영인본 68쪽).

115 『승정원일기』 영조 11년 5월 15일(갑인), "南行宣傳官, 登科則遞職者, 以其所帶之職, 乃蔭窠, 不可出身後仍帶, 故遞職後赴防, 例也."

116 『대전통편』 권4, 병전 경관직 정삼품아문 선전관청, "掌形名啓螺侍衛傳命出納符信等事."

117 『일성록』 정조 2년 8월 16일(계유); 8월 17일(갑술); 『전주찬요』 권1, 선전관청(영인본 64쪽).

셋째, 선전관의 수장으로 행수 선전관行首宣傳官 1명을 새롭게 두었다. 행수 선전관의 관품은 정3품 당상이므로,[118] 당상 선전관 4명 중 1명이 행수 선전관이었다. 당상 선전관을 주로 문관으로 뽑았으므로 행수 선전관도 문관으로 임명된 경우가 많았다. 하지만 군사 업무 처리에 문제가 발생하자 무관으로 선발하고, 문관을 간간이 후보자로 올리되 이조 참의나 홍문관 부제학에 의망된 적이 있는 사람으로 한정하게 했다.[119]

조선 후기에 선전관과 무겸 선전관은 정직이었으나 전원 체아직을 받았다. 『속대전』을 기준으로 선전관의 체아직은 21자리이며, 무겸 선전관은 50자리였다.[120] 『대전통편』에서 당상 선전관 3명이 추가되면서 총 24명으로 늘어났으나, 체아직은 변함없이 『속대전』의 규정을 유지했으며, 추가된 당상 선전관 3명은 원록체아原祿遞兒를 받았다. 원록체아에 대해서는 이 책 9장에서 자세히 설명할 예정이다.

선전관의 임무

조선 후기에 선전관은 국왕의 무관 비서로서 국왕 시위, 군사 업무에 관한 왕명 출납을 비롯하여 형명, 계라, 부신 등을 관장했다. 이 중 선전관은 국왕의 명을 직접 받들어 전달하는 승전承傳의 임무가 중요했으며, 무겸 선전관은 국왕의 시위 업무가 중시되었다. 문겸 선전관

118 『전율통보』 권4, 병전 경관직, 〈정3〉선전관청, "宣傳官〈二十四, 行首一, 堂上三, 竝正三……[經][續][增]〉."

119 『승정원일기』 정조 6년 1월 29일(병인); 『대전통편』 권4, 병전 경관직 정삼품아문 선전관청.

120 『속대전』 권4, 병전 경관직 정삼품아문 오위; 권4, 병전 번차도목 宣傳官武兼, "〈合七十一員, 爲正職, 猶受遞兒祿〉."

도 다른 실직을 맡았더라도 시위에 참여해야 했다.[121]

조선 후기에 선전관은 서울과 경기지역을 비롯해 각도에 파견되어 국왕의 명을 전달하고, 정탐 활동이나 지역 동향을 수집하여 국왕에게 보고하는 역할을 맡았다. 전쟁이나 반란 때에는 국왕의 손발이 되어 기민하게 명령이나 의중을 전달하는 임무도 수행했다. 또한, 국왕이 국가 기강을 세우는 중대사에서부터 사소한 사안에 이르기까지 광범위한 업무에 참여했다.

예를 들어, 인조는 집권 초기에 선전관을 북쪽 변방에 보내 정보를 탐지하고 변방 수령의 참형을 거행하게 했으며, 정묘호란 때에는 선전관을 보내 군량을 모집했다. 경상도에서 군역을 도피한 속오군을 효시할 때도 선전관을 보내 집행을 맡겼다.[122] 현종도 함경도 길주에서 죄인에 대한 형벌을 제대로 집행하지 않은 일이 발생하자 선전관을 파견해 정탐하게 했다. 또한, 함경도 등 먼 지역에 국왕의 관심을 나타내기 위해 과거를 실시한 뒤, 선전관에게 사화賜花, 홍패紅牌와 함께 유지有旨를 갖고 가서 도민을 위로하게 했다.[123] 1728년(영조 4) 영조도 '이인좌의 난'에 가담한 자들을 효시할 때 선전관을 보냈다.[124] 한편, 국왕의 명을 받들 사관史官이 부족하면 선전관이 대신하기도 했다.[125]

---

121 『대전통편』 권4, 병전 경관직 정삼품아문 선전관청; 권4, 병전 시위.

122 『인조실록』 권8, 3년 3월 24일(임신); 권15, 5년 2월 7일(갑진); 권17, 5년 11월 15일(무인).

123 『현종실록』 권4, 2년 4월 13일(임진); 권9, 5년 7월 21일(경술).

124 『영조실록』 권17, 4년 4월 9일(기축).

125 숙종 초부터 『승정원일기』에는 "사관 1원을 대명待命시키라고 명을 내리셨으나, 사관이 갖춰지지 않아 선전관 1원을 대신 보내겠습니다."와 같은 기록이 빈번하게 등장한다.

이처럼 선전관은 승전의 임무가 중요했기 때문에 승전만 전담하는 선전관을 따로 두기도 했다. 1780년(정조 4) 정조는 승전 선전관을 이력 자리로 만들어서 선전관 자리 중 당상·당하를 통틀어 4자리를 승전 선전관의 진출 자리로 정하고, 6개월 근무 후 다른 관직으로 옮겨갈 수 있게 했다. 이를 '승전기承傳岐'라고 했다.[126]

선전관은 궐내 입직도 수행했다. 조선 전기에는 선전관 2명이 취라치吹螺的 2명과 함께 대궐 안 근처에서 입직했다. 조선 후기에는 선전관 4명과 무겸 선전관 6명이 대궐 가까운 곳에 입직했으며, 이때도 취라치 8~9명 또는 10명이 따라 들어가 입직했다.[127] 취라치는 각角의 연주자인데, 각은 지휘·통신의 도구로도 사용되었다.[128] 선전관이 형명과 계라를 관장하는 임무를 맡았기 때문에 취라치도 함께 입직한 것으로 보인다. 노상추盧尙樞가 당상 선전관으로서 정조의 특명을 받고 영릉英陵과 영릉寧陵으로 나갈 때도 취라치 1명이 수행했다.

선전관과 달리 무겸 선전관의 주요 업무는 시위와 입직이었다. 무겸 선전관의 직무는 노상추의 일기에서 확인할 수 있으며, 승전 업무는 거의 부여되지 않았다. 노상추는 1784년 12월 도목정사에서 무겸 선전관에 임명되었다. 무겸 선전관은 종6품과 종9품으로 나뉘는데, 노상추가 1785년 정조에게 올린 글에서 본인을 '효력부위 무신 겸 선전관'이라 밝혔으므로 종9품에서 시작했음을 알 수 있다.[129]

무겸 선전관 노상추가 맡은 임무는 대부분 시위와 입직이었다. 입

---

126 『승정원일기』 정조 4년 8월 24일(경오); 『대전통편』 권4, 병전 경관직 정삼품아문 선전관청.

127 『경국대전』 권4, 병전 입직; 『속대전』 권4, 병전 입직.

128 이숙휘, 『조선 후기 군영악대-취고수·세악수·내취』, 태학사, 2007, 50~53쪽.

129 『正祖丙午所懷謄錄』, 效力副尉武臣兼宣傳官盧尙樞.

직은 주로 금군청에서 수행했는데, 이틀 입직하고 다음 날 나오는 방식이었다. 이밖에 무과의 시관으로도 차출되었으며, 정기적으로 선천宣薦을 뽑는 회의에 참석했다.

시위 임무는 통상 입직했을 때 수행했으며, 그때그때 달랐으나 하루 종일 혹은 밤새워 할 때도 있었다. 주로 조회朝會나 과거 시험, 성균관 유생이나 관료들을 대상으로 한 각종 시험, 궁궐 잔치, 죄인 심문 등을 위해 국왕이 전좌殿座를 하거나 여러 곳에 거둥할 때 동원되었다. 또한 국왕이 궐 밖의 경모궁 등을 참배하거나 멀리 한양을 벗어날 때도 호위 임무를 맡았다. 출직 상태에서도 시위 임무가 이어질 때가 있었다. 능행 및 인정전이나 춘당대 전좌 때에는 전원 참석하라는 명이 내리므로 밖에 있다가도 대궐로 들어와야 했다. 이밖에 도성문 밖에서 국왕의 행차를 전송하고 맞이하는 반열에도 참여했다.

노상추가 수행한 시위 임무는 업무 강도가 매우 높았는데, 이는 당시 정조의 성향과도 밀접한 관계가 있었다. 정조는 궁궐 안팎이나 교외로 자주 거둥했으며, 재계齋戒를 하면서 밤을 지내는 일도 빈번했다.

하나의 사례로 1785년(정조 9) 정조가 야간에 역모에 연루된 중죄인을 직접 신문하자, 노상추는 호위에 참여한 뒤에 다음 날 파루가 되어 돌아왔다. 또 바로 이날 정조가 영화당에서 재계하면서 밤을 지내기 위해 거둥하자 노상추는 아침부터 다시 시위대에 참가했으며, 밤 3경(오후 11시~오전 1시) 무렵에는 알성례謁聖禮를 위해 성균관에 행차하는 정조를 호위했다가 다음 날 파루 전에 돌아왔다. 또 이튿날 정조가 창덕궁의 숙장문에 거둥하여 중죄인을 신문하자 다시 호위에 참여해서 오후 9시까지 근무했다.[130] 나흘 동안 하루를 제외한 3일을 밤낮으로 근무했으니, 이는 격무라 할 수 있다.

그러나 1792년에 당상 선전관이 된 노상추의 임무는 달라졌다. 이듬해 8월에 당상 선전관 노상추는 정조의 특명을 받았다. 비밀리에 영릉英陵과 영릉寧陵으로 가서 제수 마련 및 잡인 출입 단속 상태를 조사한 뒤 제물祭物을 가지고 오라는 명이었다.131

노상추는 취라치 1명을 데리고 출발하여 13일 밤 여주에 도착했다. 이튿날 영릉英陵에 갔으나 능졸陵卒이 지키고 있어 들어가지 못하자, 영릉寧陵으로 가서 곧장 들어가 조사한 뒤 다시 영릉英陵으로 돌아가서 조사했다. 능소의 하례들이 누구냐고 묻자 지나가는 사람이라고 대답한 노상추는 다시 영릉寧陵으로 가서 출두한 뒤 공복公服으로 갈아입고 직접 제물을 살폈다. 이후에도 노상추는 두 능을 오가면서 제사를 마칠 때까지 계속 살폈으며, 8월 16일에 제물을 가지고 서울로 돌아와 정조에게 보고했다.132

당시 노상추가 정조의 명을 이행하기 위해 하루에 두 능을 오간 횟수만 각각 4번씩이었다. 그러나 서계書啓에 '무탈無頉'이라고 보고하는 바람에 별입직別入直의 벌을 받았다. 노상추는 "이번 일에서 본래 탈을 잡을 것이 없었으니 어찌하겠는가."133라고 하면서 별입직의 처벌을 감수했다.

선전관의 위상

선전관은 국왕의 무관 비서로서 서반직의 꽃이었다. 선전관을 거쳐

---

130 『노상추일기』 1785년 3월 9일; 10일; 12일.
131 『노상추일기』 1793년 8월 12일.
132 『노상추일기』 1793년 8월 13일; 14일; 15일; 16일; 17일; 18일.
133 『노상추일기』 1793년 8월 19일.

야만 서반 고위직으로 나갈 수 있었으므로, 선전관은 고위 무관이나 군영대장 등을 꿈꾸는 사람이라면 반드시 거쳐야 하는 필수 이력이었다.[134] 선전관을 거치지 않은 무관은 평생 하위직에서 마감한다 해도 과언이 아니었다.

선전관은 아들에게 문음의 혜택을 줄 수 있는 현관顯官의 지위를 누렸다.[135] 현관이란 누구나 다 인정하는 높고 귀한 벼슬자리로서 서반직 중에서는 정직 5품 이상과 선전관, 부장뿐이었다.[136] 또한 조선 후기에 선전관은 부장 · 수문장과 함께 내삼청內三廳으로 불렸는데, 이 가운데 선전관이 가장 높은 위상을 자랑했다. 광해군 대에는 “선전관은 가까이에서 모시는 직책으로서 숙위하는 임무가 중대한 만큼 부장이나 수문장에 비할 것이 아닙니다.”[137]라는 평가를 받았다.

선전관청에서는 『선전관청일기宣傳官廳日記』, 『선전관안宣傳官案』, 『선전관청천안宣傳官廳薦案』 등의 기록을 남겼다. 선전관청 외에 관안을 남긴 서반 관아는 오위도총부의 『도총부선생록都摠府先生錄』[138] 뿐이다. 관안을 남긴다는 것은 해당 관아를 경유한 사람들을 기억하는 행위로, 그만큼 해당 경력이 중시되었음을 의미한다. 오위도총부의 총관은 종친이나 고위 문 · 무관이 겸임하는 관직이었기에 관안을 남긴 것이다. 군영아문에서는 대장大將 또는 사使의 명단인 『등단록登壇錄』은 존재하지만, 중군中軍 이하 무관들의 관안은 전하지 않는다. 천안薦案은 선천宣

---

134 장필기, 「조선후기 선전관출신 가문의 武班閥族化 過程」, 『군사』 42, 2001, 274~277쪽.

135 『경국대전』 권1, 이전 取才 蔭子弟, “曾經吏兵曹都摠府司憲府司諫院弘文館部將宣傳官者之子, 年二十以上, 許試敍用.”

136 『수교집록』 권5, 刑典 推斷, “……兩邊四祖俱有顯官者〈東西班正職五品以上, 六曹郎官監察守令部將宣傳官〉……〈嘉靖庚戌承傳〉.”

137 『광해군일기』 권127, 10년 4월 19일(정축).

138 이 자료에 대해서는 이 책 7장의 각주 21번 참조.

薦의 명부로 선전관청이 유일했다.[139] 따라서 선전관청에서 관안과 천안을 모두 남겼다는 사실은 선전관이 서반 청요직이라는 증표라고 볼 수 있다.

선전관의 위상은 이식李植이 지은 「선전관청제명록서宣傳官廳題名錄序」(1625)에서 재차 확인할 수 있다. 이식은 "선전관청의 위치가 액문掖門 밖 정방政房의 오른쪽에 있어 좌우 사관史官과 함께 어깨를 나란히 하고 출입하기 때문에 시종의 칭호를 지니면서 특별한 은혜를 받아 왔다."[140]라고 하면서 일반 무관들은 감히 쳐다볼 수도 없는 지위라고 소개했다.

실제로 조선 후기 창덕궁 안 선전관청의 위치는 승정원의 북쪽에 있었다. 고종 대에 편찬한 『궁궐지』에는 선전관청과 승정원의 위치에 대해 "광범문光範門 이남의 뒤칸을 승정원이 사용하고, 앞칸 월랑문의 이북은 선전관청이 사용한다."[141]라고 기록되어 있다. 광범문은 정전正殿인 인정전의 동문으로 이 문을 나서면 승정원과 통하고, 선정문을 거쳐 선전관청도 통했다. 선정문은 편전便殿인 선정전을 출입하는 문이다. 관아 위치만 보더라도 무관 승지답게 정전과 편전 가까이에 있었으며, 승정원과도 가까웠음을 알 수 있다. 무겸 선전관이 근무하는 무겸청武兼廳도 광범문 안쪽에 있었다.[142]

---

139 『선전관청천안宣傳官廳薦案』은 선천의 명부다. 총 7책 중 두 책은 선생안이므로 천안은 총 5책이 된다. 제1책은 1724~1775년, 제2책은 1776~1849년, 제3책은 1850~1875년, 제4책은 1876~1885년, 제5책은 1886~1894년까지의 명단이다. 남항천南行薦의 기재 사항은 선천인의 성명, 아버지의 직역과 성명, 거주지, 천주이며, 출신천出身薦은 여기에 무과 급제 연도와 시험 종류가 추가되었다.

140 李植, 『澤堂先生集』 권9, 序, 宣傳官題名錄序.

141 『宮闕志』(장서각 K2-4360) 제2책, 창덕궁, 인정전, "仁政門……內有光範門, 以南後間, 以政院用之, 前間月廊門以北, 宣傳官廳用之."

142 류본예, 『한경지략』 권1, 궁궐, 闕內各司, 昌德宮內閣司, 武兼廳; 『東國輿地備考』 권

창덕궁 선전관청 위치

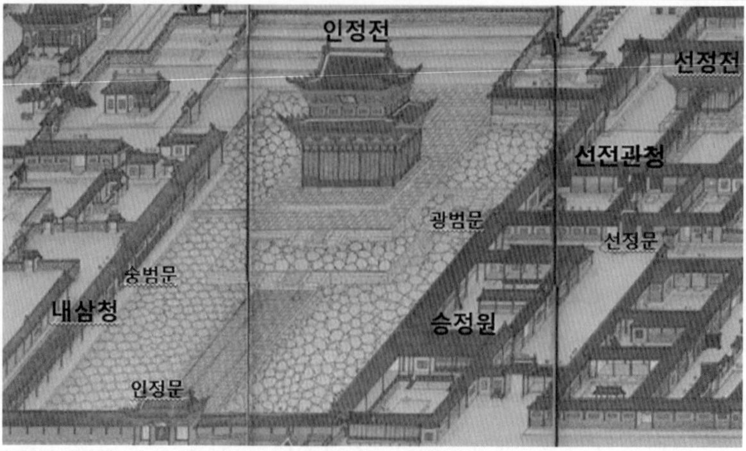

《동궐도》 (동아대학교박물관)

선전관의 위상은 관직 진출에서 특별한 혜택을 누린 점에서도 확인할 수 있다. 무겸 선전관을 포함한 참하 선전관은 720일을 근무하면 6품으로 승진할 수 있었는데,[143] 이것이 가지는 의미는 자못 컸다. 승륙 기간이 부장(600일)이나 수문장(450일)[144]에 비해 길지만 참상관이 되면 승진이나 외직으로 나갈 기회가 더 많았다. 선전관을 거쳐 6품에 오른 사람은 훈련원이나 오위도총부의 관직에 임명된 뒤 3년 안에 당상관으로 승진하거나, 영장營將이나 수령으로 나갈 기회가 주어졌다.[145] 또 통상 구근久勤은 45개월을 근무하면 근사勤仕로 보고되어 변

1, 京都, 武職公署, 武兼廳.

143 『속대전』 권4, 병전 경관직 정삼품아문 선전관청; 『대전통편』 권4, 병전 경관직 정삼품아문 선전관청. 참하관이 6품으로 오를 때 근무 기간을 따지는 방식은 일수 또는 달수로 계산했는데, 선전관·무겸선전관·부장·수문장은 일수로 계산했다(『전율통보』 권4, 병전 京官格式).

144 부장의 근무 기간은 『대전회통』에서 720일로 늘어난 상태이며, 수문장의 근무 기간도 1797년(정조 17) 720일로 늘어 『대전회통』에 반영되었다.

장으로 나갈 기회를 얻었는데, 무겸 선전관은 중앙 관직이나 수령에 의망되는 특전이 있었다.[146]

관료에게 6품이란 각별한 의미를 갖는다. 고위직이라는 높은 산을 오르기 위해 한고비를 잘 넘은 셈이며, 수령으로 나갈 수 있는 자격도 획득했기 때문이다. 더구나 중앙에서는 무관이 일할 곳이 많지 않았으며, 반드시 수령을 거쳐야 4품 이상으로 올라갈 수 있으므로, 하루빨리 6품으로 올라 수령으로 나가기를 희망했다.[147] 그러므로 선전관이나 무겸 선전관에게 외직으로 나갈 기회를 더 부여한 것은 특혜라고 할 수 있다.

승전 선전관에게는 더 특별한 혜택을 주었다. 승전을 담당한 당상 선전관이 변지첨사邊地僉使나 방어사를 거치지 않았으면 변지첨사나 방어사로 임명하고, 방어사를 거쳤으면 즉시 수군절도사의 후보자로 올렸다. 참상 선전관은 6품으로 선전관에 제수되었으면 5품으로 시행하여 4품직에 바로 의망하고, 3품 수령이나 병마 우후의 이력이 있으면 당상관직에 임명했다. 참하 선전관이면 15개월을 근무한 뒤에 출륙하게 했다.[148] 보통 참하 선전관은 720일을 채워야 승륙할 수 있었으나, 승전 선전관은 이보다 9개월이 적었으므로 혜택이 큰 편이었다.

끝으로, 선전관과 무겸 선전관의 위상은 새로 입사한 관원의 면신례免新禮가 혹독한 데에서도 확인할 수 있다. 고려 말 어린 나이로 관

---

145 『숙종실록』 권63, 45년 4월 3일(을사).

146 『대전통편』 권4, 병전 경관직, "各營門久勤, 滿四十五朔後, 始報勤仕〈武兼[擬京外職]……〉, 擬差邊將."

147 『경국대전』 권1, 이전 경관직, "承文院官員寫字吏文特異者, 弘文館官員, 諸道教官及遞兒職外, 非經守令者, 不得陞四品以上階〈兵曹同〉."

148 『승정원일기』 정조 4년 8월 24일(경오); 『대전회통』 권4, 경관직 정삼품아문 선전관청. 변지첨사에 대해서는 이 책 15장 2절 참조.

직에 진출한 권문세가 자제들의 오만함을 경계하기 위해 시작되었다는 면신례는 선배 관원들이 새내기 관료들을 길들이기 위해 여러 형태로 실시했다.149

면신례는 15, 16세기에 성행하다가 17세기 중엽 이후로는 조직 내 기강이 엄격하거나 선후배 사이의 위계질서가 뚜렷한 일부 관청에서만 제한적으로 시행되었다.150 엘리트 집단에서 그들만의 전통을 세우고 결속력을 유지하는 방편으로 이런 의식을 오래 유지했기 때문이다. 선전관청도 면신례의 전통이 살아있는 관아 중 하나였으며, 조정에서 문제를 삼을 정도로 엄하기로 유명했다.

17세기 초에는 "선전관청에서 새로 들어온 선전관들에게 신참에서 벗어날 때 술과 고기를 장만하도록 요구하여, 잔치에서 술을 마시면서 낭비하는 폐단이 다른 데보다 지나치다."151라는 기록이 있다. 19세기에도 이유원李裕元은 "선전관 신참례는 큰 담뱃대로 담배를 피우게 하니, 그 담뱃대가 종지보다 커서 신참들이 고통을 견디지 못했다. 이는 코로 한 말의 식초를 들이마시게 하는 것과 같으니 역시 선전관청에서 내려오는 풍습이다."152라고 기록했다.

이상으로 『속대전』에 정식 관청으로 기록된 선전관청은 선전관, 남항 선전관, 문겸 선전관, 무겸 선전관이 소속되어 있었다. 선전관과 무겸 선전관은 전임직專任職이었으며, 문겸 선전관은 옥당이나 병조 정랑 등이 겸임하는 자리였다. 선전관과 무겸 선전관은 국왕의

---

149 박홍갑, 「조선시대 免新禮 풍속과 그 성격」, 『역사민속학』 11, 2000, 237쪽.

150 윤진영, 「조선후기 면신례의 관행과 선전관계회도」, 『서울학연구』 54, 2014, 179~181쪽.

151 『선조실록』 권165, 36년 8월 13일(병신).

152 李裕元, 『林下筆記』 권28, 春明逸事, 宣傳官廳煙臺.

무관 비서로서 왕명의 출납과 시위를 수행했고, 출륙과 승진에서 각종 혜택을 받으면서 고위 무관으로 올라가려면 반드시 거쳐야 하는 서반 최고의 청요직이었다.

2. 선천宣薦의 운용과 특징

내삼청과 내삼청 천거에 대한 이해

선천宣薦은 '선전관천宣傳官薦'의 약칭으로, 선전관의 모집단을 천거하는 제도였다. 현임 선전관이 무과 급제자와 한량閑良을 대상으로 장차 선전관이 될 만한 후배를 미리 천거해 두는 제도였다. 간혹 선천을 선전관 임용을 위한 의망擬望으로 이해하기도 하지만, 천거 제도였다. 다만, 선천을 받았다고 해서 누구나 선전관이 되는 것은 아니었으며, 선전관의 모집단을 미리 발탁해 두는 것이었다.

조선 후기에 선천은 부천部薦(부장천)·수천守薦(수문장천)과 함께 '내삼청천內三廳薦', '내삼청 장귀천將鬼薦' 등으로 불렸다. 부천과 수천에 대해서도 다음 장에서 상세히 다룰 예정이므로, 선천을 비롯한 부천과 수천을 검토하기에 앞서 각종 자료에 등장하는 '내삼청'이라는 용어부터 살펴볼 필요가 있다.

일반적으로 내삼청은 "효종 초년에 내금위, 겸사복, 우림위를 6번으로 고루 나누고 내삼청이라 불렀다."[153]라고 하듯이, 내금위, 겸사복,

---

153 『만기요람』 군정편 2, 용호영, 설치연혁, "〈孝廟初, 以內禁衛兼司僕羽林衛, 均分六番, 稱之內三廳〉."

우림위를 통칭하는 용어였다. 1830년(순조 30) 류본예柳本藝가 펴낸 『한경지략漢京識略』에도 "효종 대에 금군을 설치하고 내삼청이라 불렀다."[154]라고 해서 유사한 내용이 적혀 있다. 이외에도 내삼청이 내금위, 겸사복, 우림위를 통칭하는 용어로 쓰인 사례는 여러 사료에서 쉽게 찾아볼 수 있다.

그럼에도 불구하고 여기서 내삼청을 특별히 언급하는 이유는 위의 용례와 다른 사례가 존재하기 때문이다. 즉, 내삼청이 선전관, 부장, 수문장을 통칭하는 의미로도 사용된 경우가 있는 것이다. 대표적인 예로 『숙종실록』을 꼽을 수 있다. 1694년(숙종 20) 남구만南九萬이 면신례 폐단이 심각한 곳으로 '내삼청'을 지적했는데, 사관史官이 이 내삼청의 의미에 대해 "선전관, 부장, 수문장이 대궐 안에서 수직하므로 내삼청이라 부른다."[155]라는 설명을 덧붙여 놓았다.

이 설명은 내삼청에 대해 중요한 사실을 알려준다. 여기서 '내'는 궁궐을 의미하며, 선전관, 부장, 수문장이 궁궐에서 수직하므로 이들을 통칭하여 내삼청으로 불렀다는 것이다. 이와 유사하게 『연려실기술燃藜室記述』의 「내삼청」 조에서도 선전관청과 선전관, 부장, 수문장의 직제와 임무를 간략히 소개하고 있다.[156] 이로 보아 내삼청이 선전관, 부장, 수문장을 지칭하는 것임이 분명하다.

이처럼 내삼청은 내금위, 겸사복, 우림위를 통칭할 뿐만 아니라 선

---

154 류본예, 『한경지략』 권1, 궁실, 昌德宮內各司, "內三廳, 在光範門外, 孝宗朝置禁軍, 稱內三廳."

155 『숙종실록』 권27, 20년 8월 13일(무신), "九萬曰, 凡仕者新入, 必具膳食及物貨, 以饗先進, 武臣內三廳〈宣傳官部將守門將, 直闕中, 故稱之以內三廳〉, 尤甚."

156 李肯翊, 『燃藜室記述』 별집 권8, 관직전고, 內三廳. 현재 『연려실기술』의 편찬 연대는 영조 말년설, 정조 21년설, 순조 초년설이 제시되어 있다(정만조, 「연려실기술의 편찬시기와 편찬자 문제 검토」, 『한국학논총』 16, 1993, 80~83쪽).

전관, 부장, 수문장을 통칭하는 용어로도 사용되었다. 무엇보다도 '내삼청 장귀천', '내삼청지천內三廳之薦', '내삼청피천內三廳被薦', '내삼청천內三廳薦' 등에 나오는 내삼청은 후자인 선전관, 부장, 수문장을 통칭하는 용어였다. 이와 관련하여 다음의 사료를 보도록 하자.

> 내삼청 장귀천將鬼薦[157]은 매년 3월·10월 안에 집안이 매우 뛰어난 자를 뽑아서 천거한다. 근래에는 6월·12월에 뽑아서 천거하며, 현재 해당 청에 근무하는 관리의 아들·사위·아우·조카는 천거에 넣을 수 없다.…… 선천에 적합한 사람이 없으면 천거하지 말고, 부천과 수천도 전례대로 한다.[158]

이 규정에서도 내삼청 장귀천을 설명하면서 선천, 부천, 수천이 나오므로, 내삼청이 선천, 부천, 수천의 통칭임을 알 수 있다. 또 이와 유사한 규정이 병조 서리 임인묵林寅默이 편찬한 『전주찬요銓注纂要』를 비롯해서 『양전편고』와 『육전조례』에도 자세히 실려있으며, 『전주찬요』에는 아예 '선부수삼청장귀천宣部守三廳將鬼薦'으로 나온다.[159]

선천과 마찬가지로 부장천은 부장의 후보를, 수문장천은 수문장의 후보를 미리 추천하는 제도였으나, 선천에 비해 상대적으로 위상이 낮았다. 부장천은 줄여서 '부천部薦' 또는 '부천副薦'이라 불렸고, 수문장천은 줄여서 '수천守薦' 또는 '말천末薦'이라 했다. 두 천거를 합쳐 '말부

157 장귀천이란 선천, 부천, 수천 중 무과 급제자를 대상으로 한 출신천出身薦을 말한다(『典律通補』 권4, 병전 名簿, "內三廳出身薦取才[續] ○俗稱將鬼薦.").

158 『西銓政格受敎筵奏輯錄』 薦擧, "內三廳將鬼薦, 每年三月十月內, 以門地之表著者, 抄薦矣, 近以六臘月抄薦, 而時任廳官子婿弟侄, 不得擧薦, 若冒薦則拔去, 薦主及廳首掌務啓汰〈康熙乙酉〉, 雖宣薦無可合人, 闕薦, 部守薦, 依例爲之."

159 『전주찬요』 권2, 천거, "每年三月十月, 近以六月十二月內, 宣部守三廳將鬼薦, 以門地之表著可合者抄薦, 而時任廳官子婿弟侄, 不得擧薦."; 『兩銓便攷』 권2, 서전 천거; 『육전조례』 권7, 兵典 兵曹 政色 總例.

천末副薦'이라 일컫기도 했다. 그 이유는 부장이 선전관보다 관직 위상이 낮았으므로 부장천을 '부副'천이라 한 것이며, 세 관직 중 수문장이 가장 낮은 위상을 가졌기에 수문장천을 '말末'천이라 부른 것이다.

요컨대, 내삼청은 선전관, 부장, 수문장을 통칭하는 용어로 사용되었고, 내삼청천은 선전관, 부장, 수문장의 모집단을 천거하는 선천, 부천, 수천을 지칭했다. 아래에서는 이러한 기초적인 이해를 토대로 세 천거 중 선천을 먼저 검토하고자 한다.

선천의 성립 배경

그렇다면 선천은 언제부터 시행되었을까? 현재 시행 시기에 관한 정확한 기록은 없으나, 광해군 대로 추정된다. 1618년(광해 10) 우부승지가 건의한 다음의 내용을 주목해 보자.

> 우부승지 박정길이 아뢰기를, "선전관은 (임금을) 가까이에서 모시는 직책으로서 숙위 임무가 중대한 만큼 부장과 수문장에 비할 바가 아닙니다.……혹 급한 상황이 벌어지면 관계되는 일이 매우 중요하니, 해당 관청으로 하여금 사사로운 감정에 얽매이지 말고 완의를 거쳐 뽑도록 하소서."라고 하니, 윤허했다.160

위 자료는 선전관을 선발할 때 선전관청의 완의完議를 거치게 하자는 내용으로, 선천의 시행 시기와 관련해 중요한 사실을 알려 준다. 완의란 해당 관청의 관원들이 의논을 통해 적임자를 합의하여 결정한 후 왕에게 임명을 건의하는 방식이었다. 선조 대까지만 하더라도 현

---

160 『광해군일기』 권127, 10년 윤4월 19일(정축).

임 선전관은 신임 선전관의 임명에 직접 관여하지 못했으며, 임명된 사람의 적격 여부 정도만 거론할 수 있었다.[161] 그러다 이 시기부터 선전관청에서 완의를 거쳐 선전관 후보를 지명할 수 있게 되었으며, 이 조치가 선천의 효시로 판단된다.

이후 1651년(효종 2) 동부승지 목행선睦行善은 조종조에서 시행해 온 선전관, 부장, 수문장에 대한 완의의 법이 제대로 시행되지 않으므로 구천舊薦에 따른 신천新薦의 법을 밝히고, 선전관청에서 천거한 사람을 병조에서 불러 간단한 취재를 치를 것을 건의했다.[162] 이 사료는 일부 누락된 곳이 있어 판독할 수 없는 부분도 있으나, 선천에 대해 두 가지 중요한 사실을 알려준다.

첫째, 선전관청에서 후임을 선발할 때 자체적으로 완의하는 방식이 1651년 무렵에는 제대로 시행되지 못하고 있었다. 둘째, 병조에서 천거된 사람을 불러 간단한 취재와 면접을 실시하는 최종 심사를 '신천'이라 하고 있어, '구천'에서는 병조의 2차 심의 과정이 없었음을 추정할 수 있다.

따라서 이러한 정황을 종합할 때, 광해군 대에 선천을 시행한 뒤 효종 초에 이를 재정비해서 다시 실시했다고 판단된다. 목행선의 건의가 나온 이듬해인 1652년, 병조에서는 다음과 같이 효종에게 선전관 선발을 위해 선전관청에서 의천議薦한 사람을 심의한 뒤 의망했다고 보고했다. 이를 통해 목행선의 건의가 실제로 시행되었음을 알 수 있기 때문이다.

---

161 『선조실록』 권131, 33년 11월 22일(임술).

162 『승정원일기』 효종 2년 8월 27일(임신).

"선전관은 시위를 담당하여 가장 엄격하게 선발하는 직임에 관계되므로 전부터 반드시 본청에서 의천하게 한 것은 그 뜻이 여기에 있습니다. 신 등도 이전 규정에 따라 본청에서 의천하게 하고 천거된 사람을 병조에서 불러 모아 용모를 살피고 문필을 시험하고 소견의 고하를 참고해 갖추어 의망했습니다."[163]

그렇다면 광해군은 왜 선천을 시행했으며, 효종 대에 와서 새롭게 정비된 배경은 무엇일까? 이 의문을 풀기 위해서는 두 가지 측면에 관심을 가질 필요가 있다.

첫째, 두 국왕 모두 순탄치 않은 왕위 계승과 신변의 위협에 노출되었다는 공통점을 갖고 있다. 광해군은 1608년(광해 즉위) 후궁의 아들이자 차남으로서 어렵게 왕위에 오른 뒤에 1609년 임해군의 죽음, 1612년 김직재金直哉 역모 사건, 1613년 계축옥사로 인한 영창대군의 죽음, 1615년 인목대비의 서궁 유폐 등 일련의 사건을 거쳐 왕권을 구축한 만큼 경호가 중요한 과제일 수밖에 없었다.

효종도 차남으로 왕위에 오르면서 종통의 약점을 안고 있었고, 1651년 김자점金自點의 역모 사건을 겪었다. 여기에 더하여 청나라에 대한 치욕을 씻기 위해 북벌을 국시로 삼았으나, 이에 대한 친청親淸 세력의 도전도 만만치 않아 신변 보호가 중요한 문제로 떠올랐다. 1652년에 금군과 어영군을 확대한 조치가 이러한 상황을 잘 보여준다.

둘째, 효종이 집권 초기에 금군과 선천을 함께 정비한 뒤, 선천을 받은 사람은 반드시 금군을 거쳐야 선전관에 임용한 조치는 선천의

---

163 『승정원일기』 효종 3년 10월 13일(신해). 이와 비슷한 내용이 『승정원일기』 효종 3년 7월 11일(경진)에도 나온다.

재정비와 관련해 시사점이 크다.[164] 이는 금군을 양반으로 충원하려는 의도에서 선천과 금군을 유기적인 관계로 만들어 선전관의 위상을 강화하는 동시에, 금군의 질적 향상을 기대한 것이었다.

금군은 임진왜란과 병자호란을 겪는 과정에서 군공의 대가로 금군첩禁軍帖이 남발되면서 질적 저하라는 문제를 겪고 있었다. 또 임진왜란 이후 군역 제도가 본연의 기능을 하지 못하면서 상번上番 군사가 줄자 금군이 상번군의 자리를 채우거나 순라, 형옥刑獄, 도둑 체포 등의 업무까지 대신하는 일도 잦았다.[165] 여기에 더하여 재정 부족으로 녹봉마저 줄자 금군을 그만두는 사례도 발생했다. 그로 인해 양반으로서 무예를 익힌 사람이 금군에 배속되는 것을 수치스럽게 여긴다는 지적이 나올 정도였다.[166]

선전관 역시 임진왜란 이후로 인원이 증가하면서 점차 사족 자제가 아닌 사람들로 채워지게 되었다.[167] 더구나 서얼을 선전관으로 임명하자 사족이 선전관을 꺼리는 분위기마저 조성되었다.[168] 1620년(광해 12) 광해군이 "어제 선전관, 부장, 수문장으로 새로 임명된 사람이 매우 많은데, 이들 모두 사족 출신인가?"[169]라고 물을 정도로 선전관을 사족 자제로 뽑는 문제는 중요했다. 1660년(현종 1) 병조 판서 홍명하洪命夏가 사족으로서 금군에 소속되는 자가 매우 적어서 선전관을 임명하기가 어렵다고 말한 것도 비슷한 상황을 보여준다.[170]

---

164 『승정원일기』 현종 8년 10월 2일(계유); 『비변사등록』 숙종 8년 1월 29일; 『정조실록』 권46, 21년 정월 25일(병인).

165 『광해군일기』 권80, 6년 7월 19일(기사); 권103, 8년 5월 7일(병자).

166 『광해군일기』 권154, 12년 7월 12일(정해); 권187, 15년 2월 13일(계유).

167 『선조실록』 권141, 34년 9월 19일(계축); 권176, 37년 7월 12일(신유).

168 『광해군일기』 권127, 10년 윤4월 19일(정축).

169 『광해군일기』 권159, 12년 12월 2일(을사).

따라서 광해군 대에 근시직의 강화를 위해 선천을 시행했다면, 효종은 여기서 한 걸음 더 나아가 선천을 정비한 뒤에 금군을 사족 자제로 충원하려는 의도에서 선천과 금군을 유기적인 관계로 만들었다. 선천으로 명문가 집안의 인적 자원을 확보하는 일은 결과적으로 선전관의 위상을 강화하는 동시에 이들을 금군에 배속하여 금군의 질적 향상까지 기대한 것이었다. 이 문제는 뒤에서 '선천내금위宣薦內禁衛' 제도를 다룰 때 다시 자세히 설명할 예정이다.

선천의 선발 기준

선천의 선발 기준과 방식에 대해서는 이미 필자가 2020년에 출간한 『조선의 무관과 양반사회』에서 무과 급제자의 진로 중 하나로 상세히 정리한 적이 있다.[171] 그러므로 자세한 내용은 위의 책을 참조해도 되지만, 뒤에서 검토할 부천과 수천의 이해를 높이기 위해서는 이 책에서도 필요한 내용이어서 선발 기준만 간추려서 소개하고자 한다.

선천은 무과 급제자를 대상으로 한 출신천出身薦과 한량을 대상으로 한 남항천南行薦[172]을 따로 운영했다. 선천은 진입 장벽이 매우 높아 '극선極選'이나 '준선峻選'으로 불리었고, 예문관 검열의 인선 방식인 한천翰薦과 비교되어 한천을 '문한文翰'으로 부르는 것에 대칭하여 선천을 '무선武宣'이라 할 정도였다.

---

170 『현종개수실록』 권4, 1년 10월 19일(신축).

171 정해은, 『조선의 무관과 양반사회-무과급제자 16,643명의 분석 보고서』, 역사산책, 2020, 299~309쪽.

172 남행南行의 '행行' 자는 반열의 의미이므로 '남항'으로 읽어야 한다. 다만, 조선 후기에 세간에서는 '남행'으로 읽은 것 같다(『星湖僿說』 卷8, 人事門, 南行, "南行之行, 恐是班行之行, 而俗音誤讀也.").

무과 급제자나 한량이 선천을 받으려면 세 가지 까다로운 자격을 충족해야 했다. 첫째, 명문가 후손이거나 선조 중에 명성이 있는 사람이 있어야 했다. "집안 좋은 사람을 선발하여 후일의 청선을 맡기고자 한다."[173]라는 말처럼 집안이 가장 중요했다. 만약 한미한 집안의 자손이 선천에 뽑혔어도 선천 이후의 벼슬길에서 불이익을 당했다.

둘째, 평안도와 함경도 사람은 선천에 들 수 없었다. 서북인은 선천은 물론 승문원의 분관에도 들지 못했다.[174] 법제적으로 북쪽 사람을 선천에 참여시키지 말라는 규정은 어디에도 없었으나, 선전관청의 자체 규례가 있어서 강제로 참여시킬 수 없다거나, 지방은 거리가 멀어 집안과 인물을 잘 파악할 수 없다는 등의 이유였다.[175] 대신 부천과 수천에는 들 수 있었다. 이후 평안도와 함경도 사람의 통청이 이뤄진 시기는 헌종 대이며, 그것도 무과 급제자에 한정해서였다.

셋째, 위 조건을 모두 만족하더라도 적통 여부를 따져서 서얼은 상당한 차별을 받았다. 서얼은 평안도와 함경도 사람과 마찬가지로 부천과 수천에는 올랐으나 선천에는 참여할 수 없었다. 종실의 자손도 예외가 아니어서 서얼이면 선전관청에서 천거에 누락시킬 정도였다.[176] 그러다가 1851년(철종 2)에 참여가 이뤄져서 『대전회통』에 명문화되었다.[177]

---

173 『正祖丙午所懷謄錄』, 一內禁軍張東源.

174 오수창은 조선시대 서북인의 인사 차별에 대해 근원이 명확하지 않은 채 조선 후기까지 관행적으로 지속된 현상으로 보았다. 여기에다가 서북지방에는 16세기 이후 사족 세력이 확고히 성립하지 않았고, 성리학 중심의 사회 질서와 문화가 낙후된 사실도 연관이 있다고 보았다(오수창, 『조선후기 평안도 사회발전 연구』, 일조각, 2002, 20~22쪽).

175 『현종실록』 권18, 11년 7월 8일(임술); 『비변사등록』 숙종 28년 3월 17일; 『영조실록』 권23, 5년 7월 24일(정묘); 『正祖丙午所懷謄錄』, 一內禁軍張東源.

176 『숙종실록』 권5, 2년 11월 21일(기해); 『영조실록』 권42, 12년 12월 17일(병자).

천거 방식은 선전관청 내부의 동의와 자율성에 기반하여 선배가 예비 후배를 천거하여 선발했다. 매년 6월과 12월에 두 차례씩 실시했으며, 정원은 정해져 있지 않다. 1802년(순조 2) 순조가 훈련대장 이한풍李漢豐의 상소를 계기로 출신천은 10명, 남항천은 2명을 넘지 말라는 명을 내렸으나,[178] 『선전관청천안』을 검토하면 한 차례에 적게는 1명에서 많게는 60여 명이나 되어서 특별한 규제는 없었다고 보인다. 구체적인 천거 방식은 1785년(정조 9)에 마련된 「선전관청절목」이 도움이 되며,[179] 이 내용은 앞서 언급한 필자의 다른 책에 정리되어 있으므로 여기서는 생략하기로 한다.

선천에 뽑히는 것이 얼마나 어려웠는지는 노상추의 사례에서 확인할 수 있다. 노상추는 1780년 봄에 무과에 급제한 뒤 1782년 12월에 선천을 받았다. 그의 일기에는 "오늘 선전관청에서 모임이 있었다. 천거로 뽑힌 자가 5인인데 내 이름이 두 번째에 있었다."[180]라고 했다. 무과에 급제한 지 1년 8개월여 만의 일이었다. 당시 노상추가 선천에 뽑힌 것이 대단한 일이었음은 다음의 표를 보면 쉽게 납득할 수 있다.

〈표 15〉는 1780년 식년 무과에 노상추와 함께 급제한 225명 가운데 선천에 뽑힌 인원을 조사한 결과다. 조사 방법은 『선전관청천안』에서 1780년 6월부터 1789년 12월까지 10년 동안 해당 시험의 급제자들을 추적했으며, 조사 결과 36명(16%)이 선천안에 올랐다.

---

177 『대전회통』 권1, 이전 限品敍用; 『國朝寶鑑』 권89, 哲宗朝 3, 8년 1월.
178 『순조실록』 권4, 2년 6월 10일(기유).
179 『정조실록』 권20, 9년 5월 11일(기미), 「宣傳官廳節目」.
180 『노상추일기』 1782년 12월 10일.

〈표 15〉 1780년 무과 급제자 225명 중 선천 인원

연도 / 월	1780년	1781년	1782년	1783년	1784~1789년	계
6월	16	4	1	·	·	21
12월	7	4	1	2	1	15
계	**23**	**8**	**2**	**2**	**1**	**36**

(자료: 『선전관청천안』)

이 결과는 두 가지 측면에서 흥미로운 사실을 알려준다. 첫째, 무과 급제자 중 16%만 천거에 뽑혔다는 것은 선천이 매우 특별한 선택을 받았음을 입증하는 수치라 할 수 있다. 둘째, 선천의 선발이 1780년에 집중되었는데, 이 점은 무과에 합격한 지 1~2년 사이에 뽑히지 못하면 선천에 들 가망성이 희박했다는 사실을 잘 보여준다.

이상과 같이 조선 후기에 선천은 명문 집안이나 힘 있는 집안의 후손이 아니면 들어가기가 쉽지 않았다. 문벌이 뛰어나도 평안도나 함경도 사람, 서얼은 참여할 수 없을 만큼 선발 요건이 까다로웠다. 그러므로 선천에 뽑혔다는 것은 명문가의 후손으로서 고위직을 맡겨도 아무런 하자가 없다는 의미를 띠었다.

선천의 진로

본래 선천의 취지는 선전관에 궐원이 생기면 선천 중에서 적임자를 후보자로 올려서 임명하는 것이었다. 그렇다면 선천을 받은 사람은 모두 선전관에 임용될 수 있었을까? 결론적으로 말해서 그렇지 않았다. 여기에는 두 가지 원인이 있었다.

첫째, 효종이 금군의 수준을 높이기 위해 집안 좋은 선천을 금군에 입속시킨 조치가 계기가 되었다고 본다. 효종은 금군의 질적 향상을

피하기 위해 선천을 바로 선전관에 의망하지 않고, 취재를 거쳐 금군에서 근무하게 한 뒤에 선전관 의망을 허락했다. 즉, 선천 → 금군 → 선전관의 경로가 생기면서 선천을 받은 사람이 바로 선전관으로 진출하기가 어렵게 되었고, 이러한 방식은 영조를 거쳐 정조 대에 이르러 더 정교하게 확립되었다.

둘째, 가장 결정적인 원인은 선천에 비해 선전관 자리가 부족한 현실이었다. 1723년(경종 3) 병조 판서 이광좌李光佐가 선천의 적체 문제에 대해 "선천으로 말하자면, 취재한 사람이 예전과 지금을 합쳐 100명이 넘고, 멀리는 거의 200명이나 됩니다. 그런데도 이번에 선전관에 한 자리도 없어서 많은 사람이 적체되어 있으나 소통할 길이 없습니다."[181]라고 지적한 것은 이러한 상황을 잘 대변한다. 이에 그의 건의로 훈련도감, 금위영, 어영청의 초관哨官 자리 중 각 5자리, 수어청과 총융청의 초관 자리 중 각 3자리를 선천을 취재하여 임명하는 자리로 만들었다.[182]

선천의 진로에 대해 본격적인 논의가 이뤄진 시기는 영조 대였다. 조정에서 금군의 처우 개선을 논의하는 과정에서 선천을 비롯해 부천과 수천을 금군에 소속시키는 문제가 다시 거론된 것이었다.[183] 선천이 금군에 소속되면 정규군이 아니라 정원 이외의 액외額外 금군으로 있어서 이들을 위한 승진 규정이 없었기 때문이다. 그 결과 액외 금군으로 있는 선천만 150명에서 160명에 이른다는 지적까지 나오게 되었다.[184]

---

181 『비변사등록』 경종 3년 8월 10일.

182 『승정원일기』 경종 3년 8월 9일(병진); 『비변사등록』 경종 3년 8월 10일. 이 조치가 『속대전』에서는 조금 바뀌어 금위영과 어영청의 선천 자리가 각각 7자리로 늘었다.

183 이태진, 『조선후기의 정치와 군영제 변천』, 한국연구원, 1985, 253~266쪽.

1737년(영조 13) 병조 판서 박문수朴文秀는 영조에게 선천에 관한 여러 문서를 조사한 결과를 보고했다. 그 내용은 숙종 대에 이인엽李寅燁의 건의로 선천을 정규군으로 소속시켰으나, 민진후閔鎭厚의 건의로 다시 액외로 만들고 이들 중 취재 합격자만 정규군으로 소속시켰으므로 명문 무반 집안의 자제들이 금군을 꺼린다는 것이었다. 이에 박문수는 선천 40명, 부천 20명, 수천 10명 등 총 70명을 10명씩 7번으로 나누어 금군의 각 번에 배치하고, 도목정사 때 몇 명씩 선전관, 부장, 수문장으로 옮겨줄 것을 건의했다.[185] 영조는 이 의견을 수용하되, 부천과 수천의 인원을 각각 15명씩으로 조정했다.[186]

그 뒤 이 조치는 『속대전』에 세 가지 사항으로 반영되었다. 첫째, 금군청에 선천 40명과 부천 15명을 취재를 통해 선발하여 소속시켰으나, 수천은 제외했다.[187] 둘째, 선천과 부천의 금군 취재 규정을 공식화했다.[188] 셋째, 금군에 배속한 선천 취재 출신의 진로를 열어주기 위해 도목정사마다 이들을 참하 선전관 2자리와 참하 무겸 선전관 1자리에 수용하게 했다.[189]

그러나 위 규정은 꾸준히 시행되지 못한 것 같다. 1760년 병조 판서 홍계희洪啓禧가 선천, 부천, 수천을 7번으로 분속한 규정이 현재 폐지

184 『승정원일기』 영조 6년 8월 8일(갑진).

185 『승정원일기』 영조 13년 11월 25일(무인).

186 『승정원일기』 영조 13년 12월 8일(신묘).

187 『속대전』 권4, 병전 경관직 군영아문 금군청, "宣傳官取才出身四十員, 部將取才出身十五員, 抄屬." 이 규정에서 선전관 취재 출신과 부장 취재 출신은 선천과 부천을 말한다.

188 『속대전』 권4, 병전 시취 內三廳出身〈取才〉, "〈本曹都摠府訓鍊院合坐, 試被薦人, 兩技具入者取〉."; 內三廳南行〈取才〉, "〈同出身薦, 宣薦三技滿四矢, 部薦三技滿五矢後, 許講, 入格者取〉."

189 『속대전』 권4, 병전 경관직 정삼품아문 선전관청, "參外二窠, 武臣兼參外一窠, 每都目, 禁軍中薦取才者, 擬差."

되었다고 지적했기 때문이다.[190] 따라서 선천의 금군 배치 문제는 존속과 폐지를 거듭하며 변화한 것으로 보인다.

'선천내금위' 제도

영조 이후로 선천의 금군 배치를 다시 체계화한 국왕은 정조였다. 정조는 즉위한 이듬해인 1777년(정조 1)에 '선천내금위宣薦內禁衛' 제도를 시행했다. 정조는 이 제도에 대해 사대부를 다시 금군으로 조직한 조치라고 자평했는데,[191] 효종과 영조처럼 금군의 질적 향상과 선천의 벼슬길을 열어주려는 복합적인 의도를 가지고 실시한 것이었다.

선천내금위의 제도는 내금위 총 3번 가운데 1번 내금위 100명을 전원 선천 자리로 지정하여 선천을 취재한 뒤 국왕의 낙점을 받아 소속시키고, 6개월 근무 뒤에 초사직에 의망하는 제도였다.[192] 내금위는 총 3번 중 1번 내금위가 가장 위상이 높았는데 이 자리를 선천 자리로 만든 것이다. 1780년에는 선천내금위를 취재만 해놓고 금군에 배속시키지 못하는 침체를 막기 위해 2번 내금위 100명 중 40자리를 선천 자리로 확대했다.[193] 이로써 내금위 300명 중 총 140자리가 선천의 자리가 되었다.

선천내금위 제도는 효종과 영조의 정책을 계승, 보완한 것이지만, 큰 차이가 있었다. 바로 금군에 배치한 선천의 진로를 더 명확히 한 점이다. 가장 중요한 변화는 첫째, 6개월간의 근무 일수를 정한 점, 둘

---

190 『승정원일기』 영조 36년 8월 16일(정해).

191 정조, 『홍재전서』 권42, 批答 1, 左尹李敬懋請革罷宣薦禁軍疏批.

192 『정조실록』 권4, 1년 7월 25일(무자), 「宣薦內禁衛事目」.

193 『정조실록』 권9, 4년 3월 3일(임오).

째, 6개월을 근무하고 난 뒤의 초사직을 참하 선전관뿐만 아니라 참하의 무겸 선전관, 부장, 사산참군四山參軍, 권관權管 등으로 넓혀서 선천을 초임初任 선발의 성격으로 만든 점이다.[194]

다만, 선천이 되었다고 해서 이 시험에 모두 합격하는 것은 아니었다. 노상추와 함께 무과에 급제한 경상도 진주 출신의 성동일成東一은 노상추보다 한 해 늦은 1783년 12월에 선천에 들었고, 선천 내금위 취재는 여기서 또 1년이 지난 1784년 12월에야 합격할 수 있었다.[195] 양반 관료 사회의 시스템이 견고했으나, 그 안에서 개인의 역량에 따라 출세의 길은 천차만별이었다.

선천내금위는 운용 과정에서 여러 문제점을 노정했다. 금군에 들어가려면 군마를 갖추어야 하므로 지방 사람이나 빈한한 사람들은 경제적인 부담이 컸다.[196] 선천 내금위는 6개월 동안 근무하는 조건이었으나, 대부분 이 기한을 넘기기 일쑤였다. 이러한 적체의 원인은 선천내금위에게 내줄 관직이 모자란 탓이었으며, 당색이나 집안의 힘도 영향을 미쳤다.[197] 노상추도 선천내금위가 된 지 2년 만에 무겸 선전관이 되었다.[198] 또한 "1, 2번 금군은 모두 지체가 있고 선천이어서 3번 금군을 깔보고 동료로 대우하지 않습니다."[199]라는 지적처럼 금군의

---

194 『전율통보』 권4, 병전 경관격식; 『대전통편』 권4, 병전 경관직; 『양전편고』 권2, 서전 初仕.

195 『노상추일기』 1780년 2월 25일; 1784년 12월 20일; 『선전관청천안』 제2책, 계묘년(정조 7) 12월일 將鬼薦.

196 『승정원일기』 정조 12년 8월 18일(정미).

197 『비변사등록』 정조 10년 2월 15일. 이성무는 "청요직을 둘러싼 관직 경쟁이야 말로 조선양반사회의 정쟁의 요인이었다."라고 단언했다(이성무, 『조선양반사회연구』, 일조각, 1995, 94쪽). 선천 역시 양반사회의 청요직 경쟁 대상이어서 당파의 영향을 크게 받았다.

198 『노상추일기』 1782년 12월 16일; 1784년 12월 26일.

199 禹禎圭, 『經濟野言』, 武科防禦使禁軍騎士變通之策.

결속력을 해치기도 했다.

요컨대, 선천은 효종 대를 거치면서 금군 이력이 있어야 선전관에 의망될 수 있었다. 정조 대에는 '선천내금위' 제도의 실시로 선천을 받은 사람은 반드시 내금위에서 6개월 이상을 근무해야만 첫 관직을 나갈 수 있었다. 그 결과 선천은 선전관의 모집단이라는 본래 의미를 넘어 초임 발탁을 받을 수 있는 '시천始薦'의 성격을 띠었고, 선천은 선전관과 무겸 선전관을 비롯하여 부장, 수문장, 사산참군, 권관 등에 진출할 수 있었다. 무과 급제자나 한량이 선천에 들지 못하면 고위직 진출은 요원한 길이었다.

3. 부장과 부천部薦

부장의 성립과 연혁

부장部將은 조선 전기에 오위五衛에 속한 관직으로 선전관과 대등하게 서반 청요직 중 하나로 꼽혔다. 조선 후기에도 부장은 여전히 오위 소속의 관직이었으며, 서반직 중 선전관 다음으로 높은 위상을 자랑했다. 그러나 부장에 대한 이해는 상대적으로 부족해서 그 존재나 역할에 대해 널리 알려지지 않은 편이다.

부장은 1451년(문종 1) 문종이 중앙군 조직을 12사司에서 5사로 전환할 때 설치한 관직이다.[200] 문종은 부장을 설치한 바로 그해 5월에 『어제신진서御製新陣書』를 편찬하고, 여기에 담긴 새로운 진법을 같은

200 박홍갑, 『조선시대 문음제도 연구』, 242~243쪽.

해 6월에 '신진법新陣法'으로 공표했다. 이 신진법을 담은 책은 세조 대에 두 차례 다시 간행되었고, 1492년(성종 23) 또 한 번의 개정을 거쳐 『(오위)진법陣法』으로 최종 완성되었다.[201]

『(오위)진법』에 따르면, 부장은 부部의 지휘관이었다. 오위의 편제는 대장大將 아래 5개의 위衛를 두고, 각 위는 1위=5부部, 1부=4통統으로 조직되었다. 따라서 대장은 총 5위의 25부 100통을 거느렸으며, 각 위, 부, 통에도 지휘관으로 위장, 부장, 통장을 각각 배치했으므로 부장은 총 25명이었다.[202]

각 위의 조직은 졸卒 → 오伍 → 대隊 → 여旅 → 통統 → 부部 → 위衛로 짜였으며, 편제 인원은 5명=1오, 25명=1대, 125명=1여가 되었다. 이 중 '통'은 정해진 인원이 없이 4통을 1부로 한다는 원칙만 있었으므로 통수의 다과에 따라 병력이 달라졌다. 예를 들어, 1대 25명을 1통으로 삼으면 1부가 100명이 되어서 오위 병력은 2,500명이 되고, 1여 125명을 1통으로 삼으면 1부가 500명이 되어서 오위 병력을 12,500명까지 조직할 수 있다.[203] 곧, 통 이하의 병력을 융통성 있게 운용해서 1통의 인원에 따라 대부대나 소부대를 조직하게 한 것이다.

이후 1466년(세조 12)에 부장은 정식 녹관이 되었고 『경국대전』에서는 오위에 속한 종6품직으로 설정되었으며 정원은 25명이었다. 강서를 포함하여 까다로운 취재를 거쳐야만 부장이 될 수 있었으며, 근무일수 900일을 채우면 다른 곳으로 이동할 수 있었다.[204] 임무의 특성

201 『문종실록』 권8, 1년 6월 19일(병술).

202 『(五衛)陣法』 分數.

203 상동.

204 박홍갑, 『조선시대 문음제도 연구』, 254쪽; 『경국대전』 권4, 병전 경관직 종이품아문 오위.

상 잦은 교체를 방지하기 위해 근무 일수를 채워야만 다른 관직으로 옮겨가게 한 것이었다.[205]

부장은 임진왜란 이후 오위의 제도가 폐지되면서 변화를 겪었다. 오위가 폐지된 뒤에도 관직명이 살아남은 직책은 오위도총부의 총관, 오위의 오위장五衛將과 부장뿐이었다.[206] 직명이 유지된 부장은 조선 전기와 마찬가지로 25명의 정원을 유지했으나, 다른 측면에서 변화를 피할 수 없었다.

부장 제도의 변화

부장 제도와 관련하여 『속대전』을 토대로 조선 후기에 나타난 변화는 네 가지로 정리할 수 있다. 첫째, 부장은 『속대전』에서, "오위가 폐지된 뒤 내삼청으로 이속한다."[207]라고 규정되었을 뿐, 공식 아문으로 자리잡지 못했다.

내삼청 중 선전관과 수문장은 각각 선전관청과 수문장청이라는 공식 관아로 자리 잡았으나, 부장만은 정식 관아로 성립하지 못했다. 『속대전』과 『대전통편』에 '부장청'이라는 명칭이 등장하지만,[208] 이는 선전관청과 수문장청과 같은 공식 관아가 아니었다.

다만, 『전율통보』에 서반의 종6품 아문 중 하나로 '부장청'이 명시되어 있으며, 『만기요람』에도 위장소衛將所에 "부장청을 덧붙임"이라고

205 김웅호, 『조선초기 중앙군 운용 연구』, 경인문화사, 2023, 291쪽.
206 『萬機要覽』 군정편 1, 五衛, 都摠府.
207 『속대전』 권4, 병전 경관직 정삼품아문 오위, "部將〈……五衛罷後, 移付內三廳〉."
208 『속대전』 권1, 이전 경아전 서리; 권4, 병전 符信; 『대전통편』 권1, 이전 경아전 서리; 권4, 병전 부신.

〈표 16〉 부장의 인원

품계 \ 법전	경국대전	속대전	대전통편	대전회통
종6품	25	10	10	14
참하	·	15 (남항1)	15 (남항1)	11(남항1) ※ 종9품 적용
계	**25**	**25**	**25**	**25**

되어 있다.209 또한 조선왕조실록이나 『승정원일기』에도 부장청이라는 명칭이 자주 등장하고 있다. 따라서 이를 종합하면, 조선 후기에 부장청은 공식 관아로 성립되지는 않았으나, 실무적으로 선전관청, 수문장청과 유사한 역할을 수행하며 '부장청'이라는 명칭이 사용되었음을 알 수 있다.

둘째, 부장에 참하관 자리가 신설되었다. 〈표 16〉에서 보듯이 『경국대전』에서는 종6품 부장만 25명이었으나, 종6품이 10명으로 줄어드는 대신에 참하 부장 15명이 신설되었다. 참하 부장이 생긴 해는 1687년(숙종 13)으로 판단된다. 1676년에 조선왕조 역사상 가장 많은 무과 급제자인 17,652명을 선발한 '병진년 만과' 이후에 무과 급제자의 진로를 열어주기 위해 영의정 김수항金壽恒의 의견에 따라 참하관 15자리를 만든 것으로 보인다.210

참하 부장은 참하관이지만 6품 녹을 받았으며, 30개월을 근무하면 6품으로 올라갈 수 있었다. 그러나 1730년(영조 6)에 참하 부장의 승륙 기간이 참하 무겸 선전관, 수문장, 군문의 장교 등에 비해 과도하게

209 『전율통보』 권4, 병전 경관직, 〈종6〉부장청; 『만기요람』 군정편 1, 오위, 衛將所〈部將廳附〉.

210 『승정원일기』 숙종 13년 4월 23일(경오); 『전주찬요』 권1, 五衛〈附部將〉.

길다는 의견이 나오자, 20개월로 줄이면서 8품 녹으로 조정했다.[211] 이것이 그대로 『속대전』에 반영되어 참하 부장은 8품의 녹을 받으면서 600일을 근무하면 승륙할 수 있었다.[212]

셋째, 참하 부장 15자리 중 한 자리를 도목정사마다 부천部薦 취재 출신의 금군으로 임명했다.[213] 부천에 대해서는 뒤에서 따로 검토할 예정인데, 이 조치는 선천과 마찬가지로 금군의 질적 향상과 부천의 진로를 열어주기 위해 부장 자리에 부천 취재자를 특별 임용한 것이었다.

넷째, 참하 부장 15자리 중 한 자리가 남항 부장의 자리가 되었다. 남항 부장 자리가 처음 몇 자리이었는지는 알 수 없으나, 숙종 초에는 세 자리였다가 한 자리로 줄었다. 그 배경은 1676년(숙종 2)의 '병진년 만과'에서 남항 부장 3명 중 2명이 무과에 급제하자 그 두 자리에 임시로 무과 급제자를 임명했기 때문이다.[214] 앞서 검토한 남항 선전관의 두 자리도 '병진년 만과'의 여파로 무과 급제자에게 배정했던 것처럼, 남항 부장 자리도 같은 상황이었던 것이다. 이 두 자리는 이듬해 다시 복구되었으나, 1705년에 두 자리를 다시 무과 급제자의 자리로 만들면서 최종적으로 한 자리가 되었다.[215]

『속대전』의 규정 이후 부장에 관한 규정은 두 가지 변화가 더 있다. 첫째, 『속대전』에서는 참하 부장의 관품이 구체적으로 몇 품인지

---

211 『승정원일기』 영조 6년 8월 8일(갑진).

212 『속대전』 권4, 병전 경관직 정삼품아문 오위; 『대전통편』 권4, 병전 경관직 정삼품아문 오위; 『전율통보』 권4, 병전 경관직 〈종6〉부장청.

213 『속대전』 권4, 병전 정삼품아문 오위, "部將〈……參外一窠, 每都目, 禁軍中薦取才者, 擬差〉."

214 『승정원일기』 숙종 2년 4월 13일(을축).

215 『전주찬요』 권1, 五衛〈附部將〉(영인본 46쪽).

정해지지 않았으나, 1786년(정조 10)에 종9품으로 정해졌다.[216] 이것이 『대전회통』에 반영되어 참하 부장의 관품은 종9품이 되었으며, 인원은 11명으로 줄어 들고 근무 기간은 늘어나 720일을 채워야 승륙할 수 있었다.[217]

둘째, 부장으로 오래 근무한 구근久勤에 대한 출사로가 마련되었다. 곧, 부장은 45개월 이상을 근무하면 구근이 되어서 도목정사 때마다 1명씩 순차적으로 변장으로 나갈 수 있었다.[218]

한편, 법전에는 반영되지 않았으나 정조 대의 조치가 두드러진다. 첫째, 1795년 겸내금위兼內禁衛 제도의 실시로 참하 부장 15명 전원이 1번 내금위를 겸임했다.[219] 2년 뒤인 1797년에는 정조가 금군 겸임 대상을 1번 내금위에서 금군 6번[220] 전체로 확대한 '겸사금군兼仕禁軍' 제도를 실시하자, 참하 부장의 소속처도 변경되었다.

겸사금군 제도는 기존 겸내금위 제도가 선전관, 무겸 선전관, 부장, 수문장, 사산참군 중 참하 무관 62명 전원을 1번 내금위에만 배치한 것과 달리, 1번 내금위에 32명을 배치하고 나머지 30명을 2번 내금위 및 겸사복, 우림위에 분산 배치한 것이었다. 이 조치로 참하 부장 15명 중 3명만 1번 내금위를 겸임하고, 나머지 12명은 2번 내금위를 비

---

216 『정조실록』 권21, 10년 1월 16일(신유); 『승정원일기』 정조 10년 1월 16일(신유).

217 『대전회통』 권4, 병전 정삼품아문 오위. 부장의 근무 기간이 언제 늘었는지 알 수 없으나, 『전주찬요』에 여전히 600일로 나오므로 순조 대 중반 이후로 보인다(『전주찬요』 권1, 오위, "部將……仕滿六百陞六.").

218 『대전통편』 권4, 병전 경관직, "各營門久勤, 滿四十五朔後, 始報勤仕〈……部將與守門將通仕, 每都目各一人……〉, 擬差邊將."

219 『승정원일기』 정조 19년 11월 27일(갑인[갑술]).

220 1791년에 정조가 3번 내금위 100명을 장용영으로 옮기면서 내금위가 총 2번이 되었다. 그 결과 금군은 기존의 총 7번에서 내금위, 겸사복, 우림위 각 2번씩 총 6번으로 축소되었다.

롯하여, 1 · 2번 겸사복 및 1 · 2번 우림위에 분산 배치되었다.[221]

둘째, 승륙한 남항 부장의 출사로가 마련된 것도 중요한 변화였다. 남항 부장은 무과에 급제하면 훈련원의 주부와 판관 등을 거쳐 수령으로 나갈 수 있으나, 무과에 급제하지 못한 채 승륙한 남항 부장은 동반으로 보내지면서 관직 진출이 원활하지 못했다.

이에 1798년에 정조는 남항 부장도 병조에서 수용하기 위해 오위도총부 도사(종5품)에 의망하게 했다. 이어 1800년에는 훈련원과 무겸 선전관을 제외하고 중추부, 오위도총부, 선전관청, 수문장청, 부장청을 통틀어 참상관 후보자로 올릴 수 있게 했다.[222] 훈련원 주부와 무겸 선전관은 무과 출신만 들어갈 수 있는 자리이므로 허용하지 않은 것이다.

부장의 임무

조선 후기 부장의 주요 임무는 궁궐 숙위는 물론 종묘, 사직, 전殿, 궁宮 등에 입직하는 것이었다. 그 중 가장 중요한 임무는 궁궐 숙위였다. 숙위란 밤낮으로 궁궐을 지키는 일이었다. 『경국대전주해』에는 "궁궐을 직숙하는 것을 숙위라 하고, 성문을 직숙하는 것은 수위守衛라 한다."라고 했다. 직숙에서 '직'은 낮 동안 근무하는 것이고, '숙'은 야간에 근무하는 것을 말한다.[223]

---

221 정해은, 「조선 정조 대 훈련원의 정비 방향과 금군 강화-1797년의 〈훈련원절목〉을 중심으로」, 173쪽, 187쪽.

222 『정조실록』 권50, 22년 12월 20일(기유); 『승정원일기』 정조 24년 윤4월 24일(병자); 29일(신사).

223 『경국대전주해』 후집상, 이전 六曹條, "宿衛, 直宿宮禁日宿衛, 城門日守衛."; 考課條, "直宿, 直, 日間上直也, 宿, 夜間上宿也."

이미 조선 전기부터 부장은 오위장과 함께 궁궐 숙위를 담당했는데, 오위장이 책임자인 정正이라면 부장은 부副에 해당했다. 야간에 오위장과 부장이 군사 10명을 거느리고 시간을 배분하여 순찰한 뒤에 사고 유무를 국왕에게 보고했다.[224]

조선 후기에도 부장은 조선 전기와 마찬가지로 오위장과 함께 숙위 업무를 수행했다. 오위장과 부장의 관계도 변함이 없었다. 서로 당상관과 낭청의 위계로서, 오위장이 위장소衛將所의 당상관이 되고 부장이 낭청이 되었다.[225]

궁궐에 직숙하는 장관將官과 군사는 3일마다 교대했는데,[226] 부장도 마찬가지였다. 부장은 입직하여 3일 동안 매일 궁성을 순찰했다. 부장의 입직처는 창덕궁과 창경궁에 걸쳐져 있는 위장소였다. 위장소는 동소東所, 서소西所, 남소南所, 북소北所, 외소外所의 5곳이 있었으나, 외소는 조사위장曹司衛將[227]의 근무처이므로 실질적으로는 4곳이었다.

동소는 창경궁의 선인문宣仁門 안쪽, 서소는 창덕궁의 요금문曜金門 안쪽, 남소는 창덕궁의 금호문金虎門 안쪽, 북소는 창경궁의 경화문景化門 동쪽에 있었다.[228] 선인문은 창경궁 정문인 홍화문의 남쪽에 있는 문이다. 요금문은 창덕궁의 서북쪽 담장에 있는 문으로 금호문과 함께 서쪽 출입을 관장했다. 금호문은 창덕궁 서쪽 행랑의 출입문으로 주로 관료들이 이용한 문이다. 이 위치들을 《동궐도東闕圖》에서 확인하면, 선

224 『경국대전』 권4, 병전 行巡, "闕內則衛將若部將, 率軍士十人, 以分更行巡後, 無事與否直啓."

225 『만기요람』 군정편 1, 오위, 衛將所〈部將廳附〉, "衛將部將, 稱爲該廳之堂郎."

226 『경국대전』 권4, 병전 입직, "凡將士直宿者, 三日而遞, 本曹日遞."

227 조사위장은 오위장 중 2명이 맡았으며, 위장소의 사무를 주관했다. 자세한 내용은 이 책 8장 1절 참조.

228 『만기요람』 군정편 1, 오위, 위장소〈부장청부〉.

창덕궁, 창경궁의 위장소 위치-북소, 동소, 남소, 서소

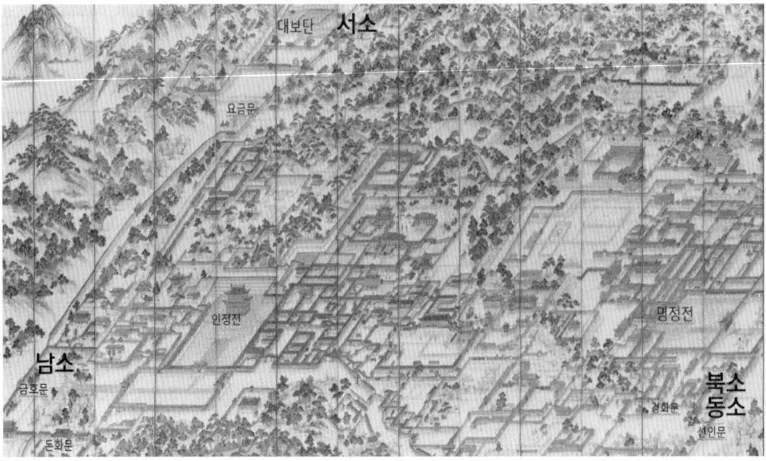

《동궐도》(동아대학교박물관)

인문의 안쪽에 동소와 북소가 행랑 하나를 사이에 두고 붙어 있고,[229] 서소의 경우 북쪽의 대보단 근처에 있어서 다른 위소와 상당히 떨어져 있음을 알 수 있다.

입직은 동서남북의 4소마다 부장 1명씩 실시했으므로 총 4명의 부장이 입직했다. 각 위장소마다 오위장 1명, 부장 1명, 기병騎兵 6명, 사령 1명, 아방직兒房直 1명이 배치되었고, 위치상 중요한 동소와 남소는 충의위忠義衛, 충순위忠順衛, 충찬위忠贊衛가 더 배치되었다.[230] 조사위장의 근무처인 궁궐 밖 외소에는 부장 2명을 파견했는데, 이들은 '분군부장分軍部將'이라 불렸고 입직 업무에서 제외되었다.[231]

229 『노상추일기』 1791년 1월 13일.
230 『속대전』 권4, 병전 입직; 『만기요람』 군정편 1, 오위, 위장소〈부장청부〉.
231 『만기요람』 군정편 1, 오위, 위장소〈부장청부〉.

4소의 야간 순찰은 초경 3점(오후 8시 12분)[232]부터 5경 3점(오전 4시 15분)까지 거행되었다. 곧, 야간 통행금지 시간인 8시간 동안 이뤄졌는데, 구체적인 순찰 방식은 중복을 피하기 위해 이 책 8장에서 논의할 오위장의 순찰 방식에서 설명할 예정이다. 4소 부장은 번을 설 때마다 부장패部將牌를 각각 나누어 찼고, 번이 끝나면 다음번 부장에게 개인적으로 넘겨주었다.[233]

다음으로 부장의 중요한 업무로 군호軍號를 수령하여 전달하는 일이 있었다. 매일 초저녁에 4소에 각각 번을 드는 부장 4명이 병조에 가서 군호를 받아 각각 오위도총부 및 본인이 번 드는 위장소의 오위장, 각 군영에서 입직하러 온 장관, 금군, 국출신局出身 및 외병조에 전달했다. 국왕이 거둥할 때는 분군分軍 부장 1명이 국왕 있는 곳까지 나아가 군호를 받아 내병조에 전달했다.

이 외에도 부장은 각종 업무에 동원되었다. 국왕이 전좌殿座하거나 거둥할 때 일부 인원이 참여하여 도로 정리나 명령 전달을 담당했다.[234] 또한, 종묘와 경모궁의 바깥 대문의 개폐를 직접 감독하는 임무를 맡았고,[235] 공사 현장을 감독하거나 과거 시험장의 입구를 통제하는 역할도 수행했다.

한편, 부장 25명 중 행수行首 부장과 남항 부장은 기본 임무에서 빠지는 대신에 의장고儀仗庫에 파견되어 의장 관련 업무를 전담했다. 그래서 이들을 '의장고 낭청郎廳'이라 불렀다. 의장고는 각전各殿의 의장

232 1경(2시간)을 5점으로 나누므로 1점은 24분이며, 2점은 48분, 3점은 72분, 4점은 96분이다. 따라서 초경 3점은 오후 8시 12분이다.

233 『노상추일기』 1791년 1월 24일; 『은대조례』 兵攷, 符信.

234 『만기요람』 군정편 1, 오위, 위장소〈부장청부〉.

235 『속대전』 권3, 예전 잡령; 『대전통편』 권3, 예전 잡령.

을 담당하는 부서로 병조의 속아문인 승여사乘輿司의 낭관이 책임자이며, 부장 2명이 낭청을 겸임하는 형태였다.[236] 남항 부장의 경우 전문지식 함양을 위해서 의장도식儀仗圖式의 시험을 치러야 했고 이 성적으로 전최殿最를 받았다.[237]

따라서 실질적으로 입직 업무를 수행하는 부장은 23명이므로 업무가 고된 편이었다. 매일 4명씩 4소에 입직하여 3일 동안 근무하고, 여기에 더하여 종묘, 사직, 전, 궁에도 입직했기 때문이다. 정조도 부장의 업무가 지나치게 고되다고 보았다. 입직하는 부장은 23명인데 입직처가 9곳이나 되어서 좌번左番과 우번右番처럼 하루 일하고 하루 쉬는 방식과도 같다고 지적했다. 이에 1795년(정조 19) 부장의 업무를 덜어주기 위해 부장이 담당한 종묘, 사직, 전, 궁의 입직은 훈련원의 첨정 이하가 담당하도록 조치했다.[238]

부천의 특징과 천거 방식

부천部薦은 부장천部將薦의 줄임말로 선천에 버금간다고 하여 '부천副薦'이라고도 불렸다. 선천과 마찬가지로 무과 급제자와 한량閑良을 대상으로 장차 부장이 될 만한 사람을 미리 천거해 두는 제도였다. 부천은 부장을 임용하기 위한 의망이 아니라 부장의 모집단을 미리 발탁해 두는 천거였으며, 부천을 받았다고 하여 누구나 부장이 되는 것은

---

236 『속대전』 권4, 병전 散職 儀仗庫, "掌各殿儀仗〈郎廳二員, 部將例兼〉."; 이긍익, 『연려실기술』 별집 권8, 官職典故, 儀仗庫.

237 『만기요람』 군정편 1, 오위, 衛將所〈部將廳附〉.

238 『승정원일기』 정조 19년 12월 28일(을사), "上曰, 聞部將之應入直者, 爲二十三員, 而入直處所, 爲九處云, 此無異左右番, 其偏苦宜念." 여기서 9곳의 입직처는 위소 5곳과 종묘 등 4곳을 지칭한 것으로 보인다.

아니었다.

조선 후기 부천의 시행 시기는 정확히 알 수 없으나 효종 대 이전부터 실시되었을 가능성이 크다. 선천에서 언급한 대로 1651년(효종 2)에 동부승지 목행선이 선전관, 부장, 수문장을 완의完議하는 법이 시행되지 않으므로 구천舊薦에 따른 신천新薦의 법을 밝혀야 한다고 강조한 기록이 있는데, 이러한 언급을 통해 부천이 이미 시행되었음을 알 수 있다.[239]

부천을 실시한 배경에는 부장이 서반 청요직 중 하나였다는 점이 중요하게 작용한 것으로 여겨진다. 부장이 현관顯官이자 청요직이었음을 보여주는 세 가지 요소가 있다. 첫째, 부장의 아들은 문음의 혜택을 받았다.[240] 문음 혜택을 받은 서반직은 오위도총부, 선전관, 부장뿐이었다. 둘째, 부장은 주요 동반 관아의 5품 이하 관료처럼 사헌부와 사간원의 서경을 거쳐야 했다.[241] 서반직 중 서경을 거친 곳도 오위도총부, 선전관, 부장이었다. 셋째, 부장은 상피相避 적용을 받았는데, 상피가 적용된 서반직은 오위도총부, 오위장, 겸사복장, 내금위장, 부장뿐이었다.[242] 이러한 점을 종합하면, 부장은 서반 청요직으로서 중요한 위치를 차지했으며, 부천도 이를 반영하여 운영된 것으로 보인다.

부천의 운영 방식은 자세한 기록이 남아있지 않아 명확히 파악하기 어렵다. 선천처럼 절목이나 천안薦案이 존재하지 않아 구체적인 절차를 알기 힘들지만, 선천의 방식을 참고하고 여러 자료를 종합하면 몇 가지 사항을 파악할 수 있다.

---

239 『승정원일기』 효종 2년 8월 27일(임신).

240 『경국대전』 권1, 이전 取才 蔭子弟.

241 『경국대전』 권1, 이전 告身.

242 『경국대전』 권1, 이전 相避.

첫째, 부천은 무과 급제자와 한량을 대상으로 실시했다. 남항 부장이 있으므로 선천처럼 한량도 천거 대상에 포함된 것이다. 따라서 부천 역시 무과 급제자를 대상으로 한 출신천과 한량을 대상으로 한 남항천으로 구분된다.

둘째, 선발 기준에서 가장 중요한 요소는 집안이었다. 선천보다 위상이 낮긴 했으나 명문가 출신을 우선적으로 뽑는 일이 중요했다. 1786년(정조 10) 어영대장 이주국李柱國이 말부천末副薦(부천과 수천)의 처우 개선을 건의했는데, 이 '말부천'에 대해 사관이 다음과 같은 설명을 덧붙였다. "처음 무과로 출신한 사람 가운데 문벌이 있는 자는 선천에 들고, 그다음은 부천副薦, 하등은 말천末薦에 응한다."[243] 이는 가장 집안 좋은 사람은 선천, 그다음은 부천, 최하위는 수천에 해당한다는 의미였다.

셋째, 서얼을 허용했으나, 서얼의 허용 여부는 시대에 따라 변화했다. 1651년(효종 2) 부장청에서 본청의 천거로 부장에 제수된 류극□의 아버지가 서자라고 병조에 첩보하자, 병조에서는 그의 아버지 류귀남이 사는 경상도의 사천泗川에 공문을 보내 사실 여부를 조사했다. 그 결과, 류귀남이 비록 궁핍한 처지였으나 대대로 양반 자손임이 밝혀졌고, 이에 따라 허위 정보를 제출한 관련자 전원이 파직되었다.[244]

이 사례로 보아 서얼이 부천에 들어가기가 쉽지 않았음을 알 수 있다. 그러나 1777년 정조는 무과에 급제한 서얼의 자손을 전례대로 부천과 수천에 허용한다는 지침을 재차 천명했다.[245] 이를 통해 선천과

---

243 『정조실록』 권21, 10년 1월 22일(정묘), "〈武出身之初, 以其有地處者, 應宣薦, 其次應副薦, 以其下爲末薦〉."

244 『승정원일기』 효종 2년 6월 20일(을축).

245 『대전통편』 권1, 이전 한품서용, "良賤妾子孫, 限品敍用, 依通擬節目〈當宁丁酉, 文科之隷芸館, 武科之薦守部, 依前勿改〉."

달리 부천은 일정 시점부터 서얼을 허용했음을 유추할 수 있다.

넷째, 평안도와 함경도 출신도 부천에 선발될 수 있었다.[246] 이는 부천이 선천보다 위상이 낮다는 점과 이 지역 양반들에게 출사의 기회를 주려는 정책적 고려가 작용한 결과로 해석된다. 1758년(영조 34)에 평안도 정주定州 출신 홍명호洪命豪가 부천을 받았는데, 그의 집안이 6대 동안 문과나 무과에 급제했어도 변장 이상의 관직에 나간 적이 없자 영조가 그의 등용을 명했다.[247] 1773년에도 함경도 삼수三水 출신 이양중李養中의 아들이 부천을 받았으나, 무과 급제 후 10년이 넘도록 관직에 나가지 못하자 영조가 병조에 명해 그를 임명하도록 했다.[248]

천거 방식은 현직 부장들이 자체적으로 매년 6월과 12월에 두 차례 실시했다.[249] 선발 인원은 정확하지 않으나, 출신천은 무과 급제자의 정원에 따라 유동적이었으며 남항천은 20명 내외를 선발한 것으로 보인다. 『선천부천이정절목宣薦部薦釐正節目』(1865)에 따르면, "부천의 남항천도 20명을 정원으로 한다."[250]라고 되어 있다. 이는 남항 선천의 정원을 20명으로 정한 후 남항 부천의 정원도 20명으로 결정한 조치인데, 이 절목의 작성 시기가 고종 대지만 부천의 선발 인원을 유추하는 데 도움이 된다.

천거 철자는 선천과 마찬가지로 먼저 현직 부장이 천주薦主가 되어

246 『승정원일기』 영조 28년 10월 2일(기축).

247 『승정원일기』 영조 34년 6월 15일(기사).

248 『승정원일기』 영조 49년 3월 17일(병오).

249 본래 선천, 부천, 수천은 3월과 10월에 시행되었으나, 1705년(숙종 31) 무렵부터 6월과 12월로 바뀌었다(『서전정격수교연주집록』 천거, "內三廳將鬼薦, 每年三月十月內, 以門地之表著者, 抄薦矣, 近以六臘月抄薦……〈康熙乙酉〉.").

250 『宣薦部薦釐正節目』, "一, 部薦南行薦, 亦以二十人定數是矣." 『양전편고』와 『육전조례』에도 선천과 부천의 남항천 정원이 각각 20명으로 나온다(『양전편고』 권2, 서전 천거; 『육전조례』 권7, 병전 병조 정색 총례).

각각 몇 사람씩 후보자를 호명하여 천거했다. 호명이 끝나면 피천거인들의 명단을 작성한 뒤 부장들이 마땅한 사람의 성명 아래에 동그라미를 치는 권점圈點을 했다. 권점을 마치면 청수廳首가 동그라미 개수를 합산해 득점자를 선발하고, 해당 명단을 병조에 보고했다.[251]

부천은 상피의 적용도 엄격해서 현직 부장의 아들, 사위, 아우, 조카는 천거 대상에서 제외되었다. 만약 이를 어기고 천거하면 명단에서 삭제하고, 천주·청수·장무掌務 모두를 처벌했다.[252]

1705년(숙종 31) 현직 부장의 아들인 조태벽趙泰璧의 사례가 대표적이다.[253] 조태벽은 2년 전에 천거를 받았으나 아버지가 부장청에 있다는 이유로 제외되었다가, 이 해에 아버지 관직을 '전前 주부'로 써서 다시 부천을 받았다. 하지만 이 사실이 발각되어 아버지는 물론 천주, 청수, 장무 모두 파직되었다.

부천의 진로

본래 부천의 취지는 부장에 궐원이 생길 경우 부천 가운데 적임자를 후보자로 의망하여 임명하는 것이었다. 그러나 실제 운영에서는 부천에 선발되었다고 하여 모두 부장으로 임명되는 것은 아니었다. 가장 큰 이유는 부천의 수에 비해 부장 자리가 절대적으로 부족했기 때문이었다.

효종 대에 부천은 선천과 마찬가지로 금군에 배속되었다. 앞서 설

251 『양전편고』 권2, 서전 천거; 『육전조례』 권7, 병전 병조 정색 총례; 『增補文獻備考』 권195, 選擧考 12, 銓注 4, 영조 49년 「兩銓受敎雜令」.

252 『서전정격수교연주집록』 천거.

253 『전주찬요』 권2, 薦擧(영인본 208쪽).

명한 대로 1652년(효종 3) 효종은 금군의 질적 수준을 높이기 위해 선천인을 선천 → 금군 → 선전관의 경로로 출사하게 했다. 이때 부천의 운용에 관한 기록은 남아있지 않으나, 영조 대 박문수가 선천을 논의하면서 부천과 수천을 함께 거론했던 점을 고려하면,254 부천도 금군에 배속되었을 가능성이 높다고 추정할 수 있다.

이후 부천에 대한 구체적인 처우는 『속대전』에서 찾아볼 수 있다. 해당 규정은 선천에서 설명한 대로 1737년(영조 13) 박문수의 건의로 마련한 금군의 처우 개선을 반영한 내용이다.

첫째, 금군청에 부천 취재 출신을 위한 자리를 따로 지정해 15명을 선발하여 소속시켰다.255 이때 취재 규정과 방식도 함께 마련했는데, 출신천의 경우 선천의 취재 규정과 같았으나, 남항천은 한 가지 차이가 있었다. 남항 선천은 철전鐵箭(3발), 편전片箭(3발), 기추騎芻(5발) 등 세 가지 기예에서 1순巡씩 총 11발 중 4발 이상을 맞춰야 했으나, 남항 부천은 이보다 1발 많은 5발 이상을 맞춰야 했다.256

둘째, 부천을 금군에 배속한 뒤에는 이들의 출사로를 열어주기 위해 도목정사 때마다 참하 부장 1자리를 배정했다.257 이후 1773년에는 부천의 자리를 더 확대하여 참하 부장뿐만 아니라 참하 수문장의 자리에도 의망할 수 있게 했다.258 이로써 부천의 진로가 이전보다 한층 더 안정되었다.

---

254 『승정원일기』 영조 13년 11월 25일(무인).

255 『속대전』 권4, 병전 경관직 군영아문 금군청, "宣傳官取才出身四十員, 部將取才出身十五員, 抄屬."

256 『속대전』 권4, 병전 시취, 內三廳南行〈取才〉, "〈同出身薦, 宣薦三技滿四矢, 部薦三技滿五矢後, 許講, 入格者取〉."

257 앞의 각주 213번 참조.

258 『증보문헌비고』 권195, 선거고 12, 銓注 4, 영조 49년 「양전수교잡령」.

유천기사 제도

부천의 진로는 정조 대에 제도적으로 더 확립되었다. 1777년(정조 1) 정조는 선천의 출사로를 위해 '선천내금위' 제도를 마련했고, 이듬해인 1778년에는 '유천기사有薦騎士' 제도도 도입했다.259 선천내금위를 실시한 뒤 부천과 수천에 든 사람들이 매우 억울하다는 하소연이 나오자 선천내금위를 본떠서 만든 것이다. 유천기사는 부천과 수천을 대상으로 했으므로 '부수천기사部守薦騎士'라고도 했다.

기사는 금위영과 어영청에 속한 장교로, 그 기원은 황해도의 해서향기사海西鄕騎士에서 비롯되었다. 해서향기사는 1658년(효종 9) 어영청에 처음 설치했으며, 1746년(영조 22)에는 금위영에도 설치했다. 그러나 1750년에 경기사京騎士를 신설하면서 향기사의 상번을 폐지했고, 이에 따라 어영청 향기사는 황해도 병영에, 금위영 향기사는 황해도 감영에 소속되었다. 따라서 '유천기사'에서 언급하는 기사는 금위영과 어영청의 경기사를 의미했다. 정원은 각각 150명씩 총 3번으로 구성되어 1번마다 50명씩 소속되었고, 각 번의 책임자로 2정正 4령領을 두어 지휘 체계도 갖췄다.260

유천기사 제도의 핵심은 금위영과 어영청의 기사 각각 총 3번 가운데 각 1번을 부천이나 수천의 전속 자리로 만들고, 6개월을 근무한 뒤에는 참하 부장이나 참하 수문장에 임용하는 것이었다. 여기에 더하여 기사 각 번의 책임자인 정령도 부천 기사 중에서 선발하게 했다.

부천이나 수천을 받은 사람이 유천기사가 되기 위해서는 선천내금위와 마찬가지로 '천취재薦取才'를 통과해야 했다. 취재 과목은 활쏘기

259 『정조실록』 권5, 2년 6월 22일(경술), 「有薦騎士節目」.
260 『만기요람』 군정편 3, 금위영, 군총; 어영청, 군총.

네 과목과 강서로 구성되었다. 활쏘기 시험 규정은 유엽전柳葉箭과 기추의 경우 각각 1순(5발)씩을 쏘아 2발 이상, 편전은 1순(3발)을 쏘아 1발 이상을 맞춰야 했고, 철전은 화살 3발 모두 90보 이상을 넘겨야 했다. 강서는 무경칠서 중 한 과목을 선택하여 임강臨講의 방식으로 시험을 보아 조粗 이상의 점수를 받아야 했다. 이상 다섯 과목 중 세 과목의 점수를 합산하여 선발했는데, 강서는 필수 과목이었다.261

부천이 유천기사를 거치면 초사직初仕職을 받을 수 있었다. 유천기사로 6개월을 근무하면 도목정사 때마다 구근 및 취재 성적 우수자를 병조에 보고했고, 병조에서 천전시키는 방식이었다. 예를 들어, 도목정사에 초사직 두 자리가 나면 먼저 금위영과 어영청의 유천기사 가운데 구근 1명씩을 천전시키고, 네 자리가 나면 구근 2명 및 취재 성적 우수자 2명을 천전하게 했다. 여기서 취재 성적 우수자란 금위영과 어영청에서 유천기사를 대상으로 각각 유엽전, 기추, 강서로 시험을 치러 우등 1등을 선발한 후 병조에 보고한 사람이다.262

이러한 조치에도 불구하고 유천기사 역시 선천내금위와 마찬가지로 적체를 겪었다. 이에 정조는 선천내금위와 유천기사의 원활한 운영을 위해서 관심을 쏟았다. 1780년 정조는 선천, 부천, 수천을 받고도 관직을 전혀 받지 못한 무관들의 명단과 인적 사항, 천주를 책자로 작성해서 올리게 했다. 그중 선천내금위와 유천기사는 특별히 성명 아래에 근무한 달수를 더 적게 했다. 그리고 관안官案처럼 초사직을 받으면 즉시 수정하게 했다.263

---

261 『정조실록』 권5, 2년 6월 22일(경술), 「有薦騎士節目」.

262 상동.

263 『정조실록』 권9, 4년 6월 14일(신유).

이상의 내용을 정리하면, 부천은 무과 급제자와 한량을 대상으로 장차 부장이 될 만한 모집단을 미리 천거하는 제도였다. 선발 기준은 명문 집안이었고, 선천에 비해 위상이 낮아 서얼과 평안도·함경도 출신도 허용했다. 영조는 부천의 진로를 위해 금군 15자리를 마련했고, 참하 부장이나 참하 수문장으로 나갈 수 있는 기회를 제공했다. 이어서 정조는 유천기사 제도를 실시하여 어영청과 금위영의 기사 각 1번(50명)에서 6개월 근무하면 초사직으로 나갈 기회를 열어주었다.

4. 수문장과 수천守薦

조선 전기의 수문장

수문장청守門將廳은 서반의 종6품아문으로 궁궐 문을 지키는 임무를 담당하는 관아였다. 수문장은 조선 전기부터 존재했으나 수문장청이 하나의 독립 관청으로 법전에 등장한 것은 『속대전』이었다.

조선 후기에 수문장은 선전관, 부장과 함께 내삼청으로 불리었으며,[264] 이 중 선전관의 위상이 가장 높고, 다음이 부장, 마지막으로 수문장이었다. 수문장은 선전관, 부장과 달리 서경을 거치지 않았고, 상피의 대상도 아니었던 점에서 그 위상이 잘 드러난다.

조선 전기에는 수문장이 소속 관청 없이 근무했다. 병조에서 수문장이 입직하기 전날 저녁에 서반의 4품 이상으로 후보자를 올려 국왕

264 『광해군일기』 권43, 3년 7월 23일(경신). 이때부터 이미 수문장은 선전관, 부장과 함께 내삼청으로 불렸다.

의 낙점을 받아 결정하는 방식이었다.[265] 따라서 조선 후기에 수문장청이 종6품 관청으로 출범한 것은 수문장의 역할을 중시한 조치이며, 6품으로 관품이 하락한 것은 정직正職이 되는 과정에서 취해진 조치로 여겨진다.

조선 초기에 궐문을 지키는 일은 오위에 속한 호군護軍(정4품)이 담당했다. 그러나 1469년(예종 1) 예종은 수문장을 별도로 두고 수문장패守門將牌를 제작했으며, 매일 국왕이 직접 낙점하여 결정했다. 또한 수문장을 궁문 밖에도 배치해서 밤낮으로 궁문을 철저히 지키게 했다.[266] 한때 성종은 수문장의 혁파를 고려했으나, 그 역할이 적지 않다고 판단해 그대로 유지했다.[267] 이후 서반 4품 이상의 후보자가 부족해지자 충순위, 충찬위, 친족위親族衛 등도 수문장의 임무를 맡게 했다.[268]

조선 전기 수문장의 규모는 정확히 알려져 있지 않다. 명종 대에 체아록을 줄 군직軍職이 부족하여 녹을 받지 못한 수문장이 30여 명이라는 지적이 있었고, 선조 대에도 평상시 수문장이 30명이라는 기록이 있어 약 30여 명으로 짐작할 뿐이다.[269] 임진왜란 시기에는 군공의 댓가로 수문장 직첩을 발급하며 그 인원이 크게 증가한 적도 있었다. 예컨대, 1593년(선조 26) 승정원에서는 전국에 군공이 있는 부장, 수문장, 금군이 1만여 명에 달하며, 그중 서울에 운집한 수문장만 200여

---

265 『경국대전』 권4, 병전 입직, "〈兼司僕將內禁衛將守門將, 亦受點[守門將, 以西班四品以上望差]〉."; 李肯翊, 『燃藜室記述』 別集 권8, 官職典故, 內三廳. 이와 달리 『속대전』에는 조선 전기 수문장을 서반 4품 이하에서 뽑았다고 기록했다(『속대전』 권4, 병전 경관직 종육품아문 수문장청).

266 『예종실록』 권5, 1년 5월 18일(신축); 권7, 1년 8월 27일(무인).

267 『성종실록』 권149, 13년 12월 9일(계유); 권277, 24년 5월 23일(병술).

268 『성종실록』 권277, 24년 5월 23일(병술).

269 『명종실록』 권7, 3년 1월 5일(임오); 『선조실록』 권46, 26년 12월 20일(기사).

명으로 추산했다.[270]

한편, 병자호란이 막바지에 접어들던 1637년(인조 15) 1월에 남한산성을 지키는 군관에게 내린 상을 보면, 관직을 원하는 사람이 한량이면 금군을, 금군이면 수문장을, 수문장이면 부장을, 부장이면 사과司果(정6품)를 내려주었다.[271] 이 조치로 보아 수문장이 부장보다는 한 단계 낮지만, 중요한 서반직 중 하나임을 알 수 있다.

수문장청의 조직

수문장청의 성립 시기는 정확히 알려져 있지 않으나, 광해군 대에 '수문장청'이라는 명칭이 등장하고 있다.[272] 이후 『속대전』에 수문장청이 종6품아문으로 규정되었으며, 정원은 총 23명이었다.[273]

조선 후기 수문장청의 관원 규모를 정리한 〈표 17〉에 따르면, 『속대전』을 기준으로 수문장은 종6품 5명, 종9품 18명으로 구성되었다. 이 중 종9품 5자리는 중인이나 서얼을 임명했고, 한 자리는 도목정사 때마다 수천守薦 취재 출신의 금군을 임명했다. 이는 선천 및 부천 취

〈표 17〉 수문장청의 인원

품계 \ 법전		속대전	대전통편	대전회통
참상	종6품	5	5	15
참하	종9품	18	18	14
계		**23**	**23**	**29**

---

270 『선조실록』 권29, 25년 8월 16일(계묘); 권36, 26년 3월 10일(을축).
271 『승정원일기』 인조 15년 1월 14일(갑인).
272 『광해군일기』 권169, 13년 9월 28일(병인).
273 『속대전』 권4, 병전 종육품아문 수문장청.

재 출신을 참하 선전관과 무겸 참하 선전관, 참하 부장 등의 자리에 임명한 조치와 같은 맥락으로 볼 수 있다.

수문장청의 창설 이후 수문장은 참하 수문장만 존재했던 것으로 보인다. 1707년(숙종 33)에 참하 수문장 20자리 중 5자리를 참상관으로 승격하고, 참하관을 15자리로 축소하는 조치가 있었기 때문이다. 이후 1730년(영조 6) 영조는 참하관 3자리를 추가하여 총 18자리로 만들었다.[274] 당시 참하 부장 15명이 받던 6품 녹을 참하관에 맞게 8품 녹으로 조정하면서, 남는 녹으로 훈련원 주부 3자리와 참하 수문장 3자리를 새롭게 마련한 것이었다.[275] 이 조치가 이후 『속대전』에 그대로 반영되었다.

다음으로 수문장청의 변화와 관련하여 『대전통편』의 규정도 주목된다. 가장 큰 변화는 수문장청의 임무가 공식적으로 "궐문의 수위守衛를 맡는다."라고 정해진 점이다. 선전관청도 『대전통편』에서 임무가 공식화되었는데 수문장청도 마찬가지였다.

또한, 정원은 23명으로 변화가 없으나 내부적으로 한 가지 변화가 있었다. 참하 수문장 2자리를 유천기사의 자리로 만들어 구근久勤의 순서대로 임명하도록 했다.[276] 1795년(정조 19)에는 참상 수문장 6자리가 추가되어 총 29명으로 정원이 늘었으며, 이 조치는 『대전회통』에

274 『전주찬요』 권1, 수문장청(영인본 77쪽).

275 『승정원일기』 영조 6년 8월 8일(갑진). 『신보수교집록』에는 훈련원 주부와 수문장 각 3자리를 추가한 시점이 "康熙庚戌"(현종 11년)로 되어 있다. 그러나 해당 내용이 위의 『승정원일기』 기사에 자세하며, 『전주찬요』에도 영조 6년 8월로 나오므로 『신보수교집록』의 '강희경술'은 '옹정경술'의 오류로 판단된다(『新補受教輯錄』 병전, 경관직, 강희 경술년(현종 11) 승전; 『전주찬요』 권1, 수문장청(영인본 77쪽)).

276 『대전통편』 권4, 병전 경관직 종육품아문 수문장청, "〈參外二窠, 禁御兩營騎士中有薦人, 從久勤擬差〉."

반영되었다.[277]

한편, 참하 수문장은 450일을 근무하면 6품으로 올라갈 수 있었다.[278] 참하 수문장의 승륙 기간이 선전관 720일이나 부장 600일에 비해 짧은 이유는 인원에 비해 입직할 곳이 많아 업무가 고되었으므로 이에 대한 보상이었다. 그러나 1797년(정조 21) '겸사금군兼仕禁軍'[279] 제도의 시행으로 전체적으로 입직 인원이 늘어나자, 수문장의 근무 일수도 720일로 늘어났다. 이 변화는 『대전회통』에 반영되었다.[280]

끝으로, 『대전회통』에는 지방의 각전各殿에 신설한 수문장 5명이 기록되어 있다. 모두 종9품이며, 30개월 근무 후 6품으로 올라갔다.[281] 조경묘肇慶廟, 경기전慶基殿, 준원전濬源殿에 각 1명, 화령전華寧殿에 2명을 배치했는데,[282] 이들은 수문장청과는 관련이 없다.

수문장의 임무와 대우

조선 후기 궁궐의 숙위는 크게 궁궐 안, 궁궐 문, 궁궐 밖의 경비로 나눌 수 있다.[283] 이 중 궁궐 문 수비를 수문장청이 담당했다.

---

277 『승정원일기』 정조 19년 12월 13일(경인); 12월 28일(을사). 다만, 『대전회통』에서는 참상관과 참하관의 정원이 조정되었다.

278 『속대전』 권4, 병전 경관직 종육품아문 수문장청.

279 겸사금군 제도에 대해서는 앞의 각주 221번 참조.

280 『일성록』 정조 21년 1월 25일(병인); 『대전회통』 권4, 병전 경관직 종육품아문 수문장청, "[補]參外, 仕滿七百二十."

281 『대전회통』 권4, 병전 경관직 종육품아문 各殿守門將.

282 ① 조경묘: 조선 왕실의 전주 이씨 시조인 이한李翰과 그의 부인 경주 김씨의 위패를 봉안한 사당이다. 1771년(영조 47) 건립했으며, 전라도 전주에 있다. ② 경기전: 전라도 전주에 있는 태조 이성계의 진전眞殿이다. 임진왜란으로 소실되어 1614년(광해 6) 재건했다. ③ 준원전: 함경도 영흥에 있는 태조 진전으로 1641년(인조 19) 재건했다. ④ 화령전: 1801년(순조 1) 화성 행궁에 건립한 정조 진전이다.

수문장청의 임무는 궁궐 문을 밤낮으로 지키는 일이었다. 주로 궁문의 개폐 상태를 점검하고, 출입자를 통제하는 일이었다. 수문장의 입직처는 창덕궁과 창경궁에 걸쳐 9곳이 있었다. 창덕궁이 6곳으로, 돈화문敦化門의 좌우 각 1곳, 단봉문丹鳳門, 금호문金虎門, 경추문景秋門, 요금문曜金門이었다. 이 중 돈화문은 창덕궁 정문이므로 좌우에 입직처를 둔 것이다. 창경궁은 3곳으로 홍화문弘化門, 선인문宣仁門, 통화문通化門이었다.[284]

수문장의 입직처가 9곳이므로 입직도 9명이 수행했다. 조선 전기와 마찬가지로 매일 국왕의 낙점을 받아 궁궐 문에 나누어 입직하고, 왕이 거처를 옮길 때에는 궁궐 문의 수효에 따라 인원을 늘리거나 줄였다.[285] 다만, 《동궐도》에서 창덕궁의 수문장 입직처를 살펴보면, 돈화문 좌 · 우 각 1곳, 단봉문 안쪽에 1곳, 금호문에 1곳, 경추문에 1곳 등 총 5곳이 있으며, 요금문에는 수문장청의 표시가 없다. 창경궁은 홍화문 1곳, 선인문 1곳, 통화문 1곳 모두 표시되어 있다. 이로 보아 입직처가 조금씩 변화했음을 알 수 있다.[286]

조선 전기에 궁궐 문의 개폐는 승정원에서 관장했다. 승정원의 주서注書가 오위도총부의 당하관, 사약司鑰과 함께 궁문을 여닫는 임무를 맡았는데, 입직 중인 승지로부터 열쇠를 받았다가 일정한 절차에 따

283 신명호, 「순조대 장용영 혁파와 東闕 숙위체제」, 『군사』 60, 2006, 152~162쪽.

284 『전율통보』 권4, 병전 입직, "守門將〈九, ○受點〉, 分直各門〈[續], ○敦化左右挾門丹鳳金虎景秋曜金弘化宣仁通化門[補]〉."

285 『속대전』 권4, 병전 입직; 『전율통보』 권4, 병전 입직, 『대전회통』에서는 낙점을 받지 않고 순차적으로 입직하는 것으로 바뀌었다(『대전회통』 권4, 병전 입직, "[補]禁軍將守門將各營將官入直, 不爲受點, 循次啓下.").

286 고종 대에 편찬된 『궁궐지』에 따르면, 창덕궁의 수문장 입직처는 세 곳에 있었다. 돈화문의 동쪽, 단봉문의 안쪽, 금호문의 북쪽이었으며, 경추문은 "지금은 없음"이라 되어 있다(『궁궐지』(장서각 k2-4360) 제2책, 창덕궁).

라 반납했다. 단, 국왕이 행재소에 있을 때는 수문장이 열쇠를 간수하고 왕명을 기다렸다.[287]

조선 후기에 수문장청이 창설된 이후에도 이러한 체계에는 변함이 없었다. 다만 궐문의 자물쇠가 파손되어 수리가 필요한 상황이 발생하면 해당 문의 수문장이 해당 구역의 부장과 함께 문제를 보고하고, 병조나 오위도총부의 낭청이 직접 조사하여 승정원에 보고했다. 자물쇠 수리는 승정원의 관련 부서나 입직 승지가 처리했다.[288]

수문장은 45개월 이상 근무하면 구근이 되어 도목정사 때마다 1명씩 순차적으로 변장으로 나갈 수 있었다.[289] 참상 수문장은 6품의 실직을 거치면 도사, 판관 등의 후보자로 의망될 수 있있다.[290] 수문장 전원에게는 체아직을 지급했는데, 종6품(부사과) 1자리, 종7품(부사정) 3자리, 종9품(부사용) 19자리였다.[291]

수문장은 내삼청 중에서 선전관과 부장보다 위상이 낮았으나. 청요직에 버금가는 중요한 직책이었다. 이에 따라 지방의 무과 출신이 수문장으로 발탁되는 것은 일종의 특전으로 여겨졌다. 1784년(정조 8) 정조는 개성부의 무과 출신 오덕홍吳德弘이 모래 20말을 들어 올리고, 체격 조건 또한 뛰어나자, 병조에 명하여 부장이나 수문장의 자리가 생기면 등용할 것을 지시했다. 이후 오덕홍은 수문장을 거쳐 부장으로 임명되었다.[292]

---

287 『경국대전』 권4, 병전 門開閉.

288 『정조실록』 권17, 8년 5월 22일(병자).

289 『대전통편』 권4, 병전 경관직, "各營門久勤, 滿四十五朔後, 始報勤仕〈……部將與守門將通仕, 每都目各一人……〉, 擬差邊將."

290 『대전회통』 권4, 병전 경관직, "參上武兼守門將, 未經六品實職前, 毋得直擬於都事判官等職〈不次別薦人, 勿拘〉."

291 『속대전』 권4, 병전 번차도목; 『대전통편』 권4, 병전 번차도목.

수천의 특징과 천거 방식

수천守薦은 수문장천守門將薦의 약칭으로 무과 급제자만을 대상으로 수문장이 될 만한 사람을 미리 천거해 두는 제도였다. 선전관, 부장과 달리 수문장에는 남항 자리가 없었으므로, 무과 급제자만을 대상으로 했다. 수천 역시 수문장을 임명하기 위해 후보자 명단을 올리는 의망이 아니라 수문장의 모집단을 미리 발탁해 두는 천거였다.

수천의 시행 시기는 정확히 알 수 없으나 효종 대 이전부터 이미 실시되었을 가능성이 크다. 선천과 부천에서 언급한 대로 1651년(효종 2) 동부승지 목행선이 선전관, 부장, 수문장을 완의하는 법이 시행되지 않으므로 구천舊薦에 따른 신천新薦의 법을 밝혀야 한다고 강조했는데,[293] 이러한 언급은 이미 수천이 운영되고 있었음을 시사한다.

수천은 선천과 부천만큼이나 생소한 천거지만, 내삼청 천거의 하나로 조선 후기 서반 청요직으로 진입하는 중요한 관문이었다. 그래서 선천, 부천과 함께 '장귀천將鬼薦'으로 불린 것이다.[294] 다만, 수문장이 내삼청 중 위상이 가장 낮았으므로, 수천의 위상도 가장 낮아 '말천末薦'이라 불리기도 했다.

다산 정약용은 선천, 부천, 수천 세 천거에 대해 "무과 급제자의 초입사는 삼천三薦으로 나뉜다. 청족淸族은 선천에 들어가고, 그 다음은 부천에 들어가고 최하위는 수천에 들어간다.……더구나 처음부터 천거에 들지 못한 자가 100명에 97, 98명이나 된다."[295]라고 언급했다.

---

292 『정조실록』 권18, 8년 10월 4일(병술); 『승정원일기』 정조 8년 12월 25일(병오); 정조 11년 1월 8일(정축).

293 『승정원일기』 효종 2년 8월 27일(임신).

294 『만기요람』 군정편 2, 兵曹各掌事例, 一軍色, 部守將鬼薦取才式.

295 정약용, 『경세유표』 권2, 夏官兵曹 4, 政官之屬 宣敎局條.

이 지적은 무과에 급제하더라도 집안의 우열에 따라 선천 → 부천 → 수천으로 진로가 나뉘는 현실을 잘 보여준다.

한편, 수천은 부천과 유사한 성격을 띠며, 상호 밀접하게 연관되어 운영되었다. 다양한 자료에서 수천은 부천과 함께 '부수천部守薦', '수부천守部薦', '말부천末副薦' 등의 명칭으로 자주 등장한다. 이는 내삼청 천거가 크게 선천과 부천 · 수천으로 나뉘었음을 반영한다. 또한 정조가 유천기사 제도를 시행하면서 부천과 수천을 함께 운영한 점도 이를 뒷받침한다.

따라서 부천의 사례를 참고하여 수천의 특징을 정리하면 다음과 같다. 첫째, 수천의 대상은 무과 급제자에 한정되었다. 수문장에는 남항이 없었으므로, 한량을 대상으로 한 남항천도 존재하지 않았다. 둘째, 수천의 선발 기준 역시 선천, 부천과 마찬가지로 명문 집안 여부였다. 다만, 두 천거에 비해 위상이 낮았던 만큼, 집안의 위세도 상대적으로 약했다. 셋째, 수천은 서얼을 비롯하여 평안도와 함경도 출신에게도 허용되었다.

수천의 운영 방식 역시 부천과 유사했다. 수천은 수문장청에서 자율적으로 매년 두 차례 6월과 12월에 실시했다. 천거 철자는 현직 수문장들이 천주가 되어 각각 몇 사람씩 후보자를 호명하여 천거했다. 이어서 피천거인 명단이 작성되면 수문장들이 마땅한 사람의 성명 아래에 동그라미를 치는 권점을 거행했다.[296] 권점을 마치면 청수가 동그라미 개수를 합산해 득점자를 선발하고, 그 명단을 병조에 보고했다.

수천도 상피의 적용이 엄격해서 현직 수문장의 아들, 사위, 아우,

296 『양전편고』 권2, 서전 천거; 『육전조례』 권7, 병전 병조 정색 총례.

조카는 제외되었다. 만약 이를 어기고 천거를 받으면 명단에서 삭제하고, 청수, 천주, 장무 전원을 처벌했다.297

수천의 진로

본래 수천의 목적은 수문장에 결원이 생기면 수천 중 적임자를 후보자로 의망하여 임명하는 데 있었다. 그러나 실제 운영에서는 선천, 부천의 경우와 마찬가지로 수천에 선발되었다고 하여 모두가 수문장으로 임명되는 것은 아니었다.

이러한 현상이 나타난 가장 큰 원인은 수천의 규모에 비해 수문장 자리가 크게 부족한 탓이었다. 특히 수천은 선천이나 부천과 달리 수문장 외에는 진출할 수 있는 다른 관직이 없었기 때문에 그 적체가 더욱 두드러졌다.

수천의 진로가 본격적으로 부각된 시기는 영조 대에 이르러서였다. 선천, 부천과 마찬가지로 1737년(영조 13) 영조가 금군의 처우 개선을 논의하는 과정에서 수문장의 처우도 함께 논의되었다. 그러나 이때도 선천, 부천에 비해 수천은 상대적으로 낮은 대우를 받았다.

당시 병조 판서 박문수는 명문 무반 집안의 출신을 금군으로 유도하기 위하여 선천 40명, 부천 20명, 수천 10명 등 총 70명을 선발하여 10명씩 7개 번으로 나누어 금군의 각 번에서 근무하도록 하는 방안을 건의했다. 그리고 도목정사 때마다 이들 중 일정 인원을 선전관, 부장, 수문장으로 임명할 것을 제안하며 수천의 진로를 마련하고자 했다.298

---

297 『서전정격수교연주집록』 천거.

영조는 이 건의를 수용하여 금군 처우 절목에 포함하고, 부천과 수천을 각각 15명씩으로 조정했다.299 그러나 『속대전』에는 금군청 내에 선천 취재 출신 40명과 부천 취재 출신 15명의 자리를 마련하여 수용하도록 규정했으나, 수천은 포함되지 않았다.300 이는 수천이 선천이나 부천에 비해 상대적으로 낮은 대우를 받았음을 보여준다.

1773년(영조 49)에 제정된 「양전수교잡령兩銓受敎雜令」에서도 이러한 차별은 계속 되었다. 이 규정에서 선천은 참하의 선전관, 무겸 선전관, 부장, 수문장, 사산참군에 의망하게 하고, 부천 역시 참하의 부장과 수문장에 의망하게 했다. 그러나 수천은 한 차례 취재를 치른 후 다시 특별 취재를 거쳐 우수한 성적을 거둔 사람만 순차적으로 수문장 자리에 의망하는 방식을 적용했다.301 이는 수천의 처우가 선천과 부천에 비해 상대적으로 제한적이었음을 잘 보여준다.

그 뒤 1778년(정조 2) 정조가 유천기사 제도를 시행하면서 수천에 대한 처우가 구체화되었다.302 유천기사 제도는 금위영과 어영청의 기사 각각 총 3번 가운데 각 1번(50명)을 부천이나 수천의 전속 자리로 지정하고, 6개월 근무 뒤에는 참하 부장이나 참하 수문장에 임용될 수 있도록 한 제도였다. 이 제도에 대한 설명은 앞서 부천과 관련하여 이미 언급했으므로, 여기서는 수천과 관련된 내용만을 중심으로 살펴보고자 한다.

---

298 『승정원일기』 영조 13년 11월 25일(무인).

299 『승정원일기』 영조 13년 12월 8일(신묘).

300 『속대전』 권4, 병전 경관직 군영아문 금군청, "宣傳官取才出身四十員, 部將取才出身十五員, 抄屬."

301 『증보문헌비고』 권195, 선거고 12, 전주 4, 영조 49년 「양전수교잡령」.

302 『정조실록』 권5, 2년 6월 22일(경술), 「有薦騎士節目」.

수천이 유천기사가 되려면 '천취재薦取才'라는 과정을 통과해야 했다. 취재 과목은 부천과 동일했으며, 활쏘기 4과목과 강서로 구성되었다. 유엽전과 기추는 각각 1순(5발)씩 쏘아 2발 이상을 맞춰야 했고, 편전은 1순(3발)을 쏘아 1발 이상을 맞춰야 했으며, 철전은 화살 3발 모두 90보를 넘겨야 했다. 강서는 무경칠서 중 한 과목을 선택하여 임강臨講 방식으로 시험을 보고, 조粗 이상의 점수를 받아야 했다. 이상 5과목 중 3과목 점수를 합산하여 선발했으며, 그중 강서는 반드시 포함되어야 했다.

수천이 유천기사를 거치면 첫 벼슬로 받을 수 있는 자리는 참하 수문장 2자리였다. 6개월을 근무하면 도목정사 때마다 구근 및 취재 성적 우수자를 병조에 보고했고, 병조에서 천전시키는 방식이었다. 그런데 『대전통편』에 따르면, 참하 수문장 2자리를 유천기사 중 오래 근무한 순서대로 임명한다고 되어 있다.[303] 따라서 유천기사로 오래 근무한 사람이 취재 우등자보다 먼저 임용되었음을 알 수 있다.

유천기사 제도 역시 수천이 진출할 수 있는 관직이 수문장으로 제한되어 있다는 점에서 영조 대의 조치와 크게 다르지 않았다. 그러나 관직 진출 경로를 명확히 제도화하고, 더 많은 수천에게 관직 진출의 기회를 제공했다는 측면에서 의의가 있었다.

이상에서 살펴본 대로, 수문장청은 내삼청 중 하나로서 『속대전』에서 종6품의 정식 아문으로 규정되었다. 수문장은 창덕궁과 창경궁의 9개 궐문을 수비하는 임무를 맡았으며, 매일 국왕의 낙점을 받아 9명이 교대로 근무했다. 수천은 무과 급제자 가운데 수문장 직에 적합한

303 『대전통편』 권4, 병전 경관직 종육품아문 수문장청.

인물을 미리 선발해 두는 천거 제도였다. 내삼청 천거 중 위상이 가장 낮아 '말천'으로 불리기도 했다. 1778년(정조 2)부터는 금위영과 어영청의 기사로 6개월간 근무한 후 구근 또는 취재를 통해 참하 수문장으로 임용될 수 있는 기회가 주어졌다.

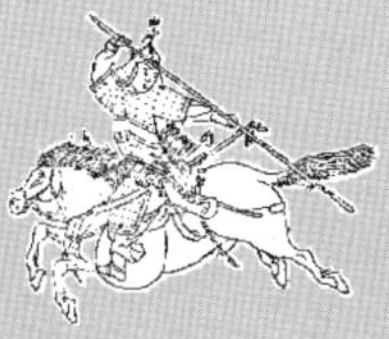

제3부

오위와 체아직

오위와 체아직

7장
오위도총부의 변화

1. 오위도총부의 구성

오위도총부의 연혁

조선 전기 오위도총부五衛都摠府는 서반의 종2품 관아로 중앙군 조직인 오위의 군무軍務를 총괄한 최고의 군령軍令 기관이었다. 관행적으로 앞의 '오위' 자를 생략하고 '도총부'라 불렀으며,[1] '총부'라고도 했다. 그러나 16세기 이후 오위도총부의 권한은 점차 축소되는 경향을 보였으며, 오위가 폐지된 이후에는 그 위상마저 낮아지는 변화를 겪었다.

오위도총부가 만들어지기까지는 오랜 기간이 걸렸다. 1393년(태조 2) 창설한 의흥삼군부義興三軍府를 시작으로 1466년(세조 12) 1월에 오위도총부로 최종 완성되기까지 무려 70년이 넘게 걸렸다.[2] 그만큼 군사 지휘 체계의 정비가 쉽지 않았음을 의미하며, 그 과정은 중앙군이 오위로 정비되는 과정과 궤를 같이했다.

태조 이성계는 즉위한 다음 날인 1392년 7월 18일에 중앙군으로 의

1 『銓注纂要』 권1, 오위도총부, "此必是摠府之無五衛二字, 兼職之無兼字之類也."
2 『태조실록』 권1, 1년 7월 18일(정유); 『세조실록』 권38, 12년 1월 15일(무오).

흥친군위義興親軍衛를 창설하여 좌위左衛와 우위右衛로 나누고, 여기에 고려의 중앙군 조직인 2군 6위의 8위를 합쳐서 10위를 만들었다. 이때는 10위의 지휘 본부를 마련하지 못하다가 이듬해인 1393년(태조 2)에 지휘 본부로 고려말 삼군도총제부三軍都摠制府를 개편하여 의흥삼군부를 창설했다.[3] 1394년에는 의흥삼군부의 판사判事로 부임한 정도전鄭道傳이 새 왕조의 혁신 정치에 맞게 군대의 옛 칭호도 고쳐야 한다고 건의해서 10위를 10사司로 개편했다.[4]

의흥삼군부는 태종의 즉위와 함께 큰 변화를 겪었다. 1401년(태종 1) 태종은 의흥삼군부를 승추부承樞府로 개편하고, 1405년에는 승추부마저 폐지한 뒤 병조로 귀속시켰다. 태종이 군 지휘 본부를 없앤 데에는 이유가 있었다. 태종은 1405년에 관제 개혁을 단행하면서 의정부 권한을 축소하고 육조六曹의 역할을 강화했는데, 이 과정에서 군정을 관장한 병조에 군령권까지 부여한 것이었다.

그러나 병조의 군권이 비대해지자 1409년에 다시 군 지휘부로 삼군진무소三軍鎭撫所를 설치하고, 같은 해에 의흥부義興府로 개칭했다. 1412년에는 의흥부를 혁파해서 다시 병조에 소속시켰다가, 1413년을 전후하여 다시 삼군진무소를 설치했다.[5]

중앙군 조직인 10사는 1418년에 태종이 상왕으로 물러나면서 태종의 호위를 위해 12사로 늘어났다. 그 뒤 1422년(세종 4)에 태종이 서거

---

3 이재훈, 「태종 · 세종대의 삼군도총제부」, 『사학연구』 69, 2003, 46쪽.

4 『태조실록』 권5, 3년 2월 29일(기해). 이때 '위'에서 '사'로의 변화가 정확히 무엇을 의미하는지는 분명하지 않다. 다만 정도전이 문관직을 "백사서부百司庶府"로 표현하고, 무관직을 "제위각령諸衛各領"으로 표현한 점에 비춰볼 때, 10사의 '사'는 문관직에 준해 군대를 관직 체계 안으로 끌어오려는 조치가 아니었을까 추측할 뿐이다.

5 김웅호, 『조선초기 중앙군 운용 연구』, 경인문화사, 2023, 116~117쪽; 민현구, 『조선초기의 군사제도와 정치』, 한국연구원, 1983, 277쪽, 279쪽.

하면서 이듬해에 10사로 환원되었고, 1445년에는 다시 12사가 되었다. 그러다가 마침내 문종 대에 큰 변화를 맞이해 1451년(문종 1)에 오사五司로 탈바꿈했다. 1457년(세조 3) 세조는 다시 오사를 오위로 개편하면서 삼군진무소도 오위진무소五衛鎭撫所로 고쳤다. 이것이 1466년의 관제 개혁 때 오위도총부로 바뀌고 그대로 『경국대전』에 법제화되었다.

여기서 오위도총부에 대한 이해를 높이기 위해서 문종이 중앙군을 12사에서 5사로 개편한 배경을 간략하게나마 짚어볼 필요가 있다. 오사 또는 오위는 전 · 후 · 좌 · 우 · 중의 다섯 방향으로 군사를 배치하는 진법陣法을 고려한 군사 편제인 동시에 군사를 실전에 동원할 때의 전투 편성 방식이었다. '진陣'이란 전투 대형을 말하며, 진법은 진 치는 법을 뜻한다.

기왕의 중앙군은 10사 또는 12사로 편성되었으나, 이를 지휘하는 본부는 의흥삼군부 또는 삼군진무소의 '삼군'이어서 10사 또는 12사를 좌군 · 우군 · 중군의 삼군에 소속시켰다. 이 과정에서 여러 가지 혼선이 발생했다. 고려시대 이후 전투 대형은 오진五陣 또는 오군五軍 체제를 따랐던 반면, 실제 군사 편제는 10사 또는 12사를 삼군에 소속시키는 방식이었기 때문이다. 이러한 문제를 해결하기 위해 문종은 종래 군사 편제와 전투 편성을 일원화하고자 군 조직을 5단위 체제로 통일하여 12사를 오사로 개편했던 것이다. 이후 세조가 이를 다시 오위로 정비하면서 군사 조직 체계를 확립했다. 따라서 12사에서 오위로의 전환은 이전까지 혼선을 초래한 군사 편제와 실전 운용 방식 간의 불일치를 해소했다는 중요한 의미가 있었다.[6]

이상과 같이 조선 전기 중앙군 조직은 10위(태조 1년) → 10사(태조 3

년) → 12사(태종 18년) → 10사(세종 5년) → 12사(세종 27년) → 5사(문종 1년) → 5위(세조 3년)의 변화를 거쳐서 오위로 완성되었다. 이와 궤를 같이하여 군 지휘 본부도 의흥삼군부(태조 2년) → 승추부(태종 1년) → 삼군진무소(태종 9년) → 의흥부(태종 9년) → 삼군진무소(태종 13년 전후) → 오위진무소(세조 3년) → 오위도총부(세조 12년)로 완결되었다.

오위도총부의 조직

오위도총부는 서반의 정2품아문으로, 서반의 정1품아문인 중추부中樞府 다음으로 높은 위상을 가진 기관이었다. 그러나 중추부가 실제 군무를 담당하기보다는 소임이 없는 고위 관료들을 예우하는 역할을 했다는 점을 고려하면, 조선 전기 서반의 실직적인 최고 기관은 오위도총부였다고 할 수 있다.

〈표 18〉은 법전을 토대로 오위도총부의 관직 구성과 관원 규모를 정리한 것이다. 조선 전기 오위도총부의 소속 관원은 18명이었으며, 이 중 당상관이 10명, 당하관이 8명이었다. 당상관 10명은 도총관都摠管(정2품)과 부총관副摠管(종2품)으로 구성되었으나, 각각 몇 명씩인지는 나눠져 있지 않았다. 이들은 모두 다른 관원이 겸임하는 형태였으며, 임기는 1년이었다.

당하관으로는 경력經歷(종4품)과 도사都事(종5품)가 있었다. 정원은 각각 4명이며, 오위도총부의 실무를 담당했으므로 낭관郎官이라고도 했다. 이들은 취재取才를 통해 선발되었고, 취재 과목은 활쏘기와 강서講書였다. 다만, 현직에 있는 내금위內禁衛의 경우 이미 무재를 갖췄다고

---

6 민현구, 『조선초기의 군사제도와 정치』, 286쪽.

〈표 18〉 오위도총부의 관직과 인원

관직 \ 법전		경국대전	속대전	대전통편
정2품	도총관	10(겸)	10(겸)	5(겸)
종2품	부총관			5(겸)
종4품	경력	4	6	6
종5품	도사	4	6	6
계		**18 (겸 10)**	**22 (겸 10)**	**22 (겸 10)**

※ 겸: 겸직

판단하여 강서만으로 선발했다.

조선 전기에 취재를 치르는 20여 개 서반직 및 병종 가운데 강서를 치른 곳은 오위도총부의 당하관, 선전관, 부장, 무예武藝에 한정되어 있었다. 이는 오위도총부의 당하관이 되려면 까다로운 절차를 밟아야 했음을 보여준다. 다만 예외적으로 사무 처리 능력이 뛰어나거나 관련 경력이 있어 사무에 정통한 사람이면 취재를 거치지 않고 임용될 수 있었다. 그리고 이 조항 덕분에 오위도총부 당하관에 문관이나 음관이 들어올 수 있는 길이 열려 있었다.7

여기에 더하여 경력과 도사의 아들은 문음의 혜택을 받았다.8 또한 도사는 의정부, 이조, 병조, 삼사 등 주요 관서의 5품 이하 관리와 마찬가지로 서경署經을 거쳐야 했다. 서반직 가운데 문음의 혜택을 받고 서경을 거친 곳이 오위도총부, 선전관, 부장이었으므로 오위도총부의 당하관이 청요직의 대우를 받았음을 알 수 있다.

한편, 표에서 나타내지 못했으나 오위도총부에는 의원醫員과 녹사錄事도 배치되어 있었다. 조선 전기에 의원을 배치한 곳은 종친부, 의정

7 『경국대전』 권4, 병전 試取 都摠府堂下官部將武藝宣傳官; 권1, 이전 告身.

8 『경국대전』 권1, 이전 取才 蔭子弟.

부, 충훈부, 오위도총부, 육조이므로, 서반 관청에서 유일하게 의원이 있는 관청이었다.[9] 그뿐 아니라 총관에게는 동반 경아전京衙前인 녹사와 서리를 각각 1명씩 배정했다. 이 가운데 녹사는 일부 고위 부서와 재상급 관료에게만 제한적으로 배속했으므로 총관의 높은 위상을 짐작할 수 있다.[10]

조직의 변화

조선 후기에 오위도총부의 조직은 오위가 폐지된 여파를 겪었을 것으로 예상되지만, 오히려 정원이 조금 더 늘었다. 앞의 〈표 18〉에서 보듯이 『속대전』에 따르면, 도총관과 부총관을 합쳐 10명, 경력 6명, 도사 6명으로 총 22명이 되었다. 이러한 구성은 『대전통편』과 『대전회통』까지 그대로 이어졌다.

『속대전』에 반영된 변화는 두 가지로 요약할 수 있다. 첫째, 가장 중요한 변화는 경력과 도사의 정원이 각각 2명씩 증가하여 총 6명이 되었다는 점이다. 그 결과 오위도총부의 정원이 기존 18명에서 22명으로 늘어났다. 이러한 변화는 1676년(숙종 2) '병진년 만과丙辰年萬科'로 불리는 대규모 무과 급제자 선발로 인해 발생한 무관의 적체 문제를 해소하기 위한 조치였다.[11] 경력과 도사는 "무관 중 가장 가려 뽑는 자리"[12]로 평가받은 만큼 선발 기준이 엄격한 관직이었다.

---

9 『경국대전』 권4, 병전 번차도목 醫員. 조선 후기에는 중추부에도 의원을 배치했다.

10 『경국대전』 권4, 병전 경아전; 신해순, 「17세기 전후 동반 소속 하급 경아전제도의 변화-書吏를 중심으로-」, 『한국사학보』 40, 2010, 105쪽.

11 『승정원일기』 숙종 13년 4월 23일(경오); 『전주찬요』 권1, 오위도총부, "經歷二都事二增設〈康熙丁卯四月〉."

12 『승정원일기』 숙종 2년 2월 9일(신유).

둘째, 경아전 규모가 대폭 축소되었다. 총관에게 배정한 녹사와 서리의 인원은 변함이 없으나, 오위도총부에 배정한 서리가 30명에서 13명으로 줄고, 나장도 20명에서 14명으로 줄었다.[13] 경아전의 축소는 오위 폐지 뒤에 오위도총부의 실무가 축소되면서 나타난 변화로 보인다.

이후 『대전통편』에서도 오위도총부의 조직 운영에 한 가지 변화가 생겼다. 입직의 편의를 도모하기 위해 도총관과 부총관의 인원을 각각 5명으로 나눈 것이었다. 1764년(영조 40) 영조는 '복정復政'의 조치로 『경국대전』의 법을 재확인하며 기존의 폐단을 개선하고자 했다. 그 중 하나가 오위도총부에서 매번 번番을 설 때마다 국왕의 결재를 요청하는 불편함이었다. 이에 도총관과 부총관을 5명씩 임명하여 상번上番과 하번下番으로 나누어 교대로 입직하도록 지시했다. 이 조치는 도총관과 부총관을 5명씩 선발하는 정식으로 확립되었고,[14] 이후 『대전통편』에 그대로 반영되었다.

조선 후기에도 도총관과 부총관은 모두 겸직의 형태로 운영되었다. 대표적으로 1715년(숙종 41) 임명된 연잉군(후일의 영조)이 도총관으로 임명될 때 받은 고신을 보면, "금昑을 겸 오위도총부 도총관으로 임명함"[15]이라 기록되어 있는데, '겸' 자를 통해 겸직임을 확인할 수 있다. 1811년(순조 11) 류상조柳相祚가 부총관으로 임명될 당시의 고신에도 "류상조를 가선대부 행 용양위 부호군 겸 오위도총부 부총관으로 임명함."[16]이라고 기록되어 있다.

한편, 조선 후기에도 총관은 2품의 대신으로서 그에 상응하는 예우

---

13 『속대전』 권1, 이전 京衙前; 권4, 병전 경아전.

14 『승정원일기』 영조 40년 3월 27일(무인); 6월 13일(계사).

15 디지털장서각 한국고문서자료관, 1715년 연잉군延礽君 이금李昑 고신.

16 디지털장서각 한국고문서자료관, 1811년 류상조柳相祚 고신.

를 받았다. 대표적으로 총관의 아들, 손자, 사위, 아우, 조카는 문음의 혜택을 누릴 수 있었다.[17] 총관을 지낸 사람에게는 도정都正을 지낸 문관이나 음관 및 승지를 지낸 무관과 마찬가지로 호상胡床에 앉을 자격이 주어졌다.[18]

1714년(숙종 40) 국가 행사에서 당堂에 오늘 수 있는 사람을 2품 이상으로 제한했을 때, 문관은 시종신 또는 당상 실직을 거친 자, 무관은 절도사나 총관을 지낸 자, 음관은 동반 실직을 지낸 자로 규정했다.[19] 이는 조선 후기에도 총관의 위상이 여전히 높게 유지되었음을 보여주는 사례라 할 수 있다.

2. 오위도총부의 임무

조선 전기의 임무

조선 전기 군사 기관 가운데 핵심 축을 이룬 세 기관은 병조, 오위도총부, 훈련원이었다. 이 세 기관은 오늘날의 표현을 빌리자면 일종의 '트로이카' 체제를 형성하며, 군사 관련 사안을 집행하는 중심적인 역할을 수행했다. 비록 구체적인 세부 사항을 모두 입증하기는 어렵지만, 이 세 기관이 군사 운영의 핵심 축이었음은 분명하다.

『경국대전』을 살펴보면, 이들 기관의 당상관들이 함께 모여 여러 가지 군사 사안을 공동으로 주관하는 사례를 자주 볼 수 있다. 대표적

17 『경국대전』 권1, 이전 取才 蔭子弟.
18 『정조실록』 권46, 21년 2월 25일(병신).
19 『영조실록』 권61, 21년 1월 11일(계미).

으로 훈련원에서 매달 실시한 고강考講의 시험관은 훈련원 당상관 1명과 함께 병조와 오위도총부의 당상관이 각각 1명씩 참여했다. 이 고강 시험은 우수한 성적을 거둔 상위 3명에게 1년에 두 차례 관직 임용 기회를 주었으므로 매우 중요하게 여겨졌다.[20]

세 기관 중에 병조는 동반이고, 오위도총부와 훈련원은 서반이었다. 병조가 군정을 담당했다면, 오위도총부는 군무를, 훈련원은 군사의 훈련과 시재試才 및 병학 교육을 주관했다. 이 중 오위도총부와 병조는 군사를 직접 관장했으므로 서로 견제하면서 각축을 벌였다.

서거정徐居正은 의정부 좌찬성 겸 도총관으로 재직하던 시절 『도총부선생록都摠府先生錄』의 서문을 지었다. 그는 이 서문에서 오위도총부의 설치 배경을 밝히면서, 병정兵政, 군무, 군정 등의 용어를 두루 사용했다. 그는 서문의 첫머리에서 "국초에 의흥삼군부를 설치하여 병정을 총괄하게 하다가, 뒤에 삼군진무소로 고쳐 병조에 예속시켰다."라고 한 뒤 다음과 같이 이어 썼다.

> 세조대왕이 군정에 마음을 쏟아 이 직임을 매우 중시해 진무소를 고쳐 오위도총부를 만들어 전적으로 군무를 맡기고, 병조에 예속시키지 않았다.……이에 병조는 병정을 총괄하고 도총부는 군무를 총괄하니, 체통이 서로 유지되고 군정이 한층 밝아졌다.[21]

이 서문에서 주목할 사항은 병조는 병정을 총괄하고, 오위도총부는

20 『경국대전』 권4, 병전 경관직 훈련원.

21 『都摠府先生錄』 제4책, 「서문」(서거정), "世祖大王, 留意軍政, 尤重是任, 改鎭撫所, 爲五衛都摠府, 專委軍務, 不隷兵曹……於是, 兵曹總兵政, 府總軍務, 體統相維, 而軍政益明矣." 『도총부선생록』은 1466년(세조 12)부터 1779년(정조 3)까지 도총관과 부총관의 명단을 수록한 관안이다. 현재 총 4책이 남아있는데, 제4책이 순서상 첫 권이다.

군무를 총괄하는 기관임을 분명히 했다는 점이다. 여기서 병정은 군사 업무, 군무는 군병 지휘, 군정은 군무와 병정을 합친 말로 판단된다. 곧, 오위 업무를 주관한 본부가 병조라면, 오위 병력의 지휘권을 가진 곳은 오위도총부였다고 할 수 있다.[22]

그러나 조선 전기에 오위도총부가 정2품 관청으로서 외형상 병조와 횡적 관계에 있었지만, 실질적으로는 병조가 더 많은 권한을 행사했다고 여겨진다.[23] 단적으로 타 기관에서 오위도총부와 병조에 사용한 문서 종류가 이 점을 입증해 준다. 중앙과 지방의 공문서 종류에는 동등 이상의 상급 관서에 사용하는 '첩정牒呈', 동등 이하의 관서에 사용하는 '관關', 7품 이하 관서에 사용하는 '첩帖'이 있었다. 서울과 지방의 제장諸將이 병조에 보내는 문서는 첩정이고, 오위도총부에는 이보다 단계가 낮은 관을 사용했다.[24] 이처럼 타 기관에서 보내오는 문서의 격이 오위도총부가 병조보다 한 단계 아래였다는 점은 오위도총부가 병조보다 위상이 낮았음을 의미한다.

무엇보다도 조선 전기의 군권은 개병제皆兵制의 원칙에 따라 병조판서를 거쳐 임금에게 귀속되었다.[25] 군권에 대한 다른 기관의 장악을 견제하려는 조치는 오위의 지휘 체계에서도 잘 드러난다. 앞서 여러 차례 언급했듯이, 오위장(종2품)과 총관의 인원은 총 22명이었고, 모두 겸직이며 임기도 1년에 불과했다. 이러한 구조는 오위장과 총관이 실질적으로 병권을 행사하기 어려운 한계를 내포하고 있으며, 이는 곧

---

22 『현종개수실록』 권10, 4년 11월 14일(무인).

23 이재훈, 「오위도총부의 성립과 그 기능」, 고려대 석사학위논문, 2000, 38쪽.

24 『경국대전』 권3, 예전 用文字式, "凡中外文字, 同等以下用關, 以上用牒呈, 七品以下用帖〈外官於奉命使臣, 中外諸將於兵曹, 竝用牒呈, 都摠府, 用關〉."

25 차문섭, 『조선시대 군사관계연구』, 단국대학교출판부, 1996, 18쪽.

오위도총부에 대한 병조의 우위 구조를 잘 보여준다.

조선 전기 오위도총부의 임무는 오위의 군무를 관장하는 것이었다.[26] 그중에서도 가장 중요한 역할은 궁궐 숙위宿衛를 감독하는 일이었다. 조선 후기에 비해 금군의 규모가 총 270명으로서 상대적으로 적었던 만큼, 오위도총부의 역할이 더욱 중요하게 작용했다. 총관은 '대장大將'[27]으로서 2명이 입직하여 오위장과 부장을 지휘하며 궁궐 숙위를 관장했고, 낭관은 날마다 승정원의 주서와 함께 궁성문 개폐를 관리하는 역할을 맡았다.

국왕이 행재소에 거둥했을 때는 총관이 실질적인 '대장' 역할을 맡았으며, 태笞 이하의 범죄를 저지른 소속 관원을 직접 결단할 수 있는 권한도 가졌다. 행재소에서는 도총관의 역할이 중요했는데, 국왕을 밀접 경호하는 내진內陣의 군사 명단을 검토한 후 이를 밀봉하여 국왕에게 올렸다. 또한, 내진 순찰을 담당할 순장巡將으로 지명되면 군사 15명을 거느리고 순찰한 뒤에 그 결과를 직접 국왕에게 보고했다.[28]

또한, 오위도총부는 국왕이 조하朝賀나 연향宴享 등에 참석할 때 측근에서 호위 임무도 담당했다.[29] 당하관의 경우 도성 순찰 임무도 일정 부분 관장했는데, 오위 군사가 도성을 순찰할 때 당하관이 입직 군사들의 점고點考를 책임지며 관리와 감독을 수행했다. 이외에도 병조, 훈련원과 함께 하급 무관 및 금군을 포함한 군사들의 활쏘기 시험, 취재取才, 도시都試 등을 시행했다.[30]

---

26 『경국대전』 권4, 병전 경관직 정이품아문 오위도총부, "掌治五衛軍務."

27 『경국대전』 권4, 병전 用刑, "都摠府大將, 亦於所管, 啓聞擧劾."

28 『경국대전』 권4, 병전 入直; 門開閉; 啟省記; 行巡; 用刑.

29 『경국대전』 권4, 병전 시위.

30 『경국대전』 권4, 병전 경관직 정삼품아문 훈련원; 권4, 병전 試取 都試.

위상의 변화

조선 후기 오위도총부의 위상은 오위가 폐지되면서 크게 달라졌다. 중앙군의 지휘권이 군영의 대장에게 넘어가면서 오위도총부는 지휘하고 감독할 군대가 사라진 채 명목상의 기관으로만 남게 되었기 때문이다.

이미 16세 초부터 오위도총부의 권한이 약화되면서, 오위의 군무를 관장한다는 법 조항이 사문화되었다는 지적이 제기되어 왔다.[31] 그러나 조선 후기에 이르러 군사 지휘권을 아예 상실한 상황과 비교하면, 이전과의 위상 차이는 상당했던 것으로 보인다. 내실의 유무를 논하기에 앞서, 표면적으로 군사 지휘권의 유무는 오위도총부의 정체성을 규정하는 핵심 요소이기 때문이다. 조선 후기에 오위도총부를 혁파해야 한다는 논의나, 병조 소속 아문에 불과하다는 평가는 모두 군사 지휘권 상실에서 비롯된 결과로 이해된다.[32]

1676년(숙종 2) 우의정 허목許穆은 조정에서 총관을 혁파해야 한다는 논의가 제기되자, 관청은 혁파할 수 있으나 총관만은 유지해야 한다고 주장했다. 허목은 궁궐 숙위를 책임지는 순장과 감군監軍의 역할이 결코 가볍지 않음을 강조하며 총관의 필요성을 역설했다. 그는 임진왜란 이후 군제 변화가 총관의 역할 약화로 이어졌다고 분석했다. 훈련도감 창설 이후 여러 군영이 신설되면서 군대의 위엄은 높아졌으나, 상대적으로 총관의 직임은 가벼워져 오늘날 혁파 논의가 대두되었다고 진단했던 것이다.[33]

---

31 김웅호, 『조선초기 중앙군 운용 연구』, 278쪽.

32 『승정원일기』 숙종 2년 2월 7일(기미); 숙종 26년 5월 1일(계사).

33 『승정원일기』 숙종 2년 2월 7일(기미).

정약용丁若鏞도 오위도총부가 제 기능을 하지 못하는 현실을 신랄하게 지적했다. 그는 "도총관이란 오위의 군병을 전부 총괄하는 것이었다. 지금 오위를 혁파한 지 수백 년이 되었고, 졸개 한 명도 거느리지 않으면서 명칭을 오위 도총관이라 하니, 명칭과 실상이 서로 부합하지 않음이 이보다 심할 수 없다."[34]라고 비판했다.

조선 후기 오위도총부의 군사 지휘권 상실을 상징적으로 보여주는 조치는 상피相避 규정의 일부 폐지에서 찾을 수 있다. 오위도총부는 두 가지 상피 조항을 적용받았다. 하나는 일반적인 상피 조항으로 일정한 범위 내의 친척과 함께 근무할 수 없었다. 서반직 중 상피가 적용된 관직은 오위도총부, 오위장, 겸사복장, 내금위장, 부장뿐이었으며, 이 규정은 조선 후기까지 철저히 적용되었다.[35]

다른 하나는 군권의 분산을 위해 오위도총부 당상관은 병조의 당상관, 겸사복장, 내금위장, 오위장과 모두 상피했다. 이 관직들은 서로 다른 부서에 속했지만 사실상 하나의 부서로 간주되어 상호 배제했는데, 총관이 오위와 금군을 관장했으므로 혐의를 피한 것이었다.[36] 이는 왕권을 위협하는 군권의 집중화를 겹겹이 차단한 조치였다고 볼 수 있다.[37]

그러나 『속대전』에서 총관은 병조의 당상관만 제외하고 오위장, 내금위장, 우림위장, 충익위장, 충장위장과 상피를 적용하지 않아도 되

---

34 丁若鏞, 『經世遺表』 권2, 夏官兵曹 4, 政官之屬 左掖司.

35 『경국대전』 권1, 이전 상피. 상피의 대상은 본인을 기준으로 부가父家의 삼촌숙모 및 조카딸의 남편, 사촌자매의 남편, 외가의 삼촌숙모의 남편, 부인과 첩의 동성 삼촌숙, 조카, 숙모 남편, 조카딸 남편, 사촌 형제 등이었다.

36 『경국대전』 권1, 이전 상피, "兵曹都摠府堂上官, 兼司僕將, 內禁衛將, 五衛將, 則雖非同衙門, 通爲相避."

37 이기명, 『조선시대 관리임용과 상피제』, 백산자료원, 2007, 71~72쪽.

었다.[38] 효종 대만 하더라도 총관은 "한산閑散의 직임"이라는 지적을 받았어도 내금위장과 상피했으나,[39] 17세기 중반 이후로는 서로 상피를 적용하지 않았다.

이 조치는 오위가 혁파되면서 오위장과의 혐의를 피할 필요성이 없어졌고, 내금위와 겸사복이 금군별장의 통솔을 받게 되어 총관과의 연관성도 사라졌기 때문이다.[40] 이러한 변화는 군사 지휘권을 상실한 총관의 위상을 현실적으로 반영한 결과로 해석할 수 있다.

임무의 변화

조선 후기 오위도총부의 임무는 크게 네 가지로 정리할 수 있다. 궁궐 숙위, 국왕 시위, 각종 시재試才 참석, 기병騎兵 점고가 그것이다.[41] 겉으로는 조선 전기와 큰 차이가 없어 보이지만, 실제로 관장하는 군사가 없었기 때문에 업무 내용에는 변화가 있었다.

첫째, 조선 후기에도 핵심 임무는 여전히 궁궐 숙위였다. 숙종 대에 오위도총부의 혁파 논의가 있을 때, 류혁연柳赫然은 이에 반대하며 다음과 같이 주장했다. "지금 비록 훈련도감군이 궐에 들어가 지키고 있으나, 궐 안으로 들어온 뒤에는 (본문 결락) 훈련대장이 일일이 살필 수가 없습니다. 이러한 까닭에 이들을 전부 거느려 다스리는 곳은 도총

38 『속대전』 권1, 이전 상피, "內三廳五衛將, 無兵曹句管之事, 判書外他堂上勿避〈內禁衛羽林衛忠翊衛忠壯衛將, 亦與摠管勿避〉."; 『승정원일기』 순조 4년 3월 10일(기해).

39 『승정원일기』 효종 9년 3월 25일(임술).

40 『승정원일기』 현종 10년 1월 10일(갑진), "重普日, 諸衛將, 與摠管有相避之法, 蓋摠府, 摠領五衛也 今則五衛廢而不行, 如內禁衛兼司僕, 以別將領之, 全無所管於摠府, 則內三廳將, 不當與摠府相避."

41 『만기요람』 군정편 1, 五衛, 都摠府.

부뿐이므로 폐지할 수 없습니다."[42] 즉, 궁궐 숙위를 총괄하는 기관으로서 오위도총부의 존재가 여전히 필요하다는 논리였다.

대표적으로 조선 후기의 동궐東闕 숙위는 궁궐 안, 궐문, 궁궐 밖의 경비로 나뉘었다. 이 중 궁궐 안 수비는 오위장과 부장, 오위도총부와 내병조, 선전관, 수문장, 충장위忠壯衛, 충익위忠翊衛를 비롯해 훈련도감, 금위영, 용호영, 호위청의 입직 군사가 담당했다.[43] 그래서 오위도총부의 위치도 궁궐 안에 있었다. 본래 창덕궁 돈화문敦化門의 안쪽에 있었으나, 1781년(정조 5) 창경궁 연복전의 동룡문銅龍門 북쪽으로 옮겨졌다.[44] 동룡문은 창경궁 선인문宣人門의 안쪽에 있는 문이다.

오위도총부는 궁궐의 내부 경비를 관장했다. 입직은 총관(당상관)과 낭관(당하관)이 각각 2명씩 짝을 이뤄 총 4명이 수행했다. 이들은 병조의 당상관과 낭관 각 1명과 함께 중소中所에 입직했다. 중소는 여타 직소 외에 별도로 설치한 수직처로, 오위도총부와 병조가 같이 입직했으나 내부에서는 구분하여 사용했다. 이때 병조 예하의 근장군近仗軍 10명도 함께 입직했다.[45] 조선 전기와 달라진 점은 오위도총부의 낭관 2명 및 병조의 낭관 1명과 근장군이 투입된 것이다.

근무 방식은 총관이 직소에 머무는 가운데, 실무는 낭관인 도사와 경력이 맡아 수행했다. 낭관은 매일 창경궁의 선인문과 통화문通化門의 개폐를 담당하고, 창덕궁의 동문인 건양문建陽門의 동쪽 구역에서 번을

---

42 『승정원일기』 숙종 2년 2월 9일(신유).

43 신명호, 「순조대 장용영 혁파와 東闕 숙위체제」, 『군사』 60, 2006, 152~162쪽.

44 『궁궐지 1-경복궁 · 창덕궁』, 182쪽; 『만기요람』 군정편 1, 오위, 도총부.

45 『경국대전』 권4, 병전 입직, "本曹堂上官一員, 都摠府堂上官二員, 直中所, 各設衙門〈諸衛直所外, 列置中所……〉."; 『속대전』 권4, 병전 입직, "本曹堂上郎官各一員, 都摠府堂上郎官各二員, 直中所〈本曹近仗軍十人隨直〉."

서는 군사들을 점검했다. 야간 순찰 때에는 건양문의 동쪽 구역에서 각 위소衛所의 오위장과 부장들이 수행하는 순찰 상황을 감독하고, 각 문의 이상 유무를 확인한 뒤, 그 결과를 이튿날 승정원에 보고했다.[46] 또한 궐내 입직한 병조 낭관과 함께 수시로 왕에게 아뢴 후 직접 야간 순찰을 실시했으며, 틈틈이 주간에도 순찰을 병행했다.[47]

둘째, 국왕 거둥 시 보검寶劍, 시위, 수궁守宮의 역할을 수행했다.[48] 국왕 거둥 시 총관과 낭관이 함께 참여했으나, 이때는 당상관인 총관의 역할이 매우 중요했다. 국왕의 전좌殿座나 조회 때 총관 4명은 보검이 되어 전내殿內에서 시위하며, 나머지 총관과 낭관 5명도 전내에서 시위했다.[49] 국왕 능행 시에도 당상관이 시위를 담당했다.[50]

국왕 거둥 시 대궐을 지키는 수궁 당상守宮堂上도 총관 중에서 낙점을 받아 시행했으며, 수궁 당상이 낭관 1명을 지정했다. 수궁 당상은 병조의 수궁 당상과 함께 궁문을 여는 일을 관장했는데, 선전관의 표신標信을 문틈으로 직접 받아 승정원에 전달하는 역할이었다.[51]

셋째, 오위도총부의 총관은 각종 시재를 관장하거나 참석했다. 중일中日을 비롯하여 병조 판서가 주관하는 금군 취재, 내삼청 천취재內三廳薦取才, 선천내금위宣薦內禁衛 취재 등에 참석했다.[52] 이 가운데 중일은 오위도총부의 권한과 관련하여 중요한 시험이었다.

---

46 『만기요람』 군정편 1, 오위, 도총부.

47 『속대전』 권4, 병전 行巡.

48 『승정원일기』 영조 15년 5월 19일(갑자), "曺允成, 以都摠府言啓曰, 今此祈雨親祭時, 守宮寶劍侍衛, 不可不備員, 都摠管一員瓜滿之代, 及副摠管二員未差之代, 卽令該曹, 以在京無故人, 急速口傳差出, 以爲備員侍衛之地, 何如."

49 『전율통보』 권4, 병전 시위.

50 『만기요람』 군정편 1, 오위, 도총부, 시위.

51 『대전통편』 권4, 병전 門開閉; 『만기요람』 군정편 1, 오위, 도총부.

52 『속대전』 권4, 병전 試取 禁軍〈取才〉; 『대전통편』 권4, 병전 試取 宣薦內禁衛.

궐내에서 실시한 중일은 입직 무관이나 금군, 군병 등을 대상으로 중일(자子, 묘卯, 오午, 유酉가 드는 날)에 실시한 무예 시험이었다. 이 시험은 궐내에 입직한 오위도총부의 당상관과 낭청, 병조의 당상관이 합좌合坐하여 실시했다. 성적 우수자에 대한 포상은 한량의 경우 직부전시直赴殿試의 상을 내렸고, 무과 출신이면 활이나 궁 등으로 논상했다.53 이처럼 중일은 무관이나 금군 등의 기예 향상을 독려하는 동시에 입직자에 대한 포상의 성격도 띠었으므로, 이를 주관한 기관 중 하나인 오위도총부의 권한 또한 상당히 높았다고 볼 수 있다.54

넷째, 오위도총부는 병조와 함께 기병의 점고를 수행했다. 기병이 번을 들 때마다 총관과 낭청 각 1명이 병조 관원과 함께 일일이 확인한 뒤 해당 인원을 위장소衛將所로 보냈다.55 16세기 이후 군역이 주로 양인이 부담하는 '양역良役'으로 변화하면서 오위 소속의 군역자들은 병조로 귀속되어 군포를 바쳤으나, 기병만은 여전히 번상을 유지했다.56 오위도총부에서 기병을 점고하여 위장소로 보내는 것은 궁궐 숙위 임무의 일환이지만, 동시에 이는 조선 전기 군사 지휘권의 유제遺制로도 해석할 수 있다.

---

53 『속대전』 권4, 병전 시취 宣傳官武兼部將守門將禁軍扈衛軍官忠翊衛〈中日〉.

54 중일은 오위도총부와 병조가 공동으로 주관했으나, 연대기 자료에 따르면 중일 시행을 위한 표신을 주로 오위도총부에서 요청했으므로, 실질적인 주관처는 오위도총부로 판단된다.

55 『만기요람』 군정편 1, 오위, 도총부, 騎兵點考; 군정편 2, 병조, 二軍色.

56 정만조, 「II-1. 양역의 편성과 폐단」, 『한국사』 32, 국사편찬위원회, 1997, 104~106쪽.

3. 도총관의 부족

도총관의 자격과 위상

조선 후기 오위도총부와 관련하여 주목할 점은 총관의 모집단 기반이 점차 약화되어 간 현실이다. 이 문제는 부총관보다는 도총관에서 더 두드러지게 나타났으며, 실제로 "도총관은 궐원이 생기지 않도록 한다."[57]라는 법 규정에서 이러한 인력 부족에 대한 우려를 확인할 수 있다.

총관은 비록 겸직이었지만 적임자를 엄선하는 중요한 자리였다. 조선 전기에는 주로 문관 출신이 맡았으며, 문음으로 관직에 오른 사람들도 포함되어 있었다.[58] 이 중 도총관에 대해 서거정은 "도총관은 종척宗戚이나 삼공三公 같은 벼슬이 높은 사람들로도 겸하게 했으니, 그 선발의 기준을 높이고 그 직임을 총애하기 위해서였다."[59]라고 평가했다. 이는 도총관이 단순한 겸직이 아니라 국왕이 신임하는 자리였기에 고위 관료나 종친에게 부여한 중요 직책이었음을 보여준다.

조선 후기에도 도총관 자리는 엄격히 선발하여 임명하는 자리였다. 서북 출신 인사에게 도총관 직책을 내리는 일을 '통망通望'이라 표현할 정도로 권위 있는 자리였다.[60] 1626년(인조 4) 사헌부에서는 "도총부 관원은 그 임무가 막중하여 아무나 함부로 있을 곳이 아닙니다."[61]라며,

---

57 『대전회통』 권4, 병전 경관직 정이품아문 오위도총부, "[補]都摠管副摠管, 雖陞降差出, 都摠管毋得闕員."

58 이재훈, 「오위도총부의 성립과 그 기능」, 61~62쪽.

59 『도총부선생록』 제4책, 「서문」(서거정).

60 『숙종실록』 권16, 11년 7월 3일(신유).

61 『인조실록』 권12, 4년 3월 17일(경신).

무관의 경우 명망이 있어야 한다고 강조하고, 도총관 안륵安玏과 이응순李應順이 그 자리에 적합하지 않다며 교체를 요청했다.

무엇보다도 총관직에 종친이나 부마가 임명되면서 관료가 겸직하는 총관의 성격에도 변화가 생겼다. 『도총부선생록』에 따르면, 종친 중 처음 총관으로 임명된 인물은 세종의 아들인 밀성군 이침李琛(1430~1479)이었다. 그는 신빈 김씨愼嬪金氏의 소생으로, 1467년(세조 13)에 도총관으로 임명되었다.62 선생안에는 "세조가 삼군진무소를 고쳐 도총부를 만들었다. 공이 처음으로 이 자리에 선발되었다."63라는 기록이 남아있다. 이를 통해 이미 15세기 후반부터 종친이나 부마가 총관으로 임명되었음을 알 수 있다. 그리고 이러한 경향이 확대되면서 명종 대에는 종친이 정치에 개입한다는 비판까지 제기되었다.64

그러나 조선 후기에는 상황이 확연히 달라졌다. 오히려 종친이나 부마가 총관의 주요 모집단으로 자리 잡으면서 총관의 위상을 높이는 역할을 했다. 숙종 초기에 오위도총부의 폐지 논의가 제기되었을 때, 류혁연柳赫然은 총관 자리가 예로부터 왕자나 대신이 겸임한 중요한 자리임을 역설하며 폐지에 반대했다.65 1688년(숙종 14)에는 숙종이 직접 예전부터 왕자나 대군을 총관 후보자로 삼아왔다며 총관 자리에 왕자를 추천하라는 전교를 내리기도 했다.66

정조 역시 총관과 같은 귀한 벼슬을 함부로 임명해서는 안 된다며 대신이나 왕자, 대군의 등용을 강조했다. 정조는 "총관의 직임은 중대

62 『세조실록』 권41, 13년 1월 2일(기사).
63 『도총부선생록』 제4책, "王子密城君琛〈世祖, 改三軍鎭撫所, 爲都摠府, 公首膺是選〉."
64 김웅호, 『조선초기 중앙군 운용 연구』, 279쪽.
65 『승정원일기』 숙종 2년 2월 9일(신유).
66 『전주찬요』 권1, 오위도총부(영인본 40쪽).

한 것이어서 옛날에는 숭품崇品(종1품)의 중신이나 왕자, 대군이 맡았다. 일찍이 아장亞將을 지낸 무관도 총관에 한 번 임명되면 이를 영광으로 여겼다."라고 언급하며, 당시 아장(군영 중군)은 물론 수군절도사 출신까지 총관으로 임명되는 현실에 우려를 표명했다.67 이러한 정조의 발언은 왕자나 대군이 총관의 높은 위상을 유지하는 중요한 모집단이었음을 시사한다.

도총관의 부족 현상

18세기 후반 무렵 조정에서는 총관 확보에 적지 않은 어려움을 겪었다. 이는 앞서 정조의 지적에서 보았듯이, 적임자를 찾기 어려워지면서 총관의 자격 요건이 점차 완화되었고, 그에 따라 총관의 위상 또한 본래의 기대에 미치지 못하는 결과를 초래했다. 특히 도총관의 경우 이를 맡을 인물이 부족해지면서 적합한 후보자를 물색하는 일마저 쉽지 않게 되었다. 이러한 배경에는 두 가지 구조적인 원인이 작용한 것으로 보인다.

첫째, 도총관은 궁궐 입직과 국왕 시위를 수행해야 했으므로 연로한 대신이 감당하기에는 부담이 큰 자리였다. 숙종 초기에 도총부의 존폐를 논의할 당시에도 총관 후보로 대신大臣을 지명하는 것에 대해 신중한 분위기였다. 이는 "대신을 의망하는 일은 가볍게 의논할 수 없다."68라는 당시의 공론에서도 확인할 수 있다. 1737년(영조 13)에는 입직을 기피하는 총관이 많아 관원을 충원하기 어려운 상황에 이르자,

---

67 『승정원일기』 정조 22년 3월 28일(임진).
68 『승정원일기』 숙종 2년 2월 9일(신유).

우부승지 류엄柳儼이 패초牌招의 정식을 마련해야 한다고 건의할 정도였다.[69]

이와 관련하여 정약용이 도총관의 명칭을 명실상부하게 '숙위대사宿衛大使'로 바꾸자고 제안한 점이 주목된다. 그는 "도총부의 대부大夫는 운검과 보검을 메고 종일 국왕을 모시고 서 있어야 하므로 연로한 사람들에게는 괴롭고 힘든 일이다. 따라서 이후부터 50세 이상은 이 관직에 임명하지 말고, 낭관 여섯 사람에게 창을 잡고 시립하여 시위를 엄중히 시키는 것도 적당하다고 생각한다."[70]라고 했다. 이는 연로한 대신이 직접 시위에 참여하는 것이 현실적으로 어렵다는 지적이었다.

둘째, 종친의 급격한 감소도 도총관 모집단의 기반 약화에 큰 영향을 미쳤다. 선행 연구에 따르면, 조선 왕실의 종친 규모는 96명의 왕자 계통에서 배출된 총 2,558명으로 확인된다. 왕대별로 살펴보면, 성종 대에 419명, 중종 대에 234명, 선조 대에 297명이었던 종친 수는 조선 후기에 들어 급격히 감소했다. 인조 대에는 36명, 숙종 대에는 13명, 영조 대에는 22명에 불과하며, 고종 대에는 2명으로 줄어들었다. 정조, 순조, 헌종, 철종 대에는 종친이 전혀 존재하지 않았다. 또한 공주나 옹주와 혼인한 부마도 총 88명에 지나지 않았다.[71]

이처럼 종친의 수가 급감하면서 도총관의 선발은 점점 더 어려워졌다. 이와 관련하여 도총관을 지낸 영조의 탄식이 주목된다. 영조는 관직이 낮은 사람들도 총관을 맡게 된 근래의 상황을 언급하며, 현실적으로 관직의 고하를 구분하면 총관 후보를 내기가 더 어려워진다는

---

69 『승정원일기』 영조 13년 3월 18일(병오).

70 정약용, 『경세유표』 권2, 하관병조 4, 政官之屬 左掖司.

71 원창애, 『조선왕실의 계보와 구성원』, 세창출판사, 2018, 101~108쪽, 169쪽.

점을 인식하고 있었다. 이에 영조는 "이로 보건대 종반宗班의 쇠잔함을 알 수 있으니 어찌 가슴 아프지 않겠는가."[72]라고 말했다.

사정이 이렇다 보니 도총관의 정원을 채우지 못하는 일도 잦아졌다. 1788년(정조 12)에는 이 문제를 해결하기 위해 도총관과 부총관의 정원을 각각 5명으로 고정하지 않고, 품계에 따라 증감하도록 조정하는 방안이 시행되었다.[73] 이 상황의 심각성은 당시 이러한 의견을 제기한 병조 판서 정호인鄭好仁의 지적에서도 잘 드러난다.

> "도총관과 부총관은 본래 정해진 인원이 없고 품계에 따라 올리거나 내리거나 합니다. 그래서 보검 망단자를 소급해서 살펴보니, 도총관이 2~3명, 부총관이 7~8명일 때도 있었고, 부총관이 3~4명, 도총관이 6~7명일 때도 있었습니다. 1764년(영조 40) 당시 병조 판서가 아뢰어 도총관과 부총관을 5명씩 임명하는 것으로 정식을 삼았습니다. 그러나 지금 종신宗臣이 너무 적고 정경대신도 늙고 병든 자가 많아 도총관을 인원대로 배정하여 후보자를 내기가 참으로 어려우니, 예전대로 품계에 따라 올리거나 내리는 것이 좋을 듯합니다."[74]

정호인의 의견은 도총관과 부총관을 각각 5명으로 고정하지 말고, 부총관의 관품이 올라가면 도총관으로 올리고, 반대로 관품이 내려가면 다시 부총관으로 조정하자는 방안이었다. 이는 연로한 대신의 기피와 종친 수의 감소로 인해 도총관 선발이 어려워진 상황을 해결하기 위한 대응책이었다. 정조 역시 이 문제의 심각성을 인식해서 도총

---

72 『승정원일기』 영조 28년 1월 9일(신미).

73 『西銓政格受教筵奏輯錄』 경관직, "都副摠管, 各五員, 勿得加減矣, 隨品乘降〈乾隆戊申〉."; 『대전회통』 권4, 병전 경관직 정이품아문 오위도총부, "[補]都摠管副摠管, 雖陞降差出, 都摠管毋得闕員."

74 『승정원일기』 정조 12년 3월 10일(임신).

관 2명, 부총관 8명 체제로 운영해도 무방하다는 유연한 입장을 보이기도 했다.[75]

19세기에도 이러한 상황은 근본적으로 개선되지 못하고, 총관직은 여전히 해당 인물의 관품에 따라 상하를 조정하는 방식으로 운영되었다.[76] 그럼에도 불구하고 "도총부는 본래 정2품아문으로 비록 품계에 따라 올리거나 내려서 차출하더라도 도총관 1명을 갖추지 않을 수 없다."[77]라는 지적이 제기될 만큼 도총관 1명의 확보조차 쉽지 않은 상황이 지속되었다.

이상으로 조선 후기 오위도총부는 오위의 폐지와 함께 여러 측면에서 구조적인 변화를 겪었다. 총관은 궁궐 숙위 및 국왕 시위의 임무를 수행했으며, 조선 전기에 비해 그 실무적인 성격이 한층 강조되었다. 이러한 변화는 연로한 대신이 해당 직무를 감당하기 어려운 상황을 초래했고, 도총관의 중요 모집단을 형성한 종친의 수마저 급감하면서 도총관 선발이 점점 더 어려지는 양상을 보였다.

---

75 『승정원일기』 정조 22년 3월 28일(임진).

76 『만기요람』 군정편 1, 오위, 도총부.

77 『서전정격수교연주집록』 경관직, "摠府, 本是正二品衙門, 雖乘降差出, 都摠管一員, 不可不備."

8장

오위장의 새로운 운용

1. 오위장의 구성

조선 전기의 오위장

오위장五衛將은 조선시대 족보에 자주 등장하는 무관직이다. 이는 조정에서 우대 관직으로 자주 활용했을 뿐만 아니라, 특별 상전賞典으로 하사한 무관직 중 하나였기 때문이다. 이로 인해 오위장은 흔한 관직이 되었고, 조선 후기에는 그 경향이 더 심화되었다. 이러한 배경에서 오위장이 과연 정직正職인지 의문을 제기할 수 있으나, 결론부터 말하자면 오위장은 명예직이 아니라 업무 강도가 높은 정직이었다.

조선 전기에 오위장은 오위五衛에 속한 종2품의 최고위직 무관이었다. 오위장이 오위도총부五衛都摠府의 지휘를 받았으므로 오위도총부 소속으로 오인할 수도 있으나, 오위장은 오위에 소속된 관직이었다. 또 오위도총부와 마찬가지로 앞의 '오' 자를 떼고 '위장衛將'으로도 불렸다.

오위의 편제에 대해서는 이미 6장에서 부장을 검토하며 설명했으므로 이 장에서는 핵심적인 내용만을 간략히 정리하고자 한다. 『(오위)진법陣法』에 따르면, 오위장은 각 위衛의 장수였다. 5위는 총 25부部 100 통統으로 구성되었으며, 각 위의 편제는 졸 → 오 → 대 → 여 → 통 → 부 → 위의 단계로 이뤄졌다. 병력은 1오=5명, 1대=25명, 1여=125명이었다. 이 가운데 '통'은 정해진 인원이 없었으며, 통수의 다과에 따라 오위 병력을 최소 2,500명에서 최대 12,500명까지 조직할 수 있었다.[78]

조선 전기 오위장의 정원은 12명이었다. 오위의 장을 5명이 아니라 12명까지 늘린 이유는 병권의 집중을 사전에 차단하려는 의도였다. 이에 오위도총부의 총관摠管처럼 12명 모두 겸직이었고, 임기도 1년으로 제한했다.[79] 『경국대전』에 규정된 주요 임무는 궁궐 숙위와 국왕 시위였는데, 그중에서 궁궐 숙위가 중요했다. 오위도총부의 총관이 궁궐 숙위를 총괄한 데 비해, 오위장은 총관의 지휘 아래 군사를 인솔하여 정해진 장소에서 직숙하는 임무를 담당했다.

오위장은 상피相避의 적용 대상이어서 일정 범주 내의 친척과 함께 근무할 수 없었다. 또한 군권의 집중을 막기 위해 오위장은 병조와 오위도총부의 당상관, 겸사복장, 내금위장과 동일 부서로 간주되어 이들과 상피 대상이 되었다.[80] 오위장이 오위도총부의 지휘 아래 오위를 관장했으므로 군사 지휘권과 관련한 인사들과의 혐의를 피해야 했기 때문이다.

아울러 오위장을 예우하여 각 개인에게는 녹사錄事와 서리를 각각

---

78 『(오위)진법』의 편제에 대해서는 이 책 6장 3절 참조.

79 『경국대전』 권4, 병전 정이품아문 오위도총부.

80 『경국대전』 권1, 이전 상피, "兵曹都摠府堂上官, 兼司僕將, 內禁衛將, 五衛將, 則雖非同衙門, 通爲相避."

1명씩 배속하고, 오위장 전체에게도 차비노差備奴 20명을 일괄 배정했다.[81] 녹사는 일부 고위 부서와 재상급 관료에게만 배치한 상급 경아전으로, 이는 오위장의 높은 위상을 가늠할 수 있는 척도가 된다.

오위장 운용의 변화

조선 후기 오위장의 운용은 오위가 폐지되면서 변화가 불가피했다. 『속대전』에는 "지금 오위의 군제가 모두 폐지되고 관청 이름만 남아 있다. 장將과 부장部將은 번을 나누어 입직하면서 야간 순찰을 한다."[82]라고 하여 오위장 임무를 야간 순찰로 명시했다. 『속대전』을 토대로 변화된 내용을 구체적으로 검토하면 네 가지로 정리할 수 있다.

첫째, 오위장의 정원은 그대로 12명을 유지했으나 품계는 정3품 당상관으로 한 단계가 내려갔다. 당상관의 직위는 유지했으나 대신의 반열에 드는 2품에서 제외되었다.

둘째, 오위장은 병조 판서를 제외하고 병조의 당상관, 오위도총부의 총관, 겸사복장, 내금위장 등과 통틀어 상피하지 않아도 되었다.[83] 이는 조선 전기의 군사 지휘 체계가 해체되면서 오위장의 실질적인 권한도 축소되었기 때문이다. 오위의 혁파로 총관과의 상피 요건이 사라졌고, 병조가 더이상 오위장에 관여하지 않게 되면서 상호간 상피를 유지할 필요도 없게 되었다. 이러한 변화는 오위도총부 총관과 마

81 『경국대전』 권1, 이전 京衙前; 권5, 형전 諸司差備奴跟隨奴定額.

82 『속대전』 권4, 병전 경관직 정삼품아문 오위, "今五衛兵制盡罷, 獨存官名, 將及部將, 分番入直巡更."

83 『속대전』 권1, 이전 상피, "內三廳五衛將, 無兵曹句管之事, 判書外他堂上勿避〈內禁衛羽林衛忠翊衛忠壯衛將, 亦與摠管勿避〉."

〈표 19〉 오위장의 인원과 관품

구분	경국대전	속대전	대전통편	대전회통
인원	12(겸)	12(겸)	12(겸)	15(겸)
품계	종2품	정3품 당상		

※ 겸: 겸직

찬가지로 오위 군사의 지휘권 상실에 따른 제도적 조정의 일환으로 이해할 수 있다.

셋째, 조선 후기에도 오위장은 모두 겸직이었다. 이에 따라 오위장에 임명되면 중추부의 동지중추부사(종2품)나 첨지중추부사(정3품 당상) 자리에 따로 설정한 위장 체아衛將遞兒를 내렸다.[84] 그러나 해당 자리가 부족해지자 군직軍職(오위직)으로까지 확대되었다. 하나의 사례로, 단종의 조카 정미수鄭眉壽의 후손인 해풍군 정효준鄭孝俊은 1648년(인조 26) 1월에 '절충장군 첨지중추부사 겸 오위장'에 임명되었고, 같은 해 7월에는 '절충장군 행 용양위 사과 겸 오위장'이 되었다.[85]

그러나 오위장에게 중추부 관직이 아니라 군직을 내리는 것은 오위장의 위상을 떨어뜨리는 일이었다. 1798년(정조 22) 병조 판서 이시수李時秀는 이러한 문제를 언급하며, "군직으로 위장을 겸하게 하는 것은 본래 옛 제도가 아니니, 위장과 번장 8원을 가설 첨지로 계하할 것을 청합니다."[86]라고 건의하여 정조의 승인을 받았다. 그러나 '디지털장서각 한국고문서자료관' 웹사이트에서 오위장의 임명장을 조사한 결

84 『속대전』 권4, 병전 경관직 정일품아문 중추부, "從二品, 同知事, 加一員〈衛將遞兒〉, 正三品, 僉知事〈八員內三員, 衛將遞兒〉."

85 디지털장서각 한국고문서자료관, 1648년 정효준鄭孝俊 고신 2건.

86 『승정원일기』 정조 22년 10월 29일(기미), "五衛將, 以他官兼, 乃是經國大典所載, 至今例付遞兒樞銜, 而遞兒僉樞, 只是三窠, 故旋卽減下, 還付軍銜, 以軍銜兼衛將, 本非舊制, 請衛將番將八員, 加設僉知啓下, 從之."

과, 이후에도 여전히 군직도 내리고 있어 개선이 이뤄지지 않은 것으로 판단된다.

셋째, 오위장에 '조사위장曹司衛將'[87]이라는 직함을 추가로 설치했다. "12명 중 2명을 '조사'라고 부른다."[88]라는 규정에 따라 두 자리를 배정했다. 조사위장은 위장소衛將所(오위장 입직처)의 사무를 주관했으며, "조사를 오위장과 비교하면 벼슬하는 재미가 있습니다."[89]라는 언급처럼 오위장보다 더 실속있는 자리로 여겨지기도 했다. 근무처는 돈화문 밖 이동泥洞에 위치하여 '위장외소衛將外所'로 일컬어졌는데, 일반 오위장의 경우 궐내에 있으므로 '위장내소衛將內所'라 불렸다.[90]

조사위장은 사무를 담당하는 직책이어서 주로 문관들이 임용되었다. 1764년(영조 40) 영조는 통정대부 이상의 문관 중 적체된 인원이 많아지자, 두 자리 중 한 자리를 문관 자리로 지정했다가 1767년에는 문관과 음관을 교차로 임명하도록 변경했다.[91] 1770년에는 서울 거주 문관들의 비중이 높자 지방 출신의 후보자를 갖추도록 명하고, '조사위장'의 명칭도 폐지했다.[92]

그러나 정조 대에도 여전히 조사위장의 명칭을 사용했으며, 오히려 『대전통편』에는 문관을 임명하는 자리로 바뀌었다. 그러다가 1799년

---

87 '조사'라는 용어는 조선왕조실록에서 조선 초기부터 등장하며, '조사낭청曹司郎廳'처럼 낭관이나 신입 관료를 가리키거나, 관청 자체를 의미하기도 했다. '조사위장'이라는 표현은 『성종실록』에 보이기 시작하는데, 성종 대의 조사위장은 오위장이 시행한 부장에 대한 포폄 결과를 오위도총부에 전달하는 역할을 담당했으며, 중종 대 이후로는 상번 군사를 각처로 분배하는 임무를 맡았다.

88 『속대전』 권4, 병전 경관직 정삼품아문 오위, "將〈十二員內二員, 稱曹司〉."

89 『승정원일기』 영조 30년 윤4월 6일(을묘).

90 『만기요람』 군정편 1, 오위, 위장소〈部將廳附〉.

91 『승정원일기』 영조 40년 10월 28일(병오); 영조 43년 2월 21일(을묘).

92 『승정원일기』 영조 46년 7월 1일(을사).

(정조 23) 1자리는 문관 자리로 하고, 1자리는 문관·음관·무관을 두루 임명하는 자리로 만들었다.[93] 이 조치가 『대전회통』에 반영되었고, 무관의 경우에는 방어사 이상을 지낸 사람을 후보자로 올리게 했다.[94]

넷째, 오위장 개인에게 배치한 녹사와 서리를 폐지하고, 대신 서원書員만 오위장청五衛將廳에 9명, 위장소에 21명을 배치했다.[95] 서원은 서리보다 위계가 낮은 경아전으로, 녹사와 서리의 폐지는 오위장의 위상이 하락되었음을 보여주는 지표라 할 수 있다. 다만, 오위장 전체에 배정한 차비노 20명은 그대로 유지했다.

이상과 같이 『속대전』에 반영된 오위장의 변화는 이후에도 기본적인 기조를 유지하면서 정원만 조정되었다. 1795년(정조 19) 정조가 당상 무관 자리를 늘리는 방안의 하나로 오위장 세 자리를 추가하면서 총 15명이 되었고, 이 조치는 이후 『대전회통』에 반영되었다.[96]

2. 오위장의 임무와 위상

오위장의 임무

조선 후기 오위장의 주요 임무는 '순경巡更'으로 대표되는 궁궐 숙위

---

93 『대전통편』 권4, 병전 경관직 정삼품아문 오위; 『승정원일기』 정조 23년 7월 29일(을유); 『서전정격수교연주집록』 京官職, "曹司衛將, 一窠永作文官〈乾隆甲申〉, 一窠文蔭武通差〈嘉慶己未〉."

94 『대전회통』 권4, 병전 경관직 정삼품아문 오위; 『兩銓便攷』 권2, 西銓 擬差.

95 『속대전』 권1, 이전 경아전 서리; 『대전통편』 권1, 이전 경아전 서리, "五衛將廳〈將各一, ○四, [續]降書員, 九〉……衛將所〈[續]書員二十一〉."

96 『승정원일기』 정조 19년 12월 28일(을사); 『대전회통』 권4, 병전 정삼품아문 오위.

였다. 앞서 언급했듯이 조정에서 이 직함을 상전의 수단으로 자주 활용하면서 오위장을 명예직으로 인식하는 경향도 있으나, 이는 실상과 다르다. 오위장의 업무는 뚜렷한 실무적 성격을 띠었다.

조선 전기에 오위장은 오위 군사를 통솔하며 궁궐 숙위와 국왕 호위를 담당했다. 궁궐 숙위의 경우, 오위 군사가 3일마다 1부部씩 교대로 입직했으며, 국왕의 낙점을 받은 오위장이 3일 동안 이들을 나누어 거느리면서 입직했다.[97] 입직하는 동안 오위장은 부장과 함께 군사 10명을 데리고 시각을 나눠서 궐내를 순찰한 뒤 직접 국왕에게 그 결과를 보고했다.[98]

국왕 시위는 크고 작은 행사 때 오위장이 군사를 지휘하여 궁궐의 뜰에 정렬하는 것이었다. 국왕이 행재소에 머물 때는 오위장이나 부장이 행재소의 대장大將인 오위도총부 총관의 명을 받아 군사 10명을 이끌고 외진外陣을 순찰하거나 특별 순찰을 수행했다.[99]

조선 후기에도 오위장의 임무는 궁궐 숙위와 국왕 시위라는 큰 틀은 변하지 않았으나 세부적으로는 변화가 있었다. 조선 후기 오위장의 임무와 관련하여 '오위장청'이라는 명칭이 눈길을 끈다. 오위장은 오위에 속하므로 따로 청으로 성립된 적이 없다. 그럼에도 이러한 명칭이 붙은 것은 '부장청'과 마찬가지로 업무가 특화되었음을 의미하

97 조선 전기 오위장의 입직 인원은 확실하지 않다. 다만, "지금 이후로 궐내의 야간 순라는 위장으로 거행하게 하는데, 북쪽은 동소·서소·북소의 위장으로, 남쪽은 남소의 위장과 응양위장鷹揚衛將, 내금위장으로 시각을 나누어 번갈아 돌게 하라."는 전교를 고려할 때, 조선 후기와 마찬가지로 한 번에 4명씩 입직했을 것으로 판단된다(『성종실록』 권2, 1년 1월 8일(정해)).

98 『경국대전』 권4, 병전 입직, "凡將士直宿者, 三日而遞〈本曹日遞〉, ○五衛各一部入直, 前夕, 本曹分所分更取旨〈衛將受點分領〉."; 권4, 병전 行巡, "闕內, 則衛將若部將, 率軍士十人, 以分更行巡後, 無事與否直啓."

99 『경국대전』 권4, 병전 行巡.

며, 그 특화된 업무란 바로 '순경'으로 표현되는 궁궐 숙위라고 판단된다.

오위장이 담당한 궁궐 숙위의 업무는 3일간 입직해서 매일 야간에 궁궐 담장을 순찰하고 살피는 일이었다. 오위장이 입직하는 위장소는 창덕궁과 창경궁을 하나의 공간으로 연결하여 동·서·남·북의 각 소所와 외소外所 등 5곳이 있었다. 이 가운데 외소는 조사위장의 근무처이므로 오위장의 입직처는 4곳이었다.[100]

입직은 각 소마다 오위장 1명씩 실시했으므로 한 번에 4명이 근무하는 방식이었다. 위장소마다 오위장이 정正, 부장이 부副가 되어서 오위장 1명이 부장 1명과 함께 기병騎兵 6명, 사령使令 1명, 아방직兒房直 1명을 거느렸다.[101]

이밖에 위치상 중요한 동소와 남소에는 인원을 더 배치했는데, 『속대전』을 기준으로 동소의 오위장은 충의위忠義衛 3~6명과 충순위忠順衛 2명을, 남소의 오위장은 충찬위忠贊衛 2명을 더 거느렸다. 이후 인원이 조정되어 충의위 5명과 충순위·충찬위 각 1명씩으로 바뀌었다.[102]

오위장이 담당한 야간 순찰 시각은 초경初更 3점點(오후 8시 12분)[103]부터 시작하여 파루罷漏 때인 5경 3점(오전 4시 12분)에 마쳤는데, 이 규정은 영조 대에 만들어진 것으로 보인다.[104] 각 위장소에 입직한 오위장

---

100 위장소 위치는 이 책 6장 3절 참조.

101 『만기요람』 군정편 1, 오위, 위장소〈부장청부〉.

102 『속대전』 권4, 병전 입직, "〈東所衛將, 率忠義衛三四人, 或五六人, 忠順衛二人, 南所衛將, 率忠贊衛二人, 亦隨直〉."; 『대전통편』 권4, 병전 입직, "〈[增]忠義衛五人, 忠順衛忠贊衛各一人〉."

103 시각 계산 방식에 대해서는 이 책 6장의 각주 232번 참조.

104 『승정원일기』 영조 7년 9월 14일(갑술); 『만기요람』 군정편 1, 오위, 위장소〈부장청부〉; 『노상추일기』 1791년 1월 14일. 영조 7년에는 야간 순찰을 초경 3점에 시작하여 5경 2점에 종료했다. 그러나 『만기요람』과 노상추의 일기에는 모두 초경 3점에

4명과 부장 4명이 야간 통행금지 시각인 8시간을 나누어 순찰했으며, 순찰 시간대는 당직한 날의 생기省記에 따라 그때그때 달랐다.

야간 순찰 구역은 동쪽의 통화문, 서쪽의 영숙문永肅門 밖, 남쪽의 단봉문丹鳳門, 북쪽의 집성문集成門 밖까지 걸쳐 있었다.[105] 순찰 방식은 초경 3점 초初부터 오위장과 부장이 각각 군사 5명씩을 거느리고 교대로 시간을 달리하여 진행했으며, 서로 반대편에서 출발하여 끊임없이 순찰이 이어지도록 했다. 예컨대, 초경에 동소에서 부장이 출발했다면 서소에서는 오위장이 출발하는 방식이었다. 2경에는 남소와 북소, 3경에는 동소와 서소, 4경과 5경에는 남소와 북소가 차례로 이 방식으로 출발하여 파루를 칠 때까지 수행했다.[106] 1791년(정조15) 오위장으로 근무 중이던 노상추盧尙樞는 이 방식을 "더할 나위 없이 완벽하다."[107] 라고 높이 평가했다.

오위장의 순찰 실례를 살펴보면, 1791년 동소에 입직한 오위장 노상추는 2경 3점(오후 10시 12분)부터 3경 3점(오전 12시 12분)까지 순찰을 담당했다. 이날 그는 명정문明政門 바깥부터 시작해서 숭지문崇智門, 집례문集禮門, 광정문光政門, 경화문景化門, 동룡문銅龍門, 동수구東水口, 어정수御井水, 건양문建陽門, 숙장문肅章門, 인정문仁政門, 진선문進善門, ㅁㅁ문門, 경추문景秋門, 북수각北水閣, 요금문曜金門, 명례문明禮門을 거쳐 대보단에 이르러 돌아왔다.[108]

시작하여 파루에 마친다고 했으므로, 정조 대 종료 시점은 이 두 자료를 따랐다.

105 『만기요람』 군정편 1, 오위, 위장소〈부장청부〉.

106 『만기요람』 군정편 1, 오위, 위장소〈부장청부〉; 巡邏; 군정편 2, 병조각장사례, 궐내순행.

107 『노상추일기』 1791년 1월 14일.

108 『노상추일기』 1791년 1월 12일.

오위장은 번을 바꿀 때 위장패衛將牌를 주고받았다. 위장패는 총 8부部가 있었다. 모양은 둥글고 넓으며, 앞면에는 '위장衛將' 두 자를 새기고 뒷면에는 전서체로 새긴 '위장' 낙인烙印을 찍었다. 그리고 좌번左番은 '위衛' 자 안을 '巾'으로 표시하고, 우번은 '위' 자 안을 '牛'로 표시해 4곳의 위장이 이를 나누어 차고 정해진 시각에 따라 순찰했다.[109] 위장패의 전달은 구번舊番이 인정문 안에서 자신의 패를 반납하고, 이어서 신번의 패를 받아 입직할 오위장에게 넘기는 방식으로 이뤄졌다.[110] 이와 달리 부장은 일정한 절차 없이 개인적으로 패를 주고받았다.

이밖에 오위장은 국왕의 전좌나 거둥 때 시위에 참가했고, 백관의 반열에도 참여했다. 시위는 주로 입직 중에 수행했는데, 백관의 조참이나 서계誓戒, 추도기과秋到記科를 비롯하여 일차유생전강日次儒生殿講, 문신 전경강專經講, 권무과勸武科 등 각종 시험의 친림 시에 이뤄졌다. 또한 납향臘享, 친국親鞫, 종묘 재계 중의 숙위에도 동원되었다.[111] 아울러 어가가 경모궁 등 도성에 행차할 때면 시위 반열에 참여했고, 간혹 출직한 상태에서도 시위에 동원되거나, 교외에 거둥하는 국왕을 전송하거나 맞이하는 반열에 참석하기로 했다.[112]

오위장의 위상

조선 후기에 오위장은 정3품 당상관이지만 현달한 관직으로는 여겨

109 『銀臺條例』 兵考, 符信.
110 『노상추일기』 1791년 1월 24일.
111 『노상추일기』 1791년 1월 11일; 3월 25일; 4월 2일; 1792년 7월 19일; 8월 27일; 28일; 1792년 10월 16일; 1796년 12월 23일; 27일; 1809년 3월 11일.
112 『노상추일기』 1791년 1월 21일; 2월 2일; 3월 11일; 4월 25일; 1792년 9월 19일.

지지 않았다. 이는 특교特敎나 군공에 대한 포상으로 오위장을 자주 내리는 과정에서 오위장의 직첩이 남발되었기 때문이다.

오위장의 직첩이 남발된 결정적인 계기는 임진왜란이었다. 전쟁 중 국왕이 군공을 세운 사람들에게 특교로 오위장을 수여하는 사례가 빈번해지면서 서얼이나 중인도 어렵지 않게 오위장에 오를 수 있게 되었다. 이에 사헌부에서 전쟁 이후 오위장을 아무나 구차스럽게 선발하는 바람에 명망 있는 사람들이 같은 대열에 서기를 부끄러워한다고 지적할 정도였다.[113]

그 결과 18세기 초 오위장의 위상은 내금위장이나 군영 소속 무관인 장관將官보다 못한 상황이었다. 1704년(숙종 30) 이조 참판 이건명李健命은 제관祭官으로 뽑을 당상관이 부족하자 무관의 차출을 건의했다. 그는 요즘 오위장이나 순장巡將의 언행과 행동거지 등이 당상관의 품위에 미치지 못한다고 평가하며, 이들을 제외하고 내금위장과 장관 중에서 선발할 것을 주장했다.[114] 비록 이 건의는 숙종의 반대로 채택되지 않았으나, 오위장의 낮은 위상을 보여주는 단적인 사례라 할 수 있다.

18세기 후반에도 오위장에는 다양한 계층의 사람들이 지속적으로 유입되었다. 대표적으로 1777년(정조 1) 정조는 양천良賤 첩 자손의 허통을 위해 오위장이 되는 길을 공식적으로 열어주었다.[115] 무과 출신인 서얼 조감趙瞰은 장용영의 초관哨官(종9품)으로 있다가 품계가 더해지면서 오위장으로 뛰어올랐다. 마찬가지로 황해도 감영의 중군中軍(정3

113 『선조실록』 권200, 39년 6월 9일(병오).
114 『숙종실록』 권39, 30년 5월 28일(병인).
115 『정조실록』 권3, 1년 3월 21일(정해).

품 당상)을 거쳐 오위장이 된 이현창李顯昌 역시 서얼이었다.[116] 이외에도 장수 또는 진휼이나 각종 공사를 위해 쌀이나 물건 등을 희사한 사람들에게 오위장을 제수한 사례를 쉽게 찾아볼 수 있다.[117]

1794년 우의정 이병모李秉模는 오위장의 남발로 인한 문제점을 다음과 같이 지적했다. "오위장은 무신의 청직이나, 근래 뒤섞임이 너무 심합니다. 잡기 당상雜岐堂上으로 겨우 가장假將이나 감당할 수 있는 자까지 모두 어렵지 않게 되니 어찌 개탄스럽지 않겠습니까?"[118]라고 하면서 병조를 엄히 신칙하여 옛 격식대로 각별히 선발해야 한다고 건의했다.

이런 분위기에서 집안이나 경제적 형편이 좋은 당상관들 사이에서는 오위장을 기피하는 경향이 두드러졌다. 대표적으로 1809년(순조 9) 새로 임명된 오위장 5명 중 1명만 사은숙배하자 4명을 다시 선발한 일도 있었다.[119] 사은숙배를 한 이경희李敬熙마저 한 달여 만에 병이 위중하다면서 교체를 요청했고, 같은 해 10월에 첨사僉使로 나갔다.[120]

당시 사은숙배를 하지 않은 홍순洪栒은 2개월여 만에 충주 영장으로 부임했다.[121] 홍성희洪聖禧는 같은 해 12월에 다시 오위장으로 임명되자 신병으로 교체를 요청했으며, 이듬해에 태안 군수로 임명되었다.[122] 이징오李徵五도 1810년에 다시 오위장으로 있다가 병을 이유로

---

116 『노상추일기』 1792년 10월 30일; 『승정원일기』 정조 14년 7월 4일(임오); 정조 16년 2월 4일(계묘).

117 『영조실록』 권120, 49년 3월 30일(기미); 『정조실록』 권38, 17년 8월 18일(무인); 권44, 20년 5월 9일(계축).

118 『승정원일기』 정조 18년 12월 22일(을해).

119 『노상추일기』 1809년 5월 4일; 5월 6일; 6월 19일.

120 『승정원일기』 순조 9년 5월 4일(계해); 7월 27일(을유); 10월 24일(신해).

121 『승정원일기』 순조 9년 7월 11일(기사).

122 『승정원일기』 순조 9년 12월 3일; 순조 10년 9월 4일(신유); 9월 22일(갑술).

교체를 요구했으며, 1812년에 전라 중군으로 나갔다.[123]

그럼에도 불구하고 조선 후기에 오위장은 당상 무관으로서 일정한 위상을 유지하고 있었다. 예를 들어, 오위장은 당상관의 예에 따라 휴가를 받을 때 국왕의 재가를 직접 받아야 했다. 이는 군영의 천총千摠(정3품 당하)이나 파총把摠(종4품) 등이 소속 군영에 소지를 제출하여 휴가를 받는 방식과는 뚜렷이 구별되는 점이었다.[124] 즉, 오위장은 당상 무관으로서 국왕과 직접 소통하는 지위에 있었던 것이다.

또한, 오위장은 조정과 개인 모두에게 유용한 관직이었다. 조정 입장에서는 입직 당상관을 안정적으로 확보할 수 있어서 유용했고, 개인적으로는 외직에서 복귀한 당상 무관들에게 다음번 관직으로 나가기 위한 발판이 되어 주었다. 비록 관직의 위상이 하락하고 업무 강도는 높았으나, 인사권자에게 자신의 존재를 알리고 관직 공백을 최소화할 수 있는 자리였다는 점에서 중요한 의미가 있었다. 이 점은 이어지는 노상추의 사례를 통해 확인 가능하다.

여섯 차례 오위장을 지낸 노상추

무관 노상추(1746~1829)는 35세의 나이로 무과에 급제한 뒤 39세에 무겸武兼 선전관이 되었다. 이후 노상추는 화려한 관직은 아니지만 끊임없이 관직 생활을 이어 나갔다. 삭주 부사를 거쳐 홍주 영장, 강화 중군, 가덕도 첨사 등을 역임했으며 말년에는 동지중추부사(종2품)까지 올랐다.

---

123 『승정원일기』 순조 10년 4월 8일(신묘); 순조 12년 8월 16일(병진).
124 『승정원일기』 숙종 7년 7월 23일(갑술).

〈표 20〉 노상추가 오위장을 지낸 시기

연월	나이	근무 기간	근거
1791년(정조 15)	46세	1791. 1. 7 ~ 1791. 6. 7	『노상추일기』
1792년(정조 16)	47세	1792. 6.22 ~ 1792.11. 3	『노상추일기』
1796년(정조 20)	51세	1796.12.21 ~ 1797. 3.10	『승정원일기』
1804년(순조 4)	59세	1804. 2.13 ~ 12.3	『노상추일기』
1805년(순조 5)	60세	1805. 6. 5 ~ 1805. 7.28	『노상추일기』
1809년(순조 9)	64세	1809. 2.28 ~ 6.19	『노상추일기』

노상추의 관직 생활에서 눈에 띄는 현상은 그가 오위장을 여섯 차례나 역임했다는 사실이다.[125] 현재 전하는 노상추의 호구단자戶口單子는 1774년(영조 50)부터 1828년(순조 28)까지 54년 동안 총 16회에 이르며,[126] 여기에 노상추가 본인의 직역으로 오위장이나 금군장과 같은 직책을 한 번도 기재하지 않았다는 사실은 앞선 4장에서 살펴본 바 있다. 이 점은 노상추의 입장에서 오위장이나 금군장은 내놓을 만한 관직이 아니었다는 의미로 해석된다.

노상추는 1791년(정조 15) 1월에 처음 오위장이 되었다. 그 전에 그는 1789년 12월의 도목정에서 진동 만호鎭東萬戶의 임기를 마치고 훈련원 주부(종6품)로 임명되었지만, 서울로 돌아오기 직전 병이 나면서 직무를 수행하지 못했다. 그 대신 진동에서 쌓은 공로로 서울에 오자마자 품계가 절충장군(정3품 당상)으로 올라 당상관이 되었다.[127]

서울로 돌아온 노상추는 수령 진출을 희망했으나 뜻을 이루지 못하

125 노상추의 오위장 경력에 대해서는 정해은, 「조선후기 무관 노상추의 중앙 관직 생활과 그 의미-오위장과 금군장을 중심으로-」, 『민족문화논총』 72, 2019 참조.

126 최승희, 「조선후기 양반의 사환과 가세변동」, 『한국사론』 19, 1988, 362~363쪽의 〈표 2〉.

127 『노상추일기』 1790년 1월 4일; 3월 30일; 4월 9일.

고, 1790년(정조 14) 6월에 순장巡將이 되었다. 순장은 매일 국왕의 낙점을 받아 입직하는 직책으로, 당상관 이상의 문관·음관·무관 중 이력이 있고 문지門地와 명망 있는 사람들로 임명했다.[128] 그러나 야간 순찰을 담당하는 임시 직책이었다. 결국 노상추는 11월 하순에 병조 판서를 찾아가 순장의 후보자 명단에서 빠졌다가, 12월에 다시 순장으로 복귀했다.[129]

이어서 같은 해인 1790년 12월 도목정사에서 오위장의 후보에 올랐으나 낙점을 받지 못했고, 이후 오위장을 그만두는 사람이 생기면서 1791년 1월에 처음으로 오위장이 되었다. 5개월간 근무한 뒤 오위장에서 교체된 그는 낙향하여 3개월 보름 정도를 지낸 후, 이해 11월에 상경해서 복직을 위해 노력했다. 그러나 12월 도목정사에서 성과를 내지 못했고, 이듬해인 1792년 6월 도목정사에서 다시 오위장이 되었다.[130]

이후 노상추는 1793년 11월 삭주 부사로 부임했으나, 창성昌城 수령과의 갈등으로 인사 평정에서 '중中'을 받아 1년 만에 파직되어 돌아왔다. 서울에 오자 그와 창성 수령의 파직을 둘러싸고 온갖 소문이 무성했고, 심지어 재상들 사이에서도 논란이 되었다.[131] 이러한 상황 때문인지 노상추는 1800년(순조 즉위년) 12월 홍주 영장洪州營將에 임명되기까지 6년 동안 오위장, 겸사복장, 우림위장, 천총千摠 등의 직책을 옮겨

128 『신보수교집록』 병전, 경관직, 강희 계묘년(현종 4) 승전.

129 『노상추일기』 1790년 6월 22일; 24일; 7월 24일; 8월 17일; 23일; 9월 17일; 20일; 24일; 29일; 10월 15일; 26일; 11월 15일; 12월 22일; 25일; 28일.

130 『노상추일기』 1790년 12월 26일; 1791년 1월 7일; 6월 7일; 11월 13일; 1792년 6월 22일.

131 『노상추일기』 1795년 1월 17일.

다녔다.

그럼에도 노상추가 오위장 등의 직책을 끝까지 놓지 않은 이유는 수령 등의 외직으로 나가기 위한 발판으로 삼기 위해서였다. 1792년 두 번째 오위장이 되었을 때 그는 "내가 다시 오위장이 되었는데, 수령을 얻지 못했으니 형세로 볼 때 어떠하겠는가."132라며 낙담했다. 노년에 어영청의 기사장騎士將이 되었을 때도 "나이 63세에 다시 군문軍門을 밟고, 적은 녹봉에 허리를 굽히는 것은 외직을 구하려는 마음이 있기 때문이다."133라고 했다.

오위장을 지내면서 노상추는 많은 애환을 겪었다. 특히 오위장을 기피하는 이들이 많아지면서 정원이 채워지지 않았고, 그만큼 그의 근무 부담도 늘어났다. 오위장은 당상 관직이었지만 야간 순찰을 직접 해야 했기에 힘든 직책이었고, 이런 이유로 임명된 사람 중에는 건강을 이유로 사퇴하는 경우가 잦았다.

1809년(순조 9) 노상추는 부망副望으로 오위장에 임명되자 "몇 년 전에 강화 중군에 부망으로 낙점을 받는 은혜를 입었는데, 지금 오위장에 또다시 부망으로 낙점되는 은혜를 입었기에 한없이 감사드린다."134라며 기뻐했다. 그의 나이 64세였다.

그러나 이때도 오위장의 정원이 다 채워지지 못하면서 3개월 동안 하루씩 교대로 번을 서야 했고, 이로 인해 "피로가 막심"한 상태가 되었다. 6월에도 사정은 나아지지 않았다.135 이미 3개월 전에 벽동 수령을 지낸 백영진白泳鎭이 오위장에 임명되었으나 병을 이유로 사퇴하

132 『노상추일기』 1792년 6월 22일.
133 『노상추일기』 1808년 10월 18일.
134 『노상추일기』 1809년 2월 28일.
135 『노상추일기』 1809년 5월 28일; 6월 4일.

는 일이 있었다.[136] 이에 대해 그는 "교체를 도모하여 사은숙배를 하지 않았다고 하는데, 좋은 관직을 고르는 처사가 개탄스럽다."[137]라고 했다. 다음의 기록은 당시 오위장의 벼슬 상황이 어떠했는지를 잘 보여주는 자료라 할 수 있다.

> 비를 무릅쓰고 초경(오후 7시~9시)과 2경(오후 9시~11시)에 순찰했는데, 우구雨具를 쓴 채로 걸어 다니기가 정말 힘들었다. 최근 몇 년 이후로 조사위장들은 입직도 하지 않으며, 전원 시위는 고사하고 반열에도 참석하지 않는다. 그런데도 헛되이 녹미祿米와 구가丘價를 받아먹으며 편안히 여기고 부끄러워하지 않는다. 심지어 다른 오위장들도 병을 핑계대고 입직하지 않거나 반열에 참석하지 않고 있다. 그러므로 조정 기강이 이미 말할 수 없는 지경이 되었으니, 어찌하겠는가.[138]

이상에서 살펴본 대로, 조선 후기 오위장은 오위가 폐지되면서 관명만 유지한 채 관품이 정3품 당상관으로 낮아졌고, 군사 지휘권도 사라지며 주로 야간 순찰 임무를 담당하는 관직으로 변모했다. 이러한 변화로 인해 오위장을 기피하는 사례가 증가했고, 신병을 이유로 교체되는 경우도 잦아졌다. 그럼에도 불구하고 오위장은 외직에서 복귀한 무관들이 관직 공백을 최소화하면서 다음 관직으로 나가기 위한 발판이자, 일정한 녹을 받을 수 있는 관직으로서 일정한 의미가 있었다.

---

136 『승정원일기』 순조 9년 3월 16일(병자); 4월 16일(을사).
137 『노상추일기』 1809년 3월 24일; 4월 3일.
138 『노상추일기』 1809년 3월 10일.

9장

오위 체아직의 구조와 운용

1. 체아직 관련 용어

'체아'의 의미

조선시대 체아직遞兒職은 여러 사람이 하나의 관직에 부여된 녹祿을 일정 기간 번갈아 가며 받는 관직을 말한다. 경우에 따라서는 단발적으로 임명되어 일시적 또는 한시적으로 받기도 했다. 이는 관직 수와 재정이 한정된 상황에서 점점 늘어나는 관직자들의 문제를 해결하기 위해 고안한 관직 운용 방식이었다.

조선 후기 체아직에 대한 일반적인 인식은 17세기 학자 류형원柳馨遠(1622~1673)의 언급을 통해 엿볼 수 있다. 류형원은 각 관청의 직무는 전임자를 뽑아 직무를 전담시켜야 한다고 지적하며, 삼의사三醫司(내의원 · 전의감 · 혜민서), 관상감, 사역원에서 시행하는 체아직의 폐지를 주장했다. 그는 체아에 대해 "일정한 녹이 없고, 1년에 4차례 강서 시험을 쳐서 그 성적에 따라 관직의 고하를 바꿔가며 녹을 주는 것"[139]이라고 설명했다.

18세기에 한양의 창동에 거주한 선비 유만주俞晩柱(1755~1788)도 체아직을 류형원과 거의 유사하게 이해했다. 그는 "현재 삼의사, 관상감, 사역원은 비록 정正, 부정副正에서부터 참봉에 이르기까지 관원이 있으나 정해진 녹이 없다. 이에 춘하추동에 고강考講을 실시하여 그 점수에 따라 관직의 고하를 바꿔가며 녹을 주는 것을 체아라 한다."[140]라고 했다. 이는 곧 두 사람 모두 삼의사, 관상감, 사역원의 체아직을 일정한 녹이 없는 사람들에게 강서 시험을 실시해 그 성적에 따라 바꿔가며 녹을 지급하는 자리로 파악했음을 보여준다.

조선시대 체아직은 세종 초기에 도입되어 동반직과 서반직에 모두 적용되었으며, 특히 서반직의 비중이 높았다.[141] 조선 전기의 서반 체아직은 『경국대전』「병전」의 〈번차도목番次都目〉 조에 지급 대상과 규정이 들어 있다. 〈번차도목〉 조는 번차, 도목, 체아, 가계加階, 거관去官의 다섯 항목으로 이뤄졌다. '번차'는 장번長番, 이번二番, 오번五番 등 근무 교대 주기를 말한다. '도목'은 정기 인사 행정을 말하며, 양도목兩都目, 삼도목三都目, 사도목四都目 등은 1년 동안 진행하는 인사 행정 횟수를 의미했다.[142] 따라서 체아직은 대체로 번차와 도목을 기준으

---

139 류형원, 『磻溪隧錄』 권16, 職官之制 下, 職官因革事宜, "無定祿, 以四時考講, 以其分數, 遞相高下付祿, 謂之遞兒."

140 俞晩柱, 『欽英』 1776년 6월 17일(서울대 규장각한국학연구원, 1997, 1책 170쪽), "今三醫司觀象司譯院, 雖有正副正, 以至參奉諸官, 然無定祿, 而四時考講, 以其分數, 遞相高下付祿, 謂之遞兒."

141 이재룡, 『조선초기사회구조연구』, 일조각, 1993, 6~8쪽. 잡직에도 『경국대전』「이전」에 따로 '체아' 조가 있었다.

142 이지훈, 「조선초기 都目의 의미와 활용」, 『조선시대사학보』 101, 2022, 14~15쪽. 이지훈은 '도목'이 정기 인사 행정뿐만 아니라 "인사 행정에 이용하는 문서"(16쪽)의 의미도 있다고 보았다. 이에 도목을 정안政案(이력서), 관안官案(관직 현황판)과 구분하여, "직무별로 관원군을 구분하고, 이들을 개별 기준에 따라 평가하고, 그 결과를

로 순서대로 녹을 받도록 설계한 관직 체계였다고 볼 수 있다.[143]

조선왕조실록에서 '체아' 또는 '체아직'이라는 용어가 처음 등장하는 시기는 1422년(세종 4)이다.[144] 체아직은 조선왕조만의 독특한 관직 운영 방식으로 판단된다. 현재 중국의 고전 원문을 종합적으로 웹 서비스 중인 '중국기본고적고中國基本古籍庫'에서 '체아'라는 용어를 검색한 결과, 단 1건만이 확인되었으며, 이 또한 체아직과 관련 없는 내용이었다.

이와 더불어 1792년(정조 16) 정조가 군직에 붙여진 시종신들이 녹봉을 받지 못하는 문제를 비변사 당상들과 논의할 때, 공조 판서 정창순鄭昌順이 "군직을 내린 사람에게 녹을 주는 것은 국조國朝의 일입니다. 중국에서는 실직이 아니면 녹을 받는 규례가 없습니다."[145]라고 언급한 내용도 이를 뒷받침하는 근거가 된다.

체아직을 본격적으로 검토하기에 앞서 '체아'라는 용어 자체를 살펴볼 필요가 있다. '체아'라는 말이 조금 생소하게 느껴지며, 특히 '아兒' 자의 의미가 무엇인지 궁금하다. 조선 전기에도 이 용어가 생소했던지, 1554년(명종 9) 무렵에 편찬된 『경국대전주해』 후집後集에서는 이 용어에 대해 다음과 같이 풀이했다.

> '체'는 다시 바꾸는 것이다. 또는 다음 차례로 전달하는 것이다. '아'는 어조사다.[146]

등수로 기록한 목록"(30쪽)이라고 정의했다.

143 신유아, 「조선시대 遞兒給祿制 연구」, 『조선시대사학보』 100, 2022, 468~469쪽.

144 『세종실록』 권18, 4년 11월 21일(갑술).

145 『승정원일기』 정조 16년 6월 30일(정유), "昌順曰……而第伏念軍銜付祿, 卽國朝之事, 中朝則非實職而無食祿之規矣."

146 『경국대전주해』 後集上, 吏典 遞兒條, "遞兒, 遞者, 更易也, 又傳遞也, 兒, 語辭."

즉, '체'를 차례로 교대한다는 의미로, '아'를 단순한 어조사로 풀이했다. 『경국대전주해』의 해당 원문에 나오는 '전체傳遞'는 물건을 전달할 때 서로 인수인계하는 방식으로 넘기는 것을 뜻한다. 따라서 체아는 마치 이어달리기의 바통 터치처럼 녹봉 자리를 서로 넘겨주고 또 이어 받는다는 의미로 해석할 수 있다.

19세기의 학자 이규경李圭景은 송대 유학자들의 저술에 나타난 방언과 구어 가운데 난해하지만 내용 이해에 꼭 필요한 표현만을 추려 어록語錄을 편찬했다. 이 어록에서 '체아遞兒'는 "말버릇, 뜻은 '아나'"[147]로 설명되어 있다. 여기서 원문에 등장하는 '구기口氣'는 말버릇 또는 입버릇이라는 뜻으로 평소 일상적으로 사용하는 말을 가리킨다.

선행 연구에서는 이 '아나'에 대해 '아나 이것 받아라'라고 해석했다.[148] 아마도 '아나'를 '옜다'의 방언으로 풀이한 것 같다.[149] 이 외에도 '아' 자가 '개아蓋兒(뚜껑)'의 예처럼 동사 뒤에 붙어 명사를 만드는 접미사 역할을 한다는 견해도 있다.[150]

이상의 내용을 종합해볼 때, '체아'는 번갈아 가면서 교체한다는 의미가 분명하며, '아' 자의 의미는 여전히 불분명한 것이 사실이지만 어조사로 사용되었을 가능성이 높다고 판단된다.

---

147 李圭景, 『五洲衍文長箋散稿』, 詩文篇○論文類, 文字, 語錄辯證說〈附吏讀方言若干字〉, "遞兒〈口氣, 訓아나〉."

148 이재룡, 『조선초기사회구조연구』, 7~8쪽.

149 국립국어원 홈페이지에서 웹 서비스 중인 '우리말샘' 사전에 따르면, '아나'의 뜻 중에는 "'옜다'의 방언(경남)"도 있다. 여기서 '옜다'는 가까이 있는 사람에게 무엇을 주면서 하는 말이라고 한다. 이러한 점에서 본다면 '체아'의 '아' 자는 어조사일 뿐 아니라, 물건을 건네주는 행위를 나타내는 구어적 표현과 연관되었을 수도 있다.

150 신유아, 『조선전기 체아직 연구』, 서울대 박사학위논문, 2013, 11쪽.

오위 체아직[151]의 성립

다음으로 체아직과 관련해 주목할 용어로 '군직軍職' 또는 '군직체아'가 있다. 『경국대전』에는 체아, 체아직, 체아록, 서반체아西班遞兒 등과 같은 용어가 확인되지만, 조선 후기에 빈번하게 사용한 '군직'이나 '군직체아'라는 표현은 거의 나타나지 않는다. 이러한 용어 사용의 변화는 조선 전기와 후기의 체아직 운영 방식이 어떻게 변화했는지를 살펴볼 수 있는 중요한 단서를 제공한다.

『경국대전』에서 '서반체아'라는 용어는 4회 나오며, '군직'이라는 용어는 단 한 차례 등장한다. 이때 '군직'이 언급된 해당 규정은 "감역관과 산지기는 병조가 정한다. 감역관은 군직인軍職人으로서, 동반의 사례에 따라 근무 일수를 계산하여 승진시킨다."[152]라는 내용이다. 여기서 언급된 감역관은 한성부에 소속된 사산四山의 감역관으로, 이 규정에 나오는 '군직인'은 오위직을 띤 관료로 판단된다.

『경국대전』과 달리 조선왕조실록에는 조선 초기부터 서반체아[153], 서반구품체아西班九品遞兒[154], 서반제색체아직西班諸色遞兒職[155] 등 '서반체아'와 함께 '서반군직', '군직', '군직체아' 등의 용어도 간간이 확인된다. 조선왕조실록의 용례를 전반적으로 검토한 결과, '군직'은 넓은 의미로 서반직 전체를 지칭하며, 좁은 의미로는 오위직을 가리켰다. '군직

---

151 이 책에서는 조선 후기 서반 체아직 중 오위에 속한 관직을 '오위 체아직'으로 지칭했다. 이는 이 책 3장의 〈표 6〉에서 제시한 대로, 조선 전기에는 서반 체아직이 오위에 한정되었으나, 조선 후기에는 오위 외에도 중추부, 훈련도감에도 일부 설치했기 때문이다.

152 『경국대전』 권6, 工典 栽植, "都城內外山立標……監役官山直, 兵曹定之, 監役官, 軍職人, 依東班, 計仕遷轉."

153 대표적으로 『세종실록』 권41, 10년 8월 21일(경자) 참조.

154 『성종실록』 권18, 3년 5월 11일(정미).

155 『성종실록』 권32, 4년 7월 30일(기미).

체아'는 오위직 중 체아직을 의미하거나, 동반체아東班遞兒의 상대어로도 사용되었다.

이처럼 『경국대전』에 거의 등장하지 않던 군직 또는 군직체아라는 용어는 『대전후속록大典後續錄』(1543)[156]에 처음 한 차례 나온 이후에 조선 후기 법전에서 본격적으로 사용되기 시작했다. 『수교집록』(1698)[157]과 『전록통고』(1707)[158]를 거쳐 『속대전』에 이르면 군직 또는 군직체아라는 용어는 빈번히 나타나는 반면, '서반체아'라는 용어는 더 이상 나오지 않는다. 조선왕조실록에서도 중종 대 이후로는 '서반체아'라는 표현이 등장하지 않으며, 『승정원일기』에서도 전혀 확인되지 않는다.

이러한 변화는 단순한 용어상의 변화가 아니라, 체아직의 성격이 변화했음을 반영하는 결과로 여겨진다. 이와 관련해 『속대전』에 수록된 '군함체아'에 대한 설명을 주목할 필요가 있다.

> 지금 오위의 병제를 모두 혁파하고 관서명만 남겨 둔다. 오위장과 부장은 번을 나누어 입직하고 야간 순찰을 한다. 호군, 사직, 사과, 사정, 사맹, 사용은 군함체아에 속하게 하고, 그 녹 자리를 줄여 승진 또는 강등하여 오는 온갖 관직자를 대우한다.[159]

156 『대전후속록』 권3, 예전 奬勸, "地理學, 給軍職遞兒一勸勵, 考講連次優等者差授, 與命課學和會除授."

157 『수교집록』 권2, 호전 녹봉, "軍職移拜實職, 未及受祿之員, 許付軍職遞兒〈康熙壬寅承傳〉."

158 『전록통고』에는 『대전후속록』과 『수교집록』에 실린 조항 2개가 그대로 실렸다(『전록통고』 권3, 호전 祿科; 권6 예전〈중〉 奬勸).

159 『속대전』 권4, 병전 경관직 정삼품아문 오위, "今五衛兵制盡罷, 獨存官名, 將及部將, 分番入直, 巡更, 護軍司直司果司正司孟司勇, 屬軍銜遞兒, 減其祿窠, 以待各色人員陞降來付者."

위 규정은 조선 후기 서반 체아직의 성격을 명확히 보여주는 중요한 내용이다. 오위는 오위의 군제가 폐지된 조선 후기에 이르러 관아 이름만 유지되었으며, 그 결과 오위의 관직 중 오위장 12명과 부장部將 25명만 별도의 임무를 부여받았고, 나머지 상호군上護軍(정3품 당하)부터 부사용副司勇(종9품)까지 전체 관직이 체아직으로 전환되었다.

특히 위 규정에서 주목할 점은 정품正品의 오위 관직인 호군護軍, 사직司直, 사과司果, 사정司正, 사맹司孟, 사용司勇까지 모두 체아직으로 전환한 조치라 할 수 있다. 『경국대전』에 기록된 오위 관직은 총 3,248자리이며, 이 중 체아직이 3,005자리였다. 그리고 이 3,005자리 중 정3품 당하관의 3자리를 제외한 나머지 3,002자리가 모두 종품從品으로 구성되었다(〈표 21〉 참조). 이에 따라 조선 전기 서반 체아직의 종류는 상호군(정3품 당하), 대호군大護軍(종3품), 부호군副護軍(종4품), 부사직副司直(종5품), 부사과副司果(종6품), 부사정副司正(종7품), 부사맹副司猛(종8품), 부사용(종9품) 등 총 8개였다.

이에 비해 조선 후기에는 『속대전』의 규정대로 오위의 정품 관직도 새롭게 체아직으로 포함되었다. 이러한 결과로 오위직 총 1,548자리 중 오위장과 부장을 위한 37자리를 제외한 상호군 이하부터 부사용까지 1,511자리 전체가 체아직이 되었다. 이와 함께 체아직의 종류도 상호군(정3품 당하), 대호군(종3품), 호군(정4품), 부호군(종4품), 사직(정5품), 부사직(종5품), 사과(정6품), 부사과(종6품), 사정(정7품), 부사정(종7품), 사맹(정8품), 부사맹(종8품), 사용(정9품), 부사용(종9품) 등 총 14개로 확대되었다.

나아가 오위장과 부장을 제외한 나머지 오위직(1,511자리, 97.6%)이 모두 체아직으로 바뀌면서, 굳이 '체아'라는 말을 붙이지 않아도 오위직을 뜻하는 '군직' 또는 '군함' 이라는 말이 곧 오위 체아직을 지칭하는 의미로 쓰이게 되었다. 오위직을 제수받는다고 해서 모두 체아록을 받는 것은 아니었고 직함만 부여된 경우도 있었으나, 서반 체아녹의 지급은 대부분 오위직 제수를 기반으로 했다. 따라서 '군직' 또는 '군함'이 오위 체아직을 뜻하게 된 것은 조선 후기 서반 체아직 운영에 있어 중요한 변화로 평가할 수 있다.

2. 오위 체아직의 지급 기준

오위 체아직의 규모

조선 후기 오위 체아직의 규모는 『속대전』에 상세히 기록되어 있다. 그러나 법전에 나타난 체아직의 규모를 정확히 파악하기 위해서는 몇 가지 기준을 설정할 필요가 있다. 그 이유는 조선 전기 서반 체아직의 규모에 대한 연구 결과가 학자마다 다르게 나타나기 때문이다.

대표적으로 이성무와 이재룡은 서반 체아직 규모를 3,005자리로 파악했으며, 한충희는 '무반 체아직'이라는 용어를 사용하며 4,587자리로 파악했고, 신유아는 '군사체아'라는 용어를 사용하며 4,492자리로 파악했다.[160] 이러한 차이는 학자마다 서반 체아직을 정의하고 분류하는

---

160 이성무, 『조선초기 양반연구』, 일조각, 1980, 126쪽의 〈표19〉; 이재룡, 『조선초기사회구조연구』, 26~27쪽의 〈표1-4〉, 36쪽의 〈표1-9〉; 한충희, 『조선초기 관직과 정치』, 계명대학교 출판부, 2008, 110쪽의 〈표3-10〉; 신유아, 『조선전기 체아직 연구』, 16~17쪽의 〈표2〉, 186~188쪽의 〈표14〉. 이 중 이재룡, 한충희, 신유아의 연구 결과는 설명이 필요하다. ① 이재룡은 1967년 논문에서 서반 체아직 규모를 서반 체아 2,864자리와 잡직 체아 1,607자리를 합쳐 총 4,471자리로 파악했다(이재룡, 「조선전기 체아직에 대한 고찰-서반체아를 중심으로」, 『역사학보』 35 · 36, 1967, 197~199쪽). 그러나 1984년 발간 저서에서는 내역을 수정해 서반 체아직을 총 3,005자리로

〈표 21〉 오위 체아직 규모

종류 \ 법전		경국대전	속대전, 대전통편	대전회통
정3품당하	상호군	3	8	8
종3품	대호군	9	12	12
정4품	호군	·	4	4
종4품	부호군	28	76	69
정5품	사직	·	11	11
종5품	부사직	110	100	102
정6품	사과	·	21	21
종6품	부사과	157	177	183
정7품	사정	·	20	20
종7품	부사정	288	249	250
정8품	사맹	·	15	15
종8품	부사맹	504	213	208
정9품	사용	·	24	24
종9품	부사용	1,906	581	460
계		**3,005**	**1,511**	**1,387**

기준이 다르기 때문으로 보인다.

따라서 이 책에서는 오위 체아직의 규모를 산출하기 위해 두 가지 기준을 설정했다. 첫째, 조선 전기 서반 체아직의 범주에 잡직 체아를 제외했다. 그 이유는 잡직 체아의 경우 별도의 관계官階를 두어 운영

제시했고, 잡직 체아 1,607자리를 제외했다. 따라서 이 책에서는 저서에서 제시한 3,005자리를 채택했다. ② 한충희는 '무반 체아직'에 대졸과 팽배를 제외했으나, 그에 따른 수치 계산에는 조금 오류가 있다. 〈표3-10〉에 제시한 친군위 40자리를 계산한 결과 20자리만 나타나며, 갑사 1,997자리는 2,000자리, 종8품 502자리는 471자리, 종9품 3,380자리는 1,906자리로 나온다. 또한 전체 '합계'를 종(세로)으로 계산하면 2,980자리, 횡(가로)으로 계산하면 4,461자리로 집계되어 종횡의 '합계'도 일치하지 않는다. ③ 신유아는 〈번차도목〉 조의 체아직 수를 총 4,612직(서반체아 3,005+잡직체아 1,607)으로 파악하고, 여기에서 잡직(습독관, 의원, 상의원 · 군기시의 궁인弓人 및 시인矢人, 제원諸員)에게 준 113직, 제주자제 · 동몽훈도에게 지급한 7직까지 총 120직을 제외했다. 곧, 서반체아에 잡직체아는 포함하고, 잡직 등에게 준 체아는 제외했다.

체제를 달리했으므로 함께 묶을 수 없다고 판단했기 때문이다.

예를 들어, 『경국대전』「병전」의 〈번차도목〉 조에서는 대졸隊卒 3천 명, 팽배彭排 5천 명, 파진군破陣軍 180명에게 주는 체아직을 서반 체아와 잡직 체아로 구분하여 규정하고 있다. 이에 따르면 대졸에게는 서반 체아 11자리, 잡직 체아 600자리, 팽배에게는 서반 체아 20자리, 잡직 체아 1,000자리를 부여했으며, 파진군에게는 잡직 체아 7자리만이 주어졌다. 이러한 체제에 근거하여 이 책에서는 잡직 체아 1,607자리(600+1,000+7)를 서반 체아직에서 제외하여 분석했다.

둘째, 조선 후기 오위 체아직의 범주와 규모는 『속대전』「병전」의 〈오위〉 조를 기준으로 분석했다. 『속대전』에서는 『경국대전』과 마찬가지로 〈번차도목〉 조에도 체아직의 내역이 나온다. 다만, 여기에 나오는 체아직은 〈부표 3〉에서 제시한 대로 번차와 도목에 따라 지급되는 체아직으로 총 1,129자리에 해당하나, 이 가운데 원록체아原祿遞兒가 제외되어 있어 전체 규모로 보기 어렵다. 이에 이 책에서는 〈오위〉 조를 기준으로 오위 체아직의 범주와 전체 규모를 파악했다. 원록체아에 관한 사항은 뒤에서 자세히 검토할 예정이다.

이러한 두 기준에 따라 조선 후기 오위 체아직의 규모를 『속대전』을 기반으로 정리한 내용이 앞의 〈표 21〉이다.[161] 『대전통편』의 관련 규정은 『속대전』과 내용상 완전히 일치하므로 이 표는 『속대전』과 『대전통편』에 기재된 오위 체아직의 지급 규모를 아울러 보여준다고 할 수 있다. 나아가 조선 후기의 변화 양상을 명확히 파악하기 위해 『경국대전』에 수록된 서반 체아직 규모와 『대전회통』에 기재된 오위

---

161 『속대전』 권4, 병전 정삼품아문 오위; 『대전통편』 권4 병전 정삼품아문 오위.

체아직의 규모도 조사하여 함께 제시했다.[162]

『경국대전』에 기재된 서반 체아직 수는 이성무와 이재룡의 선행 연구에서 제시된 수치와 동일하게 3,005자리로 파악되었다. 조선 후기 오위 체아직의 수는 『속대전』과 『대전통편』을 기준으로 1,511자리로 집계되었다. 이는 『경국대전』에 비해 1,494자리가 감소한 것으로 약 50%나 줄어든 규모다.

이러한 감소의 배경에는 『속대전』에서 오위의 관직 수가 『경국대전』에 비해 총 3,248자리에서 총 1,548자리로 1,700자리나 축소된 것이 결정적으로 영향을 미친 것으로 보인다(〈표 6〉 참조). 『대전회통』에서는 『속대전』보다 124자리가 더 줄어 오위 체아직 수가 1,387자리가 되었고, 이는 『경국대전』에 비해 약 54% 감소한 규모였다.

오위 체아직의 지급 범위

다음으로, 조선 후기 오위 체아직의 지급 대상을 파악하기 위해 『속대전』의 관련 내용을 〈표 22〉에 정리했다. 지면의 제약으로 습독관과 의원 관련 내역은 〈표 23〉에 별도로 제시했다. 『대전통편』의 관련 규정은 『속대전』과 동일하므로, 이 두 표는 『속대전』과 『대전통편』에 기재된 오위 체아직의 지급 규모를 함께 보여주는 자료라 할 수 있다. 아울러 『경국대전』의 세부 내역은 〈부표 4〉, 『대전회통』의 세부 내역은 〈부표 5〉로 각각 정리했다.

162 『경국대전』 권4, 병전 番次都目; 『대전회통』 권4, 병전 정삼품아문 오위.

〈표 22〉『속대전』, 『대전통편』에 기록된 오위 체아직 지급 대상과 규모

대상 \ 품계		정3 당하	종3	정4	종4	정5	종5	정6	종6	정7	종7	정8	종8	정9	종9	계
원록체아		2	2	4	·	11	17	21	35	20	33	15	27	24	105	316
친공신		·	5	·	5	·	·	·	5	·	·	·	·	·	·	15
승습군		·	·	·	1	·	3	·	2	·	1	·	·	·	·	7
공신적장		·	2	·	2	·	7	·	7	·	6	·	·	·	20	44
가족미동반 수령		·	·	·	·	·	3	·	·	·	·	·	·	·	·	3
가족미동반 수령·변장		·	·	·	·	·	·	·	·	·	·	·	4	·	21	25
통례원 겸·가인의		·	·	·	·	·	·	·	·	·	6	·	6	·	·	12
사자관		1	1	·	1	·	1	·	1	·	·	·		·	·	5
제술관		1	·	·	·	·	·	·	·	·	·	·	2	·	·	3
이문학관		·	·	·	1	·	·	·	1	·	1	·	1	·	·	4
금군별장		·	·	·	1	·	·	·	·	·	·	·	·	·	·	1
금군장		·	·	·	7	·	·	·	·	·	·	·	·	·	·	7
호위별장		·	·	·	3	·	·	·	·	·	·	·	·	·	·	3
남우후		·	1	·	·	·	·	·	·	·	·	·	·	·	·	1
선전관		1	1	·	1	·	1	·	1	·	1	·	6	·	9	21
무겸선전관		·	·	·	·	·	·	·	·	·	13	·	10	·	27	50
수문장		·	·	·	·	·	·	·	1	·	3	·	·	·	19	23
훈련원	권지참군	·	·	·	·	·	·	·	·	·	2	·	2	·	4	8
	권지봉사	·	·	·	·	·	·	·	·	·	38	·	·	·	·	38
장관	훈련도감	·	·	·	8	·	6	·	·	·	·	·	·	·	·	14
	금위영	·	·	·	6	·	5	·	·	·	·	·	·	·	·	11
	어영청	·	·	·	8	·	·	·	·	·	·	·	·	·	·	8
	총융청	·	·	·	3	·	·	·	·	·	·	·	·	·	·	3
	수어청	·	·	·	5	·	·	·	·	·	·	·	·	·	·	5
금군		3	·	·	13	·	31	·	82	·	115	·	132	·	324	700
충의위		·	·	·	·	·	·	·	2	·	·	·	3	·	·	5
포도군관		·	·	·	5	·	12	·	18	·	12	·	·	·	·	47
군병	훈련도감	·	·	·	2	·	4	·	6	·	6	·	·	·	·	18
	금위영	·	·	·	·	·	·	·	1	·	1	·	·	·	·	2
의원		·	·	·	4	·	5	·	3	·	3	·	5	·	2	22
사역원 역관		·	·	·	·	·	4	·	1	·	2	·	8	·	17	32
화원		·	·	·	·	·	·	·	2	·	1	·	1	·	·	4
습독관		·	·	·	·	·	·	·	9	·	4	·	2	·	26	41
관상감 술자		·	·	·	·	·	1	·	·	·	·	·	·	·	·	1
금루관		·	·	·	·	·	·	·	·	·	1	·	1	·	·	2
명과학 교수		·	·	·	·	·	·	·	·	·	·	·	2	·	·	2
기로소 약방		·	·	·	·	·	·	·	·	·	·	·	1	·	·	1
교서관	보자관	·	·	·	·	·	·	·	·	·	·	·	·	·	1	1
	창준	·	·	·	·	·	·	·	·	·	·	·	·	·	4	4
궁방사약		·	·	·	·	·	·	·	·	·	·	·	·	·	2	2
계		**8**	**12**	**4**	**76**	**11**	**100**	**21**	**177**	**20**	**249**	**15**	**213**	**24**	**581**	**1,511**

※ 의원과 습독관의 내역은 〈표 23〉에 제시함

〈표 23〉 습독관, 의원에게 지급한 오위 체아직 내역

대상 \ 품계			종4	종5	종6	종7	종8	종9	계
습독관	관상감		·	·	1	3	2	4	10
	전의감		·	·	1	·	·	·	1
	훈련원		·	·	7	1	·	22	30
	계		**·**	**·**	**9**	**4**	**2**	**26**	**41**
의원	내의원		4	5	1	2	·	·	12
	혜민서	총민	·	·	1	·	·	·	1
		치종	·	·	1	·	·	1	2
	종친부		·	·	·	·	1	1	2
	의정부		·	·	·	·	1	·	1
	육조		·	·	·	·	1	·	1
	중훈부		·	·	·	·	1	·	1
	기로소		·	·	·	·	1	·	1
	중추부		·	·	·	·	1	·	1
	계		**4**	**5**	**3**	**2**	**6**	**2**	**22**

〈표 22〉와 〈표 23〉을 바탕으로 오위 체아직의 지급 대상을 유형별로 재분류한 결과, 원록체아, 공신, 수령 · 변장, 문관 및 음관, 무관, 금군 · 장교 · 군병, 기타 관료 및 잡직 등으로 구분할 수 있다. 이 중 원록체아 316자리는 단일 항목으로 분류되므로, 이를 제외한 1,195자리의 세부 내역은 다음과 같다.

① 공신(66자리): 친공신親功臣, 승습군承襲君, 공신적장, ② 수령 · 변장(28자리): 가족 미동반 수령, 가족 미동반 수령 · 변장, ③ 문관 및 음관(24자리): 통례원通禮院 소속 겸인의兼引儀 · 가인의假引儀, 승문원 소속 제술관製述官 · 이문학관吏文學官 · 사자관寫字官, ④ 무관(193자리): 금군별장禁軍別將, 금군장禁軍将, 호위별장扈衛別將, 선전관, 무겸 선전관, 수문장, 남우후南虞候, 훈련도감 · 금위영 · 어영청 · 총융청 · 수어청 소속 장관將官, 훈련원 권지權知(참군 · 봉사), ⑤ 금군 · 장교 · 군병(772자리): 금군, 포도군관捕盜軍官, 충의위, 훈련도감 · 금위영 군병, ⑥ 기타 관료 및 잡직(112자

리): 내의원 · 종친부 · 의정부 · 육조 · 충훈부 · 기로소 · 중추부 소속 의원 및 혜민서 총민聰敏 · 치종治腫, 사역원 역관譯官, 화원畫員, 관상감 · 훈련원 · 전의감 소속 습독관, 관상감 소속 명과학교수命課學教授 · 술자述者 · 금루관禁漏官, 기로소 약방耆老所藥房, 교서관의 보자관補字官 · 창준唱準, 궁방 사약弓房司鑰 등이다.

전체적인 비중을 살펴보면, 오위 체아직의 지급 대상 가운데 금군이 700자리로 전체의 약 46%를 차지하며 가장 높은 비중을 보였고, 그 다음으로 원록체아가 316자리로 약 21%를 차지했다. 금군과 원록체아가 전체의 약 67%에 해당하는 높은 비중을 차지한 셈이어서 주목된다.

이 중 금군의 존재는 유심히 관찰할 필요가 있다. 조선 전기에는 갑사甲士가 전체 체아직의 약 67%(2,000자리)를 차지해 가장 큰 비중을 보였고, 겸사복과 내금위는 전원 체아직을 받았으나 총 8%(242자리)에 불과했다(〈부표4〉 참조). 따라서 조선 후기에 금군이 오위 체아직에서 가장 높은 비중을 차지하게 된 양상은 체아직이 실질적인 군사 임무를 수행하는 인력을 중심으로 재편되었음을 보여주는 동시에, 경관직으로서 중앙 중심의 운영을 반영한 구조적 전환으로 이해할 수 있다.

이밖에 선전관 · 무겸 선전관 71자리, 공신적장 44자리, 훈련원 권지 46자리, 훈련원 습독관 30자리, 사역원 역관 32자리, 가족 미동반 수령 · 변장 25자리, 수문장 23자리, 친공신 15자리, 내의원 12자리 등도 비교적 비중이 높게 나타났다. 아래에서는 이러한 내용을 토대로 오위 체아직을 '원록체아'와 '잡체아雜遞兒(①~⑥)'로 나누어 구체적으로 검토하고자 한다.

3. 원록체아와 잡체아

원록체아의 존재

조선 후기 오위 체아직의 가장 중요한 특징은 새롭게 '원록체아' 항목을 독립적으로 설정한 점이다. 원록체아는 줄여서 '원체아原遞兒' 또는 '원체아元遞兒'로 불렸으며, '군직원체아軍職元遞兒'라 칭하기도 했다[163]. 조선 후기에 군직 또는 군직 체아라 하면 주로 이 원록체아를 지칭하는 경우가 많았다. 그렇다면 원록체아는 어떤 체아직이었을까?

우선 원록체아의 개념을 파악하기 위해서는 『전율통보』에 주목할 필요가 있다. 『전율통보』에서는 오위 체아직을 '원록체아'와 '잡체아'로 구분했으며, 이때 잡체아는 원록체아를 제외한 모든 체아직을 포괄하는 개념으로 사용했다. 이러한 구분은 『대전통편』의 조문과 비교해 볼 때 더 명확해진다. 대표적으로 상호군에 관한 규정을 살펴보면 다음과 같다.

㉠ 상호군〈8, 정3품 당하[경][속]. ○원록체아 2, 잡체아 6[속]〉 (『전율통보』)[164]

㉡ 상호군〈8원, 정3품, [원]9원, [속]1원을 줄인다. ○원록체아 2원, 선전관 1원, 사자관 1원, 제술관 1원, 금군 3원〉 (『대전통편』)[165]

---

163 『승정원일기』 숙종 15년 6월 13일(무인); 『정조실록』 권30, 14년 5월 27일(정미).

164 『전율통보』 권4, 병전 경관직 〈정3〉 오위, "上護軍〈八, 堂下正三[經][續], ○二原祿遞兒, 六雜遞兒[續]〉."

165 『대전통편』 권4, 병전 정3품아문 오위, "上護軍八員〈正三品, [原]九員, [續]減一員, ○原祿遞兒二, 宣傳官一, 寫字官一, 製述官一, 禁軍三〉."

두 자료를 비교한 결과, 『전율통보』에서 상호군(정3품 당하)에 배정된 잡체아 6자리는 『대전통편』에 나오는 선전관 1명, 사자관 1명, 제술관 1명, 금군 3명에게 지급하는 체아직임을 알 수 있다. 종3품의 대호군부터 종9품의 부사용까지 다른 오위 체아직을 이 방식으로 비교해도 결과는 같다.

따라서 잡체아는 〈표 22〉에서 원록체아를 제외한 친공신 이하부터 궁방사약까지 지급한 체아를 지칭하며, 조선 후기에 오위 체아직이 원록체아와 잡체아로 이원적으로 운영되었음을 보여준다. 『전주찬요銓注纂要』에도 오위 체아직을 '원록'과 '잡체아'로 구분했고, 『육전조례』에도 '원군직原軍職'과 '잡체아'로 구분했다.[166] 이때의 '잡체아'는 이 책에서 논외로 한 잡직 체아와 전혀 관련이 없으며, '원原'에 되는 체아직을 의미한다.

〈표 22〉에서 원록체아의 내역을 살펴보면 두 가지 특징을 확인할 수 있다. 첫째, 정품 체아직 103자리 중 정3품 당하(상호군) 6자리를 제외한 97자리가 모두 원록체아에 배정되어 있다. 조선 후기에 오위의 관직 수는 총 3,248자리(『경국대전』)에서 총 1,548자리(『속대전』, 『대전통편』)로 1,700자리나 감소했지만, 이 중 정품 자리는 113자리에서 103자리로 10자리만 줄어드는 데 그쳐 큰 변화가 없었다.[167] 종품의 자리만 1,690자리가 줄어든 것이다. 이처럼 정품의 자리를 거의 줄이지 않고 이를 대부분 원록체아에만 배정한 점은 원록체아의 우대가 뚜렷했음을 보여준다.

---

166 『전주찬요』 권2, 原祿; 雜遞兒(영인본 312~319쪽); 『육전조례』 권7, 병전 병조 정색 祿牌.

167 『경국대전』 권4, 병전 경관직 종이품이문 오위; 『속대전』 권4, 병전 경관직 정삼품아문 오위.

둘째, 원록체아의 정원은 『속대전』과 『대전통편』을 거쳐 『대전회통』까지 변함없이 316자리로 고정되어 있었으며, 품계별 할당 인원도 동일하게 유지되었다. 『전율통보』 역시 원록체아 수가 총 316자리이며, 품계별 할당 인원도 대전류大典類 법전과 같았다. 실제 운영상에서는 316자리보다 많은 인원이 편제되어 있었으나 규정상 정원은 316자리로 고정이었다.

이 점에 유의하면서 1790년(정조 14) 호조 판서 정민시鄭民始의 발언을 주목할 필요가 있다. 정민시는 "군직원체아 316자리는 곧 대전大典에 실려있는 정해진 수"[168]라고 하면서 원록체아의 수가 매년 규정보다 점점 늘어나는 폐단을 바로잡아야 한다고 건의했다.

> "군직원체아 316자리에 대해서는 본조(호조)에서 이 숫자에 맞추어 녹미를 마련하여 병조로 이송하면 병조가 이 수량대로 녹봉을 줍니다. 그러나 근래 갑자기 원래 수량 외에 더 지출하는 폐단이 생기더니 해마다 증가하여 지난해에는 더 지출한 쌀이나 콩이 1,500여 석이나 되고, 금년 봄 분기에 더 지출한 것도 벌써 540여 석이나 됩니다."[169]

정민시의 발언에서 알 수 있듯이, 원록체아 316자리는 호조에서 해당 수에 맞춰 녹미를 마련해서 병조로 보내면, 병조에서 이 수량대로 녹을 지급하는 체제로 운영되었다. 곧, 원록체아는 군직에 붙여진 관료들에게 안정적으로 녹을 지급하기 위해 기본적으로 확보한 체아직을 의미하며, 이러한 성격을 반영하여 '군직원록軍職原祿'[170] 등으로도

---

168 『승정원일기』 정조 14년 5월 8일(무자), "民始曰, 軍職元遞兒三百十六窠, 乃是大典所載之定數, 自本曹稱此數, 磨鍊祿米, 移送兵曹, 則該曹, 依此數付祿."

169 『정조실록』 권30, 14년 5월 27일(정미).

170 『승정원일기』 영조 49년 윤3월 22일(신사), "允鈺曰, 軍職原祿, 合爲三百十六窠."

지칭했다.

이상과 같이 조선 후기 오위 체아직은 '원록체아'와 '잡체아'로 이원적으로 구성되었다. 원록체아는 군직을 제수한 관료들에게 안정적으로 녹을 지급하기 위해 316자리로 고정된 자리였고, 잡체아는 원록체아를 제외한 모든 체아직을 지칭했다.

원록체아의 지급 대상

조선 후기에 원록체아의 지급 대상은 명확히 제시되어 있지 않다. 앞의 〈표 22〉에서 알 수 있듯이, 『속대전』, 『대전통편』 등에 관품별 원록체아의 규모는 있으나 지급 대상을 제시하지 않았으며, 『전율통보』도 오위 체아직을 원록체아와 잡체아로 구분하여 규모만 제시했을 뿐 지급 대상을 밝히지 않았다.

다만, 『속대전』에 따르면 문겸 선전관文兼宣傳官이 원록체아를 받은 사실이 확인된다. 『속대전』에 따른 선전관청의 정원은 선전관 21명, 무겸 선전관 50명, 문겸 선전관 5명으로 구성되었으며, 〈표 22〉를 보면 선전관과 무겸 선전관은 모두 체아직을 받았으나 문겸 선전관은 포함되어 있지 않다. 그런데 『속대전』 〈번차도목〉 조에서 "문겸 선전관은 원록체아에 넣는다."[171]라고 명시되어 있어 문겸 선전관이 원록체아의 몫에서 녹을 받았음을 알 수 있다.

이처럼 대전류 법전에서는 원록체아의 대상을 명확히 파악할 수 없으나, 『육전조례』(1866년 완성)를 이용하면 이에 대한 실마리를 얻을 수

171 『속대전』 권4, 병전 번차도목, "宣傳官武兼〈合七十一員, 爲正職, 猶受遞兒祿[文兼則入於原遞兒]〉."

〈표 24〉『육전조례』에 기록된 원록체아 지급 대상과 규모

오위직		지급 대상(인원)	계
정3품당하	상호군	압록강을 넘는 부사副使	수시
정4품	호군	내의(2)	2
정5품	사직	-시종·총관·아장을 지낸 문관·음관·무관(이상 정원 없음) -내의(2)	2+α
정6품	사과	동몽교관·감역(1), 능마아청 겸낭청(1), 내의(2) 관상감(명교命敎)(2), 의정부·중추부 녹사(각 2) 병조 녹사(2)·율관(1)·계사(2), 사헌부 율관(1), 화원(1) 규장각·홍문관 겸검서관(각 2)	21
		압록강을 넘는 서장관	수시
정7품	사정	문관·음관·무관의 당상 시종(정원 없음), 당상 선전관(3) 병조 당상군관(4), 공사관(11), 오위장(12), 충익장(3) 충장위장(3), 내승(2), 가주서(2)	40+α
정8품	사맹	병조 당상군관(11), 포도청 종사관(4)	15
정9품	사용	경복장(3), 경희장(3), 창덕장(3), 창경장(3) 포도청 종사관(2), 선혜청 낭청(5), 서북별부료군관(10) 감역(6), 동몽교관(4), 능마아청 낭청(2), 창준(4) 한강 별장(1), 호위청 군관(1), 관상감(체교遞敎)(3) 영장(13), 8도 중군(8), 영종·가리포·상토 첨사(각 1) 무신 당상 군직 시사試射(36), 당하 시종(40), 순장(15)	165
계			245+α

(근거: 『육전조례』 권7, 병전 병조 정색 녹패) ※ α: 정원 없음

있다. 앞서 언급한 대로 『육전조례』에서는 녹패祿牌의 지급 대상 중 체아록의 수령자를 '원군직'과 '잡체아'로 구분하여 밝혀 놓았다.172 여기서 '원군직'은 바로 원록체아를 지급받는 대상에 해당하므로, 이 내용을 정리하여 〈표 24〉에 제시했다.

이와 관련하여 『육전조례』를 검토할 때는 두 가지 점에 유의할 필요가 있다. 첫째, 『육전조례』는 『대전회통』 반포 직후에 완성되었으나 오위 체아직의 규모가 상이하다. 둘째, 『육전조례』에는 체아직의 지급

172 『육전조례』 권7, 병전 병조 정색 녹패.

대상으로 도감의 낭청이나 사행使行 관료 등 한시적인 관료도 포함되어 있어 전체 규모를 확정하기에는 일정한 한계가 있다.

다만, 『대전회통』 및 『육전조례』에 기록된 잡체아 내역을 정리한 〈부표 5〉와 〈부표 6〉에 따르면, 『대전회통』 상의 원록체아는 316자리, 잡체아는 1,071자리로 나타나는 반면, 『육전조례』에서는 원록체아가 245자리+α(정원 없음), 잡체아가 1,101자리+α였다. 즉, 원록체아는 『대전회통』에 비해 71자리+α가 적고, 잡체아는 30자리+α가 많았지만, 잡체아의 지급 대상은 『대전회통』에 제시된 지급 대상에서 크게 벗어나지 않았다.[173] 이에 『육전조례』의 분석이 조선 후기 원록체아의 지급 대상을 파악하는 출발점으로서 매우 유용하다고 판단했다.

〈표 24〉에 대한 이해를 돕기 위해 원록체아의 지급 대상을 유형별로 구분해 보았다. 지급 대상은 다음과 같다. ① 시종·총관·아장亞將을 역임한 문관·무관·음관, 문관·음관·무관의 당상 시종, 당하 시종, ② 사행을 가는 부사副使와 서장관書狀官, ③ 문관 및 음관: 의정부 공사관公事官, 가주서假注書, 선혜청 낭청, ④ 무관 및 장교: 당상 선전관, 오위장, 순장巡將, 무신 당상 군직 시사試射, 내승內乘, 포도청 종사관, 능마아청能麽兒廳의 낭청·겸낭청, 충익위장忠翊衛將, 충장위장忠翊衛將, 경복궁·경희궁·창덕궁·창경궁의 공궐위장空闕衛將, 한강진 별장別將, 영장營將[174], 8도 중군中軍, 영종 첨사永宗僉使, 가리포加里浦 첨사, 상토上土

173 〈부표 5〉와 〈부표 6〉에 따르면, 『대전회통』과 『육전조례』의 잡체아 지급 대상 중 상호군(6자리), 대호군(10자리), 부호군(69자리)은 일치했다. 반면, 사과는 『대전회통』 148자리, 『육전조례』 171자리로 차이가 컸고, 부사정은 『대전회통』 217자리, 『육전조례』 218자리, 부사맹은 『대전회통』 181자리, 『육전조례』 194자리, 부사용은 『대전회통』 355자리, 『육전조례』 349자리로 소폭의 차이를 보였다. 『육전조례』에는 충신 홍림洪霖의 봉사손이나 이제독李提督의 제사 주관인 등 특별한 사유로 체아직을 부여받는 사례까지 포괄적으로 수록되어 있어, 『대전회통』보다 잡체아 인원이 더 많은 것으로 판단된다.

첨사, 병조 당상군관, 호위청 군관, 서북별부료군관西北別付料軍官, ⑤ 기타 관료 및 잡직: 동몽교관童蒙教官, 감역, 내의, 관상감, 규장각 · 홍문관의 겸검서관兼檢書官, 의정부 · 중추부의 녹사, 병조의 녹사 · 율관律官 · 계사計士, 사헌부 율관, 창준, 화원 등이다.

위의 지급 대상 중 정원을 두지 않은 '시종 · 총관 · 아장을 역임한 문관 · 무관 · 음관'이란 2품 이상의 문관 시종, 총관摠管이나 동지돈녕부사同知敦寧府事를 지낸 음관, 총관이나 군영 중군中軍을 지낸 무관을 의미한다.[175] '무신 당상 군직 시사'는 당상 무관에게 활쏘기 시험을 치른 후 그 성적에 따라 지급하는 자리로서 요사料射의 성격을 지닌다. 서북별부료군관은 평안도와 함경도 지역의 무과 급제자를 배려하기 위해 설치한 직책으로 금군청(용호영) 소속이었다.

조선 후기 원록체아의 지급 대상 중 문관 시종신은 자주 논의의 대상이 되었으므로 특별히 주목할 필요가 있다. 시종신이란 임금을 가까이에서 보좌하는 신하로, 홍문관 · 사헌부 · 사간원 · 예문관 · 승정원 등의 관원을 가리킨다. 1689년(숙종 15) 병조 판서 민암閔黯이 "조종조에서 군직녹과軍職祿科를 설치한 것은 관직이 없는 재상과 시종신을 대우하기 위해서입니다."[176]라고 지적한 것처럼, 원록체아의 주요 기능 중 하나는 실직實職이 없는 재상이나 시종신에게 군직을 부여하고 이를 통해 녹을 지급하는 것이다.

이미 광해군 대에 관직에서 물러난 시종신들을 서반으로 보내 체아직을 지급한 사례가 있으며,[177] 인조 대에도 "당상 이상 및 삼사의 관

---

174 영장 13명의 배치 지역은 안동, 대구, 경주, 상주, 진주, 홍주, 청주, 공주, 충주, 전주, 나주, 순천, 삼척이다.

175 『전주찬요』 권2, 原祿(영인본 313쪽).

176 『승정원일기』 숙종 15년 6월 13일(무인).

원이 교체되면 서반으로 보내는 규정이 있습니다."[178]라는 기록이 확인된다. 『양전편고兩銓便攷』(1865)에도 "문관 · 음관 · 무관의 당상관 및 삼사, 세자시강원의 경우 실직에서 교체되어 서반으로 보내면 군직을 준다."[179]라는 규정이 명시되어 있다. 그리고 이들에게 지급된 체아록은 원록체아의 자리를 통해 이루어진 것이다.

재상이나 시종신을 지낸 사람에게 군직을 내려 체아록을 지급한 이유는 그들을 예우하기 위한 조치였다. 1792년(정조 16) 정조는 군직에 붙여진 시종신들의 체아록 지급 문제를 비변사 당상들과 논의하는 자리에서, "경연에 출입하는 사람이 녹봉을 받지 못한다는 말을 참으로 이웃 나라에 알려지게 할 수 없다."라고 언급하며 녹봉 지급의 중요성을 강조했다. 이어 정조는 "군직에 붙인 자의 녹봉이 여덟 식구가 먹고 살기에 충분하지 못하지만, 빈한한 시종신은 조금의 녹봉도 받지 못하니 어떻게 벼슬살이에 종사하겠는가."라며 전임前任 시종신의 생계 보장을 위한 녹봉 지급의 필요성을 역설했다.[180]

다만, 군직을 받았다고 해서 모두 체아록을 받은 것은 아니었다. 원록체아의 정원에 비해 재상이나 시종신의 수가 더 많았기 때문이다. 또한, 지방 출신 재상이나 연로한 관료의 경우 국가 제사의 향관享官이나 반열 참석을 유도하기 위해 오위직을 내리지만, 실제로 수행하기에 어려움이 있으므로 체아록의 지급 대상에서 제외되곤 했다.[181]

한편, 원록체아는 전직 관료뿐만 아니라 현직 관료에게도 녹을 지

---

177 『광해군일기[중초본]』 권61, 4년 12월 21일(경술); 권105, 8년 7월 12일(경진).

178 『승정원일기』 인조 7년 12월 4일(갑인).

179 『양전편고』 권2, 서전 軍職, "文蔭武堂上以上及三司春坊, 遞實職送西, 則付軍職."

180 『일성록』 정조 16년 6월 3일(정유).

181 상동.

급하는 기능을 수행했다. 〈표 24〉에 따르면, 공사관 11명, 당상 선전관 3명, 오위장 12명, 충익위장 3명, 충장위장 3명, 선혜청 낭청 5명, 경복궁 · 경희궁 · 창경궁의 위장 각 3명, 포도청 종사관 6명 등은 모두 정원 전체가 원록체아를 통해 녹을 받았다. 외관직인 중군 8명 전원과 영장 13명 전원, 그리고 영종 · 가리포 · 상토 첨사 역시 원록체아의 지급 대상으로 확인된다.

잡체아의 지급 대상

원록체아에 이어 앞의 〈표 22〉와 〈표 23〉을 바탕으로 『속대전』과 『대전통편』에 기록된 잡체아 1,195자리의 지급대상을 구체적으로 살펴보고자 한다. 잡체아는 원록체아를 제외한 나머지 모든 체아직을 뜻하며, 그 대상은 앞서 유형별로 분류한 범주 중 원록체아에 포함되지 않는 다음의 여섯 항목이 해당한다. ① 공신(66자리), ② 수령 · 변장(28자리), ③ 문관 및 음관(24자리), ④ 무관(193자리), ⑤ 금군 · 장교 · 군병(772자리), ⑥ 기타 관료 및 잡직(112자리).

첫째, 공신과 그 후손을 우대하기 위해 총 66자리의 오위 체아직을 배정했다(①번). 친공신은 본인의 공로로 공신이 된 사람이며, 승습군은 공신 자손으로서 조상의 군호君號를 이어받은 사람을, 공신적장은 공신의 적장자손을 각각 가리킨다. 『경국대전』과 비교할 때, 친공신과 승습군을 위해 총 22자리를 신설했으나, 공신적장의 자리는 종전 141자리에서 44자리로 대폭 줄어들었다.

둘째, 가족을 동반하지 않은 수령과 변장도 지급 대상이었다(②번). 이는 『경국대전』, 『대전속록』(1492), 『대전후속록』(1543) 등 기존 법전에서는 나오지 않는 새로운 지급 대상이다. 수령과 변장의 임기는 900일(30개월)로 동일했으며,[182] 총 28자리의 오위 체아직을 돌아가며 지급했다.[183] 특히 의주 · 동래 · 제주의 수령을 더 우대하여 별도로 3자리를 배정했으며, 수령과 변장을 함께 묶어 25자리를 배정했다.

셋째, 문관과 음관에게는 총 24자리를 배정했다(③번). 이들은 모두 『경국대전』에 나타나 않은 새로운 대상이지만, 일부는 『대전후속록』에서 그 근거가 마련되었다.[184]

먼저 통례원의 겸인의와 가인의는 모두 종9품의 관직이며, 정원은 각각 6명씩으로 설정되어 있다. 따라서 겸인의와 가인의 전원이 오위 체아직을 받은 셈이며, 임명 순서에 따라 가인의에서 겸인의로 승진했다. 이와 관련된 총 12자리는 『대전후속록』에서 신설된 것이다. 승문원의 제술관과 사자관은 정3품 당하관(상호군)의 오위 체아직을 받는 직책이어서 주목된다. 제술관은 문서의 정서를 담당했으며, 문관 또는 음관 중에서 임명했다. 사자관은 문서 필사를 전담하는 직책으로, 해당 분야의 전문가를 선발했다. 이들을 위한 오위 체아직 2자리도 『대전후속록』에서 처음 마련되었다. 이문학관은 사대문서事大文書를 작성하는 임무를 맡았으며, 음관 중에서 선발했다.

넷째, 무관에게는 총 193자리를 배정했다(④). 이 중 훈련원 권지와 오군영 장관을 제외한 금군별장 1자리, 금군장 7자리(내금위장 3, 겸사복장 2, 우림위장 2), 호위별장 3자리, 선전관 21자리(종6품 3, 종9품 17), 무겸선전관 50자리(종6품 38, 종9품 12), 수문장 23자리(종6품 5, 종9품 18), 남우후

182 『경국대전』 권1, 이전 외관직, " 守令仕滿一千八百, 堂上官及未挈家守令訓導, 仕滿九百, 乃遞."; 권4, 병전 외관직, "未挈家僉節制使萬戶, 則九百乃遞."

183 『만기요람』 재용편 2, 料祿, "外職祿俸, 未挈家守令邊將, 限二十八窠, 輪回付各窠祿."

184 『대전후속록』 권4, 병전 체아.

1자리는 모두 정원에 맞게 배정된 자리이므로, 해당 관직자 전원이 오위 체아직을 받았다.

훈련원 권지는 정원이 정해져 있지 않으며, 근무 순서에 따라 46자리의 체아직에 순차적으로 임명되었다. 오군영 장관에게는 총 41자리를 배정했는데, 『속대전』에 규정된 오군영 장관의 총 정원은 243명이었다.[185] 따라서 장관 중 약 17%만이 오위 체아직을 받은 셈이었다.

한편, 오위 체아직을 받는 무관 중 선전관은 『경국대전』에 8자리로 나와 있으며, 남우후 1자리와 권지 참군 8자리는 『대전후속록』에 기재되어 있다. 이 중 권지 참군의 체아직은 팽배의 체아직으로 만든 자리였다.[186] 따라서 선전관, 남우후, 권지 참군을 제외한 나머지 무관직들은 조선 후기에 새롭게 체아직 지급 대상에 포함되었음을 알 수 있으며, 선전관과 권지 참군의 체아직 수 역시 변화했음을 보여준다.

다섯째, 금군, 충의위, 군병에게도 오위 체아직 772자리를 지급했는데(⑤번), 이 가운데 700자리를 차지한 금군을 주목할 필요가 있다. 『속대전』에 규정된 금군의 정원은 700명으로, 전원이 체아직을 받았다. 이는 오위 체아직 가운데 가장 높은 비중에 해당한다.

충의위는 공신의 자손 및 승중承重한 첩의 자손으로 구성한 특수 병종으로,[187] 『경국대전』에서는 53자리였으나 이후 5자리로 대폭 축소되었다. 포도청 군관에게 배정한 47자리는 금군 겸 포도군관에게 지급한 체아직으로, 1654년(효종 5)에 마련된 규정에 따른 것이다.[188]

---

185 구체적으로 훈련도감 48명, 금위영 68명, 어영청 68명, 총융청 27명, 수어청의 본영 24명 및 남한산성 8명으로 구성되어 있다(이 책 10장의 〈표 26〉 참조).

186 『대전후속록』 권4, 병전 체아.

187 『경국대전』 권4, 병전 번차도목, "忠義衛〈功臣子孫屬焉, 妾子孫承重者亦屬〉."

188 『승정원일기』 효종 5년 6월 1일(기미); 효종 9년 10월 23일(병술); 『만기요람』 군정편

훈련도감은 조선 후기의 대표적 군영으로 다른 군영에 비해 혜택이 더 많았으므로, 군병에게도 오위 체아직 18자리를 배정했다. 금위영과 어영청의 군병 모두 번상 급료병番上給料兵이었지만,[189] 오위 체아직은 금위군에게만 2자리를 배정하여 금위군을 상대적으로 더 우대했음을 알 수 있다.

여섯째, 의원, 역관, 습독관을 비롯한 각종 잡직도 오위 체아직의 지급 대상이었다(⑥번). 구체적으로는 의원 22자리, 사역원 역관 32자리, 습독관 41자리, 관상감의 술자 1자리, 금루관 2자리, 명과학 교수 2자리, 기로소 약방 1자리, 교서관의 보자관 1자리와 창준 4자리, 화원 4자리, 궁방사약 2자리 등 총 112자리였다.

의원은 『경국대전』과 비교했을 때 내의원 · 혜민서 · 기로소 · 중추부 소속 의원 자리가 신설되었으며, 오위도총부 소속 자리는 없어졌다. 이 가운데 『대전후속록』에서 중추부 2자리와 혜민서 치종 1자리가 신설되었고,[190] 이후 『속대전』에서는 중추부 1자리, 치종 2자리로 변경되었다.

습독관은 『경국대전』과 비교했을 때 사역원 소속 자리가 없어졌다. 관상감 술자는 일식 · 월식 등을 담당한 관직으로 『경국대전』 및 『대전속록』, 『대전후속록』에는 등장하지 않는 새로운 지급 대상이다. 교서관의 보자관은 서적 간행 시 누락된 글자를 보충해 쓰거나 마모된 글자의 획수를 보충하는 등의 일을 담당했으며,[191] 『대전후속록』에서

1, 포도청, "〈兩廳禁軍兼軍官三十七, 以護軍五窠, 司直十二窠, 司果十八窠, 司正二窠, 每年六月十二月, 禁軍祿試射時, 同爲應試, 從實數, 分等付祿〉."

189 노영구, 「조선후기 전술변화와 중앙 군영의 편제 추이」, 『군사연구』 144, 49쪽.

190 『대전후속록』 권4, 병전 체아.

191 『승정원일기』 영조 21년 7월 15일(을유).

신설되었다. 창준은 원고를 소리 내어 읽는 일을 담당했으며, 『대전속록』과 『대전후속록』에서 각각 2자리씩 신설되었다.[192]

이상으로 조선 후기에 잡체아의 지급 대상은 조선 전기에 비해 한층 다양해졌음을 알 수 있다. 『경국대전』에 기록된 지급 대상은 〈부표 4〉에 따르면, 관료군 9자리, 특별 우대 147자리, 군사직 2,673자리, 각색 관료 및 잡직 176자리 등으로 구성되었다.[193] 이와 비교할 때, 조선 후기에 이르러 이 가운데 선전관, 겸사복, 내금위, 공신적장, 충의위, 습독관, 의원 등만 유지되었을 뿐, 군사직에게 지급한 체아직은 대부분 폐지되었다. 반면, 친공신과 습승군을 비롯하여 수령, 변장, 수문장, 남우후, 오군영 장관 등에게 새롭게 체아직이 부여되면서, 그 대상이 크게 전환되었다고 평가할 수 있다.

오위 체아직의 특징

조선 후기의 오위 체아직은 원록체아와 잡체아로 이원적으로 운영되었다. 조선 전기와 비교할 때, 조선 후기에는 오위장과 부장을 제외한 오위직 전체가 체아직으로 운영되면서 오위직 자체가 사실상 서반 체아직을 의미하게 되었다.

조선시대 서반 체아직에 대한 일반적인 이해는 조선 전기를 중심으

192 『대전속록』 권4, 병전 체아; 『대전후속록』 권4, 병전 체아.

193 ① 관료군: 선전관, 동몽훈도, ② 특별 우대: 공신적장, 제주자제濟州子弟, ③ 군사직: 겸사복, 내금위, 친군위, 별시위, 족친위, 충의위, 갑사甲士, 충찬위, 장용위, ④ 각색 관료 및 잡직: 훈련원 · 사역원 · 관상감 · 전의감의 습독관, 의정부 · 육조 · 종친부 · 충훈부 · 오위도총부의 의원, 취라치吹螺赤, 태평소, 상의원의 내궁인內弓人 · 내시인內矢人, 군기시의 궁인弓人 · 시인矢人, 상의원 · 사옹원 · 사복시 · 전설사 · 승문원의 제원諸員, 대졸, 팽배.

로 "현직을 떠난 문무관에게 계속해서 관직과 녹봉을 주기 위해 마련한 벼슬"[194]이라는 인식이 주류를 이뤄왔다. 이러한 성격은 원록체아의 운영에서 두드러지게 나타났다. 그러나 실제로 조선 후기의 오위 체아직은 전직 관료뿐 아니라 현직 관료에게도 광범위하게 지급한 녹자리였다. 이러한 점을 염두에 두고 조선 후기 오위 체아직의 특징을 몇 가지로 간추려 고찰해보고자 한다.

첫째, 오위 체아직은 공신이나 특정 지역 출신 인물을 우대하는 용도로 활용되었다. 친공신, 공신적장, 승습군에게 체아직을 부여한 것은 직무 수행에 대한 대가로 녹을 지급하는 것이 아니라, 국가에 대한 공로를 기리는 차원에서 보상의 의미로 녹을 제공한 제도였음을 보여준다.[195] 또한, 조선 전기의 제주 자제와 마찬가지로 서북별부료군관 역시 함경도와 평안도의 무과 출신을 우대하기 위해 설치한 체아직으로, 지역에 대한 배려의 측면을 잘 보여준다.

둘째, 오위 체아직은 관직에서 교체되어 무직 상태로 전환된 재상이나 시종신, 고위 무관들에게 우대의 방편으로 녹을 지급하기 위한 자리로도 활용되었다. 원록체아가 대표적이며, 『속대전』에서 "승진 또는 강등하여 오는 온갖 관직자를 대우한다."[196]라는 규정이 이를 뒷받침한다. 특히 2품 이상의 고위 관료나 당상 시종을 위한 자리의 경우, 정원을 따로 설정하지 않을 정도로 융통성있게 운영하여 이들의 위상을 특별히 고려했음을 보여준다.

셋째, 오위 체아직은 현직 관료에게도 녹봉을 지급하기 위한 방편

---

194 이재룡, 『조선초기사회구조연구』, 7쪽.

195 『선조실록』 권182, 37년 12월 19일(갑자).

196 『속대전』 권4, 병전 오위.

으로 가능했다. 『속대전』에 따르면, 선전관과 무겸 선전관 71명은 모두 정직正職에 해당함에도 불구하고 체아록을 받았다.[197] 이 외에도 수문장, 오위장, 가족을 인솔하지 않은 수령과 변장, 겸인의, 가인의, 군영 장관, 중군, 영장 등도 오위 체아직을 통해 녹을 받았다. 이러한 사례는 체아록이 단지 한시적 · 임시적인 자리가 아니라, 현직 관료에게 실질적으로 녹봉을 지급하기 위한 녹제祿制의 한 형태로 자리잡았음을 보여준다.[198]

넷째, 오위 체아직은 사행을 가는 부사와 서장관, 각종 도감의 낭청 등 그때그때 임시로 임명한 직책에 녹을 지급하는 수단으로도 활용되었다. 사행 부사나 서장관으로 임명된 사람 중에는 별도의 관직이 없거나, 관직이 있다면 본직에서 물러나야 해당 업무를 수행할 수 있으므로, 임시로 군직을 내려 업무를 수행하게 한 것이다.[199] 도감의 낭청 역시 임명 당시 관직이 없는 경우가 많아 오위 체아직을 받은 사례가 다수 확인된다.[200] 이처럼 오위 체아직은 일시적이고 임시적인 업무 수행을 지원하는 기능도 함께 수행했다.

결론적으로, 조선 후기의 오위 체아직은 공신 및 특정 지역 출신에 대한 우대, 현직 관료의 녹봉 지급, 무직 상태의 관료에 대한 우대 및 생계 보장, 임시직의 업무 수행 지원 등 다양한 목적 아래 운영되었다. 이는 체아직이 단순히 한시적인 성격의 관직에 그치는 것이 아니

197 이 책 6장의 각주 120번 참조.

198 신유아, 「조선전기 체아직 운영의 실제」, 『한국사연구』 171, 2015, 169쪽.

199 『승정원일기』 숙종 3년 1월 23일(경자), "積曰, 今此使行時……而書狀官李柙, 時在罷職中, 李柙中考蕩滌, 付軍職冠帶常仕, 何如."; 영조 4년 1월 7일(무오).

200 『승정원일기』 인조 4년 3월 10일(계축); 숙종 즉위년 8월 30일(신유); 영조 4년 7월 8일(정사).

라, 관료의 공로를 보상하고 생계를 보장하며, 조선 후기 녹제의 중요한 축으로 기능했음을 의미한다.

제4부

군영아문

군영아문

10장

군영아문의 구조와 구성원

1. 군영아문의 성립과 종류

군영아문의 성립

조선 후기 무관직의 가장 큰 변화는 '군영아문軍營衙門'의 등장이었다. 『속대전』(1746)을 기준으로 새롭게 신설된 군영아문의 무관직 수는 겸직을 포함하여 306개에 달할 정도로 군영아문의 등장은 무관직 체제에 큰 변화를 몰고 왔다.

조선 전기에는 오위五衛가 정2품아문 중 하나였으나, 조선 후기에는 군영이 독립적인 군영아문으로 자리 잡았다. 또한 『속대전』의 '군영아문' 조에는 '증치增置'라는 설명이 붙어 있어, 군영아문이 새롭게 설치된 아문임을 명확히 나타냈다. 조선 후기 여러 기록에 보이는 '군문軍門'이라는 용어는 바로 이 '군영아문'의 줄임말로 판단된다.

〈표 25〉에서 보듯이, 『속대전』에는 총 11개의 군영이 수록되어 있다. 수록 순서는 군영의 중요도를 반영한 것으로 판단되므로 순서대로 나열하면 다음과 같다. 훈련도감訓鍊都監, 금위영禁衛營, 어영청御營廳,

수어청守禦廳, 총융청摠戎廳, 경리청經理廳, 호위청扈衛廳, 금군청禁軍廳, 포도청捕盜廳, 관리영管理營, 진무영鎭撫營의 순이었다.[1]

이 가운데 주요 군영은 훈련도감, 금위영, 어영청, 수어청, 총융청으로, 이들을 통틀어 '오군영五軍營'이라 불렀다. 특히 훈련도감·금위영·어영청은 수도 방위의 핵심 군영으로서 '삼군문三軍門'이라는 별칭을 얻었다. 오군영의 형성 과정은 임진왜란 당시 훈련도감(1593)의 설치를 시작으로, 인조 대에 총융청(1624), 어영청(1624), 수어청(1626)이 차례로 창설되었으며, 숙종 대에 금위영(1682)이 신설되면서 최종 완성되었다.

다음으로 『대전통편』(1785)에는 10개 군영이 수록되어 있으며, 여기서 두 가지 변화가 눈에 띈다. 경리청이 폐지되면서 11개 군영에서 10개 군영으로 줄어든 점, 영조 대에 금군청이 용호영龍虎營으로 명칭이 변경되면서 『대전통편』에서는 용호영으로 기록된 점이다. 이후 『대전회통』에서는 총리영摠理營이 신설되면서 다시 11개 군영이 되었다.

한편, 정조가 1793년(정조17) 창설한 장용영壯勇營은 『대전통편』이나 『대전회통』(1865)과 같은 대전류大典類 법전에서 찾아볼 수 없다. 이는 장용영이 『대전통편』의 편찬 이후에 설치되었으며, 『대전회통』이 편찬될 당시에는 이미 폐지되었기 때문이다.

군영아문과 관련하여 경군문京軍門의 범주도 함께 짚어볼 필요가 있다. 경군문이란 한양에 자리한 군영아문을 의미한다. 〈표 25〉에 제시

1 『만기요람』에 수록된 군영의 순서는 법전의 체계와는 약간 다르다. 호위청, 포도청, 용호영, 훈련도감, 금위영, 어영청, 총융청의 순서이며, 수어청은 수록되어 있지 않다. 이는 수어청의 경청京廳이 혁파되고 그 위상도 낮아졌기 때문으로 보인다. 이외에 경리청, 관리영, 진무영도 빠졌는데, 경리청은 혁파되었고 관리영과 진무영은 지방 소재 군영이라는 공통점이 있다.

〈표 25〉 조선 후기 군영아문 종류

속대전	대전통편	대전회통
훈련도감, 금위영 어영청, 수어청, 총융청 경리청, 호위청, 금군청 포도청, 관리영, 진무영	훈련도감, 금위영 어영청, 수어청, 총융청 호위청, 용호영, 포도청 관리영, 진무영	훈련도감, 금위영 어영청, 총융청, 호위청 용호영, 포도청, 총리영 수어청, 관리영, 진무영
11	10	11

한 군영들은 모두 서반 '경관직' 조에 포함되어 있지만, 관리영은 개성부開城府, 진무영은 강화부江華府에 위치한다고 명시되어 있어 이 두 군영이 지방 소재임을 알 수 있다.

그러나 수어청과 총융청의 경우 별도의 위치 표기가 없어 그 성격이 조금 모호하다. 수어청은 광주廣州 등지의 진鎭을, 총융청은 수원 등지 진을 관할한다고만 되어 있어 이들을 경군문으로 분류할 수 있는지에 대해서는 논의의 여지가 있다. 예를 들어, '삼도수군통제사선생안三道水軍統制使先生案'에서 총융사摠戎使를 지낸 이봉주李鳳周의 전력이 '외등단外登壇(외관직 대장)'으로 표기된 사례는 이러한 점을 잘 보여준다.[2] 1865년(고종 2)에는 통제사統制使 역시 총융사의 사례를 따라 외등단으로 시행했으며, 이듬해에는 진무사도 외등단으로 임명되었다.[3]

이 문제에 대해 남구만南九萬은 두 군영을 경군문으로 봐야 한다는 의견을 제시했다. 그는 "원본原本에서는 비록 훈련도감 · 어영청 · 금위영 세 국局을 군문에 속하게 하고, 수어청과 총융청 두 영을 경기에 속하게 했더라도 모두 서울에 있는 오군영이 됩니다. 『대전통편』에서

2 『統制營事蹟及右水營事蹟·統制使先生案』(『忠烈祠院誌』 수록).

3 『승정원일기』 고종 2년 1월 2일(무술); 고종 3년 10월 30일(을묘); 『육전조례』 권1, 이전 薦選.

도 모두 경군문으로 편집해 기록했으니, 수어청과 총융청을 경기에 속하게 하는 것은 매우 적절하지 않습니다."[4]라고 주장했다.

따라서 남구만의 의견대로, 수어청과 총융청이 경기지역의 군무를 관장했더라도 경영京營이 존재한 이상 훈련도감, 어영청, 금위영과 마찬가지로 경군문으로 분류하는 것이 타당하다. 다음에서는 『속대전』을 중심으로 군영아문의 유형과 구성원에 대해 검토하고자 한다.

군영아문의 종류와 특징

① 훈련도감은 임진왜란 중이던 1593년(선조 26) 10월경, 선조의 환도 이후 공식적으로 창설되었으며,[5] '훈국訓局'이라고도 불렸다.[6] 훈련도감의 창설로 직업 군인이 등장하면서 조선왕조의 군제 운영 체계에 중대한 전환점이 되었다.

훈련도감은 명나라 장수 척계광戚繼光(1528~1587)의 전법을 바탕으로 조직되었으며, 그가 왜구 격퇴 경험을 토대로 저술한 『기효신서紀效新書』(1560)의 전술을 수용했다.[7] 소규모 부대 운용을 중시하고, 군 경험이 없는 농민도 효과적으로 훈련할 수 있도록 설계된 점이 특징이다.[8]

군사 편제는 포수砲手·사수射手·살수殺手로 구성된 삼수병三手兵 체

---

4 李裕元, 『林下筆記』 권20, 文獻指掌編, 各軍門之論.

5 김종수, 『숙종시대의 군사체제와 훈련도감』, 한국학중앙연구원출판부, 2018, 159쪽.

6 숙종 대에는 훈련도감을 '훈련원대장'이나 '훈련원등록'처럼 훈련원으로 호칭한 사례가 있다(『승정원일기』 숙종 3년 1월 29일(병오); 3월 30일(병오); 숙종 37년 6월 11일(기사)).

7 훈련도감과 『기효신서』의 관련성에 대해서는 노영구, 「宣祖代 紀效新書의 보급과 陣法 논의」, 『군사』 34, 1997 참조.

8 허대영, 「임진왜란 전후 조선의 전술 변화와 군사훈련의 전문화」, 『한국사론』 58, 2012, 97쪽.

제였으며, 이 중 조총을 사용하는 포수가 중심 전력이었다. 보군은 2부=6사(좌사·우사·중사 각 2사)=26초(좌사·우사 각 5초, 중사 3초), 마병은 좌·우 별대 아래 총 6초로 편성되었다.[9]

훈련도감군은 병농분리 원칙에 따라 서울에 상주하면서 급료를 받고 장기간 근무하는 상비병이었다. 병력 규모는 시기별로 차이가 있으나, 대체로 17~19세기 초까지 약 4천~6천 명 선을 유지했다. 이들은 노쇠하거나 병들기 전까지 근무했으므로 '장번長番'이라 불렸다.

② 어영청은 1624년(인조 2) 후금後金 침입에 대비하기 위해 창설한 군영이다. 이는 인조반정의 이듬해로, 인조의 친정親征 계획에 따라 그 해 1월 개성에서 모집한 260명의 병력이 어영청의 시초였다.[10]

이후 '이괄李适의 난'(1624)과 두 차례의 호란을 거치면서 병력이 증강되었고, 1642년에 본격적인 군영 체계를 갖추었다. 효종대에는 북벌 정책 추진과 함께 군사 편제와 병력이 더욱 확대되면서 훈련도감에 비견되는 군영으로 성장했으며, 숙종 대에는 훈련도감, 금위영과 함께 중앙군의 핵심을 이루었다.

군사 편제는 5부=25사=125초로 구성되었고, 군사는 상번군이 중심을 이뤘다. 상번군은 번상 기간 동안 보인이 부담하는 월료를 지급받는 번상 급료병番上給料兵이었으며, 여기에 일부 장번 급료병도 두었다.[11] 번상은 평안도와 함경도를 제외한 6도 향군鄕軍이 2개월씩 교대하는 방식이었고, 125초를 5초씩 25번으로 편성했으므로 대략 4년 2

9 『訓局事例撮要』 창설, 숙종조 8년 3월 16일.

10 최효식, 『조선후기 군제사 연구』, 1995, 신서원, 23~69쪽.

11 노영구, 「조선후기 전술변화와 중앙 군영의 편제 추이」, 『군사연구』 144, 2017, 49쪽; 김현동, 「17세기 어영청 창설과 번상급료제의 성립」, 『한국사연구』 192, 2021, 139~144쪽. 김현동은 어영청 편제를 125초 편성 뒤 남은 군사로 15초의 별삼사別三司를 조직한 결과, 총 5부-28사-140초 체제로 파악했다(134쪽).

개월 주기로 순번이 돌아가는 체제였다.[12] 주요 임무는 훈련도감과 마찬가지로 궁성과 도성 수비를 담당했다.

③ 금위영은 1682년(숙종 8) 어영청을 본떠 창설한 군영으로, 기존의 정초군精抄軍과 훈련별대訓鍊別隊를 통합·개편하여 만들었다. 정초군은 병자호란 당시 신설했다가 왕실 숙위 강화를 위해 그대로 유지한 기병 부대로서 병조에서 선발하여 편성했으며, 훈련별대는 훈련도감 소속으로 급료병 수를 줄이기 위해 번상군 체제로 운영한 부대였다.[13]

금위영은 1703년 군문이 너무 많다는 건의로 인해 일시 폐지되었다가 곧바로 복구되었다.[14] 주요 임무는 궁성과 도성 수비였으며, 창설 시기는 늦었지만 1728년(영조 4)의 '이인좌李麟佐의 난'을 계기로 훈련도감, 어영청과 함께 중앙군의 핵심 군영으로 자리 잡았다.

군사 편제는 어영청과 동일하게 5부=25사=125초로 구성되었다. 상번군은 번상 급료병 체제로 운영되었으며, 여기에 일부 장번 급료병을 두었다. 병력은 평안도와 함경도를 제외한 6도 향군이 2개월씩 교대로 상번했다.

한편, 금위대장은 창설 초기부터 병조 판서가 겸임했으나, 1754년 병조 판서와 금위영을 분리한 분영分營 조치 이후 별도로 임명했다. 그 대신에 병조 판서가 겸임하는 제조를 신설했다.[15]

④ 총융청은 1624년(인조 2) 수도 외곽 방어를 강화할 목적으로 설치한 군영이다. 인조반정 이후 후금과의 관계가 악화되고 '이괄의 난'으

---

12 노영구, 위의 논문, 50쪽; 『영조실록』 권31, 8년 윤5월 4일(기축).

13 유현재, 「조선후기 금위영의 재정운영과 그 성격」, 『역사와 현실』 102, 2016.

14 『숙종실록』 권38, 29년 1월 10일(병진); 2월 8일(계미); 권64, 45년 9월 2일(신미).

15 차문섭, 『조선시대 군제연구』, 단대출판부, 1989, 342~431쪽; 『대전통편』 권4, 병전 경관직 군영아문 금위영, "[增]英宗朝甲戌, 別置大將, 如御營廳例."

로 국내외 정세가 불안정해지자, 경기 지역 군사를 재정비하며 이서李曙의 관할 병력을 총융군摠戎軍이라 부른 것이 시초였다.[16] 이후 1646년 총융군의 일부가 궁궐 숙위를 담당하면서 군영으로 발돋움했다.

1747년에는 북한산성을 담당한 경리청이 혁파되면서 그 관할권이 총융청으로 이관되었고, 이에 따라 본청도 한양의 삼청동에서 탕춘대로 이전되었다. 이로써 경리청, 삼군문, 총융청에서 분산 관리한 북한산성 및 탕춘대 일대의 군사시설과 병력이 총융청으로 통합되었다.[17]

소속 군현은 시기마다 변동이 있었으나 경기 속오군이 주축을 이뤘다. 수원, 광주廣州, 양주, 장단, 남양이 주영主營으로 기능했으며, 이외에도 한강 이북 경기 지역의 30여 개 고을이 포함되었다. 재정은 함경도와 강원도를 제외한 전국의 둔전屯田 수입과 보인保人 지급을 통해 충당했다.

1846년(헌종 12) 8월부터 1849년 6월까지는 총융청이 총위영總衛營으로 개편되었다. 이는 1840년 12월 헌종이 수렴청정을 마치고 친정을 시작한 이후, 1846년 궁궐 숙위를 강화하고자 실시한 조치였다.[18] 그러나 헌종이 승하하고 철종이 즉위하면서 총융청 체제로 환원되었다.

⑤ 수어청은 수도 외곽 방어를 목적으로 1626년 남한산성 개축과 함께 설치했다.[19] 효종 대에는 북벌 계획의 추진에 따라 경기·강원도·충청도의 병력 일부를 남한산성에 배속하고 군영 체제를 정비했

---

16 이태진, 『조선후기의 정치와 군영제 변천』, 한국연구원, 1985, 99~100쪽.

17 이강원, 「18세기 총융청의 도성 외곽 방어체제 정비와 북한산성의 위상 변화」, 『서울과 역사』 114, 159쪽.

18 방성원, 「19세기 중반의 정치 상황과 헌종의 국정 운영」, 건국대 석사학위논문, 2020, 4~16쪽.

19 『속대전』 권4, 병전 경관직 군영아문 수어청.

다. 이후 1704년(숙종 30) 무렵 3영營 2부部 체제로 정비되면서 수도 외곽의 군영으로 자리 잡았다. 3영은 경기 속오군, 2부는 아병牙兵과 마병으로 구성되었으며, 아병은 주로 둔전의 경작민이었다.

수어청은 총융청과 마찬가지로 서울에 경영을 두었으나, 1795년(정조 19) 장용영壯勇營으로 인해 경영을 폐지하면서 위상이 급속히 약화되었다. 군역을 미포米布로 대신하는 군관이 대다수였으며, 20년 동안 한 번도 군사 훈련을 실시하지 않을 정도로 유명무실해졌다.[20] 결국, 『만기요람』에서는 수어청이 독립 군영이 아닌 남한산성 관리 기관으로 기록되고 말았다.

한편, 수어사守禦使의 직책도 변동이 잦았다.[21] 1683년 수어사를 폐지하고 유수留守를 남한산성에 출진하도록 했으며, 1690년 경영 복구와 함께 수어사 및 수어부사守禦副使(광주 부윤 겸임) 체제가 재정립되었다. 이후 1750년(영조 26) 경영이 다시 폐지되면서 유수가 부활했고, 1759년에는 경영의 재복구와 함께 수어사를 재차 설치했으나, 1795년을 기점으로 경영은 영구히 혁파되었다.

⑥ 경리청은 북한산성의 군향미軍餉米와 행정 업무를 총괄한 군영으로,[22] 『속대전』에서는 "북한산성의 사무를 맡는다."[23]라고 규정되어 있다. 1711년 북한산성의 성곽과 문루를 축조한 후 이듬해인 1712년에 설치했으며, 이 때 경리청이 확보한 약 10만 섬[석石]에 달하는 군량미 중 5~6만 섬을 북한산성으로 옮겨왔다. 그러나 공간 부족으로 나

---

20 차문섭, 『조선시대 군사관계 연구』, 단국대학교출판부, 1996, 245~247쪽.
21 『대전통편』 권4, 병전 경관직 수어청; 『銀臺便攷』 권9, 兵房攷 各軍門 守禦廳.
22 경리청에 대해서는 이현수, 「18세기 북한산성의 축조와 경리청」, 『청계사학』 8, 1991 참조.
23 『속대전』 권4, 병전 경관직 군영아문 경리청, "句管山城事務."

머지 군량미를 옮기지 못했다.

이에 1715년 탕춘대 외곽에 외창外倉을 조성하여 나머지를 보관하고, 탕춘대 관리도 병행했다. 그 결과 경리청은 서울 본청 아래 북한산성을 관리하는 관성소管城所와 탕춘대 외창을 관리하는 본부本部로 구성되었다. 여기에 더해 북한산성 방어를 위해 삼군문의 유영留營과 승영僧營도 두었는데, 승영의 비중이 컸다.[24]

경리청은 비록 병력은 적었으나 군량미의 관리 기능을 통해 군영으로서의 영향력을 키워 나갔다. 그러나 군량미의 유용과 개색改色(묵은 곡식을 신곡으로 교체) 등의 문제가 지속되었고, '이인좌의 난'을 계기로 수도 방어 강화의 필요성이 대두되면서 1747년에 혁파되었다.[25] 이후 북한산성 관리는 총융청으로 이관되었다.

⑦ 호위청은 1623년(인조 1) 인조반정 직후 국왕 호위를 위해 창설한 군영이다. 반정 공신들이 동원한 군사력을 기반으로 이귀李貴, 김류金瑬, 이서, 신경진申景禛을 중심으로 한 4청廳 체제로 출발했다.[26]

이후 효종~숙종 대를 거치며 2청, 4청, 3청 등으로 변화했고, 『속대전』에서는 3청 체제로 확정되었다. 각 청에는 대장 1명, 별장 1명, 군관 350명 등을 배치했으며, 호위대장 3명은 전·현직 대신이나 국구國舅가 겸임하는 구조였다.[27]

---

24 이강원, 「18세기 총융청의 도성 외곽 방어체제 정비와 북한산성의 위상 변화」, 148~149쪽, 150~151쪽.

25 경리청은 북한산성의 방어와 관리가 삼군문과 이원적으로 이뤄진 데다, 군량미 재정을 둘러싼 비리와 폐단이 지속되면서 폐지 논란을 겪었다. 그 결과 1722년(경종 2)부터 비변사의 부속기구로 운영되었고, 1730년(영조 6) 다시 경리청의 명칭을 회복했다(최주희, 「18세기 북한산성 관리체계의 변화와 총융청의 재정운영」, 『한국학논총』 61, 2024, 343쪽).

26 이태진, 『조선후기의 정치와 군영제 변천』, 87쪽, 265쪽.

27 『속대전』 권4, 병전 경관직 군영아문 호위청.

1777년(정조 1) 정조는 홍인한洪麟漢 일파가 호위청 군관과 함께 침전을 침입한 사건이 발생하자, 숙위소宿衛所를 설치하여 궐내 숙위를 숙위대장宿衛大將에게 집중시켰다.[28] 이에 따라 이듬해 호위청은 1청 체제로 통합, 축소되었고, 훈신勳臣이나 척신戚臣만 호위대장을 겸임할 수 있도록 했다.[29] 이후 1793년 장용영 창설로 1청마저 장용영에 통합되었다가, 1802년(순조 2) 장용영 폐지와 함께 복구되었다.[30]

⑧ 금군청은 내금위內禁衛 · 겸사복兼司僕 · 우림위羽林衛로 구성된 국왕의 친위 부대로, 병조 판서의 지휘 아래 궐내 입직과 국왕 호위를 담당했다. 설치 시점은 명확하지 않으나, 1652년(효종 3) 효종이 세 부대를 통합하고, 좌 · 우 별장別將을 두어 각각 금군을 지휘하게 하면서 '금군청'이라는 명칭도 처음 등장했다. 당시 금군의 인원은 629명이었다.[31]

1666년(현종 7) 현종은 금군을 700명으로 개편해서 내금위는 3번 300명, 겸사복과 우림위는 각각 2번 200명으로 구성하고, 최고 지휘관인 별장은 1명만 두었다. 이로써 조선 후기 금군의 기본 틀이 확립되었다.

이후 1755년(영조 31)에는 용호영龍虎營으로 개칭되었으며, 1791년 정조가 내금위 100명을 장용영으로 이속하면서 총병력은 6번 600명으로 축소되었다. 1808년 7번으로 복구되었다가, 1833년에 다시 6번으로 줄어들었다.[32]

---

28 『승정원일기』 정조 1년 7월 28일(신묘); 11월 17일(기묘).

29 『승정원일기』 정조 2년 2월 5일(병신); 『대전통편』 권4, 병전 경관직 군영아문 호위청, "大將一員〈……[增]減二員, 雖大臣, 非勳戚, 勿兼〉."

30 『일성록』 정조 17년 1월 25일(기미); 『순조실록』 권4, 2년 2월 7일(무신).

31 『승정원일기』 효종 3년 8월 29일(무진); 『만기요람』 군정편 2, 附龍虎營, 설치연혁.

32 『만기요람』 군정편 2, 부용호영, 설치연혁; 『승정원일기』 순조 33년 11월 25일(신묘); 12월 3일(기해); 『대전회통』 권4, 병전 군영아문 용호영, "[補]純祖朝癸巳, 減內禁衛一

⑨ 포도청은 한양의 치안을 담당한 관청으로, 좌·우 포도청으로 구성되었다. 주요 임무는 한양 일대의 도적과 소란을 피우는 자들을 체포하고, 야간에는 도성을 순찰하는 것이었다.[33]

『속대전』에서 군영아문으로 처음 등장한 포도청의 설치 시기는 정확하지 않다. 1471년(성종 2)에 최초로 포도장捕盜將이 나타나고 1481년에는 좌·우 포도장도 등장하지만, 공식적으로 운영된 시기는 중종 대로 보고 있다.[34] 조선왕조실록에서 '포도청'이 처음 등장한 해도 1540년(중종 35)이다.[35] 이후 1686년(숙종 12) 죄수에 대한 수사, 체포, 구금의 권한을 부여받으면서 권한이 강화되었고, 태笞 50에 해당하는 범죄를 다스릴 수 있는 사법권도 갖게 되었다.[36]

포도대장은 좌·우 포도청에 각 1명씩 총 2명이었다. 서울의 치안을 책임지며 정권에 도전하는 행위를 처리하는 역할을 맡았기에 국왕의 신뢰를 받는 무관이 임명되었다. 이러한 이유로 포도대장은 무관이 군영대장으로 나가기 전에 거치는 주요 이력 중 하나였고, 정치 세력과도 밀접한 연관을 맺었다.[37] 정조 대에는 포도대장이 능행 시 어가를 호위하는 임무까지 맡는 변화가 있었다.[38]

⑩ 관리영은 1711년 개성부의 군사 업무와 대흥산성大興山城 관리를 위해 창설한 군영이다. 설치 배경에는 17세기 후반 청나라에서 발생

百, 今爲六番."

33 『속대전』 권4, 병전 경관직 군영아문 포도청, "掌緝捕盜賊奸細, 分更夜巡."

34 김승무, 「포도청에 대하여-조선경찰제도의 기원에 대한 고찰」, 『향토서울』 26, 1966, 133쪽, 142쪽, 182~183쪽.

35 『중종실록』 권94, 35년 10월 7일(을축).

36 차인배, 「조선후기 포도청의 사법적 위상과 활동 변화」, 『역사민속학』 58, 2020, 12~13쪽.

37 차인배, 「조선 후기 포도청의 기능 변천」, 『경주사학』 22, 2003, 315~318쪽.

38 『대전통편』 권4, 병전 경관직 군영아문 포도청.

한 ‘삼번三藩의 난’(1673)의 여파가 조선에 미칠 것을 우려한 사정이 있었다.

1676년(숙종 2) 숙종은 류혁연柳赫然과 허적許積의 건의에 따라 유사시 국왕이 피난할 장소로 대흥산성을 개성부에 축조하고, 그 관리를 북벌의 총사령부인 도체찰사부都體察使府에 맡겼다. 그러나 1680년 4월, 경신환국庚申換局의 여파로 도체찰사부가 해체되자,[39] 같은 해 5월 숙종은 대흥산성 관리를 위해 관리청管理廳을 설치하고 병조 판서 김석주金錫冑를 관리사管理使로 임명했다. 김석주 사후에는 비변사가 관리했으며, 이후 훈련도감으로 이관되었다.[40]

18세기 초 대흥산성은 개성의 청석동青石洞이 청나라 기병을 방어할 요충지로 떠오르면서 다시 주목받았다. 이에 따라 1711년 숙종은 개성부를 독진獨鎭으로 삼고 유수로 하여금 관리사를 겸임하게 했다. 이는 강화 유수가 진무사鎭撫使를 겸임하는 체제를 따른 것으로, 관리영 창설 시기를 1711년으로 보는 배경이 된다.[41] 이후 경종 대부터 ‘관리영’이라는 명칭이 사용되었으며, 『속대전』에 공식화되었다. 영조 대에는 약 7,500명의 병력을 보유한 군영으로 기능했다.[42]

⑪ 진무영은 1678년 강화부의 군사 업무를 위해 설치한 군영이다. 이는 17세기 후반 만주족의 위협 속에서 총융청이 맡은 수도권과 서해안 방어를 강화부 중심으로 재편하는 과정에서 이뤄졌으며,[43] 강화

---

39 김종수, 「조선 숙종대 경기지역 군사체제의 정비」, 『군사연구』 143, 2017, 98~100쪽.

40 김우진, 『숙종의 대청인식과 수도권 방어정책』, 민속원, 2022, 95쪽. 관리청은 ‘관리소管理所’라는 명칭으로도 나온다.

41 『대전통편』 권4, 병전 경관직 군영아문 관리영, “[續]開城府, [增]肅宗朝辛卯置.”; 金正浩, 『大東地志』 권2, 開城府, 營衙, “管理營, 本朝肅宗三十七年設.”

42 김종수, 「조선 숙종대 경기지역 군사체제의 정비」, 101~102쪽.

43 송양섭, 「17세기 강화도 방어체제의 확립과 진무영의 창설」, 『한국사학보』 13, 2002,

유수가 진무사를 겸임했다. 조정에서는 진무영 설치 이전부터 강화부의 방어를 위해 돈대墩臺 축조를 계획했는데, 진무영 창설과 때를 같이 하여 1679년 3월 착공해 5월에 48개 돈대를 완공했다.44

진무영은 본영인 중영中營과 전영·후영·좌영·우영의 4개 외영外營, 1개 별중영別中營으로 구성되었다. 중영은 강화, 전영은 부평, 좌영은 통진, 우영은 풍덕, 후영은 황해도 연안, 별중영은 충청도 해미에 있었으므로, 그 영향력이 강화에서 경기, 황해도, 충청도까지 뻗어 있었다. 1696년 무렵 병력은 약 6천 명으로 추산된다.45 1779년(정조 3)에는 경기·충청도·황해도 수군의 최고 사령부인 통어영統禦營을 통합하면서 진무사가 삼도통어사를 겸임했으나, 1789년 다시 분리되었다.46

끝으로, 법전에 기록되지는 않았지만 장용영도 간략히 소개하고자 한다. 장용영은 1793년에 설치되었으며 그 시초는 1785년 정조가 친위군으로 조직한 장용위壯勇衛였다. 이후 1793년 1월, 사도세자의 묘소인 현륭원顯隆園을 수호하고자 수원을 화성華城으로 개칭하고, 장용영의 외영을 설치했다. 이와 함께 수원 부사를 유수로 삼아 장용외사壯勇外使를 겸임하게 함으로써, 서울의 본영과 함께 내·외영 체제를 갖추게 되었다. 그러나 정조 승하 후인 1802년(순조 2)에 혁파되었다.

이상으로, 조선 후기 오군영은 1593년(선조 26) 훈련도감 설치 이후 1682년(숙종 8) 금위영의 창설로 완성되었다. 훈련도감·금위영·어영청의 삼군문이 궁성과 도성 방위를 담당했고, 수어청과 총융청이 도

242쪽.

44 배성수, 「숙종초 강화도 돈대의 축조와 그 의의」, 『조선시대사학보』 27, 2003, 147~148쪽.

45 송양섭, 「17세기 강화도 방어체제의 확립과 진무영의 창설」, 244쪽, 253쪽.

46 『승정원일기』 정조 3년 3월 8일(임진); 『정조실록』 권27, 13년 5월 26일(임오).

성 외곽 방어를 맡았다. 이 외에도 국왕 호위와 궁궐 수비를 담당한 금군청과 호위청, 한양 치안을 담당한 포도청, 개성부의 관리영, 강화부의 진무영이 존재했다. 한때 북한산성의 성곽과 군향미를 관리한 경리청도 있었으나 폐지되었다.

2. 군영아문의 조직과 구성원

군영아문의 인적 편제

조선 후기 군영아문에는 다양한 인원이 소속되어 있어 인적 편제가 복잡하지만, 크게 관제官制, 장관將官, 장교將校, 군총軍摠으로 나눌 수 있다.[47] 이 가운데 군총은 군병을 의미하므로, 아래에서는 관제, 장관, 장교를 중심으로 군영아문의 인적 편제를 살펴보고자 한다.

관제에는 도제조都提調, 제조, 대장大將 또는 사使를 비롯해 낭청郎廳 또는 종사관從事官까지 포함되어 있었다. 이 중 낭청과 종사관의 호칭 변화가 주목할 만하다. 『속대전』에서는 포도청의 종사관을 제외하고 모두 낭청으로 표기했으나, 1754년(영조 30) 영조가 군문 낭청의 호칭을 종사관으로 통일했고, 이에 따라 『대전통편』에서는 모두 종사관으로 정리되었다.[48] 종사관은 군영아문의 사무를 담당하며 상급 지휘부를

---

47 『訓局摠要』 官制; 將官; 將校; 軍摠; 『御營廳事例』 관제, 將官秩; 將校秩; 『禁衛營事例』 將官將校員役軍兵摠數; 『摠戎廳事例』 將官將校員役軍兵受祿實數; 『만기요람』 군정편 3, 금위영, 員額; 어영청, 원액.

48 『승정원일기』 영조 30년 12월 30일(갑술). 해당 지시를 12월 30일에 내렸으므로, 『만기요람』에서는 영조 31년부터 시행된 것으로 나온다(『만기요람』 군정편 2, 훈련도감, 원액, 從事官).

보좌하는 역할을 맡았기 때문에 관제에 포함된 것으로 보인다.

장관[49]은 군영 내에서 관품이 부여된 관직을 지닌 무관을 가리키며, 곧 '군영 소속 무관'으로 정의할 수 있다. 별장別將, 중군中軍, 수성장守城將, 국별장局別將, 관성장管城將, 금군장禁軍將, 진영장鎭營將, 천총千摠, 파총把摠, 외방겸파총外方兼把摠, 초관哨官 등이 이에 해당하며, 이들은 군사 지휘뿐 아니라 참모 역할과 군무 전반을 담당하는 간부였다.

이에 비해 장교는 하급 간부로서 장관과 달리 해당 직책에 관품이 부여되지 않은 점이 특징이다. 오늘날로 치면 한국군의 부사관에 상당하는 위상을 지녔으며, 교련관敎鍊官, 지구관知彀官, 기패관旗牌官, 국출신局出身, 권무군관勸武軍官, 가전별초駕前別抄, 군관 등이 이에 해당한다.

조선 후기 군영아문의 인적 편제에서 장관과 장교의 구별은 매우 중요하다. 장관은 관품이 부여된 관직을 띤 관료이며, 장교는 관품이 없는 직책을 띤 하급 지휘관으로서 병력 관리, 무기 제작 및 정비, 군사 교육 등을 담당했다. 또한 '장졸將卒'이라는 표현은 일반적으로 장관과 군병을 지칭하지만, 문맥에 따라 장교와 군병을 의미하는 경우도 있어 신중한 해석이 요구된다.

군영아문의 관직 구조

조선 후기 군영아문의 조직을 파악하기 위해 『속대전』을 기준으로 군영아문의 관직 체계를 정리하여 〈표 26〉에 제시했다. 표에 수록된 각 관직에 대한 세부 내용은 다음 장에서 설명할 예정이므로, 여기서는 군영아문의 조직을 전체적으로 파악하는 데 집중했다.

---

49 장관은 넓은 의미에서 고위 군 지휘관을 통칭하기도 했다(『광해군일기』(중초본) 권 173, 14년 1월 22일(무오), "如副元帥防禦使等, 將官有功積勞者……."").

표를 검토하기에 앞서 일부 관직을 정3품 당상관으로 분류한 기준을 밝히고자 한다. 『속대전』과 『대전통편』에서는 별장(종2품 금군별장 제외), 천총, 국별장, 관성장, 금군장, 관리영·진무영의 중군, 진영장의 품계가 정3품으로만 표기되어 있어 당상관 여부가 명확하지 않다.

먼저 별장, 천총, 관성장은 《가체신금사목加髢申禁事目》(1788)을 수령한 명단을 통해 정3품 당상관임을 확인할 수 있다.[50] 국별장과 금군장은 1796년(정조 20)에 시행된 무신 당상 녹시사祿試射에 참석한 사실이 있으므로, 이들 또한 당상관임을 알 수 있다.[51] 관리영과 진무영 소속 중군과 진영장의 경우, 당상관 여부를 명확히 확인하지 못했으나, 정3품으로만 표기된 별장·천총·국별장·관성장·금군장이 모두 당상관으로 확인된 점에 비춰볼 때, 이들 역시 당상관일 가능성이 높다고 판단해서 당상관으로 분류했다.

이 기준을 적용한 〈표 26〉을 보면, 『속대전』에 수록된 군영아문의 관직은 도제조, 제조, 대장, 사, 별장, 중군, 수성장, 관성장, 금군장, 천총, 국별장, 진영장, 파총, 외방겸파총, 낭청, 종사관, 초관 등으로 구성되어 있다.

전체 인원은 총 306명으로, 당상관 72명, 당하관 46명, 참상관 18명, 참하관 170명이었다. 참하관 비중이 가장 높고 참상관이 가장 적은 것이 특징적이다. 이 가운데 관제에 속하는 인원은 38명(12.4%)에 불과했으나, 장관은 268명(87.6%)에 달했다. 특히 장관 268명 중 오군영 소속 무관만 243명(79.4%)으로 조선 후기 군영아문의 관직 구성은 사실상 오군영 장관이 중심을 이루고 있음을 보여준다.

---

50 『일성록』 정조 12년 10월 12일(경자).

51 『승정원일기』 정조 20년 9월 18일(경신).

〈표 26〉『속대전』「군영아문」에 기록된 관직과 인원

관직		군영	훈련도감	금위영	어영청	수어청		총융청	경리청		호위청	금군청	포도청	관리영	진무영	합계	
						본영	남한		본영	북한						전체	겸직
관제	정1	도제조	1(겸)	1(겸)	1(겸)	·	·	·	1(겸)	·	·	·	·	·	·	4	4
		대장	·	·	·	·	·	·	·	·	3(겸)	·	·	·	·	3	3
	정2	제조	2(겸)	·	1(겸)	·	·	·	·	·	·	·	·	·	·	3	3
	종2	제조	·	·	·	·	·	·	1(겸)	·	·	·	·	·	·	1	1
		대장	1	1(겸)	1	·	·	·	·	·	·	·	2	·	·	5	1
		사	·	·	·	1	·	1	·	·	·	·	·	1(겸)	1(겸)	4	2
	종6	낭청	6(겸3)	2	2	·	·	·	1(겸)	·	·	·	·	·	·	11	4
		종사관	·	·	·	1	·	·	·	·	·	·	6(겸2)	·	·	7	2
	소계		10	4	5	2	·	1	3	·	3	·	8	1	1	38	20
장관	종2	중군	1	1	1	1	·	1	·	·	·	·	·	·	·	5	·
		별장	·	·	·		·	·	·	·	·	1	·	·	·	1	·
		수성장	·	·	·	·	1(겸)	·	·	·	·	·	·	·	·	1	1
	정3 당상	중군	·	·	·	·	·	·	·	·	·	·	·	1	1	2	·
		별장	2	1	2	2	2	·	·	·	3	·	·	·	·	12	·
		천총	2	4	5	2	·	2	·	·	·	·	·	·	·	15	·
		국별장	3	·	·	·	·	·	·	·	·	·	·	·	·	3	·
		관성장	·	·	·	·	·	·	·	1	·	·	·	·	·	1	·
		금군장	·	·	·	·	·	·	·	·	·	7(겸)	·	·	·	7	7
		진영장	·	·	·	·	·	·	·	·	·	·	·	·	5(겸)	5	5
	종4	파총	6	5	5	3	·	4	·	1	·	·	·	·	·	24	·
		외방겸파총	·	12(겸)	10(겸)	·	·	·	·	·	·	·	·	·	·	22	22
	종9	초관	34	45	45	16	5	20	·	5	·	·	·	·	·	170	·
	소계		48	68	68	24	8	27	·	7	3	8	·	1	6	268	35
계			**58**	**72**	**73**	**26**	**8**	**28**	**3**	**7**	**6**	**8**	**8**	**2**	**7**	**306**	**55**

※ 겸: 겸직

다음으로, 전체 306명 중 겸직 인원은 총 55명으로 나타났다. 도제조는 법전에 별도의 겸직 표기가 없으나, 의정 대신이 겸임하는 직책이었다. 겸직 인원 중 22명이 종4품 외방겸파총에 집중되었으며, 당상관의 겸직도 15명에 달해 높은 비중을 차지했다. 또한, 관제 인원 38명 중 겸직 비율은 약 53%(20명)에 달하지만, 장관 268명 중 겸직자는 약 13%(35명)에 그쳤다.

〈표 26〉에서 확인할 수 있는 특징이 몇 가지 있다. 첫째, 도제조와 제조를 훈련도감, 금위영, 어영청 등 삼군문에 설치한 점이다. 도제조는 세 군영에 모두 두었고, 제조는 훈련도감과 어영청에만 두었다. 이 밖에 경리청에도 도제조와 제조를 각각 1명씩 배치했다.

군영아문에 도제조와 제조를 둔 것은 모두 훈련도감이 시초였다. 도제조는 1593년(선조 26) 훈련도감 창설 당시 윤두수尹斗壽를 임명한 것이 시초였고, 제조는 1594년 병조 판서 이덕형李德馨을 유사 당상으로 삼고, 호조 판서 이성중李誠中에게 군향軍餉을 담당하게 한 것이 시초였다.[52] 『속대전』에서도 훈련도감의 제조는 호조 판서와 병조 판서가 겸임하며, 어영청의 제조는 병조 판서가 겸임하는 것으로 나타난다.

『경국대전』에 따르면, 조선 전기에 도제조는 13개 관서, 제조는 전옥서를 제외한 43개 관서, 부제조는 5개 관서에 두었다.[53] 주목할 점은 이들 모두 동반 관서에만 두었으며, 서반 관서에는 도제조와 제조, 부제조를 전혀 두지 않았다. 따라서 조선 후기에 삼군문 위주로 도제조와 제조를 두기 시작한 조치는 문관 정승이 군영을 통제하고 관리할 필요성이 커졌음을 반영한 조치로 해석할 수 있다. 이는 조선 전기와는 질적으로 다른 군제 운영 방식으로, 군영에 대한 문관의 관리 체계가 제도적으로 강화되었음을 시사한다.

둘째, 군영마다 최고 군 지휘관의 호칭이 상이하다는 점이다. 서울에 소재한 군영은 '대장大將'이라는 호칭을 사용했으나, 지방에 위치한 수어청, 총융청, 관리영, 진무영 등에는 '사使'라는 호칭을 사용했다.

52 『훈국총요』 관제.

53 김송희, 「조선초기의 「제조」제에 관한 연구」, 『동아시아문화연구』 12, 1987, 52~53쪽.

품계는 모두 종2품으로 통일했다. 호위청의 경우 대장의 품계가 정1품으로 설정되어 있어 그 중요성을 잘 보여주지만, 모두 겸직으로 수행되었다. 또한, 경리청은 여타 군영과 달리 최고 책임자로서 도제조와 제조만 두었으며, 대장이나 사를 두지 않았다.

셋째, 군영아문에 따라 중군과 별장의 품계가 달랐다. 중군은 대체로 종2품의 관직이지만, 지방 소재의 관리영과 진무영의 중군은 이보다 품계가 낮은 정3품 당상관이었다. 별장은 대부분 정3품 당상관이지만, 금군청의 별장만 이보다 한 단계 높은 종2품이었다. 이는 금군 별장이 금군청의 최고 군 지휘자로서 일반 군영의 대장과 유사한 역할을 수행했기 때문으로 풀이된다.

군영아문의 장교들

다음으로 〈표 27〉에서는 조선 후기 군영아문에 소속된 장교의 종류와 인원을 정리했다. 장교는 군영에서 오랜 기간 근무하며 군사 업무에 숙달된 전문가로서, 숙련된 무예 실력과 실무 경험을 바탕으로 군영의 질적 수준과 운영 전반에 큰 영향을 미쳤다.

그러나 장교 제도는 당시에도 제도적 기반이 명확하지 않았으며, 관련 기록 또한 충분하지 않아 장교의 실체를 정확히 파악하는 데에는 어려움이 따른다. 이에 이 책에서는 먼저 법전의 규정을 바탕으로 장교의 종류와 인원을 전반적으로 조망하는 기초 작업을 진행했다.

『속대전』에 기록된 장교의 종류는 23개로 나타났다. 세부적으로 보면, 지구관知彀官, 교련관敎鍊官, 기패관旗牌官, 별무사別武士, 군관軍官, 별군

〈표 27〉『속대전』「군영아문」에 기록된 장교 인원

장교 \ 군영	훈련도감	금위영	어영청	수어청		총융청	경리청		호위청	포도청	계
				본영	남한		본영	북한			
지구관	10	·	·	·	·	·	·	·	·	·	10
교련관	·	15	12	10	10	12	·	·	·	·	59
기패관	20	12	10	·	60	·	·	5	·	·	107
별무사	68	30	22	·	·	·	·	·	·	·	120
군관	15	5	40	15	43	15	4	11	1,050	·	1,198
별군관	10	10	10	·	·	·	·	·	·	·	30
권무군관	50	50	50	·	·	·	·	·	·	·	150
국출신	150	·	·	·	·	·	·	·	·	·	150
경한량군관	·	·	·	283	·	·	·	·	·	·	283
한량군관	·	·	·	·	·	300	·	·	·	·	300
이속군관	·	·	·	·	290	·	·	·	·	·	290
부료군관	·	·	·	·	336	·	·	·	·	·	336
당상 별부료군관	·	·	·	·	·	·	·	·	1	·	1
요사군관	·	·	·	·	·	·	·	20	·	·	20
각색군관	·	·	·	·	·	·	·	3	·	·	3
소임군관	·	·	·	·	·	·	·	·	3	·	3
가전별초	·	·	50	·	·	·	·	·	·	·	50
감관	·	·	·	·	·	5	·	·	·	·	5
수문부장	·	·	·	·	·	1	·	·	·	·	1
성문부장	·	·	·	·	·	·	·	3	·	·	3
부장	·	·	·	·	·	·	·	·	·	8	8
무료부장	·	·	·	·	·	·	·	·	·	26	26
가설부장	·	·	·	·	·	·	·	·	·	12	12
계	**323**	**122**	**194**	**308**	**739**	**333**	**4**	**42**	**1,054**	**46**	**3,165**

관別軍官, 권무군관勸武軍官, 국출신局出身, 경한량군관京閑良軍官, 한량군관, 이속군관移屬軍官, 부료군관付料軍官, 당상별부료군관堂上別付料軍官, 요사군관料射軍官, 각색군관各色軍官, 소임군관所任軍官, 가전별초駕前別抄, 감관監官, 수문부장守門部將, 성문부장城門部將, 부장部將, 무료부장無料部長, 가설부장加設部將 등이다. 이 중 지구관, 교련관, 기패관, 별무사, 국출신이 고위급 장교에 속했다.

군영아문에 소속된 장교의 인원은 총 3,165명이었다. 군영별로 살펴보면, 훈련도감 323명, 금위영 122명, 어영청 194명, 수어청의 본영 308명 및 남한산성 739명, 총융청 333명, 경리청의 본영 4명 및 북한산성 42명, 호위청 1,054명, 포도청 46명이었다. 이 중 호위청 소속 장교가 1,054명으로 가장 많아서 호위청 운영이 군관 중심으로 이뤄졌음을 보여준다.

반면에 금군청, 관리영, 진무영에는 장교를 두지 않은 점이 특징이다. 다만, 금군청의 경우 금위영의 교련관 15명 중 7명이 금군청 소속이므로, 실질적으로는 교련관 7명이 금군청에 배치된 셈이었다.[54]

『대전통편』에 반영된 변화상

조선 후기 군영아문의 조직과 규모는 『속대전』 체제 이후로 다양한 변화를 겪었다. 이에 그 변화 양상을 알아보기 위해 『대전통편』을 바탕으로 군영아문의 관직 체계를 정리한 결과가 〈표 28〉이다.

표를 검토하기에 앞서, 〈표 26〉과 마찬가지로 작성 기준을 밝히고자 한다. 첫째, 정3품 관직 중 『대전통편』에 새롭게 등장한 기사장騎士將은 금위대장이 당상 장관이라 언급했으므로 당상관으로 파악했다.[55] 별후부천총別後部千摠은 천총이 정3품 당상관이므로 이 자리 역시 당상관으로 판단했다.

둘째, 『대전통편』에 관품이 명기되지 않은 관직은 〈표 28〉 작성에

---

54 『속대전』 권4, 군영아문 금위영, "敎鍊官十五〈七屬禁軍廳〉." 『만기요람』에 따르면, 금군청의 경우 1668년(현종 9) 당상군관 30명을 설치했으나 1688년 폐지했다. 또한 1689년 병조 판서에 딸린 '판서군관判書軍官' 15명과 금군별장에 딸린 '별장군관別將軍官' 25명을 설치했으나, 『속대전』에는 반영되지 못했다(『만기요람』 군정편 2, 부용호영, 員額).

55 『일성록』 정조 16년 윤4월 12일(경진).

서 제외했다. 구체적으로, ① 관리영에 새로 추가된 종사관 1명, 별장 2명, 천총 3명, 백총百摠 4명, 파총 6명, 초관 12명, ② 진무영에 새롭게 추가된 종사관 1명, 천총 4명, 파총 10명, 초관 63명 모두 관품 표기가 없다. 이들 직책에 대해 관품을 기재하지 않은 이유는 확인되지 않으므로, 통계에서 제외했다.

이 기준을 적용한 〈표 28〉을 살펴보면, 네 가지 정도의 변화 양상을 확인할 수 있다. 첫째, 『대전통편』에 기록된 군영아문의 관원은 총 282명으로, 『속대전』에 비해 24명이 감소했다. 이들은 당상관 73명, 당하관 44명, 참상관 16명, 참하관 149명으로 구성되었으며, 예전과 마찬가지로 참하관 자리가 가장 많았다. 다만, 참하관 인원은 이전에 비해 21명 감소했는데, 이는 금위영 · 어영청 · 수어청 · 총융청의 초관 자리가 각각 4자리씩 줄어들고, 경리청이 혁파되면서 초관 5자리가 사라졌기 때문이다.

한편, 전체 282명 중 관제 인원은 33명(11.7%)으로 소수에 불과했으나, 장관 인원은 249명(88.3%)에 달했으며 이 중 오군영 소속 장관만 231명(81.9%)이었다. 이러한 결과는 『속대전』에 비해 관직 규모는 전체적으로 조금 감소했지만 장관의 비중은 오히려 0.7% 증가했으며, 18세기 후반에도 여전히 군영아문의 무관직 체제가 오군영 소속 장관 중심으로 편제되었음을 보여준다.

둘째, 전체 282명 중 겸직 인원이 51명으로, 『속대전』의 55명에 비해 4명이 감소한 수치다. 별후부천총 1명이 새롭게 추가되었으나, 경리청이 혁파되면서 3명이 감소하고, 호위대장이 기존 3명에서 1명으로 줄어들며 겸직 2명이 감소한 결과였다. 또한, 겸직 비중을 보면 관제는 33명 중 15명(45.5%)이 겸직이었지만, 장관 249명 중에는 36명

〈표 28〉 『대전통편』 「군영아문」에 기록된 관직과 인원

관직		군영	훈련도감	금위영	어영청	수어청		총융청		호위청	용호영	포도청	관리영	진무영	계	
						본영	남한	본영	북한						전체	겸임
관제	정1	도제조	1(겸)	1(겸)	1(겸)	·	·	·	·	·	·	·	·	·	3	3
		대장	·	·	·	·	·	·	·	1(겸)	·	·	·	·	1	1
	정2	제조	2(겸)	1(겸)	1(겸)	·	·	·	·	·	·	·	·	·	4	4
	종2	대장	1	1	1	·	·	·	·	·	·	2	·	·	5	·
		사	·	·	·	1		1	·	·	·	·	1(겸)	1(겸)	4	2
	종6	종사관	6(겸3)	2	2	·	·	·	·	·	·	6(겸2)	·	·	16	5
	소계		10	5	5	1	·	1	·	1	·	8	1	1	33	15
장관	종2	중군	1	1	1	1	·	1	·	·	·	·	·	·	5	·
		별장	·	·	·	·	·	·	·	·	1	·	·	·	1	·
		수성장	·	·	·	·	1(겸)	·	·	·	·	·	·	·	1	1
	정3 당상	중군	·	·	·	·	·	·	·	·	·	·	1	1	2	·
		별장	2	1	1	2	1	·	·	3		·	·	·	10	·
		천총	2	4	5	1	·	2	·	·	·	·	·	·	14	·
		별후부 천총	·	·	1(겸)	·	·	·	·	·	·	·	·	·	1	1
		국별장	3	·	·	·	·	·	·	·	·	·	·	·	3	·
		기사장	·	3	3	·	·	·	·	·	·	·	·	·	6	·
		관성장	·	·	·	·	·	·	1	·	·	·	·	·	1	·
		금군장	·	·	·	·	·	·	·	·	7(겸)	·	·	·	7	7
		진영장	·	·	·	·	·	·	·	·	·	·	·	5(겸)	5	5
	종4	파총	6	5	5	3		2	1	·	·	·	·	·	22	·
		외방 겸파총	·	12(겸)	10(겸)	·	·	·	·	·	·	·	·	·	22	22
	종9	초관	34 (체4)	41	41	12	5	10	6	·	·	·	·	·	149	·
	소계		48	67	67	19	7	15	8	3	8	·	1	6	249	36
계			**58**	**72**	**72**	**20**	**7**	**16**	**8**	**4**	**8**	**8**	**2**	**7**	**282**	**51**

※ 겸: 겸직, 체: 체아직

(14.5%)만이 겸직이었다.

셋째, 관직의 세부 구성에도 변화가 나타났다. 훈련도감의 초관 34자리 중 4자리가 지구관과 기패관의 체아직 자리로 배정되었다. 또한 1747년(영조 26) 경리청이 혁파되면서 기존 경리청 소속이었던 관성장 이하의 관직들이 총융청으로 이속되었다. 그 결과 『대전통편』에 경리청이 없어지고, 대신 총융청에 북한산성이 추가되었다.

넷째, 조직의 구조적 변화도 일부 확인된다. 호위대장이 기존 3명에서 1명으로 축소되었고, 금위영에는 병조 판서가 으레 겸임하는 제조의 자리가 새로 설치되었다. 이어서 금위영과 어영청에 기사장이 신설되고, 어영청에는 별후부천총이 새로 추가되었다. 기사장은 1746년에 기사를 통솔해 온 초관哨官의 칭호를 변경하여 마련한 직책이다.[56] 별후부천총은 1758년 영종진을 다시 첨사진으로 승격하고, 영종 첨사가 이를 겸임하게 하면서 새롭게 추가한 자리였다.[57]

다음으로 장교의 변화상을 검토해 보면, 『대전통편』에 기록된 장교의 인원은 총 2,748명으로 『속대전』과 비교해 417명 감소했다. 이를 분석하기 위해 장교의 내역을 〈표 29〉에 제시했으며, 주요한 변화는 세 가지로 요약할 수 있다.

첫째, 가장 큰 변화는 군영아문에 모두 장교를 배치한 점이다. 『속대전』에서는 용호영(금군청), 관리영, 진무영에 장교를 두지 않았으나, 『대전통편』에는 모든 군영에 장교를 배치했다. 특히 용호영과 관리영에만 당상군관堂上軍官을 설치했는데, 이는 이들 군영의 위상이 강화되었음을 보여주는 특징적인 변화다.

둘째, 『대전통편』에서는 총 26개 종류의 장교가 기록되었다. 세부적으로 살펴보면, 지구관, 교련관, 기패관, 별무사, 당상군관, 군관, 별군관, 권무군관, 국출신, 한량군관, 이속군관, 수첩군관守堞軍官, 부료군관, 당상별부료군관, 별부료군관, 소임군관, 가전별초, 기사騎士, 별기위別騎衛, 감관, 군기감관軍器監官, 수문부장, 성문부장, 부장, 무료부장, 가설부장 등이다. 『속대전』에 나온 경한량군관, 요사군관, 각색군관이

56 『승정원일기』 영조 22년 1월 6일(계유).
57 『만기요람』 군정편 3, 어영청, 군총.

〈표 29〉『대전통편』「군영아문」에 기록된 장교 인원

군영 장교	훈련도감	금위영	어영청	수어청		총융청		호위청	용호영	포도청	관리영	진무영	계
				본영	남한	본영	북한						
지구관	10	·	·	·	·	·	·	·	·	·	·	·	10
교련관	·	12	12	7	10	15	4	·	14	·	8	10	92
기패관	20	10	11	·	60	·	5	·	·	·	36	71	213
별무사	68	30	30	·	·	·	·	·	·	·	·	·	128
당상군관	·	·	·	·	·	·	·	·	16	·	50	·	66
군관	15	5	41	3	43	14	·	350	·	·	250	15	736
별군관	10	10	10	·	·	·	·	·	·	·	·	·	30
권무군관	50	50	50	·	50	·	·	·	·	·	·	·	200
국출신	150	·	·	·	·	·	·	·	·	·	·	·	150
가전별초	·	·	52	·	·	·	·	·	·	·	·	·	52
기사	·	150	150	·	·	·	·	·	·	·	·	·	300
별기위	·	32	·	·	·	·	·	·	·	·	·	·	32
이속군관	·	·	·	·	250	·	·	·	·	·	·	·	250
수첩군관	·	·	·	·	·	·	2	·	·	·	·	·	2
감관	·	·	·	·	·	2	·	·	·	·	·	·	2
군기감관	·	·	·	·	·	·	1	·	·	·	·	·	1
부장	·	·	·	·	·	·	·	·	·	8	·	·	8
무료부장	·	·	·	·	·	·	·	·	·	26	·	·	26
가설부장	·	·	·	·	·	·	·	·	·	12	·	·	12
수문부장	·	·	·	·	·	1	·	·	·	·	·	·	1
성문부장	·	·	·	·	·	·	3	·	·	·	·	·	3
한량군관	·	·	·	·	·	300		·	·	·	·	·	300
소임군관	·	·	·	·	·	·	3	3	·	·	·	·	6
부료군관	·	·	·	·	27	·	20	·	·	·	·	·	47
당상별부료군관	·	·	·	·	·	·	·	1	·	·	·	·	1
별부료군관	·	·	·	·	·	·	·	·	80	·	·	·	80
계	**323**	**299**	**356**	**10**	**440**	**332**	**38**	**354**	**110**	**46**	**344**	**96**	**2,748**

없어졌고, 대신에 당상군관, 수첩군관, 별부료군관, 기사, 별기위, 군기감관이 새롭게 추가되었다.

셋째, 군영별 장교 인원의 변화를 살펴보면, 훈련도감과 포도청을 제외한 모든 군영에서 변화가 있었다. 금위영은 177명, 어영청은 162

명, 총융청은 37명이 증가했으며, 용호영 110명, 관리영 344명, 진무영 96명이 새로 편성되었다. 반면, 수어청은 597명, 호위청은 700명이 감소했고, 경리청 46명은 혁파되었다.

이를 종합하면, 전체적으로 총 417명이 감소했다. 금위영과 어영청의 증가는 기사의 신설에 따른 변화이며, 호위청의 축소는 기존 세 개의 청을 하나로 통합한 결과였다. 수어청의 경우 군영이 축소되면서 군관의 감축이 불가피했던 것으로 보인다.

이상으로 법전을 중심으로 군영아문의 편제와 조직에 대해 검토했다. 군영아문의 편제는 크게 관제, 장관, 장교의 세 범주로 나뉘며, 이 중 장관이 중심을 이뤘다. 『속대전』에 기록된 군영아문 소속 관원은 총 306명이며, 이 중 겸직이 48명이었다. 『대전통편』에서는 총원이 281명으로 25명 감소했으며, 겸직 관원도 43명으로 소폭 줄어들었다. 장교의 경우, 『속대전』에 기록된 인원은 3,165명이었으나, 『대전통편』에서는 2,748명으로 417명이 줄었다. 이와 같이 관원과 장교의 전반적인 감소는 초관 자리의 감소, 경리청의 혁파, 그리고 호위청과 수어청의 축소 등 조직 개편의 영향을 반영한 결과였다.

11장
군영아문 소속 장관의 역할

1. 장관의 임용 방식

조선 후기 군영아문에 편제된 관원은 『속대전』을 기준으로 총 306명(겸직 55명 포함)이었으며, 이 중 장관이 268명으로 전체의 87.6%를 차지했다. 이는 군영아문의 조직에서 장관이 중심적인 역할을 담당했음을 의미하며, 그 임용 방식과 관련 규정은 군영의 권한과 밀접하게 연관된 핵심 사안이었음을 시사한다.

조선시대 관직의 임명 방식은 일반적으로 '의망擬望'이라는 절차를 통해 이뤄졌다. 의망이란 국왕이 이조와 병조에서 추천한 후보자 가운데 1명을 낙점하여 임명하는 방식이었다. 이때 이조와 병조에서는 통상적으로 3명의 후보자를 올렸으며, 이를 '삼망三望'이라 했다.

삼망에 포함된 후보자들은 각각 순위가 부여되어 첫 번째 추천된 자는 '수망首望', 두 번째는 '부망副望', 세 번째는 '말망末望'이라 불렸다. 이러한 순위는 국왕이 최종적으로 낙점할 때 중요한 판단 기준으로 작용했다. 경우에 따라 단 1명만을 추천하는 단망單望도 있었지만 삼망이 일반적인 방식이었다.

서반직의 경우, 후보자 선정은 구근久勤의 경력자들이 많아 내부적으로 순번이 정해져 있던 것 같다. 예를 들어, 1809년(순조 9)에 무관 노상추盧尙樞는 훈련원 주부의 말망에 민흔閔俒이 올라가자, 원래 그 자리는 본인 아우가 올라가야 하는 자리라며 탄식했다. 민흔은 원래 노상추의 아우, 백의진白毅鎭, 민희閔僖의 뒤를 이어 말망의 차례를 기다리던 사람이었으나, 노상추의 아우가 사망하고 백의진과 민희마저 상을 당하자 네 번째 순번인 민흔이 말망에 오른 것이었다.[58]

노상추는 죽은 아우가 8년 동안 허사과虛司果로 있다가 "이번에는 그의 앞에서 차례를 기다리는 사람이 한두 사람뿐이어서 실직을 얻을 길이 생겼다."[59]라고 하면서 기대감을 나타냈었다. 곧, 오랫동안 근무한 뒤에 말망으로 올라가는 것도 내부적으로 정해진 순번에 따라 진행되는 일이었음을 알 수 있다.

한편, 군문의 관직도 일반 관직과 마찬가지로 의망 절차를 거쳤으나, 군문 고유의 독자성이 강하게 작용했다. 훈련도감 창설 초기에는 파총把摠이 장관 후보자를 천거하고, 훈련대장이 이를 선택하여 삼망을 갖추면, 도제조가 최종적으로 임명하는 방식이었다. 그러나 선조 말년에 이항복李恒福이 훈련도감 도제조가 되면서 훈련대장의 권한을 강화했다. 곧, 훈련대장이 직접 시재를 실시한 후 추천장을 작성하고, 이를 바탕으로 도제조가 임명하는 체계로 바꾼 것이다. 연임자나 수령을 지낸 경우에는 시재마저 면제하고 훈련대장이 그때그때 한두 명을 천거하도록 했다.[60]

---

58 『노상추일기』 1809년 4월 11일.
59 『노상추일기』 1809년 3월 26일.
60 『광해군일기』(중초본) 권26, 2년 3월 24일(경자).

이 방식이 정확히 언제 변경되었는지는 확인할 수 없으나, 18세기 후반에 이르면 이미 각 군영의 장관과 종사관을 임명할 때 군영 대장이 직접 국왕에게 단망 형태로 후보자 1명을 올려 임명하는 것이 관례로 자리잡았다. 비록 국왕에게 보고하는 절차를 따랐으나, 군영 대장이 병조의 의망 절차를 거치지 않고 후보자 1명을 단독으로 지정했다는 것은 사실상 독자적으로 장관을 선발한 것이나 다름없었다.

1778년(정조 2) 좌의정 서명선徐命善은 이 문제에 대해 "이는 대체로 임시로 설치한 뒤에 바로 잡지 못했기 때문"[61]이라고 지적했다. 그는 포도청도 임시 관서지만 종사관과 군관을 임명할 때 반드시 후보자를 선정하여 병조로 보내 낙점을 받는 절차를 따르고 있음을 강조했다. 따라서 군문 장관의 임명도 군영에서 후보자를 선발하되, 최종 임명은 병조를 거쳐야 한다고 주장했다.

> "딸린 군사가 없는 오위의 부장은 실직實職이라 하여 병조에서 의망하게 하고, 군사를 거느린 오군영의 장관은 군직軍職이라 하여 해당 군영에서 단망으로 아뢰니 겉에 드러난 이름과 실상의 모순이 어찌 이리도 심할 수 있습니까.……이후부터 각 군문의 당상·당하 장관과 종사관은 각 해당 군영에서 삼망을 갖추어 병조에 보내면, 병조에서 구전으로 아뢰어 낙점받기를 한결같이 포도청의 종사관과 군관의 사례대로 규정을 정해서 시행하는 것이 어떠하겠습니까?"[62]

정조는 서명선의 건의를 받아들여 『대전통편』에 "중군 이하 장관 및 종사관은 모두 해당 군영에서 세 명의 후보자를 갖추어 병조로 보

---

61 『승정원일기』 정조 2년 윤6월 17일(을해).
62 상동.

내어 입계한다."[63]라는 규정을 명시했다. 이러한 임명 방식은 순조 연간에 편찬된 『훈국총요訓局摠要』에서도 확인할 수 있다. "이전에는 군색 종사관 및 장관을 단망으로 올려 임금의 재가를 받았으나, 정조 무술년(1778)에 삼망을 갖춰 병조로 이문하여 낙점받는 것을 정식으로 삼았다."[64]라는 기록이 그것이다.

이상에서 살펴본 대로, 장관의 임용 방식은 영조 대까지 군영 대장이 실질적인 인사권을 행사하여 국왕에게 단망으로 보고하여 임명하는 형식이었으나, 1778년부터는 군영에서 제출한 후보자에 대해 병조의 삼망 절차를 거치는 방식으로 변경되었다. 이로써 국왕과 병조의 인사 통제권이 강화되었으나, 장관 후보자 선정 권한은 여전히 군영 대장에게 있었으므로 군영의 인사권이 완전히 소멸된 것은 아니었다. 결국 조선 후기 군영 아문의 인사 운영은 중앙의 통제를 받는 가운데서도 군영 내부의 자율성이 어느 정도 유지되는 형태였다고 볼 수 있다.

2. 중군

중군의 규모와 자격

조선 후기 중앙 군영에 소속된 중군中軍은 종2품 또는 정3품에 해당

---

63 『대전통편』 권4, 병전 경관직 군영아문, "中軍以下將官及從事官, 皆自該營備三望, 移送本曹, 入啓."

64 『훈국총요』 장관, "將官〈前則軍色從事官及將官, 單望啓下矣, 正廟戊戌, 備三望, 移文兵曹, 受點事定式〉."

하는 무관직으로 군영 내 장관 중에서는 최고 서열이었다. 중군은 대장 또는 사使에 이어 두 번째 서열이므로 대장에 버금간다는 의미로 '아장亞將'이라 불렸다. 또한 중군이라는 직책은 팔도의 순영巡營과 경기 광주廣州에도 있었으며, 이를 구별하기 위해 법전이나 연대기 자료에서는 중앙 군영의 중군을 '군문 중군'[65]이라고 지칭하기도 했다.

조선시대 중군의 등장은 임진왜란 중인 1593년(선조 26)에 『기효신서』의 전법을 도입해 훈련도감을 창설한 데서 비롯된 것으로 보인다. 중군은 『기효신서』에 자주 등장하며, 영장營將을 보좌하는 부장副將의 임무를 띠었다. 실제로 1594년에는 이미 훈련도감 내에서 중군 직책이 확인된다. 당시 선조가 훈련도감의 시재試才와 논상 방식을 명나라와 동일하게 마련할 것을 지시하자, 훈련도감에서 습진 일에 당상과 낭청, 중군, 천총千摠 등이 모여 훈련 성과가 뛰어난 자를 선발하겠다고 보고한 것이다.[66]

조선 후기 중앙 군영에 소속된 중군은 총 7명이었다. 오군영인 훈련도감, 금위영, 어영청, 수어청, 총융청에 각 1명씩 두었고, 품계는 종2품이었다. 아장이므로 대장이나 사와 마찬가지로 1명씩 두었고, 금위영은 금군별장이 중군을 겸임하다가 1754년(영조 30) 분영分營 이후 전담 관원으로 바꾸었다.[67] 또한, 관리영과 진무영에도 각각 1명씩 두었으나, 관품은 오군영의 중군보다 한 단계 낮은 정3품 당상관이었다. 두 군영이 각각 개성부와 강화부에 소재한 점을 고려해 관품의 차이

---

65 『대전통편』 권4, 병전 用刑, "大棍, 三軍門都提調, 本曹判書, 軍門大將, 禁軍別將, 捕盜廳, 軍門中軍, 留守, 監司, 統制使, 兵使, 水使, 討捕使及軍務使星二品以上, 用之."; 『정조실록』 권5, 2년 1월 12일(계유).

66 『선조실록』 권53, 27년 7월 11일(정해).

67 『금위영사례』 장관장교원역군병총수, "中軍一員〈肅廟丙寅, 禁軍別將兼差矣, 分營後, 改號中軍, 以從二品以上啓下, 瓜限則十二朔〉."

를 둔 것으로 보인다.

중군의 임기는 훈련도감과 어영청의 경우 제한이 없었으나, 금위영은 12개월로 정해져 있었다. 또한, 오군영 중군은 종2품의 관직이자 아장의 위상을 고려해, 종2품 이상의 무관이나 병마절도사 중에서 후보자를 선정했다.[68] 이 중 훈련도감 중군을 더 중시하여 1741년(영조 17)에는 평안도 병마절도사, 통제사, 포도대장의 후보자에 오르지 못한 사람은 임명 대상에서 제외했다.[69]

예를 들어, 1744년 어유기魚有琦는 북병사를 역임하고 통제사의 후보자에 오른 경력으로 금위영 중군에 임명되었다.[70] 1778년(정조 2)에는 평안도 병마절도사 이국현李國賢이 포도대장을 맡으면서 훈련도감 중군을 겸임했다.[71] 1798년에 어영청 중군이 된 이종윤李宗胤은 명나라 총병總兵 이여매李如梅의 7세손으로, 이전 직함이 창성昌城 부사였다. 이때 그는 정조의 특별 지시로 가선대부(종2품 동반관계)로 가자된 후 어영청 중군에 임명될 수 있었다.[72]

영조 대에는 중군의 경력이 금군별장(종2품)을 거쳐 포도대장으로 나아가는 중요한 이력으로 자리 잡았다. 영조는 금군별장의 위상을 높이기 위해 후보자를 각 군문의 중군이나 서북 지역의 병마절도사, 통제사 출신으로 제한하고, 금군별장을 거쳐야만 포도대장이나 군영대장의 후보자가 될 수 있도록 했다.[73] 그러나 실제로는 군문 중군 가

---

68 『훈국총요』 장관, "中軍一員〈無瓜限, 雖時帶, 捕將禁軍別將通擬〉."; 『어영청사례』 장관, "中軍一員〈無瓜限, 從二品兵使以上啓下〉."; 『일성록』 정조 2년 8월 14일(신미); 9월 6일(임진). 금위영은 위의 각주 67번 참조.

69 『영조실록』 권53, 17년 3월 11일(병자).

70 『영조실록』 권60, 20년 10월 25일(무진).

71 『일성록』 정조 2년 1월 18일(기묘).

72 『승정원일기』 정조 22년 7월 21일(계미); 『노상추일기』 1798년 7월 23일.

운데 훈련도감 중군이 주로 금군별장에 선발되면서 '훈련도감 중군 → 금군별장 → 포도대장'이라는 경로가 형성되었다.

1788년 정조는 이 방식의 타당성에 대해 대신과 군영 대장들의 의견을 구했다. 이때 제기된 논점은 두 가지였다. 하나는 "금군별장과 훈련도감 중군은 모두 아장"인데도 훈련도감 중군을 거쳐야만 금군별장이 되는 것이 타당하지 않다는 점, 다른 하나는 훈련도감 중군을 거쳐 금군별장이 된다면 훈련도감의 인사권은 커지는 대신에 병조의 인사권은 약화된다는 우려였다. 이는 훈련대장이 중군의 후보자를 내는 관행 때문이었다.

결국 정조는 인사 권한이 "묘당과 병조에게 귀결"되어야 하며, 군영 대장이 이에 개입하는 것은 부당하다고 판단했다. 이에 따라 훈련도감 중군을 거치지 않더라도 포도대장의 후보자가 될 수 있도록 제도를 개편했다.[74] 그러나 순조 대에도 여전히 훈련도감 중군은 금군별장이나 포도대장으로 나아가는 주요 경로로 작용했다.[75]

중군의 임무와 위상

군영 내에서 중군은 아장으로서 대장에 버금가는 서열을 차지했다. 그에 따라 중군의 주요 임무는 군영의 군무軍務를 관장하는 것이며, 군사 훈련 시 국왕의 호령을 받드는 역할 또한 중요한 책무였다.[76] 아울

---

73 『영조실록』 권99, 38년 3월 16일(기유).

74 『일성록』 정조 12년 5월 25일(병술).

75 『훈국총요』 장관, "中軍一員〈無瓜限, 雖時帶, 捕將禁軍別將通擬〉."

76 『일성록』 정조 17년 1월 25일(기미), "壯勇營進內外營新定節目及扈衛廳移屬節目…… 一, 各營中軍之設置, 不過操鍊時承接號令而已."

러 대장이 부재 중이거나 업무 수행이 어려우면 그 직무를 대행했다. 예를 들어, 초관 선발 취재 때 대장이 참석하지 못하면 중군이 별장과 함께 이를 시행했다.[77]

중군은 독자적으로 사강射講의 시험을 주관했다. 사강은 시사試射와 시강試講의 합성어로, 군영 장관을 대상으로 한 활쏘기 및 강서 시험을 의미한다.[78] 이 시험은 정조 즉위 직후인 1776년부터 시행된 것으로 보이며, 중군이 주관하는 중요한 군영 행사로 자리 잡았다.[79] 중군이 직접 관장하지 못할 경우에는, 당상 장관 중에서 겸중군兼中軍을 따로 임명하여 시관을 맡겼고, 때로는 군영 대장이 직접 주관하기도 했다. 시험은 각 군영에서 매달 두 차례씩 실시하되, 혹서기(5월~7월)와 혹한기(11월~1월)는 한 차례만 시행했다. 대상자는 별장(정3품 당상) 이하부터 초관(종9품)까지 당상 · 당하 무관이었고, 당상관의 경우 50세 이상이면 시강, 60세 이상이면 시사도 면제되었다.

중군은 기장旗長, 대장隊長 및 포수砲手를 대상으로 한 중일中日도 주관했다.[80] 중일 시험은 궁궐에 입직한 무관이나 군사들의 기예 향상을 위해 중일(자子 · 묘卯 · 오午 · 유酉가 드는 날)에 실시한 무예 시험이었다. 또한, 1765년(영조 41)부터 삼군문의 중군은 능마아강能麼兒講을 주관하는 능마아청能麼兒廳의 당상관도 으레 겸임했다.[81]

군영 내에서 중군은 "다른 장관에 비할 것이 아니다."[82]라고 평가될

---

77 『속대전』 권4, 병전 시취 哨官〈取才〉.

78 『대전통편』 권4, 병전 시취 射講.

79 『승정원일기』 정조 1년 12월 26일(무오).

80 『속대전』 권4, 병전 시취 旗隊長〈中日〉.

81 『승정원일기』 영조 41년 10월 19일(신유); 『대전통편』 권4, 병전 경관직 散職 能麼兒廳. 관련 내용은 이 책 13장 2절 참조.

82 『현종실록』 권7, 4년 10월 23일(정사).

만큼 장관 중에서 가장 위상이 높았다. 정조는 "중군의 직임은 가볍지 않으며, 직책의 순서로 보아도 대장의 다음가는 자리이니 새로운 후보자를 올릴 때 마땅히 어렵게 여기고 조심해야 한다."[83]라고 언급하며 그 중요성을 환기시켰다.

그중에서도 훈련도감 중군의 위상이 가장 높았다. 『일성록』「범례」에서 병조의 인사 발령을 기록하는 기준을 살펴보면, 군영아문에서는 군영 대장, 훈련도감 중군, 금군별장, 포도대장의 인사만을 적도록 했다.[84] 이처럼 군영아문 중군 중에서 훈련도감 중군만 기재했다는 것은 그 관직이 지닌 중요성을 반영한 것이다. 실제로도 "훈련도감 중군과 금군별장은 모두 긴요한 직임"[85]이라는 평가를 받으며, 군영 인사의 핵심으로 자리매김했다.

중군의 위상은 그가 사용할 수 있는 곤棍의 종류를 통해서도 확인할 수 있다. 군영에서는 군무에 관련된 사안이나 궐문에 무단으로 침입한 자들을 제재하기 위해 곤을 사용할 수 있었는데, 그 종류에는 중곤重棍, 대곤大棍, 중곤中棍, 소곤小棍이 있었다. 이 중 중군은 대곤을 사용할 수 있었다.[86]

1778년(정조 2)에 정비된 형구 제도에 따르면, 대곤은 삼군문의 도제조, 병조 판서, 군영 대장, 금군별장, 포도청, 군영 중군, 유수, 감사, 통제사, 절도사, 토포사 및 군무를 띠고 지방에 파견된 2품 이상의 관리가 사용할 수 있었다.[87] 이보다 한 단계 높은 중곤重棍은 사형에 해

---

83 『일성록』 정조 7년 8월 8일(정묘).

84 『일성록』 범례.

85 『일성록』 정조 2년 9월 6일(임진).

86 『대전통편』 권4, 병전 用刑.

87 『정조실록』 권5, 2년 1월 12일(계유); 『대전통편』 권4, 병전 용형.

〈표 30〉『대전통편』에 기록된 「곤棍」 사용 권한자

종류	사용 권한자
중곤重棍	병조 판서, 군영대장, 유수, 감사, 통제사, 절도사
대곤大棍	· 군무를 띠고 지방에 파견된 2품 이상 관원 · 삼군문 도제조, 병조 판서, 군영 대장, 금군별장, 포도청, 군영 중군 유수, 감사, 통제사, 절도사, 토포사
중곤中棍	· 군무를 띠고 지방에 파견된 3품 이하 관원 · 내병조內兵曹, 도총부, 군문 종사관, 별장, 천총, 금군장, 좌·우 순청 영장, 겸영장, 우후, 중군, 변지수령, 변지변장[88], 사산참군
소곤小棍	군문의 파총 및 초관, 첨사, 별장, 만호, 권관

당하는 중죄에만 사용했기 때문에, 군영에서는 통상적으로 대곤 이하의 형구를 사용했다. 이처럼 군영 대장과 함께 대곤을 사용할 수 있는 중군의 지위는 단순한 부장副將을 넘어서는 위상을 지녔음을 보여준다.

한편, 중군에게는 별무사別武士를 배속하여 군무를 보좌하게 했다. 별무사는 훈련도감, 금위영, 어영청에만 둔 장교로, 이들 중 일부를 선발해 중군 휘하에 직접 배치한 것이다. 훈련도감 중군에게는 소속 별무사 68명 중 10명(14.7%), 금위영 중군에게는 30명 중 15명(50%), 어영청 중군에게는 22명 중 10명(45.5%)을 배치했다.[89] 이처럼 중군이 직속 부하 장교를 거느릴 수 있었다는 점은 군영 운영에서 실질적인 지휘권을 일부 행사했음을 보여주는 대목이다.

---

88 해당 원문은 "中棍……邊地守令邊將……小棍, 軍門把摠哨官僉使別將萬戶權管用之."이며, 이 중 "변지수령변장"은 변지수령과 변지변장을 의미한다. 그 이유는 소곤을 사용할 수 있는 관원으로는 첨사, 별장, 만호, 권관이 있었으며, 이들을 통칭해 변장이라 불렀다. 따라서 중곤을 사용할 수있는 '변장'은 단순한 변장이 아니라 '변지변장'으로 해석하는 것이 타당하다. 참고로, 변지변장은 '변지첨사'를 지칭한다. 변지첨사에 대해서는 이 책 15장 2절 참조.

89 『속대전』 권4, 병전 군영아문 훈련도감, "別武士六十八〈行伍陞差, ○十屬中軍, 二十分屬左右別將, 四分屬左右千摠〉."; 권4, 병전 군영아문 금위영; 권4, 병전 군영아문 어영청. 『대전통편』에서 어영청의 별무사는 30명으로 늘었으나, 중군은 10명으로 변함없었다.

이상으로 조선 후기 군문 중군은 훈련도감, 금위영, 어영청, 수어청, 총융청, 관리영, 진무영에 각각 1명씩 배치되었다. 중군은 군영 내에서 아장으로서 군무를 총괄하고, 대장 부재 시 그 직무를 대행하는 역할을 맡았다. 또한, 대장과 동일하게 대곤을 사용할 수 있는 권한을 지녔으며, 직속 부하로 별무사를 두고 군영 운영의 실무를 담당했다. 이 가운데 훈련도감 중군이 가장 중시되어, 금군별장을 거쳐 포도대장이나 군영 대장으로 진출하는 중요 경로로 자리 잡았다.

3. 천총과 파총

『기효신서』의 군사 편제

조선시대에 천총千摠과 파총把摠의 등장은 앞서 살펴본 중군과 마찬가지로 1593년(선조 26)에 『기효신서』의 전법을 도입해 훈련도감을 창설한 것이 계기가 되었다. 따라서 이들 직책의 성격과 기능을 정확히 이해하기 위해서는 먼저 『기효신서』에 나타난 군사 편제를 검토할 필요가 있다.

『기효신서』는 중국의 10대 병서의 하나로 꼽히는 만큼 다양한 판본이 전해진다. 척계광이 1560년에 간행한 초간본(14권)은 전하지 않으며, 이후 두 가지 판본이 널리 알려져 있다. ① 1565년에 왕세정王世貞의 필사본을 토대로 간행한 18권본이다. 이 '왕세정본'은 초간본의 내용을 대폭 보강한 중수본의 성격을 띠며, 이후 다양한 판본의 토대가 되었고 사고전서四庫全書에도 수록되었다. ② 1584년에 편찬되어 척계광 사후인 1588년에 출간된 14권본으로, '이승훈본李承勛本'이라 불린다. 이 판본은 『연병실기練兵實紀』의 내용을 상당 부분 수용하여 북방 기마병의 전투 경험을 반영하고 있는 점에서 중요한 가치가 있다.[90]

조선에서도 임진왜란 시기부터 여러 판본의 『기효신서』가 유입되었으며,[91] 1664년(현종 5)에는 조선의 군사 환경을 반영한 조선판 『기효신서』가 편찬되었다. 총 18권으로 이뤄진 이 증간본增刊本은 '이승훈본'의 14권에 별집 4권을 추가한 것이다.[92]

『기효신서』에서 제시된 군사 편제의 가장 기본 단위는 군병 5명으로 이뤄진 오伍였다. 2오가 1대를 이루며, 여기에 대장隊長 1명과 화병火兵(취사병) 1명을 추가해 총 12명으로 편성했다. 척계광은 이를 두고 "1대 12인은 바로 10인으로 십什이 된다."[93]라고 하여, 실제로는 12명이지만 군사 편제상 10명을 기본 단위로 삼았음을 강조했다. 이는 10명 단위의 조직이 편제의 기본 원칙이라는 점을 보여준다.

이러한 오를 기본으로 한 군사 편제는 오 → 대隊 → 기旗 → 초哨 → 사司 → 영營의 구조로 이뤄졌으며, 편제의 각 단계는 3개 또는 5개의 부대로 구성할 수 있도록 유연하게 설계되었다. 즉, 1기는 3대 또는 5대로 구성되어 약 50명의 군병이 속하고, 1초는 3기 또는 5기로 구성되어 약 100명, 1사는 3초 또는 5초로 약 500명, 1영은 3사 또는

---

90 노영구, 「조선 增刊本 《紀效新書》의 체제와 내용」, 『군사』 36, 1998, 107~108쪽; 최복규, 「조선에 도입된 『기효신서』의 판본」, 『한국체육학회지』 50권 5호, 2011, 31쪽.

91 『武藝諸譜』(1598)는 14권본 『기효신서』를 저본으로, 『무예제보번역속집』(1610)은 18권본 『기효신서』를 저본으로 편찬되었다고 한다(최복규, 위의 논문, 35~36쪽).

92 노영구, 「조선 增刊本 《紀效新書》의 체제와 내용」, 109~111쪽, 120~122쪽.

93 척계광, 『기효신서』 권1, 束伍篇, "明活法, 凡隊長, 三隊以至五隊, 皆可一隊二伍, 五人爲伍也, 一隊十二人, 卽十人爲什." 필자가 사용한 판본은 조선판 『기효신서』이며, 원본은 『紀效新書(上·下)』(국방군사연구소, 1998)를 이용했고, 번역은 유재성 역주, 『紀效新書(上·下)』(국방부 군사편찬연구소, 2011)를 참고했다.

5사로 구성되어 전체 병력은 약 3천 명에 이른다.[94] 지휘 체계도 이러한 편제에 맞춰 오장伍長, 대장隊長, 기총旗總, 초관哨官, 파총把總, 천총千總 등의 지휘관을 두었다. 다만, 조선과 달리 천총과 파총의 '총摠' 자를 '총總'으로 표기했다.

그런데 『기효신서』 「속오편」의 첫부분인 '편오법編伍法'에서는 파총이 초관 5명을 직접 선발하고, 이어서 제1 초관이 다시 기총 3명을 뽑고, 제1 초관 아래의 1초장哨長이 대장 3명을 선발하도록 규정하고 있다. 이 내용을 기준으로 실제 편제를 환산해 보면, 1사는 5초, 1초는 3기, 1기=3대로 구성되므로, 1영은 5사 25초 75기 225대로 편성되며, 군병수는 총 2,250명(225대×10명)이 된다.[95]

여기서 한 가지 짚어볼 문제가 있다. 바로 조선판 『기효신서』에서 영의 지휘관으로서 천총이 명확히 등장한다는 점이다. 기존 연구에서는 "『기효신서』에는 지휘관으로서 천총을 두지 않고 영營의 지휘관인 영장 아래 사司를 두고 지휘관으로 파총을 두었다."[96]라고 보았다. 하지만 조선판 『기효신서』에는 천총의 존재가 명확히 나타나 있으며, 이는 다음 사례에서 확인할 수 있다.

---

94 척계광, 『기효신서』 권1, 속오편, "明活法……每一旗下, 三隊五隊, 皆可五十爲旗也, 一哨官下, 三旗以至五旗, 皆可百人爲哨也, 一把總下, 三哨以至五哨, 皆可五百人爲司也, 一千總下, 三司以至五司, 皆可爲三千爲營也."

95 실제 인원은 대장隊長과 화병을 포함하여 2,700명(225대×12명)이 된다. 김종수는 1대 인원을 화병 1명까지 포함하여 11명으로 계산하고, 1영에는 영장 1명, 파총 5명, 초관 25명, 기총 75명, 대총 225명, 군병 2,475명이 포함된다고 보았다(김종수, 『조선후기 중앙군제연구-훈련도감의 설립과 사회변동』, 혜안, 2003, 78쪽).

96 노영구, 『연병지남, 북방의 기병을 막을 조선의 비책』, 아카넷, 2017, 121쪽. 김종수도 영장 아래의 지휘관으로 파총, 초관, 기총, 대총을 두었다고 보았다(김종수, 『조선후기 중앙군제연구-훈련도감의 설립과 사회변동』, 혜안, 2003, 78쪽).

㉠ 1천총 아래의 3사 내지 5사는 모두 3천 명 정도이며, 영이 된다.97

㉡ 하중등下中等은 장관이 참작하여 강등하는데, 중군과 천총은 20대를 치고 파총으로 강등하며, 파총은 30대를 치고 초관으로 강등하며, 초관은 40대를 치고 기총으로 강등한다.98

㉠ 사례는 앞서 설명한 군사 편제의 내용으로, 편제상 천총 1명이 지휘하는 3사 내지 5사가 1영을 이룬다는 의미다. 이는 천총이 하나의 영 단위를 지휘하는 영장營將의 역할을 수행했음을 보여준다. 다만, 『기효신서』 전체적으로는 천총보다는 영장이라는 호칭이 더 많이 등장하고 있다.

㉡ 사례는 『기효신서』「비교편比較篇」에 나오는 내용이다. 비교란 시험을 통해 우열을 가리는 방식으로, 상상등上上等부터 하하등下下等까지 9단계로 점수를 매기고, 낮은 등급을 받은 자에 대해서는 징계나 강등 처분을 내렸다. 위의 경우는 중군과 천총이 하중등의 점수를 받으면 파총으로 강등시키고, 파총은 초관으로, 초관은 기총으로 강등시키는 규정이다.

이처럼 조선판 『기효신서』에 천총이 등장하는 이유는 이 판본이 『연병실기』의 내용을 반영한 14권본 『기효신서』를 저본으로 삼았기 때문이다. 척계광의 또 다른 저서인 『연병실기』는 북방의 기병에 대항하기 위해 보병, 기병, 전차戰車를 복합적으로 운용하는 전술을 제시

97 척계광, 『기효신서』 권1, 속오편, "明活法……一千總下, 三司以至五司, 皆可爲三千爲營也."

98 척계광, 『기효신서』 권6, 比較篇, "比連坐……下中等, 將官參降, 中軍千總, 綑打二十降把總, 把總, 綑打三十降哨官, 哨官, 綑打四十降旗總." 이 사례 외에도 중하등中下等, 하상등下上等, 하하등下下等 등의 낮은 점수를 받은 천총에 대한 처분 규정이 더 나와 있다.

한 병서다.

『연병실기』에 따르면 전차 128대로 편성된 '거병車兵' 1영의 편제는 2부 8사 32국 128종(128거) 256대로 짜였으며, 총 병력은 3,072명(256대×12명)에 이르렀다. 이 편제 속에서 대장隊長은 대의 지휘관, 거정車正은 종(거)의 지휘관, 백총百總은 국의 지휘관, 파총은 사의 지휘관, 천총은 부의 지휘관, 영장은 영의 지휘관으로 명시되었다.[99]

따라서 두 병서의 군사 편제를 비교하면, 『기효신서』는 오 → 대 → 기 → 초 → 사 → 영의 7단계로 구성되었으며, 『연병실기』는 오 → 대 → 종(거) → 국 → 사 → 부 → 영의 7단계로 구성되었다. 여기서 두 병서 간의 차이점은 두 가지다. 첫째, 『기효신서』에는 부가 없는 반면, 『연병실기』에는 초가 없다는 점이다. 둘째, 『기효신서』에서는 천총이 영의 지휘관으로 나타난 반면, 『연병실기』에서는 천총이 부의 지휘관으로 설정되어 있다는 점이다.

두 병서의 군사 편제와 관련하여 정조가 마련한 장용영의 내영 절목도 주목할 만하다. "군제는 각각 근거할 바가 있으니, 3부 6사의 제도가 있고 5영 3사의 제도가 있다. 3부는 북방의 군제이고 5영은 남방의 군제로, 부에는 천총이 있고 영에는 영장이 있다. 본영은 5사를 설치하되, 척계광의 남방 군제를 본받았으니 천총은 설치하지 않는다."[100] 이 절목에서 보듯이, 정조 역시 북방과 남방 군제의 차이를 부와 영의 구분으로 파악하고 있었다.

---

99 척계광, 『練兵實紀』 권1, 練伍法, 步兵, "第九車分數, 計二十四人爲一車, 每一車爲一宗, 用車正一名, 每四宗用百總一員, 是爲一局, 每四局用把總一員, 是爲一司, 每四司用千總一員, 是爲一部, 每二部用將官一員, 是爲營, 多多放此." 곧, 군병 12명=1대, 2대=1거, 1거=1종, 4종=1국, 4국=1사, 4사=1부, 2부=1영의 편제였다

100 『정조실록』 권37, 17년 1월 25일(기미), 「內營節目」.

결론적으로, 조선에서는 훈련도감을 포함한 군영의 편제를 오 → 대 → 초 → 사 → 부 → 영으로 설정했다. 『기효신서』에는 보이지 않는 '부'를 추가하고, 영의 책임자로 영장을, 부의 책임자로 천총을, 사의 책임자로 파총을, 초의 책임자로 초관을 둔 것이었다.

천총의 규모와 자격

조선 후기 천총은 훈련도감, 금위영, 어영청, 수어청, 총융청에 설치한 정3품 당상 무관으로, 군영 편제상 '부部' 단위의 지휘관이었다.

천총의 기원과 관련한 중요한 단서는 명나라 후기인 1606년에 하여빈何汝賓이 편찬한 『병록兵錄』에 담겨 있다.[101] 『병록』에 따르면, 천총은 악기握機의 법에서 비롯되었으며, 이는 3과 9의 숫자를 기반으로 군대를 구성하는 방식이었다.

'악기의 법'에 따르면, 9명이 1대隊를 이루고, 대장隊長이 이를 통솔했다. 2개의 대가 모여 1총總이 되고, 백장百長이 이를 지휘했다. 3개의 총이 합쳐져 1영營을 이루고, 천총이 이를 관할했다. 마지막으로 9개의 영이 모여 1초哨를 형성하고, 파총이 이를 통솔하는 구조였다.[102] 이 편제에서 천총은 영 단위의 지휘관으로 나타나며, 그 위의 상관으로 파총이 있다는 점이 특징이다.

중국의 역사에서 파총은 명대 수도에 주둔한 삼대영三大營의 책임자로 활동했다. 가정嘉靖 연간(1522~1566)에는 천총도 설치되었는데, 대부분 공신이 담당했다. 그러나 시간이 흐르면서 점점 위상이 낮아졌고,

---

101 百度百科(https://baike.baidu.com), 兵錄(최종검색일:2024.7.15). 이 책은 총 14권으로 구성되었으며, 1630년에 간행되었다.

102 何汝賓, 『兵錄』 권1, 編伍總說(원문은 '中國基本古籍庫' 웹사이트 이용).

청대에 이르러서는 하급 무관으로 격하되어 천총은 정6품 무관, 파총은 7품 무관이 되었다.[103]

조선에서 천총의 등장은 중군과 마찬가지로 1593년(선조 26) 훈련도감의 창설과 함께 시작되었다. 실제로 1594년에 훈련도감의 활동 기록에서 천총의 존재가 확인되기 때문이다. 관련 내용은 앞서 언급했으나 다시 정리하면, 선조가 훈련도감의 시재와 논상 방식을 명나라와 동일하게 시행하라고 지시하자, 훈련도감에서 당상관과 낭청, 중군, 천총 등이 모여 훈련 성과가 가장 우수한 자를 선발하겠다고 보고한 기록이다.[104]

또한, 같은 해 훈련도감에서 장관의 적임자를 선발하는 방식과 관련하여, "중군과 천총의 경우는 명나라 제도에서도 서너 사람이 서로 교대로 직임을 살피고 있으니, 이를 본받아서 마련하면 됩니다."[105]라는 건의가 이뤄졌다. 이러한 기록들은 천총이 훈련도감 내에서 군제의 일환으로 실재하는 직책이었음을 명확히 알려준다.

조선 후기 중앙 군영에 소속된 천총의 규모는 『속대전』을 기준으로 총 15명이었다. 구체적인 내역은 〈표 31〉을 통해 확인할 수 있다. 훈련도감은 2명으로 좌부左部와 우부右部에 1명씩, 금위영은 4명으로 전부前部·후부後部·좌부·우부에 1명씩, 어영청은 5명으로 전부·후부·좌부·우부·중부中部에 1명씩 두었다.[106] 수어청은 2명을 두었으나 『대전통편』에서 1명으로 축소되었다. 총융청은 좌부와 우부에 각

103 百度百科(https://baike.baidu.com), 千總(최종검색일:2024.7.15)

104 『선조실록』 권53, 27년 7월 11일(정해).

105 『선조실록』 권58, 27년 12월 18일(신유).

106 어영청에는 영종 첨사가 겸임하는 별후부別後部 천총 1명이 더 있었으나, 『속대전』에는 인원으로 포함되어 있지 않다.

〈표 31〉 조선 후기 군영아문 소속 천총 인원

법전 \ 군영	훈련도감	금위영	어영청	수어청 (본영)	총융청	계
속대전	2	4	5	2	2	**15**
대전통편	2	4	5	1	2(본영)	**14**

1명씩 두었다.

천총의 임기에 대해서는 명확한 규정이 없었으나, 1758년(영조34)부터 공식적으로 1년으로 정해졌다. 이는 당상 무관의 승진 적체를 해소하기 위한 조치였다. 당시 천총에 한번 임명되면 여러 해 동안 다른 관직으로 옮겨가지 못하는 문제가 있었는데, 이를 개선하기 위해 임기를 정한 것이었다.[107]

천총은 정3품 당상관에 해당하는 고위 무관직으로, 임용을 위해 일정한 경력 요건을 갖춰야 했다. 훈련도감 천총은 방어사나 수군절도사 이상을 지낸 사람 중에서 선발했으며,[108] 금위영 천총은 가선대부 이상의 관품을 지닌 자로서 절도사 경력을 가진 사람으로 임명했다.[109] 어영청 천총은 '변어邊禦(변지수령이나 변지첨사)' 이상의 경력을 갖춘 자가 대상이었는데,[110] 실제로 1803년(순조 3) 어영청 천총에 임명된 다섯 명

107 『승정원일기』 영조 34년 10월 16일(기사); 『대전통편』 권4, 병전 경관직 군영아문, "各軍門別將千摠騎士將扈衛別將, 依內禁將例, 限周年遞."

108 『훈국총요』 장관, "千摠二員〈一周年, 防禦以上擬望〉."; 『만기요람』 군정편 2, 훈련도감, 員額, "千摠二員〈水使以上〉."

109 『만기요람』 군정편 3, 금위영, 원액, "千摠四員〈閫帥以上〉."; 『금위영사례』 將官將校員役軍兵摠數, "千摠四員〈堂上嘉善中, 已經閫帥人啓下, 瓜滿上同〉."

110 『만기요람』 군정편 3, 어영청 원액, "千摠五員〈邊禦以上〉."; 『御營廳事例』 將官, "千摠五員〈一周年, 邊禦以上啓下〉." '변어'는 《가체신금사목加髢申禁事目》(1788)을 받은 무관 가운데 '이전에 변어邊禦를 지낸 75인'을 조사한 결과, 변지수령이나 변지첨사를 지낸 사람을 지칭했다(『일성록』 정조 12년 10월 12일(경자)). 조선 후기 변지수령은 총 16명으로, 서칠읍西七邑(강계 · 위원 · 초산 · 벽동 · 창성 · 삭주 · 의주), 북육진北六鎭

모두 갑산甲山, 종성鍾城, 여산礪山, 무산茂山, 삭주朔州 등 변지수령을 역임한 사람들이었다.[111]

변어 경력은 금위영 천총을 임명할 때도 중요한 요소로 작용했다. 1781년(정조 5) 차대次對에서 정조는 "금위영과 어영청 천총은 반드시 일찍이 변지를 거친 사람으로 차출해야 하는데, 근래에도 이 규례를 적용하고 있는가?"라고 물었다. 이에 대해 이경무李敬懋가 "근래에도 그렇게 합니다만, 준망峻望의 경우에는 변지를 거치지 않았더라도 간혹 재가를 받습니다."[112]라고 답변했다.

이러한 기준은 1800년 노상추가 삭주 부사의 경력으로 금위영 천총에 임명된 사례에서도 확인할 수 있다. 이때 함께 추천된 부망副望 윤수묵尹守默, 말망末望 권숙權璹 역시 각각 벽동碧潼 군수, 삼수三水 부사의 경력을 갖고 있었다.[113] 이러한 사례들은 천총 임명에서 변어 경력이 중시되었음을 보여주는 대표적인 증표라 할 수 있다.

천총의 임무와 위상

조선 후기 천총의 임무와 역할은 무관 노상추의 사례를 통해 구체적 실상을 파악할 수 있다. 그는 두 차례에 걸쳐 천총을 역임했는데, 첫 번째는 1800년(정조 14) 3월부터 12월까지 약 10개월간 55세의 나이로 금위영 천총을 지냈으며, 두 번째는 1803년(순조 3) 12월부터 이듬해

(부령 · 회령 · 종성 · 온성 · 경원 · 경흥), 무산, 삼수, 갑산의 수령이었다(『전율통보』 권4, 병전 외관직). 변지첨사는 이 책 15장 2절의 〈표 43〉 참조.

111 『노상추일기』 1803년 12월 25일.

112 『일성록』 정조 5년 12월 24일(임진).

113 『노상추일기』 1800년 3월 7일 · 8일.

2월까지 약 3개월간 어영청 천총을 맡은 경우였다. 이 가운데 그의 일기가 남아 있는 1800년(정조 24)의 사례를 중심으로 당시 천총이 수행한 직무를 검토해보고자 한다.

먼저 도성 방어를 담당한 훈련도감, 금위영, 어영청의 천총이 맡은 가장 중요한 임무는 자신이 속한 군영의 직소直所에 입직하여 파루 이후에 궁궐 담장 외곽의 순라巡邏 상황을 점검하는 일이었다. 노상추는 이 임무를 '고찰考察'이라 적어 놓았으며, 실제 연대기 자료에서도 '고찰 천총考察千摠'이라는 표현이 확인된다.[114] 『만기요람』의 군영별 「궁장외순라宮墻外巡邏」 조항에도 "장관이 또 고찰한다."[115]라는 기록이 있는데, 이는 바로 이러한 역할을 의미한다.

고찰이란 초관哨官(종9품)이 군병을 이끌고 밤새 궁궐 담장 밖을 순찰하는 순라의 임무를 수행하면, 파루 이후에 그 수행 상황을 점검하는 과정을 말한다. 곧, 순라가 궁장 외곽의 야간 순찰 활동이라면, 고찰은 그에 대한 감독과 평가 업무에 해당한다.

『만기요람』에 따르면, 고찰 규정은 훈련도감과 어영청의 경우 1628년(인조 6)에, 금위영은 1760년(영조 36)에 마련되었다. 이 가운데 노상추가 활동한 금위영의 규정을 보면, 이경二更(오후 9시~11시)에 서영西營 입직 초관 1명이 입직군 20명을 거느리고 두 차례 순라를 돌았으며, 이어서 파루가 되면 순라에 대한 고찰을 시행했다.[116]

고찰은 날짜에 따라 담당자가 달랐다. 초일初日에는 당상 장관이, 중

114 『승정원일기』 정조 5년 10월 11일(경진); 정조 6년 11월 21일(갑인).

115 『만기요람』 군정편 2, 훈련도감, 宮城外巡邏, "將官又考察〈初終日, 北營入直把摠, 中日, 堂上將官, 毎罷漏後, 各率入直軍五名, 限天明字內考察〉."; 군정편 3, 금위영, 궁성외순라; 어영청 궁성외순라.

116 『만기요람』 군정편 3, 금위영, 宮城外巡邏.

일中日에는 기사장騎士將, 종일終日에는 초관이 담당했다.[117] 파루가 치면 담당 관원이 입직군 5명을 거느리고 날이 밝을 때까지 담당 구역을 감찰했다. 여기서 말하는 당상 장관이란 각 군영의 별장別將(정3품 당상)과 천총을 의미하며, 금위영에서는 천총만 입직하여 고찰 임무를 수행했다.

위의 규정대로 1800년 3월 11일, 금위영 천총으로 금위영의 신영新營에 입직한 노상추는 이튿날인 12일 파루 이후 금위영이 관할하는 궁궐 담장을 고찰했다. 그가 담당한 구역은 대보단大報壇의 정문[남문]인 공북문拱北門에서 시작하여 창덕궁의 돈화문과 남쪽 담장을 따라 종묘의 정문에 이르는 구간이었으며, 이를 순회한 뒤 되돌아오는 경로였다. 당시 노상추는 원래 3일간 입직한 후 14일 아침에 출직해야 했으나, 처음 천총으로 부임하여 수행하는 입직이었으므로 예외적으로 무려 15일 동안 연속으로 번을 섰다.[118]

이 기간의 고찰 순번을 살펴보면, 12일에는 천총 노상추가, 13일에는 기사장이, 14일에는 파총이 수행했다. 이후 다시 15일 천총(노상추), 16일 기사장, 17일 파총, 18일 천총(노상추), 19일 기사장, 20일 파총 등 천총(노상추), 기사장, 파총이 번갈아 가면서 고찰을 담당했다. 다만, 종일의 고찰자가 『만기요람』에서는 초관으로 규정되어 있는 것과 달리, 이 시기에는 파총이 수행했다는 점에서 차이를 보인다.

천총은 고찰 과정에서 당직자에게 벌을 줄 수 있는 권한을 가지고 있었다. 이를 보여주는 실례로, 3월 11일에 처음 입직해서 3월 26일에

117 중일中日은 자子 · 묘卯 · 오午 · 유酉가 드는 날이며, 초일初日은 그 전날, 종일終日은 그 다음날을 말한다. 즉 초일-중일-종일의 순서다.

118 『노상추일기』 1800년 3월 11일; 12일; 26일.

출직한 노상추의 사례를 들 수 있다. 그는 출직한 다음 날 어영대장에게 초관 두 명의 문제를 보고했다. 한 명은 순라를 소홀히 한 혐의이며, 다른 한 명은 천총을 "능멸하고 배척한" 일이었다.

사건 경위는 다음과 같다. 노상추는 고찰 과정에서 순라 임무를 성실히 수행하지 않은 초관 1명을 징계하며, 순라 5일의 벌순罰巡을 부가했다. 그런데 벌순을 받은 초관이 좌기坐起가 열리기도 전에 사회射會에서 이 사실을 말했고, 이를 들은 동료 초관이 노상추에게 항의했다. 노상추는 이 일을 군기의 해이로 판단하여 대장에게 보고했으며, 보고를 받은 대장은 노상추의 벌순이 타당하다고 판단하여 좌기 때 두 초관을 붙잡아 대령하도록 지시했다.[119]

한편, 노상추는 천총으로 재직하는 동안 순장巡將으로 자주 낙점되었으며, 특히 정조가 승하할 직전에는 연이어 임명되었다.[120] 순장은 국왕의 낙점을 받아 감군監軍과 함께 입직을 수행하는 직책으로, 문관·음관·무관 중 당상관 이상에서 선발되었다.[121]

이 외에도 천총은 능행이나 국왕 거둥 시 시위를 담당했으며, 국왕이 권무과勸武科에 친림할 경우 무종사관武從事官으로 차출될 때도 있었다.[122] 정조 대에는 친국親鞫을 위한 거둥 때 내환위內環圍의 장관으로서 천총과 파총 각 1명이 군사를 이끌고 도열했다.[123] 또한 중군이 부재하거나 사정이 있을 경우 천총이 그 직무를 대행하기도 했다.[124]

---

119 『노상추일기』 1800년 3월 27일.

120 『노상추일기』 1800년 3월 23일; 윤4월 18일; 5월 17일; 27일; 29일; 6월 16일; 19일; 23일; 25일; 26일; 8월 17일; 19일; 22일; 25일.

121 『신보수교집록』 병전, 경관직, 강희 계묘년(현종 4) 승전.

122 『대전통편』 권4, 병전 시취 권무과.

123 『일성록』 정조 6년 11월 20일(계축).

124 『일성록』 정조 8년 9월 24일(병자).

천총은 당상 무관 중에서도 위상이 높아 '극선極選'으로 표현되기도 했다. 숙종 대 훈련도감의 천총 민임중閔任重은 부인의 장례를 치르기 위해 하루 이상 걸리는 지역에 군사 100여 명을 동원했다가 곤棍 30대를 맞고 변방에 충군되는 처벌을 받았다.[125] 이 사례는 천총이 군사를 직접 동원할 수 있을 만큼 권한과 영향력을 가진 직책이었음을 보여준다.

한편, 군영에서는 군무 수행이나 궐문 출입 통제를 위해 곤을 사용할 수 있으며, 그 종류로는 중곤重棍, 대곤大棍, 중곤中棍, 소곤小棍이 있다. 앞서 〈표 30〉에서 상세히 서술한 대로, 천총은 이 가운데 중곤中棍을 사용할 수 있었다.[126] 이를 근거로 보면, 천총은 별장, 금군장, 영장 등과 같은 지휘관급에 해당했음을 알 수 있다.

파총의 연혁과 규모

조선 후기의 파총把摠은 훈련도감, 금위영, 어영청, 수어청, 총융청, 경리청에 설치한 정4품 무관직이며, 군영 편제상 '사司' 단위의 지휘관이었다. 이 직책은 천총과 마찬가지로 1593년(선조 26) 훈련도감 창설과 함께 도입된 것으로 판단된다.

실제로 훈련도감 창설 직후에 수천 명의 병사를 뽑아 척계광의 병법에 따라 훈련시키는 과정에서 "파총과 초관을 두어" 군사를 나누어 연습하게 했다는 기록이 이를 뒷받침한다.[127] 또한, 1596년 평안도 속

125 『숙종실록』 권49, 36년 윤7월 1일(갑오).
126 『대전통편』 권4, 병전 用刑.
127 『선조수정실록』 권28, 27년 2월 1일(경술); 『만기요람』 군정편 2, 훈련도감, 설치연혁.

오군의 편제 내용을 담고 있는 『진관관병편오책鎭管官兵編伍冊』에도 영변 · 안주 · 구성 · 의주 진관별 편제에서 영장營將 다음에 파총이 배치된 사례를 확인할 수 있다.[128]

『기효신서』에서 파총은 1사의 주장이자 초관 5명을 거느린 지휘관으로, 그 어떤 지휘관보다 자주 등장한다. 이 책의 「편오해編伍解」에 "대오의 선발과 편성은 반드시 파把는 초哨를 뽑고, 초는 기旗를 뽑고, 기는 대隊를 뽑고, 대는 병사 등을 스스로 가려서 뽑는다."[129]라는 내용이 있듯이, 대오 선발이 파총에서부터 시작됨을 보여준다. 조선에서는 일반적으로 영營 아래에 부部를 배치했으나, 『기효신서』에서는 영 아래에 사가 있어서 파총이 영장의 명령을 직접 받아 편제를 시작하는 직책이었다.

파총의 기원은 앞서 천총에서 설명한 대로 악기握機의 법에서 비롯되었다. 이 법에 따라 군사 조직은 여러 단위로 나뉘었고, 그중에서 파총은 9개의 영營이 모여 이루어진 1초哨를 지휘하는 역할을 맡았다.[130] 여기서 주목할 점은 파총이 군사 편제의 최고 지휘관이었으며, 휘하에 천총을 두었다는 점이다.

중국 역사에서 파총은 명대에 7품의 무관직으로, 수도에 주둔한 삼대영三大營과 지방 군영에 소속된 직책이었다. 초기에는 주로 공신이나 황제의 친인척과 같은 고위 인물이 맡는 경우가 많았으나, 점차 시간이 흐르면서 그 위상이 낮아졌다. 청대에 이르러서도 파총은 수도에 주둔한 오영五營과 지방 군영에 소속된 하급 간부로 존재하며, 점차 실

---

128 김우철, 『조선후기 지방군제사』, 경인문화사, 2000, 57쪽의 〈표 3〉.

129 『기효신서』 권1, 束伍篇, 編伍解.

130 '악기'의 법에 따른 군사 편제는 9명=1대, 2대=1총, 3총=1영, 9영=1초로 이뤄졌다. 곧, 1초가 가장 상위에 있는 군사 편제였다. 앞의 각주 102번 참조.

〈표 32〉 조선 후기 군영아문 소속 파총 인원

법전 \ 군영	훈련도감	금위영	어영청	수어청(본영)	총융청		경리청	계
					본영	북한		
속대전	6	5	5	3	4	·	1	**24**
대전통편	6	5	5	3	2	1	·	**22**

무적 직책으로 자리잡게 되었다.[131]

조선 후기 군영아문에 소속된 파총의 규모는 『속대전』을 기준으로 총 24명이었다. 군영별로 살펴보면, 훈련도감에 6명, 금위영과 어영청에 각각 5명, 수어청(본영)에 3명, 총융청에 4명이 있었다. 이 중 총융청의 경우, 1747년(영조 23) 북한산성에 영을 설치하면서 본영의 파총 수를 2명으로 줄이고, 북한산성에 1명을 신설했다. 경리청은 1명을 두었으나 1747년에 경리청의 혁파와 함께 없어졌다.

파총의 임기는 1758년 천총의 임기를 1년으로 정할 때에 규정을 함께 마련하여 2년으로 설정했다.[132] 파총은 당하 무관에 해당하므로 일정한 자격 요건을 필요로 했다. 특히 훈련도감의 파총은 다른 군영에 비해 위상이 높아 당하 3품 이상의 경력을 보유한 사람으로 임명했다.[133] 금위영과 어영청 소속 파총은 4품 이상으로 임명했으며, 이 중 금위영의 경우 선전관이나 오위도총부 경력經歷, 수령 등을 역임한 사람을 우대했다.[134]

---

131 百度百科(https://baike.baidu.com), 把總(최종검색일: 2024.7.24.).

132 『승정원일기』 영조 34년 10월 16일(기사); 『대전통편』 권4, 병전 경관직 군영아문, "把摠, 則限二周年遞."

133 『전주찬요』 권1, 군영아문, 훈련도감, "[續]把摠, 以堂下三品擇差, 每都目, 兩銓遷轉." ; 『훈국총요』 장관, "把摠六員〈當宁癸丑, 領議政金〈校洞〉, 挾輦把摠外五窠, 竝以實職施行, 以曾經三四品者, 次次遷轉事, 筵稟蒙允後, 自兵曹差出事, 草記定式……〉." 여기서 '金〈校洞〉'은 교동에 거주해서 '교동골 대감'으로 불린 金左根을 말한다.

한편, 〈표 32〉에서는 반영하지 않았으나, 금위영과 어영청에는 소속 향군鄕軍을 관장하기 위해 외방겸파총外方兼把摠을 두었다. 모두 수령이 겸임하는 자리였으며, 어영청은 1656년(효종 5), 금위영은 1689년(숙종 15)에 설치했다.[135] 이는 금위영과 어영청 소속 향군이 번상하지 않는 하번下番 기간에 군사 훈련을 소홀히 하는 폐단을 방지하고자, 수령이 관할 고을을 순회하며 군사 훈련과 시재試才를 관장하게 한 조치에서 비롯된 제도였다.

『속대전』을 기준으로 금위영에는 총 12명을 두었고, 문경聞慶, 영천榮川, 익산益山, 임실任實, 대흥大興, 진천鎭川, 파주坡州, 용인龍仁, 수안遂安, 금천金川, 김화金化, 금성金城의 수령이 이를 겸임했다. 어영청에는 10명을 두었고, 군위軍威, 거창居昌, 청안淸安, 남포藍浦, 진안鎭安, 고부古阜, 금천衿川, 적성積城, 장련長連, 이천伊川의 수령이 이를 겸임했다.[136] 두 영의 인원은 『대전회통』까지 변함없었으며,[137] 『대전통편』에서 금위영의 겸파총 중 파주가 가평加平으로 바뀌었다.[138]

파총과 관련하여 주목할 점은 외방겸파총이 1689년부터 각 군영의 대장이 소속 파총 중 적임자를 직접 선발하는 '자벽自辟' 방식으로 운

---

134 『만기요람』 군정편 3, 금위영, 원액, "把摠五員〈四品以上〉."; 어영청, 원액, "把摠五員〈四品以上〉."; 『금위영사례』 장관장교원역군병총수, "把摠五員〈四品以上, 曾經宣傳官摠府守令人啓下, 瓜滿二周年〉."; 『어영청사례』 장관, "把摠五員〈二周年, 四品以上啓下〉."

135 『만기요람』 군정편 3, 어영청, 군총, "兼把摠十員〈孝宗丙申置……〉."; 『승정원일기』 숙종 15년 10월 11일(갑술).

136 『속대전』 권4, 경관직 군영아문 금위영; 어영청.

137 『만기요람』에는 금위영 겸파총 중 용인이 1798년(정조 22) 화성으로 예속되며, 인원은 12명에서 11명으로 축소되었다. 그러나 『대전회통』에서는 용인이 다시 포함되어 그대로 12명이 유지되었다(『만기요람』 군정편 2, 금위영, 군총; 『대전회통』 권4, 병전 경관직 군영아문 금위영).

138 『대전통편』 권4, 병전 경관직 군영아문 금위영, "外方兼把摠十二員〈……[增]坡州, 今移加平〉."

영되었다는 사실이다.[139] 외형상으로는 수령이 겸임하는 구조였으나, 실제로는 해당 군영의 파총을 자벽 방식으로 임명하는 체제였다. 이는 군영 소속의 향군을 상번上番 때와 마찬가지로 지속적으로 관리하고, 군병의 점고와 군사 훈련을 체계적으로 유지하기 위한 제도적 장치였다.[140]

이러한 배경 속에서 정조는 "금위영과 어영청의 파총은 수령을 자벽하는 발판"이 된다고 지적하며, 각별히 신중하게 임명할 것을 지시했다.[141] 이후 『대전통편』에서는 금위영과 어영청 각각에 대해 3자리씩만 자벽으로 임명하도록 제도를 개편했다.[142]

파총의 임무

조선 후기 군영아문 소속 파총이 수행한 임무는 크게 세 가지로 나눠볼 수 있다. 첫째, 궁궐 입직, 둘째, 고찰考察 수행, 셋째, 국왕 시위였다.

첫째, 궁궐 입직은 궐문 수비를 담당하는 업무로, 훈련도감과 금위영 소속 파총이 수행했다. 병조에서는 중일마다 입직자 명단을 작성

139 『승정원일기』 숙종 15년 4월 13일(기묘), "上曰, 把摠中, 擇其可合字牧者自辟, 勿用前日備三望之例, 可也〈御營廳謄錄〉."; 영조 51년 윤10월 3일(정미), "韓鼎裕, 以禁衛營言啓曰, 各道守令中, 大興郡守, 本營兼把摠窠, 故自本營, 以自辟之意, 列書把摠, 送于吏曹, 吏曹不爲施行, 以他人差擬, 有違於年前定奪之本意, 新除大興郡守吳燾, 今姑改差, 依定式, 本營把摠中, 差遣之意, 分付銓曹, 何如."; 정조 21년 윤6월 11일(기유), "有大曰, 本營兼把摠守令十二窠, 卽本營把摠自辟窠也."

140 『禁衛營謄錄』 44책, 경신년(영조 16) 4월 17일, "啓曰, 各道守令中, 以軍門把摠, 自辟差送, 仍差兼把摠, 使之句管所屬軍兵點閱鍊習者, 定式已久, 意亦非偶矣."

141 『일성록』 정조 즉위년 6월 21일(경신).

142 『대전통편』 권4, 군영아문. "各道兼把摠守令, 禁御兩營, 各三窠自辟."

하여 국왕의 낙점을 받아 이를 시행했다.[143] 훈련도감 파총이 입직하는 장소는 창덕궁의 금호문金虎門이었으며, 국왕이 경희궁에 거처할 때는 정문인 흥화문興化門에 1명이 입직했다. 각각 모두 파총이 책임자로서 초관 1명과 보군 100명을 거느리고 입직했다.[144]

금위영의 파총은 창덕궁의 건양문建陽門에 1명이 입직했으며, 이 역시 파총이 책임자가 되어 교사敎師 1명과 향군 74명을 지휘했다. 국왕이 경희궁에 거처할 때는 연화문延化門에 1명이 입직했고, 이때도 파총이 입직 책임자로서 교사 1명과 향군 100명을 통솔했다.[145]

둘째, 훈련도감, 금위영, 어영청의 파총은 고찰 임무를 수행했다. 고찰이란 초관(종9품)이 군병을 이끌고 밤새 궁성 담장 밖을 순찰하는 임무를 수행하면, 파루 이후에 그 순라 상황을 점검하는 업무를 의미한다. 고찰 방식에 대해서는 앞서 천총 부분에서 이미 자세히 설명했으므로 여기서는 그 설명을 생략하기로 한다.

훈련도감의 입직 장소는 북영北營이었으며, 책임자로 당상 장관인 별장과 천총이 번갈아 입직했고 부책임자로 파총 1명이 입직하는 방식이었다. 고찰 임무의 분담은 파총이 초일初日과 종일終日을 담당하고, 당상 장관이 중일中日을 맡았다.[146] 국왕이 경희궁에 거처할 경우에는 훈련도감 신영新營에 입직했고, 이때도 당상 장관이 번갈아 입직했다.

북영 입직 시 배치된 장교는 기패관旗牌官 1명이었고, 군사는 대기수大旗手 17명, 취고수吹鼓手 15명, 당보수塘報手 4명, 순령수巡令手 2명, 뇌자牢子 2명이었다. 신영 입직 시에는 장교로 지구관知彀官과 기패관 각 1

---

143 『만기요람』 군정편 2, 兵曹各掌事例, 省記色.
144 『만기요람』 군정편 2, 훈련도감, 各處入直.
145 『만기요람』 군정편 3, 금위영, 각처입직.
146 『만기요람』 군정편 2, 훈련도감, 宮牆外巡邏.

명씩 배치되었고, 군사 구성은 북영 입직 때와 동일했다.

어영청의 입직 장소는 동영東營이었고, 책임자로 기사장騎士將 1명과 부책임자로 파총 1명이 입직하는 형태였다. 이때 동영에는 초관 1명이 추가로 더 입직했으며, 군사는 기사騎士 25명, 향군 61명이 배속되었다. 고찰 임무는 초일에는 어영청 신영에 입직한 당상 장관인 별장과 천총이 번갈아 수행했고, 중일은 기사장이, 종일은 파총이 수행하는 방식이었다.147

국왕이 경희궁에 거처할 경우에는 북이영北二營에 입직했다. 이때는 천총이 책임자이며 기사장이 부책임자가 되었고, 파총과 초관이 각각 1명씩 입직했다. 장교로는 별무사別武士 1명이 배치되었고, 군사는 기사 25명, 별파진, 취고수, 대기수가 각 6명씩, 그리고 향군이 61명이었다.

금위영의 경우, 『만기요람』에 따르면 금위영 신영新營에 천총 1명, 기사장 1명, 초관 2명이 입직했으며, 고찰 임무는 천총, 기사장, 초관이 분담한 것으로 기록되어 있다. 여기에는 파총이 등장하지 않는다.148 그러나 앞서 천총 부분에서 살펴보았듯이, 1800년 금위영 신영에 파총이 입직했으며, 파총이 천총 및 기사장과 번갈아 고찰을 수행한 사실이 확인된다.

셋째, 정조 대에는 훈련도감과 어영청 파총 각 1명이 국왕의 신변을 근거리에서 호위하는 임무도 맡았다. 훈련도감 파총 1명은 국왕 거둥 시 위내衛內에서 수레나 가마를 호위하는 협련파총挾輦把摠을 담당했고, 금위영 파총 1명은 창검파총槍劍把摠의 직임을 수행했다.

---

147 『만기요람』 군정편 3, 어영청, 각처입직; 궁장외순라. 19세기 초 어영청의 동영에 배치된 향군은 40명으로 축소되었다.

148 『만기요람』 군정편 3, 금위영, 각처입직; 궁장외순라.

이 임무가 언제부터 시작되었는지 명확하지 않으나, 이미 1778년(정조 2)에 협련파총과 창검파총의 존재가 확인된다.[149] 이 중 협련파총은 1779년에 관련 규례를 마련하여 3품 이상의 경력을 가진 사람 중에서 임명했다. 이들은 2년 임기를 마치면 병조로 이문하여 가자加資(당상 품계로 승진)를 받았다.[150] 창검파총 역시 2년 임기를 마치면 같은 방식으로 가자되었다.[151]

이밖에 금위영과 어영청의 파총은 초일과 중일마다 향군의 사습私習을 관장하는 임무도 수행했다. 금위영은 1682년(숙종 8), 어영청은 1625년(인조 3)에 각각 사습 규정을 마련했으며, 이 규정에 따라 입직한 파총이 사습의 실시 여부를 승정원을 통해 국왕에게 보고하고 이를 시행했다. 사습은 초관이 주도하여 실시했으며, 교련관 1명과 천총소의 기패관 2명도 함께 참여하여 진법을 교육하고 연습시키는 방식으로 진행했다.[152]

이상의 내용을 요약하면, 천총과 파총은 1593년(선조 26) 훈련도감 창설을 계기로 설치한 무관직이었다. 천총은 정3품 당상 무관으로서 '부'의 지휘관이며, 『속대전』 기준으로 총 15명이 편제되어 있었다. 파총은 정4품 무관으로 '사'의 지휘관이며, 『속대전』 기준으로 총 24명이었다. 천총의 주요 임무는 고찰이었으며, 파총은 고찰 업무 이외에도 궁궐문 입직을 담당했다. 또한 수령이 겸임하는 외방겸파총은 금위영

149 『승정원일기』 정조 2년 9월 10일(정묘[병신]).

150 『만기요람』 군정편 2, 훈련도감, 員額, "把捴六員〈已經內外三品人一員, 以挾輦把摠, 例兼餉色郎廳, 而己亥定式〉."; 『훈국총요』 장관, "把摠六員〈……○挾輦把摠, 滿二周年, 移文兵曹陞資[餉色郎廳例兼]〉."

151 『승정원일기』 순조 27년 윤5월 17일(신유), "李嘉愚, 以兵曹言達曰, 訓鍊都監挾輦把摠哨官, 禁衛營槍劍把摠哨官, 滿二十四朔後, 啓稟加資陞六事, 曾有定式矣."

152 『만기요람』 군정편 3, 금위영, 鍊習; 어영청, 연습.

과 어영청에만 두었으며, 해당 군영에서 자벽으로 임명했다. 자벽 후보자는 해당 군영의 소속 파총이었으며, 이러한 점에서 타 군영의 파총보다 더욱 신중한 인사 절차가 요구되었다.

4. 금군장 – 내금위장 · 겸사복장 · 우림위장

조선 전기 금군과 금군장의 구성

조선시대 금군장禁軍將은 금군을 지휘하는 장수의 총칭으로, 내금위장內禁衛將, 겸사복장兼司僕將, 우림위장羽林衛將으로 구성되었다. 금군장을 '내장內將'153이라고도 했는데, 이 명칭은 이들 모두 '궁궐[내內]'에 입직했으므로 붙여진 이름이었다. 또한, 금군 각 번番의 장수라는 의미로 '번장番將'이라고도 불렸다.

금군은 국왕의 친위병으로, 금병禁兵 또는 친병親兵으로도 불렸다. 1394년(태조 3) 별사금別司禁의 창설을 시작으로 하여 15세기에 활동한 금군으로는 응양위鷹揚衛, 내시위內侍衛, 좌금위左禁衛, 우금위右禁衛, 내금위, 겸사복, 우림위 등이 있었다. 이외에 강무講武, 습진習陣, 행행幸行 등의 특별 시위 부대로 사자위獅子衛, 만강대彎强隊, 공현위控弦衛, 청로대淸路隊, 별군別軍 등도 존재했다.154 이 가운데 내금위, 겸사복, 우림위가 조선 전기의 대표적인 금군으로 자리 잡았으며, 조선 후기까지 지속

153 『대전통편』 권4, 병전 경관직 정삼품아문 우림위장, "〈與兼司僕內禁衛, 竝稱內將〉." '내장'을 내금위장으로 해석하는 경우도 있으나, 이는 잘못된 해석이다. 예를 들어, 정택주는 1798년 '내장'으로 임명되었는데, 그가 맡은 직책은 우림위장이었다(『일성록』 정조 22년 12월 18일; 『노상추일기』 1798년 12월 19일).

154 김웅호, 『조선초기 중앙군 운용 연구』, 경인문화사, 2023, 167~171쪽, 262~263쪽.

되었다.

먼저, 내금위는 1407년(태종 7)에 궁중 숙위를 담당한 내상직內上直을 개편하여 조직한 금군이었다. 주로 양반 자제로 편제했으며, 정원은 190명이었다. 선발은 병조에서 도총부 · 훈련원 당상관 각 1명과 함께 시취試取를 실시하여 선발했다. 근무 일수 108일을 채우면 품계가 올라 정3품까지 승진할 수 있었고, 전원 체아직遞兒職을 받으면서 장번長番으로 근무하는 상주 병력이었다.[155] 또한 정확한 시행 시점은 확인되지 않으나, 중종 대에는 내금위 선발 과정에서 완의完議 절차도 거쳤던 것으로 보인다.[156]

겸사복은 1409년 창설된 기병 중심의 친위군으로, 1462년(세조 10)에 금군으로 확정되었다. 정원은 50명이고, 전원 체아직을 받으면서 장번으로 근무했다. 선발은 내금위 규정을 따랐고, 양반을 비롯해 서얼, 향화인向化人, 평안도인, 함경도인 등 다양한 계층으로 구성되었다. 정원 중 절반에 해당하는 25자리는 함경도인 8자리, 평안도인 2자리, 향화인 6자리, 서얼 9자리로 특정하여 우대하는 자리였다. 이 가운데 서얼은 우림위에서 무재가 탁월한 자를 올려 임명하는 자리였다. 근무 일수 180일을 채우면 품계가 상승하여 정3품까지 이를 수 있었다.[157]

우림위는 1492년(성종 23)에 서얼의 진로를 열어주기 위해 창설한 금

155 차문섭, 『조선시대군제연구』, 단대출판부, 1973년, 52~53쪽, 65쪽, 88쪽; 『경국대전』 권4, 병전 번차도목 내금위.

156 『중종실록』 권14, 6년 12월 6일(임오), "且兼司僕內禁衛, 皆待完議而選."; 『대전후속록』 권4, 병전 雜令, "兼司僕額內……其餘二十五人, 依內禁衛例, 完議入屬."

157 남도영, 「조선초기의 겸사복에 대하여」, 『김재원박사회갑기념논총』, 1969; 『경국대전』 권4, 병전 번차도목 겸사복; 『대전후속록』 권4, 병전 雜令, "兼司僕額內, 兩界十人[大典], 向化六人, 庶孼九人外, 其餘二十五人, 依內禁衛例, 完議入屬〈庶孼, 則羽林衛中, 武才卓異者, 陞差〉." 참고로, 『경국대전』에서 겸사복의 정원이 50명으로 명시되어 있으나, 체아직 규모는 52명으로 두 수치가 서로 맞지 않는다.

군이다. 『경국대전』의 편찬 이후에 신설된 부대로, 관련 규정은 『대전속록大典續錄』(1492)에 처음 나타난다. 정원은 50명이며, 서얼을 중심으로 편제했다. 전원 체아직을 지급했으며, 보인保人 1보保도 함께 지급했다. 선발은 시재를 통해 이뤄졌으며, 실력이 이전보다 떨어지면 갑사甲士로 강등시켰다.[158] 이후 1504년(연산 10)에 혁파되었다가 1506년(중종 1)에 다시 설치되어 조선 후기까지 지속되었다.[159]

금군 중에서는 내금위의 위상이 가장 높았으며, 내금위 → 겸사복 → 우림위의 순서로 위계가 형성되었다. 이들은 병조 판서의 지휘 하에 있으면서 오위五衛와는 별개로 각 금군장의 지휘를 받았다. 즉, 국왕 → 병조 판서 → 금군장으로 이어지는 지휘 체계를 갖추고 있었다.

한편, 내금위장, 겸사복장, 우림위장은 모두 종2품의 관직으로 각각 3명씩 임명되었고, 모두 겸직 형태였다.[160] 이는 국왕이 금군장을 직접 통솔해 금군에 대한 장악력을 강화함과 동시에, 복수의 겸직 금군장을 두어 군권의 집중을 방지하고 상호 견제하도록 한 조치로 해석할 수 있다.

이 가운데 내금위장과 겸사복장은 비록 겸직이었으나, 국왕의 친위부대인 금군을 통솔하는 고위직이었기 때문에 상피相避의 적용을 받았다. 서반직 가운데 상피가 적용된 관직으로는 오위도총부, 오위장, 겸사복장, 내금위장, 부장이었으며, 내금위장과 겸사복장은 일정 범위 내의 친인척과 같은 부서에서 근무할 수 없을 뿐만 아니라, 동일 부서

---

158 『대전속록』 권4, 병전 試取, "羽林衛〈五十員, 長番, 妾子入属, 属忠佐衛〉, 十矢以上者取, 鍊才則十一矢〈騎槍各二次〉."; 권4, 병전 遞兒; 『대전후속록』 권4, 병전 鍊才; 給保.

159 최효식, 「조선시대 우림위의 성립과 그 편제」, 『동국사학』 15 · 16 합집, 1981, 176~177쪽.

160 『경국대전』 권4, 병전 경관직; 『대전속록』 권4, 병전 관직; 『전록통고』 병전, 경관직.

가 아닌데도 오위도총부와 병조의 당상관, 오위장과도 통틀어 상피해야 했다.[161]

또한, 내금위장, 겸사복장, 우림위장에게는 일부 고위 부서와 재상급 관료에게 제한적으로 지급한 녹사錄事를 배속했는데, 이는 개인적으로 지급한 것은 아니라 각 장에게 공통적으로 2명씩 배치한 것이었다.[162]

금군청의 성립

조선 후기에 들어서면서 금군은 획기적인 변화를 맞이했으며, 이 과정에서 금군장의 규모와 운영도 큰 변화가 수반되었다. 이러한 변화를 이끈 주역은 효종이었다.

효종은 차남으로 왕위에 오르며 종통宗統에 대한 정당성이 약했으며, 1651년(효종 2)에는 김자점金自點의 역모 사건까지 겪는 등 정치적 불안정에 직면했다. 더불어 병자호란의 패배를 설욕하겠다는 북벌을 국시로 삼으면서 친청親淸 세력의 도전 또한 만만치 않았다. 이에 따라 군비 확장과 함께 국왕의 신변 보호가 중요한 과제로 부상했다.

효종은 군비 확장 정책의 일환으로 1652년 6월에 어영청을 2만 1천 명 규모로 확대 개편하고, 도성에 상주하는 병력으로 어영군 1천 명을 확보했다.[163] 이어서 같은 해 8월에는 임진왜란 초기 선조가 의주로

161 『경국대전』 권1, 이전 相避, "兵曹都摠府堂上官兼司僕將內禁衛將五衛將, 則雖非同衙門, 通爲相避."

162 『경국대전』 권1, 이전 경아전 녹사; 『대전속록』 권1, 이전 差定, "羽林衛將, 錄事二差定."

163 이태진, 『조선후기의 정치와 군영제 변천』, 한국연구원, 1985, 165~166쪽.

피난할 당시 금군의 대거 이탈을 교훈 삼아 금군을 강화하기 위한 일련의 조치를 시행했다.

효종은 금군의 전투력을 강화하기 위해 전원을 기병騎兵으로 편성하고,[164] 그동안 내금위 · 겸사복 · 우림위로 분산되어 있던 금군 조직을 내삼청內三廳으로 통합했다. 또한 체계적인 지휘 체계를 확립하기 위해 금군 629명을 6개 번番으로 나누고, 이를 다시 2개 대隊로 편성하여 좌 · 우 별장別將에게 배속했다. 이로써 좌별장(용대장龍大將)이 금군 1 · 2 · 3번(315명)을, 우별장(호대장虎大將)이 금군 4 · 5 · 6번(314명)을 통솔하여 국왕 좌우를 호위하는 체제를 구축했다.[165] 1655년에는 금군 병력을 1천 명으로 증강했으며,[166] 1659년에는 10명=1령領, 3령=1정正의 편제로 개편했다. 이에 따라 금군장을 10명으로 증원하여 내금위장 6명, 겸사복장 2명, 우림위장 2명으로 편성했다.[167]

효종 대에 새로이 등장한 내삼청은 금군의 창설 과정을 파악하는 핵심적인 단서를 제공한다. 『만기요람』에는 "효종조에 처음 금군을 설치하여 내삼청이라 했다."라고 기록하고 있다. 조선 초부터 금군이 존재했으나, 효종 대에 처음 금군을 설치했다는 이 내용은 내금위 · 겸사복 · 우림위를 통합하여 독립적인 관청을 설치한 사실을 가리키는 것으로 보인다. 내삼청이라는 명칭은 '궁궐[내內]'에 입직하며 국왕의 신변 보호와 궁궐 수비를 담당한 금군의 기능에서 유래한 것으로, 이

---

164 이태진, 위의 책, 169쪽.

165 『승정원일기』 효종 3년 8월 29일(무진); 『동국문헌비고』 권96, 직관고 6, 武職, 龍虎營; 『만기요람』 군정편 2, 附용호영, 설치연혁.

166 『효종실록』 권14, 6년 4월 19일(계유).

167 『만기요람』 군정편 2, 부용호영, 설치연혁; 『승정원일기』 현종 7년 8월 13일(신유), "上曰……而內禁將六員內, 減其三員, 竝羽林將兼司僕將, 定爲七員, 可也."

는 곧 금군청의 기원이라 할 수 있다.

금군청의 정확한 설치 시점은 명확하게 확인되지는 않는다. 1652년(효종 3)에 '금군청'이라는 명칭이 처음 등장하고, 「내삼청절목內三廳節目」도 마련되었으나,[168] 『만기요람』에서는 이미 효종 원년인 1650년에 설치된 것으로 추정했다. 이 두 기록을 모두 채택한다면, 내삼청의 설치 시기는 1650년이며, 1652년에 조직을 정비한 것으로 해석할 수 있다.

이후 내삼청이 금군청으로 운용되고, 금군이 7번의 700명으로 정비된 시기는 현종 대였다. 1666년(현종 7) 현종은 내금위장 6명을 3명으로 축소하고, 금군도 내금위 300명, 겸사복 200명, 우림위 200명으로 조정해서 700명으로 개편했다. 이에 따라 금군장도 10명에서 7명으로 조정되어 번마다 금군장을 1명씩 두고, 별장 역시 2명에서 1명으로 줄여 단별장單別將 체제로 바꾸었다.[169]

이러한 개편은 『속대전』에 그대로 법제화되었다. 금군청은 병조 판서의 통솔 아래 국왕 호위와 궁궐 입직을 담당하고, 7개 번마다 3정 9령을 두었다. 금군장은 금군청 소속으로 편입되고, 내금위장 3명, 겸사복장 2명, 우림위장 2명으로 정원도 확정되었다. 이와 함께 금군별장은 종2품, 금군장은 정3품 당상관으로 각각 규정되어 관품 체계도 정리되었다. 그 결과 국왕 → 병조 판서 → 금군별장 → 금군장 → 정 → 령의 지휘 체계를 갖추게 되었다.[170]

---

168 『승정원일기』 효종 3년 8월 29일(무진); 『만기요람』 군정편 2, 부용호영, 설치연혁.

169 『승정원일기』 현종 7년 8월 13일(신유); 『만기요람』 군정편 2, 부용호영, 설치연혁. 『동국문헌비고』(1770)에서는 이 조치가 이뤄진 1666년 바로 이 해를 금군청 설치 연도로 파악했다(『동국문헌비고』 권96, 職官考 6, 武職, 龍虎營).

170 『속대전』 권4, 병전 경관직 군영아문 금군청, "大典後, 以兼司僕內禁衛羽林衛合七百爲一廳〈分七番, 每番三正九領〉, 掌陪扈入直, 本曹判書統領."

〈표 33〉 금군장의 구성과 인원

금군장 ＼ 법전 / 관품	경국대전	속대전	대전통편	대전회통
	종2품	정3품 당상		
내금위장	3(겸)	3(겸)	3(겸)	2(겸)
겸사복장	3(겸)	2(겸)	2(겸)	2(겸)
우림위장	·	2(겸)	2(겸)	2(겸)

※ 겸: 겸직

금군장의 운용

조선 후기 금군장은 금군청의 확립과 함께 제도적으로 정비되었으나, 조선 전기와 마찬가지로 겸직 형태로 운영되었다. 이러한 체제는 오위장의 운용 방식과 마찬가지로, 중추부의 동지중추부사나 첨지중추부사의 위장 체아衛將遞兒 자리 또는 오위 체아직을 겸직하는 방식으로 이뤄졌다.

예를 들어, "오수웅을 절충장군 행 용양위 부호군 겸 내금위장으로 임명함"(1706년), "오택선을 절충장군 첨지중추부사 겸 우림위장으로 임명함"(1860년) 등 임명장에 표기된 '겸兼' 자를 통해 이러한 운영 방식을 확인할 수 있다.[171]

한때 금군은 금위영과 합쳐진 적도 있었다. 1682년(숙종 8) 금위영이 창설되면서 금위대장을 병조 판서가 겸임하게 되자, 병조 휘하의 금군도 금위영과 합쳐졌다.[172] 이 조치는 금위영에 마병이 없었던 점이 배경으로 작용했으며, 그 결과 금군은 금위영의 마대馬隊 역할을 수행

171 디지털장서각 한국고문서자료관, 1706년 오수웅吳遂雄 고신, 1860년 오택선吳宅善 고신.
172 『숙종실록』 권49, 36년 11월 29일(기미), "且司馬爲主將, 七百禁軍, 在麾下, 便同禁營所屬,"

하게 되었다.[173]

금군이 다시 독립 부대가 된 시점은 1755년(영조 31)이었다. 그 전년도에 영조는 병조 판서와 금위영을 분리하는 분영分營의 조치를 단행하고, 이듬해인 1755년 금군청을 용호영龍虎營으로 개칭했다. 이 변화는 『대전통편』에 반영되어 금군청이 사라지고 용호영이 등장했으며, 금군장 수는 그대로 7명을 유지했다.

그러나 정조 대 후반에는 금군장 수가 기존 7명에서 6명으로 줄어드는 변화가 있었다. 1791년(정조 15) 정조가 내금위 총 3번 중 제3번을 장용영으로 옮기면서 내금위가 총 2번으로 줄었고, 이에 따라 내금위장도 3명에서 2명으로 축소된 것이다. 이 조치로 인해 금군의 전체 편제도 기존 700명에서 600명으로 감축되었고, 각 번마다 입직 인원도 기존 100명에서 50명으로 변경되었다.[174] 정조는 금군을 6번으로 재편한 이 조치에 대해 "옛 제도의 회복"이라고 평가했는데, 이는 금군을 6번으로 운용한 효종 대의 전례를 의미했다.

이후 1808년(순조 8)에 금군이 다시 7번으로 회복되면서 금군장도 7명이 되었고, 각 번의 입직 인원도 100명으로 복구되었다.[175] 그러나 1833년에 다시 6번으로 축소되며 금군장도 6명이 되었고, 이 변화는 『대전회통』에 반영되었다. 다만, 각 번의 입직 인원은 그대로 100명을 유지했다.[176]

조선 후기 금군장은 전원 체아록을 받았다.[177] 근무 일수는 1663년

173 이태진, 『조선후기의 정치와 군영제 변천』, 254쪽.

174 『승정원일기』 정조 15년 5월 26일(경자).

175 『만기요람』 군정편 2, 부용호영, 설치연혁; 『승정원일기』 순조 8년 4월 25일(신묘).

176 『승정원일기』 순조 33년 12월 1일(정유); 3일(기해); 『동국문헌비고』 권1, 京都, 武職公署, 용호영.

(현종 4)에 제도화되어, 당하관으로 임명된 경우 30개월, 당상관이거나 재임용된 경우는 15개월을 근무해야만 승진하거나 다른 관직으로 옮겨갈 수 있었다.[178] 1683년(숙종 9)에는 이 기준을 완화하여 당하관의 경우 24개월, 당상관 또는 재임용자의 경우 10개월로 단축했다.[179] 이는 금군장에 한 번 임용되면 다른 관직으로 옮겨가기 어렵다는 무관들의 불만을 해소하려는 조치였다.[180]

한편, 내금위장과 겸사복장은 관품의 하락과 함께 상피 규정도 일부 완화되어, 병조 판서를 제외하고 오위도총부 총관, 오위장, 충익위장, 충장위장과는 상피하지 않아도 되었다. 다만, 금군장 상호 간에는 여전히 상피가 적용되었다.[181] 아울러 혜택도 줄어서 녹사 지급이 중단되었다.[182] 우림위장의 경우 『경국대전』에 실리지 않았으므로 『속대전』에 변화상이나 관련 규정이 나오지 않지만, 우림위장 역시 녹사 지급이 중단된 것으로 판단된다.

금군장의 임무

조선 후기 금군장의 주요 임무는 금군을 인솔하여 궐내에 입직하고, 국왕의 전좌殿座나 동가動駕 때에 시위를 수행하는 일이었다. 이외

177 『속대전』 권4, 병전 경관직 정삼품아문 오위.

178 『수교집록』 권4, 병전 관직, 강희 계묘년(현종 4) 승전. 『승정원일기』에는 이 규정이 효종 대에 제정된 것으로 나온다(『승정원일기』 숙종 4년 6월 3일(임신); 숙종 6년 8월 8일(갑자)).

179 『수교집록』 권4, 병전 관직, 강희 계해년(숙종 9) 승전.

180 『승정원일기』 숙종 8년 12월 3일(병자).

181 『속대전』 권1, 이전 相避; 『노상추일기』 1798년 12월 19일. 이때 신임 우림위장이 내금위장과 친사돈이어서 신임 우림위장을 교체했다.

182 『속대전』 권1, 이전 경아전, "錄事〈五衛將內禁衛將左右巡將兼司僕將錄事, 竝今廢〉."

에도 금군의 말과 군장軍裝을 정기적으로 점검하는 책임을 맡았다. 이 가운데 입직 업무는 상시적으로 수행하는 과업으로, 금군장 임무 중 가장 큰 비중을 차지했다.

입직 업무는 금군장 1명이 국왕의 낙점을 받아 휘하 금군 100명과 화포火砲 2명을 인솔하여 금군의 직소에 입직하는 일이었다.[183] 입직 장소는 창덕궁의 경우 인정전仁政殿의 남랑南廊, 경희궁은 숭정전崇政殿의 남랑이었다.[184]

금군장의 구체적인 활동은 노상추의 근무를 통해 소상히 파악할 수 있다. 노상추는 금군장을 세 차례 역임했는데, 겸사복장 1회, 우림위장 2회였다. 겸사복장을 지낸 기간은 1797년(52세) 3월 10일부터 12월 26일까지였고, 우림위장은 첫 번째 기간이 1798년(53세) 6월 21일부터 1799년 7월 2일, 두 번째 기간이 1810년(65세) 12월 27일부터 1811년 2월 2일까지였다.

이 가운데 근무 기간이 가장 길었던 첫 번째 우림위장 재직 시기를 중심으로 살펴보면, 노상추는 우림위장으로 재직하는 동안 호군護軍의 체아록을 받았다.[185] 그가 우림위장으로서 수행한 핵심 업무는 입직이었다. 그러나 금군장의 입직 업무는 오위장의 업무에 비해 상대적으로 부담이 덜했던 것으로 보인다.

노상추가 우림위장으로 재직할 당시, 입직 차례는 18일 간격으로 돌아왔다. 우림위장으로 발령을 받은 뒤 처음 입직한 7월 1일을 시작으로 7월 19일, 8월 8일, 8월 26일, 9월 15일, 10월 3일, 10월 21일, 11

183 『속대전』 권4, 병전 입직, "禁軍將, 一員受點, 率禁軍百人火砲二人……各直本所."
184 『동국문헌비고』 권1, 경도, 武職公署, 內三廳.
185 『노상추일기』 1798년 11월 26일.

월 10일, 11월 28일, 12월 16일 등 대체로 18일에 한 번씩 입직했다. 이는 3일 번을 서고 15일 쉬는 방식으로, 정조 대 개편으로 금군장이 6명으로 조정된 상황과 연관이 있다. 즉, 당시 6명의 금군장이 3일씩 교대로 입직하면서 18일에 한 번씩 근무가 돌아온 것으로 보인다. 또한, 금군장은 입직 시 입직 금군의 근무 상황을 단속하는 역할을 맡았으므로, 별도로 야간 순찰을 수행하지 않았다. 반면, 오위장은 3일 근무 3일 휴무의 방식으로 입직했고, 입직 중에는 야간 순찰이 핵심 임무였으므로 업무 강도가 상대적으로 더 높았다고 평가할 수 있다.

둘째, 금군장의 주요 임무 중 하나로 국왕의 전좌나 거둥 시 국왕을 시위하는 일도 빼놓을 수 없다. 국왕의 궐내 행차 시 시위는 대개 입직 중에 이뤄졌다. 예를 들어, 1798년(정조 22) 7월 1일에 금군장으로 처음 입직한 노상추는 정조가 종묘의 추향대제에 쓸 향을 전달하기 위해 인정전으로 거둥하자 이를 시위한 뒤 복귀했다. 7월 21일에도 입직한 상태에서 명나라 신종神宗의 기일을 맞아 대보단大報壇에서 거행된 망배례望拜禮에 정조가 참석하자 춘당대에서 호위했다. 1799년 2월에도 입직한 상태에서 정조가 대보단으로 향하자 창덕궁 집성문集成門 밖에서 시위한 뒤 복귀했다.[186]

국왕이 궁궐 밖으로 행차할 때의 시위는 내금위, 겸사복, 우림위에서 각 1번씩 총 3번이 수행하며, 세 금군 부대가 번갈아 어가의 선두에서 호종하는 것이 규정이었다. 그러나 정조의 특명으로 입직 금군을 제외한 나머지 금군 모두 어가 호위에 참여하게 되었다.[187] 1799년 3월에 청나라 사신이 도착하자 입직 금군을 제외한 총 5번이 어가를

186 『노상추일기』 1798년 7월 1일; 20일; 21일; 1799년 2월 30일.
187 『노상추일기』 1798년 8월 3일; 5일; 11월 1일.

따라 서대문 밖 경기 감영의 문밖까지 나아갔으며, 사신이 귀국할 때도 총 5번이 어가를 호위하여 파자교把子橋까지 갔다.[188] 이로 인해 금군장의 호위 참여 횟수도 늘어났다.

셋째, 금군장은 입직 및 시위 외에도 정기적으로 금군이 소지한 말과 군장을 점검하는 점고點考 업무를 수행했다.[189] 점고는 각 금군장이 휘하 금군을 대상으로 시행하는 점고와 금군별장이 시행하는 도점고都點考로 나뉘었다.

우림위 1번 장將인 노상추는 처음 부임 후 3일에 걸쳐 휘하 금군인 3정正 9령領을 점고했다. 1일 차는 1정 소속의 총 3령, 2일 차는 2정 소속의 총 3령, 3일 차는 3정 소속의 총 3령의 말과 군장을 점검했다.[190] 도점고는 금군별장이 전체 금군장과 금군을 집결시켜 말과 군장을 점검하는 일이었다.[191] 간혹 병조 판서가 금군 점고를 시행하기도 했으며, 이때 금군장은 갑주를 갖춰 입어야 했다.[192]

한편, 1754년(영조 30)부터 입직 금군은 1월, 4월, 7월, 10월에 인정전 월대月臺(건물 앞에 설치한 넓은 기단 형식의 대)에서 승지의 점고를 받아야 했으며, 이때 해당 금군장도 함께 점고를 받았다.[193] 이 규정이 『만기요람』에 기록된 「내삼청 융기점고內三廳戎器點考」로, 승지는 관에서 지급한 군장과 소방 기구 등을 점검했다.[194] 노상추 역시 입직할 때마다 해당 월이 되면 사맹삭 점고를 받았다.[195]

---

188 『노상추일기』 1799년 3월 2일; 6일.
189 『노상추일기』 1798년 7월 5일; 6일; 7일; 19일; 8월 18일; 11월 15일; 1799년 3월 12일.
190 『노상추일기』 1798년 7월 5일; 6일; 7일.
191 『노상추일기』 1798년 8월 25일.
192 『노상추일기』 1798년 9월 18일; 20일.
193 『영조실록』 권82, 30년 10월 2일(정미); 『승정원일기』 영조 30년 10월 23일(무진).
194 『만기요람』 군정편 2, 부용호영, 內三廳戎器點考.

이 밖에도 노상추는 우림위장으로 재직하면서 병조 판서와 금군별장이 주관하는 금군의 취재나 녹시사祿試射 등에 통상적으로 참석해야 했다.[196] 또한 의무적으로 당상 무관의 삭시사朔試射에 응시해야 했다.[197] 이 시험에서 활쏘기 성적이 규정에 미달하면 추고나 파직될 수도 있으므로, 그는 금군장으로 있으면서 수시로 활터에 나가 활쏘기 연습에 매진했다.[198]

금군장의 위상

조선 후기의 금군장은 조선 전기에 비해 위상이 현저히 축소되었다. 대표적으로 관품이 종2품에서 정3품 당상관으로 강등되었고, 금군별장이 신설되면서 각 번의 금군을 총괄하는 수장으로서의 지위는 사라지고 각 번 금군 100명을 이끄는 번장 수준으로 그 역할이 제한되었다.

그럼에도 불구하고 금군장은 당상 무관직 중에서도 가장 신중하게 선발되는 자리였으며, '극망極望' 또는 '청선淸選'이라 불릴 만큼 명예로운 직책으로 인식되었다. 1689년(숙종 15) 도승지 류명현柳命賢은 금군장을 더욱 신중히 선발해야 한다고 건의하며, 효종 대에는 명망 높은 무관들을 금군장으로 임명했기 때문에 당시 금군장은 당상 무관 중 최고의 직책으로 여겨졌다고 언급했다.[199]

---

195 『노상추일기』 1798년 7월 19일.

196 『노상추일기』 1798년 12월 9일; 10일; 1799년 4월 27일; 6월 14일.

197 『노상추일기』 1799년 6월 17일.

198 『노상추일기』 1798년 6월 27일; 28일; 29일; 7월 5일; 6일; 7일; 8일; 9일; 10일; 11일; 17일; 1799년 3월 17일.

또한, 1729년(영조 5) 훈련도감 별장別將(정3품 당상) 자리가 공석이었으나 적임자가 없자, 금군장 김협金浹이 해당 직책에 임명된 사례에서도 금군장의 위상을 확인할 수 있다.[200] 아울러 당하관이 금군장으로 임명되면 즉시 품계를 절충장군(정3품 당상)으로 올려주었기 때문에, 당하관에게 금군장은 당상관으로 승진할 수 있는 지름길이기도 했다.[201]

금군장 중에서는 내금위장의 위상이 가장 높았다. 이는 내금위가 금군 내에서 가장 정예로운 부대로 간주되었기 때문이다. 1790년(정조 14) 병조 판서 이갑李岬은 "내금위장은 본래 당상 무관 중에서도 청선이어서 신이 몇 차례 병조 판서를 맡는 동안 수령이나 외장外將을 거친 자가 아니면 후보자로 올린 적이 없습니다."[202]라고 언급할 정도였다. 또한 1번 내금위장은 금군별장이 유고할 경우 그 직무를 대행했다.[203] 1777년 선천내금위宣薦內禁衛 제도가 실시된 이후에는 이력을 더 중시해서, 1번과 2번 내금위장은 방어사 이상의 경력을 지닌 사람 중에서 선발하게 했다.[204]

금군장 제수는 때때로 특별한 은전으로 여겨지기도 했다. 정조는 오랫동안 관직을 얻지 못한 인재들을 등용하기 위해 각도에 명을 내려 추천 명단을 제출하게 했으며, 그 가운데 전前 전라도 중군中軍 정택주鄭宅周를 우림위장으로 임명했다. 정조는 그가 이미 훈련원 부정副正과 군기시 정正을 지낸 것은 물론이고 무과에 급제한 지 34년이 지났

199 『승정원일기』 숙종 15년 12월 25일(정해).
200 『승정원일기』 영조 5년 6월 24일(정유).
201 『승정원일기』 숙종 3년 5월 1일(병자); 숙종 4년 6월 3일(임신); 숙종 6년 1월 20일(경술).
202 『일성록』 정조 14년 4월 30일(경진).
203 『노상추일기』 1799년 2월 30일.
204 『대전통편』 권4, 병전 경관직 군영아문 용호영; 『승정원일기』 정조 2년 11월 10일(병신).

음에도 금군장을 역임하지 못한 점을 지적하며 직접 제수했는데, 당시 정택주 나이 69세였다.[205]

조정에서는 금군장의 잦은 교체를 방지하기 위해 근무 기간 준수를 엄격히 요구했다. 실제로 1678년(숙종 4)에 우림위장 이송로李松老는 평안도 숙천肅川 현감에 제수되었으나, 임기가 남아 있다는 이유로 금군장직을 유지해야 했다.[206] 1684년에는 임기가 남아있는 금군장을 지방관 후보로 올릴 경우, 반드시 병조 판서가 국왕에게 보고해서 재가를 받아야 한다는 규정도 마련되었다.[207]

노상추도 우림위장으로 재직 중에 당상 선전관으로 임명되었으나, 정조의 명에 따라 불과 이틀 만에 환수되어 다시 원직에 복귀했다.[208] 1799년에도 황해도 평산平山 부사의 후보자로 수망首望에 올랐으나, 재임 중인 금군장을 국왕의 재가 없이 지방관 후보로 올릴 수 없다는 규정에 따라 임용이 무산되었다.[209]

한편, 금군장은 외직에서 돌아온 무관들이 수령이나 변장 진출의 불씨를 꺼트리지 않기 위한 발판이 되기도 했다. 중앙에는 평범한 무관이 일할 곳이 많지 않았으므로, 이들은 지방 관직으로 나아가기 전에 금군장이나 오위장과 같은 직책을 맡으며 정기 인사를 기다리는 경우가 많았다. 조정 내에서 어떠한 형태로든 근무하고 있어야 인사권자들에게 자신의 존재를 각인시킬 수 있었기 때문이다.

대표적인 사례로, 1801년(순조 1) 홍주 영장洪州營將의 임기를 마치고

---

205 『일성록』 정조 22년 12월 18일; 『노상추일기』 1798년 12월 19일.
206 『승정원일기』 숙종 4년 6월 3일(임신).
207 『승정원일기』 숙종 10년 8월 7일(경자).
208 『승정원일기』 정조 22년 11월 21일(경진).
209 『노상추일기』 1799년 2월 1일.

돌아온 노상추는 1803년부터 어영청 천총千摠과 오위장을 거쳐 1805년(60세) 강화 중군江華中軍이 되었다. 강화 중군의 임기를 마치고 복귀한 노상추는 다시 어영청 기사장騎士將과 오위장을 거쳐 1810년에 우림위장으로 임명되었고, 이듬해인 1811년(66세) 가덕 첨사加德僉使로 외직에 나아갔다.

1808년에 어영청 기사장에 제수되었을 당시, 노상추는 자신의 일기에 "나이 63세에 다시 군문軍門을 밟고, 적은 녹봉에 허리를 굽히는 것은 외직을 구하려는 마음이 있기"[210] 때문이라고 적었다. 이는 비록 금군장의 사례는 아니지만, 중앙에서 기사장, 금군장, 오위장 등으로 근무하며 끊임없이 외직을 모색하려 했던 당시 무관들의 현실을 단적으로 보여주는 예라 할 수 있다.

이상으로 살펴본 대로, 조선 후기의 금군장은 정3품 당상관으로 금군청(영조 대 이후에는 용호영)에 소속되어 각각 금군 100명씩을 통솔하며 궐내 입직과 국왕 시위 등의 임무를 수행했다. 비록 조선 전기에 비해 관품이 낮아지고 금군별장의 신설로 인해 그 지위가 번장의 수준으로 제한되었으나, 여전히 '청선'으로 불릴 만큼 정3품 당상관으로서의 위상은 유지되었다.

210 『노상추일기』 1808년 10월 18일.

12장

군영아문 소속 장교의 임무

1. 지구관知彀官

'지구'의 의미

조선 후기 중앙의 군영아문에 소속된 지구관知彀官, 교련관敎鍊官, 기패관旗牌官 등의 장교는 통상 '집사執事'로 불리며,[211] 오늘날의 부사관과 유사한 역할을 담당했다. 이들은 병력 관리, 무기 제작, 군사 시설의 구축 및 보수, 군사 교육 등 다양한 군사 업무를 담당하며 군사 전문 인력으로서 군대의 전투력 향상에 중요한 기여를 했다. 그러나 그 제도가 명확히 규정되지 않았고, 다양한 사람이 해당 직책을 맡았으므로 그 실체를 파악하는 데에는 일정한 한계가 있다.

지구관도 그중 하나다. 지구관은 군영아문 중 훈련도감에만 설치한 장교로, 다른 군영에는 존재하지 않았다. 다만, 정조 대에 장용영에도 지구관을 두었으나,[212] 이는 예외적인 사례였다. 따라서 지구관 제도를 파악하기 위해서는 훈련도감을 중심으로 지구관의 역할을 검토할

---

211 『승정원일기』 영조 16년 11월 20일(정해).

212 『정조실록』 권37, 17년 1월 12일(병오).

필요가 있다.

조선시대에 지구관의 등장은 1593년(선조 26) 훈련도감의 설치와 함께 시작된 것으로 보인다. 그동안 지구관에 관한 본격적인 연구가 이뤄진 적은 없으나, 일반적으로 활을 쏜다는 의미의 '구彀' 자에 의거하여 활에 능통한 장교로서 사수射手의 훈련을 담당한 군관으로 이해해 왔다.[213] 그러나 실제로 지구관은 활쏘기와 거리가 먼 직책이었다.

지구관은 중국 명나라의 무장인 척계광戚繼光이 저술한 『기효신서紀效新書』에 등장한다(「행영行營」편). 이 책에서 '지구知彀' 또는 '구彀' 자의 의미를 구체적으로 파악할 수 있는 곳은 「비교比較」 편이다. 비교란 시험을 통해 우열을 가리는 것으로, 상상등上上等부터 하하등下下等까지 9단계로 점수를 매겼다. 여기에 '자지기구自知機彀', '부차정구不差正彀', '부지구자不知彀者' 등의 표현이 등장한다. 여기서 '구' 자는 법칙, 방식, 법식 등의 의미로 사용되어 '자지기구'는 스스로 법칙을 잘 안다는 뜻이며, '부차정구'는 올바른 법칙에 어긋나지 않는다는 의미이며, '부지구자'는 법칙을 모른다는 뜻이 된다.

이와 같은 용례는 조선에서도 그대로 나타나며, 선조 및 광해군 대에 『기효신서』의 전법을 수용·검토하는 과정에서 유사한 표현이 자주 확인된다. 1595년 훈련도감에서 군사들에게 상을 지급하는 규정을 논의할 때, "시험을 치를 때 그 무예 대련의 숙련도와 각세정구各勢正彀를 정밀히 살펴, 그 어느 하나라도 「비교」 편에서 논한 것과 어긋난 점이 있으면 입격으로 간주하지 말아야 무예 비교의 법식에 부합할 것입니다."[214]라고 언급했다. 여기서 '각세정구'란 각 동작이나 자세의

---

213 대표적으로 '조선왕조실록사전' 웹사이트의 '지구관' 항목에 따르면, "지구관이란 '활에 능통한 군관'이란 의미이다."라고 설명되어 있다.

정확한 법식이나 규범을 의미한다.

1601년 비변사에서는 지방에서 군사들에게 단병기短兵器(접전 무기)와 조총 훈련을 시키기 위해 교사를 초빙했으나 실효를 거두지 못하자, 훈련도감 주관으로 실력 있는 포수와 살수 각 10명, 그리고 '진법구자陣法彀者' 1~2명을 선발해 파견할 것을 건의했다.[215] 여기서도 '진법구자'란 진법의 방식에 정통한 사람을 말한다.

또한, 한교韓嶠를 『기효신서』의 법식을 잘 아는 '지구지인知彀之人'으로 평가한 기록도 주목할 만하다. 한교는 이이李珥와 성혼成渾의 문인이며, 『기효신서』를 조선에 도입한 주역으로 꼽히는 인물이다. 그는 임진왜란 막바지인 1598년 10월에 완성된 『무예제보武藝諸譜』의 편찬을 주도했다. 『무예제보』는 『기효신서』에서 곤봉棍棒, 등패藤牌, 낭선狼筅, 장창長槍, 당파鎲鈀, 장도長刀 등 여섯가지 무예를 선별하여 해설과 그림, 한글 번역문을 덧붙여 수록한 무예서다.

> "신들이 생각하건대, 애초에 강소, 절강의 어왜법禦倭法을 전파하는 한 가지 일은 전적으로 한교에게 맡겼습니다. 한교는 『기효신서』 역시 잘 알았으므로 훈련도감과 남도, 북도의 조련하는 일도 대부분 이 사람이 주도했습니다. 이 사람 외에는 서울에서도 그 법식을 아는 사람[지구지인知彀之人]이 달리 없습니다. 그래서 예전에도 조련하는 일로 의흥 현감으로 임명하여 보냈는데, 경상도 연병차사원이 되어 왜의 방어법을 수립할 때 자못 두서가 있었습니다."[216]

---

214 『선조실록』 권64, 28년 6월 26일(정묘), "考試之際, 精察其舞對生熟, 各勢正彀, 少有違於比校篇所論者, 勿以入格看, 斯合較藝之式."

215 『선조실록』 권133, 34년 1월 11일(경술).

216 『광해군일기』 권25, 5년 8월 18일(계묘), "臣等竊念, 自初江浙防倭之法, 傳布一事, 專委於韓嶠, 嶠又能解紀效新書, 故都監及南北操鍊之事, 多是此人所爲, 此外京中, 亦無他知彀之人, 故前日亦因操鍊事, 義興縣監差送, 而爲慶尙道鍊兵差使員, 設立防倭

이상의 사례를 종합하면, 선조와 광해군 대에 사용된 '지구'라는 용어는 『기효신서』에 수록된 단병 무예나 전법에 정통하다는 의미로 사용되었으며, 활쏘기와는 무관했다. 이것이 『기효신서』의 전법을 기반으로 창설한 훈련도감에만 지구관을 설치한 이유라고 판단된다. 또한 『병학지남兵學指南』의 「영진정구營陣正彀」 편 역시 『기효신서』의 전투 진형을 정확히 익히는 것과 관련된 의미로 볼 수 있다.

지구관의 규모와 역할

훈련도감에 처음 설치한 지구관은 1명이었으나, 숙종 대에 이르러 인원이 증가했다.[217] 숙종 초에는 지구관과 기패관旗牌官을 합쳐 30명으로 늘었고, 1682년(숙종 8) 금위영이 창설되면서 훈련도감의 지구관은 10명, 기패관은 20명으로 정해졌다.[218] 이후 지구관의 인원은 『속대전』에 그대로 10명으로 규정되었고, 이 규모는 고종 대까지 변함없었다.[219]

『속대전』에 따르면, 지구관은 600일을 근무하면 6품으로 승진할 수 있었다.[220] 이는 당초 25개월이던 기간을 단축한 조치로, 1723년(경종 3) 당시 한성부 판윤 윤취상尹就商의 건의를 따른 것이었다. 윤취상은 판윤을 맡기 전에 훈련대장을 지낸 인물로, 훈련도감이 국왕의 친위

之法, 頗有頭緖."

217 『增補典錄通考』 병전, 경관직 훈련도감, "知彀官一員."

218 『訓局謄錄』 8책, 임술년(숙종 8) 3월 16일.

219 『속대전』 권4, 병전 경관직 군영아문 훈련도감; 『대전회통』 권4, 병전 경관직 군영아문 훈련도감.

220 『속대전』 권4, 병전 경관직 군영아문 훈련도감, "哨官知彀官旗牌官, 仕滿六百, 陞六品〈他軍門同〉."

부대인데도 불구하고 다른 군영보다 승진 요건이 불리하다는 점을 지적했다. 다른 군영의 교련관은 20개월 근무 후 6품으로 승진하는데, 유독 훈련도감의 지구관과 기패관만 25개월을 근무해야 했던 점은 형평성에 어긋났던 것이다.[221]

지구관의 임무는 별도로 규정되어 있지 않지만, 다양한 사례를 통해 그 실상을 파악할 수 있다. 첫째, 지구관의 핵심 임무는 진법 교육을 총괄하는 전문 교관으로서의 역할이었다. 지구관은 기패관과 함께 각각 1명씩 훈장訓長으로 임명되어 매달 한 차례 별무사別武士, 서자지書字的, 패두牌頭, 대년군待年軍 등을 대상으로 능마아강能麽兒講을 주관하고, 연말에 성적을 합산하여 시상했다.[222]

이로 인해 훈련도감 장교 중에서 지구관과 기패관만이 전문성 함양을 위해 매달 한두 차례 사회射會와 강서, 진법 시험을 치렀고, 3개월마다 성적에 따라 포상 또는 벌직罰直을 받았다. 다만, 지구관은 진법 시험이 면제되었고, 강서는 책을 보는 임문臨文 방식으로 치러졌다.[223]

둘째, 지구관의 역할 가운데 무기 제작과 관련한 활동이 매우 주목된다. 이들이 다룬 무기는 환도環刀, 궁시弓矢, 조총, 연환鉛丸, 대포환大砲丸 등 매우 다양했다. 주로 감관監官으로 차출되어 무기 제작에 참여했는데, 단순한 관리나 감독에 그치지 않고 실질적인 무기 제작 전문가로 활동했다.

1668년(현종 9) 지구관 김기金璣는 구근久勤으로 평안도의 추구비 권관楸仇非權管(종9품)에 임명되었다. 임명 당시 그는 환도 제작을 총괄하여

---

221 『승정원일기』 경종 3년 2월 18일(무진).

222 『만기요람』 군정편 2, 훈련도감, 鍊習.

223 상동.

총 2,137자루를 완성했는데, 병조에서는 이처럼 중요한 공정을 미숙련자에게 맡길 수 없다는 이유로 환도 제작이 완료될 때까지 그의 유임을 요청했다. 이에 따라 그는 다시 지구관으로 복귀했다.[224]

1672년(현종 13)에도 훈련대장 류혁연柳赫然은 김기에게 환도 1,760자루의 제작을 맡겼다. 이에 김기는 새 환도를 제작한 동시에 기존 환도 1,924자루도 보수하여 군병들에게 지급했다.[225] 이 일로 류혁연은 7~8년 동안 성실히 근무한 김기의 포상을 건의했고, 그 결과 1673년에는 승서陞敍의 상을 받았으며 그 이듬해에는 함경도 영달永達 만호(종4품)로 임명되었다.[226]

1679년(숙종 5) 지구관 강공망姜公望은 대흥산성에 보낼 흑각궁黑角弓 1천 장과 교자궁校子弓 115장의 제작을 감독하여 정교한 품질로 완성한 공으로 가자加資의 상을 받았다.[227]

1751년(영조 27) 지구관 김도희金道熙는 무기 제조의 공로를 인정받아 절충장군(정3품 당상)의 품계에 올랐다. 군기 제작에 정통하여 감관으로 임명된 그는 활 1,170장을 제작하고, 낡은 활 160장을 보수했으며, 장편전長片箭 400부部를 제작하고 90부를 보수했다. 또한 환도 100자루를 제작하고 690자루를 보수했으며, 장관과 마병이 착용할 갑주甲冑 575부도 제작했던 것이다.[228] 이 공로로 가자의 상에 이어 이듬해에는 평안도 청강清江 동첨절제사(종4품)로 임명되었고, 영조가 특별히 궁시도

---

224 『승정원일기』 현종 9년 6월 29일(병신).

225 『승정원일기』 현종 13년 11월 16일(정해).

226 『승정원일기』 현종 13년 11월 18일(기축); 현종 14년 9월 21일(정해); 숙종 즉위년 9월 27일(무자).

227 『비변사등록』 숙종 5년 7월 27일.

228 『승정원일기』 영조 27년 12월 13일(갑진); 12월 28일(기미).

하사했다.[229] 1762년에는 평안도 토성兎城 동첨절제사가 되었으나, 풍담風痰이 악화되어 부임하지는 못했다.[230]

염초와 총포 제작을 주도한 지구관의 활약 또한 이들의 역할을 이해하는 중요한 사례라 할 수 있다. 1727년 지구관 안정로安廷老는 훈련도감 군사에게 새로 지급할 조총 1천 자루의 제작을 감독했으며, 이 과정에서 조총의 형태를 일부 개량했다. 그는 조총 제작을 성공적으로 완수한 공로로 가자의 상을 받았다.[231]

1748년 전양호全養浩는 연철鉛鐵을 사용하여 조총용 연환을 대량으로 주조하고, 수성용 대포환 33,490개를 주조한 공로로 가자의 상과 숙마 1필을 받았다.[232] 이후 1753년 한강 별장別將(종9품)을 거쳐 1759년 지구관으로 복귀한 그는 훈련도감 군사에게 지급할 조총 1천 자루를 제작했으며, 1768년에도 염초 6,100근을 제조했다. 그는 이러한 공로를 인정받아 품계가 가선대부嘉善大夫(동반 종2품)까지 올랐다.[233]

1781년(정조 5) 지구관 홍성구洪成龜는 화약 13,692근을 제조하고, 지유삼紙油衫 2,000령領, 동표자銅瓢子 355개, 동과銅鍋 80좌坐를 새로 만들었다. 또한 불이 난 염초청焰焇廳의 창고 17칸을 새로 짓고, 하도감 창고 24칸을 보수했다. 그는 이 공으로 품계가 가선대부에 올랐고, 같은 해 12월의 도목정사에서 전라도 임자도荏子島 수군동첨절제사(종4품)로 임명되었다.[234]

---

229 『승정원일기』 영조 28년 10월 30일(정사).

230 『승정원일기』 영조 38년 1월 16일(경술).

231 『승정원일기』 영조 3년 12월 26일(정미); 영조 4년 3월 4일(갑인).

232 『승정원일기』 영조 24년 2월 26일(경진); 3월 7일(신묘).

233 『승정원일기』 영조 29년 2월 25일(신해); 영조 35년 6월 11일(경신); 영조 44년 1월 24일(계축).

234 『승정원일기』 정조 5년 10월 22일(신묘); 11월 5일(계묘); 정조 5년 12월 27일(을미);

셋째, 지구관은 무기 제작뿐만 아니라 군사 시설 공사의 관리 · 감독에도 참여했다. 1691년(숙종 17) 훈련도감에서는 강화성江華城 축성 사업을 추진하면서 지구관을 도책응都策應으로 임명했다.[235] 당시 축성 감독 체계는 도청都廳(1명), 도책응(2명), 독역 패장督役牌將(1명), 축성 패장(15명), 운석運石 패장(1명)으로 이뤄졌으며,[236] 도책응은 도청에 이은 고위 책임자로서 주요 공사 업무를 총괄하는 역할을 담당했다. 이러한 축성에 참여한 지구관들은 공로를 인정받아 가자나 변장 제수 등의 상을 받았다.[237]

대표적인 공역 감독 전문가로는 지구관 한필영韓弼榮을 들 수 있다. 그는 1691년 강화성 축성 당시 도책응을 담당했으며,[238] 1706년 도성 개축 사업에서도 책응관으로 참여했다. 오늘날 '서울 한양도성' 중 낙산 구간 성벽을 동대문 방면으로 끝까지 내려가면, 1706년 도성 개축 당시 책응 겸 독역장 10명의 명단이 적힌 '각자성석刻字城石' 13개를 확인할 수 있다. 이 가운데 "사使 한필영"[239]이라는 글자가 새겨져 있어, 그가 도성 공사를 감독했던 사실을 알 수 있다. 여기서 '책응 겸 독역장'은 성곽 공사의 물품을 조달하고 공사를 감독하는 책임자를 의미한다.

넷째, 지구관은 기패관과 함께 교대로 훈련도감의 분진分鎭이나 둔소屯所에 1명씩 배치되어 근무했다. 먼저 분진의 경우, 1593년(선조 26)

12월 28일(병신).

235 『훈국등록』 10책, 신미년(숙종 17) 7월 15일; 7월 20일.

236 『훈국등록』 10책, 신미년(숙종 17) 7월 15일; 7월 17일; 윤8월 초4일.

237 『훈국등록』 11책, 갑술년(숙종 20) 9월 23일.

238 『훈국등록』 10책, 신미년(숙종 17) 윤7월 20일.

239 "訓局 策應兼督役將十人 使韓弼榮 一牌將折衝成世珏 二牌將折衝金守善 三牌將司果劉濟漢 石手都邊首吳有善 一牌邊首梁山昊 二牌邊首黃承善 三牌邊首金廷立 康熙四十五年四月日改築."

'한필영' 이름이 새겨진 서울 한양도성 성벽

설치한 황해도 재령의 철현진鐵峴鎭 및 1627년(인조 5) 설치한 경기 강화의 선원고仙源庫에 지구관과 기패관이 교대로 2년씩 근무했다. 1753년(영조 29) 설치한 한강진漢江津에도 지구관과 기패관이 교대로 30개월씩 근무했다.240

다음으로 둔소의 경우, 1639년부터 훈련도감이 운영을 맡은 강원도 춘천의 가라동둔加羅洞屯, 1736년(영조 12)에 매입한 충청도 보령의 청라동둔靑蘿洞屯, 1792년(정조 16) 봉산둔전鳳山屯田과 교환한 경기 이천의 각시동둔覺時洞屯 등지에 각각 지구관과 기패관이 매년 교대로 근무했다. 아울러 1782년부터 운영을 맡은 평안도 박천의 강월포둔江月浦屯에는 지구관과 기패관이 2년마다 교대로 파견되었다.241

다섯째, 지구관은 국왕이 경희궁에 거처할 경우, 경희궁 정문인 흥

240 『만기요람』 군정편 2, 훈련도감, 諸鎭. 한강진은 1783년 장용영 소속으로 바뀌었고, 1802년 장용영이 혁파되자 다시 훈련도감 소속이 되었다.

241 『만기요람』 군정편 2, 훈련도감, 諸屯.

화문興化門 밖에 위치한 훈련도감 신영新營에 입직했다. 이 신영에는 책임자로 별장(정3품 당상)과 천총(정3품 당상)이 교대로 1명씩 입직했고, 파총(종4품) 1명, 지구관 1명, 기패관 1명이 함께 입직했다.[242]

이 외에도 지구관은 다양한 실무를 수행했다. 그중 하나가 훈련도감을 대표하여 도제조나 훈련대장의 의견을 비롯하여, 훈련대장의 부재 여부 및 입출입 상황 등을 승정원에 전달하는 역할이었다.[243] 또한, 대기치大旗幟를 새로 제작할 때마다 삼청동의 소격전 옛터에서 기제旗祭를 지내는데, 이 의례의 집사 역할을 지구관이나 기패관이 맡았다.[244]

지구관은 시재試才 감독관으로도 참석했다. 1694년(숙종 20) 살수殺手 시재에서는 지구관 송기일宋奇逸이 간세看勢의 역할을 맡았으나, 이를 제대로 수행하지 못해 곤장 15대의 처벌을 받기도 했다.[245] 여기서 '간세'란 살수 응시자의 무예 동작을 관찰하고 그 기술적 완성도를 평가하는 역할을 말한다.

지구관의 처우와 위상

지구관은 훈련도감 소속 장교 가운데 가장 높은 위상을 지닌 존재였다. 특히 군영아문 내에서 훈련도감이 차지하는 위상을 감안할 때, 이는 곧 조선 후기 군영아문 소속 장교 중에서도 지구관이 가장 높은 지위에 있었음을 의미한다. 이 점은 다음의 몇 가지 사항을 통해 구체

---

242 『만기요람』 군정편 2, 훈련도감, 各處入直.
243 『승정원일기』 숙종 37년 9월 23일(기유); 영조 9년 9월 21일(기해).
244 『만기요람』 군정편 2, 훈련도감, 軍器.
245 『훈국등록』 11책, 갑술년(숙종 20) 3월 20일; 3월 21일.

적으로 확인할 수 있다.

첫째, 지구관은 훈련도감 군사가 오를 수 있는 최고위 장교였다. 『속대전』 등의 규정에 따르면, 훈련도감의 기패관은 훈련도감 군병 가운데 취재取才를 통해 선발했으며, 지구관은 기패관을 거쳐 승진하는 것이 일반적인 경로였다.[246] 즉, 군병 → 기패관 → 지구관의 순서로 진급하는 체계였다.

이와 같은 승진 구조는 1734년(영조 10) 평안도 청강淸江 동첨절제사(종4품)로 임명된 김준휘金俊輝가 하직 인사를 하는 자리에서, 영조가 그의 이력을 묻자 직접 답한 내용을 통해 확인할 수 있다. 김준휘 이력은 훈련도감군 → 기패관 → 만호 → 지구관 → 수군동첨절제사(서생포)→ 지구관 →병마동첨절제사(청강) 순이었다. 그의 대답은 다음과 같았다.

> "신은 본래 훈련도감에 편성된 군병으로 기패관에 발탁되어 만호가 되었습니다. 이후 복귀하여 훈련도감 지구관이 되었고, 서생 첨사로 나가 다섯 번의 근무평정에서 다섯 번 상上을 받았습니다. 또한 다스림이 훌륭했고 진휼을 잘했다는 어사의 포계褒啓로 다시 훈련도감 지구관이 되었으며, 구근으로 이 직책에 제수되었습니다."[247]

이처럼 김준휘가 훈련도감군에서 지구관을 거쳐 동첨절제사로까지 진출할 수 있었던 배경에는 1737년 영조의 지시에 따라 지구관 자리를 모두 항오 출신으로 충원하도록 한 조치가 있었다. 이 방침이 있기 전에는 지방 출신을 우대하는 과정에서 지구관 자리가 점차 지방 사

---

246 『속대전』 권4, 병전 경관직 훈련도감, "知彀官十, 旗牌官二十〈行伍取才, 陞差〉."; 『만기요람』 군정편 2, 훈련도감, 員額, "知彀官十〈以旗牌官陞差, 滿二十朔, 移文兵曹出六, 久勤, 每都政一人〉."

247 『승정원일기』 영조 10년 10월 21일(계해).

람들의 차지가 되었고 기패관도 마찬가지였다. 이러한 흐름은 훈련대장 류혁연柳赫然이 상번 군사를 위해 지구관 두 자리를 설치하면서 시작되었고, 이후 훈련대장 신여철申汝哲이 이를 네 자리로 확대했다.[248]

1737년(영조 13) 무렵 이들이 10자리 이상으로 확대되자, 영의정 이광좌李光佐가 지방 출신 몫은 네 자리로 한정할 것을 건의했다. 그러나 영조는 이러한 절충에 반대하며 훈련도감에 명하여 지방 출신을 위한 자리를 모두 폐지하고, 오직 비바람 속에서 조련하며 노고를 쌓은 군병을 차례로 임용하도록 조치했던 것이다.[249]

둘째, 지구관은 변장 진출이 보장되었으며, 그 외의 관직으로도 진출할 수 있었다. 45개월 이상 근무하여 구근久勤 자격을 획득하면 도목정사 때마다 순차적으로 한 번은 2명, 한 번은 1명이 변장으로 나갈 수 있었다. 다만, 45개월 이전에는 다른 자리로 이동할 수 없었다.[250]

또한, 초관(종9품) 34자리 중 두 자리가 지구관 체아遞兒 자리로 배정되어 있어서 초관으로 승진할 수도 있었다.[251] 이 밖에서 각종 공로에 대한 상전을 통해 최고의 서반관계인 절충장군(정3품 당상)까지 오를 수 있었으며, 종2품 동반관계인 가선대부를 받기도 했다.

중요한 사실은 지구관이 변장이나 초관을 지낸 후 지구관으로 복귀해 근무하고, 그 후 또 다시 변장으로 나가는 과정을 반복했다는 점이

---

248 『승정원일기』 영조 13년 11월 30일(계미).

249 『訓局事例撮要』 知彀旗牌官全屬行伍.

250 『대전통편』 권4, 병전 경관직, "各營門久勤, 滿四十五朔後, 始報勤仕〈……訓鍊都監知彀官旗牌官, 禁衛營御營廳敎鍊官旗牌官通仕, 一都目各二人, 一都目各一人……〉, 擬差邊將."; 『속대전』 권4, 병전 경관직 군영아문, "知彀官以下久勤, 四十五朔內, 勿許遷轉."

251 『대전통편』 권4, 병전 경관직 훈련도감, "哨官三十四員〈……[增]二知彀官遞兒, 二旗牌官遞兒, 一漢人〉." 『대전회통』에서는 1자리로 줄었다.

다. 이러한 사례는 일일이 제시할 수 없을 정도도 많다. 앞서 언급한 김준희를 비롯해 김기, 김도희, 전양호, 홍성구 등도 이러한 경로를 거쳤으며, 이 과정에서 지구관으로 10년 이상 근무한 경우도 있었다.[252]

대표적으로 김기는 1674년(숙종 즉위년) 함경도 영달 만호로 나갔다가 임기를 마친 이후 지구관으로 복귀했다.[253] 한필영은 1677년에 황해도의 소기所己 만호로 나갔다가 복귀한 후 다시 지구관으로 근무했다.[254] 전양호도 만호, 지구관, 한강진 별장, 지구관(절충장군), 창덕궁 위장, 지구관(가선대부)를 거쳤다.[255]

무과에 장원 급제까지 한 지구관 김흥상金興尙의 경력도 흥미롭다. 1719년 그는 지구관으로서 관무재觀武才에 응시하여 직부전시直赴殿試의 상을 받았다. 그 결과, 그는 같은 해 춘당대시春塘臺試 무과에서 장원 급제했으며, 장원 급제자는 동반 6품직에 임명하는 규정에 따라 조지서造紙署 별제別提에 임명되었다. 이후 근무를 마친 그는 지구관으로 복귀했고, 1731년(영조 7) 구근으로서 경상도의 구산 첨사龜山僉使에 제수되었다.[256]

셋째, 『만기요람』에 기록된 지구관의 급료 수준을 통해 지구관의 위상을 엿볼 수 있다.[257] 훈련도감의 급료 지급 범주는 크게 중군·별

---

252 『훈국등록』 5책, 을묘년(현종 15) 4월 3일, "大臣及備局堂上引見時, 兵曹判書金所啓, 訓局知彀官金信克, 以十年久勤, 都目政差除將軍坡萬戶矣, 今聞柳之言, 信克伶俐解事, 多有所管, 欲爲仍留任使云, 而不敢仰達矣, 上曰, 然則金信克, 將軍坡萬戶遞差, 還差本任可也."

253 『승정원일기』 숙종 즉위년 9월 27일(무자); 『훈국등록』 8책, 임술년(숙종 8) 7월 13일.

254 『승정원일기』 숙종 3년 3월 20일(병신); 숙종 6년 4월 19일(무인).

255 『승정원일기』 영조 23년 11월 27일(계축); 영조 24년 2월 26일(경진); 영조 29년 2월 25일(신해); 영조 35년 6월 11일(경신); 영조 36년 10월 6일(정축); 영조 44년 1월 24일(계축).

256 『훈국등록』 21책, 기해년(숙종 45) 同日(10월 15일), 觀武才入格數; 『승정원일기』 영조 7년 9월 3일(계해).

장 · 천총 · 파총, 초관 · 지구관 · 기패관, 별무사 · 마병, 보군으로 나뉘었는데, 지구관은 장관에 속하는 초관(종9품)과 동등한 대우를 받았음을 알 수 있다.

급료를 보면, 초관, 지구관, 기패관은 참상관일 경우 미米 12되, 전미田米 4되, 콩 9되를 받았고, 참하관이면 미 9되, 전미 2되, 콩 6되를 받았다. 반면, 별무사와 마병은 미 10되와 콩 9되를, 보군은 미 10되만 받았다. 이를 통해 지구관은 별무사나 마병, 군병에 비해 전미와 콩을 더 받았음을 확인할 수 있다.

이상으로, 지구관은 훈련도감에만 설치한 장교직으로, 훈련도감을 포함해 군영아문 소속 장교 중 가장 높은 위상을 자랑했다. 인원은 10명이었고, 진법 교육, 무기 제작 및 군사 시설 공역 전문가로서 군영 내에서 중추적인 역할을 담당했다. 그 공로로 변장으로 나갈 기회가 주어졌으며, 가선대부까지 승진한 사례도 있다. 이들은 변장이나 다른 직책에서 임기를 마친 후에는 지구관으로 복귀했고, 다시 변장 등으로 나가는 경로를 반복하며 군사 전문 인력으로서 계속해서 존재했다.

2. 교련관

교련관의 규모와 선발 방식

조선 후기 교련관敎鍊官은 병조와 군영아문 소속의 고위급 장교로서 군사 훈련 임무를 담당했다. 특이한 점은 〈표 34〉에서 보듯이 훈련도

257 『만기요람』 재용편 4, 戶曹各掌事例, 別營, 放料式.

〈표 34〉 조선 후기 군영아문 소속 교련관 인원

법전 \ 군영	금위영	어영청	수어청		총융청		용호영	관리영	진무영	계
			본영	남한	본영	북한				
속대전	15	12	10	10	12	·	·	·	·	59
대전통편	12	12	7	10	15	4	14	8	10	92

감에는 교련관을 설치하지 않았다는 점이다. 이는 훈련도감의 경우 지구관이 교련관의 역할을 대신 수행했기 때문으로 판단된다.[258]

교련관이 연대기 자료에 처음 등장하는 시기는 1657년(효종 1) 『승정원일기』의 기사이며, 조선왕조실록에서는 1669년(현종 10)에 처음 나온다.[259] 또한 명나라 무장 척계광戚繼光이 저술한 『기효신서紀效新書』와 『연병실기練兵實紀』에는 교련관이라는 직함이 등장하지 않으며, 임진왜란 시기 조선으로 파병된 명나라 장수의 직함에도 나타나지 않는다. 따라서 교련관은 시기는 정확하지 않으나 조선에서 어영청이나 총융청에 새롭게 도입한 장교직으로 추정된다.

병조 소속 교련관의 규모는 확인되지 않지만, 군영 소속 교련관의 경우 『속대전』에 따르면 총 59명이었다. 금위영에 15명, 어영청에 12명, 수어청의 본영과 남한산성에 각각 10명, 총융청에 12명을 두었다. 특이사항은 금위영 교련관 15명 중 7명이 금군청 소속이었는데, 금군청에 장교를 따로 두지 않았으므로 이러한 조치가 이뤄진 것으로 보인다.

이후 『대전통편』에서는 기존에 교련관을 두지 않은 용호영, 관리영, 진무영에도 새롭게 교련관을 배치하면서 총 인원이 92명으로 증가했

258 『승정원일기』 경종 3년 2월 18일(무자), "尹就商啓曰, 臣待罪訓局, 有所達事矣, 本營將校, 有旗牌官知彀官之名號, 而與他軍門敎鍊官同."

259 『현종실록』 권16, 10년 3월 17일(경술); 『승정원일기』 효종 8년 6월 17일(무자).

다. 용호영의 경우 1754년(영조 30) 교련관 10명을 새롭게 배치하고, 이듬해에는 병서를 조금 아는 금군을 임용하는 자리로 2명을 추가했다. 1774년에는 표하군標下軍 중 병서를 조금 아는 항오 승진 자리로 2명을 더 추가하면서 14명이 되었다.[260] 또한 관리영에도 8명, 진무영에도 10명이 새로이 배치되었다.

교련관은 군영마다 정해진 정원에 따라 금군, 가전별초駕前別抄, 군병 승진 자리[항오승차行伍陞差], 무과 출신, 전함前銜, 한산閑散 등을 위한 자리가 각각 배정되어 있었다. 특히 금위영과 어영청은 교련관과 기패관 자리를 통합하여 전체 규모를 산정한 뒤 이를 나누어 배정했다는 점에서 특징적이다.[261] 정조 대에는 이들 외에 군영과 무관한 백도白徒(일반인)의 채용을 금지하는 규정도 마련했다.[262]

교련관 자리의 배정 대상과 규모는 시기마다 달랐으며, 대표적으로 『속대전』을 기준으로 각 군영의 배정 상황을 살펴보면 다음과 같다.[263]

- 금위영 25명(교련관 15명, 기패관 10명/천총소 기패관 2명 제외)
  금군 5, 항오 승차 4, 무과 출신 7, 전함 및 한산 9
- 어영청 20명(교련관 12명, 기패관 8명/천총소 기패관 2명 제외)

---

260 『만기요람』 군정편 2, 부용호영, 원액.

261 『대전통편』 권4, 병전 경관직 군영아문 금위영, "旗牌官十〈……以上續增分排之數, 竝計敎鍊官, 御營廳同〉."

262 『승정원일기』 정조 6년 2월 27일(갑오); 『대전통편』 권4, 병전 경관직 군영아문, "各營敎鍊官, 毋得以白徒塡差."

263 『속대전』 권4, 병전 경관직 군영아문 금위영, "敎鍊官十五〈七屬禁軍廳〉, 旗牌官十二〈二屬千摠〉, ○五禁軍, 四行伍陞差, 七出身, 九前銜閑散."; 어영청, "敎鍊官十二, 旗牌官十〈二屬千摠〉, ○一禁軍, 一別抄, 四行伍陞差, 六出身, 八前銜閑散."; 수어청; 총융청.

금군 1, 별초 1, 항오 승차 4, 무과 출신 6, 전함 및 한산 8

- 수어청 10명

  금군 1, 항오 승차 1, 무과 출신 3, 전함 및 한산 5

- 총융청 11명

  금군 1, 수원 집사水原執事[264] 승차 1, 항오 승차 1, 무과 출신 4 전함 및 한산 5

군영아문에서는 정원별로 배정된 교련관을 선발하기 위해 전원에 대해 취재取才를 실시했다.[265] 취재는 원칙적으로 군영대장이 주관했으며, 군영대장에게 일이 있으면 중군과 별장이 함께 모여 실시했다. 시험과목은 활쏘기, 강서講書, 진법陣法이었으며, 최우수자를 선발했다. 활쏘기는 유엽전柳葉箭 1순巡(5발) 중 1발 이상을 맞춰야 했다. 강서는 『병학지남』을 암송하는 배강背講의 방식으로 치러졌고, 진법은 실제 진을 치는 실기가 아니라 『병학지남』에 나오는 전투 진형의 배치도를 외우는 진도陣圖 시험이었다.[266]

교련관의 진법 교육

조선 후기 군영아문의 교련관은 고위급 장교에 해당했다. "윗사람

---

264 수원 집사는 경기 지역 총융청의 둔전을 관리했던 것으로 보인다(『만기요람』 군정편 3, 총융청, 諸屯).

265 『속대전』 권4, 병전 경관직 군영아문, "教鍊官旗牌官, 勿論出身前銜閑良行伍, 射講陣三技, 竝試選取."

266 『속대전』 권4, 병전 시취, 哨官〈取才〉, "〈該營大將試取, 有故, 則中軍別將會同〉."; 教鍊官〈取才〉, "〈同哨官, 射講陣三技, 居首者取, 柳葉箭一巡[一矢以上], 講書[背誦]兵學指南〉."; 『노상추일기』 1808년 6월 24일. 『노상추일기』에 나오는 취재는 기패관 취재이지만, 시험 과목과 방식이 같으므로 참고할 수 있다.

을 받들고 아랫사람을 대하는 직임"267이라는 지적에서 알 수 있듯이, 교련관은 대장과 군병을 연결하는 중간 지휘급의 역할을 맡았다. 훈련도감에 지구관이 있다면, 각 군영에는 교련관이 있었다고 할 수 있으며, 이로 인해 교련관의 임무는 지구관의 역할과 유사한 측면이 있었다.

교련관의 핵심 임무는 진법에 능통한 전문가로서 군병에게 진법을 가르치는 것이었다. 대표적으로 금위영과 어영청의 교련관 각 1명은 초일初日과 중일中日마다 파총(종4품)의 관할 아래 초관(종9품)이 실시하는 향군의 사습私習에 참가하여 진법을 지도했다.268 두 군영의 경우 훈련도감과 달리 상번하러 온 향군을 정예화하는 일이 중요했기에 교련관의 역할 또한 컸다고 볼 수 있다.

용호영 소속 교련관은 훈장訓長과 함께 매달 두 차례 표하군標下軍과 대년군待年軍을 대상으로 능마아강을 실시하고, 3개월 단위로 성적을 합산하여 상을 내렸다. 특히 대년군은 두 차례 연속으로 1등을 차지하면 정규 표하군으로 승격될 수 있기 때문에 이들에게는 중요한 시험이었다. 금위영과 어영청에서도 교련관이 훈장이 되어 매달 두 차례 군병을 대상으로 능마아강을 실시했다. 이 역시 3개월 단위로 성적을 매겨 상을 내렸으며, 대년군이 6개월 연속 1등을 차지할 경우 정규군으로 올라갈 수 있었다.269

이에 따라 교련관은 관련 병학 지식과 진법에 대한 전문성을 갖추

---

267 『승정원일기』 영조 16년 11월 20일(정해), "顯命曰, 所謂敎鍊官, 卽承上接下之任, 而全以行伍爲之, 則其廳風自卑, 將令, 亦將有不行之歎矣."

268 『만기요람』 군정편 3, 금위영, 鍊習, 私習; 어영청, 연습, 사습.

269 『만기요람』 군정편 2, 부용호영, 諸講, 標下軍能麽兒; 군정편 3, 금위영, 취재; 어영청, 취재.

는 것이 필수였으며, 진법 실력의 유무가 곧 승진과 퇴출의 기준이 되었다. 숙종 대에는 각 군문에서 교련관을 대상으로 매달 한 차례씩 활쏘기와 강서 시험을 실시했고, 세 차례 연속으로 불통不通을 받아 점수를 전혀 획득하지 못한 자는 바로 퇴출 대상이 되었다.[270]

1709년(숙종 35) 사헌부에서는 "각 군문의 교련관은 비록 위상은 낮지만, 책임은 매우 중대해서 대장의 명령 거행과 진법의 지휘를 전적으로 이들에게 맡기고 있습니다."[271]라고 하며, 진법과 좌작진퇴坐作進退의 절차를 숙지하지 못한 교련관을 모두 내쫓을 것을 건의했다.

1767년(영조 43) 영조는 모화관에 행차하여 수어청과 총융청의 군사들을 사열했는데, 이때 두 군영의 진용陣容이 절차에 맞지 않자 이에 대한 책임을 물어 두 군영의 교련관들을 모두 붙잡아다 곤棍 10대를 치기도 했다.[272]

이러한 분위기 속에서 금위영과 어영청의 장교 가운데 교련관만을 대상으로 매달 두 차례 활쏘기와 강서, 진법 시험을 치렀으며, 그 성적에 따라 포상 또는 벌직罰直을 부과했다. 특히 강서와 진법 시험에서 모두 불통을 받으면 벌직 3일이 가중되었고, 두 차례 연속되면 곤棍을 가하고, 세 차례 연속될 경우에는 엄중한 처벌이 뒤따랐다.[273]

이처럼 교련관이 진법 교육과 훈련을 전문적으로 담당하다 보니, 상대적으로 군영 소속 무관들의 진법 훈련에 대한 이해 부족이 문제로 지적되기도 했다. 1679년(숙종 5)에 우찬성 윤휴尹鑴는 "천총과 파총 등이 진법이 무엇인지도 모르고 그저 교련관의 입에만 의지하고 있습

270 『승정원일기』 숙종 34년 5월 12일(정해).
271 『승정원일기』 숙종 35년 7월 4일(계유).
272 『영조실록』 권109, 43년 8월 7일(무진); 『승정원일기』 영조 43년 8월 7일(무진).
273 『만기요람』 군정편 3, 금위영, 연습, 射講; 어영청, 연습, 사강.

니다."[274]라고 비판하며, 장관들이 진법 훈련을 교련관에게 의지하는 폐단을 바로잡기 위해 아예 교련관을 폐지해야 한다는 극단적인 의견까지 제시했다.

이러한 배경에서 진법에 능통한 사람은 특별히 교련관으로 발탁되기도 했다. 1760년(영조 36) 영조는 강효원姜孝元[275]의 5세손인 별무사別武士 강봉철姜鳳哲을 교련관으로 임명했는데, 그는 병서를 잘 안다는 평판이 있었으며, 실제로 영조 앞에서 진법 일부를 암송하기도 했다.[276] 1774년에도 영조는 금군 중에서 진법을 능숙하게 암송한 세 사람을 금위영과 어영청의 교련관 자리가 비는 대로 임명하도록 지시했다.[277]

교련관의 역할

앞서 살펴본 대로 교련관의 핵심 역할은 진법 교육이었다. 이외에도 교련관은 다양한 업무를 맡아 수행했다. 무기 제조와 각종 군사 시설물 공사를 감독하여 주관하는 한편, 군영의 본청이나 직소에서 입직 근무를 맡았다. 또한 군영의 분진分鎭이나 둔소屯所에 파견되어 현지 업무를 수행하기도 했다.

첫째, 교련관은 활, 화살, 창, 도·검, 화약, 연환鉛丸, 갑옷, 투구, 기치

---

274 『승정원일기』 숙종 5년 9월 14일(병오).

275 강효원은 병자호란 직후 오위도총부 서리로 효종을 호종하여 심양에 갔으며, 그곳에서 목숨을 잃었다. 후에 현종이 그 공로를 인정하여 아들과 손자를 면천시켰다(『승정원일기』 효종 3년 10월 4일(임인); 현종 9년 11월 23일(무오)).

276 『영조실록』 권96, 36년 8월 8일(기묘); 『승정원일기』 영조 36년 8월 8일(기묘). 강봉철이 암송한 진법 대문大文은 『병학지남』으로 판단된다.

277 『영조실록』 권122, 50년 1월 12일(병인).

등 각종 군기 제조를 담당했다. 훈련도감의 지구관과 마찬가지로, 감관監官이 되어 무기 제조를 총괄하는 군사 기술 전문가의 역할을 수행했다.

1669년(현종 10) 어영청의 교련관 김만운金萬運은 목면 갑주木綿甲冑 1천 부部를 감독하여 제작했다.[278] 1722년(경종 10) 금위영 교련관 이만명李晩明은 금군청의 파손된 갑주 99부와 투구 197부를 보수하고, 장전長箭 500부, 편전片箭 500부를 감독 제조하여 이듬해 특별히 가자加資의 상을 받았다.[279]

1727년 어영청의 교련관 김석구金錫耈는 흑각평궁黑角平弓 340장, 장전 200부, 편전 110부, 통아筒兒 100개, 궁노전弓弩箭 350부, 유록단피 갑주油綠段皮甲冑 20부, 환도環刀 125자루, 삼지창三枝鎗 30자루를 감독하여 제작했으며, 그 공로로 품계가 가선대부로 올랐다.[280] 1734년에도 금위영 소속 교련관 이시년李蓍年이 새로 제작하거나 보수한 각종 기치와 무기의 수량이 9,600여 점에 달해 그 공로로 특별히 가자되었다.[281]

둘째, 교련관은 군기뿐만 아니라 군사 시설 공사를 관리 · 감독하는 임무도 수행했다. 1685년 어영청 교련관 최징崔澄과 금위영 교련관 방이길方履吉은 교련장을 이전하는 과정에서 건물 축조를 비롯하여, 과녁 설치 장소, 기추騎芻 시 말이 달릴 수 있는 길, 군병 집합 장소 등을 적절히 조성한 공로로 상을 받았다.[282]

1784년(정조 8) 도성의 주맥主脈을 보강하는 작업에 참여한 총융청 교

---

278 『승정원일기』 현종 10년 6월 17일(무인).

279 『승정원일기』 경종 2년 10월 27일(기묘); 경종 3년 4월 12일(신유). 『승정원일기』에는 이만명의 소속처가 나오지 않으나, 『금위영등록』 1723년 9월 기록에 이만영이 나오므로 금위영 소속임을 알 수 있다(『금위영등록』 31책, 계묘년(경종 3) 9월일).

280 『승정원일기』 영조 3년 10월 22일(갑진); 11월 19일(신미).

281 『승정원일기』 영조 10년 6월 18일(임술); 7월 5일(무인).

282 『승정원일기』 숙종 11년 4월 4일(계사).

련관들은 그 공로로 여러 상을 받았다. 도간역都看役을 맡은 교련관인 한량閑良 이욱李煜은 가자되고, 간역 패장看役牌將을 맡은 교련관인 한량 이언충李彦忠과 한량 김명욱金命旭은 직부전시의 상을 받았으며, 무과 출신 교련관 정필징鄭必澄은 평안도 산양회 만호山羊會萬戶로 임명되었다.[283]

셋째, 교련관은 소속 군영의 본청이나 직소에서 입직 업무를 수행했다. 대표적으로, 금위영의 교련관은 금위영 신영新營에 입직했다. 신영에는 책임자로 별장(정3품 당상)과 천총(정3품 당상)이 교대로 1명씩 입직했고, 기사장騎士將(정3품 당상) 1명, 초관(종9품) 2명, 교련관 1명이 함께 입직했다. 교련관은 경표하군京標下軍 40명, 향군鄕軍 46명, 겸별파진兼別破陣 2명을 지휘했다.[284]

어영청 소속 교련관은 어영청 신영에 입직했으며, 이곳도 책임자로 별장과 천총이 교대로 1명씩 입직했다. 함께 입직한 인원으로는 초관 1명, 교련관 1명, 향군 111명이 있었으며, 교련관은 별파진 6명, 겸별파진 6명, 취고수吹鼓手 8명, 대기수大旗手 9명, 당보수塘報手 6명, 장막군帳幕軍 5명을 이끌었다.[285]

넷째, 금위영, 어영청, 총융청의 교련관은 분진이나 둔소에 1명씩 파견되어 근무했다. 금위영의 교련관은 매년 1명씩 교대로 강화유수영江華留守營에 파견되었다. 1750년(영조 26)부터는 금위영의 관할로 편입된 노량진露梁鎭의 별장別將으로 임명되었는데, 금위대장이 자벽自辟 방식으로 선발하고 임기는 30개월이었다.[286]

---

283 『승정원일기』 정조 8년 9월 9일(신유); 12월 25일(병오).

284 『만기요람』 군정편 3, 금위영, 各處入直.

285 『만기요람』 군정편 3, 어영청, 각처입직. 『만기요람』 편찬 당시 향군은 64명으로 축소된 상태였다.

어영청의 교련관은 1751년 조성한 황해도 장연의 태탄둔苔灘屯과 1765년 조성한 혜화문 밖 성북둔城北屯에 매년 1명씩 교대로 파견되었으며, 황해도 봉산둔鳳山屯에는 2년마다 1명씩 교대로 파견되었다. 1754년 창설된 양화진楊花鎭의 별장으로도 임명되었는데, 어영대장이 자벽으로 선발하고 임기는 30개월이었다. 또한 금위영과 마찬가지로 강화유수영에도 매년 1명씩 교대로 파견되었다.[287]

총융청의 교련관은 1770년부터 총융청으로 이관된 경기 파주의 임진진臨津鎭과 1754년 설치한 장산진長山鎭의 별장으로 임명되었는데, 총융사가 본영(한양) 교련관 중에서 자벽으로 각각 선발했다.[288] 1713년(숙종 39) 총융청으로 이속된 평안도 영유·숙천의 덕지둔德池屯의 경우 1748년부터 별장을 폐지하는 대신 교련관을 파견했다.[289]

이 밖에도 교련관은 다양한 실무를 수행했다. 영조 대에 금위영과 어영청의 교련관은 상번 군사의 점고點考와 하번 군사의 시재試才를 담당했다.[290] 또한 교련관은 군영을 대표하여 대장의 부재 및 입출입 상황 또는 대장의 의견 등을 승정원에 전달하는 역할도 맡았다.[291]

아울러 착호의 임무도 맡았다. 1682년 어영청 교련관 석우주石宇柱는 순릉順陵에서 포수 수백 명을 이끌고 능 안에 출몰한 호랑이를 포획하여 포상을 받았다.[292] 1722년(경종 2) 헌릉獻陵 안에 호랑이가 출몰했을 때는

286 『만기요람』 군정편 3, 금위영, 諸鎭.
287 『만기요람』 군정편 3, 어영청, 諸屯.
288 『만기요람』 군정편 3, 총융청, 제진.
289 『만기요람』 군정편 3, 총융청, 제둔.
290 『승정원일기』 영조 3년 11월 24일(병자).
291 『승정원일기』 숙종 38년 4월 4일(병진); 영조 4년 5월 16일(병인); 정조 12년 7월 1일(신유). 해당 사례가 많아 국왕별로 하나씩만 제시했다.
292 『승정원일기』 숙종 8년 8월 13일(무자).

어영청 교련관이 아병牙兵과 함께 나갔고, 1727년(영조 3)에도 장릉章陵 인근에 호랑이가 나타나자 금위영 교련관이 아병과 함께 출동했다.[293]

교련관의 진로

조선 후기 군영아문 소속 교련관은 고위급 장교로 20개월을 근무하면 6품으로 올라갈 수 있었다.[294] 한량 교련관의 경우 각종 시재에서 우수한 성적을 거두면 직부전시의 상으로 무과에 급제하는 사례도 있었다. 또한, 45개월 이상 장기 근무자는 구근久勤으로 인정되어 순차적으로 변장으로 나갈 기회가 주어졌고, 45개월 이전에는 다른 부서로의 전출이 제한되었다.[295]

『대전통편』을 토대로 각 군영별 구근 교련관의 변장 발령 규정을 살펴보면 다음과 같다. ① 병조 및 금위영, 어영청 교련관은 도목정사마다 한 번은 각각 2명씩, 한 번은 각각 1명씩 변장으로 나갈 수 있었다. ② 수어청의 경우 본영 교련관은 도목정사마다 1명씩, 남한산성 교련관은 남한산성 소속 초관과 번갈아 한 도목씩 걸러 1명이 변장으로 나갈 수 있었다. ③ 총융청 교련관 역시 한 도목씩 걸러 1명이 변장으로 나갈 수 있었다.[296]

이 과정에서 진법이나 군영 업무에 해박한 교련관은 고위 관료나

---

293 『승정원일기』 경종 2년 8월 22일(을해); 영조 3년 11월 12일(갑자).

294 『승정원일기』 경종 3년 2월 18일(무진).

295 『속대전』 권4, 병전 경관직 군영아문, "知彀官以下久勤, 四十五朔內, 勿許遷轉."

296 『대전통편』 권4, 병전 경관직, "各營門久勤, 滿四十五朔後, 始報勤仕〈……○兵曹教鍊官堂上軍官, 訓鍊都監知彀官旗牌官, 禁衛營御營廳教鍊官旗牌官通仕, 一都目各二人, 一都目各一人, ○守禦廳教鍊官旗牌官通仕……每都目各一人, ○……摠戎廳哨官教鍊官……南漢哨官與教鍊官輪回, 各間一都目一人……〉, 擬差邊將."

대장의 요청에 따라 변장으로 나가지 못하는 경우가 종종 있었다. 1666년(현종 7) 영의정 정태화鄭太和는 첨사로 제수된 어영청 교련관 김세중金世重에 대해 진법에 능한 인재이므로, 그대로 군영에 남게 할 것을 건의했다. 정태화는 김세중이 첨사로 나가게 되면 그를 대신할 전문가를 구하기 어렵다는 점을 강조했다. 좌부승지 김만기金萬基도 온양 행차 때에 그를 접한 경험을 언급하며 인재로 높이 평가했다. 그 결과 김세중은 그대로 교련관으로 남게 되었다.[297]

1669년 당시 어영청 교련관으로 있다가 어느 해에 훈련도감 장교로 자리를 옮긴 한여신韓汝信의 사례도 마찬가지다. 1678년(숙종 4) 한여신은 경상도 서생포 첨사西生浦僉使로 임명되었으나, 다음 날 영의정 허적許積이 그가 오랫동안 군문에 몸담으며 군사 업무에 정통하다고 건의했고, 결국 그대로 훈련도감에 남게 되었다.[298]

1679년 어영청 교련관 윤웅尹雄은 구근으로서 평안도 선사포 첨사宣沙浦僉使에 임명되었다. 그러나 좌의정 권대운權大運이 "장교 중에 가장 부지런하고 성실하며 업무에도 밝습니다. 또 주전鑄錢의 일을 오로지 맡아 담당하고 있으므로 예전에 훈련도감 한여신 등의 사례에 따라 첨사를 바꿔서 임명하고 그대로 군문에서 임무를 맡기는 것이 어떻겠습니까?"[299]라고 하여 어영청에 남게 되었다. 이후 그는 교련관 재직 기간 중 호랑이를 잡은 공으로 가자되기도 했다.[300]

이상과 같이 조선 후기 군영아문 소속 교련관은 훈련도감을 제외한 각 군영에 배치된 고위 실무 장교로서, 진법 교육, 무기 제조, 공사 감

---

297 『승정원일기』 현종 7년 8월 13일(신유).
298 『승정원일기』 숙종 4년 11월 22일(기미); 23일(경신).
299 『승정원일기』 숙종 5년 1월 16일(임자).
300 『승정원일기』 숙종 8년 8월 13일(무자).

독 등 군영 운영 전반을 담당한 군사 전문가였다. 또한 장기 근무를 통해 변장으로 진출할 수 있는 경로에 놓인 직책이기도 했다.

3. 기패관

기패관의 규모와 선발 방식

조선 후기 군영아문 소속의 기패관旗牌官은 1593년(선조 26) 훈련도감 창설과 함께 등장한 장교로, 주로 군사 훈련의 임무를 담당했다. 이들의 위상은 훈련도감에서는 지구관 다음의 직책이었으며, 다른 군영에서는 교련관 다음의 직책으로 자리했다.

기패관은 1664년(현종 5) 조선에서 간행된 『기효신서』에 등장한다.[301] 이에 따르면, 조련 시 주장主將이 교련장에 도착하면 영장營將 이하 대장隊長에 이르기까지 모두 앞으로 나아가고, 나머지 병력은 장대 아래서 꿇어앉는다. 이후 영장이 장대 위에서 꿇어앉았다가 일어서서 명령을 하달하면, 기패관과 순시남기巡視藍旗가 꿇어앉아 명령을 받았다. 이때 기패관이 받은 임무는 군사 기강 확립이었다.[302]

조선에서 기패관이 등장한 시점은 1593년 훈련도감 창설과 함께 시작된 것으로 보인다. 조선왕조실록에는 임진왜란 당시 조선으로 파병된 명나라 군대에서 기패관의 직함이 자주 보이며, 훈련도감 내 기패

---

301 중국 웹사이트인 '中國基本古籍庫'를 이용해 검색한 결과, 사고전서四庫全書에 수록된 『기효신서』에는 기패관이 나오지 않았다. 조선판 『기효신서』는 '이승훈본' 14권에 별집 4권을 추가한 것이다. 『기효신서』 판본에 관해서는 이 책 11장 3절 참조.

302 척계광, 『기효신서』 권2, 耳目篇.

관의 존재는 1617년(광해 9) 처음 확인된다.[303] 중앙 군영 사례는 아니지만, 1596년 평안도 속오군의 편제 문서인 『진관관병편오책鎭管官兵編伍冊』에는 영변 · 안주 · 구성 · 의주 진관에 각각 기패관을 둔 사실이 확인되어 참고가 된다.[304]

이후 오군영이 성립하면서 기패관은 훈련도감뿐만 아니라 금위영, 어영청, 수어청의 남한산성, 경리청의 북한산성에도 배치되었다. 『속대전』에 따르면 총 107명이며, 훈련도감 20명, 금위영 12명, 어영청 10명, 수어청(남한산성) 60명, 경리청(북한산성) 5명이었다.[305] 특이 사항은 금위영과 어영청의 경우 천총소千摠所에 각각 교련관 2명이 배속되어 번을 서러 온 향군의 훈련을 전담했다.[306]

『대전통편』에서는 총 213명으로, 이전에 비해 두 배가량 증가했다. 오군영 자체의 구성에는 변화가 거의 없었다. 훈련도감과 수어청의 기패관 수는 유지되었고, 금위영은 2명이 줄고 어영청은 1명이 늘었으며, 총융청은 1747년(영조 23) 경리청을 혁파하면서 그 인원을 그대로

〈표 35〉 조선 후기 군영아문 소속 기패관 인원

군영 / 법전	훈련도감	금위영	어영청	수어청(남한)	총융청(북한)	경리청(북한)	관리영	진무영	계
속대전	20	12	10	60	·	5	·	·	**107**
대전통편	20	10	11	60	5	·	36	71	**213**

303 『광해군일기』 [중초본] 권43, 9년 12월 8일(기해).

304 김우철, 『조선후기 지방군제사』, 경인문화사, 2000, 57쪽의 〈표 3〉.

305 『속대전』 권4, 병전 경관직 군영아문 훈련도감; 금위영; 어영청; 수어청; 총융청; 경리청.

306 『속대전』 권4, 병전 경관직 군영아문 금위영, "旗牌官十二〈二屬千摠〉."; 어영청, "旗牌官十〈二屬千摠〉."; 『만기요람』 군정편 3, 금위영, 員額, "千摠所旗牌官二員〈行伍, 專管教訓鄕軍, 從次第, 陞教鍊官〉."; 어영청, 원액, "千摠所旗牌官二員〈行伍, 專管教訓鄕軍, 從次第, 陞教鍊官〉."

이관시켜 북한산성에 5명을 배치했다. 이와 함께 관리영에 36명, 진무영에 71명의 기패관을 새롭게 배치했는데, 그 수가 상당히 많다는 점에서 주목된다.[307]

기패관 가운데 훈련도감, 금위영, 어영청은 교련관과 마찬가지로 정원에 따라 수용 대상과 인원을 정해 놓았다. 훈련도감 기패관은 지구관과 함께 1737년(영조 13) 영조의 지시로 모두 항오에서 승진하는 자리가 되었다.[308] 금위영과 어영청 기패관은 교련관과 정원을 통합하여 금군, 가전별초駕前別抄, 군병 승진 자리[항오승차行伍陞差], 무과 출신, 장용위壯勇衛, 전함前銜, 한산閑散 등을 위한 자리를 각각 배정했다.[309] 배정 대상과 규모는 시기마다 달랐으며, 대표적으로 『대전통편』을 기준으로 정리하면 다음과 같다.[310] 『속대전』의 관련 내용은 앞 절의 교련관에서 이미 검토했다.

- 금위영 20명(교련관 12명, 기패관 8명/천총소 기패관 2명 제외)
  금군 3, 항오 승차 4, 장용위 1, 장용위 패두牌頭와 어영청 교대 자리 1, 전함 및 한산 11
- 어영청 21명(교련관 12명, 기패관 9명/천총소 기패관 2명 제외)
  금군 3, 가전별초 2, 항오 승차 5, 무과 출신 5, 장용위 1, 장용위 패두와 금위영 교대 자리 1, 전함 및 한산 4

---

307 『대전통편』 권4, 병전 경관직 군영아문 훈련도감; 금위영; 어영청; 수어청; 총융청; 관리영; 진무영.

308 『승정원일기』 영조 13년 11월 30일(계미); 『속대전』 권4, 병전 경관직 훈련도감, "知彀官十, 旗牌官二十〈行伍取才陞差〉."

309 『대전통편』 권4, 병전 경관직 군영아문 금위영, "旗牌官十〈……以上續增分排之數, 竝計敎鍊官, 御營廳同〉."

310 『대전통편』 권4, 병전 경관직 군영아문 금위영; 어영청.

기패관의 선발은 교련관과 마찬가지로 무과 출신, 전함, 한량, 군병 등을 불문하고 모두 취재取才를 통해 이뤄졌다. 시험 과목은 활쏘기, 강서, 진법의 세 가지였으며,[311] 시험 방식에 대해서는 앞서 교련관의 취재에서 설명했다. 이 중 진법은 실제로 진을 치는 실기 시험이 아니라 전투 대형의 배치도를 외우는 진도陣圖 시험이었다.

기패관 취재의 실제 운영 방식은 무관 노상추의 사례를 통해 확인할 수 있다. 1808년(순조 8) 어영청에서 대장의 지시에 따라 중군·천총·기사장 등 세 명의 당상관이 참여한 가운데 기패관 취재를 거행할 때, 노상추가 기사장으로 참석했다. 당시 취재 응시자는 20여 명이었다.

이때 강서 시험은 『병학지남兵學指南』의 「호령언해편號令諺解篇」, 「영진정구營陣正彀」, 「장조정식場操程式」, 「성조城操」, 「야조夜操」, 「분련分練」, 「수조水操」 등 7편을 배강背講하고, 진법은 진도 1장을 배강하는 것이었다.[312] 이 사례는 기패관 선발 과정에서 진법에 관한 지식이 매우 중시되었으며, 기패관 역시 진법에 능하지 못한 경우 언제든지 군문에서 배제될 수 있었음을 잘 보여준다.[313]

기패관의 역할

조선 후기 군영아문 소속의 기패관은 지구관이나 교련관과 일부 유사한 역할을 수행했다. 특히 훈련도감 소속의 기패관은 지구관과 함

---

311 『속대전』 권4, 병전 경관직 군영아문, "敎鍊官旗牌官, 勿論出身前銜閑良行伍, 射講陣三技, 竝試選取."

312 『노상추일기』 1808년 6월 24일.

313 『승정원일기』 숙종 34년 5월 12일(정해).

께 수행하는 업무가 많아 두 직책의 역할이 중복되는 측면도 존재한다. 따라서 여기서는 이러한 중복을 피하면서 기패관의 고유한 역할에 대해 간략하게 검토하고자 한다.

첫째, 기패관의 주요 임무는 진법 훈련이었다. 훈련도감의 기패관은 지구관과 함께 훈장訓長의 역할을 맡아 매달 한 차례 별무사別武士, 서자지書字的, 패두牌頭, 대년군待年軍 등을 대상으로 진법 교육을 실시했다.[314] 어영청과 금위영의 천총소 기패관 2명은 파총(종4품)의 관할 아래 초관(종9품)이 실시하는 향군의 사습私習에 교련관과 함께 참여하여 진법을 지도했다.[315]

이처럼 기패관이 지구관, 교련관과 함께 진법 훈련을 주도하자 장관들의 실무 역량 부족이 문제로 지적되기도 했다. 1628년(인조 6) 병조에서는 "요즘 장관이나 병마절도사, 수군절도사들은 진법을 전혀 알지 못해서 군대를 행군시키거나 진을 칠 때 그저 기패관의 입만 쳐다보고 있는 형편"[316]이라고 비판했다.

1679년(숙종 5) 대사간 류명견柳命堅도 "우리나라는 무사를 북돋아 양성하는 방법이 매우 허술해서 비록 빈청강賓廳講과 능마아강의 규정이 있으나 3개월에 한 번 강하는 데에 불과합니다. 이 때문에 기패관 이외에는 진법에 대해 대략이라도 통달한 사람이 없습니다."[317]라고 지적했다.

둘째, 훈련도감 소속 기패관은 훈련도감의 북영北營, 군향색軍餉色, 신

314 『만기요람』 군정편 2, 훈련도감, 연습.
315 『만기요람』 군정편 2, 훈련도감, 연습; 군정편 3, 금위영, 연습, 사습; 어영청, 연습, 사습.
316 『인조실록』 권19, 6년 9월 29일(병술).
317 『승정원일기』 숙종 5년 10월 29일(경인).

영新營, 하도감下都監 등에서 입직 업무를 수행했다.318 북영에는 책임자로 별장(정3품 당상)과 천총(정3품 당상)이 교대로 1명씩 입직했고, 파총(종4품) 1명과 기패관 1명이 함께 입직했다. 이때 기패관은 대기수大旗手 17명, 취고수吹鼓手 15명, 당보수塘報手 4명, 순령수巡令手 2명, 뇌자牢子 2명을 통솔했다.

군향색과 신영에는 각각 기패관 1명이 책임자로 입직했는데, 군향색의 기패관은 협련군挾輦軍 20명을, 신영의 기패관은 보군 20명을 통솔했다. 하도감에는 종사관從事官 1명과 함께 감관監官 또는 기패관 중 1명이 교대로 입직했다.

아울러 국왕이 경희궁에 거처할 때는 신영과 북영에 각각 기패관 1명이 입직했다. 이때 신영에는 책임자로 별장과 천총이 교대로 1명 입직했고, 파총 1명, 지구관 1명, 기패관 1명이 함께 입직했다. 북영에는 기패관 1명이 책임자로서 보군 20명을 이끌고 입직했다.

셋째, 훈련도감 소속 기패관은 지구관과 함께 교대로 훈련도감의 분진分鎭 및 둔소屯所에서 근무했다. 먼저 철현진鐵峴鎭과 선원고仙源庫에서는 2년마다 지구관과 교대로 1명씩 근무했으며, 한강진漢江津에서도 지구관과 교대로 1명씩 30개월 단위로 근무했다. 가라동둔加羅洞屯, 청라동둔青蘿洞屯, 각시동둔覺時洞屯에서는 1년마다, 강월포둔江月浦屯에서는 2년마다 지구관과 교대로 1명씩 근무했다.319

---

318 『만기요람』 군정편 2, 훈련도감, 各處人直.

319 앞의 각주 240번 및 241번 참조.

기패관의 진로와 위상

조선 후기 기패관은 중간급 장교로서 위상이 높았다. 숙종 대에는 진휼곡을 조달하기 위해 기패관의 공명첩空名帖을 판매했다가 문제가 된 일도 있었다.[320] 이는 그만큼 기패관에 대한 수요가 많았음을 보여주는 사례로 기패관이 되면 다양한 경로를 통해 관직에 진출할 수 있는 길이 있었기 때문이다.

이 점은 1808년(순조 8) 어영청 기사장으로서 기패관 취재에 참석한 노상추의 언급에서도 확인할 수 있다. 당시 노상추는 취재에서 1등을 한 천총소의 서원書員 김진국金鎭國과 평소 안면이 있었다. 김진국은 노상추가 어영청 천총으로 재직할 당시 업무 처리가 뛰어났고, 노상추가 영문으로 들어오면 가장 먼저 와서 인사를 하던 사람이었다. 노상추는 그런 그에게 점수를 후하게 주었고, "오늘날에 이르러 내 도움을 받은 것도 그에게 그럴 운수가 있었기 때문"이라며 기패관의 위상에 대해 다음과 같이 언급했다.

> 대체로 항오에서 발탁되어 뽑히는 법은 사대부에서 장수로 발탁되는 것보다 낫다. 한번 기패관으로 발탁되면 옛날에 같은 항오에 있던 자들이 소인小人이라 칭하면서 당堂 아래에서 절을 하므로, 그들의 존비가 하루아침에 현저히 달라지니 스스로 영광으로 여겼다.[321]

이처럼 항오에 있다가 기패관으로 진급하면 이전에 항오에 함께 있던 자들이 스스로 '소인'이라 칭하며 당 아래에서 절하고, 기패관은 당 위에서 절을 받는 위치가 되었다. 노상추의 말대로 하루아침에 지위

---

320 『숙종실록』 권59, 43년 1월 15일(경오).

321 『노상추일기』 1808년 6월 24일.

가 극명하게 바뀌는 것이었다.

한편, 기패관은 근무 규정에 따라 600일을 근무하면 6품으로 올라갈 수 있었다.[322] 또한 훈련도감의 기패관은 지구관으로, 다른 군영의 기패관은 교련관으로 승진할 수 있었다. 아울러 훈련도감 초관(종9품) 34자리 중 두 자리가 기패관의 체아遞兒로 배정되어 있어 초관이 될 수도 있었다.[323]

무엇보다도 기패관은 45개월 이상 근무하면 구근久勤으로 인정받아 순차적으로 변장으로 나갈 기회가 주어졌다. 다만, 45개월 이전에는 다른 부서로 이동할 수 없었다.[324] 『대전통편』을 토대로 구근 규정을 살펴보면, 훈련도감·금위영·어영청의 기패관은 도목정사마다 한 번은 각각 2명씩, 한 번은 각각 1명씩 변장으로 나갈 수 있었고, 수어청 기패관은 1명이 변장으로 나갈 수 있었다.[325]

대표적인 사례로 1734년(영조 10) 함경도 이동 만호梨洞萬戶로 임명된 임성좌任聖佐가 있다. 그는 1719년(숙종 45) 훈련도감군이 되었으며, 1727년 병서兵書 과목으로 취재를 실시할 때 기패관이 되었고, 이때 구근으로 만호가 된 것이었다.[326] 즉, 훈련도감에 군병으로 들어온 지 9년 만에 기패관이 되고, 그로부터 8년 후 변장으로 나갈 수 있었다. 이후에도 그는 1747년 전라도 고군산 첨사古群山僉使, 1764년 평안도 우

---

322 『속대전』 권4, 병전 경관직 군영아문 훈련도감, "哨官知彀官旗牌官, 仕滿六百, 陞六品〈他軍門同〉."

323 『대전통편』 권4, 병전 경관직 훈련도감, "哨官三十四員〈……[增]二知彀官遞兒, 二旗牌官遞兒, 一漢人〉." 『대전회통』에서는 체아직이 1자리로 줄었다.

324 『속대전』 권4, 병전 경관직 군영아문, "知彀官以下久勤, 四十五朔內, 勿許遷轉."

325 『대전통편』 권4, 병전 경관직, "各營門久勤, 滿四十五朔後, 始報勤仕〈……○兵曹教鍊官堂上軍官, 訓鍊都監知彀官旗牌官, 禁衛營御營廳教鍊官旗牌官通仕, 一都目各二人, 一都目各一人, ○守禦廳教鍊官旗牌官通仕……每都目各一人……〉, 擬差邊將."

326 『승정원일기』 영조 10년 10월 21일(계해); 11월 3일(갑술).

현牛峴 첨사로 임명되었다.[327]

이상과 같이 조선 후기 기패관은 1593년(선조 26) 훈련도감 창설을 계기로 도입되어 중앙 군영에서 진법 전문가로서 군사 훈련을 담당했다. 특히 훈련도감 기패관은 항오에서 승진하는 직책으로 그 위상이 높았으며, 다른 군영과 달리 입직 업무 및 분진·둔소 파견 등 다양한 역할을 수행했다.

4. 국출신

국출신의 창설

조선 후기 국출신局出身은 무과 출신으로 구성된 훈련도감 소속 장교 부대였으며, 무용청武勇廳이라고도 불렸다. 그 기원은 병자호란 당시 남한산성 방어전에 참여한 훈련도감 군사 중 산성무과山城武科에 급제한 1,384명을 7국局으로 나누어 창덕궁 영숙문永肅門을 지키게 한 데서 비롯되었다.

산성무과는 병자호란이 끝난 해인 1637년(인조 15) 8월에 실시한 무과로, 5,536명을 선발한 대규모 시험이었다. 이 무과에 '산성'이라는 별칭이 붙은 이유는 병자호란 당시 남한산성에서 인조와 생사고락을 함께한 이들을 우대하기 위해 시행되었기 때문이다.[328]

1637년 10월, 승정원에서는 산성무과 급제자를 발표한 뒤 인조에게

327 『승정원일기』 영조 23년 9월 27일(갑인); 영조 40년 11월 11일(무오).

328 산성무과에 대해서는 정해은, 「병자호란 시기 軍功 免賤人의 무과 급제와 신분 변화-丁丑庭試文武科榜目(1637년)을 중심으로」, 『조선시대사학보』 9, 1999 참조.

훈련도감 군병 중 지난 정시 무과 급제자가 13명, 산성 직부자가 534명, 이번 산성무과 급제자가 837명이라고 보고했다.[329] 여기서 '지난 정시'란 같은 해 산성무과 시행 직전에 치러진 정시 무과를 의미하며, 산성 직부자는 산성무과의 전시殿試에 직부된 사람을 뜻한다. 따라서 훈련도감 군병 중 산성무과 급제자는 직부전시까지 포함해 총 1,371명이며, 지난 정시까지 더하면 무려 1,384명이나 되었다.

이러한 대규모 선발로 인한 문제는 무과가 끝난 뒤에 발생했다. 무과에 급제한 훈련도감 군병들은 이전처럼 항오에서 일반 군병과 함께 궁장 안팎에서 번을 서는 것이 부당하다며, 무과 급제자에 걸맞는 특별 대우를 요구했다.[330] 이들은 무과 응시 전에 훈련대장 신경진申景禛에게 무과에 급제하더라도 포수 임무를 계속 수행하겠다고 약속했으나, 급제 후 입장을 선회해 자신들을 병조로 이속해 무과 급제자로서 대우해 줄 것을 요구했다. 또한, 병조 참지 유백증俞伯曾에게 몰려가 무과 급제자로서 예전처럼 근무할 수 없다며 집단 항의를 벌였다.[331]

결국 조정에서는 훈련도감 군병들의 항의가 거세지자 이들을 7국으로 나누어 영숙문에서 번을 서게 했으며, 이것이 국출신의 시초가 되었다.[332] 영숙문은 창덕궁의 후원으로 통하는 문으로, 이들의 임무는 금군만큼이나 중요한 역할을 담당했다.

이와 함께 국출신의 지휘관으로는 국마다 정3품 당상관인 국별장局別將을 두었다. 국별장은 이미 1637년과 1638년에 존재했던 것으로 확

329 『승정원일기』 인조 15년 10월 25일(기미).

330 『訓局事例撮要』 上, 局出身, 정축년(인조 15) 10월 26일, "渠等既爲出身, 則宮墻內外入番時, 閑良軍兵等混處, 似無分別之意, 願爲別設各廳而入番云."

331 김종수, 『조선후기 중앙군제연구-훈련도감의 설립과 사회변동』, 92~93쪽.

332 『인조실록』 권35, 15년 10월 20일(갑인); 권49, 26년 7월 18일(신사).

인되므로 국출신의 출범과 동시에 성립한 것으로 보인다. 당시 국출신이 7국 체제였던 만큼 국별장도 7명을 두었다.[333]

그러나 국출신에 대한 대우는 만족할 만한 수준이 아니었다. 임무는 금군과 유사했으나 급료는 금군의 3분의 1에 불과했으며, 그마저도 번을 든 사람에게만 지급했다.[334] 더구나 국출신은 급료를 받게 되면서 보인으로부터 포布를 받을 수 없게 되었고, 이는 경제적 어려움을 가중시키는 요인이 되었다.[335] 당시 국출신의 급료는 호조에서 지급했으며, 훈련도감에서는 봄 · 여름에 각각 무명과 삼베를 1필씩 지급했다.[336]

결과적으로 국출신은 급료가 충분하지 못한 상태에서 입직 업무만 가중된 상황이 되었다. 국출신 창설 후 약 2년이 지난 1640년(인조 18) 이조 참판 이식李植이 "급료가 야박하고 번을 서기가 고생스러워 사람들이 손가락질하며 군졸처럼 보므로, 직업을 잃고 원망을 품어 점차 시끄러워진 것입니다."[337]라고 지적한 것도 이러한 현실을 잘 알려준다.

이 문제를 해결하기 위해 1647년에 훈련도감 군병의 체아직 20자리 중 일부를 국출신에게 배정했다. 1676년(숙종 2)에도 도체찰사부都體察使府에서 국출신의 체아직을 100자리로 만들 것을 요청한 기록이 있어서, 국출신의 체아직은 지속적으로 증가한 것으로 보인다.[338]

---

333 『훈국사례촬요』 상, 국출신, 정축년(인조 15) 12월 21일; 『승정원일기』 인조 16년 5년 24일(병술), "以兵曹三局別將單子, 傳于金光煜曰, 羅允素, 爲別將幾月乎."; "四局別將李元榮, 七局別將柳應時."

334 『인조실록』 권45, 22년 7월 2일(정해); 『숙종실록』 권33, 25년 7월 12일(기묘).

335 『훈국사례촬요』 상, 국출신, 갑신년(인조 22) 1월 23일.

336 『만기요람』 군정편 2, 훈련도감, 군총, 各色軍.

337 『인조실록』 권40, 18년 3월 1일(임오).

338 『훈국사례촬요』 상, 국출신, 정해년(인조 25) 6월 20일; 병진년(숙종 2) 5월 25일.

국출신의 규모와 성격 변화

국출신은 병자호란 당시 인조를 호종한 훈련도감 군병들을 특별히 우대하기 위해 창설한 부대였으나, 시간이 흐르며 점차 축소되었다. 사망 등으로 자연스럽게 인원이 감소했으며, 여기에 더해 조정에서 국출신의 처우 개선을 정원 축소로 해결하려 하면서 결원을 보충하지 않은 것도 인원 감소에 영향을 미쳤다.[339] 그 결과 1663년(현종 4) 국출신은 232명에 불과했고, 조직도 3국으로 대폭 축소된 상태였다.[340]

국출신의 구성에 근본적인 변화가 찾아온 것은 숙종 대였다. 국출신이 창설 당시의 성격에서 벗어나 무과 급제자의 소속처로 변모한 것이다. 그 계기는 1676년(숙종 2) 북벌北伐 추진을 위한 인적 자원 확보 차원에서 무과급제자 17,652명을 선발한 '병진년 만과丙辰年萬科'였다. 만과 직후 이들의 처우 문제가 사회적 논란이 되자, 훈련대장 류혁연柳赫然의 건의에 따라 국출신의 결원을 해당 무과에 급제하고도 소속처를 얻지 못한 훈련도감 군병들로 충원한 것이었다.[341]

그러나 이 조치는 몇 년 뒤 철회되었다. 1680년 호조 판서 민유중閔維重이 국출신을 위한 경비가 과중할 뿐만 아니라, 국출신을 훈련도감

〈표 36〉 훈련도감 국출신의 편제와 인원

구분＼시기	1637년 (인조 15)	1658년 (효종 9)	1663년 (현종 4)	1685년 (숙종 11)	1691년 이후 (숙종 17)	속대전
편제	7국	4국	3국	3국	3국	3국
인원	1,384	미상	232	102	150	150

(자료: 『속대전』, 『훈국사례촬요』, 『만기요람』)

339 김종수, 『조선후기 중앙군제연구-훈련도감의 설립과 사회변동』, 94쪽.

340 『훈국사례촬요』 상, 국출신, 계묘년(현종 4) 1월 27일.

341 『훈국사례촬요』 상, 국출신, 병진년(숙종 2) 5월 25일.

의 무과 출신으로 충원하는 것은 본래 취지와 어긋난다고 주장했기 때문이다. 이에 숙종은 국출신의 빈자리를 더 이상 보충하지 말고, 이미 편입된 인원은 별무사別武士 등의 빈자리로 옮기라는 지시를 내렸다.[342]

그 뒤 1685년(숙종 11) 훈련도감 소속 무예별감武藝別監 중 무과에 급제한 사람을 우대하기 위해 국출신 3국에 각각 10자리를 배정하고, 이들에게 급료를 지급하며 영숙문과 창경궁의 숭지문崇智門에 입직하게 했다. 이 조치로 국출신에 다시 무과 급제자를 받아들이게 되었고, 당시 인원은 약 102명에 불과했다. 이 중 남한산성 호종인들은 70, 80세의 노령자가 되었다.[343]

결국 1691년에 국출신 류시성柳時成 등이 국왕 행차 시 국출신의 결원을 보충하지 않는 문제로 상언을 올리는 일이 발생했다. 이를 계기로 숙종은 의정 대신 및 훈련대장 등과 논의한 끝에 3국에 50명씩 배정하여 정원을 150명으로 확정했다.[344] 이 결정으로 국출신은 훈련도감 군병 중 무과 급제자를 차례로 임명하는 장교직으로 바뀌었고,[345] 그 임무는 영숙문과 숭지문에 입직하는 일이 되었다.

이상과 같이, 국출신은 본래 산성무과 급제자 중 훈련도감 군병을 우대하기 위한 자리였으나, 숙종대에 무과 출신이 들어가는 자리로 변모했다. 그로 인해 봉록만 타는 쓸모없는 자리로 간주되었고, 이에

---

342 『승정원일기』 숙종 6년 7월 3일(경인).

343 『승정원일기』 숙종 11년 11월 3일(기미); 『만기요람』 군정편 2, 훈련도감, 군총, 各色軍.

344 『훈국사례촬요』 상, 국출신, 신미년(숙종 17) 10월 18일.

345 『속대전』 권4, 병전 경관직 군영아문 훈련도감; 『전율통보』 권4, 병전 경관직 훈련도감, "局出身〈百五十 ○行伍出身作隊[續]〉."

따른 존폐 논의도 끊이지 않았다. 그럼에도 불구하고 국출신은 훈련도감 군병에게 무과 급제 후 진로를 열어주는 관직 역할을 하며 그 존재를 유지해 나갔다.[346]

346 『인조실록』 권45, 22년 8월 5일(경신); 권46, 23년 10월 30일(무신); 11월 14일(임술); 권49, 26년 7월 18일(신사); 『승정원일기』 현종 3년 5월 23일(을미); 『현종실록』 권9, 5년 8월 24일(계미); 『현종개수실록』 권24, 12년 6월 19일(무술); 『영조실록』 권52, 16년 7월 5일(계유).

13장

무관 산직散職

1. 내사복시와 내승

내사복시의 설치

내사복시內司僕寺는 궁궐의 마구간 및 국왕이 타는 말이나 수레를 관장한 관청으로, '내시內寺'라고도 불렸다. 대한제국 시기는 그 명칭이 '태복사太僕司'로 변경되었다.

내사복시는 『경국대전』에는 등장하지 않으며, 『속대전』에 이르러서야 그 존재가 명확히 나타난다. 『속대전』에 규정된 내사복시의 업무는 내구內廏와 어승御乘을 관장하는 것으로,[347] 이는 궁궐의 마구간 및 국왕이 타는 말이나 수레를 관리하는 일이었다. 관원으로는 내승內乘 3명을 두었다.

다만, 『경국대전』에는 내사복시라는 관청은 나오지 않지만, '내승'에 관한 규정은 존재한다. 「번차도목」 조에 실린 겸사복 규정을 살펴보면, "내승 3원은 모두 다른 관원이 겸임하되, 1원은 사복시정이 겸임

347 『속대전』 권4, 병전 외관직 산직 내사복시, "掌內廏御乘."

한다."348라는 주註가 달려 있다. 『속대전』에서도 내승에 대해 "『경국대전』「번차도목」 조의 겸사복 아래의 주에 보인다. 지금 정원 변동이 없으며, 내사복시를 별도로 두었다."349라고 명시하고 있다. 따라서 두 법전의 내용을 종합해보면, 조선 전기에는 내승이 존재하여 국왕의 말과 수레를 관장했으며, 이후 어느 시점에 내사복시를 따로 설치했음을 알 수 있다.

『경국대전』에 나타나는 내승은 이미 고려 말에도 존재했던 관직이다. 내승은 1288년(충렬왕 14)부터 1304년 사이에 설치한 관직으로 태복시太僕寺(1308년 '사복시'로 개칭)와는 별도로 운영한 것으로 추정되고 있다. 주요 업무는 국왕이 타는 말의 사육과 조련을 담당하고, 왕궁의 마구간 및 각지의 목장을 관리하는 일이었다. 여러 차례 폐지 논의가 있었지만, 고려 말까지 계속 유지되었다.350

『경국대전』 반포 뒤에 내사복시라는 관청이 처음 보이는 법전은 『대전속록大典續錄』(1492)이다. 관서별로 신부信符를 지급하는 규정 중에 내사복시에는 43개를 지급한다는 내용이다.351 『대전속록』은 『경국대전』의 반포 이후부터 1491년(성종 22)까지의 법령을 보완하여 1493년에 반포, 시행한 법전이다. 내사복시가 『경국대전』에는 오르지 않았으나 『대전속록』에 그 존재를 드러낸 점으로 보아, 이 무렵에 이미 내사복시가 운영되었음을 알 수 있다.

---

348 『경국대전』 권4, 병전 번차도목 겸사복, "〈內乘三員, 竝以他官兼, 一司僕寺正〉."

349 『속대전』 권4, 병전 외관직 산직 내사복시, "〈原典, 見於番次都目兼司僕下註, 今員數無加減, 而別作內寺〉."

350 임형수, 「고려후기 내승의 설치와 운영」, 『한국사학보』 70, 2018, 225쪽, 229쪽, 232~233쪽.

351 『대전속록』 권4, 병전 符信, "信符依詳定數, 曹堂上親監烙給……內司僕寺四十三."

이와 관련하여 조선왕조실록을 조사하면, 조선 초기에 내사복시는 나오지 않으나 내구, 내구마內廏馬, 내사복內司僕 등의 용어는 자주 나오는 편이다. 그중 1394년(태조 3) 태조가 판내시부사判內侍府事 김사행金師幸에게 명하여 홀치방동忽赤房洞에 내구를 짓게 한 일이 주목된다.[352] 현재 홀치방동이 어디인지 알 수는 없으나, 1393년이면 아직 한양으로 천도하기 이전이므로 개경開京일 가능성이 높다. 김사행은 고려 말에 공민왕의 총애를 받은 환관으로 각종 공사를 주도했으며, 조선 개국 뒤에는 개국원종공신으로서 태조의 총애도 받았다.

태종 대에는 내사복의 건물이 따로 확인된다.[353] 조선왕조실록에서 관련 용례를 검토한 결과, 내사복은 국왕의 말을 관리하는 부서이며, '내금위'나 '겸사복'처럼 직함으로도 사용되었다. 이후 1450년(문종 즉위)에는 의정부의 건의에 따라 내사복의 운영 지침도 마련했는데, 그 내용은 다음과 같다.

첫째, 내구마의 보호를 위해 평소에는 20필, 바쁜 일이 있으면 30필을 정해놓고 교대로 타게 하며, 말의 상태가 좋지 않으면 사복시의 말과 교체할 것, 둘째, 내구마의 관리와 출입은 사복시의 분사分司인 덕응방德應房 소속 관리 2명이 맡을 것, 셋째, 사복시 제조는 매달 해당 관리 2명의 업무를 살펴 근무 점수를 매길 것 등이었다.[354]

그렇다면 이 내사복이 후일의 내사복시를 의미하는 것일까? 태조는 조선 건국 직후인 1392년에 관제를 정할 때 고려의 제도를 계승하여 사복시를 설치했다. 사복시는 수레, 말, 마구, 그리고 목장을 관리하는

---

352 『태조실록』 권6, 3년 8월 2일(기사).

353 『태종실록』 권8, 4년 9월 19일(정사); 권30, 15년 7월 17일(임자).

354 『문종실록』 권3, 즉위년 9월 19일(경신).

관청으로 병조의 속아문이지만, 『경국대전』「이전」 조항에 규정되어 있다.[355] 사복시는 고려의 제도를 계승했음에도 불구하고, 국왕의 말과 수레에 관한 규정이 따로 없었다. 이에 태종 대에 사복시 외에 국왕의 말과 수레를 위해 궁궐 안에 별도로 내사복을 두었다고 판단된다. 따라서 내사복이 내사복시에 해당하는지는 단정할 수 없으나, 두 제도 사이의 연관성은 매우 높다고 할 수 있다.

요컨대, 내사복시라는 명칭이 처음 등장하는 법전은 『대전속록』이나, 태종 대에 '내사복'이 존재하고 『경국대전』에 '내승'에 관한 조항이 나오는 점을 고려할 때, 15세기 초에 이미 내사복시의 전신이 존재했을 가능성이 높다. 이후 『속대전』에 이르러 내사복시는 국왕의 말과 수레 및 왕실 마구간을 관장하는 정식 관청으로 규정되었다.

내구마의 규모

내사복시에서 관리하는 마필의 규모는 시대에 따라 달랐다. 1415년(태종 15)에는 내구마의 정수를 40필로 정했다.[356] 이후 점차 증가하여 1508년(중종 3)에는 내구에서 기르는 말의 수가 겨울철 400필, 여름철 300필에 이르렀는데, 우의정 류순정柳順汀, 사복시 제조 신용개申用漑 등이 그 수가 과도하다는 의견을 내자 각각 100필씩 축소했다.[357]

이와 달리 조선 후기에는 내사복시에서 기르는 말의 규모가 점차 축소되어, 효종 대에는 50필 정도 유지하다가,[358] 18세기 무렵에는 60

---

355 나영훈, 「17~18세기 司僕寺 관직 운영의 실제와 참상관의 官路-장서각 소장 『사복시선생안』 분석을 중심으로」, 『장서각』 38, 2017, 200쪽.

356 『태종실록』 권30, 15년 8월 6일(경오).

357 『중종실록』 권6, 3년 7월 6일(임인).

〈표 37〉『전율통보』에 기록된 내사복시와 사복시 마필 규모

구분	종류	마필 규모	계
내사복시	어승	10	60
	좌마	5	
	주마	10	
	변마	35	
사복시 (외사복시)	가교마	30	200
	독교마	15	
	주마	15	
	변마·복마	120	
	내농포마	20	

필로 정해졌다. 1721년(경종 1) 내승이 "내사복시의 항립마恒立馬 60필 중 어승마가 10필, 주마가 10필, 변마邊馬가 40필입니다. 변마 중 5필은 세자궁의 좌마坐馬로 규례대로 승격하여 입마했습니다."[359]라고 보고한 내용이 있다. 『전율통보』에도 이 내용대로 수록되어 있어 내구마 규모가 60필이었음을 확인할 수 있고, 『동국문헌비고』에서도 동일하게 60필로 기록되어 있다.[360]

사복시와 내사복시 모두 마안馬案을 작성하여 말을 관리했다.[361] 〈표 37〉에 나타나 있듯이 내구마의 용도는 다양했다. 어승은 국왕이 타는 말이며, 좌마는 왕세자가 타는 말이었다. 경종과 영조는 변마 중 5필을 왕세자를 위해 내주었다가 다시 변마로 만들었고, 1736년(영조 12)에 변마 5필을 다시 왕세자의 좌마로 만들었다.[362]

---

358 『효종실록』 권8, 3년 2월 18일(경신).

359 『승정원일기』 경종 1년 8월 28일(병술); 『승정원일기』 영조 1년 3월 3일(신축).

360 『전율통보』 別篇, 廏驛馬摠, "內司僕, 御乘十, 坐馬五, 走馬十, 邊馬三十五, 外司僕, 駕轎馬三十, 獨轎馬十五, 走馬十五, 邊卜馬一百二十, 內農圃馬二十匹."; 『동국여지비고』 권1, 京都, 文職公署, 사복시.

361 『승정원일기』 영조 13년 10월 17일(신축).

362 『승정원일기』 경종 4년 8월 30일(경자); 영조 5년 2월 8일(계미); 영조 12년 1월 3일

창경궁 내사복시 건물

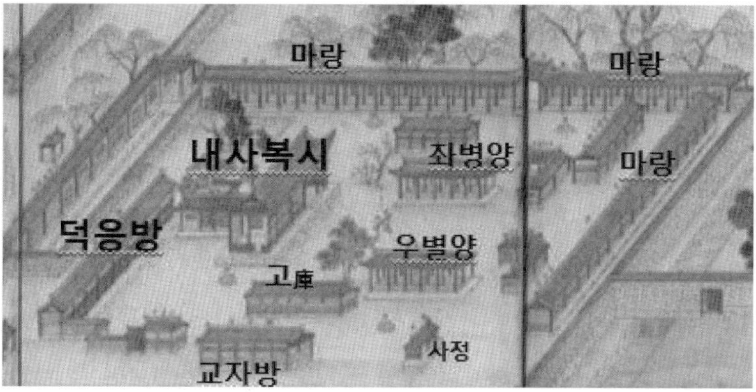

《동궐도》(동아대학교박물관)

변마는 어승마에는 미치지 못하지만 내사복시에서 관장하는 말이었다. 어승마가 노쇠하면 변마로 내리고, 변마가 늙으면 사복시로 보내는 것이 규례였다. 그러나 예외적인 경우도 있었다. 1753년 영조는 의소세손懿昭世孫을 기리기 위해 세손 책봉 당시 사용한 좌마를 늙어 죽을 때까지 어구에 두도록 지시했다.[363]

영조는 내사복시를 친국親鞫의 장소로도 활용했다. 1748년에 권혜權嵇·권집權緝 등을 친국할 때,[364] 1755년 심정연沈鼎衍을 친국하고 이성술李聖述을 형신할 때,[365] 1763년 이의배李義培를 친국할 때,[366] 1771년 청에서 책을 구입해 온 사람들과 역관譯官 고세양高世讓 등을 친국할 때

(무술).

363 『승정원일기』 영조 29년 9월 14일(병인); 19일(신미).

364 『영조실록』 권68, 24년 12월 2일(임오).

365 『영조실록』 권84, 31년 5월 3일(병자); 4일(정축)

366 『영조실록』 권101, 39년 1월 30일(무자).

내사복시에서 거행했다.[367]

내사복시 건물은 경복궁의 영추문 안에 있었으나 불탔다고 한다. 이후 1785년(정조 9) 정조가 100여 칸으로 새롭게 중수했다. 위치는 창경궁의 동남쪽 궁장 안쪽 모퉁이에 자리했는데 선인문 근처였다. 《동궐도》에서 '내사복시'라고 표시한 곳이 사무를 보는 정당政堂이었다. 중수 당시 사복시 제조 서명선徐命善을 대신하여 중수기를 지은 서형수徐瀅修는 내사복시 건물에 대해 다음과 같이 설명했다.

덕응방德應房 34칸은 연여輦輿와 가교駕轎를 봉안하는 장소였다. 사정射亭 2칸은 낭관이 숙직하고 무예를 연마하는 장소였다.[368] 무사廡舍 10칸은 서리들이 대기하는 장소였다. 고사庫舍 9칸은 관아 물건을 쌓아 두는 장소이며, 좌우의 별양마랑別養馬廊 각 12칸은 어마御馬 10필과 탄마誕馬 3필을 사육하는 곳이었다. 좌변마랑左邊馬廊 24칸과 우변마랑 40칸은 변마 37필과 주마走馬 10필을 사육하는 곳이었다.[369]

내승의 임명과 변화

조선 후기 내사복시의 관원은 내승 3명으로만 구성되었으며, 이 규모는 『경국대전』 이후로 변함없이 유지되었다. 연산군 대에 국왕의 마구간을 별도로 조성하면서 일시적으로 12명까지 증원한 적도 있으나,[370] 일반적으로 3명의 정원을 유지했다. 다만, 1659년(현종 즉위)부터

---

367 『영조실록』 권116, 47년 6월 10일(기묘); 11일(경진).

368 『동국여지비고』에 "사정은 내사복시에 있다. 효종 조에 세웠는데, 바로 옛날 철장목마鐵杖木馬(나라의 치욕을 씻고 중흥 도모)의 뜻이다. 후에 정자가 폐지되었는데 영조 18년(1742)에 고쳐 지었다."라고 했다(『동국여지비고』 권1, 경도, 궁궐, 射亭).

369 徐瀅修, 『明皐全集』 권8, 記, 內司僕寺重修記〈代〉.

국왕이 경희궁으로 이어할 때에만 원활한 업무 처리를 위해 1명을 임시로 더 임명했다.[371]

내승은 다른 관직과 달리 고정된 관품이 없었으며, 모두 겸직이었다. 내승 3명 중 1명은 사복시의 최고 책임자인 정正(3품 당하)이 으레 겸임했으며, 나머지 2명은 종2품부터 9품까지의 관원 가운데 선발하여 겸임하게 했다.[372] 이 두 명의 경우 본래 병조에서 임명했으나, 이미 영조 대에 이르러 "내승은 으레 사복시에서 자벽自辟하여 삼망三望을 갖춰 병조로 보내 입계"[373]한다는 관행이 정착되었으므로, 사실상 사복시에서 추천권을 행사하는 자벽의 자리였다.[374] 이는 내사복시가 실질적으로 사복시의 감독 아래 운영되었다는 사실을 보여준다.

또한, 내승의 관품을 정해두지 않은 것에 대해 정약용丁若鏞은 "'원편原編'에 위로 2품에서 아래로 9품까지 내승을 하지 못하는 품계가 없으니, 이 또한 타당하지 않은 듯하다."[375]라고 지적했으나, 다양한 인재를 등용하고 원활한 선발을 위해 유연하게 운영한 것으로 보인다.

한편, 법전에 명시되어 있지는 않지만, 영조와 정조 대에 이르러 내승의 운영에 실질적인 변화가 나타났다. 그 내용은 크게 두 가지로, 하나는 남항 내승의 설치이며, 다른 하나는 내승 두 자리 중 한 자리

---

370 『연산군일기』 권61, 12년 1월 7일(정해).

371 『승정원일기』 현종 즉위년 12월 20일(병오); 『속대전』 권4, 병전 경관직 산직 내사복시, "〈慶熙宮移御時, 加出一員〉."

372 『속대전』 권4, 병전 외관직 산직 내사복시, "掌內廄御乘〈內乘三員, 二自從二品至九品通兼, 一司僕寺正例兼〉."; 『일성록』 정조 2년 9월 30일(병진). 다만, 『양전편고』에는 내승의 품계가 정3품 당상으로 나온다(『兩銓便攷』 권2, 西銓, 品秩).

373 『승정원일기』 영조 1년 3월 18일(병진).

374 『승정원일기』 영조 29년 8월 10일(임진); 『전주찬요』 권1, 내사복시, "內乘, 本自兵曹差出矣, 中間有問議太僕, 故自然望歸本寺."

375 丁若鏞, 『經世遺表』 권2, 夏官兵曹 4, 政官之屬 乘輿司.

를 겸직이 아닌 실직實職으로 전환한 조치였다.

먼저, 영조 대부터는 별도로 남항 내승을 두었다. 이는 문관 집안 자제를 장수로 양성하기 위한 조치로, 남항 선전관과 마찬가지로 권무勸武 또는 별천別薦의 형식을 통해 임명했다.[376] 최초의 사례는 훈련대장 장붕익張鵬翼의 아들 장태소張泰紹로 판단된다. 1725년(영조 1) 영조는 장태소를 권무의 일환으로 내승에 임명했으며, 이후 그가 사마시 초시에 합격하자 즉시 합격을 취소하고, 곧바로 무과의 직부전시를 내려 무관으로 만들었다.[377]

그리고 이를 계기로 내승의 근무 일수 규정도 마련했다. 본래 내승은 실직이 아니었기 때문에 7품 이하 참하관이 근무 일수를 통해 6품으로 올라간 사례가 없었다. 그러나 장태소의 임명 이후 참하관의 근무 일수 및 승륙陞六 문제가 제기되었고,[378] 1730년부터는 참하관이 600일의 근무 일수를 마치면 6품으로 승진할 수 있도록 규정을 마련했다.[379]

이후 1787년(정조 11)에는 병조 판서 정창순鄭昌順의 건의로 당하 무관의 적체를 해소하기 위해 내승 한 자리를 겸직이 아닌 실직으로 전환했다.[380] 이는 조선 후기 내승의 성격에 구조적인 변화를 가져온 조치로 평가된다.

---

376 『승정원일기』 순조 8년 10월 12일(갑진).

377 『승정원일기』 영조 1년 8월 4일(기사); 영조 2년 3월 25일(정사); 8월 21일(경진); 9월 10일(기해); 11월 10일(무술); 11월 27일(을묘).

378 『승정원일기』 영조 2년 11월 21일(기유).

379 『속대전』 권4, 병전 경관직 산직 내사복시, "參外, 仕滿六百, 陞六品."; 『전주찬요』 권1, 내사복시, "參外, 仕滿六百, 陞六品〈雍正庚戌六月〉."

380 『승정원일기』 정조 11년 12월 10일; 『대전회통』 권4, 병전 경관직 산직 내사복시, "[補]堂下, 實職施行."; 『전주찬요』 권1, 내사복시, "[傳]兵判鄭昌順所啓, 一窠以實職施行〈乾隆丁未十二月〉."

내승의 주요 임무는 정기적으로 실시하는 말의 조련이었다. 1776년(정조 즉위년)부터는 무관이 환관과 가까이 지내는 것을 경계하기 위해 후원에서 5일마다 시행하는 조마를 국왕의 친림 때에만 거행하게 했다.[381] 1782년에는 조련 횟수와 날짜도 확정하여 관에서 하는 조마는 매월 1일, 11일, 21일 세 차례 시행하고, 후원에서 하는 조마는 매월 5일, 10일, 15일, 20일, 25일, 30일 여섯 차례 시행하며, 개인적으로 하는 조마는 매월 7일, 17일, 27일 세 차례 시행하게 했다. 사정이 생기면 날짜를 조정하여 거행하되, 매월 12차례의 시행 원칙을 어기지 않도록 했다.[382]

이 밖에 내승은 세마洗馬, 안장 관리, 국왕 거둥시 가교의 창窓이나 발[렴簾]을 걷어 올리는 일, 어승과 좌마의 구입, 사복시 소속 각 도의 말 점고 등 다양한 업무를 담당했다.[383] 이들은 국왕을 배종하고 호위하는 임무를 수행했으며, 경우에 따라서는 전교를 직접 받들 때도 있었다.[384] 입직 업무 또한 내승의 중요 직무 중 하나였는데, 내승을 겸임하는 사복시 정이 입직을 제대로 수행하지 않아 문제가 되기도 했다.[385]

내승은 국왕의 측근에서 어승용 말과 수레를 관장하는 자리로, '복신僕臣'이라 불리며 요직으로 평가되었다. 이러한 특성 때문에 내승은 신원이 확실해야 했으며, 사족 출신 중에서도 반드시 그 직책을 감당

---

381 『정조실록』 권13, 6년 4월 8일(갑술).

382 『일성록』 정조 6년 4월 13일(기묘); 『대전통편』 권4, 병전 廏牧 行官私調馬.

383 『승정원일기』 인조 13년 4월 23일(임인); 『효종실록』 권8, 3년 2월 18일(경신); 『승정원일기』 영조 3년 1월 4일(신묘).

384 『현종실록』 권3, 1년 9월 12일(갑자); 『숙종실록』 권13, 8년 8월 14일(기축).

385 『일성록』 정조 2년 9월 30일(병진); 12월 20일(병자).

할 만한 사람을 가려 뽑아야 한다는 의견이 자주 제기되었다.[386]

조선 후기에도 "내승과 훈련원 정은 모두 무신 중 특별히 선발하는 자리"라는 말이 있을 만큼 내승의 위상은 높았다.[387] 이 때문에 특지로 내승을 임명할 경우, "보잘 것 없는 무부"를 임명해서는 안 된다는 대간들의 탄핵이 잇따르기도 했다.[388]

내승은 선전관 등과 함께 내시사內試射의 참여 대상이었으며, 정조 대에는 별군직·선전관과 함께 '삼청三廳'이라 불리며, 이들만을 위한 내시사가 별도로 시행되기도 했다.[389] 특히 남항 내승은 내시사에서 우수한 성적을 거두면 직부전시의 특전을 받아 무과에 급제할 수 있었다.[390] 예를 들어, 1775년(영조 51) 내승 이의빈李義彬은 시사에서 뛰어난 성적을 거둬 직부전시로 무과에 급제했고, 1783년(정조 7) 함경도 무산 부사茂山府使에 임명되었다.[391]

또한, 1684년(숙종 10)에는 내승이 당하 대간을 만나더라도 그 말을 피하지 않도록 조치했다. 이는 어느 당하 대간이 본인의 말을 피하지 않은 내승의 마부를 잡아들인 사건에서 비롯되었다. 당시 약방 도제조 김수흥金壽興은 내승이 탄 말이 어승이므로, 내승이 말에서 내릴 경우 재상도 말에서 내렸다는 고사를 들어 이러한 건의를 했던 것이다.[392] 이처럼 내승에 대한 특별한 대우는 조선 후기 내승의 위상을 방증하는 사례로 볼 수 있다.

---

386 『성종실록』 권188, 17년 2월 28일(갑진); 『중종실록』 권101, 38년 12월 29일(기해).
387 『영조실록』 권59, 20년 3월 19일(정유).
388 『승정원일기』 인조 9년 11월 13일(임오); 16일(을유).
389 『일성록』 정조 1년 9월 11일(계유); 정조 10년 1월 10일(을묘).
390 『일성록』 정조 6년 12월 12일(갑술).
391 『승정원일기』 영조 51년 1월 6일(갑인); 정조 7년 1월 22일(갑인).
392 『승정원일기』 숙종 10년 11월 22일(계미).

2. 능마아청과 능마아강

능마아청의 설치

조선 후기 능마아청能麽兒廳은 병서의 이론 시험과 학습을 관장한 관청이었다. '마아麽兒'는 '亇兒'(마아)라고도 표기했으며, 나무로 만든 인형이나 형명形名을 이용해 진법을 익히는 소형 교구敎具였다.[393] 정조가 마아를 손으로 익히게 하라고 지시한 점에 비춰볼 때, 마아가 도상 기반의 실습 교구였음을 알 수 있다.[394]

본래 마아를 이용한 진법 교육은 훈련원訓鍊院에서 주관했다. 번차番次을 마치고 나온 군사는 번을 도와 순찰 업무를 수행하는 것 외에도, 3일 중 하루는 훈련원에 가서 마아를 이용해 진법을 익혀야 했다.[395]

무관과 금군도 훈련원에서 이론 교육을 받았다. 진법 교수 5명이 훈련원 소속 무관, 출직한 선전관, 내금위(각 번당 10명), 겸사복(각 번당 5명)에게 진법서를 가르쳤다. 이 진법 교수는 공식 직책이 아니라, 훈련원 내에서 진법 관련 병서에 정통한 자들로 편성한 인원이었다.

이어 병조에서는 매달 6일에 훈련원 당상관과 함께 이들과 출직 군사들을 대상으로 소형명小形名을 활용한 진법 실습을 시행했다. 또한 병조·오위도총부·훈련원 당상관들이 수시로 모여 진법서를 익힌 사람 가운데 임의로 10여 명을 뽑아 마아형명麽兒形名을 사용하여 진 치는 절차를 강론하게 하고, 그 성적에 따라 근무 일수를 가감해주는 상

393 『중종실록』 권73, 27년 9월 20일(을축); 『인조실록』 권20, 7년 1월 9일(을축).
394 『역주 경국대전-주석편』, 633쪽; 『일성록』 정조 6년 2월 26일, "手鍊麽兒."
395 『경국대전』 권4, 병전 敎閱, "出直軍士, 助番巡綽外, 三日內一日, 就訓鍊院習陣〈用麽兒〉."

벌 제도도 운영했다.[396]

이와 같이 마아를 활용한 진법 교육은 조선 전기부터 훈련원을 중심으로 시행되어 왔다. 그러나 정묘호란(1627년) 이후, 후금의 기병 전술에 효과적으로 대응하기 위한 군사 개편이 요구되면서 오위진법五衛陣法의 중요성이 부각되었고, 이에 따라 체계적인 진법 교육을 전담할 전문 기관의 필요성이 제기되었다.

1628년(인조 6) 병조는 오위진법을 일본군과 후금군을 모두 제압할 수 있는 최적의 전법으로 평가하며, 과거 병조 주관으로 장관將官(군영 소속 무관)을 대상으로 능마아법을 시험한 뒤 그 성과에 따라 녹봉을 가감했던 사실을 강조했다.[397] 병조 판서 이귀李貴 또한 제장諸將, 금군, 훈련원 당하관, 각 아문의 호위 군관에게 조종조의 오위진법과 능마아법을 더욱 철저히 교육할 것을 건의했다.[398]

그 결과 이듬해인 1629년에 능마아청이 설치되었다. 설립 초기에는 오위도총부와 훈련원의 낭청, 내금위 · 겸사복 · 우림위, 각 대장 소속 군관들에게 병학 교육을 실시한 뒤 시험을 시행했다. 진형陣形에 따라 나무로 만든 허수아비를 배치하여 교육을 진행했으며, 매달 2일, 7일, 12일, 17일, 22일, 27일 등 여섯 차례에 걸쳐 이들을 한곳에 소집해 그동안 학습한 내용을 바탕으로 시험을 치렀다.[399]

---

396 『대전후속록』 권4, 병전 교열, "訓鍊院官員出直宣傳官, 內禁衛每番各十人, 兼司僕每番各五人, 揀擇書啓, 以訓鍊院陣書精通五員, 稱教授, 常時教訓, 每朔初六日, 本曹, 同訓鍊院堂上, 聚陣書肄習人員及出直軍士, 用軍器寺小形名習陣, 有時, 本曹都摠府訓鍊院堂上同坐, 訓鍊院陣書肄習人中, 抽栍十餘員, 用麼兒形名, 講論結陣節次, 精通者, 給別仕十, 不通者, 削仕十, 習陣時及講論時, 托故不參者, 推論."

397 『인조실록』 권19, 6년 9월 29일(병술).

398 『인조실록』 권19, 6년 10월 9일(병신).

399 『인조실록』 권20, 7년 1월 9일(을축).

시험 결과에 따라 성적 우수자의 경우 금군이면 근무 일수를 더해 주고, 그 외 인원들은 1년간의 성적을 합산하여 등급을 나누어 시상했다. 반면, 성적이 저조한 자는 실직實職을 가진 경우 교체 대상이 되었고, 금군과 훈련원 봉사 이하의 인원은 근무 일수를 삭감하여 추가 근무를 부여하는 방식으로 징계가 이뤄졌다.

산직청으로의 정비

1629년 창설된 능마아청은 인조 대에 존폐를 거친 것으로 보인다. 능마아청 창설과 운영을 주도한 이귀가 이듬해인 1630년 12월에 관직에서 물러나면서,[400] 능마아청의 운영에도 차질이 생긴 것으로 추정된다. 이에 대해 최명길崔鳴吉은 이귀의 행장에서 다음과 같이 회고했다.

> 공이 병조 판서로 있을 때 젊은 무신을 뽑아서 다 병서를 가르치고, 능마아청을 설치하여 진법을 연습시켰다. 조종조가 남긴 제도로서 중간에 없어져서 시행되지 않다가 공이 모두 부활시킨 것이다. 그러나 공이 자리에서 떠나자 이 법도 폐지되어 식견 있는 자들이 애석해했다."[401]

다만 병자호란 직후인 1638년에 절도사나 장령에 적합한 인재들을 우선적으로 선발하여 능마아 교육을 강화했다는 기록이 확인된다.[402] 이를 통해 전쟁 이후 능마아청이 일부 다시 운영된 것으로 판단된다. 1643년에는 매달 치르는 삭시사朔試射에서 성적이 저조한 선전관이라

---

400 『인조실록』 권23, 8년 12월 27일(신미).

401 崔鳴吉, 『遲川集』 권18, 行狀, 奮忠贊謨立紀明倫靖社功臣輔國崇祿大夫議政府左贊成延平府院君李公行狀.

402 『승정원일기』 인조 16년 10월 22일(신해).

하더라도 능마아나 무경武經에서 우수한 성적을 거두면 처벌하지 않도록 조치하는 등 능마아 우수자들을 우대하는 정책도 시행했다.[403]

이후 능마아청을 새롭게 정비한 국왕은 효종이었다.[404] 1655년(효종 6) 봄에 효종은 능마아청을 다시 설치하고, 연소한 무관 20여 명을 선발해서 2개월에 한 차례씩 병학을 익히게 한 후 시험을 치르게 했다.[405] 이는 효종이 북벌을 추진하면서 새로운 전법의 확립을 위해 전문적인 병학 교육의 필요성을 인식한 결과였다.[406] 이러한 배경으로 능마아청이 효종 대에 창설되었다는 기록도 남아 있다.[407]

한편, 이때 능마아청에서 2~4차례 연속으로 한 번도 교육에 참여하지 않은 자들을 보고했는데, 그 대상이 오위도총부 도사(종5품), 훈련원 판관(종5품), 초관(종9품) 등이었다.[408] 이를 통해 효종 대의 능마아청 역시 주요 교육 대상이 인조 대와 마찬가지로 당하 무관이었음을 확인할 수 있다.

능마아청은 현종 대에도 지속적으로 운영된 것으로 보인다. 1664년(현종 5) 『기효신서紀效新書』를 다시 간행할 당시, 능마아청 당상관과 병서에 정통한 무관들이 여러 이본을 대조해 오류를 수정하는 일을 맡았다.[409] 이를 통해 이 시기 병학 전문 기관으로서의 능마아청의 기능을 확인할 수 있다.

---

403 『승정원일기』 인조 21년 2월 19일(계미).

404 노영구, 「조선시대 『무경칠서』의 간행과 활용의 양상」, 『조선시대사학보』 80, 2017, 132쪽.

405 『승정원일기』 효종 6년 1월 7일(임진); 8월 7일(무오).

406 노영구, 『조선후기 병서와 戰法의 연구』, 서울대 박사학위논문, 2002, 129~130쪽.

407 『大事編年』 12책, 孝宗記, 閱武, "設能麽兒廳, 逐朔試陣法."

408 『승정원일기』 효종 6년 8월 7일(무오).

409 金佐明, 『歸溪遺稿』 卷上, 疏箚, 進紀效新書箚.

또한 1666년 현종이 류혁연柳赫然에게 능마아를 활용한 훈련 방식에 대해 묻자, 류혁연은 "능마아라는 것은 나무를 깎아서 만든 군사를 사용하여 진을 짜서 가르치는 방식"[410]이라고 대답했다. 1670년에는 오위도총부 부총관이 능마아 당상으로서 능마아를 실시하기 위해 훈련원으로 나간 사실이 확인되며,[411] 1674년에는 최근 3개월간 능마아강에서 불통不通을 받은 무겸 선전관에 대한 문책도 이뤄졌다.[412]

숙종 대에도 50세 이하 당하 무관을 대상으로 능마아강이 지속적으로 실시되었다.[413] 1693년(숙종 19) 숙종은 병조에 매달 6차례 능마아강을 철저히 시행할 것을 신칙했고, 이에 따라 1698년 좌부승지 최상익崔商翼은 나이를 속여 능마아강 면제를 받은 무겸 선전관, 부장, 수문장 등의 파직을 건의했다.[414] 1713년에는 병학 교육의 질을 높이기 위해 능마아청의 낭청을 30세 이상으로 선발하도록 규정했다.[415]

이후 능마아청은 『속대전』에 이르러 산직청散職廳으로 정비되었으며, 능마아강 또한 공식화되었다. 『속대전』에서는 능마아청의 임무를 "여러 장관에게 병서를 고강하고 학습을 권장하는 일을 맡는다."[416]라고 명시했다. 관원은 당상관 3명과 낭청 4명으로 구성되었으며, 이 중 당상관 1명은 훈련원 실도정實都正(도정 2명 중 전담 관원)이, 낭청 2명은 훈련원 습독관이 겸임했다. 관원 7명 중 3명이 훈련원 소속 관원이어

410 『승정원일기』 현종 7년 8월 13일(신유).
411 『승정원일기』 현종 11년 11월 7일(경신); 27일(경진); 현종 12년 12월 17일(갑오).
412 『승정원일기』 현종 15년 1월 13일(무인).
413 『승정원일기』 숙종 23년 12월 14일(경신); 숙종 24년 8월 3일(갑진).
414 『승정원일기』 숙종 24년 8월 3일(갑진).
415 『승정원일기』 숙종 31년 12월 6일(병신); 숙종 35년 7월 25일(갑오); 『신보수교집록』 이전, 경관직, 강희 계사년(숙종 39) 승전.
416 『속대전』 권4, 병전 경관직 산직 能麽兒廳, "掌諸將官兵書考講勸課."

서 훈련원이 능마아청 운영에 관여했음을 보여준다. 아울러 참하관은 1,350일(45개월)을 근무한 후 고강을 거쳐 6품으로 승진할 수 있었다.

능마아청은 영조 대 후반에 이르러 또 한 차례 구조적 변화를 맞이했다. 1765년(영조 41) 영조의 명으로 훈련원의 건물이 중수되자, 그 뒤쪽 행각으로 능마아청을 이전하고, 조직 개편도 실시했다. 곧, 능마아청 당상관 3명 전원을 훈련도감·어영청·금위영의 중군中軍(종2품)이 겸임하게 한 것이다.417

영조 대의 조치로 능마아청이 훈련원과 합쳐졌지만, 실도정이 당상관을 겸임할 수 없게 되면서 오히려 그 영향력은 약화되었다. 이후 정조는 재위 후반에 이르러 훈련원을 무학의 본산으로 재정비하려는 의도를 분명히 했다. 이에 따라 1796년(정조 20) 훈련원의 건물을 정비한 데 이어 이듬해인 1797년에 〈훈련원절목〉을 마련함으로써 능마아청의 운영 체제를 훈련원 중심으로 재편하고자 했다.418

첫째, 훈련원이 능마아청의 낭청 전원에 대한 인사권을 행사하도록 했다. 낭청 4명 중 2명은 훈련원의 습독관이 겸임하므로 훈련원에서 포폄을 시행했다. 그러나 습독관이 겸임하지 않은 실낭청 2명은 병조의 포폄 대상이었다. 정조는 능마아청이 이미 훈련원에 통합된 상황에서 이들의 인사권을 병조에서 관할하는 것은 적절하지 않다고 판단했고, 이에 실낭청 2명에 대한 포폄도 훈련원에서 실시하도록 조치했다.

둘째, 훈련원의 실도정이 다시 능마아청의 당상을 겸임하게 했다. 능마아청이 훈련원과 합쳐질 때 훈련도감·어영청·금위영의 중군만

---

417 『대전통편』 권4, 병전 경관직 산직 능마아청.

418 『일성록』 정조 21년 12월 13일(무신).

능마아청 당상 전원을 겸임했으나, 이때 와서 옛 규례를 회복한다는 의미로 실도정도 능마아청 당상을 으레 겸임하라고 명시한 것이다.[419] 호칭도 '훈련원 능마아 당상'으로 정해서 능마아청이 훈련원 소속임을 분명히 했다.[420]

그 결과 능마아청 당상관은 4인 체제로 운영되었고,[421] 실도정이 삼군문의 중군을 겸임할 때는 3명이 되었다.[422] 그러나 몇 해 뒤 정조의 승하로 인해 이러한 정책들이 더 이상 추진되지 못했다.

능마아강의 운영

능마아청의 가장 중요한 업무는 능마아강의 주관이었다. 『속대전』에 따르면, 능마아강은 매달 6차례에 걸쳐 50세 이하의 당하 무관을 대상으로 실시했으며, 시험 교재는 『병학지남兵學指南』이었다.[423]

시험 방식은 책을 펼쳐 놓고 해석하며 질문에 답하는 '임문臨文' 방식으로 이뤄졌고, 조粗 이상의 성적을 받아야 통과했다. 조는 성적 등급의 하나로, 순통純通, 통通, 약통略通, 조통粗通, 불통不通의 5등급 중 4등급에 해당했다. 약통을 줄여서 '약', 조통을 줄여서 '조'라 했으며, 조통은 겨우 음音을 읽고 해석할 수 있는 수준을 말한다.[424]

시험을 치른 뒤에는 3월, 6월, 9월, 12월에 3개월 동안의 성적을 모

---

419 정해은, 「조선 정조 대 훈련원의 정비 방향과 금군강화-1797년의 〈훈련원절목〉을 중심으로」, 『역사학연구』 88, 2022, 183~184쪽.

420 『일성록』 정조 20년 12월 16일(신해).

421 『전주찬요』 권1, 능마아청, "堂上, 今爲四員."

422 『일성록』 정조 21년 12월 28일(계해); 정조 22년 1월 11일(병자).

423 『속대전』 권4, 병전 시취 武臣堂下〈能麽講〉.

424 『성종실록』 권98, 9년 11월 25일(임오).

아 병조에 보고했고, 성적이 좋지 못한 자에게는 엄한 벌을 내렸다. 연달아 3번 불통不通을 받으면 파직하고, 2번 불통을 받으면 추고推考하고, 1번 불통은 받으면 입직의 벌을 내렸다. 병으로 응시하지 못한 자는 불통으로 간주할 정도로 엄격했다.425

이후 『대전통편』에서는 규정이 조금 완화되었다. 먼저, 당하 선전관은 능마아강 대상에서 제외되었으며, 성적이 부진한 자에게 내리는 벌도 완화되었다. 구체적으로는 불통 판정을 1차례부터 3차례까지 받은 자는 종중추고從重推考의 대상이 되었다. 5차례 불통자는 월급을 건너뛰는 월봉越俸의 처벌을 받았으며, 6차례 불통자는 파면되었다.426

능마아강의 구체적인 시행 양상은 무관 노상추의 사례에서 소상히 파악할 수 있다. 노상추는 1784년(정조 8) 12월 26일부터 1787년 6월 22일까지 약 2년 6개월 동안 무겸 선전관으로 근무했다. 이 기간 동안 노상추가 참가한 능마아강 횟수는 약 27회였으며, 연도별로는 1785년 11회, 1786년 13회, 1787년(6개월) 3회였다. 이는 정조가 연소한 무관들의 진법 실력을 높이기 위해 능마아강의 실시를 거듭 강조한 결과였다.427

노상추는 1786년과 1787년의 일기에서 자신이 치른 『병학지남』의 대목을 기록해두었다. 그 내용은 영진營陣 1장, 2장, 2장, 4장, 6장, 7장, 8장, 9장, 11장이며, 장조場操 1장, 2장, 3장, 4장이었다. 이를 통해 「영진정구營陣正彀」와 「장조정식場操定式」을 순차적으로 치렀음을 알 수 있다.

---

425 『속대전』 권4, 병전 시취 武臣堂下〈能麽講〉; 『전율통보』 권4, 병전 시취 武臣堂下試講.

426 『대전통편』 권4, 병전 시취 능마아강.

427 『일성록』 정조 21년 10월 20일(을묘).

〈표 38〉 무겸 선전관 노상추가 치른 능마아강

연월		장소	대문大文	진陣
1785년 (11회)	2.22	남소영	(기록 없음)	
	3.21	남소영		
	3.27	훈련원		
	7.17	·		
	7.24	·		
	9.14	·		
	9.28	·		
	10.12	·		
	10.30	·		
	11.10	·		
	12.20	·		
1786년 (13회)	1.29	·	영진 1장	개영행도開營行圖
	2.17	·	영진 2장	원앙대쌍인행도鴛鴦隊雙人行圖
	3.20	·	불참	
	6.22	남별영	영진 3장	매기삼대평행도每旗三隊平行圖
	8.17	훈련원	영진 4장	일사오초행진도一司五硝行陣圖
	8.27	남소영	·	
	9.18	·	영진 6장	분사로행영진도分四路行營陣圖
	9.30	훈련원	영진 7장	좌우오환반집기도左右伍換班執器圖
	10. 7	훈련원	영진 8장	일대전신향후도一隊轉身向後圖
	10.22	·	영진 9장	행영전신향후도行營轉身向後圖
	10.27	남소영	지각으로 시험을 보지 못했으나 참석 처리	
	11.12	·	영진 11장	일로행우경렬진도一路行遇警列陣圖
	11.24	남별영	장조 1장	이로행우경렬진도二路行遇警列陣圖
1787년 (3회)	2.10	훈련원	장조 2장	사로행우경렬진도四路行遇警列陣圖
	2.22	남소영	장조 3장	파렬대대도擺列大隊圖
	5.25	북일영	장조 4장	열개소대도列開小隊圖

(자료: 『노상추일기』)

시험 장소는 훈련원을 비롯해 남소영, 남별영, 북일영 등이었다. 남소영은 어영청의 청사, 남별영은 금위영의 청사, 북일영은 훈련도감의 청사였다. 이처럼 능마아강의 장소가 매번 달랐던 것은 능마아청의 당상관을 삼군문의 중군이 겸임했으므로, 중군의 소속에 따라 장소가 유동적으로 결정되었기 때문으로 보인다.

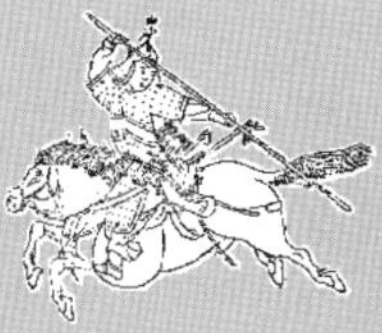

제5부

지방의 변장과 보좌직

지방의 변장과 보좌직

14장

변장의 개념과 규모

1. 변장의 개념과 범주

조선시대 변장邊將은 군사적 핵심 지역인 진鎭이나 보堡를 책임지는 전임專任 무관직을 뜻한다. 주로 북쪽의 양계兩界나 남쪽의 해안과 같은 변경 지역에 배치된 서반 외관직으로, 첨절제사僉節制使, 동첨절제사同僉節制使, 만호萬戶, 권관權管, 별장別將 등이 이에 해당한다.

우후虞候를 변장에 포함하기도 하지만,[1] 이는 신중할 필요가 있다. 『속대전』에 따르면, "변장과 아직 부임하지 않은 병마 우후, 수군 우후가 상피 관계에 있으면 우후를 교체한다."[2]라고 명시되어 있어 변장과 우후를 구분했다. 『전주찬요』에도 "변수邊帥, 영장營將, 중군, 우후, 변장이 부임한 뒤 부모 나이가 기한이 차면 문서로 보고하여 교체한다."[3]라는 규정이 있는데, 『속대전』과 마찬가지로 우후와 변장을 구분

---

1 『官案』 1, 邊將. 이 『관안』은 1869년 12월 도목정사에서 실시한 인사 발령의 내용이다(『승정원일기』 고종 6년 12월 21일(무오)). '변장' 조에 우후, 첨사, 만호, 별장으로 임명된 23명의 성명이 기록되어 있어 우후를 변장에 포함시켰다.

2 『속대전』 권1, 이전 相避, "〈邊將與未赴任兵水虞候相避, 則虞候遞改〉."

3 『전주찬요』 권1, 외관직(영인본 136쪽). 이 규정에서 부모 나이가 기한이 찼다는 것은 부모가 75세가 되었음을 의미한다(『속대전』 권4, 병전 雜令, "邊將邊帥, 父母七十五

했다. 이러한 점을 고려할 때, 우후를 변장의 범주에서 제외하는 것이 타당하다고 판단된다.

또한, 변장은 권관과 별장을 제외하고 첨절제사, 동첨절제사, 만호만을 지칭하기도 했다. 1778년(정조 2) 정조는 『흠휼전칙欽恤典則』을 전국에 반포할 때 "병마절도사, 수군절도사, 수령, 변장, 찰방, 영장, 권관, 별장 등의 처소에 두루 반포"[4]하라고 지시했다. 같은 해에 반포한 『명의록속편언해明義錄續編諺解』도 『흠휼전칙』의 사례에 따라 절도사 관할의 도사, 우후, 수령, 찰방, 변장, 영장, 별장, 권관 등에게 배포하라고 지시했다.[5] 이 지시에서 주목할 점은 정조가 변장과 권관, 별장을 구분했다는 것이다. 즉, 정조가 언급한 변장의 범주에는 첨절제사, 동첨절제사, 만호만 포함한 것으로 보인다.

한편, 간혹 예외적으로 변방에 부임한 수령을 변장이라 부르기도 했다. 예를 들어, 구성 부사 김완을 "서쪽 땅의 변장"[6]이라 표현한 사례가 그것이다. 그러나 법제적으로는 "수령과 찰방은 부임한 날부터 임기를 계산한다〈변장도 같다〉."[7]라는 규정에서 알 수 있듯이, 수령과 변장은 명확히 구분되는 직임이었다. 따라서 김완을 변장이라 표현한 것은 직함으로서의 변장이 아니라, 변방의 장수라는 일반적인 의미에서 사용한 것으로 보인다. 변방의 수령은 '변읍 수령邊邑守令', '변지수령邊地守令', '변수邊守', '변쉬邊倅' 등 용어가 따로 있었으며, 모두 변지수령을 지칭한다.[8] 이와 비슷하게 '변수邊帥'라는 말도 있는데, 각도의 군사

歲者, 許遞.").

4 『일성록』 정조 2년 1월 13일(갑술).

5 『일성록』 정조 2년 5월 24일(계미).

6 『비변사등록』 인조 2년 3월 5일.

7 『속대전』 권1, 이전 외관직, "守令察訪, 以到任日始計〈邊將同〉."

를 통솔하는 절도사나 통제사를 의미했다.[9]

이와 같이 '변장'은 첨절제사, 동첨절제사, 만호, 별장, 권관 등의 관직을 포괄하는 용어였으며, 좁은 의미에서는 첨절제사, 동첨절제사, 만호만을 가리켰다. 이들 직임에는 수령이 겸임하는 자리도 있었으나, 제도적으로는 수령이 아닌 전담자를 임명한 경우에만 변장으로 분류하는 것이 타당하다. 따라서 이 책에서는 '변장'이라는 용어를 수령이 겸임하지 않고 전임자로 임명된 첨절제사, 동첨절제사, 만호, 권관, 별장을 지칭하는 개념으로 사용했다.

2. 변장의 규모

서반 외관직 중 변장의 규모

조선시대에 변장의 규모는 일차적으로 법전을 통해 확인할 수 있다. 이를 위해 『경국대전』, 『속대전』, 『대전통편』의 「외관직」 조항에 명시된 첨절제사, 동첨절제사, 만호, 권관, 별장의 인원을 조사하고, 이를 〈표 39〉에 정리했다.

---

8 용례를 순서대로 하나씩 소개하면 다음과 같다. ① 변읍수령: "一圈以上六十一人, 以備邊帥及邊邑守令擇擬."(『광해군일기』 권73, 5년 12월 16일(기해)), ② 변지수령: "邊地守令及各鎭浦邊將, 名雖付料, 而其家屬之在京親受者無多, 盡爲該吏輩, 冒受竊用之資, 此弊已久甚."(『승정원일기』 인조 18년 7월 10일(기축)), ③ 변수: "武臣之除邊將邊守者, 雖有年老父母, 不許遞改, 久成規例矣."(『승정원일기』 숙종 1년 7월 4일(경인)), ④ 변쉬: "邊將邊倅, 父母年七十五歲以上者, 改差……〈康熙乙卯承傳〉."(『수교집록』 권4, 병전, 官職). 조선 후기 변지수령은 총 16명이며, 변지첨사와 마찬가지로 특별 고을이 지정되어 있었다(이 책 11장의 각주 110번 참조).

9 『경국대전』 권4, 병전 잡령, "邊將邊帥, 父母七十五歲者, 許遞."; 『승정원일기』 현종 5년 2월 9일(임인); 숙종 23년 6월 13일(신유).

이 표에서 '전체'는 법전에 기록된 첨절제사, 동첨절제사, 만호, 병마절제도위, 권관, 별장의 총인원을 의미한다. 변장의 규모를 파악하기에 앞서 서반 외관직의 전체 구조를 검토할 필요가 있다고 판단해 함께 제시했다. 조사 결과, 『경국대전』 452명, 『속대전』 580명, 『대전통편』 543명으로 나타났다. 이 밖에 표에는 포함하지 않았으나 『전율통보』에도 544명이 기록되어서 『대전통편』과 거의 동일한 수치를 보여주었다.[10]

먼저 『경국대전』과 『속대전』을 비교해 보면, 병마첨절제사는 53명에서 66명으로, 병마동첨절제사는 105명에서 121명으로, 병마 만호는 18명에서 41명으로 증가했다. 반면, 병마절제도위는 209명으로 변동이 없다. 수군첨절제사는 12명에서 19명으로 늘었고, 수군동첨절제사 17자리가 새로 설치되었다. 수군 만호는 55명에서 37명으로 줄었다.

이처럼 『속대전』에서 첨절제사, 동첨절제사, 만호의 규모에 변동이 생긴 이유는 첨절제사 · 동첨절제사 · 만호 간의 승진이나 강등, 병마와 수군 간의 이동, 그리고 신규 설치나 혁파가 있었기 때문이다. 또 권관과 별장이 각각 35명씩 신설되면서 이러한 변화가 더욱 두드러졌다.

다음으로 〈표 39〉에 나오는 '변장'이 이 책에서 검토하는 변장에 해당한다. 법전에서 '전체' 인원 중 변장의 자리를 조사할 때는 주의가 필요하다. 『경국대전』에서는 병마첨절제사와 병마동첨절제사, 병마절제도위에 대해 "모두 수령이 겸임하며, 모든 도가 같다."[11]라고 명시되

10 『전율통보』 권4, 병전 외관직. 해당 내역은 병마첨절제사 73명, 병마동첨절제사 133명, 병마 만호 40명, 병마절제도위 160명, 수군첨절제사 21명, 수군동첨절제사 16명, 수군 만호 35명, 권관 31명, 별장 35명이다. 『대전통편』과 비교하면, 병마첨절제사, 병마동첨절제사, 별장의 자리에서 각각 1명씩 차이가 난다.

11 『경국대전』 권4, 병전 외관직, "兵馬僉節制使四員……〈竝守令帶, 諸道同〉."; "兵馬同僉節制使十四員……〈竝守令帶, 諸道同〉."; "兵馬節制都尉二十二員……〈竝守令帶, 諸

〈표 39〉 서반 외관직('전체') 중 변장 인원

관직 \ 법전		경국대전		속대전		대전통편	
		전체	변장	전체	변장	전체	변장
병마	첨절제사	53	12	66	25	72	25
	동첨절제사	105	·	121	16	134	17
	만호	18	18	41	41	40	40
	절제도위	209	·	209	·	160	·
수군	첨절제사	12	12	19	19	21	18
	동첨절제사	·	·	17	17	16	16
	만호	55	54	37	37	35	35
권관		·	·	35	35	31	31
별장		·	·	35	35	34	34
계		**452**	**96**	**580**	**225**	**543**	**216**

었고, 이 규정은 『대전통편』에서도 유지되었다.

위의 규정에 따르면, 해당 관직은 모두 수령이 겸임하는 직책이어서 변장이 없다고 해석할 수 있다. 그러나 병마절제도위를 제외하고 병마첨절제사와 병마동첨절제사의 자리 중 전임專任 관원을 배치한 곳들이 있었다. 따라서 변장의 규모를 파악하기 위해서는 세밀한 조사와 명확한 기준이 필요하다. 이 책에서는 다음과 같은 조사 방식을 적용했다.

첫째, 『속대전』과 『대전통편』에서 서반 외관직 중 전임 병마첨절제사와 병마동첨절제사를 배치한 지역을 선별하기 위해, 해당 법전의 「이전」 조항에서 수령이 파견되지 않은 지역을 조사했다.

예를 들어, 『속대전』에는 경기의 병마첨절제사가 2명 추가되어서 『경국대전』에 명시된 4곳과 합쳐 총 6곳이 되었다. 즉, 광주, 수원, 양주, 장단, 여현, 월곶이었다. 이 6곳을 「이전」 조항에서 확인한 결과,

---

道同〉."

여현진과 월곶진에는 수령이 파견되지 않았음을 알 수 있었다. 따라서 이 두 진은 수령이 겸임하지 않고 전임 첨절제사를 배치한 곳이 된다.[12]

이와 함께 1799년(정조 23)에 정리된 겸직 직함 내용도 참고했다.[13] 이 자료는 병조에서 각 도에 관문을 보내 감사, 병마절도사, 수군절도사, 수령, 변장 중 겸직 여부를 조사하게 한 후 이를 정리하여 국왕에게 보고한 내용이다. 당시 이 조사는 겸직 직함 표기가 일관성이 없는 문제점을 해결하기 위해 시행했는데, 겸직 여부를 파악하는 데 매우 유용하다.

예를 들어, 이 자료에 여현진과 월곶진의 직함이 각각 '여현진 병마첨절제사', '월곶진 병마첨절제사'로 기록되었으므로, 수령이 겸임하지 않는 전임관을 배치한 곳임을 알 수 있다. 반면, 수원과 광주의 경우 유수부가 되었고, 양주진은 '양주목사 겸 양주진 병마첨절제사', 장단은 '장단부사 겸 장단진 병마첨절제사'로 나타나 수령이 병마첨절제사의 직책을 겸임했음을 보여준다. 이는 앞서 법전을 토대로 조사한 결과를 검증하는 데 큰 도움이 되었다.

둘째, 『경국대전』에 기록된 병마첨절제사나 수군첨절제사 중 "경직京職으로 겸임한다."라고 부기된 13곳은 전임관을 배치한 곳으로 파악했다. 병마첨절제사는 함경도의 훈융진訓戎鎭, 동관진潼關鎭, 고령진高嶺鎭, 유원진柔遠鎭, 미전진美錢鎭, 혜산진惠山鎭, 평안도의 만포진滿浦鎭, 인산진麟山鎭, 방산진方山鎭, 벽단진碧團鎭, 창주진昌洲鎭, 고산리진高山里鎭 등 12

12 변장 배치 지역을 조사한 결과, 『속대전』에서 추가, 신설, 교체된 진·보들은 대부분 전담 변장을 파견한 곳들이었다.

13 『일성록』 정조 23년 4월 9일(정유).

곳이며, 수군첨절제사는 경상도의 제포진薺浦鎭 1곳이었다.[14]

선행 연구에서도 이 진들에 대해 국방 요충지로서 전임 첨절제사를 배치하고, 녹봉을 지급하는 방안으로 경관직을 겸임하는 형식을 취했다고 분석했다.[15] 실제로 조선왕조실록에서 해당 진들을 조사한 결과, 조선 전기에 '훈융 첨절제사', '만포 첨사', '제포 첨사' 등으로 불리며 전임 첨절제사를 파견한 곳임을 확인할 수 있었다.[16] 조선 후기에 이르러 이 규정이 모두 폐지되었으나, 여전히 전담 첨절제사의 파견 지역으로 확인되었다. 따라서 위의 13곳 모두 변장 배치 지역으로 판단했다.

이러한 방식으로 병마첨절제사와 병마동첨절제사 중 전담 자리를 조사한 결과가 바로 〈표 39〉의 '변장'에 해당한다. 그 규모를 살펴보면, 『경국대전』에서는 452명 중 96명(21.2%), 『속대전』에서는 580명 중 225명(38.8%), 『대전통편』에서는 543명 중 216명(39.8%)으로 나타났다. 『경국대전』에서 96명이던 인원이 『속대전』에서 225명으로 2.3배 증가했으며, 이후 『대전통편』에서는 『속대전』보다 9명이 감소했다. 이러한 조사 결과를 통해 변장의 규모가 『경국대전』과 『속대전』의 사이에 크게 변화했으며, 『속대전』과 『대전통편』 사이에는 거의 변동이 없었음을 알 수 있다. 그 주요 변화는 다음의 네 가지로 집약할 수 있다.

첫째, 변장 직임 중에는 병마와 수군 모두 동첨절제사의 변화가 가장 두드러졌다. 『경국대전』에서는 전임 병마동첨절제사를 두지 않았

14 『경국대전』 권4, 병전 외관직 영안도, "兵馬僉節制使十五員〈……訓戎潼關高嶺柔遠美錢惠山, 則以京職兼〉."; 평안도 "兵馬僉節制使十六員〈……滿浦麟山方山碧團昌洲高山里, 則以京職兼〉."; 경상도, "水軍僉節制使二員〈……薺浦鎭[屬右道], 以京職兼〉."

15 『역주 경국대전-주석편』, 한국정신문화연구원, 1986, 568쪽, 주175번(민현구 작성).

16 『성종실록』 권9, 2년 1월 24일(정유); 권18, 18년 11월 2일(정유); 『중종실록』 권5, 3년 1월 6일(갑진).

으나, 『속대전』에서는 전임직으로 16명이 새롭게 배치되었다. 수군의 경우 『경국대전』에 동첨절제사라는 관직 자체가 없었으나, 『속대전』에서는 전임 수군동첨절제사만 17명이 새로 편제되며 뚜렷한 변화를 나타냈다.

둘째, 병마 분야의 인원 변동이 수군에 비해 더 큰 변화를 보였다. 병마 변장은 30명에서 82명으로 약 2.7배 증가한 반면, 수군 변장은 66명에서 73명으로 소폭 증가했다. 구체적으로 살펴보면, 병마첨절제사는 12명에서 25명으로 2배 증가했고, 병마동첨절제사 16명이 새로 배치되었다. 병마 만호 역시 18명에서 41명으로 2.3배 증가했다. 반면, 수군에서는 수군첨절제사는 12명에서 19명으로 소폭 늘었고, 수군동첨절제사는 신규로 17명을 배치했으나, 수군 만호는 54명에서 37명으로 오히려 감소했다.

셋째, 수군의 진보에는 병마와 달리 대부분 변장을 배치했으나 시기별로 미세한 변화가 있었다. 수군첨절제사는 모두 변장이 배치되었으나, 『대전통편』에서 평안도의 삼화三和와 선천宣川이 첨사진으로 승격되면서 부사 겸임의 첨절제사가 1자리씩 추가되어 '전체'가 21명이 되었다. 이와 함께 강원도의 삼척보진이 영장 겸임 자리로 변경되며 변장 수는 18명이 되었다. 반면, 수군 만호는 『경국대전』에서 경기의 교동량 만호가 유일하게 수령이 겸임하는 자리였으나, 『속대전』에서 부사 파견 지역으로 승격되면서 겸임 자리가 없어졌다.

넷째, 조선 후기 변장의 증가를 이끈 주요 요인은 권관과 별장의 등장이었다. 표에서 보듯이 권관과 별장은 모두 전임관으로 파견하여 겸직하는 곳이 한 곳도 없었다. 권관은 『경국대전』에 기록되지 않았으나 『신증동국여지승람新增東國輿地勝覽』에서 확인되며, 『속대전』에 이

르러 지역과 인원이 명시되었다. 별장은 조선 전기에는 존재하지 않다가 주로 숙종 대에 신설되었다.[17]

도별 변장의 규모

변장은 국방상의 변무邊務를 수행하는 직책인 만큼, 지리적 요충지를 고려한 지역별 검토가 필수적이다. 이에 도별 변장 배치의 특징을 살펴보기 위해 『경국대전』과 『속대전』에 나타난 변장 인원을 도별로 세분하여 〈표 40〉에 제시했다. 이 표는 앞서 〈표 39〉에 나오는 '변장' 규모 가운데 『경국대전』과 『속대전』의 내용을 기준으로 도별 분포의 특징을 파악하고자 정리한 것이다.

표에서 『속대전』을 기준으로 조선 후기 변장을 가장 많이 배치한 도는 평안도 59명이며, 이어서 함경도 49명이었다. 다음으로 경상도 41명, 전라도 30명, 황해도 20명, 경기 19명, 충청도 5명, 강원도 2명의 순이다.

이 가운데 병마 변장이 많은 도는 평안도 37명과 함경도 30명이며, 수군 변장이 많은 도는 경상도 25명과 전라도 24명이었다. 이러한 수치만으로도 조선 후기 육상 방어의 중심지는 평안도와 함경도이며, 해안 방어의 중심지는 경상도와 전라도임을 확인할 수 있다. 반면, 전국에서 변장을 가장 적게 배치한 도는 강원도로 단 2명만 파견되었다.

표에서 『속대전』에 나타난 병마 변장의 도별 배치 현황을 살펴보면, 평안도의 변장 수가 두드러지게 증가했다. 병마첨절제사의 경우

---

17 『신보수교집록』 병전, 외관직.

『경국대전』에서는 6명이었으나, 『속대전』에서는 12명으로 증가했고, 병마 만호 또한 4명에서 15명으로 크게 확대되었다. 여기에 더해 새로 설치한 병마동첨절제사 16명 중 10명을 평안도에 집중 배치한 점은 조선 후기 평안도 지역이 군사적으로 한층 중시되었음을 시사한다. 함경도 또한 병마첨절제사가 6명에서 10명으로, 병마 만호가 14명에서 18명으로 증가했고, 병마동첨절제사도 신규로 2명을 두었다.

황해도의 변화도 흥미롭다. 조선 후기에 병마첨절제사 1명, 병마동첨절제사 4명, 병마 만호 3명 등 무려 8명이 신규로 배치되며 큰 변화를 보여주었기 때문이다. 경기에도 병마첨절제사 2명과 병마 만호 5명이 새로 배치되며 황해도 못지않은 변화를 나타냈다. 반면, 충청도, 경상도, 전라도에는 조선 전기부터 『속대전』에 이르기까지 병마첨절제사, 병마동첨절제사, 병마 만호를 전혀 배치하지 않았다.

다음으로 조선 후기 수군 변장은 지역별로 경기, 충청도, 황해도에서 두드러진 변화가 나타났다. 가장 주목할 사항은 수군동첨절제사 17명을 신규로 배치한 점이다. 경기 2명, 경상도 4명, 전라도 6명, 황해도 5명이며, 충청도, 강원도, 함경도, 평안도에는 배치하지 않았다. 동첨절제사는 『경국대전』에서 수군에 두지 않은 관직이었으므로 이는 큰 변화라 할 수 있다.

이어서 수군첨절제사는 소폭 증가하고, 수군 만호는 감소하는 경향을 보였다. 수군첨절제사는 경기 · 충청도 · 전라도가 각각 2명씩, 경상도가 1명 증가했으며, 황해도와 강원도는 변동이 없다. 수군 만호는 경기, 충청도, 황해도, 강원도의 경우 각각 1명씩만 남기고 모두 폐지했고, 경상도와 전라도는 각각 1명씩 줄었다. 경기는 수군첨절제사가 1명에서 3명으로 늘었으나, 수군 만호는 4명에서 1명으로 줄었다.

〈표 40〉『경국대전』, 『속대전』의 도별 변장 인원

종류 / 지역	병마						수군					권관	별장	계	
	첨절제사		동첨절제사		만호		첨절제사		동첨절제사	만호					
	경	속	경	속	경	속	경	속	속	경	속	속	속	경	속
경기	·	2	·	·	·	5	1	3	2	4	1	·	6	5	19
충청도	·	·	·	·	·	·	2	4	·	3	1	·	·	5	5
경상도	·	·	·	·	·	·	2	3	4	19	18	5	11	21	41
전라도	·	·	·	·	·	·	2	4	6	15	14	·	6	17	30
황해도	·	1	·	4	·	3	1	1	5	6	1	·	5	7	20
강원도	·	·	·	·	·	·	1	1	·	4	1	·	·	5	2
함경도	6	10	·	2	14	18	·	·	·	3	1	16	2	23	49
평안도	6	12	·	10	4	15	3	3	·	·	·	14	5	13	59
계	**12**	**25**	**·**	**16**	**18**	**41**	**12**	**19**	**17**	**54**	**37**	**35**	**35**	**96**	**225**

끝으로, 『경국대전』에는 등장하지 않았으나 『속대전』에 새롭게 등장한 권관 35명은 함경도에 16명, 평안도에 14명, 경상도에 5명을 배치하여, 함경도와 평안도 두 지역에 집중되었음을 알 수 있다. 반면, 별장은 충청도와 강원도를 제외하고 경상도에 11명, 경기와 전라도에 각각 6명, 황해도와 평안도에 각각 5명, 함경도에 2명을 배치했다.

이상의 내용을 종합하면, 『속대전』을 기준으로 변장은 총 225명으로, 『경국대전』에 비해 약 2.3배 증가했다. 병마 변장의 경우, 첨절제사와 만호의 수가 2배 이상 증가하고, 동첨절제사 16명이 새로 배치되는 등 구조적 변화가 있었다. 무엇보다도 함경도와 평안도 지역에서의 증원이 두드러졌다. 수군 변장도 인원이 늘었으나 경상도와 전라도 지역을 중심으로 그 배치가 재편되었다.

이러한 변동은 대외 정세와 국내의 정치·사회적 상황, 특히 북방에 대한 군사적 관심의 증대 및 진보의 재정 여건에서 기인한 것으로 보인다. 이에 따라 변장의 강등·신설·폐지뿐만 아니라 병마와 수군

간의 직제 이동이 빈번히 이뤄졌으며, 18세기 후반 관찰사들이 보고한 '진보혁폐성책鎭堡革廢成冊'[18]이 있을 만큼 변화가 끊이지 않았다. 다음 장에서는 이러한 전체적인 양상을 바탕으로 첨절제사와 동첨절제사, 만호, 권관을 중심으로 조선 후기 변장의 구체적인 동향을 검토하고자 한다.

18 『승정원일기』 정조 16년 5월 22일(기미), "蔡濟恭曰, 楊下鎭革罷之議, 匪今斯今, 而尙此因循矣, 以今番道臣鎭堡革廢成冊見之, 本鎭鎭民, 不過十餘戶, 此固不成貌樣, 而所處又非關阨要害, 依前附之灣府, 差出別將, 使之因屬於白馬山城, 恐爲得宜, 故敢達矣."

15장

첨절제사와 동첨절제사

1. 첨사의 규모

'첨사'의 범주

조선 후기에 '첨사僉使'는 전임專任으로 임명된 첨절제사僉節制使와 동첨절제사同僉節制使를 통칭하는 용어였다. 조선 초기에는 전임 첨절제사만을 첨사라고 불렀으나,[19] 조선 후기에는 전임 동첨절제사 또한 첨사라 불리게 되었다. 이러한 변화는 조선 후기에 병마동첨절제사 에 전임 관원을 배치하고, 수군동첨절제사를 새로이 설치한 데에서 비롯된 결과였다. 이는 곧 첨사의 범주와 규모가 확대되었음을 의미한다.

조선 후기에 전임 동첨절제사를 첨사라 칭한 사례는 법전에서 확인할 수 있다. 대표적으로 『대전통편』에 "구산 첨사龜山僉使, 적량 첨사赤梁僉使, 제포 만호薺浦萬戶는 두 차례 무사히 조운을 영솔하면 영문에서 장계로 가자加資를 청한다."[20]라는 규정이 실려있다. 당시 구산 첨사는

19 『역주 경국대전-주석편』, 568쪽, 주175번(민현구 작성); 오종록, 『조선초기 양계의 군사제도와 국방』, 국학자료원, 2014, 282쪽.

경상도의 수군동첨절제사, 적량 첨사는 경상도의 수군동첨절제사이었으므로,[21] 동첨절제사 역시 첨사라 지칭했음을 알 수 있다.

첨절제사는 종3품의 서반 외관직으로 병마와 수군으로 나뉜다. 첨절제사를 배치한 지역은 '수원진水原鎭', '백치진白峙鎭'처럼 지명 끝에 '진鎭' 자를 붙였다. 진관체제에서 '진'은 주진主鎭, 거진巨鎭, 제진諸鎭으로 나뉘므로 일반적으로 '진'을 군사지역으로 보고 있다. 그러나 조선 후기 법전에서 지명 끝에 '진' 자를 붙인 곳은 대부분 첨절제사를 배치한 곳으로 나타났다.

동첨절제사는 종4품의 서반 외관직으로 첨절제사와 마찬가지로 병마와 수군으로 나뉜다. 품계는 만호와 동일하나 위상은 만호보다 높은 점이 특징이다.[22] 또한 앞장에서 강조했듯이 조선 후기에는 병마동첨절제사 중 수령이 겸임하지 않는 전임 관원 16명 전원을 황해도, 함경도, 평안도에만 집중적으로 배치하고, 수군동첨절제사 17명 전원을 경기, 전라도, 경상도, 황해도에만 새로이 설치하는 변화가 생겼다.

병마 첨사의 배치 지역

조선 후기에 첨절제사와 동첨절제사의 구체적인 배치 지역을 파악하기 위해 병마와 수군을 나누어 도별 조사를 실시했다. 먼저, 〈표 41〉은 앞장에서 제시한 〈표 39〉에 나오는 '변장' 중 병마첨절제사와

---

20 『대전통편』 권1, 이전 考課, "〈龜山赤梁僉使, 薺浦萬戶, 二次無欠領運, 營門狀請加資〉."

21 『대전통편』 권4, 병전 외관직 경상도.

22 『성종실록』 권236, 21년 1월 24일(정축).

〈표 41〉 도별 병마 첨사 배치 지역

법전 지역	경국대전	속대전		대전통편	
	첨절제사	첨절제사	동첨절제사	첨절제사	동첨절제사
경기	·	여현진, 월곶진	·	여현진, 월곶진	초지량
황해도	·	산산진	문성, 선적 백치, 동리	·	문성, 선적 백치, 동리 산산
함경도	훈융진 동관진 고령진 유원진 미전진 혜산진	혜산진, 훈융진 동관진, 고령진 유원진, 미전진 별해진, 볼하진 어유간진 성진진	갈파지 서북	혜산진, 별해진 장진책진, 훈융진 동관진, 고령진 유원진, 미전진 어유간진 볼하진, 성진진	갈파지 서북
평안도	만포진 인산진 방산진 벽단진 창주진 고산리진	만포진, 인산진 벽단진, 창주진 고산리진 미곶진, 청성진 위곡진, 신광진 영성진, 우현진 아이진	상토, 유원 청강, 안의 천마, 차령 시채, 천수 토성, 고성	만포진, 인산진 벽단진, 창주진 고산리진, 미곶진 청성진, 위곡진 신광진, 영성진 우현진, 아이진	고성, 토성 안의, 서림[23] 상토, 유원 천마, 차령 시채
소계	12	25	16	25	17
계	**12**	**41**		**42**	

병마동첨절제사의 배치 지역을 정리한 결과다.

이 표의 내용을 명확히 이해하기 위해 다시 한번 강조하자면, 여기서 산출한 첨사의 규모는 '고성진 병마첨절제사古城鎭兵馬僉節制使'나 '문성병마동첨절제사文城兵馬同僉節制使'처럼 변장으로 임명된 전임 관원만을 기준으로 한 것이다. 즉, "여주 목사 겸 여주진 병마첨절제사"와 같이 수령이 겸임하는 첨절제사와 동첨절제사를 제외한 수치다.

『속대전』을 기준으로 병마 첨사는 총 41명으로 병마첨절제사 25명, 병마동첨절제사 16명이었다. 『경국대전』의 12명에 비해 무려 3.4배나

23 서림西林은 1769년(영조 45)에 '청강'을 고친 이름이다(『전주찬요』 권1, 久勤僉使(영인본 174쪽)).

증가한 수치다. 도별로 병마 첨사의 인원을 보면, 경기 2명, 황해도 5명, 함경도 12명, 평안도 22명으로 평안도가 가장 많고, 충청도, 경상도, 전라도, 강원도에는 병마 첨사를 두지 않았다. 『속대전』을 토대로 도별 병마 첨사의 배치 지역을 구체적으로 검토하면 다음과 같다.[24]

① 경기의 병마 첨사는 총 2명이었다. 병마첨절제사만 새롭게 여현진礪峴鎭과 월곶진月串鎭에 배치했으며, 병마동첨절제사는 두지 않았다. 이 중 여현진은 신규로 지정된 곳이며, 월곶진은 수군첨절제사에서 병마첨절제사로 전환된 곳이었다.

② 황해도의 병마 첨사는 총 5명이었다. 병마첨절제사는 산산진蒜山鎭에 1명을 배치했는데 이전까지 전임 관원을 두지 않다가 산산진에 신규로 설치한 것이다. 병마동첨절제사는 경기와 마찬가지로 이전까지 전임 관원을 두지 않다가 새롭게 4명을 배치했다. 위치는 황주 진관의 문성文城, 선적善積, 백치白峙, 동리東里이며, 모두 신규 지정이었다.

③ 함경도의 병마 첨사는 총 12명이었다. 병마첨절제사가 총 10명으로, 혜산진惠山鎭, 훈융진訓戎鎭, 동관진潼關鎭, 고령진高嶺鎭, 유원진柔遠鎭, 미전진美錢鎭, 별해진別害鎭, 볼하진乶下鎭, 어유간진魚游澗鎭, 성진진城津鎭에 배치했다. 『경국대전』에 명시된 6곳이 그대로 유지되었고, 별해진, 볼하진, 어유간진, 성진진이 추가되었다. 이 중 별해진 · 볼하진 ·

24 『속대전』에 나오는 병마 첨사가 배치된 진들의 연혁은 『대전통편』을 참고하여 조사했다. 『속대전』에는 해당 진들의 연혁이 나오지 않지만, 『대전통편』에는 해당 진이 『속대전』 당시 신규로 지정된 지역이면 '가加' 자를 사용하고, 변동 사항이 있으면 "魚游澗鎭〈[原]萬戶, 屬鏡城, [續]陞〉"과 같은 방식으로 기록했다. 다만, 『대전통편』의 기록과 실제 연혁 사이에는 차이가 존재하는 경우도 확인된다. 예를 들어, 청강은 『대전통편』에서 『속대전』 시기의 신규 진으로 나타나지만, 1679년에 별장이 설치되고, 1680년에 만호로 승격되며, 1731년에 첨사가 되었다(『전주찬요』 권1, 久勤僉使(영인본 174쪽)). 이 사례에서 보듯이 『대전통편』의 연혁에는 누락된 사항이 있을 수 있으나, 개별 사례에 대한 연혁을 모두 확인하기에는 한계가 있어 『대전통편』을 기준으로 분석을 진행했다.

성진진은 신규 지정이며, 어유간진은 병마 만호에서 승격된 곳이다. 또한, 성진 첨사가 함경도 병마방어사(종2품)를 겸임했다.

병마동첨절제사는 총 2명으로 이전까지 전임 관원을 두지 않다가 새로 갈파지乫波知와 서북西北에 배치했다. 갈파지는 신규 지역이며, 서북은 병마 만호에서 승격된 곳이었다.

④ 평안도의 병마 첨사는 총 22명이었다. 병마첨절제사가 총 12명으로, 만포진滿浦鎭, 인산진麟山鎭, 벽단진碧團鎭, 창주진昌洲鎭, 고산리진高山里鎭, 미곶진彌串鎭, 청성진淸城鎭, 위곡진委曲鎭, 신광진神光鎭, 영성진寧城鎭, 우현진牛峴鎭, 아이진阿耳鎭에 배치했다. 『경국대전』에 명시된 6곳 가운데 5곳은 유지되고 방산진方山鎭은 병마 만호로 강등되었다. 여기에 미곶진 · 청성진 · 위곡진 · 신광진 · 영성진 · 우현진 · 아이진 등 7곳이 추가되었는데, 아이진만 병마 만호에서 승격된 곳이며 나머지 6곳은 신규 지정이었다.

병마동첨절제사는 총 10명으로 이전까지 전임 관원이 없다가 신규로 배치했다. 위치는 상토上土, 유원柔院, 청강淸江, 안의安義, 천마天摩, 차령車嶺, 시채恃寨, 천수天水, 토성兎城, 고성古城이며, 이 중 상토는 병마 만호에서 승격된 곳이며, 나머지 9곳은 신규 지정이었다.

이상과 같이 『속대전』을 기준으로 병마 첨사가 배치된 41곳 진보 중 신규 지정이 25곳(61%)이었고, 기존 첨사가 유지된 곳이 11곳(26.8%), 병마 만호에서 병마 첨사로 승격되어 편입된 곳이 4곳(9.8%), 수군첨절제사에서 병마첨절제사로 전환된 곳이 1곳(2.4%)으로 나타났다. 이는 조선 후기에 병마 첨사가 증가한 주요 배경에 신규 지정의 확대가 크게 작용했음을 시사한다. 특히 신규로 지정된 25곳 진보 중 평안도가 전체의 60%(15곳)를 차지해 평안도의 큰 변화를 엿볼 수 있다.

다음으로 『대전통편』의 변화를 짚어보면, 첨사의 인원은 『속대전』보다 1명이 증가해 총 42명이 되었다. 병마첨절제사는 그대로 25명이지만, 병마동첨절제사는 1명 추가되어 17명이 되었다. 도별 배치는 경기 3명, 황해도 5명, 함경도 13명, 평안도 21명으로 여전히 평안도의 비중이 높았고, 성진 첨사가 겸임한 함경도 병마방어사를 길주 목사가 겸임하는 것으로 바뀌었다.

병마첨절제사의 경우, 인원은 동일하나 배치 지역에서 약간의 변화가 있었다. 황해도의 산산진이 동첨절제사로 강등되어 제외되었고, 대신 함경도의 장진책진長津柵鎭이 추가되었다. 병마동첨절제사는 경기의 경우 초지량草芝梁에 새로 1명이 배치되고, 황해도도 산산이 강등되어 오면서 1명이 증가했다. 다만, 평안도에서 천수가 혁파되는 바람에 1명이 줄어 전체적으로는 1명의 증가에 그쳤다.

수군 첨사의 배치 지역

병마 첨사에 이어 조선 후기에 수군첨절제사와 수군동첨절제사가 파견된 지역을 도별로 조사한 결과가 〈표 42〉다. 이 표 역시 〈표 39〉에 나오는 '변장' 중 수군첨절제사와 수군동첨절제사의 배치 지역을 정리한 결과이며, 병마 첨사와 마찬가지로 수령이 겸임한 곳은 제외했다.

『속대전』을 기준으로 수군 첨사는 총 36명으로, 수군첨절제사 19명과 수군동첨절제사 17명으로 이뤄졌다. 『경국대전』의 12명에 비해 3배나 증가한 수치다. 도별로 수군 첨사의 규모를 확인해보면, 경기 5명, 충청도 4명, 경상도 7명, 전라도 10명, 황해도 6명, 강원도 1명, 평

〈표 42〉 도별 수군 첨사 배치 지역

지역 \ 법전	경국대전	속대전		대전통편	
	첨절제사	첨절제사	동첨절제사	첨절제사	동첨절제사
경기	월곶진	영종진 덕적진 덕포진	화량 주문도	영종진 덕적진 덕포진	화량 주문도
충청도	소근포진 마량진	소근포진 마량진 안흥진 평신진		소근포진 마량진 평신신	
경상도	부산포진 제포진	부산포진 가덕진 미조항진	다대포 서생포 구산포 적량	부산포진 다대포진 가덕진 미조항진	서생포 구산포 적량
전라도	사도진 임치도진	사도진 임치도진 위도진 가리포진	방답, 고군산 군산포, 법성포 임자도, 고금도	사도진 임치도진 가리포진 고군산진	방답, 법성포 위도, 군산포 임자도, 고금도
황해도	소강진	백령진	등산곶, 허사포 초도, 오차포 용매량	백령진	등산곶, 허사포 초도, 오차포 용매량
강원도	삼척포진	삼척보진			
평안도	선사포진 노강진 광량진	선사포진 노강진 광량진		선사포진 노강진 광량진	
소계	12	19	17	18	16
계	**12**	**36**		**34**	

안도 3명으로 나타났다. 전라도에 수군 첨사를 가장 많이 배치한 반면, 함경도에는 한 명도 배치하지 않았다. 『속대전』을 토대로 도별 수군 첨사의 배치 지역을 자세히 검토하면 다음과 같다.[25]

① 경기는 총 5명의 수군 첨사를 배치했다. 수군첨절제사는 총 3명으로, 새롭게 영종진永宗鎭, 덕적진德積鎭, 덕포진德浦鎭에 배치했다. 이

25 『속대전』에 나오는 수군 첨사의 연혁 조사는 병마 첨사와 마찬가지로 『대전통편』을 참고했다. 위의 각주 24번 참조.

가운데 영종진은 수군 만호에서 승격된 곳으로 경기 수군방어사까지 겸임하는 자리가 되었으며, 덕적진과 덕포진은 신규 지정 지역이다. 이전에 수군첨절제사를 둔 월곶진은 병마첨절제사로 바뀌었다.

수군동첨절제사는 총 2명이며, 화량花梁과 주문도注文島에 배치했다. 두 곳 모두 신규 지정이었다.

② 충청도는 총 4명의 수군 첨사를 배치했다. 수군첨절제사만 총 4명을 두었고, 수군동첨절제사는 전혀 두지 않았다. 수군첨절제사의 배치 지역은 기존의 소근포진所斤浦鎭과 마량진馬梁鎭에 더하여 새로이 평신진平薪鎭과 안흥진安興鎭을 추가했다. 새로 추가한 평산진과 안흥진 모두 신규 지정이었다.

③ 경상도는 총 7명의 수군 첨사를 배치했다. 수군첨절제사는 총 3명으로 기존의 부산포진釜山浦鎭에 더하여 가덕진加德鎭과 미조항진彌助項鎭이 추가되었다. 추가된 가덕진과 미조항진 모두 신규 지정이었다.

수군동첨절제사는 총 4명이며, 다대포多大浦, 서생포西生浦, 구산포龜山浦, 적량赤梁에 신규로 배치했다. 이 중 다대포 · 서생포 · 적량은 수군 만호에서 승격된 곳이며, 구산포는 신규 지정이었다.

④ 전라도는 총 10명의 수군 첨사를 배치했다. 수군첨절제사가 총 4명이며, 기존의 사도진蛇渡鎭과 임치도진臨淄島鎭에 더하여 위도진蝟島鎭과 가리포진加里浦鎭이 추가되었다. 추가된 위도진과 가리포진은 모두 신규 지정이었다.

수군동첨절제사는 총 6명이며, 신규로 방답防踏, 고군산古群山, 군산포群山浦, 법성포法聖浦, 임자도荏子島, 고금도古今島에 배치했다. 이 중 군산포와 법성포는 수군 만호에서 승격된 곳이며, 방답 · 고군산 · 임자도 · 고금도는 신규 지정이었다.

⑤ 황해도는 총 6명의 수군 첨사를 배치했다. 수군첨절제사는 1명으로 기존의 소강진所江鎮이 수군절도사영으로 승격되면서 백령진白翎鎮으로 교체했는데, 백령진은 신규로 지정한 곳이었다.

수군동첨절제사는 총 5명이며, 등산곶登山串, 허사포許沙浦, 초도椒島, 오차포吾叉浦, 용매량龍媒梁에 신규로 배치했다. 이 중 허사포·오차포·용매량은 수군 만호에서 승격된 곳이며, 등산곶과 추도는 신규 지정이었다.

⑥ 강원도는 수군첨절제사만 1명으로 기존의 삼척포진三陟浦鎮이 그대로 유지되었고, 수군동첨절제사는 두지 않았다.

⑦ 평안도도 수군첨절제사만 총 3명으로 기존의 선사포진宣沙浦鎮, 노강진老江鎮, 광량진廣梁鎮이 그대로 유지되었고, 강원도와 마찬가지로 수군동첨절제사는 두지 않았다.

이상과 같이 『속대전』을 기준으로 수군 첨사가 배치된 36개 진보 중 신규 지정이 18곳(50%), 기존 첨사가 유지된 곳이 9곳(25%), 수군 만호에서 수군 첨사로 승격되어 온 곳이 9곳(25%)으로 나타났다. 이 결과는 조선 후기에 수군 첨사의 증가 배경이 병마 첨사와 마찬가지로 신규 지역의 확대가 중요한 역할을 했음을 보여준다.

다음으로 『대전통편』의 변화를 살펴보면, 수군 첨사의 인원이 『속대전』보다 2명 감소하여 총 34명이 되었다. 수군첨절제사는 1명이 줄어 18명이며, 수군동첨절제사도 1명 감소해 16명이 되었다. 도별로는 경기 5명, 충청도 3명, 경상도 7명, 전라도 10명, 황해도 6명, 평안도 3명으로 여전히 전라도의 비중이 높았다, 반면, 강원도는 수군 첨사를 한 명도 배치하지 않은 지역으로 변화했다.

각도의 변화를 세부적으로 살펴보면, 경기·황해도·평안도는 변동이 없으나 충청도 · 경상도 · 전라도 · 강원도는 변화가 나타났다. 충청도는 안흥진이 혁파되어 수군첨절제사가 1명 줄었다. 경상도는 인원 변동은 없으나, 다대포진이 수군동첨절제사에서 수군첨절제사로 승격되었다. 전라도도 인원 변동이 없으나, 위도진과 고군산이 맞바뀌면서 위도진은 수군첨절제사에서 수군동첨절제사로 강등되고, 고군산은 반대로 수군동첨절제사에서 수군첨절제사로 승격되었다.

강원도의 경우, 영장이 삼척 첨사를 겸임하게 되면서 기존에 배치한 수군 첨사 1명마저 혁파되어 결과적으로 첨사가 전무한 도가 되었다.

2. 첨사의 운용–변지 · 이력 · 체부 · 구근 · 자벽 첨사

변장의 구분과 차등

조선 후기 변장은 관방關防의 중요성과 역할에 따라 여러 범주로 구분되어 차등적으로 운영되었다. 이는 첨사에 부여된 '변지邊地', '이력履歷', '체부遞付', '구근久勤', '자벽自辟'과 같은 특별한 명칭을 통해 확인할 수 있다.

예를 들어, 『속대전』에는 "변지첨사는 1년 이내에 다른 직에 의망하지 못한다."[26]라는 규정이 있으며, 이는 『대전통편』과 『대전회통』에서도 그대로 유지되었다. 이 규정에 나오는 '변지'를 단순히 변방 지역이라는 일반적인 의미로 파악할 수도 있으나, '변지첨사' 자체가 하나의

26 『속대전』 권4, 병전 외관직, "邊地僉使, 周年內, 勿擬他職."

명칭이었다.

연대기 자료에는 '변지' 외에도 '이력', '체부, '구근', '자벽' 등 더 다양한 유형이 등장한다. 이러한 명칭들은 자료에 따라 '변지과邊地窠', '이력과履歷窠', '체부과遞付窠', '구근과久勤窠', '자벽과自辟窠' 등으로도 표기되었는데, 각각 변지 자리, 이력 자리, 체부 자리, 구근 자리, 자벽 자리라는 의미를 띤다.

조선 후기에 연대기 자료를 제외하고 첨사의 구분이 구체적으로 나오는 자료는 『전율통보典律通補』(1787)와 『전주찬요銓注纂要』(1823년경)이다. 먼저 『전율통보』에는 첨사 19명이 변지첨사, 이력첨사, 체부첨사로 구분되었고, 위치는 아래와 같다.[27] 이 중 갈파지는 병마동첨절제사의 자리이므로, '변지', '이력', '체부' 등의 명칭이 첨절제사와 동첨절제사 모두를 대상으로 했음을 알 수 있다.

- 변지첨사(11명) : 만포, 아이, 성진, 혜산, 고령, 장진, 훈융, 백령 고군산, 부산, 다대포
- 이력첨사(5명) : 군산, 법성, 가덕, 창주, 갈파지
- 체부첨사(3명) : 고산리, 신광, 별해

다음으로 『전주찬요』에는 『전율통보』에 언급된 변지첨사, 이력첨사, 체부첨사 외에도 '구근당상첨사', '구근첨사', '자벽첨사'가 추가로 더 나온다. 이 자료에서 흥미로운 점은 첨사, 만호, 권관, 별장을 『경

27 『전율통보』 권4, 병전 외관직, "外官職〈邊地守令……僉使, 則滿浦阿耳城津惠山高嶺長津訓戎白翎古群山釜山多大浦, ○履歷僉使, 群山法聖加德昌洲乫波知, ○遞付僉使, 高山里神光別害〉."

국대전』, 『속대전』 등 대전류大典類 법전과 달리 도별로 각각 기록하지 않고, 변지 · 이력 · 체부 · 구근 · 자벽의 기준으로 묶어서 수록한 방식이다. 수록 순서는 변지첨사, 이력첨사, 체부첨사, 체부만호, 체부권관, 구근당상첨사, 구근첨사, 구근만호, 구근별장, 구근권관, 자벽첨사, 자벽만호, 자벽별장, 자벽권관이며, 이러한 수록 방식은 변장 자리가 도별 분류보다 어떤 명칭의 자리인지가 더 중요했음을 보여준다.

『전주찬요』에는 총 77개의 첨사 자리가 나오며, 구체적으로 변지첨사 11명, 이력첨사 8명, 체부첨사 1명, 구근당상첨사 6명, 구근첨사 49명, 자벽첨사 2명으로 구성되어 있다. 이 내용을 병마와 수군으로 구분하여 〈표 43〉에 정리했으며, 이 표를 통해 첨사직 운영과 관련하여 세 가지 주요 사항을 확인할 수 있다.

첫째, 첨사를 '변지', '이력', '체부', '구근', '자벽'으로 구분한 조치가 어느 특정 지역에 국한되지 않고 첨사 전체에 적용했음을 확인할 수 있다. 이는 『전주찬요』에 나오는 77명의 첨사와 대전류 법전 중 『전주찬요』와 편찬 시기가 가장 가까운 『대전통편』에 기록된 76명의 첨사 규모가 거의 유사하다는 점에서 확인할 수 있다.

또한, 이 표와 『대전통편』에 기재된 첨사 배치 지역을 비교한 결과, 5곳을 제외하고 모두 일치했다. 차이가 난 5곳은 『대전통편』의 경우 장진책진과 영종진이며, 『전주찬요』에서는 안흥량진安興梁鎭, 후주진厚州鎭, 청석진靑石鎭으로 나타났다.[28] 두 자료의 첨사 배치 지역이 서로 일치하지 않는 이유는 『대전통편』 이후부터 『전주찬요』의 편찬 기간

---

28 『대전통편』에 나오는 평안도의 미곶 첨사와 『전주찬요』의 신도薪島 첨사는 같은 곳이다. 미곶 첨사는 본래 육군에 속한 구근 자리이었으나, 1807년(순조 7) '신도'로 개칭되면서 변지 첨사로 승격되고 수군에 속하게 되었다(『순조실록』 권10, 7년 12월 22일(기축); 『전주찬요』 권1, 변지첨사(영인본 153쪽)).

〈표 43〉『전주찬요』에 기록된 첨사의 구분과 배치 지역

종류 / 지역	변지 첨사	이력 첨사	체부 첨사	구근당상 첨사	구근첨사	자벽 첨사	계
경기	·	·	·	덕포진(수)	월곶진(병), 초지량(병) 덕적도(수), 화량(수) 주문도(수)	여현진(병)	7
충청도	·	안흥량진(수)	·	·	평신(수), 소근포(수) 마량(수)	·	4
경상도	부산포진(수) 다대포진(수)	가덕진(수)	·	·	미조항(수), 적량(수) 구산(수), 서생포(수)	·	7
전라도	·	법성포진(수) 군산포진(수) 가리포진(수)	·	고군산(수) 위도(수)	방답(수), 사도(수) 임치도(수), 고금도(수) 임자도(수)	·	10
황해도	백령진(수)	·	·	산산(병)	백치진(병), 동리(병) 선적(병), 문성(병) 허사포(수), 초도(수) 오차포(수), 용매량(수) 등산곶(수)	·	11
함경도	훈융진(병) 성진진(병) 고령진(병) 혜산진(병) 후주진(병)	갈파지(병)	별해진(병)	·	볼하진(병), 어유간진(병) 동관진(병), 유원진(병) 미전진(병), 서북(병)	·	13
평안도	만포진(병) 아이진(병) 신도진(수)	상토진(병) 고산리진(병)	·	인산(병) 청성(병)	창주(병), 벽단(병), 신광(병) 우현(병), 시채(병), 차령(병) 토성(병), 유원(병), 안의(병) 영성(병), 고성(병), 위곡(병) 천마(병), 서림(병), 노강(수) 선사포(수), 광량(수)	·	24
개성부	·	·	·	·	·	청석진(병)	1
계	**11**	**8**	**1**	**6**	**49**	**2**	**77**

※ (병): 병마, (수): 수군

사이에 첨사와 만호 간의 승강, 병마와 수군 간의 직제 이동, 신규 추가 및 폐지 등의 변동이 있었기 때문이다.

예를 들어, 장진책진은 1784년(정조 8) 별장別將에서 첨사로 승격한 곳이나, 1787년에 다시 부사 파견 지역으로 변경되었기 때문에 『전주찬요』에는 포함되지 않았다.[29] 이와 반대로, 후주진은 1796년에 진보

가 설치된 뒤 1801년(순조 1) 첨사로 승격되었으므로, 이 조치가 1801년 이전에 편찬된 『대전통편』에는 반영되지 못한 것이다.[30]

둘째, 『전주찬요』에 실린 변지첨사, 이력첨사, 체부첨사, 구근당상첨사, 구근첨사, 자벽첨사는 승진의 측면에서 중요도의 순서를 나타내며, 이는 국가에서 첨사 자리를 차등적으로 운영했음을 알려준다. 변지첨사가 최상위이고 자벽첨사가 최하위이었는데, 이러한 사실은 『일성록』의 「범례」를 통해 확인할 수 있다.

『일성록』에는 인사 발령의 내용을 모두 기록한 것이 아니라 선별한 사항만 실었다. 「범례」에 따르면, 병조의 인사 발령 중 첨사는 방어사防禦使 임용에 필요한 경력 자리만 제한적으로 기재하도록 했으며, 그 기준은 다음과 같았다. 첫째, 변지 자리인 부산, 다대포, 아이, 성진, 신도, 고령高嶺, 훈융, 혜산, 후주, 백령, 만포, 장곶에 부임하는 첨사, 둘째, 이력 자리인 안흥, 법성, 군산, 가리포, 가덕, 상토, 갈파지에 부임하는 첨사를 기록하게 했다.[31]

이 범례는 영조 말에 작성되었으므로 변지첨사와 이력첨사를 배치한 진보가 『전율통보』 및 『전주찬요』와 차이가 있지만, 첨사 가운데 변지첨사와 이력첨사를 가장 중요시했음을 확인할 수 있다.

셋째, 『전율통보』에 특별 명칭을 가진 첨사가 19명만 기재된 이유는 변지첨사, 이력첨사, 체부첨사에 비해 상대적으로 중요도가 낮은 구근첨사와 자벽첨사의 인원이 제외되었기 때문으로 판단된다. 『전율통보』에 나오는 변지, 이력, 체부 자리를 〈표 43〉과 비교한 결과,

---

29 『승정원일기』 정조 8년 11월 20일(신미); 12월 25일(병오); 정조 11년 8월 13일(무신).
30 『전주찬요』 권1, 변지첨사(영인본 153쪽).
31 『일성록』 「범례」, 除拜遞解類.

19곳 중 5곳을 제외한 14곳이 일치하므로 이러한 판단이 가능하다.

차이가 생긴 5곳은 『전율통보』를 기준으로 변지첨사의 장진책과 고군산, 이력첨사의 창주진, 체부첨사의 고산리와 신광이었다. 장진책진은 앞서 설명한 대로 『전주찬요』의 편찬 당시는 부사 파견 지역으로 변경되었고, 다른 4곳도 『전율통보』의 편찬 이후에 변동이 있었다. 구체적으로 고군산진은 구근당상첨사로, 고산리진은 이력첨사로, 창주진과 신광진은 구근첨사로 변경되었으며, 이러한 변화가 『전주찬요』에 반영되면서 차이가 발생한 것이다.

이처럼 첨사 자리의 특별 명칭이 고정되지 않고 승격과 강등을 반복한 배경에는 두 가지 요인이 작용한 것으로 보인다. 첫째, 무관들이 특정 지역의 부임을 기피하는 상황이 있었다. 1790년(정조 14) 훈련대장 서유대徐有大 등은 "가덕진의 상황이 아직 황폐하지 않기 때문에 나이 많고 명망 있는 무관들은 부임을 희망할 가능성이 있습니다. 그러나 창주진과 갈파지진은 모두 가기를 원하지 않을 것이며, 경군문京軍門의 구근久勤도 가고 싶어하지 않을 듯합니다."[32]라고 지적했다. 이와 같이 무관들이 열악한 지역의 부임을 기피하는 일이 빈번해지자, 해당 지역을 승진에 필요한 필수 경력으로 삼거나 다양한 혜택을 제공하여 인적 자원을 확보하려는 의도가 반영된 것으로 여겨진다.

둘째, 동반직에 비해 서반직 자리가 상대적으로 부족한 것도 이러한 현상을 부추긴 요인으로 작용했다. 1702년(숙종 28) 병조 판서 김구金構는 서북지방의 인재 등용 방안을 논의하는 자리에서 서반직의 문제점으로 자리 부족을 거론했다. 이전吏典의 경우 외방 수령의 자리만

32 『정조실록』 권31, 14년 9월 10일(정해).

해도 360개나 되고 서울 각 관청에도 수많은 자리가 마련되어 있는 반면에, 서반직은 외방의 권관, 만호, 첨사 자리가 200개 미만에 불과하고 서울에서도 도총부와 훈련원, 무겸 선전관 정도의 자리가 전부라는 지적이었다.33

실제로 『속대전』에 기록된 변장 자리가 225개인 점을 고려할 때, 김구의 지적은 상당히 타당하다고 볼 수 있다. 이에 서반직 자리가 부족하자 변장 자리를 차등화하고, 그에 따른 승진 순서를 만들어 무관 자리를 더 확보하려 했던 것이 또 다른 원인으로 작용한 것이다. 예를 들어, 이력첨사를 거쳐야 변지첨사로 임용하는 방식이 그러한 사례이며, 조정에서 변지, 이력, 구근 등의 자리를 재조정하거나 재편하는 과정에서 첨사 자리의 승격과 강등이 발생한 것으로 볼 수 있다. 이 점은 첨사뿐만 아니라 다음 장에서 검토할 만호나 권관 등에서도 동일하게 나타난 현상이었다.

이상에서 확인한 대로, 조선 후기에는 첨사 배치 지역을 변지첨사, 이력첨사, 체부첨사, 구근당상첨사, 구근첨사, 자벽첨사로 구분하여 운용했다. 『전율통보』에 변지첨사, 이력첨사, 체부첨사만 기록하고 구근첨사와 자벽첨사를 제외한 이유는 구근첨사와 자벽첨사가 상대적으로 낮은 위상을 가졌기 때문이다. 아래에서는 이러한 내용을 바탕으로 해당 첨사 자리를 구체적으로 검토하고자 한다.

변지 첨사와 이력 첨사

조선 후기의 첨사는 변지첨사와 이력첨사로 불리는 자리가 요직으

33 『승정원일기』 숙종 28년 3월 15일(병신).

로 꼽혔다. 이와 관련하여 주목할 점은 변장 가운데 첨사에만 '변지'와 '이력'의 자리를 두었다는 사실이다. 이 점은 『전주찬요』에서 확인할 수 있다.

〈표 44〉에서 『전주찬요』에 나오는 변장의 명칭과 해당 지역을 조사한 결과, 변지와 이력 자리가 첨사에만 한정되어 있고 만호 이하의 직책에는 포함되지 않았다. 이는 첨사 자리 가운데 변지와 이력의 자리가 가장 중요한 자리로서 무관의 승진과 밀접하게 연관되어 있음을 잘 보여주며, 적임자를 "특별히 가려 뽑아 내려보내서 성대하게 효과를 기대"[34]하는 곳이었다.

변지첨사는 국방상 가장 중요한 최전방 지역에 둔 자리였다. 변지는 "내지內地와 달라 늘 변란에 대비"[35]하는 곳으로 『전율통보』와 『전주찬요』 모두 각각 11자리였다. 앞의 〈표 43〉에서 『전주찬요』에 기록된 변지첨사의 지역을 보면, 병마가 7곳으로 함경도 5곳과 평안도 2곳이었다. 함경도는 훈융진, 성진진, 고령진, 혜산진, 후주진이며, 평안도는 만포진과 아이진이었다. 수군은 4곳으로 경상도의 부산포진과 다대포진, 황해도의 백령진, 평안도의 신도진이었다.

〈표 44〉 『전주찬요』에 나오는 변장 기재 현황

변장 \ 종류	변지	이력	체부	구근당상	구근	자벽
첨사	○	○	○	○	○	○
만호	×	×	○	×	○	○
별장	×	×	○	×	○	○
권관	×	×	×	×	○	○

34 『일성록』 정조 9년 7월 14일(신유).
35 『승정원일기』 영조 14년 8월 1일(신사).

변지첨사는 첨사 중에서도 최고로 영예로운 자리로 평가되었다. 이는 변지첨사의 경력이 변지수령과 마찬가지로 방어사의 후보에 오를 자격이 되었을 뿐만 아니라, 향후 절도사의 후보가 될 수 있는 자격으로까지 연결되었기 때문이다.[36] 정조도 "무관의 관제는 변지를 거친 뒤에 방어사가 되고, 방어사를 거친 다음에야 수군절도사가 되는 것이 근래 정식이다."[37]라고 언급했다.

다음으로, 이력첨사는 승진에 필요한 이력으로 인정받는 자리인데, 그 성격은 조금 불분명하다. 다만 전라도의 가리포 첨사의 사례로 볼 때 이력첨사는 변지첨사의 후보로 나갈 자격을 부여하는 자리로 기능했음을 짐작할 수 있다. 가리포는 1751년(영조 27)에 구근 첨사의 자리였으나, 1804년(순조 4)에 이력 첨사로 승격되었다. 이에 따라 이 자리에 명성과 경력을 갖춘 사람을 임명하고, 관찰사가 그들의 근무 태도를 살핀 후 실적이 우수한 자를 장계로 추천하면 변지첨사로 임용하게 했다.[38]

또한, 국왕이 특별 상전으로 이력첨사의 경력을 변지첨사의 이력으로 인정해 준 사례가 있는데, 이 점도 이력첨사가 변지첨사가 될 수 있는 자격이었음을 의미한다. 대표적으로 법성 첨사 이동헌李東憲 사례가 있다. 그는 1773년 남항천南行薦을 거쳐 무과에 급제한 뒤 선전관을 지냈으며,[39] 이후 1794년(정조 18) 삼척 영장에 임명되어 직임을 잘 수

---

36 『승정원일기』 영조 34년 8월 26일(기묘); 『속대전』 권4, 병전 외관직, "節度使, 以曾經邊地守令及防禦使者通擬."

37 『승정원일기』 정조 12년 6월 13일(갑진), "上曰, 武弁之官制, 經邊地然後爲防禦, 經防禦然後爲水閫者, 此是近來定式."

38 『전주찬요』 권1, 이력첨사(영인본 158~159쪽).

39 『宣傳官廳薦案』 2책, 1773년 12월 南行薦; 『승정원일기』 정조 즉위년 12월 29일(병인); 정조 1년 1월 17일(갑신). 기록은 없으나 정조 즉위년에 무겸 선전관으로 임명되

행한 공으로 1796년에 법성 첨사에 임명되었다.[40]

조선 후기에 군산창, 법성창, 성당창聖堂倉은 전라도의 3대 조창漕倉이었다. 이에 이력첨사 자리인 군산 첨사와 법성 첨사가 각각 군산창과 법성창의 조운선을 영솔해 세곡을 운송하는 차사원을 맡았으며, 이 중 군산 첨사는 성당창의 차사원까지 겸임했다.[41] 1797년 정조는 격랑 속에서도 조운을 성공적으로 수행한 법성 첨사 이동헌을 접견한 뒤 다음과 같이 약속했다.

> "이번 조운은 과연 기대한 대로 해냈으니 매우 가상하다. 네가 만약 내년 조운선도 잘 거행한다면 노고에 보답하는 은전이 없지 않을 것이니, 그때 그대로 변지 이력을 적용할 뜻으로 승선承宣은 즉시 나에게 묻도록 하라."[42]

그 당시 법성 첨사는 이력첨사의 자리였다. 정조는 이동헌에게 내년에도 조운 업무를 잘 수행하면 이력첨사의 경력을 변지첨사의 이력으로 적용하겠다고 약속한 것이다.

이듬해 정조는 약속대로 이동헌을 승진시켜 서용하라는 명을 내렸다. 이에 이조 판서 김재찬金載瓚이 어떤 이력으로 거행할 것인지를 품의하자, 정조는 "지난번 경연 자리에서 방어사로 승진시켜 서용하라는 뜻으로 하교했으니, 경은 그때 입시한 승선에게 다시 물으라."라고 답

었다가 곧바로 선전관으로 임명된 점으로 보아, 남항천을 받은 뒤 무과에 급제했음을 알 수 있다. 무겸 선전관은 무과 급제자만 임명했기 때문이다.

40 『승정원일기』 정조 18년 12월 20일(계유); 정조 20년 12월 20일(신묘).

41 『속대전』 권2, 호전 漕轉, "諸道漕轉, 趁限發船上納, 各倉該官員點閱領船〈湖南, 則法聖群山兩僉使, 永定差使員, 聖堂倉漕船, 以群山差員兼領〉."

42 『승정원일기』 정조 21년 6월 4일(계유).

했다.

곧, 정조가 한 약속의 의미는 이력첨사 경력을 변지첨사의 이력으로 인정해서 방어사로 임명하겠다는 것이었다. 그 결과 이동헌은 길주 목사 겸 관북병마방어사가 되었으나, 홀로 된 어머니가 76세라는 사정을 고하여 부임하지는 않았다.[43]

요컨대, 변지첨사는 방어사로 임용될 수 있는 자격 요건이자 통로여서 다른 첨사 자리에 비해 중시되었다. 이력첨사 또한 변지첨사의 전단계로서, 장차 방어사로 나아갈 수 있는 자격을 갖추는 자리였기에 중요하게 간주되었다. 『일성록』의 「범례」에서 첨사에 대해 "방어사의 이력 자리만 적는다."라고 하며 변지첨사와 이력첨사의 자리만 제시한 것도 이러한 맥락에서 이해할 수 있다.

체부첨사, 구근첨사, 자벽첨사

일반적으로 '체부'는 일정 기간 근무하면 경직京職으로 교체 · 발령을 내는 제도로 '체부경직과遞付京職窠'라고도 했으며,[44] 변장뿐만 아니라 동반 외관직인 찰방察訪 등에도 적용했다.[45] 1790년(정조 14) 정조는 "구근을 차출하여 보내는 법은 100년 전후로 새로 만들어진 일이지만, 체부의 규식은 몇백 년이나 되었는지 알지 못하겠다."[46]라고 하여 체부가 오랜 전통을 가진 제도임을 언급했다.[47]

---

43 『승정원일기』 정조 22년 5월 12일(을해); 7월 28일(경인).

44 『승정원일기』 영조 37년 6월 24일(신묘); 순조 8년 2월 26일(임진).

45 『승정원일기』 영조 48년 12월 23일(계미); 정조 3년 12월 26일(병자).

46 『승정원일기』 정조 14년 11월 23일(기해).

47 조선왕조실록에 따르면, '체부'는 1583년(선조 6) 충주 판관 최덕순을 교체하여 경직

체부첨사 역시 첨사로 일정 기간 근무하면 경직으로 발령을 내는 자리로, 그 규모는 다른 자리에 비해 적은 편이었다. 『전율통보』에서는 3명으로 고산리진, 신광진, 별해진에 두었고, 『전주찬요』에서는 별해진만 남았다.

『승정원일기』에서 체부첨사가 경직으로 교체된 사례를 조사한 결과, 상당수가 2년에서 2년 6개월 정도 근무한 뒤 경직으로 교체되었다. 별해진의 사례를 보면, 장석권張碩權은 1721년(경종 1) 1월 별해 첨사가 되었다가 1723년에 훈련원 첨정(종4품)이 되었다.[48] 임홍덕任弘德은 1740년(영조 16) 4월에 별해 첨사가 되었다가 1742년 훈련원 첨정이 되었다.[49] 김방金坊은 1791년 12월에 별해 첨사가 되었다가 1794년 오위도총부 경력(종4품)이 되었다.[50]

한편, 정조는 평안도민들에게 변장을 엄선하고 있다는 조정의 의지를 보여주기 위해 체부첨사 후보군에 경력과 첨정 이상 및 참상 선전관을 포함시켰다. 또한 음관 수령의 사례에 따라 재직 기간(30개월) 동안 5차례의 고과에서 모두 상고上考를 받을 경우에는 특별 임용하도록 지시했다.[51] 이 중 참상 선전관의 경우 훈련원 부정副正(종3품)의 후보 자격을 지닌 점을 고려할 때 파격적인 조치로 볼 수 있다.

다음으로, 구근첨사는 장기 근속자들을 순차적으로 임명하는 자리였다. 전체 첨사 77명 중 49명으로 총 64%를 차지하여 가장 높은 비

에 임명한 뒤, 경차관으로 함경도에 파견한 것이 최초 사례다(『선조실록』 권17, 16년 4월 7일(무오), "又以忠州判官崔德峋有巧性, 遞付京職, 敬差官稱號, 送于咸鏡道, 使之採銀, 吹鍊和賣.").

48 『승정원일기』 경종 1년 1월 11일(계유); 경종 3년 4월 13일(임술).

49 『승정원일기』 영조 16년 4월 21일(신묘); 영조 18년 9월 21일(정축).

50 『승정원일기』 정조 15년 12월 22일(임술); 정조 18년 6월 20일(을해).

51 『승정원일기』 정조 14년 7월 19일(정유).

중을 나타냈다. 여기에 구근당상첨사 6명까지 더하면 총 55명이 되어 71.4%까지 치솟는다.

이처럼 구근첨사의 비중이 높은 이유는 주로 군영에서 근무한 사람들의 관직 적체를 해소하기 위해 이 자리를 만들었기 때문이다. 1799년(정조 23) 좌의정 이병모李秉模는 "이미 군영이 있으니 구근 제도를 사용할 수밖에 없고, 이미 구근을 쓰려하면 또 벼슬자리가 적어 많은 문제가 발생합니다."[52]라고 하여 이 자리가 관직 부족 문제를 해결하려는 조치에서 비롯된 것임을 잘 보여준다.

구근첨사는 최소 45개월을 채워야 비로소 부지런히 근무한 '근사勤仕'로 평가되어 후보자가 될 수 있었다.[53] 그러나 실제로는 이보다 더 오랜 근무 끝에 나가는 경우가 허다했다. 1781년에 경상도 서생포 첨사西生浦僉使에 임명된 신호상申好祥은 구근한 지 36년 만에 첨사가 되었다.[54]

다만, 구근은 당사자에게는 오랜 기간 성실히 근무한 보상이지만, 인사권자의 입장에서는 적임자나 인재를 선발하는 객관적인 지표가 될 수 없었다. 1754년(영조 30) 정언正言 서명응徐命膺은 나라에서 무관을 뽑는 방법으로 궁마, 신수身手, 구근 세 가지가 있으나, 이 모두 장재將才를 얻는 방법이 아니라고 비판했다.[55] 정조도 "변장의 경우는 구근만 따르고 적임자를 가려서 뽑지 않으니 참으로 오늘날 고질적인 병폐다."[56]라고 지적하며, 변장을 근무 기간의 다과에 따라 선발하는 세

---

52 『정조실록』 권51, 23년 5월 5일(임술).
53 『대전통편』 권4, 병전 경관직, "各營門久勤, 滿四十五朔後, 始報勤仕, 擬差邊將."
54 『승정원일기』 정조 5년 6월 22일(계사); 26일(정유).
55 『영조실록』 권82, 30년 7월 3일(경진).
56 『정조실록』 권1, 즉위년 6월 20일(기미).

태를 비판했다.

이러한 배경으로 구근첨사의 위상은 다른 첨사 자리에 비해 가장 낮았다. 예를 들어 아이진 첨사는 1732년 당시 이력 자리였고 1751년에 변지 자리로 승격되었으나, 1790년에 구근 자리가 되었다. 이에 평안도 병마절도사 이유경李儒敬은 아이진을 이력 자리로 복원해 달라는 장계를 올렸다.

이유경은 "수령이나 그 부진府鎭에 소속된 인원을 막론하고 모두 구근 자리를 지위가 낮고 명망이 적은 사람으로 인식하므로, 군사를 쇄환할 때라든지 백성의 소송 문건이 오갈 때 통제의 위엄이 결국 이력 자리 때보다 못합니다."[57]라고 했다.

이 의견에 대해 좌의정 이병모가 찬성의 의견을 냈다. 이병모는 대체로 구근 자리로는 위엄있는 통제가 어렵기 때문에 종전대로 이력 자리로 만들어야 한다고 건의했다. 그러나 우의정 이시수李時秀가 제도를 자주 바꾸는 것은 문제가 있으며, 인물을 잘 선택해서 보내면 이력이나 구근 자리나 상관없다고 주장했다. 결국 아이진은 이때 변경되지 못하고 1802년(순조 2)에 변지 자리로 승격되었다.[58]

끝으로, '자벽自辟'이란 해당 관아의 수장이 직접 뽑아 쓰는 자리를 말한다. 자벽의 절차는 해당 관아의 수장이 '자벽망自辟望'이라는 후보자 단자를 이조나 병조에 보내면, 이조나 병조에서 국왕에게 보고하여 승인받은 뒤 인사 발령을 내는 방식이었다. 그러므로 자벽 자리도 '이비吏批'나 '병비兵批'의 명단에 포함되었다.

자벽첨사는 여현진礪峴鎭과 청석진靑石鎭 두 곳에 두었다. 경기에 처

---

57 『정조실록』 권51, 23년 5월 5일(임술).

58 『전주찬요』 권1, 변지첨사(영인본 153쪽).

음 설치한 여현진은 정확한 창설 연도는 확인할 수 없으나, 1730년(영조 6) 이만정李萬挺을 여현 첨사로 파견한 것으로 보아 이 무렵으로 추정된다. 이때 자벽과로 만들어야 한다는 논의가 있었으나 제도의 혼란을 우려하여 시행하지 않았고, 1790년(정조 14)에 이르러 자벽을 시행했다.[59] 1804년(순조 4) 개성부에 신설된 청석진은 첨사진으로서의 위상에 비해 요포가 적어 서울 장교의 파견이 어렵다는 논의에 따라 처음부터 자벽 자리로 출발했다.[60]

이후 1808년에 우의정 김재찬金載瓚의 건의로 두 진을 개성부 소속 장교들을 번갈아 임명하는 자리로 만들면서, 두 자리 모두 개성부의 자벽 자리가 되었다.[61]

3. 첨사의 자격과 역할

첨사의 자격과 임기

조선시대 변장은 진보를 거점으로 해당 지역의 군사적 책임을 지는 위치에 있었으므로 수령 못지않게 적임자의 선발이 중요했다. 이에 따라 조선 전기에는 무예 시험에 통과한 사람만 첨절제사로 임명했으며, 무재武才가 공식적으로 인정된 무과 출신과 겸사복, 내금위만 이 규정을 적용받지 않았다.[62]

---

59 『속대전』 권4, 병전 외관직 경기; 『승정원일기』 영조 6년 9월 10일(병자); 10월 7일(임인); 『전주찬요』 권1, 자벽첨사(영인본 182쪽).

60 『승정원일기』 순조 4년 8월 10일(병인).

61 『승정원일기』 순조 8년 5월 25일(경신).

다만, 변장은 그 중요도에 비해 전도유망한 벼슬이 아니었다. 오히려 회피 대상이어서 1556년(명종 11)에 변장을 기피한 자를 충군充軍하라는 수교가 내려졌고, 이 수교는 그대로 『속대전』에 공식적으로 실렸다.[63] 그만큼 지위나 경제적인 처우가 좋지 않았고, 근무지도 서울에서 멀어 기피하는 자리였다.

1790년 정조는 평안도의 변장을 엄선하라고 지시하며, "서북 변장을 원하지 않는 자리라 하거나, 가엾다고 표현하기도 한다."라며 당시 세태를 우려했다. 이어 정조는 변장을 엄선하지 않으면 "피해를 보는 것은 진鎭의 백성이고, 호소할 곳 없는 자는 토졸土卒"[64]이라고 지적했다. 이는 변장을 제대로 선발하지 않으면 여러 가지 이유로 변장이 자주 교체되어 결국 그 피해가 고스란히 백성에게 돌아가는 현실을 경계했던 것이다.

이러한 배경으로 조선 후기에는 조정에서 실력 있는 무관을 변장으로 보내기 위해 여러 가지 정책을 펼쳤다. 그중 하나가 조선 전기부터 관방의 핵심으로 중시해 온 강계 · 삼수 · 갑산 진관의 변장에 대한 특별 조치였다. 『대전통편』과 『여지도서』를 기준으로 세 진관의 소속 진보를 정리하면 〈표 45〉와 같다.[65]

먼저 1694년(숙종 20) 숙종은 평안도의 삼수와 갑산, 함경도의 강계로 보내는 첨사는 오위도총부와 훈련원의 4품 이상 관원으로, 만호는

---

62 『경국대전』 권4, 외관직, "僉節制使萬戶, 以試武藝者差之〈武科兼司僕內禁衛, 不在此限〉."

63 『수교집록』 권4, 병전 관직, "邊將規避者, 充軍〈嘉靖丙辰承傳〉."; 『속대전』 권4, 병전 잡령.

64 『승정원일기』 정조 14년 7월 19일(정유).

65 『대전통편』 권4, 병전 외관직 함경도; 평안도; 『여지도서』 함경남도, 갑산, 鎭堡; 삼수, 진보; 평안도, 강계, 진보.

〈표 45〉 강계·삼수·갑산 진관 소속 진보

변장 \ 진관	강계 진관	삼수 진관	갑산 진관	계
첨사	만포진, 신광진 고산리진, 상토	별해진, 갈파지	혜산진	7
만호	평남, 추파, 종포 욋괴, 벌등	인차외, 나난, 어면 신방구비	운총, 진동	11
권관	마마해	소농보, 구갈파지 자작구비, 강구, 묘파	동인	7
계	**10**	**11**	**4**	**25**

(자료: 『대전통편』, 『여지도서』)

현임 선전관으로, 권관은 선천宣薦 취재에 합격한 자로 차출하여 파견하게 했다. 그리고 이들 중 7품 이하를 우대하여 승륙陞六을 시키고, 근무 일기를 채운 후에는 선전관이 근무 일수를 채우는 규례를 적용하여 승진시켜 경직에 임명하게 했다. 참상관과 당상관도 근무 일수를 채우면 다시 경직에 임명하게 했다.[66] 숙종 대에 취해진 이러한 조치의 배경에는 산삼 채취를 막아야 할 수령이나 변장 등이 오히려 금령을 어기고 주민들과 결탁하여 국경을 넘어 산삼을 캐어 이익을 취하는 일이 빈번히 발생했기 때문이다.[67]

그러나 위의 자격 요건을 갖춘 무관이 부족하자 그대로 실행하지 못하고 선천으로 국한되었다. 그 결과 『속대전』에 강계 · 삼수 · 갑산 진관의 변장은 첨사, 만호, 권관의 구분 없이 선천으로 선발하고, 근무 일수를 충족하면 승진시켜 경직으로 옮겨 주게 했다. 이 규정은 『대전통편』에서도 변함없이 유지되었다.[68]

66 『승정원일기』 숙종 20년 11월 26일(경인).

67 『승정원일기』 숙종 20년 1월 15일(계축).

68 『속대전』 권4, 병전 외관직, "江界三水甲山邊將, 以宣薦人差除, 待準朔, 陞遷京職.";

또한, 법규로 정비되지 않아 구체적인 내용을 파악하지 못했으나, 첨사 중 변지첨사와 이력첨사의 경우 자격 요건이 있었던 것으로 보인다. 1801년(순조 1) 병조 판서 조진관趙鎭寬의 발언에서 그 중요성과 조건이 드러난다. 조진관은 "변지첨사, 이력첨사, 영장을 지금 차출해야 하나, 후보자로 올릴 사람이 매우 적으므로, 임기를 채우지 못한 금군장과 우후 및 이미 임기를 채운 수령 모두를 후보자로 올리는 것이 어떻겠습니까?"[69]라고 건의하며 변지첨사와 이력첨사로 나가기 위해 필요조건이 있었음을 보여준다.

한편, 첨사의 근무 기간은 가족을 데리고 가지 않는 경우 900일(30개월)이었고, 부임한 날부터 근무 일수를 계산했다.[70] 수령의 경우 임기가 1,800일(5년)이며, 당상관으로 부임하거나 가족을 데려가지 않는 수령의 임기는 900일이었으므로, 가족을 동반하지 않는 첨사와 수령의 임기가 900일로 같았다. 각종 자료에서 첨사의 임기가 보통 30개월로 나오므로 가족 미동반이 많았던 것으로 보인다.

조선 후기 충청도 소근진所斤鎭의 수군 첨사의 재직 기간을 조사한 연구에 따르면, 재임 기간을 알 수 있는 첨사 127명 중 24개월 이상이 67명(52.8%), 12~24개월 근무자가 33명(26%), 12개월 미만이 27명(21.3%)으로 나타났다.[71] 약 53%가 24개월 이상 근무했으므로 900일의 임기를 채운 첨사가 절반을 넘었다.

조정에서는 첨사의 잦은 교체를 방지하기 위해 첨사의 근무 연한을

『대전통편』 권4, 병전 외관직.

69 『승정원일기』 순조 1년 7월 22일(병신).

70 『경국대전』 권4, 병전 외관직, "未挈家僉節制使萬戶, 則九百乃遞."; 『속대전』 권1, 이전 외관직, "守令察訪, 以到任日始計〈邊將同〉."

71 서태원, 「조선후기 충청도 所斤鎭의 구조와 기능」, 『사학연구』 124, 2016, 95쪽.

엄격히 적용했다. 첨사 가운데 변지첨사는 그 중요성 때문에 1년 이내에 다른 관직 후보자에 오를 수 없었다.[72] 여기에 더해 1758년(영조 34) 영조는 영의정 유척기兪拓基의 건의를 받아들여 임기 만료 전에 교체된 변지첨사의 경력을 이력으로 인정하지 않게 했다.[73]

하나의 실례로, 1763년 함경도의 고령高嶺 첨사 민원閔源은 교체를 도모한 죄로 1년 6개월을 근무한 변지 이력을 인정받지 못했다. 또한 이 일을 계기로 영조는 변지첨사가 특별한 사유 없이 임기 만료 전에 교체를 도모하면 그 경력을 이력으로 인정하지 않는다는 정식을 만들었고, 이후 이 내용은 『대전통편』에 그대로 반영되었다.[74]

첨사의 역할

첨사는 전국 각지에 설치한 중추적인 군사 기지인 진鎭을 지휘하는 전문 무관으로서, 병력과 무기, 그리고 관방關防 시설을 총괄하며 방어를 책임지는 군사 지휘관의 역할을 수행했다.

예를 들어, 조선 전기 평안도 최북단에 위치한 만포진滿浦鎭의 첨사는 건주위建州衛와 인접해 있어 대對 여진 정책을 수행하는 임무를 맡았다. 여진인의 출입을 제한하고 이들과의 물자 교역을 관리했으며, 불법으로 국경을 넘어와 수렵이나 어업 활동을 시도하는 여진 세력을 통제하는 등의 임무를 수행했다.[75]

72 『속대전』 권4, 병전 외관직, "邊地僉使, 周年內, 勿擬他職."

73 『승정원일기』 영조 34년 8월 26일(기묘); 정조 10년 1월 22일(정묘).

74 『승정원일기』 영조 38년 6월 24일(을묘); 영조 39년 12월 17일(기해); 『대전통편』 권4, 병전 외관직, "邊地及營將, 瓜前謀遞者, 履歷勿施〈遭故未準朔者, 勿論〉."

75 김순남, 「조선전기 滿浦鎭과 滿浦僉事」, 『사학연구』 97, 2010 참조.

군사 지휘관으로서의 첨사의 위상은 국왕이 지방 군사를 일으킬 때 사용하는 증표인 발병부發兵符의 지급 대상이었다는 사실에서도 확인할 수 있다. 19세기 초를 기준으로 발병부 지급 대상은 총 517곳으로, 감사, 유수, 절도사를 비롯하여 영장, 수령, 판관, 첨사, 만호 등이었다.[76] 특히 변장 중에는 첨사와 만호가 지급 대상에 포함되어 있어서 첨사가 해당 지역의 실질적인 군 지휘권자였음을 보여준다.

병영이나 수영에서는 군무와 관련하여 곤棍을 사용할 수 있었다. 곤의 종류로는 중곤重棍, 대곤大棍, 중곤中棍, 소곤小棍이 있으며, 자세한 내용은 앞서 〈표 30〉에 정리했다. 이 중 변지첨사는 중앙 군영 소속의 별장, 천총, 금군장 그리고 지방의 영장, 중군, 변지수령과 마찬가지로 중곤中棍을 사용할 수 있었으며, 그 외 첨사는 소곤을 사용하는 것으로 규정되어 있다. 이러한 점은 변지첨사가 별장, 천총, 금군장 등 중앙의 정3품 당상 무관과 동렬로 간주되었으며, 이들의 위상이 일반 첨사보다 상대적으로 높았음을 방증한다.

다음으로 첨사 가운데 수군 첨사는 조운선의 호송 임무가 중요했다. 『경국대전』에는 각도의 조운선을 수군절도사, 수군첨절제사, 수군만호가 각각 병선을 이끌고 관할 지역 내에서 호위하도록 규정되어 있다.[77] 조선 후기에도 여전히 조운의 임무가 중시되었으며, 이를 보여주는 사례로 1779년(정조 3) 전라도의 군산 첨사를 이력첨사로 만들어 조운을 전담하게 한 조치를 들 수 있다.[78] 그리고 전라도 지역의

---

76 정해은, 「발부총록發符摠錄」, 『한국 병서의 이해(II)』, 국방부 군사편찬연구소, 2008, 71~74쪽.

77 『경국대전』 권4, 병전 護船, "諸道漕轉船, 水軍節度使僉節制使萬戶, 各其境內, 領兵船護送."

78 『정조실록』 권7, 3년 5월 3일(병술).

조운 임무를 대표하는 군산 첨사와 법성 첨사에게는 2년간 무사히 조운 업무를 수행할 경우 변지수령 임명이라는 특전을 부여했다.[79]

또한, 경상도에 새로 설치한 조창漕倉 세 곳 중 두 곳도 첨사가 담당했다. 구산 첨사와 적량 첨사는 영구적으로 조운선을 담당하는 차사원의 지위를 부여받아, 구산 첨사는 창원 마산창馬山倉의 조운선 20척을, 적량 첨사는 진주 가산창駕山倉의 조운선 20척을 각각 직접 영솔하여 세곡을 상납하는 임무를 수행했다.[80] 두 첨사에게는 두 차례에 걸쳐 무사히 세곡 운송을 완수할 경우 영문의 장계로 가자加資의 상을 내렸다.[81]

다만, 조선 후기로 접어들면서 전쟁의 위협이 감소하고 여진이나 왜구의 침입이 줄어들자, 첨사의 임무로서 지역 방어뿐만 아니라 행정 업무의 비중이 점차 높아졌다. 예를 들어, 1778년 함경도의 성진진에서 객사客舍에 도둑이 침입해 전패殿牌를 부수는 사건이 발생하자, 길주 목사와 성진 첨사에게 전패를 제대로 관리하지 못한 책임을 물어 두 사람 모두 파직시켰다.[82]

특히 17~18세기 이후로 수군진이 도서 지역을 중심으로 재편되는 과정에서 첨사의 임무는 인구人口와 호구 조사, 민역과 잡역 관리, 세금 징수, 송산松山과 봉산封山 관리, 조운선과 조운로 관장 등으로 점차 확대되는 경향을 보였다.[83]

---

79 『대전통편』 권4, 병전 考課, "牙山縣監法聖群山僉使, 兩年騎船, 無事領運, 縣監右職陞敍, 僉使邊地守令除授." 및 앞의 각주 41번 참조.

80 『일성록』 정조 18년 1월 8일(병신); 『대전통편』 권2, 호전 漕轉.

81 『대전통편』 권4, 병전 考課, "〈龜山赤梁僉使, 薺浦萬戶, 二次無欠領運, 營門狀請加資〉."

82 『정조실록』 권6, 2년 10월 20일(병자).

83 김경옥, 『조선후기 도서연구』, 혜안, 2004, 192쪽, 206쪽.

대표적으로 충청도 소근 첨사의 임무는 크게 두 가지였다. 첫째, 바다를 수호하는 임무를 띠었다. 해적으로부터 태안군 바닷가 주민의 인명과 재산을 지키고 선박을 보호하며, 표류민이 발생하면 이를 조사하여 조정에 보고하는 일이었다. 둘째, 조운선을 해적으로부터 보호하고, 조운선이 침몰하지 않고 목표 지점까지 잘 도착하도록 호송하는 업무를 수행했다. 만약 조운선이 침몰하면 소근 첨사 및 감색을 처벌했다.[84]

전라도의 사도진은 1466년(성종 6) 무렵 첨절제사를 파견한 이후로 조선 후기까지 첨사진을 유지했다. 이곳 책임자인 사도 첨사도 군사 업무 외에 송전松田이나 유배인 관리 등 행정 업무에 치중하는 경향을 보였다.[85] 전라도의 방답진도 유사했다. 방답 첨사는 휘하에 함정 8척과 500~700명의 인원을 거느린 지휘관이었으나, 점차 조세 수취 등 행정 업무의 비중이 커졌다.[86]

이상으로 첨사는 진의 군사 책임자로서 적임자의 선발이 중요했다. 변지첨사와 이력첨사는 방어사로 나갈 수 있는 이력이었으므로 엄선하여 선발했고, 강계 · 삼수 · 갑산 진관의 첨사는 선천으로 파견했다. 또한 첨사는 발병부 지급 대상으로서 군사 거점 지역의 중추적인 역할을 담당했다. 그러나 조선 후기에 전쟁 위협이 줄어들면서 점차 행정 업무의 비중이 커지는 방향으로 변화했다.

---

84 서태원, 「조선후기 충청도 所斤鎭의 구조와 기능」, 108~123쪽.

85 송은일, 「조선시대 흥양현 사도수군진의 설치와 운영」, 『도서문화』 55, 2020, 235쪽, 242쪽, 257쪽.

86 변동명, 「조선시대 돌산도 방답진의 설치와 그 구조」, 『한국사학보』 29, 2007, 35~38쪽.

16장

만호와 권관

1. 만호의 규모와 운용

만호의 설치

조선시대 만호萬戶는 종4품의 서반 외관직으로 병마와 수군으로 나뉘었다.[87] 만호는 고려 말부터 나타나기 시작하며, 조선 건국 이후 약 100년 동안 변화를 겪으면서 종4품의 외관직으로 자리 잡았다.

만호 제도의 기원은 고려 말로 거슬러 올라간다. 1281년(충렬왕 7) 2차 일본 원정에 실패한 원나라가 왜구의 침입을 대비하기 위해 금주(金州, 오늘날 김해)에 진변만호부鎭邊萬戶府를 설치한 것이 그 시초로 알려져 있다.[88] 학계에서는 이 만호부를 원나라가 설치한 점을 강조하여 '원만호부元萬戶府'라 부르며, 이후 추가로 4곳에 더 설치되어 총 5개의 원만호부가 존재했다.[89] 원만호부에는 만호 이외에 진무鎭撫, 천호千戶,

---

87 『전주찬요』에서는 "만호가 종4품으로 법전에 실려있으나, 근래 사례는 6품으로 시행한다."라고 기록되어 있다(『전주찬요』 권1, 외관직, "萬戶, 以從四品載法典, 而近例則以六品施行.").

88 오대영, 「고려 말 만호제와 공민왕의 군사개혁」, 『전북사학』 61, 2021, 63쪽.

백호百戶 등 다양한 직책의 관리도 배치되었다.

이후 1356년(공민왕 5) 공민왕은 반원反元 개혁의 일환으로 원만호부를 75년 만에 모두 폐지했다. 그러나 2년 뒤인 1358년에 공민왕은 서경西京, 안주安州, 삭방朔方에 다시 만호부를 설치했고, 이후 만호부는 기존 원만호부와 달리 여러 도道로 확대되기 시작했다. 그 결과 1390년(공양왕 2) 1월에는 양광도, 전라도, 경상도, 서해도 등 전국에 설치되었고, 이 과정에서 만호부는 군사 단위로서뿐만 아니라 외관外官의 기능을 가진 행정 단위의 역할도 수행하게 되었다.[90]

조선 건국 직후 만호부는 고려 말의 성격을 이어받아 국방과 군사 행정의 중심지였다. 그러나 익군翼軍 체제를 군익도軍翼道 단위로 재편하면서 1402년(태종 2)을 전후해 육군에서는 만호부가 소멸하고 천호를 정점으로 하는 체제로 전환되었다.[91]

반면, 수군에서는 만호가 존속한 것으로 보인다. 1413년에 수군 만호와 수군 천호의 호칭을 정하면서 3품 이상은 만호, 4품은 부만호副萬戶, 5품은 천호, 6품은 부천호副千戶로 구분했기 때문이다.[92] 또한 『세종실록』 「지리지」에 따르면, 수군 만호는 평안도를 제외한 전국 7도에 걸쳐 총 53명의 존재가 확인되지만,[93] 병마 만호는 단 한 명도 확인되지 않는다.

병마 만호가 다시 설치된 시기는 세종 대였다. 세종이 4군 6진을

---

89 이강한, 「고려후기 만호부萬戶府의 '지역단위적' 성격 검토」, 『역사와 현실』 100, 2016, 243~250쪽.

90 이강한, 위의 논문, 269쪽~272쪽, 275쪽.

91 오종록, 『조선초기 양계의 군사제도와 국방』, 177~179쪽.

92 『태종실록』 권26, 13년 7월 9일(병술).

93 신윤호, 『임진왜란과 삼도수군』, 경인문화사, 2024, 16쪽의 〈표 1〉.

개척하면서 압록강과 두만강 유역의 최전방에 소규모 방어 기지인 구자口子를 구축하고, 그 지휘관으로 만호를 임명했던 것이다. 대표적으로 1437년(세종 19) 천호 파견 지역에 중앙 무관을 임명하여 보내면서 직급을 만호로 올려 파견한 사례를 꼽을 수 있다. 1443년부터는 평안도와 함경도에 거주하는 6품 이상의 무관이 해당 도의 병마도절제사兵馬都節制使(병마절도사 전신)의 추천을 받아 만호나 천호로 나갈 수 있는 길도 열렸다.94

이후 1466년(세조 12)의 관제 개혁 및 진관체제의 실시로 만호의 관품이 종4품으로 정해졌고, 이 조치가 그대로 『경국대전』에 반영되었다.95 이 과정에서 만호가 여전히 수군 위주로 편제된 경향은 『경국대전』에서 확인할 수 있다. 앞의 〈표 39〉에 따르면, 병마 만호는 18명에 불과한 반면, 수군 만호는 54명으로 병마 만호보다 무려 3배나 더 많았다.

이와 함께 〈표 40〉도 살펴보면, 조선 전기에 병마 만호는 양계지역에 한정해 설치했는데, 함경도 14명, 평안도 4명이었다. 반면 수군 만호는 평안도를 제외한 전국 연해 지역에 설치했는데, 경기 4명, 충청도 3명, 경상도 19명, 전라도 15명, 황해도 6명, 강원도 4명, 함경도 3명이었다. 특히 경상도와 전라도의 비중이 높은 편이어서 만호를 해안 방어의 주요 거점 지역에 집중적으로 배치했음을 알 수 있다. 아래에서는 이러한 특징을 바탕으로 조선 후기의 변화를 구체적으로 검토하고자 한다.

---

94 오종록, 『조선초기 양계의 군사제도와 국방』, 246~251쪽, 284쪽.

95 김주호, 「조선 성종대 만호의 위상과 운용」, 고려대 석사학위논문, 2018, 14~16쪽.

병마 만호의 배치 지역

앞의 〈표 40〉에서 『경국대전』과 『속대전』에 기록된 만호의 규모를 비교해 보면, 병마 만호는 『경국대전』의 18명에서 41명으로 증가했으나, 수군 만호는 54명에서 37명으로 감소했다. 이러한 수적 변화가 실제 배치 지역에 어떠한 영향을 미쳤는지 구체적으로 분석하기 위해 병마 만호와 수군 만호의 배치 지역을 각각 도별로 나누어 상세히 정리했다.

먼저, 〈표 46〉은 『속대전』과 『대전통편』을 토대로 조선 후기 병마 만호의 배치 지역을 조사한 내용이다.[96] 아울러 조선 후기 병마 만호의

〈표 46〉 도별 병마 만호 배치 지역

지역 \ 법전	경국대전	속대전	대전통편
경기	·	제물량, 인화보 초지량, 용진, 덕진	제물량, 인화보 용진, 덕진
황해도	·	문산, 소기, 위라	문산, 소기, 위라
함경도	무이, 아산 아오지, 서북 사마동, 사하북 주을온, 어유간 풍산, 방원 영건, 무산 옥련, 운총	무이, 아산, 아오지 주을온, 풍산, 방원 영건, 운총, 인차외 신방구비, 나난, 어면 진동, 이동, 삼삼파 재덕, 폐무산, 고풍산	무이, 아오지, 아산 주을온, 삼삼파, 재덕 풍산, 고풍산, 방원 영달,[97] 폐무산, 운총 진동, 인차외 신방구비, 나난 어면, 이동
평안도	아이, 추파 상토, 구령	추파, 구령, 옥강 방산, 청수, 수구 양하, 벌등, 윗괴 종포, 평남, 산양회 막령, 오로량, 식송	추파, 벌등, 윗괴 종포, 평남, 구령 막령, 옥강, 방산 청수, 수구, 양하 산양회, 오로량, 식송
계	18	41	40

96 『경국대전』 권4, 병전 외관직; 『속대전』 권4, 병전 외관직; 『대전통편』 권4, 병전 외관직.

배치 지역에 나타난 변화상을 파악하기 위해 『경국대전』의 내용도 함께 반영했다. 이와 같은 분석을 통해 확인할 수 있는 조선 후기의 변화 양상은 두 가지로 요약된다.

첫째, 경기와 황해도에 병마 만호 총 8자리를 신규로 설치한 점이다. 경기는 제물량濟物梁, 인화보寅火堡, 초지량草芝梁, 용진龍津, 덕진德津 등 5곳에, 황해도는 문산文山, 소기所己, 위라位羅 3곳에 설치했다. 둘째, 병마 만호가 총 23자리 신설 또는 추가되어, 『경국대전』의 18명에 비해 두 배 이상 증가하여 총 41명이 되었다. 경기와 황해도에 신설한 8자리에 더하여, 함경도에 4자리, 평안도에 11자리를 추가한 결과였다.

『속대전』을 기준으로 도별 병마 만호의 배치 지역을 구체적으로 검토하면 다음과 같다.[98] ① 경기의 병마 만호는 총 5명이었다. 이전까지 병마 만호를 두지 않다가 신규로 설치한 것이다. 인화보, 용진, 덕진 모두 신규로 지정된 곳이며, 제물량과 초지량은 수군 만호에서 병마 만호로 전환된 곳이었다.

② 황해도의 병마 만호는 총 3명이었다. 경기와 마찬가지로 이전까지 병마 만호를 두지 않다가 문산, 소기, 위라에 신규로 설치했다. 세 곳 모두 신규 지정이었다.

③ 함경도의 병마 만호는 총 18명으로, 무이撫夷, 아산阿山, 아오지阿吾地, 주을온朱乙溫, 풍산豐山, 방원防垣, 영건永建, 운총雲寵, 인차외仁遮外, 신방구비神方仇非, 나난羅暖, 어면魚面, 진동鎭東, 이동梨洞, 삼삼파森森坡, 재덕在德, 폐무산廢茂山, 고풍산古豐山에 배치했다.

---

97 1662년(현종 3)에 피휘避諱의 결과로 '영건永建'이 '영달永達'로 바뀌었다(『北關誌』 2책, 穩城府, 關防, "永達堡〈……始名永建, 顯宗壬寅, 有所諱, 改今名……〉.").

98 『속대전』에 나오는 병마 만호의 연혁 조사는 첨사와 마찬가지로 『대전통편』을 참고했다. 앞의 각주 24번 참조.

『경국대전』에 명시된 기존 14곳 중 무이, 아산, 아오지, 주을온, 풍산, 방원, 영건, 운총 등 8곳은 유지되었고, 어유간은 병마첨절제사로, 서북西北은 병마동첨절제사로 각각 승격되었다. 이외에 사마동斜亇洞, 사하북斜下北, 옥련玉連, 무산茂山 등 4곳은 혁파되었다. 여기에 인차외, 신방구비, 나난, 어면, 진동, 이동, 삼삼파, 재덕, 폐무산, 고풍산 등 10곳이 추가되었는데, 모두 신규 지정이었다.

④ 평안도의 병마 만호는 총 15명으로, 추파楸坡, 구령仇寧, 옥강玉江, 방산方山, 청수青水, 수구水口, 양하楊下, 벌등伐登, 윗괴乯怪, 종포從浦, 평남平南, 산양회山羊會, 막령幕嶺, 오로량吾老梁, 식송植松에 배치했다.

『경국대전』에 명시된 4곳 중 추파와 구령은 유지되었고, 아이는 병마첨절제사로, 상토는 병마동첨절제사로 각각 승격되었다. 여기에 옥강, 방산, 청수, 수구, 양하, 벌등, 윗괴, 종포, 평남, 산양회, 막령, 오로량, 식송 등 13곳이 추가되었는데, 방산만 병마첨절제사에서 강등되어 온 곳이며, 나머지 12곳은 신규 지정이었다.

이상으로 『속대전』을 기준으로 병마 만호가 배치된 41곳 중 신규 지정이 28곳(68.3%), 기존 만호가 유지된 곳이 10곳(24.4%), 수군 만호에서 전환된 곳이 2곳(4.9%), 병마첨절제사에서 강등되어 온 곳이 1곳(2.4%)으로 나타났다. 이 결과는 조선 후기에 병마 만호의 증가 배경 역시 신규 지역 확대가 중요한 역할을 했음을 알려준다.

이어서 『대전통편』에 나타난 변화를 살펴보면, 병마 만호 인원이 총 40명으로, 『속대전』에 비해 1명 감소하여 사실상 큰 변화는 없었다고 할 수 있다. 인원 감소의 원인은 경기의 초지량이 병마동첨절제사로 승격되면서 1명이 줄어 5명에서 4명이 되었기 때문이며, 그 결과 병마 만호의 전체 인원이 기존 41명에서 40명으로 감소한 것이다.

수군 만호의 규모

조선 후기에 수군 만호의 규모는 병마 만호와 달리 뚜렷한 감소 추세를 보였다. 이러한 변화의 양상을 구체적으로 검토하기 위해 『속대전』과 『대전통편』을 중심으로 수군 만호의 배치 지역을 〈표 47〉에 정리했다.[99] 아울러 조선 후기의 변동을 전후로 비교할 수 있도록 『경국대전』의 내용도 함께 반영했다.

『속대전』을 기준으로 수군 만호는 총 37명으로, 기존 『경국대전』의 54명에서 17명이 줄어들었다. 경상도와 전라도는 1명씩 줄어들어 각각 18명과 14명이었으나, 경기, 충청도, 황해도, 강원도, 함경도는 1명씩만 남기고 모두 폐지되는 변화를 겪었다. 도별로 수군 만호의 배치 지역을 구체적으로 검토하면 다음과 같다.[100]

① 경기의 수군 만호는 1명으로, 신규로 지정한 장봉도長峰島에 두었다. 『경국대전』에 명시된 4곳은 영종포永宗浦의 경우 수군첨절제사로 승격되었고, 초지량과 제물량은 병마 만호로 이동했으며, 정포井浦는 혁파되었다.

② 충청도의 수군 만호 역시 1명으로 서천포舒川浦에 두었다. 『경국대전』에 명시된 3곳 중 서천포만 유지되었고, 나머지 당진포唐津浦와 파지도波知島는 혁파되었다.

③ 경상도의 수군 만호는 총 18명으로, 두모포豆毛浦, 감포甘浦, 개운포開雲浦, 칠포漆浦, 포이포包伊浦, 축산포丑山浦, 옥포玉浦, 평산포平山浦, 지세포知世浦, 영등포永登浦, 사량蛇梁, 당포唐浦, 조라포助羅浦, 안골포安骨浦,

---

99 『경국대전』 권4, 병전 외관직; 『속대전』 권4, 병전 외관직; 『대전통편』 권4, 병전 외관직.

100 『속대전』에 나오는 수군 만호의 연혁 조사는 첨사와 마찬가지로 『대전통편』을 참고했다. 앞의 각주 24번 참조.

〈표 47〉 도별 수군 만호 배치 지역

법전 지역	경국대전	속대전	대전통편
경기	영종포, 초지량 제물량, 정포	장봉도	장봉도
충청도	당진포, 파지도 서천포	서천포	서천포
경상도	두모포, 감포, 해운포 칠포, 포이포, 오포 서생포, 다대포, 염포 축산포, 옥포, 평산포 지세포, 영등포, 사량 당포, 조라포, 적량 안골포	두모포, 감포, 개운포[101] 칠포, 포이포, 축산포 옥포, 평산포, 지세포 영등포, 사량, 당포 조라포, 안골포, 서평포 천성포, 가배량, 제포	두모포, 개운포 포이포, 서평포 천성포, 안골포, 제포 조라포, 옥포, 지세포 가배량, 평산포, 사량 당포, 영등포
전라도	회령포, 달량, 여도 마도, 녹도, 발포 돌산포, 검모포 법성포, 다경포, 목포 어란포, 군산포 남도포, 금갑도	회령포, 여도, 마도 녹도, 발포, 검모포 다경포, 목포, 어란포 남도포, 금갑도 신지도, 이진, 지도	회령포, 여도, 녹도 발포, 검모포, 다경포 목포, 지도, 남도포 신지도, 어란포, 마도 금갑도, 이진, 명월포
황해도	광암량, 아랑포 오차포, 허사포 가을포, 용매량	조니포	조니포
강원도	안인포, 고성포 울진포, 월송포	월송포	월송포
함경도	낭성포, 도안도 조산포	조산포	조산포
계	**54**	**37**	**35**

서평포西平浦, 천성포天城浦, 가배량加背梁, 제포薺浦에 배치했다.

『경국대전』에 명시된 기존 19곳 중 두모포, 감포, 개운포, 칠포, 포이포, 축산포, 옥포, 평산포, 지세포, 영등포, 사량, 당포, 조라포, 안골

101 『속대전』 권4, 병전 외관직 경상도 조에는 "海雲浦, 今稱開雲浦"라 하여 해운포를 지금 개운포로 지칭한다고 되어 있다. 그러나 1544년(중종 39) 경상좌수영을 울산 개운포에서 동래 해운포로 이설하기로 결정한 이후, 조선왕조실록에는 1547년(명종 2) '개운포 만호'를 임명한 기록이 나타난다. 『광여도廣輿圖』(18세기)와 『대동여지도大東輿地圖』(1861)에 따르면, 해운포는 좌수영에, 개운포는 부산진에 각각 속해 있으므로, 해운포가 개운포로 개칭된 것이 아니라, 개운포라는 별도 지역에 만호를 설치한 것으로 해석하는 것이 타당하다. 한편, 울산의 기존 개운포는 이후 '구개운포'로 불리게 되었다.

포 등 14곳은 유지되었으며, 서생포, 다대포, 적량 등 3곳은 각각 수군동첨절제사로 승격되었고, 오포烏浦와 염포鹽浦는 혁파되었다. 여기에 서평포, 천성포, 가배량, 제포 등 4곳이 추가되었는데, 모두 신규로 지정된 곳들이다.

④ 전라도의 수군 만호는 총 14명으로, 회령포會寧浦, 여도呂島, 마도馬島, 녹도鹿島, 발포鉢浦, 검모포黔毛浦, 다경포多慶浦, 목포木浦, 어란포於蘭浦, 남도포南桃浦, 금갑도金甲島, 신지도薪智島, 이진梨津, 지도智島에 배치했다. 『경국대전』에 명시된 15곳 중 회령포, 여도, 마도, 녹도, 발포, 검모포, 다경포, 목포, 어란포, 남도포, 금감도 등 11곳은 유지되었으며, 법성포와 군산포는 각각 수군동첨절제사로 승격되었고, 달량達梁과 돌산포突山浦는 혁파되었다. 여기에 신지도, 이진, 지도가 추가되었는데, 모두 신규 지정이었다.

⑤ 황해도의 수군 만호는 1명으로 조니포助泥浦에 배치했으며, 신규 지정이었다. 『경국대전』의 6곳 중 오차포吾叉浦, 허사포許沙浦, 용매량龍媒梁은 수군동첨절제사로 각각 승격되었고, 광암량廣巖梁, 아랑포阿郎浦, 가을포茄乙浦 등 3곳은 혁파되었다.

⑥ 강원도의 수군 만호는 1명으로 월송포越松浦에 두었다. 『경국대전』에 명시된 4곳 중 월송포만 유지되었고, 안인포安仁浦, 고성포高城浦, 울진포蔚珍浦 등 3곳은 혁파되었다.

⑦ 함경도의 수군 만호는 1명으로 조산포造山浦에 두었다. 『경국대전』의 3곳 중 조산포만 유지되었고, 낭성포浪城浦와 도안포道安浦는 혁파되었다.

이상과 같이 『속대전』을 기준으로 수군 만호가 배치된 37곳 중 28곳(75.7%)이 기존의 만호가 유지된 곳이며, 9곳(24.3%)이 신규 지정이었다. 이러한 결과는 수군 만호의 배치 지역이 크게 변화하지 않았다는 사실을 보여주며, 신규 지정이 많은 병마 만호와는 다른 양상이어서 주목된다. 또한 경기, 충청도, 황해도, 강원도, 함경도의 경우 1곳만 남기고 모두 혁파한 것은 수군 만호가 경상도와 전라도 중심으로 재편되었음을 보여준다.

이어서 『대전통편』에 나타난 변화를 살펴보면, 수군 만호의 인원이 총 35명으로 『속대전』에 비해 2명 감소했으나, 사실상 큰 변동은 없었다. 경상도는 감포·칠포·축산포의 혁파로 인해 기존 18명에서 15명으로 감소했고, 전라도는 제주 진관의 명월포明月浦가 추가되어 기존 14명에서 15명으로 늘었다.

체부만호, 구근만호, 자벽만호

조선 후기에는 만호의 배치 지역도 첨사와 마찬가지로 일정한 기준에 따라 체부遞付, 구근久勤, 자벽自辟으로 구분하여 차등적으로 관리했다. 다만, 첨사보다 위상이 낮은 만호는 '변지'와 '이력' 자리는 두지 않았다. 변장 배치 지역의 구분과 그 명칭에 대해서는 앞서 15장에서 상세히 논의했으므로, 여기에서는 중복을 피하고 만호에 한정된 사항을 중심으로 검토하고자 한다.

먼저, 『전율통보』에는 체부만호만 총 11명이 확인된다. 이 가운데 함경도가 6명으로, 운총, 진동, 인차외, 신방구비, 나난, 어면이었다. 평안도는 5명으로 평남, 욋괴, 종포, 추파, 벌등에 배치했다. 『전주찬요』(1823년경)에 보이는 구근만호와 자벽만호는 첨사와 마찬가지로 중요도가 낮아 생략된 것으로 보인다.

이어서 『전주찬요』에 기록되어 있는 만호의 내용을 〈표 48〉로 제시했다. 표에서 보듯이 총 74명의 만호가 나오며, 체부만호 9명, 구근만호 64명, 자벽만호 1명으로 구성되어 있다. 이러한 구분은 어느 특정 지역의 만호에만 적용한 것이 아니라 만호 전체에 적용한 것이었다. 이는 『전주찬요』에 나오는 74명의 만호와 대전류 법전 가운데 『전주찬요』와 편찬 시기가 가장 가까운 『대전통편』에 기록된 75명의 만호 규모가 거의 일치한다는 점에서 알 수 있다.

이 표와 『대전통편』에 기록된 만호 배치 지역을 비교한 결과, 3곳을 제외하고 모두 일치했다. 차이가 난 세 곳은 『대전통편』의 경우 평안도의 욋괴와 양하이며, 『전주찬요』에서는 함경도의 서수라로 나타났다. 나머지 경기, 충청도, 경상도, 전라도, 황해도, 강원도는 완전히 일치했다.

두 자료의 만호 배치 지역이 서로 일치하지 않는 이유는 첨사와 마찬가지로 『대전통편』 이후로 『전주찬요』의 편찬 기간 사이에 변동이 생긴 결과였다. 욋괴는 1691년(숙종 17)에 권관에서 만호로 승격되었으나, 1808년(순조 8) 다시 권관으로 강등되었다.[102] 그러므로 『대전통편』에 만호로 나온 욋괴가 『전주찬요』 「만호」 조에서는 빠진 것이다. 양하는 1792년(정조 16) 별장으로 강등되어 『전주찬요』에서 빠졌으며,[103] 서수라는 1790년 권관에서 만호로 승격되었으므로 이보다 전에 편찬된 『대전통편』에는 반영되지 못한 것이다.[104]

체부만호는 만호로 일정 기간 근무하면 경직京職으로 교체 발령을

102 『전주찬요』 권1, 遞付權管, "乫怪, 以權管陞萬戶〈康熙辛未〉, 還降權管〈嘉慶戊辰〉."

103 『승정원일기』 정조 16년 5월 22일(기미).

104 『승정원일기』 정조 14년 11월 27일(계묘); 『전주찬요』 권1, 遞付萬戶, "西水羅, 以權管陞遞付水軍萬戶〈乾隆庚戌〉."

〈표 48〉『전주찬요』에 기록된 만호의 구분과 배치 지역

종류 / 지역	체부만호	구근만호	자벽만호	계
경기	·	제물(병), 용진(병), 덕진(병) 인화보(병), 장봉도(수)	·	5
충청도	·	서천포(수)	·	1
경상도	·	천성보(수), 안골포(수), 제포(수) 조라포(수), 옥포(수), 가배량(수) 지세포(수), 영등포(수), 평산포(수) 당포(수), 사량(수), 두모포(수) 포이포(수), 개운포(수), 서평포(수)	·	15
전라도	·	여도(수), 발포(수), 녹도(수) 회령포(수), 남도포(수), 금갑도(수) 어란포(수), 마도(수), 목포(수) 다경포(수), 검모포(수), 이진(수) 지도(수), 신지도(수)	명월포(수)	15
황해도	·	문산(병), 위라(병), 소기(병), 조니포(수)	·	4
강원도	·	월송포(수)	·	1
함경도	인차외(병), 나난(병) 신방구비(병) 어면(병), 운총(병) 진동(병), 서수라(수)	아오지(병), 무이(병), 아산(병) 삼삼파(병), 영달(병), 방원(병) 풍산(병), 고풍산(병), 폐무산(병) 주을온(병), 재덕(병), 이동(병), 조산포(수)	·	20
평안도	추파(병), 종포(병)	평남(병), 벌등포(병), 방산(병), 청수(병) 옥강(병), 수구(병), 구령(병), 막령(병) 오로량(병), 산양회(병), 식송(병)	·	13
계	**9**	**64**	**1**	**74**

※ (병): 병마, (수): 수군

내는 자리로 인원이 적었다. 『전율통보』에서는 11명으로 나타났으며, 『전주찬요』의 경우 총 74명 중 9명(12.2%)에 불과했다. 만호 중 가장 위상이 높은 자리였던 만큼 그 수가 많지 않았으며, 지역도 함경도와 평안도에만 두었다.

정조 대에는 만호의 인적 수준을 제고하여 지역의 폐단을 줄이고자 체부만호를 삼사三司의 근시로 보낸 사례도 있다.[105] 1793년 홍낙유洪樂

105 『승정원일기』 정조 17년 12월 28일(정해).

游를 평안도의 추파 만호로 임명한 조치가 그 대표적인 예다.[106] 이와 관련하여 홍양호洪良浩는 "조카 낙유가 한림에 있는 5년 동안 아침저녁으로 임금 곁을 지키더니 지난달 그간 쌓은 노고로 특별히 6품에 올랐다. 이어 추파 만호에 제수되고, 춘추관 직임도 그대로 맡았다."[107]라고 언급했다.

홍양호의 말대로 홍낙유는 그 이듬해인 1794년(정조 18) 3월에 별겸춘추別兼春秋로서 추파 만호로 부임했다.[108] 그러나 오래지 않아 정조가 홍낙유의 건강이 좋지 않다는 이유로 교체를 명한 뒤 부수찬으로 임명하자, 같은 해 7월에 서울로 돌아왔다.[109] 이처럼 근시를 변장으로 보내는 일이 실제로 이뤄졌으나, 정조가 다시 불러들인 조치에서 알 수 있듯이 현실적으로는 쉽지 않은 측면이 있었다.

다음으로 구근만호는 장기 근속자를 순차적으로 임명하는 자리였다. 전체 74명 중 64명이 구근만호로 확인되며, 이는 전체의 86.5%에 해당하여 만호 대부분이 구근 자리였다고 해도 과언이 아니다. 첨사의 경우 구근첨사의 비중이 64%이며, 뒤이어서 살펴볼 권관도 구근권관의 비중이 64.5%로 나타나므로, 구근만호의 비중이 상대적으로도 가장 높았음을 보여준다.

그리고 군영에서 지구관知彀官, 기패관旗牌官, 교련관教鍊官 등으로 장기간 복무한 자들의 경우 이러한 구근만호 자리에 주로 임명되었으며, 일반적으로 최소 45개월 이상의 근무 경력을 요했다. 이 점은 1734년(영조 10) 평안도의 청강 첨사 김준휘金俊輝가 하직 인사를 하는

106 『승정원일기』 정조 17년 12월 27일(병술).
107 洪良浩, 『耳溪集』 권11, 序, 送從子樂游赴楸坡鎭序.
108 『승정원일기』 정조 18년 3월 10일(정유); 13일(경자).
109 『승정원일기』 정조 18년 6월 28일(계미); 30일(을유); 7월 1일(병술).

자리에서 이력을 묻는 영조에게 답변한 내용이 참고된다. 김준휘의 이력은 훈련도감군 → 기패관 → 수군만호(포이) → 지구관 → 수군동첨절제사(서생포) → 지구관 → 병마동첨절제사(청강)이었다.[110] 김준휘는 훈련도감의 군병으로서 기패관을 거쳐 1712년(숙종 38)에 경상도 포이 만호가 되었는데,[111] 포이 만호가 바로 구근 자리였다. 참고로 서생포와 청강(서림)도 구근첨사 자리였다.

끝으로 자벽만호는 해당 관아의 수장이 직접 뽑아 쓰는 자리이며, 전라도 제주 진관의 명월포明月浦 한 곳에만 설치했다. 이곳은 원래 조방장助防將의 자리였으나, 1764년에 만호로 승격되면서 자벽 자리로 전환되었다.[112] 제주 목사가 제주진 병마수군절제사와 전라도 수군방어사를 겸임했기에 자벽만호의 선발은 제주 목사의 권한이었다.

이후 1860년(철종 11) 제주암행어사로 파견된 심동신沈東臣은 자벽만호 자리에서 뇌물 수수 등으로 인해 잦은 인사 교체가 발생하는 폐단을 지적하며 폐지를 건의했다. 그러나 논의 끝에 자벽은 그대로 유지하되, 인사 남용을 방지하기 위해 탐학 행위나 사망한 경우를 제외하고는 30개월 근무 기간을 준수해야 한다는 규정을 마련했다.[113]

만호의 자격과 임기

조선 후기 변장 가운데 중추적인 역할을 담당한 직책은 첨사와 만

110 이 책 12장의 각주 247번 참조.

111 『승정원일기』 숙종 38년 2월 11일(갑자).

112 『승정원일기』 영조 40년 3월 3일(갑인).

113 『승정원일기』 철종 11년 3월 9일(계축); 윤3월 4일(무술); 4월 8일(임신); 철종 12년 2월 16일(갑술).

호였다. 이는 두 직책이 진鎭과 보堡의 군사 지휘관으로서 실무 책임을 담당했기 때문이다. 이러한 공통된 역할로 인해 첨사와 만호는 자격이나 임기의 측면에서 유사한 점을 보였다. 이는 다음의 사실에서 확인할 수 있다.

첫째, 조선 전기에는 만호의 자격과 임기가 첨사와 동일했다. 만호도 무예 시험에 통과한 자로 임명했으며, 무재武才가 인정된 무과 급제자와 겸사복, 내금위만 이 제한을 적용받지 않았다.[114] 임기 역시 첨사와 마찬가지로 가족을 데리고 가지 않는 경우에는 900일(30개월)이 원칙이었다.[115]

둘째, 앞서 첨사에서 언급한 대로, 조선 후기에 만호 역시 국왕이 지방 군사를 일으킬 때 사용하는 증표인 발병부發兵符의 지급 대상에 포함되었다. 이 발병부는 변장 중 첨사와 만호에게만 적용되었다. 이처럼 발병부 지급 대상에 만호가 포함된 사실은 첨사와 마찬가지로 만호 역시 국왕의 군사 명령 체계에서 중요한 위상을 차지했음을 보여준다.

셋째, 조선 후기 지방 관원 중 상호간 상피가 적용되는 관직은 관찰사, 절도사, 수령, 첨사, 만호에 한정되었다.[116] 변장 중 만호까지 상피가 적용된 점은 만호가 군사 지휘권을 갖춘 직위로서 상당한 역할을 담당했기 때문이며, 이는 만호가 발병부의 지급 대상이었다는 사실과도 맥락을 같이 한다.

이상과 같이 만호는 첨사보다 한 단계 낮은 지위의 군 지휘관이었

---

114 『경국대전』 권4, 병전 외관직, "僉節制使萬戶, 以試武藝者差之〈武科兼司僕內禁衛, 不在此限〉."

115 『경국대전』 권4, 병전 외관직, "未挈家僉節制使萬戶, 則九百乃遞."

116 『대전통편』 권1, 이전 상피, "觀察使節度使守令僉使萬戶, 竝交代相避."

으나 그 중요성은 첨사에 못지않았다. 이에 자격 요건도 동일하게 설정되었다. 성종 대의 만호 21명의 전력을 조사한 연구에 따르면, 내금위 10명, 무과 출신 8명, 충의위 1명, 겸사복 1명, 별시위 1명으로 나타났다.[117] 이 중 정예 금군인 내금위와 무과 출신이 대부분을 차지했다는 점에서 만호의 자격 요건이 높았음을 알 수 있다.

조선 후기에도 만호를 엄선하여 파견하려는 노력은 지속되었다. 특히 강계 · 삼수 · 갑산 진관에 소속된 만호는 첨사와 마찬가지로 특별한 조치를 취했다. 1694년(숙종 20)에는 선전관을 임명하여 파견하고, 임기를 마친 자는 선전관의 근무 규정에 따라 승진시켜 경직으로 임명했다.[118] 1699년에는 적임자가 부족해지자 선전관 또는 훈련원 주부를 역임했거나, 참하 무겸 선전관으로 6품에 오른 자들 중에서 선발하여 보냈다.[119]

그러나 자격을 갖춘 사람이 부족해지자 이러한 기준대로 실행하지 못하고 선천宣薦으로 국한되었다. 그 결과 『속대전』에 강계 · 삼수 · 갑산 진관의 변장은 첨사, 만호, 권관의 구분 없이 선천으로 선발하고, 근무 일수를 채우면 승진시켜 경직으로 옮기는 규정이 실리게 되었다.[120]

여기서 주목할 점은 앞의 〈표 45〉에 나오는 강계 · 삼수 · 갑산 진관 소속 만호 11명의 배치 지역이 『전율통보』에 기록된 체부만호 11명의 배치 지역과 일치한다는 사실이다. 이는 선천으로 임명된 강계 · 삼수 · 갑산 진관 소속 만호가 곧 체부만호 자리였음을 보여주는 것이다.

---

117 김주호, 「朝鮮 成宗代 萬戶의 위상과 운용」, 27쪽.

118 『승정원일기』 숙종 20년 11월 26일(경인).

119 『승정원일기』 순조 8년 10월 27일(기미).

120 『속대전』 권4, 병전 외관직, "江界三水甲山邊將, 以宣薦人差除, 待準朔, 陞遷京職."

1790년(정조 14)에도 세 진관의 만호를 선별하기 위해 강계 소속의 평남 만호, 종포 만호, 추파 만호, 윗괴 만호 및 삼수의 어면 만호의 경우 훈련원 정正(정3품 당하)도 후보자로 올리게 했다.[121]

만호의 임무

만호는 전국에 설치한 군사 요충지인 진보에 파견되어 절도사와 첨사의 휘하에서 병력과 무기, 관방 시설 등을 관리하고 방어를 책임진 군 지휘관이었다. 조선 후기에 이르러서는 첨사의 경우처럼 군사 업무 이외에 각종 행정 업무도 수행했다.

병마 만호의 임무와 역할은 무관 노상추盧尙樞의 사례를 통해 구체적으로 파악할 수 있다. 노상추는 1787년 6월에 함경도 갑산 진관에 속한 진동 만호鎭東萬戶로 임명되었다. 그는 선천을 받은 뒤 '선천내금위宣薦內禁衛' 제도에 따라 내금위를 거쳐 무겸 선전관으로 근무한 후 만호에 임명되었는데, 이는 갑산 진관 소속 변장을 선천으로 임명하도록 한 규정이 준수되고 있었음을 보여준다.

갑산 진관에는 혜산 첨사 휘하에 운총 만호와 진동 만호, 동인 권관同仁權管이 배속되어 있었다. 노상추는 같은 해 7월 17일에 진동에 부임하여 업무를 시작했고, 이후 30개월 만인 1789년 12월 도목정사에서 훈련원 주부(종6품)가 되었다. 진동 만호는 체부만호에 해당하는 자리이며, 규정대로 근무 일수 900일을 채운 뒤 승진하여 경직으로 옮겨올 수 있었다.

노상추가 만호로서 수행한 첫 번째 업무는 군민軍民을 동원하여 창

---

121 『승정원일기』 순조 8년 10월 27일(기미).

고에 남은 곡식을 조사하고 장부와 대조하는 일이었다.[122] 이후 그가 진동 만호로서 수행한 임무는 크게 군사 업무와 행정 업무로 나눌 수 있다.[123]

군사 업무로는 군사 훈련, 군병과 무기 관리, 성곽 수리, 수상한 사람을 감시하여 체포하는 치안 업무, 병마절도사 주관 친기위 도시都試 참석, 무과 예비 시관 참여, 갑산부 관방 현황의 정리 및 보고 등을 수행했다. 행정 업무로는 환곡의 분급과 수납, 신삼信蔘 및 각종 공물 처리, 권농 업무 등이 중심이었다. 이 중 환곡 업무는 조선 후기 변장의 대표적인 대민 업무로 정착했으며, 노상추의 사례에서도 환곡 관련 업무가 상당한 비중을 차지했다.

이 밖에 건축이나 토목 방면에 관심이 많던 노상추는 퇴락한 진동의 관사도 수리했다. 1788년 12월 포폄에서 그가 '상上'의 평가를 받은 이유는 "자신의 녹봉을 덜어내어 관아를 수리하고, 환곡을 나눠주고 받아들이는 일에서 칭송이 높다."[124]라는 것이었다.

노상추가 수행한 군사 임무 중 주목할 만한 것은 고진동古鎭東 지역의 파수와 순찰 활동이었다. 이곳에서는 토졸土卒들이 매년 4월 1일부터 9월 1일까지 방수防戍 임무를 수행했는데, 노상추는 매월 다섯 차례씩 토졸들을 점고했다.[125] 이들 토졸의 주요 임무는 채삼이나 벌채 등을 목적으로 이뤄지는 불법 월경자들을 단속하고 적발하는 일이었다.

---

122 『노상추일기』 1787년 7월 27일; 28일.

123 하명준, 「정조대 영남 무관 노상추의 지역 정체성과 북방 관직활동」, 『영남학』 66, 2018, 300~304쪽; 이강원, 「18세기 후반 노상추의 함경도 진동만호 활동과 성과」, 『한국사연구』 202, 2003, 209~228쪽.

124 『노상추일기』 1788년 12월 18일.

125 『노상추일기』 1787년 8월 28일.

노상추는 이러한 파수 활동 실태를 점검하기 위해 두 차례 직접 현지 파수처를 방문하여 순찰을 실시하기도 했다.[126]

노상추는 백두산 망제望祭의 헌관 임무도 수행했다. 운총과 혜산 사이에 있는 망산덕령望山德嶺에서 백두산이 잘 보이므로, 전통적으로 이곳에 사당을 세워 춘추로 망제를 지내왔는데, 혜산 첨사가 초헌初獻을, 운총 만호가 아헌을, 진동 만호인 노상추가 종헌을 맡았다. 세 사람 모두 갑옷과 투구를 착용하고 동개筒介를 갖춘 상태로 제사를 봉행했다.[127]

다음으로, 수군 만호는 조운의 임무가 중요했다. 『경국대전』에 따르면, 각도의 조운선을 호송하는 임무는 수군절도사, 수군첨절제사, 수군 만호에게 각각 배분되어 있으며, 이들은 병선을 이끌고 관할 지역 내에서 조운선을 호송하도록 규정되어 있다.[128]

조선 후기에도 조운 업무는 계속해서 수군 만호의 중요한 임무로 남아 있었다. 예를 들어, 제포 만호는 조운선의 영솔을 담당하는 차사원으로 영구히 지정되었다.[129] 이에 제포 만호는 경상도에 새로 설치한 세 조창漕倉 가운데 하나인 밀양의 삼랑창三浪倉에서 출발하는 조운선 15척을 직접 이끌고 세곡을 상납했으며, 두 차례 무사히 운송 책임을 완수하면 영문의 장계로 가자加資의 상을 받았다.[130]

이 밖에 수군 만호는 해도海島에 지정된 금산禁山의 벌목과 방화를

126 이강원, 「18세기 후반 노상추의 함경도 진동만호 활동과 성과」, 221쪽.

127 『노상추일기』 1787년 9월 12일.

128 『경국대전』 권4, 병전 護船, "諸道漕轉船, 水軍節度使僉節制使萬戶, 各其境內, 領兵船護送."

129 『일성록』 정조 18년 1월 8일(병신).

130 『대전통편』 권2, 호전 漕轉; 권4, 병전 考課, "〈龜山赤梁僉使, 薺浦萬戶, 二次無欠領運, 營門狀請加資〉."

방지하는 역할도 수행했으며,[131] 지역에 따라 특정 업무를 맡는 경우도 있었다. 예컨대, 경기의 장봉도 만호는 감목관監牧官을 겸임했으며, 전라도의 지도 만호는 사복시 별장을 겸임했다.[132] 강원도의 유일한 만호인 월송 만호는 삼척 영장과 함께 1697년(숙종 23) 이후로 울릉도에 파견되는 수토사의 임무를 담당했다. 이들은 대략 4~5월 사이에 울릉도로 가서 4박 5일 정도를 체류하면서, 섬의 지도를 작성하고 토산물을 채집해 비변사에 보고했다.[133]

이상의 내용을 종합하면, 만호는 임용 자격과 임기, 권한 등의 측면에서 첨사와 유사한 성격을 지닌 직책이었다. 만호의 임기는 900일이며, 발병부의 지급 대상에 포함되었고, 절도사 · 관찰사 · 수령 · 첨사와 상피가 적용되었다. 특히 군사 거점 지역에 배치되는 강계 · 삼수 · 갑산 진관 소속 만호는 인적 자질이 중요하여 선천 출신으로 파견했다. 만호는 군사 임무와 더불어 환곡을 포함한 민정 업무를 병행했으며, 수군 만호는 조운 호송 업무가 중요했다.

2. 권관의 규모와 운용

권관의 설치

조선시대 권관權管은 종9품의 서반 외관직으로 함경도, 평안도, 경상도에 설치한 소규모 보堡의 군사 책임자였다. 이 관직은 『경국대전』

---

131 『경국대전』 권6, 공전 栽植.

132 『일성록』 정조 23년 4월 9일(정유).

133 신태훈, 「조선후기 월송만호와 울릉도 수토제」, 『한일관계사연구』 72, 2021, 52~61쪽.

에는 등장하지 않지만, 『대전후속록大典後續錄』을 거쳐 『속대전』에 이르러 파견 지역과 인원이 규정되었다.

권관은 15세기에 등장한 조선 고유의 관직으로,[134] 그 설치 배경은 여진 세력의 침입을 방어할 목적에서 비롯되었다. 이는 정조가 "당초에 권관을 설치한 것은 야인野人을 막기 위한 것이었다."[135]라고 언급한 데에서도 잘 드러난다.

조선왕조실록에서 권관의 존재는 1431년(세종 13)부터 확인된다.[136] 1436년에는 권관이 북방 방어책의 하나로 공식적인 논의 대상이 되었다. 당시 관료들 사이에서 국방의 요해처인 함경도 훈두薰豆나 평안도 조명간趙明干 같은 구자口子에 마병 100명씩을 주둔시키고, 권관과 천호千戶를 엄선하여 방어에 임하게 해야 한다는 의견이 제시되었다.[137]

여기서 주목해야 할 것은 구자의 성격이다. 15세기 중엽 세종은 4군 6진을 개척하는 과정에서 여진의 침입을 효과적으로 차단하기 위해 양계 지역에 다양한 방어 진지를 구축했는데, 이들 방어 진지는 크게 두 유형으로 나뉜다. 하나는 도호부나 군郡 단위로 구축한 성곽 형태의 방어 진지인 진鎭이었고, 다른 하나는 전방 요충지에 구축한 소규모 방어 진지인 구자로 진마다 2~3개 정도를 설치했다.

1449년 당시 평안도에는 12개의 진과 25개의 구자가 설치되어 있었고, 함경도에는 8개의 진과 19개의 구자가 마련되어 있었다. 진에는 도호부사나 군수 등이 파견되어 병마절제사나 첨절제사 등의 직책을 겸임했고, 구자에는 주로 전임專任 만호나 권관이 파견되어 방어 임무

134 이철희, 「조선시대 權管의 제도화와 인사운용」, 『군사』 132, 2024, 292쪽.
135 『일성록』 정조 11년 10월 8일(임인).
136 『세종실록』 권53, 13년 9월 16일(정축).
137 『세종실록』 권73, 18년 윤6월 19일(계미).

를 수행했다.[138] 1453년(단종 1)에는 경상도의 조라포助羅浦에도 권관이 배치되었으므로,[139] 15세기 중반 무렵에 남쪽 지역까지 권관이 확대되었음을 알 수 있다.

다만, 권관은 『경국대전』에 수록되지 않았다는 점에서 알 수 있듯이, 지방 군사 체제가 완비되지 못한 상황에서 여진족 침입을 방어하기 위해 마련한 임시 관직이었다.[140] 이러한 배경으로 권관은 그 위상이 높지 않았고, 종종 만호로 대체되기도 했다.

예컨대, 1462년(세조 8) 병조는 함길도 도절제사 강순康純의 보고에 따라 종성의 방원보防垣堡, 회령의 풍산보豊山堡, 부령의 황절보黃節堡에 권관 대신 만호의 파견을 건의했다. 당시 해당 진보에 권관이 파견되어 있었지만, 군사들과 등급이 같아 명령권을 제대로 행사하기 어렵다는 점이 문제로 지적되었다.[141]

1464년에도 병조는 평안도 도체찰사 한명회韓明澮의 보고에 따라 추파구자楸坡口子에 권관 대신 만호의 파견을 건의했다. 당시 추파구자를 권관이 지키고 있었으나, 임시 관원이 방어를 책임지는 것은 영구적인 방책이 될 수 없어 방어가 허술해진다는 지적 때문이었다.[142]

16세기 권관의 확대

16세기에 권관은 이미 북쪽과 남쪽의 요충지에 고르게 배치되어 있

---

138 오종록, 『조선초기 양계의 군사제도와 국방』, 259~260쪽.

139 『단종실록』 권5, 1년 1월 24일(임오).

140 이철희, 「조선시대 權管의 제도화와 인사운용」, 310~311쪽, 317쪽.

141 『세조실록』 권29, 8년 8월 17일(기묘).

142 『세조실록』 권34, 10년 8월 2일(계미).

었다. 비록 임시 직책이었으나 만호 등을 대신하여 지방 군사 조직을 보완하는 역할을 수행했기 때문이다.

1553년(명종 8) 의정부 대신들과 예조 판서, 병조 판서 등은 권관의 파견과 관련하여 다음과 같은 의견을 제시했다. "간혹 중요한 진보에 자급을 문제 삼지 말고 젊은 출신을 뽑아 보내 권관이라 일컬으면, 『경국대전』의 관명官名을 고치지 않더라도 일시적인 폐단을 해소할 수 있을 것입니다."143 이는 새롭게 관직을 설치하지 않더라도 권관을 탄력적으로 활용한다면, 진보에서 발생하는 다양한 사안을 효과적으로 처리할 수 있다고 본 것이다.

16세기 전반에 권관이 확대된 정황은 1530년(중종 25)에 증보된 관찬 지리서인 『신증동국여지승람新增東國輿地勝覽』에서 엿볼 수 있다. 이 자료에서 전국 군현의 '관방關防' 조를 토대로 권관 배치 지역을 조사한 결과 총 40명의 권관을 확인했으며, 이를 〈표 49〉에 정리했다.

도별 권관 배치 규모를 살펴보면, 평안도 17명, 함경도와 경상도 각 10명, 전라도 2명, 황해도 1명으로 나타나 권관이 남쪽 지방까지 확대되었음을 볼 수 있다. 배치 지역을 검토하면, 평안도는 의주義州 6곳, 창성昌城 6곳, 강계江界 3곳, 이산理山 2곳이며, 함경도는 갑산甲山·단천端川·삼수三水 각 2곳, 경원慶源·명천明川·부령富寧,·온성穩城 각 1곳이며, 경상도는 남해南海 4곳, 거제巨濟와 고성固城 각 2곳, 김해金海와 진주晉州 각 1곳이었다.

또한, 15세기 말 권관에 대한 포폄이 논의된 사실도 권관의 확대를 보여주는 정황으로 이해할 수 있다. 1497년(연산 3) 헌납 손중돈孫仲暾은

143 『명종실록』 권14, 8년 윤3월 14일(경신).

〈표 49〉『신증동국여지승람』에 기록된 권관의 인원과 배치 지역

지역	인원	배치 지역
경상도	10	삼천진(진주), 성고개보(남해), 우고개보(남해), 곡포보(남해), 상주포보(남해) 금단곶보(김해), 율포보(거제), 오양역(거제), 가배량수(고성), 소을비포수(고성)
전라도	2	돌산포영(순천), 율현보성(흥양)
황해도	1	대진관(장련)
함경도	10	쌍청보(단천), 증산보(단천), 동인보(갑산), 진동보(갑산), 갈파지보(삼수) 소농보(삼수), 사마동보(명천), 건원보(경원), 황자파보[144](온성), 양영만동보(부령)
평안도	17	수구보(의주), 청수보(의주), 고미성보(의주), 광평보(의주), 옥강보(의주) 송산보(의주), 운두리산보(창성), 대실호리보(창성), 갑암천보(창성), 어정탄보(창성) 전자동보(창성), 우구리책(창성), 외괴보(강계), 등공구비(강계), 벌등포보(강계) 산양회보(이산), 김사동보(이산)
계		40

남쪽 지역에 권관을 새로 설치하고 성보 구축을 위해 군졸 200여 명을 지급한 일을 언급하면서, 이들이 지휘 체계에 속하지 않으면 불법 행위가 발생할 우려가 있다며 포폄 제도의 도입을 주장했다.[145] 1500년에 우의정 이극균李克均도 만호의 사례에 의거하여 평안도 권관의 포폄을 시행해야 한다고 건의했다.[146]

결과적으로 이러한 변화와 논의는 『대전후속록』(1543)에 권관의 임용 및 포폄 규정을 마련하는 계기로 이어졌다.[147] 해당 규정에 따르면, 권관의 임기는 2년이며, 겸사복 · 내금위 · 훈련원 권지權知 등을 비롯해 무재武才가 있는 전직 관료를 선발 대상으로 했다. 근무 평가도

144 조선 후기에 황자파보는 각종 자료에 '황탁파보黃拓坡堡'로도 나온다.

145 『연산군일기』 권27, 3년 9월 18일(병진).

146 『연산군일기』 권37, 6년 5월 5일(무오).

147 『대전후속록』 권4, 병전 除授, "各堡權管, 以兼司僕內禁衛訓鍊院權知, 及前銜有武才人擇差, 二周年相遞, 褒貶居中者, 降授司勇, 居下者, 并本職改差." 『대전후속록』은 1543년(중종 48) 『대전속록』(1492)을 수정, 보완한 법전이다. 따라서 여기에 실린 권관 관련 규정은 1492년부터 1543년 사이에 만들어진 규정이라 할 수 있다.

실시하여 '중中' 등급을 받으면 사용司勇(정9품)으로 낮추어 임명하고, '하下'를 받으면 원래의 본직까지 모두 교체하도록 했다. 다만 인원에 관한 규정이 없어 필요에 따라 권관 파견이 이뤄졌음을 짐작할 수 있다.

조선 후기 권관의 규모

조선 후기에 이르러 권관은 『속대전』에서 공식적으로 서반 외관직으로 편입되었다. 그러나 그 규모는 16세기보다 줄어든 경향을 보여 주목된다. 따라서 그 변화상을 검토하기 위해 『속대전』, 『대전통편』, 『대전회통』에 기록된 권관의 배치 현황을 조사하여 〈표 50〉에 정리했다.

『속대전』을 기준으로 권관은 총 35명이며, 함경도 16명, 평안도 14명, 경상도 5명으로 나타났다. 『신증동국여지승람』에 비해 총 5명이 줄었으며, 전라도와 황해도의 권관은 혁파되었다. 도별로 권관의 배치 지역을 구체적으로 검토하면 다음과 같다.[148]

① 경상도에 설치한 권관은 총 5명으로, 소비포所非浦, 율포栗浦, 상주포尙州浦, 삼천포三千浦, 곡포曲浦에 배치했다. 이들은 『경국대전』에 나오지 않은 관직이므로 모두 '증치增置'로 표기되었다.

해당 지역을 『신증동국여지승람』과 비교하면, 당시 10곳 중 위의 5곳만 유지되었고,[149] 나머지 5곳 중 가배량수加背梁水만 수군 만호로 승격되고 성고개보城古介堡, 우고개보牛古介堡, 금단곶보金丹串堡, 오양역烏壤

---

148 『속대전』에 나오는 권관의 연혁 조사는 첨사·만호와 마찬가지로 『대전통편』을 참고했다. 앞의 각주 24번 참조.

149 소비포와 소을비포는 같은 곳이다.

〈표 50〉 조선 후기 권관의 인원과 배치 지역

법전 / 지역	속대전	대전통편	대전회통
경상도	소비포, 율포, 상주포 삼천포, 곡포	율포, 삼천포	율포, 삼천포
함경도	소농보, 자작구비, 묘파 동인, 구갈파지, 강구 쌍청, 황토기이, 보로지 오촌, 보화보, 양영만동 건원, 황척파, 안원, 서수라	소농보, 자작구비, 묘파 동인, 구갈파지, 강구 쌍청, 황토기이, 오촌 보화보, 양영만동, 건원 황척파, 안원, 서수라	소농보, 동인, 구갈파지 운총, 진동, 인차외, 나난 오촌, 보화보, 양영만동 건원, 황척파, 안원, 서수라
평안도	건천, 광평, 묘동, 갑암 운두리, 어정탄, 대길호리 소길호리, 갈헌동, 짓동 대파아, 소파아, 추구비 마마해리	건천, 광평, 묘동, 갑암 운두리, 어정탄, 대길호리 소길호리, 갈헌동, 짓동 대파아, 소파아, 추구비 마마해리	건천, 광평, 묘동, 갑암 운두리, 어정탄, 대길호리 소길호리, 갈헌동, 짓동 대파아, 소파아, 추구비 마마해리, 추파, 윗괴 종포, 평남
계	**35**	**31**	**34**

驛은 모두 혁파되었다.

② 함경도의 권관은 총 16명으로, 남도와 북도에 각각 8명씩 두었다. 함경남도는 소농보小農堡, 자작구비自作仇非, 묘파廟坡, 동인同仁, 구갈파지舊乫波知, 강구江口, 쌍청雙靑, 황토기이黃土歧伊이며, 함경북도는 보로지甫老知, 오촌吾村, 보화보寶化堡, 양영만동梁永萬洞, 건원乾原, 황척파黃拓坡, 안원安原, 서수라西水羅였다. 이들 역시 모두 '증치'로 기재되어 있다.

이를 『신증동국여지승람』과 비교했을 때 당시 10곳 중 소농보, 동인, 구갈파지, 쌍청, 양영만동, 건원, 황척파 등 7곳이 동일하며, 자작구비, 묘파, 강구, 황토기이, 보로지, 오촌, 보화보, 안원, 서수라[150] 등

150 서수라는 1554년(명조 9) 무렵 권관을 두었다가, 1790년 권관에서 만호로 승격되었고, 1858년 무렵에 다시 권관으로 강등되었다(『명종실록』 권17, 9년 8월 19일(정해); 『승정원일기』 정조 14년 11월 27일(계묘); 철종 9년 12월 20일(신유)). 그러므로 『속대전』, 『대전통편』, 『대전회통』에 모두 권관으로 되어 있고, 『전주찬요』에만 만호로 되어 있다.

9곳은 새롭게 지정된 곳이다.

한편, 『신증동국여지승람』에 기록된 10곳 중 『속대전』과 겹치지 않는 3곳의 경우, 진동보鎭東堡는 『속대전』에서 병마 만호로 승격되었고, 증산보甑山堡는 폐지되었으며, 사마동보斜ケ洞堡는 『경국대전』에서 병마 만호였으나 권관으로 강등되었다가 『속대전』에서 최종적으로 혁파되었다.

③ 평안도의 권관은 총 14명으로, 건천乾川, 광평廣坪, 묘동廟洞, 갑암甲巖, 운두리雲頭里, 어정탄於汀灘, 대길호리大吉號里, 소길호리小吉號里, 갈헌동乫軒洞, 짓동㐉洞, 대파아大坡兒, 소파아小坡兒, 추구비楸仇非, 마마해리馬馬海里에 배치했고, 이들 역시 모두 '증치'로 표기되어 있다.

이를 『신증동국여지승람』과 비교한 결과, 당시 17곳 중 광평, 갑암, 운두리, 어정탄 등 4곳만 동일하며, 건천, 묘동, 대길호리, 소길호리, 갈헌동, 짓동, 대파아, 소파아, 추구비, 마마해리 등 10곳이 신규 지정이어서 변화가 컸음을 알 수 있다.

한편, 『신증동국여지승람』에 실린 17곳 중 『속대전』과 겹치지 않는 13곳의 경우, 수구보水口堡, 청수보青水堡, 옥강玉江, 윗괴乷怪, 벌등伐登, 산양회山羊會 등 6곳은 병마 만호로 승격되었고, 고미성보姑未城堡, 송산보松山堡, 대실호리大失號里, 전자동보田子洞堡, 등공구비登公仇非, 우구리책牛仇里柵, 김사동보金士洞堡는 혁파되었다.

이상으로 『속대전』을 기준으로 권관이 배치된 지역은 총 35곳이었다. 이를 『신증동국여지승람』에 기록된 40곳과 비교한 결과, 16곳만 동일하며, 19곳은 새롭게 지정된 곳이었다. 이러한 결과는 16세기를 거치면서 권관의 지리적 구성이 크게 변동했음을 보여준다.

이어서 『대전통편』의 변화를 살펴보면, 권관이 4명 감소하여 총 31

명이 되었다. 경상도의 경우 소비포, 상주포, 곡포 등 3곳이 혁파되어 2명만 남았고, 함경도에서는 보로지가 혁파되어 총 14명이 되었다. 반면, 평안도는 변동 없이 기존의 14명을 그대로 유지했다.

『대전회통』에 이르러 권관 수는 다시 3명이 늘어 총 34명이 되었다. 경상도는 변동이 없었으나, 함경도와 평안도에서는 지리적 구성이 상당히 달라졌다. 함경도에서는 자작구비, 묘파, 강구, 쌍청, 황토기이 등 5곳이 혁파된 반면, 기존에 만호가 파견된 운총, 진동, 인차외, 나난 등 4곳이 권관으로 강등되어 편입되면서 총 14곳이 되었다. 평안도 역시 만호가 파견된 추파, 욋괴, 종포, 평남 등 4곳이 권관으로 강등되면서 기존 14곳과 합쳐 총 18곳이 되었다.

체부권관, 구근권관, 자벽권관

조선 후기에는 권관도 첨사·만호와 마찬가지로 일정한 기준에 따라 체부遞付, 구근久勤, 자벽自辟으로 구분하여 차등적으로 관리했다. 다만, 변장 중 가장 위상이 낮았으므로, 만호와 마찬가지로 '변지邊地'와 '이력履歷' 자리는 없었다. 변장의 구분과 각 명칭에 대해서는 앞서 15장에서 자세히 설명했으므로, 여기서는 중복을 피하고 권관에 대한 사항만 간단히 검토하고자 한다.

먼저 『전율통보』에는 체부권관만 총 7명이 확인된다. 이 가운데 함경도가 6명으로 소농보, 자작구비, 묘파, 동인, 구갈파지, 강구에 배치했고, 평안도에는 마마해리에만 1명 두었다. 『전주찬요』에 보이는 구근권관과 자벽권관은 첨사와 만호의 경우처럼 중요도가 낮아 생략된 것으로 보인다.

〈표 51〉『전주찬요』에 기록된 권관의 구분과 배치 지역

종류 지역	체부권관	구근권관	자벽권관
경상도	·	율포, 삼천포	·
함경도	자작구비, 강구, 구갈파지 소농보, 동인, 묘파, 오촌	쌍청, 안원, 건원, 황척파 양영만동	황토기이 보화보
평안도	마마해리, 욋괴	짓동, 갈헌동, 광평, 대파아 소파아, 추구비, 대길호리 소길호리, 어정탄, 묘동, 운두리 갑암, 건천	·
계	9	20	2

『전주찬요』(1823년경)에는 〈표 51〉에서 보듯이 총 31명의 권관이 나오며, 체부권관 9명, 구근권관 20명, 자벽권관 2명으로 구분되어 있다. 이러한 구분은 어느 특정 지역의 권관에만 한정된 것이 아니라 권관 전체에 적용한 기준이었다.

이는『전주찬요』에 기록된 31명의 권관 수와 대전류 법전 중『전주찬요』와 편찬 시기가 가장 가까운『대전통편』에 기록된 31명의 만호 규모가 일치한다는 점에서 알 수 있다. 두 자료에 나오는 배치 지역을 비교한 결과, 2곳을 제외하고 모두 일치했다. 일치하지 않는 두 곳은『대전통편』에서는 함경도의 서수라이며,『전주찬요』의 경우 평안도의 욋괴였다.

두 자료의 권관 배치 지역이 서로 일치하지 않는 이유는 첨사와 만호의 경우와 마찬가지로『대전통편』의 편찬 이후로『전주찬요』가 편찬되기까지 권관과 만호 간의 승강이 생긴 결과였다. 서수라는 앞서 설명한 대로 1790년(정조 14) 권관에서 만호로 승격되었다. 그러므로『대전통편』에 권관으로 나오는 서수라가『전주찬요』「권관」조에서는 빠진 것이다. 욋괴는 1808년(순조 8) 만호에서 권관으로 강등되었으므

로,[151] 이보다 전에 편찬된 『대전통편』에는 반영되지 못한 것이다.

체부권관은 권관으로 일정 기간 근무 후 경직京職으로 교체 발령을 내는 자리이며, 총 31명 중 9명(29%)이었다. 권관 중 가장 위상이 높은 자리로 평가되며, 특히 함경도에 7명을 배치해 함경도 권관을 우대했음을 보여준다. 그중 오촌 권관은 1808년에 좌의정 이시수李時秀의 건의로 체부 자리가 되었으며, 함경도 출신 중 집안이 좋고 재능이 있는 인물을 특별히 임명했다.[152]

체부권관에게 경직 발령을 낸 실례를 제시하면, 1739년(영조 15) 윤근尹瑾은 함경도 자작구비 권관에 임명되었고, 2년 뒤인 1741년에 무겸 선전관이 되었다.[153] 1782년(정조 6) 김현金玹은 평안도 마마해리 권관에 임명되었고, 2년 뒤인 1784년에 무겸 선전관이 되었다.[154]

다음으로 구근권관은 장기 근속자를 순차적으로 임명하는 자리였다. 전체 31명 중 20명으로 64.5%를 차지하여 상당수의 권관이 구근을 통해 이 자리에 올랐음을 알 수 있다. 구근 제도는 장기 근무자에게 관직 진출의 기회를 열어주려는 취지에서 마련한 제도였다. 경상도의 율포 권관 정석형丁錫亨이 구근 27년 만에 해당 자리를 얻은 사례가 이를 잘 보여준다.[155]

자벽권관은 해당 관아의 수장이 직접 선발하는 자리로, 함경남도의 황토기(이)와 함경북도의 보화보 두 곳에만 두었다. 1749년 병조 판서

---

151 『전주찬요』 권1, 遞付權管, "乩怪, 以權管陞萬戶〈康熙辛未〉, 還降權管〈嘉慶戊辰〉."

152 『승정원일기』 순조 8년 2월 27일(계사).

153 『승정원일기』 영조 15년 7월 28일(임신); 영조 17년 6월 25일(무오).

154 『승정원일기』 정조 6년 6월 20일(정미[을유]); 21일(갑술[병술]); 정조 8년 6월 29일(임자).

155 『승정원일기』 정조 6년 6월 21일(갑술), "栗浦權管丁錫亨進前, 上曰, 久勤爲幾年乎, 錫亨曰, 久勤爲二十七年矣."

김상로金尙魯가 함경도의 친기위親騎衛 중 무과 출신을 우대하기 위한 방안으로 권관 임명을 건의했고,[156] 이 의견이 수용되어 자벽권관 자리가 마련되었다. 이 자리는 남·북도의 두 병영에서 친기위를 대상으로 도시都試를 실시하여 무과 출신 중 성적 우수자나 몰기沒技(한 과목 만점)를 받은 사람을 순차적으로 임명했다.[157]

한편, 『일성록』 「범례」에 따르면, 병조의 인사 발령 중 권관은 구갈파지, 소농, 동인, 묘파, 오촌, 마마해, 갑암, 건원 8곳에 초사직初仕職으로 임명된 사람만 기록하게 했다.[158] 『전주찬요』를 기준으로 보면, 이 중 체부권관은 구갈파지, 소농, 동인, 묘파, 오촌, 마마해 등 6곳이며, 구근권관은 갑암과 건원 두 곳이었다. 이는 체부권관 가운데 이 6곳이, 구근권관 중에서는 이 두 곳이 상대적으로 더 중시되었음을 시사한다.

권관의 자격과 임무

권관은 절도사, 첨사, 만호의 휘하에서 국방의 요충지에 자리한 소규모 진지의 방어를 맡은 군사 책임자였다. 그래서 권관의 자격도 첨사나 만호 못지않게 선별했다.

권관의 자격은 법규로 정비되지 않아 자세하지 않으나, 15장에서 첨사의 자격 요건을 검토할 때 1694년(숙종 20)에 강계·삼수·갑산 진관에 소속된 권관은 선천宣薦 취재 합격자로 임명했음을 설명했다.[159]

---

156 『영조실록』 권70, 25년 10월 18일(계사).

157 『대전통편』 권4, 병전 試取 咸鏡道親騎衛〈都試〉, "〈[增]黃土歧伊寶化堡權管, 兵營自辟, 中嶺赴戰嶺別將, 監營自辟, 出身優等沒技者輪差, 已經邊將者, 依關西例加資〉."

158 『일성록』 범례, 除拜遞解類.

이후 이 조치가 『속대전』에 반영되어 강계·삼수·갑산 진관 소속 변장은 첨사, 만호, 권관의 구분 없이 선천으로 선발하고, 근무 일수를 충족하면 승진시켜 경직으로 옮겨주게 했다.[160]

여기서 주목할 사항은 〈표 45〉에 나오는 강계·삼수·갑산 진관 소속 권관 7명의 배치 지역이 『전율통보』에 기록된 체부권관 7명의 배치 지역과 일치한다는 점이다. 이는 선천으로 임명하는 강계·삼수·갑산 진관의 권관 자리가 바로 체부권관 자리이었다는 사실을 보여주는 것이다.

하나의 사례를 제시하면, 류광렴柳光濂은 1769년(영조 45) 정시 무과에 급제하고 이듬해인 1770년 12월에 선천宣薦을 받았다.[161] 그는 1784년(정조 8) 삼수 진관 소속의 자작구비 권관으로 임명되었으며, 2년 뒤인 1786년에 서울로 돌아와 체아직인 부사과를 받고, 이듬해에 무겸 선전관이 되었다.[162] 곧, 규정에 따라 삼수 진관 소속 권관을 선천 출신으로 임명하고, 2년 임기 만료 후에는 중앙 무관직으로의 승진 임명이 이뤄진 것이다.

조선 후기에 권관은 지역 방어의 최전선에서 군사적 임무를 수행하는 역할을 맡았다. 대표적인 사례로 1782년, 앞서 27년 만에 경상도의 율포 권관으로 임명된 정석형을 들 수 있다. 그는 부임한 지 불과 두 달만에 의금부로 붙잡혀 왔다. 왜선을 조사하는 과정에서 일본인 탑승자 수를 제대로 보고하지 못했다는 죄목이었다. 이 사건으로 함께

---

159 『승정원일기』 숙종 20년 11월 26일(경인).

160 『속대전』 권4, 병전 외관직, "江界三水甲山邊將, 以宣薦人差除, 待準朔, 陞遷京職."

161 『宣傳官廳薦案』 1책, 庚寅十二月 將鬼薦.

162 『승정원일기』 정조 8년 12월 25일(병오); 정조 10년 12월 26일(을축); 정조 11년 3월 8일(병자).

처벌받은 사람은 동래 부사와 통역을 담당한 역학譯學이었다. 의금부에서는 "정석형이 수호장守護將이면서도 멍하니 잘 검찰하지 못했으니, 장杖 80은 속전贖錢을 받고, 고신告身 3등을 삭탈한 뒤 석방함이 타당합니다."라고 보고했다. 이후 그는 같은 해 12월에 사면을 통해 고신을 회복했다.163 이 사례는 권관이 해당 지역의 수호장으로서 실질적인 방어 책임을 지고 있었음을 잘 보여준다.

권관은 군사적 임무 외에 환곡이나 공물貢物 등과 같은 행정 업무에도 주력했다. 앞서 언급한 류광렴은 자작구비 권관에서 물러난 이후, 재직 중 수행한 환곡 업무에서 문제가 드러나 의금부로 붙잡혀 왔다. 결국 장 100대를 속전으로 대납하고, 고신을 전부 반납한 뒤에 석방되었다.164

또한 권관의 임무는 무관 노상추의 사례를 통해 그 일단을 엿볼 수 있다. 노상추는 1787년(정조 11) 6월에 함경도 갑산 진관의 진동 만호로 임명되어 약 2년 6개월을 근무했다. 그는 만호로 재직하면서 갑산 진관에 속한 동인 권관과 업무를 협력했다. 경우에 따라 권관은 만호의 직무를 대행하기도 했다. 예컨대, 노상추가 백두산 중삭제仲朔祭에 헌관으로 참석해야 했으나 집안 제사로 인해 불참하게 되자, 자신의 사모와 관대, 장복章服을 동인 권관에게 전달하여 대신 참석하도록 했다.165

노상추는 삼수 진관 소속 권관들로부터도 보고를 받았다. 노상추는 자작구비 권관으로부터 신삼信蔘 관문이 도착한 일시를 보고받았으며,

---

163 『일성록』 정조 6년 8월 26일(경인); 10월 21일(갑신); 12월 3일(을축).
164 『승정원일기』 정조 11년 6월 13일(기유); 7월 6일(신미); 『노상추일기』 1787년 6월 13일.
165 『노상추일기』 1788년 2월 초8일.

수상한 사람을 단속하라는 중앙 공문과 관련하여 현재로서는 의심스러운 동향이 없다는 보고도 받았다.[166]

권관의 임무는 6개월마다 이뤄진 포폄의 내용을 통해서도 간접적으로 파악할 수 있다. 예를 들어, 동인 권관 윤홍심尹弘心의 포폄 문서를 보면, "두루 다스리고자 하거든 백성을 더 어루만져야 한다."(중)[167], "병졸을 은혜로 어루만지고 또 사냥의 폐단을 제거했다."(상)[168], "환곡 정사가 가장 정교하여 토졸이 모두 칭송한다."(상)[169]와 같은 평가를 받았다. 이 포폄 내용 중에 병졸을 잘 다스리고 환곡 정사를 훌륭히 처리했다는 평가는 권관의 주요 임무가 병력 관리와 환곡 운영에 있었음을 잘 보여준다.

이상에서 논의한 내용을 종합하면, 권관은 종9품의 서반 외관직으로서, 『경국대전』에는 명시되지 않았으나 『대전후속록』과 『속대전』을 거치며 공식적으로 제도화되었다. 세종 대 여진족의 침입에 대응하기 위해 임시로 설치한 관직이었으나, 16세기에 들어서는 경상도 등 남부 지방까지 확대되었다. 조선 후기에는 체부권관, 구근권관, 자벽권관으로 구분되었으며, 소규모 관방 진지의 방어 임무뿐만 아니라 환곡과 공물 관리 등 다양한 행정 업무도 병행했다.

---

166 『노상추일기』 1787년 10월 28일.
167 『노상추일기』 1787년 12월 19일.
168 『노상추일기』 1788년 6월 21일.
169 『노상추일기』 1788년 12월 18일.

17장

절도사 보좌 무관직

1. 우후

우후의 설치와 규모

조선시대 우후虞候는 각 도의 육군과 수군을 총괄한 최고 지휘관인 병마절도사(종2품)와 수군절도사(정3품 당상)를 보좌하는 무관직이었다. 병마 우후가 종3품이며, 수군 우후가 정4품으로 병마 우후에 비해 한 단계 낮았다. 조선 후기에는 병마 우후 가운데 함경도와 평안도 우후의 품계만 정3품 당상관으로 바뀌었다. 이는 수군절도사와 맞먹는 품계로서 부족한 인적자원을 확보하기 위한 조치였다.

우후의 전신은 도진무都鎭撫이다. 도진무의 설치는 지역 방위의 최고 책임자인 병마도절제사兵馬都節制使(병마절도사 전신)의 파견과 연계되어 이뤄졌을 가능성이 높지만, 그 설치 시기가 명확하지 않다.[170] 조

---

170 한국에서 절도사의 시초는 1389년(창왕 1)에 양광도, 전라도, 경상도에 파견된 도절제사다. 조선시대에도 건국 직후 태조가 전국에 육상 방위의 책임자로 병마도절제

선왕조실록에 도진무가 병마도절제사의 보좌관으로 등장하는 가장 이른 사례는 1408년(태종 8) "전라도 도절제사 도진무 정초鄭初"로 확인되며, 수군 관련 도진무의 최초 사례는 1423년(세종 5) "경상도 수군 처치사 도진무水軍處置使都鎭撫"라는 기록이다.[171]

그 뒤 1466년(세조 12) 세조는 병마도절제사와 수군도안무처치사의 명칭을 각각 병마절도사, 수군절도사로 변경했다. 이에 따라 보좌관의 명칭도 병마도절제사 도진무를 '병마 우후'로, 수군도안무처치사 도진무를 '수군 우후'로 바꾸었고, 이때부터 우후라는 직책이 본격적으로 나타나게 되었다.[172]

〈표 52〉는 법전을 토대로 조선시대 우후의 설치 규모를 정리한 것이다.[173] 『경국대전』의 규모를 살펴보면, 병마 우후는 총 6명으로, 양계지방과 하삼도에 각각 설치했다. 지역별로는 충청도 1명, 경상도 2명, 전라도 1명, 함경북도 1명, 평안도 1명이었다.[174] 이 가운데 양계지방의 우후에게는 녹봉과 군관軍官을 특별히 지급하는 등 더 우대한

사를 파견했으며. 수군도 왜구 격퇴를 위해 1393년에 경기 좌도 · 우도에 수군도절제사를 두었다(오종록, 『조선초기 양계의 군사제도와 국방』, 31쪽, 122쪽; 『태조실록』 권3, 2년 3월 19일(갑자)).

171 『태종실록』 권16, 8년 10월 1일(을해); 『세종실록』 권19, 5년 1월 24일(병오). 이보다 앞선 시기에도 조선왕조실록에 도진무가 나타나지만, 의흥친군위 도진무, 삼군 도진무, 길주 도진무 등과 같이 지방은 물론 중앙에서도 설치된 사례가 확인되므로, 각 기사에 나오는 도진무의 성격을 일률적으로 파악하기가 쉽지 않다. 이에 이 책에서는 정확한 명칭이 나타난 기사를 기준으로 삼았다.

172 『세조실록』 권38, 12년 1월 15일(무오).

173 『경국대전』 권4, 병전 외관직; 『속대전』 권4, 병전 외관직; 『대전통편』 권4, 병전 외관직; 『대전회통』 권4, 병전 외관직.

174 『여지도서』에 따르면, 함경북도 병마 우후는 1434년(세종 16)에, 충청도 병마 우후는 1466년(세조 12)에 설치했다. 평안도 병마 우후는 1442년에 도진무를 두었다가 1463년에 우후로 고쳤으며, 1651년(효종 2) 혁파되었다가 1675년(숙종 1) 복구되었다(『여지도서』 함경도, 함경북도병마절도영, 관직; 충청도, 병마절도영, 관직; 평안도, 병마절도영, 관직).

〈표 52〉 조선시대 우후 인원

구분 \ 법전		경국대전	속대전	대전통편	대전회통
통우후		·	1	1	·
병마 우후	충청도	1	1	1	1
	경상도	2	2	2	2
	전라도	1	1	1	1
	황해도	·	·	·	1
	함경도	1	2	2	2
	평안도	1	1	1	1
	소계	6	7	7	8
수군 우후	충청도	1	1	1	1
	경상도	2	2 (겸1)	2 (겸1)	2 (겸1)
	전라도	2	2	2	2
	황해도	·	·	·	1
	소계	5	5	5	6
계		**11**	**13 (겸1)**	**13 (겸1)**	**14 (겸1)**

※ 겸: 겸직

흔적이 확인된다.[175] 수군 우후는 하삼도에만 총 5명을 두었으며, 충청도 1명, 경상도 2명, 전라도 2명이었다. 병마 우후나 수군 우후를 2명 둔 지역은 좌도와 우도에 각각 1명씩 배치한 경우다.

우후는 절도사의 보좌관이므로 전임專任 절도사에게 1명을 배속하는 것이 원칙이었다. 『경국대전』 체제에서는 경기 · 황해도 · 강원도에 전임 병마절도사를 파견하지 않았기 때문에 이들 지역에서는 병마 우후가 없었다. 단, 함경남도에는 전임 병마절도사가 있었으나 우후를 두지 않았다. 수군절도사의 경우 황해도 · 강원도 · 함경도 · 평안도에 전임 수군절도사를 두지 않았으므로 수군 우후도 존재하지 않았다.

175 오종록, 「조선초기 병마절도사제의 성립과 운용(상)」, 『진단학보』 59, 1985, 109쪽; 『경국대전』 권4, 병전 군관.

다만, 경기 수군절도사 2명 중 1명은 전임이었으나 이 또한 우후를 두지 않았다.

조선 후기에 들어 우후의 규모는 『속대전』을 기준으로 2명이 늘어 총 13명이 되었다. 이 가운데 경상우도 수군 우후는 겸직 자리이므로 실제로는 12명이라 할 수 있다. 『속대전』에서 나타난 변화 가운데 두 가지 사항이 주목된다.

첫째, 통우후統虞候의 신설이다. 이 직함은 임진왜란 중인 1593년(선조 26)에 충청도 · 전라도 · 경상도의 수군을 통합 지휘하기 위해 통제영統制營을 창설하면서 설치한 관직으로, 통제사統制使(종2품)의 보좌를 위해 마련했다. 품계는 정3품 당상으로, 일반 수군 우후에 비해 품계가 높을 뿐 아니라 당상관이라는 점에서 그 위상이 특별하다.

통제영 창설 초기에는 통제사를 전라좌도 수군절도사(정3품 당상)가 겸임했으므로, 충무공 이순신李舜臣이 초대 통제사를 맡았다. 1601년부터는 경상우도 수군절도사가 통제사를 겸임하다가,[176] 1607년에 통제사를 본직으로 하고 경상우도 수군절도사를 겸임하는 것으로 바뀌어 "삼도통제사 겸 경상우도수군절도사"가 되었다. 통제사의 품계도 정3품 당상에서 종2품으로 올랐다.[177] 이에 따라 통우후도 품계가 정3품 당상으로 승격되고 경상우도 수군 우후의 업무도 겸임했다.[178]

둘째, 함경도의 경우 북도에만 설치한 우후를 남도까지 확대하여 새로 1명을 더 배치했다. 이에 따라 함경북도 우후를 '북우후', 함경남

---

176 『선조실록』 권142, 34년 10월 22일(병술).

177 송기중, 『조선 후기 수군 연구: 정책, 재정, 훈련에 관하여』, 역사비평사, 2019, 38~39쪽.

178 『속대전』 권4, 병전 외관직 경상도, "水軍虞候〈右道則統虞候兼〉."; 『대전통편』 권4, 병전 외관직 경상도, "水軍統制使一員〈從二品, [續]增置〉, 虞候一員〈正三品堂上, [續]增置〉."

도 우후를 '남우후'라 지칭했다. 남우후의 설치 시기는 명확하지 않으나 1514년(중종 9) 조선왕조실록에 처음 보이므로 이 무렵으로 판단된다.[179] 당시 함경남도에 여진의 침입이 빈번했기 때문에 군사적 대응을 위해 문관을 파견하던 평사 제도를 폐지하고 우후를 둔 것으로 보인다.[180] 그 뒤 남우후가 처음 보이는 법전이 『대전후속록大典後續錄』(1543)이며, "남도 우후"[181]에게 대호군大護軍의 체아직을 지급한다는 내용이다.[182]

이후 『대전통편』과 『대전회통』에서도 우후와 관련하여 세 가지 변화가 나타났다. 첫째, 『대전통편』에서 병마 우후 중 함경도 우후 2명과 평안도 우후 1명의 품계가 종3품에서 정3품 당상관으로 승격되었으며, 『대전회통』까지 그대로 이어졌다. 이로써 정3품 당상 우후는 통우후와 함께 총 4명이 되었으며, 지역별로 우후의 품계에 차등이 생기는 결과를 가져왔다.

둘째, 『대전회통』에 따르면, 황해도에 병마 우후 1명과 수군 우후 1명이 새로 설치되는 변화가 나타났다. 황해도에서는 임진왜란이 한창이던 1593년(선조 26)에 서해 지역 방어를 위해 해주에 처음으로 병영을 열었다.[183] 이후 1676년(숙종 2)에 병마 우후를 새롭게 설치하고

---

179 『중종실록』 권20, 9년 6월 11일(임인).

180 『중종실록』 권16, 7년 9월 4일(을해): 권20, 9년 7월 26일(정해): 권31, 12년 12월 26일(정묘).

181 우후 파견 지역 중 '남도'는 경상남도와 전라남도도 있지만, '남도 우후'는 함경남도를 지칭한다. 예를 들면, 1518년(중종 13) 김어적을 "전임前任 남도 우후"라고만 기록했는데, 김어적은 함경 우후를 지낸 인물이다(『중종실록』 권31, 12년 윤12월 28일(기해): 권33, 13년 5월 4일(임인)). 1580년(선조 13) 사간원에서 "남도 우후 이경"을 경솔히 파직한 함경 감사 심의겸의 추고를 건의했는데, 이때 남도 우후 역시 함경 우후임을 알 수 있다(『선조실록』 권14, 13년 9월 25일(임진): 권15, 14년 1월 20일(을유)).

182 『대전후속록』 권4, 병전 체아, "南道虞候, 大護軍一." 『여지도서』에는 함경남도 병마 우후의 설치 시기를 1590년(선조 23)으로 기록했다(『여지도서』 함경도, 함경남도 병마절도영, 관직, "虞候〈萬曆庚寅, 設置兵馬虞候〉.").

노세건盧世楗을 임명하여 보냈다.[184] 이 해는 북벌 추진을 위한 병력 확보 차원에서 무과 급제자 17,652명을 대거 선발한 '병진년 만과丙辰年萬科'가 시행된 때로, 병마 우후의 설치 또한 이러한 군사적 정세와 관련이 깊다고 판단된다.

황해도의 수영은 17세기 이후 황당선의 빈번한 출몰에 대응하기 위해 1718년 소강진에 설치하고,[185] 옹진 현감을 부사로 승격하여 수군절도사를 겸임하게 했다. 이에 따라 황해도 수영은 옹진부의 본영本營과 소강진의 행영行營으로 구성되었다. 당시 황해 수사水使는 매년 3월부터 8월까지 바람이 잔잔해 적침이나 황당선의 출몰 가능성이 높은 기간 동안에 소강진의 행영에서 근무했다.[186]

따라서, 수사가 행영에서 근무하는 동안에 본영에는 편비編裨 중 한 사람을 중군中軍으로 임명해 지키게 했다. 그러나 중군을 편비 중에서 임명하다 보니 낮은 지위로 인해 통솔의 어려움이 있었다. 이에 1794년(정조 18) 황해 수사 이해우李海愚가 경력과 명망이 있는 사람을 우후로 임명하여 파견해 줄 것을 건의했고, 이에 따라 기존의 중군 제도를 폐지하고 새롭게 우후를 설치하게 되었다.[187] 이 조치가 곧 『대전회통』에 반영된 것이다.

---

183 『선조실록』 권39, 26년 6월 26일(기유); 권40, 26년 7월 29일(신사). 황해도 병영의 소재지는 1594년에 황주로 옮겨졌고, 이후 한동안 해주와 황주 등을 오가면서 변화를 겪다가 1641년(인조 19) 황주로 정착되었다(이선희, 「조선후기 8도 감영의 입지 특징과 관원 구성에 대한 비교 고찰」, 『조선시대사학보』 105, 2023, 223~225쪽).

184 『승정원일기』 숙종 2년 12월 29일(정축); 『전주찬요』 권1, 병마우후, "黃兵候兼討捕使復設〈康熙丙辰〉."; 『여지도서』 황해도, 병마절도영, 관직, "虞候, 康熙丙辰始設, 武從三品."

185 『승정원일기』 숙종 44년 6월 14일(신묘). 『여지도서』에는 황해도 수영의 창설 시기가 1719년(숙종 45)으로 기록되어 있다(『여지도서』 황해도, 수영).

186 이선희, 「조선후기 황해도 水營의 운영」, 『한국문화』 38, 2006, 423~427쪽.

187 『일성록』 정조 18년 3월 20일(정미); 3월 21일(무신).

셋째, 1865년(고종 2) 해방海防을 강화하기 위한 조치로 통제사를 외등단外登壇으로 격상하고, 기존의 통우후(정3품 당상)를 종2품의 중군으로 승격했다. 이에 따라 통우후는 폐지되었으며, 통제 중군이 경상우수영 우후를 겸임하게 되었다. 이와 같은 변화가 『대전회통』에 반영되었다.

우후의 임기와 위상

우후는 병영이나 수영에서 절도사 바로 아래에 위치한 직책으로, '아장亞將'이라 불렸다. 또한 우후에 대해 "절도사의 대중군"[188]이나 "수군절도사의 중군"[189]이라는 표현도 사용했다. 중군은 일반적으로 군영 대장이나 관찰사 등을 보좌하는 직책으로, 이러한 표현은 절도사를 보좌하는 우후의 역할과 위상을 강조한 것으로 해석된다. 이와 관련하여 감영에 도사都事가 있다면 병영과 수영에는 우후가 있다는 말도 있다.[190]

이러한 위상으로 인해 우후는 절도사에게 일이 생기면 도내 군사를 관장하는 역할을 대신 수행했다. 대표적으로 발병부發兵符를 대신 받아 보관하고 국왕에게 보고하는 임무를 수행했다. 이때 우후가 사정으로 발병부를 보관할 수 없으면 인근 수령이나 구전口傳으로 차출된 군관이 이를 대행했고, 평사評事(정6품)가 있는 경우에는 평사가 보관했다.[191] 단, 밀부密符는 궐내에 반납하도록 규정되어 있었다.[192] 실례로,

---

188 『여지도서』 함경도, 함경남도병마절도영, 관직, 우후, "以節度使大中軍, 佐治兵馬事."
189 『일성록』 정조 16년 1월 15일(을유).
190 『비변사등록』 정조 6년 2월 20일.
191 『경국대전』 권1, 병전 符信.
192 『승정원일기』 경종 4년 8월 10일(경진).

1751년(영조 27) 경상우병사 이창수李昌壽가 사망하자 우후 홍하상洪夏相이 인신印信과 병부를 인계받아 보관하고, 밀부는 봉하여 군관을 시켜 궐에 반납했다.[193]

우후의 임기는 절도사와 동일하게 720일(2년)이며, 사은숙배를 한 날부터 근무 기간을 계산했다.[194] 수령이나 변장이 근무지에 부임한 날부터 임기를 계산하는 것에 비하면 우대를 받았다고 할 수 있다. 단, 20개월 이전에는 자리를 옮기지 못했다.[195]

우후는 절도사의 지휘를 받으므로 절도사로부터 근무 평정을 받았다. 그러면서도 절도사가 주관하는 변장 및 장관, 장교의 근무 평정에 참여하여 의견을 제시하는 위치에 있었다.[196] 또한 변장과 상피가 적용되어 우후가 아직 부임하지 않은 상태에서 변장과 상피 관계임이 확인되면 우후를 교체했다.[197]

우후의 위상은 의례에서도 드러난다. 각종 회의나 모임에서 관료가 앉는 위치는 지위가 높은 관료를 기준으로 북쪽 → 동쪽 → 서쪽 → 남쪽의 순서로 배치되었으므로, 북쪽이 가장 높은 자리이고 남쪽이 가장 낮은 자리였다. 국왕이 신료를 접견할 때 북쪽에 앉아 남면南面하는 의례와 동일한 원칙이었다.

우후는 평소 절도사 또는 겸임 절도사를 만날 경우 남쪽의 승상繩牀에 앉았다. 이는 의례적으로도 우후가 절도사보다 낮은 지위임을 보

---

193 『嶺營狀啓謄録』 1751년 8월 5일(황위주 외 6인 번역, 『(譯註)嶺營日記 · 嶺營狀啓謄錄』, 경북대학교 영남문화연구원, 2004, 189~190쪽).

194 『경국대전』 권4, 병전 외관직, "節度使虞候評事, 仕滿七百二十."; 『경국대전』 권1, 이전 외관직, "凡瓜限, 觀察使都事, 以拜辭日始計〈節度使營將虞候同〉."

195 『노상추일기』 1798년 6월 24일.

196 『연산군일기』 권43, 8년 3월 18일(경인); 『중종실록』 권77, 29년 4월 16일(임자).

197 『속대전』 권1, 이전 相避, "〈邊將與未赴任兵水虞候相避, 則虞候遞改〉."

여주는 배치다. 그러나 우후가 순시를 위해 여러 고을을 방문할 때는 그 위상이 달라져 높은 위치를 차지했다. 이때 우후는 동쪽의 교의交倚에 앉고, 당상 수령은 서쪽의 교의에 앉았으며, 3품 이하 수령은 교의 없이 남쪽 줄에 앉았다. 만약 순시 자리에 당상 수령이 없으면 우후가 북쪽에 앉고, 6품 이상의 수령은 서쪽에 앉았다.[198] 이와 같은 자리 배치는 우후가 당상 수령을 포함한 모든 수령보다 상위에 위치했음을 보여준다.

그러나 우후는 그 경력이 출세에 크게 도움이 되지 못했으므로 선호되는 관직은 아니었다. 근무 기간도 720일로 길어 기피 대상이 되었으며, 이를 기피하면 변장 기피와 마찬가지로 임기 기간만큼 도내 진보鎭堡로 충군되는 처벌을 받았다.[199]

조선 후기 우후에 대한 처우 개선은 영조 대에 이뤄졌다. 당시 무관이 4품 이상의 중앙 관직으로 진출하기 위해서는 수령을 지낸 경력이 필수였으므로, 우후를 거친 사람은 출사로가 넓지 않았다. 그래서 우후의 출사로를 넓혀주기 위해 우후 경력을 수령 이력으로 인정해 주는 조치가 마련되었다.[200] 이어 정조 대에는 훈련원 정正(정3품 당하) 임용시 요구되던 수령 이력 요건도 조정하여 우후를 지낸 사람도 훈련원 정의 후보자가 될 수 있도록 했다.[201]

이 밖에 1677년(숙종 3) 영의정 허적許積은 병마절도사와 우후의 관계

---

198 『경국대전』 권3, 예전 京外官會坐.

199 『전주찬요』 권1, 외관직, "兵水虞候規避者, 依邊將規避則本鎭準期充軍例, 道內鎭堡, 準期充軍."

200 『비변사등록』 영조 28년 9월 21일; 9월 27일 및 이 책 6장의 각주 147번 참조.

201 『대전통편』 권4, 병전 경관직, "訓鍊正, 勿拘朔數, 陞擬堂上, 未經守令者, 先除守令後, 始擬〈雖未經守令, 若經虞候, 則勿礙陞資〉."

가 감사와 도사의 관계와 유사하므로, 우후에 대한 처우를 높여야 한다고 건의했다. 그 결과, 우후가 부임할 때 타고 갈 말과 복마卜馬를 각각 1필씩 지급하도록 결정했다.[202] 군관의 수도 1700년에 각 도의 병영 우후에게 30명, 수영 우후에게 20명을 배정했다가, 1713년에 그 인원을 늘려 각각 50명씩 추가했다.[203]

그러나 이러한 조치에도 불구하고 출세를 염두에 둔 무관들이 체감하는 우후의 위상은 여전히 높지 않았던 것으로 보인다. 1798년(정조 22) 무관 노상추盧尙樞는 무겸 선전관武兼宣傳官을 지낸 친구 최종영崔宗嶸이 충청 수영의 우후로 발령을 받자, 이를 "친지가 중인中人이고 세력이 없기 때문"이라며 안타깝게 여겼다. 반면, 수문장과 부장을 지낸 김평金坪이 전라도 우수영의 우후가 되자 "그에게는 영광스러운 관직"이라 평하며 그 처지를 달리 보았다.[204]

병마 우후의 임무와 역할

조선 후기 우후는 절도사를 보좌하여 도내 군사 업무를 관장하는 임무를 맡았다. 이와 관련하여 "절도사와 우후가 방어를 분담"[205]하고 있다는 지적이나, "절도사와 우후가 비록 장수와 비장의 차이는 있으나, 진鎭을 방수하는 임무는 같습니다."[206], "우후는 병마절도사와 소임이 같으므로 그 직책이 중요"[207]하다는 평가에서 알 수 있듯이, 우후

---

202 『승정원일기』 숙종 3년 1월 23일(경자).
203 『비변사등록』 숙종 39년 7월 18일.
204 『승정원일기』 정조 22년 6월 6일(무술); 『노상추일기』 1798년 6월 6일.
205 『중종실록』 권7, 3년 11월 6일(경자).
206 『중종실록』 권80, 30년 10월 13일(신축).
207 『중종실록』 권45, 17년 6월 28일(계묘).

는 도내 군사 업무를 실질적으로 담당하는 직책이었다.

도내 군사 업무의 범주는 각 도의 특성에 따라 다양하고 방대한 편이어서 일괄적으로 규정하기는 어렵지만, 대체로 군사 훈련, 무기 및 관방 시설의 정비, 병영 도시都試와 무과 초시의 시관試官 참여, 행영 주둔 및 요해처 점검, 상번군의 점고 등으로 간추릴 수 있다. 구체적으로 조선 후기 병마 우후의 임무를 검토하면 다음과 같다.

첫째, 병마 우후는 봄·가을마다 도내 각 읍진을 순회하면서 군사 훈련을 시행했다. 절도사가 영장營將이 주둔한 지역을 순력巡歷하면서 습조習操를 거행했다면, 우후는 각 읍진을 순시하며 군액軍額을 확인하고 군사들의 군장軍裝을 점검한 뒤에 활쏘기 및 조총 발사 훈련 등을 주관했다.[208] 이처럼 우후는 절도사와 영장과 함께 도내 군사 훈련의 한 축을 담당했다.

만약 자연재해, 흉년, 칙사 행차, 국기國忌 등으로 병마절도사의 순력이 정지되면, 그 대신 영장과 우후를 파견하여 각 고을의 군병과 군기를 점검하게 했다.[209] 1728년(영조 4)에는 평안도의 무비를 위해 절도사의 정기 순력 외에 우후를 비정기적으로 파견하여 적간하게 한 사례도 있다.[210] 황해도에서는 절도사의 수륙조련水陸操鍊과 영장의 순점 외에도 우후의 성읍성조城邑城操가 있었다.[211]

다만, 점검을 받는 군병 입장에서는 지나치게 잦은 점고가 문제로 지적되었다. 예컨대 함경도 삼수·갑산 진관에 속한 읍진들은 순영과

---

208 『비변사등록』 숙종 38년 3월 3일; 숙종 39년 8월 12일; 숙종 40년 8월 8일; 영조 10년 2월 7일.

209 『비변사등록』 숙종 45년 9월 4일; 영조 19년 1월 22일.

210 『비변사등록』 영조 4년 7월 24일.

211 『비변사등록』 영조 14년 8월 13일.

병영 그리고 우후의 점고를 모두 받아야 했으므로 한 달 중 점고를 받는 날이 과반이 넘는다는 우려가 제기되기도 했다.[212]

둘째, 병마 우후는 도내 각 읍진을 순행하면서 무기와 관방 시설의 현황을 적간하고 보수하는 임무를 담당했다.[213] 예를 들어, 1749년과 1759년에 충청도 병마 우후가 상당산성 개축 및 군기 보수, 관청 조성 등의 공로로 포상을 받았다.[214] 1810년(순조 10) 충청도 병마 우후 권사정權思正은 산성의 축조 공사를 잘 수행한 공으로 절충장군(정3품 당상)으로 가자되었다.[215]

셋째, 병마 우후는 병영 도시 및 무과 초시의 시관으로 참여했다. 병영 도시는 각 읍에서 선발된 도시의 초시 합격자를 병영으로 집결시켜 실시하는 시험으로 절도사가 시관 2명과 함께 주관했다. 우등자에게는 직부전시直赴殿試의 특전이 주어졌다. 이때 시험을 주관하는 시관 2명 중 1명을 우후나 영장이 맡았고, 다른 1명은 수령 중에서 차정했다. 예를 들어, 황해도 병영에서 실시하는 별무사別武士 도시는 병마 절도사가 상시관을, 병마 우후가 부시관을 맡아 시행했다.[216]

또한, 병마 우후는 지방에서 실시하는 무과 초시의 상시관이나 부시관으로 참여했다. 예컨대, 함경남도 병영에서는 병마절도사가 상시관이 되고, 우후가 부시관이 되었으며, 수령을 참시관으로 임명했다.[217] 경상좌병영에서는 우후가 참시관으로 참여했다.[218]

---

212 『승정원일기』 숙종 28년 4월 29일(경진).

213 『숙종실록』 권23, 17년 5월 5일(경인).

214 『비변사등록』 영조 25년 4월 21일; 영조 35년 9월 7일.

215 『승정원일기』 순조 7년 11월 24일(신유); 순조 10년 4월 19일(임오[임인]); 『노상추일기』 1810년 7월 3일.

216 『비변사등록』 경종 3년 11월 19일, 「黃海道兵營別武士節目」.

217 『咸鏡南兵營啓錄』 철종 8년(함풍 7) 2월 21일. 해당 원문과 번역문은 한국고전종합

넷째, 병마 우후는 행영 주둔과 요해처 순시를 담당했다. 함경북도에서는 북병사가 여진의 침입에 대비해 매년 10월 1일부터 이듬해 2월 말까지 5개월 동안 종성鍾城의 행영에 주둔했으며,[219] 나머지 3월에서 9월까지는 북우후가 들어가 방수했다.[220]

함경남도에서는 남우후가 매년 3월 1일에 삼蔘 채취를 금지하기 위해 삼수와 갑산에 입방入防했다. 그러나 체류에 따른 폐단이 커지자 1705년(숙종 31)부터는 삼의 싹이 나기 시작하는 4월부터 입방하는 규례로 조정되었다.[221]

1755년(영조 31) 평안도에서는 성을 쌓은 지 3년이 지난 동림성東林城의 방비를 위해 우후가 매년 바람이 거센 9월부터 이듬해 2월까지 6개월 동안 성에 들어가 지켰다. 그러나, 1759년에 왕래의 불편과 병영이 허술해지는 폐단이 있다는 이유로 선천宣川 부사가 방수하는 것으로 바뀌었다.[222]

다섯째, 병마 우후는 병마절도사를 대신하여 상번군의 점고를 담당하기도 했다. 1766년 전라도에서는 우후가 금위영과 어영청 상번군의 점고를 대신 시행했다.[223] 1778년(정조 2) 황해도 감사 서유녕徐有寧은 절도사의 상번군 점고로 인한 접대의 폐단을 이유로 예전처럼 우후가 대신하도록 요청하여 허락을 받았다.[224]

DB에서 웹 서비스하는 '각사등록'을 이용했다. 이하 『慶尙左兵營啓錄』과 『忠淸兵營啓錄』도 마찬가지다.

218 『慶尙左兵營啓錄』 헌종 15년 3월 15일; 철종 2년 윤8월 15일.

219 강석화, 「조선후기 함경도 육진지역의 방어체계」, 『한국문화』 36, 2005, 328쪽.

220 『비변사등록』 정조 10년 1월 23일; 3월 2일.

221 『비변사등록』 숙종 31년 2월 13일.

222 『비변사등록』 영조 31년 9월 7일; 영조 32년 1월 17일; 영조 35년 3월 15일.

223 『비변사등록』 영조 42년 6월 6일.

224 『일성록』 정조 2년 2월 5일(병신).

1790년에는 병마절도사의 태만 문제로 영장이나 우후의 상번군 점고를 금지했으나,[225] 이후에도 지역에서는 우후가 점고를 수행했다. 대표적으로 1821년(순조 21)과 1824년에 충청 병영에서는 병마 우후가 상번 어영군의 점고를 맡았다.[226]

한편, 병마 우후는 군향軍餉을 거둬 들이는 업무도 담당했다. 병영의 경비는 각 군현에서 상납하는 전錢·목木·미米 및 각종 현물로 충당했으며, 부족한 경비는 군량 중 일부를 각 읍에 분급한 환곡의 이자를 받아 보충했다.[227] 병마 우후는 환곡을 제때 징수하는 업무를 관장했으며, 그 실적은 근무 평정에 큰 영향을 미쳤다. 예컨대, 충청 병영의 우후 이태원李台遠은 체납된 군향을 제대로 거두지 못해 문초를 당할 위기에 처했고, 우후 김선욱金善勖은 환곡 징수 실적이 우수하여 포폄에서 '상上'의 평가를 받았다.[228]

수군 우후의 임무와 역할

수군 우후의 역할은 병마 우후와 마찬가지로 각 도의 특성에 따라 다양하게 나타났다. 수군절도사의 보좌관이라는 특성상 병마 우후와 유사한 직무가 많았으나, 수군 우후만의 고유한 임무도 존재했다. 전선戰船의 관리, 조운선 점검, 송금松禁 업무, 표류선 조사 등이 그에 해당한다. 구체적으로 수군 우후의 임무를 검토하면 다음과 같다.

---

225 『비변사등록』 정조 14년 7월 10일; 8월 3일.

226 『충청병영계록』 순조 21년 4월 20일; 순조 24년 5월 20일; 7월 20일.

227 김기삼 · 류승주 · 반윤홍 외, 『전라병영사연구-康津兵營城과 하멜滯留址 攷究』, 강진군 · 조선대학교박물관, 1999, 111~122쪽; 최주희, 「『충청병영계록』을 통해 본 19세기 전반 충청병사의 지방행정」, 『충청학과 충청문화』 29, 2020, 8쪽.

228 『충청병영계록』 순조 21년 4월 20일; 헌종 8년 12월 10일.

첫째, 수구 우후는 전함을 관장하는 역할을 맡았다. 기본적으로 수군절도사는 전함을 주관하고 우후는 군기를 주관하지만,[229] 우후도 전함에 대한 책임이 있었다. 이에 전함 관리가 부실하면 수군절도사와 함께 처벌을 받았다.[230]

또한, 우후에게는 전속 전함도 배정되었다. 경상좌수영의 우후는 전선 1척을 비롯해 병선兵船 1척, 사후선伺候船 2척을 배속받았다.[231] 참고로 같은 영의 수군절도사에게는 전선 2척, 귀선龜船 1척, 정탐선 1척, 귀체무두병선龜体無頭兵船 4척, 사후선 9척이 배속되었다. 반면, 전라 좌수영의 우후는 중간에 전선을 본영으로 이관하면서 실질적으로 배속된 전함이 한 척도 없었다.[232]

둘째, 수군 우후 중 충청 수영의 우후는 조운선을 점검하는 중책을 맡았다. 조선 후기에 삼남 지역에서 올라오는 조운선은 반드시 원산元山에 정박한 뒤 수군 우후의 점검을 받아야 했다. 이 제도는 1660년(현종 10)부터 시행되었으며, 충청 수영의 우후는 원산도의 차사원으로서 조운선들을 파악하고 그 결과를 책자로 만들어 호조와 선혜청에 보고하는 임무를 맡았다.[233]

『속대전』에 따르면, 삼남의 조운선은 원산도에서 수군 우후의 점검을 받은 뒤 안흥으로 이동하여 다시 수군 첨사의 점검을 받아야 했다. 그러나 1779년(정조 3) 안흥에 행영을 설치하면서 원산도의 점검을 폐

229 『비변사등록』 영조 32년 5월 21일.
230 『비변사등록』 숙종 12년 9월 7일.
231 『여지도서』 경상도, 수군절도영, 戰船.
232 『비변사등록』 정조 16년 1월 15일.
233 문광균, 「조선후기 충청수영 우후의 조운선 점검과 원산별장진의 설치」, 『해양유산연구』 16, 2022, 309~311쪽.

지하고, 대신 우후를 안흥으로 보내 조운선을 점검하게 했다. 하지만 충청 수영과 안흥 행영 간의 거리가 멀어 관련 종사자들의 이동이 어렵고, 조운선도 원산에서 점검하는 것이 더 효율적이라는 이유로 1791년 12월 이후로 원산에서만 점검받는 체제로 다시 변경했다.[234]

셋째, 수군 우후는 "우후의 직책은 바로 금송禁松"[235]이라는 지적이 있을 만큼 봉산封山의 무단 벌목을 단속하는 적간 활동이 중요했다. 금송 업무는 병영에서도 이뤄졌으나, 전선과 조운선의 건조 및 수리에 필요한 재목을 확보하기 위해 수영에서 더욱 핵심적인 임무로 여겨졌다. 특히, 선박 건조에 적합한 재목으로는 섬에서 생산되는 소나무를 선호했으므로 연해 도서의 금송 관리가 중시되었다.[236] 예컨대 안면도 소나무 숲은 충청 수영의 관리 대상이었다.[237]

구체적인 사례를 보면, 경상좌수사는 동래, 기장, 울산, 경주, 장기, 영일, 흥해, 양산, 밀양 등지에 있는 28개 봉산을 보호할 책임이 있었다.[238] 이에 수군 우후는 수군절도사의 지시에 따라 관할 구역을 순시하며 적간 업무를 수행했다. 아울러 소나무를 심을 적합한 장소를 선정하고, 식목 활동을 주관했다.[239] 또한, 각 진포鎭浦에서 전함 건조를 위한 소나무 수요가 발생하면, 수영에서는 우후를 파견하여 전함 상

---

234 『속대전』 권2, 호전 漕轉, "現點於元山及安興〈逢點於元山差使員, 又到泊安興, 逢點於僉使.〉"; 『대전통편』 권2, 호전 漕轉, "[增]元山點檢, 今廢."; 『대전회통』 권2, 호전 조전, "[補]安興點檢, 今廢, 元山點檢, 復設."; 『일성록』 정조 3년 6월 1일(계축); 정조 15년 12월 25일(을축).

235 『비변사등록』 영조 41년 3월 6일.

236 『비변사등록』 숙종 9년 3월 15일.

237 문광균, 「조선후기 충청수영 우후의 조운선 점검과 원산별장진의 설치」, 321쪽.

238 이원균, 「〈해제〉勿欺齋 姜膺煥과 《來營政蹟》」, 『국역 來營政蹟』(부산광역시사편찬위원회), 부산광역시, 1997, 8쪽.

239 『비변사등록』 숙종 42년 1월 27일.

태를 조사한 뒤 건조 여부를 허가했다.[240]

넷째, 수군 우후는 행영의 주둔 및 요망瞭望 등의 임무를 담당했다. 대표적으로 황해도 수영의 우후는 소강진 행영에서 매년 6개월 동안 주둔했다. 앞서 설명한 대로, 황해 수사는 적선의 침입이나 황당선의 출몰 가능성이 높은 3월부터 8월 사이에는 행영에서 근무하고, 물살이 거칠어 배가 다니기 어려운 9월부터 이듬해 2월까지는 옹진 본영에 머물렀다. 수군절도사가 행영에 머물 때는 우후가 본영에 남아 군정 업무를 관장했고, 반대로 수사가 본영에 있을 때는 우후가 행영으로 가서 근무하는 방식으로 임무를 분담했다.

또한, 충청 수영에서는 1669년(현종 10)부터 파도가 잔잔한 3월부터 8월까지 우후가 원산도에 주둔하면서 조운선의 점검과 함께 적선이나 이양선의 출몰 여부를 감시하는 요망 임무도 수행했다.[241]

다섯째, 수군 우후는 해난 사고를 당해 표류한 선박이나 이양선 관련 사안을 조사하는 임무도 수행했다.[242] 표류한 배가 보고되면 수군 우후는 현장에 직접 파견되어 조사를 담당했다.

예컨대, 1818년(순조 18) 청나라 배가 표류하여 충청도 소근진의 가야항에 도착하자, 수군 우후는 태안 군수, 소근 첨사와 함께 조사를 실시하고, 청인들과 글로 문답을 나눈 뒤 상황을 정리하여 보고했다.[243] 1819년에는 충청도 마량진에 일본 배가 표류해 오자 수군 우후가 표류인의 인적 사항, 배의 규모 및 적재물 등을 세세히 조사하여 책자로 보고했다.[244]

---

240 『비변사등록』 숙종 10년 2월 30일.

241 문광균, 「조선후기 충청수영 우후의 조운선 점검과 원산별장진의 설치」, 312쪽.

242 『비변사등록』 정조 10년 2월 9일.

243 『충청병영계록』 순조 18년 6월 27일.

한편, 수군 우후는 병마 우후와 마찬가지로 수군 병력 및 전함에 비치된 집기나 군기 · 군량을 관리하고, 관방 시설의 점검 및 보수 업무를 수행했다.245 또한, 수군 도시 및 무과 초시의 시관으로도 참여했다. 충청도 · 전라도 · 경상도의 수군 우후는 1675년(숙종 1)에 마련된 절목에 따라 겨울마다 두 차례씩 관할 읍진을 순시하며 전함의 사수와 포수를 대상으로 시재도 실시했다.246

이상에서 살펴본 대로, 우후는 절도사를 보좌하는 외관직으로 통우후까지 포함하여 전국에 총 13명(겸임 1명 포함)이 설치되었다. 이들은 지역의 여건에 따라 다양한 임무를 수행했으며, 공통적으로 군사 훈련, 병력과 무기 관리, 관방 시설 정비, 병영 · 수영 도시 및 무과 초시의 시관, 행영 주둔 및 요해처 점검 등을 맡았다. 특히 수군 우후는 전선 관리, 조운선 점검, 금송, 표류선 조사 등 수군 고유의 임무도 수행했다. 이처럼 우후는 절도사, 영장과 함께 3대 축을 이루며 지역의 군사 업무를 관장했다.

2. 북평사

병마 평사 설치

조선 후기 평사評事는 함경북도에만 설치한 정6품의 서반 외관직으로, 북병영 소속이어서 '북평사北評事'로 불렸다. 정원은 1명이었다. 이

---

244 『충청병영계록』 순조 19년 7월 8일.

245 『비변사등록』 숙종 25년 7월 17일.

246 『비변사등록』 숙종 1년 5월 4일, 「下三道水營虞候巡歷試才節目」.

직책은 북병사北兵使를 보좌하는 역할을 담당했으며, 문관을 임명한다는 점에서 독특한 성격을 지녔다.

조선 전기 평사는 함경도뿐 아니라 평안도에도 설치되었다. 『경국대전』에 나타나는 공식 명칭은 '병마 평사兵馬評事'로 품계는 정6품이며, 평안도와 함경도에 각각 1명씩 두었다.[247] 함경도의 경우 북도에만 설치했으며, 전국적으로 수군에는 평사를 두지 않았다.

평사의 전신은 병마도절제사(병마절도사 전신)의 보좌직인 도사都事로 볼 수 있다. 도사는 조선 건국 초기에 경력經歷과 함께 관찰사의 보좌관으로 활동했으나,[248] 병마도절제사 휘하에는 언제 설치되었는지 명확하지 않다. 다만, 1407년(태종 7)에 "전라도 절제사도節制使道 도사都事"[249]라는 기록이 나타나는 것으로 보아, 적어도 태종 대에는 병마도절제사의 보좌직으로 도사가 활동했음을 알 수 있다. 그러나 1419년(세종 1) 이조의 건의로 병마도절제사의 도사는 혁파되었다.

병마도절제사 소속의 도사가 부활한 시점은 정확하지 않으나, 평안도에는 1440년 무렵 도사를 파견했고,[250] 1455년(세조 1)에는 함경도에도 도사를 파견했다.[251] 이에 대해 사간원에서 여러 도에 새로 설치한 도사를 혁파해야 한다고 건의했으나, 세조는 장수의 역량을 강화하려면 휘하의 수족이 많아야 한다며 그대로 유지하도록 했다.[252]

그 뒤 1466년 세조가 관제를 재정비할 때 도사를 혁파하고 정6품의

---

247 『경국대전』 권4, 병전 외관직 영안도, "正六品, 兵馬評事一員〈北道〉."; 평안도, "正六品, 兵馬評事一員."

248 『태조실록』 권12, 6년 8월 20일(기해).

249 『태종실록』 권17, 9년 3월 29일(임신).

250 『세종실록』 권6, 1년 12월 4일(갑술); 권90, 22년 7월 15일(을묘).

251 『세조실록』 권2, 1년 8월 6일(기유); 8월 10일(계축).

252 『세조실록』 권6, 3년 2월 26일(경신).

평사를 새로 설치하면서 평사라는 관직이 공식적으로 확립되었다.[253] 『여지도서』와 『북관읍지』(1872)에는 북평사의 설치 시기가 1455년으로 기록되어 있는데,[254] 이는 함경도 도사의 부활 시점을 북평사의 시초로 간주한 결과이며, 평사가 도사의 연장선에서 있는 관직임을 뚜렷하게 보여준다.

그러나 이후 어느 시점부터 다시 평사를 파견하지 않다가, 1470년(성종 1)에 함경도에 평사를 다시 설치했다.[255] 평안도에는 평사가 언제 복구되었는지 정확하지 않으나, 1472년 대사간 성준成俊이 평사를 양계 지역에만 국한하지 말고 나머지 도에도 재설치할 것을 건의한 사실이 확인된다.[256] 이로 미뤄볼 때, 성종 초에 함경도뿐 아니라 평안도의 평사도 복구되었을 가능성이 높으며, 이러한 변화가 『경국대전』에 반영된 것으로 보인다.

북평사의 존치 배경

조선 후기에 평사는 함경도의 북평사 1명만 남고, 평안도의 평사는 혁파되었다. 이는 1623년(인조 1) 이괄李适의 요청에 따른 것이었다. 당시 인조는 후금의 동향이 심상치 않자 장만張晩을 팔도도원수로, 이괄을 평안도 병마절도사 겸 부원수로 임명했다. 평안도에 부임한 이괄은 문관 종사관이 이미 2명이나 있으므로 평사를 혁파하자고 건의했

---

253 『세조실록』 권38, 12년 1월 15일(무오); 『성종실록』 권3, 1년 2월 22일(신미).

254 『여지도서』 함경도, 함경북도병마절도사영, 관직, 평사, "景泰乙亥, 始置是職."; 『北關邑誌』 鏡城, 官案, 附評事官案〈世祖乙亥, 始設都事〉.

255 『성종실록』 권8, 1년 12월 10일(계축).

256 『성종실록』 권14, 3년 1월 15일(임자).

고, 그의 의견이 받아들여져 평사가 혁파되었다.[257]

2년 뒤인 1625년(인조 3)에 서성徐渻이 평안도 평사의 재설치를 건의했으나 복구되지 못했다.[258] 이후에도 평사의 부활을 요구하는 건의가 이어졌다. 1680년(숙종 6) 이조 좌랑 조지겸趙持謙, 1710년 지평 조익명趙翼命, 1724년(영조 즉위) 정언 김호金浩 등이 평사의 재설치를 제안했으나 모두 실현되지 못했다.[259] 결국 이러한 상황이 『속대전』에 반영되어 평안도의 평사는 영구히 폐지되었다.

한때 함경도의 북평사마저 혁파된 적도 있었다. 1638년 병자호란의 종전 이후로 함경도의 기근이 계속 이어지자 이를 이유로 북평사를 혁파했던 것이다.[260] 이후 북평사의 복구를 주장하는 목소리가 끊이지 않았다. 대표적으로 인조 말년 함경도 관찰사를 지낸 이후원李厚源은 효종이 즉위하자 두 차례에 걸쳐 북평사의 복구를 건의했다.[261]

그 뒤 북평사가 복구된 해는 1664년(현종 5)으로, 이 과정에서 바로 한 해 전에 함경도 관찰사로 부임한 서필원徐必遠의 역할이 컸다.[262] 서필원은 무관 수령을 통제할 목적으로 북평사의 재설치를 요청했으나, 즉각적인 조치가 이뤄지지 않았다. 이에 영의정 정태화鄭太和가 서필원의 건의를 언급하며 북평사의 재설치를 재차 요청했다. 그는 "난리를 겪은 뒤 국력이 피폐하여 임시로 줄인 것이지만, 이제 다시 설치

---

257 『승정원일기』 인조 1년 9월 20일(정미). 『신증동국여지승람』에는 광해 14년에 혁파된 것으로 나온다.

258 『인조실록』 권9, 3년 8월 8일(갑신).

259 『숙종실록』 권10, 6년 9월 1일(병진); 권49, 36년 12월 25일(을유); 『승정원일기』 영조 즉위년 11월 5일(을사).

260 『비변사등록』 인조 16년 3월 16일; 『인조실록』 권36, 16년 3월 20일(계미).

261 『효종실록』 권4, 1년 6월 8일(경인); 권9, 3년 8월 13일(임자).

262 『승정원일기』 현종 4년 11월 27일(신묘); 현종 5년 5월 23일(갑신); 숙종 1년 11월 1일(을유); 『현종실록』 권8, 5년 6월 22일(계축).

하면 이익은 대단히 크고 해로움은 없을 것"[263]이라고 주장했다.

그 결과 1664년 함경북도에서 외방 별시外方別試를 처음 시행하면서 시험을 주관할 북평사의 직임을 복구했고, 교리 남이성南二星을 북평사로 임명했다. 그러나 남이성이 병으로 부임하지 못하자 이단하李端夏로 교체하여 파견했다.[264] 이후 북평사는 계속 유지되다가 1877년(고종 14)에 혁파되었다.

이처럼 관료들이 평사의 복구를 지속적으로 건의한 배경에는 북쪽 지방의 무관 수령을 통제해야 한다는 필요성이 자리하고 있었다. 앞서 1470년(성종 1) 함경도의 평사를 부활시킬 당시에도 양계 지방에는 반드시 문관이 있어야 한다는 논리가 제시되었다.[265] 1625년에 서성은 평안도 평사의 복구를 주장하며 서북지방 수령이 무관이어서 이를 제압할 문관이 필요하고, 무장은 문필이 부족하므로 평사가 장계를 작성해야 한다는 점을 근거로 들었다.[266]

현종 대 이후원과 정태화 역시 예전부터 장수가 될 만한 명망 있는 문관을 평사로 뽑아 변방의 일을 익히게 하고, 무관 수령을 다스리는 바탕으로 삼았다고 역설했다.[267] 그럼에도 평안도의 평사를 복구하지 않고 북평사만 운영한 이유는 함경도가 왕화王化가 더 미치기 어려운 먼 지역이라는 인식이 작용했기 때문이다.[268]

결론적으로 평사는 문치주의를 지향한 조선 양반 사회의 산물이라

---

263 『현종개수실록』 권11, 5년 6월 13일(갑진).
264 『현종실록』 권8, 5년 6월 22일(계축); 윤6월 24일(갑신).
265 『성종실록』 권8, 1년 12월 10일(계축).
266 『인조실록』 권9, 3년 8월 8일(갑신).
267 『현종개수실록』 권11, 5년 6월 13일(갑진).
268 『승정원일기』 영조 4년 8월 20일(무술).

할 수 있다. 조선 초기에는 전국적으로 설치했으나 이후 양계 지역만 남게 되었고, 17세기 중반에는 북평사만 존속했다. 이는 고려시대부터 국토 방위의 요충지로 중시된 양계 지역의 특성과 무관 수령의 증대에 따른 문관의 필요성이 반영된 결과였다. 그러나 평안도의 평사는 상대적으로 필요성이 낮다고 여겨지면서 결국 복구되지 못했다.

북평사의 임기

북평사는 문관 가운데 주로 전랑銓郎을 지낸 사람을 임명해서 보내는 화직華職이었다. 영조 대부터는 전랑이 부족하면 삼사三司의 관원도 파견하기 시작했다.[269] 그러나 먼 북방까지 가야 하므로 꺼리는 자리였다.[270] 그래서 차출하기가 어려워 공석으로 있을 때도 잦았다.[271]

조선 전기 병마 평사의 임기는 720일이었다.[272] 그러나 변방 지역이라는 근무 조건과 2년이라는 오랜 임기는 북평사를 기피 직책으로 만들었다. 이에 따라 1670년(현종 11)에 북평사의 임기를 참하관은 24개월, 참상관은 12개월로 조정했다. 이 무렵 북평사는 주로 이조 낭관이나 옥당 등 참상관의 파견이 많았으므로 실제 임기는 1년 정도였다고 볼 수 있다.[273] 『여지도서』에도 북평사가 1년마다 교체되었다고 명시되어 있다.[274]

---

269 『승정원일기』 영조 즉위년 11월 5일(을사); 영조 1년 10월 23일(정해); 영조 3년 9월 12일(을축).

270 『승정원일기』 영조 4년 7월 9일(무오); 8월 20일(무술).

271 『승정원일기』 영조 3년 11월 13일(을축); 정조 5년 6월 25일(병신).

272 『경국대전』 권4, 병전 외관직, "節度使虞候評事, 仕滿七百二十."

273 김준영, 「조선후기 함경도 북평사의 역할과 기능」, 경북대 석사논문, 2021, 11쪽.

274 『여지도서』 함경도, 함경북도병마절도사영, 관직, 평사, "景泰乙亥, 始置是職, 文品,

북평사의 근무 기간에 대해서는 1827년(순조 27) 7월 함경도 북평사에 임명된 박래겸朴來謙(1780~1842)의 사례가 참고가 된다. 1809년에 문과에 급제한 박래겸은 오랫동안 승정원의 주서注書로 근무하다가 정언, 지평 등을 거쳐 1822년에 평안도 암행어사로 나갔다.[275] 이후 정언, 부교리, 교리, 부수찬 등을 역임했으며, 사간司諫으로 재직 중에 함경도 북평사로 나가게 되었다.

1827년 7월 14일에 북평사에 임명된 박래겸은 7월 18일에 사은숙배를 하고 8월 15일에 북병영이 있는 경성鏡城에 도착했다. 이후 1828년 3월 3일 한양으로 출발하여 4월 2일에 돌아왔는데, 그의 표현을 따르면 "집을 떠난 지 아홉 달"[276]만이었다. 사은숙배를 기점으로 계산하면 7개월 보름, 북병영에 도착한 날을 기점으로 하면 6개월 보름 정도를 근무한 셈이었다.

이와 관련하여 1728년(영조 4) 북병사 송진명宋眞明이 건의한 내용을 살펴볼 필요가 있다. 송진명은 북평사를 파견하는 의도는 좋으나, 명관名官을 보내므로 자주 내직으로 옮겨가는 바람에 임기가 짧아지는 문제점을 지적했다. 그는 "이제부터는 근무 일수를 채우기가 쉽지 않더라도 예닐곱 달 동안 재임"하면서 개시開市를 감독하고 봄철의 진정賑政도 살펴 위엄을 보인다면 효험이 있을 것이라고 건의했다. 영조는 송진명의 의견에 따라 북평사는 반년 동안 재임할 것을 분부했다.[277] 따라서 박래겸이 북병영에서 실제 6개월 보름 정도 근무한 것은 당시

一週年交遞, 佐治兵馬事."

275 『승정원일기』 순조 14년 1월 18일(경진); 순조 22년 윤3월 13일(무자).

276 박래겸, 『北幕日記』 1828년 3월 3일. 일기 자료는 박래겸 지음, 조남권·박동욱 옮김, 『북막일기北幕日記』, 글항아리, 2016을 이용했다.

277 『승정원일기』 영조 4년 8월 20일(무술).

기준에서 보면 자연스러운 일이었다.

북평사의 임무

박래겸은 1827년(순조 27) 7월 14일 북평사에 임명된 날부터 1828년 4월 2일 한양으로 돌아올 때까지의 일정을 일기로 남겼다. 박래겸의 일기를 중심으로 조선 후기 북평사의 주요 임무를 검토하면 다음과 같다.[278]

첫째, 북평사의 중요 임무는 함경북도 회령과 경원에서 열리는 북관개시北關開市의 관장 및 감독이었다. 앞서 북병사 송진명이 언급한 북평사의 임무 역시 개시의 감독이었다. 1724년(영조 즉위년)에는 북평사 오명신吳命新이 이조 정랑으로 임명되어 교체되었으나, 개시가 임박하자 영조의 명으로 개시가 끝날 때까지 규례에 따라 그 업무를 계속 수행했다.[279]

북평사 박래겸도 1827년 12월 17일부터 1828년 2월 5일 청인들이 강을 건널 때까지 개시를 관장했다. 당시 회령에 도착한 청인은 총 396명이었으며, 이들이 이끈 말은 1,443필, 노새는 12필에 달했고, 길쌈 용구인 발거撥車가 71개였다.[280] 교역은 공시公市부터 시작했으며, 소금, 보습, 소 등이 주요 거래 품목이었다.[281] 이듬해 1월 3일에는 사시私市, 1월 4일에는 마시馬市가 열렸다. 1월 18일에는 회령부에 이어

---

278 북평사 임무에 대한 자세한 사항은 김준영 · 우인수, 「조선 후기 함경도 북평사의 위상과 역할」, 『민족문화논총』 78, 2021, 340~351쪽 참조.

279 『승정원일기』 영조 즉위년 11월 21일(신유).

280 박래겸, 『북막일기』 1827년 12월 20일.

281 박래겸, 『북막일기』 1827년 12월 26일; 27일; 29일.

경원부에서 공시가 열렸고, 이때 관아에 머문 청인의 규모가 통관 이하만 70여 명이었다. 이후 1월 19일부터 21일까지 사시가 이어졌으며, 주로 가축을 교역했다. 1월 22일에 마시가 열리며 개시가 마무리되었다.

이 과정에서 박래겸은 개시가 원활하게 진행되도록 각종 사항을 지원하고, 청국 관료와 통사들의 하마연下馬宴도 주관했다. 그는 개시 진행 상황을 현장에서 점검하고, 청인의 도착부터 귀국까지의 모든 과정을 낱낱이 조정에 보고했다.

둘째, 북평사는 문과와 생원진사시의 초시初試, 외방 별시의 시관으로 활동했다. 함경도의 과거 시험장은 남도와 북도로 나눠서 거행하는데, 북도는 북평사가 주관하고 남도는 도사都事가 담당했다. 만약 북평사가 없으면 도사가 북도로 가서 시험을 주관하고 남도에는 경시관京試官을 보냈다.[282]

박래겸이 경성에 도착하자마자 한 일도 무산부에서 열린 생원진사시 초시의 초장初場 시관으로 참석한 일이었다. 초장에서 거둔 답안지만 무려 1천 300여 장이었다.[283] 이튿날에는 의제疑題를 내어 답안지 500여 장을 거두었다.[284] 그리고 초시 전체에서 시詩·부賦·의義·의疑의 장원을 뽑아 회시會試에 직부하게 했다.[285] 이어서 부령으로 가서 문과 초시를 시행했다.[286]

---

282 『승정원일기』 영조 1년 7월 21일(병진); 영조 2년 7월 13일(계묘). 『속대전』 규정에 따르면 식년 문과 초시의 경우, 함경남도는 평사가 주관하고 함경북도는 도사가 주관했다(『속대전』 권3, 예전 諸科 式年文科初試).

283 박래겸, 『북막일기』 1827년 8월 20일.

284 박래겸, 『북막일기』 1827년 8월 22일.

285 박래겸, 『북막일기』 1827년 8월 23일.

286 박래겸, 『북막일기』 1827년 9월 3일; 4일; 5일; 6일; 11월 1일; 5일; 10일; 18일.

이 밖에 각 고을의 순제旬題를 위해 시제試題를 제출하고 채점하는 것도 그의 역할이었다.[287] 그리고 매년 지방 선비의 학문을 권장하기 위해 실시하는 공도회公都會의 시관으로도 참여했다.[288]

셋째, 친기위親騎衛의 시재를 주관하는 것도 북평사의 임무였다. 박래겸은 함경북도의 각 지역을 돌아다니면서 친위기를 대상으로 기예를 시험했다. 온성, 경원, 회령, 종성 등지에서 선비들에게는 백일장을 치르고, 친기위는 말을 점고하고 시험을 치렀다. 참고로 이 과정에서 기녀들도 말을 타고 활 쏘는 기예에 참여하여 좋은 성적을 거두었다.[289]

넷째, 북평사의 임무로 북관 지역을 순찰하며 지역의 폐단을 파악하고, 수령 및 변장을 감찰하는 일도 중요했다. 이는 관찰사 휘하의 도사가 실시하는 역할을 북평사가 수행하는 것으로 이해할 수 있다. 북평사는 함경북도의 재해 상황을 비롯해 수령의 전정田政, 진휼 및 환곡 정사 등을 조사했으며, 이러한 임무 수행을 위해 어사나 감진어사監賑御史를 겸임할 때도 있었다. 아울러 진보 지역을 순찰하면서 무기, 탄환, 성곽, 봉수, 군사 훈련 등 군사적 요소를 점검하는 역할도 수행했다.[290]

이외에도 북평사는 병영에서 중앙에 제출할 각종 문서를 작성하는 업무를 수행했다. 박래겸도 11월 25일에 병영에서 정월 아침에 올릴 전문箋文을 작성하여 보고했다.[291] 그는 고을 인사들이 개인적으로 병

287 박래겸, 『북막일기』 1827년 9월 12일.
288 박래겸, 『북막일기』 1827년 11월 19일; 20일; 21일; 22일; 23일; 24일.
289 박래겸, 『북막일기』 1827년 8월 24일; 9월 23일; 10월 7일; 10일; 12일; 14일; 18일.
290 김준영, 「조선후기 함경도 북평사의 역할과 기능」, 35~37쪽.
291 박래겸, 『북막일기』 1827년 11월 25일.

풍이나 족자의 글씨, 벽에 붙이는 글씨, 초서 글씨 등을 요청하면 이를 거절하지 않고 모두 써주는 등 지역사회에서의 문필 활동도 적극적으로 참여했다.292

이상과 같이 북평사는 정6품의 서반 외관직으로, 북병사를 보좌하는 임무를 수행했다. 주요 임무는 북관 개시의 감독과 점검, 과거 시험의 시관, 친기위의 시재 주관, 북관 순시 등이었으며, 병영 문서 작성이나 지역내 문필 활동 등 다양한 역할도 담당했다. 북평사는 문관이 임명되는 자리로 17세기 후반 이후 파견이 어려워지는 문제점도 있었으나, 변방 통제와 문관의 필요성으로 인해 계속 유지되었다.

---

292 박래겸, 『북막일기』 1827년 9월 27일; 12월 10일.

나가는 말

붓과 칼 사이, 조선을 지탱한 또 하나의 질서

1부 요약

조선은 흔히 '문文'의 나라로 기억된다. 하지만 그 '문'을 지탱하고자 작동했던 '무武'의 질서는 결코 변방에 머무르지 않았다. 이 책은 '붓과 칼'이라는 두 축 사이에서 긴장과 조화를 이루며 존재한 무관의 제도에 주목했다.

총 5부 17장에 걸쳐 무관의 개념과 용어, 전체 관직의 구조와 체계를 정리하고, 각각의 직책이 현실 속에서 어떻게 작동했는지를 구체적으로 추적했다. 이를 통해 조선 후기 무관 제도가 군사와 행정, 그리고 사회 질서 속에서 어떤 역할을 수행했는지, 또 시대의 흐름에 따라 어떻게 변화해갔는지를 밝히고자 했다.

제1부는 이 연구의 기초를 다지는 작업으로 총 3장으로 구성했다. 〈1장〉에서는 조선시대 무관의 개념과 무관 정책을 검토했다. 무관이란 무과에 급제하여 관직에 진출한 사람을 의미하며, 관련 용어로 서반西班, 무반武班, 무신武臣, 무관武官, 무변武弁, 무부武夫, 군직軍職, 군함軍銜 등이 있었다. 이 가운데 '군직'은 조선 후기에 주로 '군직 체아'의 의미로 사용되었고, '출신'과 '선달'의 의미는 점차 축소되어 무과 출신을

지칭하는 용어로 고착되었다.

조선은 문치주의를 기본 통치 이념으로 삼아 무관의 정치적 성장을 제한하는 정책을 시행했다. 서반관계에서는 2품 이상을 두지 않았고, 동반직에 비해 서반 실직實職이 부족했다. 서반 최고위 관서인 중추부의 위상은 낮았으며, 청요직 수가 적어 무관의 정치적 입지가 제한되었다. 군사적 측면에서도 무관의 군사권을 제한하고, 4품 이상에게만 사은숙배와 윤대를 허용했다. 무관의 체계적 육성을 위한 공식적인 교육 기관이 부재했으며, 인적 관리도 소홀하여 무과 급제자의 종합 방목도 만들지 않았다. 이러한 요인은 조선 후기까지 적용되어 무관의 정치적 성장을 억제했다.

〈2장〉에서는 서반관계西班官階의 구조와 운영을 검토했다. 서반 품계는 1392년 제정된 이후 『경국대전』에 정3품 당상관부터 종9품까지 14개 품계, 22개 자급이 설정되었고, 2품 이상은 동반관계를 사용하게 했다. 이 장에서 주목한 점은 무관이 종2품으로 오를 경우 곧바로 가선대부嘉善大夫를 받지 못하고, 정3품 당상관인 통정대부通政大夫를 거친 뒤에야 승급이 가능했다는 사실이다. 무관 입장에서는 정3품 당상관 품계를 두 차례나 거친 셈이었다.

〈3장〉에서는 『속대전』을 기준으로 무관직의 종류와 규모를 분석했다. 서반 경관직의 종류는 총 35개로 조선 전기에 비해 3.5배 증가했으나, 규모는 총 2,056자리로 오히려 38% 감소했다. 관직 구성은 정직 457자리(22.2%), 겸직 84자리(4.1%), 체아직 1,515자리(73.7%)로 나타나 체아직의 비중이 높았으나, 군영아문의 창설로 인해 정직 자리가 조선 전기에 비해 60% 증가하는 변화를 보였다.

서반 외관직은 직제 신설과 변장의 확대에 따라 그 규모도 늘어났다. 새로 도입된 직제로는 육군의 경우 병마방어사, 진영장, (경기)중군, 순영 중군, 위장衛將, 별장 등이며, 수군은 통어사, 수군방어사, 수군동첨절제사 등이었다. 여기에 더해 변장 수가 전기에 비해 2.3배 증가하면서 외관직 전체 규모도 44% 증가해 722자리로 확대되었다. 이 중 겸직이 443자리(61.4%)여서 여전히 겸직 비중이 높으나, 전기에 비해 14.2% 감소한 경향을 보였다.

2부 요약

제2부는 서반 최고위 관청과 청요직을 중심으로 총 3장으로 구성했다. 이 가운데 청요직은 이 책의 핵심 주제로, 내삼청內三廳의 개념과 함께 서반 최고의 청요직인 선전관과 선천宣薦의 제도를 비중 있게 다뤘다.

〈4장〉에서는 서반 최고위 관청인 중추부를 검토했다. 중추부는 정1품 아문으로 서반의 최고 관청이지만, 실제로는 직무 없이 당상 문·무관을 예우하는 관청이었다.

조선 후기에 들어서는 1품 관직의 자격 요건을 강화하여 영중추부사(정1품)는 대신大臣만, 판중추부사(종1품)는 이조·예조·병조의 판서를 거친 사람만 제수될 수 있었다. 그 결과 무관이 받는 관직은 동지중추부사(종2품)와 첨지중추부사(정3품 당상)에 집중되었는데, 이 중 동지중추부사는 종2품 실직으로 선조를 추증할 수 있는 명예로운 관직으로 인식되었다.

〈5장〉은 조선 전기에 오위도총부, 병조와 함께 군사 아문의 '트로이카'를 형성한 훈련원을 분석했다. 훈련원은 정3품 아문으로서 군사 훈련, 병학 교육, 무과 시행 등을 주관하며 정예 군병과 무관을 양성하는 중심적인 역할을 했다.

그러나 조선 후기에 오군영이 설립되고 능마아청能麽兒廳이 세워지면서 군사 훈련과 병학 교육 기능은 점차 약화되었고, 주로 무과를 주관하는 역할만 남게 되었다. 대신에 무관의 출세와 밀접한 관서로 변모했으며, 음관의 진입은 허용되지 않았다. 관원 수도 『속대전』 기준 2.5배가 확대되어 40명이 되었다.

〈6장〉은 선전관, 부장, 수문장 등 서반 청요직의 구조와 천거를 중심으로 살폈다. 선전관은 서반 최고 청요직으로, 국왕을 보좌하는 무관 비서이자 고위직 진출의 필수 경로였다. 또한 자체적으로 선천까지 운영해 진입 장벽이 높았다. 선전관청은 『속대전』에서 정3품아문으로 공식화되었으며, 이는 조선 전기에 아문 없이 운영된 서반직이 후기에 들어와 제도화된 대표적 사례였다.

선천은 무과 급제자와 한량 중 유력 집안 자제를 대상으로 장래 선전관 후보를 미리 천거하는 제도였다. 평안도·함경도 출신과 서얼은 배제되었고, 1777년(정조 1) '선천 내금위宣薦內禁衛' 제도의 시행 이후에는 금군 복무 6개월 거쳐야 초사직에 진출할 수 있었다. 이로써 선천은 선전관 모집단이라는 본래 의미를 넘어, 초임 발탁의 '시천始薦' 성격도 갖게 되었다.

부장은 종6품 관직으로 궁궐 숙위를 담당했으며, 선전관 다음으로 청요직으로 평가되었다. 부천部薦 제도는 선천과 마찬가지로 무과 급제자와 한량을 대상으로 부장 후보를 미리 천거하는 방식이었으나, 그 위상이 선천보다 낮아 평안도·함경도 출신과 서얼도 포함되었다. 1778년에는 선천 내금위를 본뜬 '유천기사有薦騎士' 제도도 시행했다.

수문장은 궐문 아홉 곳의 수비를 담당했으며, 선전관·부장과 함께 내삼청에 속했으나 그 위상은 가장 낮았다. 『속대전』에 이르러 수문장청이 종6품 아문으로 공식화되었으며, 관직 품계는 종6품과 종9품으로 구성되었다. 수천守薦 제도는 수문장에 남항을 두지 않았기 때문에 무과 급제자만을 대상으로 후보를 미리 천거하는 제도였으며, 선천·부천보다 그 위상이 낮아 '말천末薦'으로 불렸다.

3부 요약

제3부는 조선 후기 오위 제도의 폐지 이후 오위도총부, 오위장, 오위 체아직五衛遞兒職의 변화상을 중점적으로 분석했으며, 총 3장으로 구성했다.

〈7장〉에서는 오위도총부의 변천 과정을 살폈다. 조선 후기 오위도총부는 외형상 큰 변화 없이 존속했으나, 오위가 폐지되면서 군사 지휘권을 상실해 위상이 현저히 낮아졌다. 이는 중앙군의 지휘권이 군영 대장에게 이양되면서 오위도총부가 실질적으로 지휘·감독할 군대가 사라졌기 때문이다. 또한, 도총관의 주요 모집단인 종친 수가 급감하면서 도총관 선발 자체가 어려워지는 문제도 발생했다.

〈8장〉은 오위장의 임무 변화와 위상을 분석했다. 오위장은 단순히 명예직이 아니라 업무 강도가 높은 정직이었으나, 오위 혁파 이후 품계가 정3품 당상관으로 낮아지고, 군사 지휘권도 상실해 주로 야간 궁성 순찰을 담당하는 직책으로 바뀌었다. 이러한 변화로 오위장을 기피하는 사례가 늘었으나, 외직에서 복귀한 무관들에게는 관직 공백을 최소화하고 다음 관직으로 진출하기 위한 발판으로서 여전히 의미 있는 당상관 직책이었다.

〈9장〉은 오위 체아직의 구조와 규모를 중심으로 분석했다. 조선 후기 오위 체아직은 『속대전』 기준 1,511자리로 전기에 비해 약 50% 감소했다. 오위 체아직은 관료에게 안정적인 녹을 지급하는 316자리의 원록체아原祿遞兒와 그 외 모든 체아직을 포함하는 잡체아雜遞兒로 이원적으로 운영되었다.

조선 후기 오위 체아직은 공신 및 특정 지역 인물 우대, 현직 관료의 급료 지급, 무직이 된 고위 문·무관 및 시종신의 생계 보장, 사행使行 관원을 비롯한 임시직의 업무 수행 기반 제공 등 다양한 목적으로 활용되었다. 곧, 단순히 한시적이나 보조적인 관직이 아니라 관료의 공로 보상과 생계를 보장하는 녹봉 제도의 한 축을 이뤘다.

4부 요약

제4부는 『속대전』을 중심으로 조선 후기 서반직의 구조와 성격을 새롭게 바꾼 '군영아문' 소속 관직에 초점을 맞춰 총 4장으로 구성했다. 특히 기존 연구에서 소홀히 다룬 장관將官과 장교將校의 성격 및 직무를 심층적으로 탐구했다.

〈10장〉에서는 『속대전』을 토대로 군영 아문에 속한 훈련도감, 어영청, 금위영, 총융청, 수어청 등 총 11개 군영의 연혁을 검토하고, 인적 편제를 관제官制, 장관, 장교로 나누어 검토했다.

관제는 도제조, 제조, 대장 또는 사使를 비롯해 낭청(종사관從事官)까지 포함한다. 장관은 관품을 지닌 무관직으로 별장別將, 중군中軍, 수성장守城將, 국별장局別將, 관성장管城將, 금군장禁軍將, 진영장鎭營將, 천총千摠,

파총把摠, 초관哨官 등이 있었으며, 군사 지휘뿐만 아니라 참모 역할도 수행했다. 장교는 군영 내 하급 간부로, 교련관敎鍊官, 지구관知彀官, 기패관旗牌官, 국출신局出身, 권무군관勸武軍官, 가전별초駕前別抄, 군관 등이 포함되며, 『속대전』 기준 총 3,165명의 인원을 배치했다.

〈11장〉에서는 군영 아문 소속 장관의 직무를 분석했다. 중군은 종2품 또는 정3품 당상관의 최고위 장관으로 군영별로 1명씩 두었다. 1593년 훈련도감 창설과 함께 등장했으며, 대장에 이어 두 번째 지위이므로 '아장'이라고도 했다. 군영의 군무를 총괄하고, 군사 훈련 시 국왕의 호령을 받드는 역할도 수행했다.

천총과 파총도 훈련도감 창설과 함께 도입한 장관직이다. 천총은 정3품 당상관으로 총 15명을 두었다. '부部' 단위의 지휘관이며, 궁성 담장의 순찰을 감독하는 '고찰考察' 임무를 담당했다. 파총은 정4품으로 총 24명을 두었다. '사司' 단위의 지휘관이며, 궁궐 입직과 국왕 호위를 비롯해 고찰 임무를 수행했다.

금군장은 금군의 지휘관으로 내금위장 3명, 겸사복장과 우림위장 각 2명으로 구성되었다. 조선 후기에 금군별장禁軍別將이 신설되면서 번장番將의 지위로 제한되었으나, 당상 무관 중에서도 청선淸選으로 꼽히는 직책이었다.

〈12장〉에서는 군영 아문 소속 장교의 임무를 살폈다. 지구관은 훈련도감에만 설치한 고위급 장교로, 『속대전』 기준 10명을 배치했다. 군영 소속 장교 중 가장 위상이 높았으며, 진법 교육, 무기 제작 및 군사 시설 공역 감독 등을 담당했다. 600일 근무 후 승륙했으며, 근무 기간이나 각종 공로로 변장으로 나갈 수 있었다.

교련관은 훈련도감을 제외한 각 군영에 배치한 고위급 장교로, 『속대전』 기준 총 59명을 두었다. 진법 교육, 무기 제작, 각종 군사 시설 공역 감독 등을 담당한 군사 전문가였다. 20개월 근무 후 6품으로 승진했으며, 장기 근무를 통해 변장으로 진출할 수 있었다.

기패관은 진법 훈련을 담당한 장교로, 『속대전』 기준 총 107명을 두었다. 특히 훈련도감 기패관은 항오에서 승진하는 직책으로 그 위상이 높았다. 600일 근무 후 승륙했으며, 장기 근무에 따라 변장으로 나가거나 지구관이나 교련관으로 승진할 수 있었다.

국출신은 무과 출신으로 구성한 훈련도감 소속 장교 부대로 150명을 두었다. 병자호란 당시 인조를 호종한 훈련도감군을 우대하기 위해 창설되었으며, 숙종 대 이후 무과에 급제한 훈련도감군의 진로를 보장하는 역할을 했다.

〈13장〉에서는 '산직散職'으로 신설된 내사복시와 능마아청을 검토했다. 내사복시는 국왕의 수레와 말을 담당한 관청으로, 『속대전』에서 정식 관청으로 편제되었다. 관원으로는 겸직으로 운영한 내승內乘 3명을 두었으며, 근시의 직임으로 청요직의 성격을 띠었다. 정조 대에는 한 자리를 실직으로 전환했다.

능마아청은 1629년(인조 7)에 신설되어 『속대전』에 이르러 정식 관청이 되었다. 50세 이하의 당하 무관을 대상으로 한 능마아강能麽兒講을 주관했는데, 매달 6차례 실시했으며 시험 교재는 『병학지남兵學指南』이었다.

5부 요약

제5부는 조선 후기 서반 외관직 중에서도 변장邊將 및 절도사節度使

보좌 무관직을 중심 주제로 삼았다. 이 중 변장은 변경 방어의 책임자로, 이에 대한 체계적 분석은 조선 후기 군사제도의 실상을 구조적으로 접근할 수 있는 중요한 실마리를 제공한다.

〈14장〉은 변장의 개념과 범주를 규명했다. '변장'이란 수령이 겸임하지 않고 전담자로 임명된 첨절제사僉節制使, 동첨절제사同僉節制使, 만호萬戶, 별장別將, 권관權管을 통칭하는 용어이며, 그중 첨절제사, 동첨절제사, 만호가 대표적이었다. 『속대전』에 따르면 전체 서반 외관직 580명 중 변장이 225명이며, 이는 『경국대전』에 비해 2.3배 증가한 수치다. 특히 북방에 대한 군사적 관심이 높아지면서 평안도와 함경도의 증가가 두드러졌다.

〈15장〉에서는 첨사僉使의 규모와 역할을 고찰했다. 첨사는 첨절제사(종3품)와 동첨절제사(종4품)를 통칭한 용어로, 『속대전』을 기준으로 병마 첨사가 41명, 수군 첨사가 36명이었다. 임기는 900일이며, 관방의 중요도에 따라 변지邊地, 이력履歷, 체부遞付, 구근久勤, 자벽自辟 자리로 나눠 차등적으로 운영했다. 이 중 변지와 이력은 첨사에만 설치한 자리로서 방어사 승진의 필수 자격 요건이었다. 조선 후기 전쟁의 위협이 줄면서 지역 방어뿐 아니라 환곡, 금송禁松, 조운로 관장 등 다양한 대민 업무도 맡았다.

〈16장〉에서는 만호와 권관의 규모와 역할을 분석했다. 만호는 종4품의 서반 외관직으로, 『속대전』 기준 병마 만호가 41명, 수군 만호가 37명으로 총 78명이었다. 임기는 900일이며, 체부 · 구근 · 자벽 자리로 구분되었다. 첨절제사 휘하에서 병력을 통솔하고 지역 방어를 담당했으며, 점차 대민 업무도 병행했다.

권관은 함경도, 평안도, 경상도에만 설치한 소규모 진보의 군 책임자로 종9품 자리였다. 『대전후속록』을 통해 그 임용과 평가 기준이 제도화되었고, 『속대전』에 이르러 공식으로 서반 외관직으로 편입되어 35명을 배치했다. 임기는 2년이고, 체부 · 구근 · 자벽 자리로 구분되었다.

〈17장〉에서는 절도사 보좌직인 우후와 북평사의 역할을 고찰했다. 우후는 『속대전』 기준 병마 우후(종3품) 8명, 수군 우후(정4품) 5명(겸직 1명 포함)으로 구성되었다. 절도사, 영장과 함께 지방군을 관장하는 3대 축을 이뤘고, 고을을 순행하면서 지방군 훈련, 무기 및 관방 시설 정비, 행영行營 주둔, 상번군 점고, 전선戰船 관리, 조운선 점검, 송금松禁 등 다양한 업무를 수행했다.

북평사는 함경북도에만 둔 정6품 무관직으로, 문관을 임명하는 자리였다. 이는 무관 수령을 견제하고 중앙의 통제를 강화하려는 문치의 의도가 반영된 직책이라 할 수 있다. 정원은 1명이며, 북병사北兵使를 보좌하며 수령과 변장 감찰, 북관 개시 감독, 과거 시험 시관, 친기위 시재試才 주관 등 행정 · 감찰 업무를 수행했다.

붓과 칼 사이의 무관

조선은 유교적 이념에 기반한 문치주의 국가로 문관이 국정을 주도하는 사회였다. 문관은 국왕에게 이상적인 유교 정치 이념을 전달하며, 경연經筵, 사관史官, 간관諫官 제도 등을 통해 국왕의 통치 행위를 견제했다. 국왕의 전제권조차 '문'으로 제어하는 이러한 구조 속에서 '칼'을 다루는 무관의 역할은 제한될 수밖에 없었다.

문치주의는 조선 왕조만의 고유한 특징으로 오인하기 쉽지만, 그렇지 않다. 조선이 건국될 당시 명나라 역시 문관이 우위를 점한 국가였으며, 조선과 명 모두 문관 중심의 통치를 선호하면서 상대적으로 무관을 경시했다.

명나라의 문치주의적 성격은 동시대 이방인의 기록에서도 포착된다. 16세기 이탈리아 선교사 마테오 리치의 눈에 비친 명나라는 문관의 나라였다. 무관은 문관 앞에서 학교의 학생처럼 행동했고, 전쟁 때에는 문관이 동행하여 수비와 공격을 지휘했다. 이러한 분위기 속에서 야심 있는 인물이라면 무관이 되기보다는 지위가 낮더라도 문관의 길을 선호했다.[1]

중국사 연구자 레이 황 또한 명나라를 건국 초기부터 무관을 홀대한 사회로 평가했다. 그는 명 신종 대의 무장 척계광戚繼光의 사례를 통해, 전시 상황에서도 군 지휘관을 부당하게 탄핵했으며, 사회적으로도 무력이 행사되는 상황을 바람직하지 않은 정치의 상징으로 간주했다고 지적했다.[2]

조선 역시 명나라와 마찬가지로 동아시아 문치주의의 연장선상에 있었으나, 16세기 말경 대전환의 계기를 맞았다. 바로 오군영 체제의 성립이었다. 오군영은 임진왜란 중 훈련도감의 창설을 시작으로, 인조 대의 총융청·어영청·수어청 설치, 숙종 대의 금위영 창설을 거치며 완성되었다. 이 과정에서 무관직은 점차 구조화되었고, 그 역할 또한 확대되었다.

『속대전』에 따르면, 오군영이 포함된 군영아문의 등장으로 신설된

---

1 마테오 리치 지음, 신진호·전미경 옮김, 『마테오 리치의 중국견문록』, 문사철, 2011, 65쪽, 81쪽.

2 레이 황 지음, 김한식 외 옮김, 『1587, 만력 15년 아무 일도 없었던 해』, 새물결, 2004, 276~277쪽.

서반 경관직은 306자리(겸직 55자리 포함)에 달했다. 전체 무관직 수는 오위의 폐지로 50% 정도 줄었으나, 군영아문의 창설로 정직正職은 오히려 조선 전기에 비해 60% 가까이 증가했다. 외관직 역시 전기에 비해 약 44% 증가하여 722자리가 되었으며, 전체 무관직에서 차지하는 비중도 기존 13%에서 26%로 늘었다.

군영아문에서 눈여겨볼 사항은 장교의 존재다. 『속대전』 「군영아문」 조에 실린 장교 인원만 총 3,165명이다. 이들은 하급 간부이지만 군사적 전문성과 실무 능력을 바탕으로 새로운 엘리트 집단의 모습을 갖췄다. 또한 다양한 경로를 통해 하급 장관인 초관이나 변장으로 나갈 수 있었으므로, 무관의 모집단으로도 기능했다.

이처럼 오군영의 성립은 군제의 성격을 변화시켰을 뿐 아니라, 조선 후기 서반직 구조 전반을 재편하는 계기가 되었다. 곧, 군영아문에 속한 무관직의 증대와 장교의 양적 팽창, 서반 외관직의 다변화와 변장의 확대 등은 조선 후기 무관과 장교 등이 단지 군영이나 병영·수영 내 구성원이 아니라 국가의 '다른 한 축'으로 성장했음을 보여주는 뚜렷한 지표라 할 수 있다.

나아가 이들의 존재는 단순한 직제 변화나 통계상의 증감으로만 끝나지 않는다. 17세기 중반 이후 무장 전기가 출현하고, 무관들이 직접 병서를 저술하며 군사 이론을 체계화한 일련의 흐름은 이전의 존재 방식과 다른 질적 전환의 모습을 보여주며, 이는 무관과 그 모집단의 비약적 팽창이라는 여건 속에서 꽃피울 수 있던 것이다. 따라서 이 책이 조선 후기 무관직에 대한 기본적인 조망과 분석을 제공했다면, 다음 단계는 이 제도 속에서 살아 움직인 구성원들을 더 풍부하게 살펴보는 일일 것이다.

무관직 제도는 조선이라는 나라가 위기를 어떻게 인식하고 대응했는지, 그리고 군사와 행정을 어떻게 결합시켜 해결해 나갔는지를 보여주는 하나의 창이다. 조선의 질서는 '칼과 붓 사이'에서 문과 무, 견제와 대응, 제도와 인간이 교차하는 역사적 공간이었다. 이 책이 그 질서를 이해하기 위한 작은 디딤돌이 되기를 바란다.

부록

〈부표 1〉『경국대전』에 기록된 도별 서반 외관직 내역과 규모

품계	관직 \ 지역	경기	충청도	경상도	전라도	황해도	강원도	함경도	평안도	계	
										전체	겸직
종2	병마절도사	1 (겸)	2 (겸1)	3 (겸1)	2 (겸1)	1 (겸)	1 (겸)	3 (겸1)	2 (겸1)	15	8
정3 당상	수군절도사	2 (겸1)	2 (겸1)	3 (겸1)	3 (겸1)	1 (겸)	1 (겸)	3 (겸)	2 (겸)	17	11
	병마수군절제사	·	·	·	1 (겸)	·	·	·	·	1	1
	병마절제사	·	·	1 (겸)	1 (겸)	·	·	·	·	2	2
종3	병마첨절제사	4 (겸)	4 (겸)	5 (겸)	4 (겸)	2 (겸)	3 (겸)	15 (겸1)	16 (겸1)	53	41
	수군첨절제사	1	2	2	2	1	1	·	3	12	·
	병마우후	·	1	2	1	·	·	1	1	6	·
정4	수군우후	·	1	2	2	·	·	·	·	5	·
종4	병마동첨절제사	14 (겸)	12 (겸)	20 (겸)	14 (겸)	11 (겸)	11 (겸)	6 (겸)	17 (겸)	105	105
	병마만호	·	·	·	·	·	·	14	4	18	·
	수군만호	5 (겸1)	3	19	15	6	4	3	·	55	1
정6	병마평사	·	·	·	·	·	·	1	1	2	·
종6	병마절제도위	22 (겸)	42 (겸)	46 (겸)	42 (겸)	13 (겸)	14 (겸)	11 (겸)	19 (겸)	209	209
계		**49 (겸43)**	**69 (겸60)**	**103 (겸74)**	**87 (겸64)**	**35 (겸28)**	**35 (겸30)**	**57 (겸30)**	**65 (겸49)**	**500**	**378**

(근거: 『경국대전』 권4, 병전 외관직) ※ 겸: 겸직

〈부표 2〉『대전통편』에 기록된 도별 서반 외관직 내역과 규모

품계	서반 외관직	경기	충청도	경상도	전라도	황해도	강원도	함경도	평안도	합계	
										전체	겸직
종2	병마절도사	1 (겸)	2 (겸1)	3 (겸1)	2 (겸1)	2 (겸1)	1 (겸)	3 (겸1)	2 (겸1)	16	8
	수군통제사	·	·	1	·	·	·	·	·	1	·
	수군통어사	1 (겸)	·	·	·	·	·	·	·	1	1
	병마방어사	3 (겸)	·	·	·	·	1 (겸)	1 (겸)	2 (겸)	7	7
	수군방어사	2 (겸)	·	·	1 (겸)	·	·	·	2 (겸)	5	5
정3 당상	수군절도사	1 (겸)	2 (겸1)	3 (겸2)	3 (겸1)	2 (겸1)	1 (겸)	3 (겸)	1 (겸)	16	11
	병마절제사	1 (겸)	·	1 (겸)	1 (겸)	·	·		1 (겸)	4	4
	수군절제사	·	·	·	1 (겸)	·	·	·	·	1	1
	통우후	·	·	1	·	·	·	·	·	1	·
	병마우후	·	·	·	·	·		2	1	3	·
	순영중군	1	1	1	1	1	1	1	1	8	·
	광주중군	1	·	·	·	·	·	·	·	1	·
	진영장	6 (겸)	5 (겸1)	6 (겸1)	5 (겸2)	5 (겸)	3 (겸2)	6 (겸)	9 (겸)	45	32
	위장	·	·	·	·	·	·	10 (겸)	·	10	10
종3	병마첨절제사	7 (겸5)	3 (겸)	6 (겸)	4 (겸)	1 (겸)	3 (겸)	24 (겸13)	24 (겸12)	72	47
	수군첨절제사	3	3	4	4	1	1 (겸)	·	5 (겸2)	21	3
	병마우후	·	1	2	1	·	·	·	·	4	·
정4	수군우후	·	1	2 (겸1)	2	·	·	·	·	5	1
종4	병마동첨절제사	18 (겸17)	13 (겸)	25 (겸)	17 (겸)	18 (겸13)	11 (겸)	7 (겸5)	25 (겸16)	134	117
	수군동첨절제사	2	·	3	6	5	·	·	·	16	·
	병마만호	4	·	·	·	3	·	18	15	40	·
	수군만호	1	1	15	15	1	1	1	·	35	·
정6	병마평사	·	·	·	·	·	·	1	·	1	·
종6	병마절제도위	13 (겸)	38 (겸)	39 (겸)	35 (겸)	8 (겸)	12 (겸)	4 (겸)	11 (겸)	160	160
	감목관	5 (겸3)	1 (겸)	3 (겸1)	5 (겸1)	3 (겸)	·	3 (겸2)	1 (겸)	21	12
종9	권관	·	·	2	·	·	·	15	14	31	·
	별장	7	·	10	6	5	·	2	4	34	·
계		**77 (겸53)**	**71 (겸58)**	**127 (겸77)**	**109 (겸64)**	**55 (겸32)**	**35 (겸32)**	**101 (겸45)**	**118 (겸58)**	**693**	**419**

(근거:『대전통전』 권4, 병전 외관직) ※ 겸: 겸직

〈부표 3〉『속대전』「병전」〈번차도목〉의 체아직 규모

대상 \ 품계		정3당하	종3	종4	종5	종6	종7	종8	종9	계
공신적장		·	2	2	7	7	6	·	20	44
선전관		1	1	1	1	1	1	6	9	21
무겸선전관		·	·	·	·	·	13	10	27	50
수문장		·	·	·	·	1	3	·	19	23
겸인의, 가인의		·	·	·	·	·	6	6	·	12
이문학관				1		1	1	1	·	4
사자관		1	1	1	1	1	·	·	·	5
제술관		1	·	·	·	·	·	2	·	3
훈련원 권지		·	·	·	·	·	40	2	4	46
장관	훈련도감	·	·	8	6	·	·	·	·	14
	금위영	·	·	6	5	·	·	·	·	11
	어영청	·	·	8	·	·	·	·	·	8
	총융청	·	·	3	·	·	·	·	·	3
	수어청	·	·	5	·	·	·	·	·	5
금군	내금위	1	·	4	12	35	66	59	123	300
	우림위	1	·	5	10	24	24	37	99	200
	겸사복	1	·	4	9	23	25	36	102	200
충의위		·	·	·	·	2	·	3	·	5
포도군관		·	·	5	12	18	12	·	·	47
군병	훈련도감	·	·	2	4	6	6	·	·	18
	금위영	·	·	·	·	1	1	·	·	2
습독관	사역원	·	·	·	4	·	2	7	17	30
	관상감	·	·	·	1	1	3	4	4	13
	훈련원	·	·	·	·	7	1	·	22	30
	전의감	·	·	·	·	1	1	·	·	2
의원	내국	·	·	4	5	1	2	·	·	12
	혜민서	·	·	·	·	2	·	·	1	3
	종친부	·	·	·	·	·	·	1	1	2
	의정부	·	·	·	·	·	·	1	·	1
	육조	·	·	·	·	·	·	1	·	1
	충훈부	·	·	·	·	·	·	1	·	1
	기로소	·	·	·	·	·	·	1	·	1
	중추부	·	·	·	·		·	1	·	1
화원		·	·	·	·	2	1	1	·	4
내궁방 사약		·	·	·	·	·	·	·	2	2
보자관		·	·	·	·	·	·	·	1	1
교서관 창준		·	·	·	·	·	·	·	4	4
계		**6**	**4**	**59**	**77**	**134**	**214**	**180**	**455**	**1,129**

〈부표 4〉『경국대전』에 기록된 서반 체아직 지급 대상과 규모

대상 \ 품계	정3	종3	종4	종5	종6	종7	종8	종9	합계
선전관	1	1	1	1	1	1	1	1	8
겸사복	1	2	5	6	9	6	9	14	52
내금위	1	4	7	18	28	49	39	44	190
공신적장	·	2	4	7	10	17	38	63	141
친군위	·	·	1	2	3	4	4	6	20
별시위	·	·	4	12	22	37	82	143	300
족친위	·	·		2	3	4	6	8	23
충의위	·	·	1	3	8	10	13	18	53
갑사	·	·	5	59	65	134	222	1,515	2,000
충찬위	·	·	·	·	3	4	6	7	20
습독관	·	·	·	·	1	4	9	14	28
의원	·	·	·	·			7	2	9
취라치,태평소	·	·	·	·	2	3	7	20	32
상의원·군기시 궁인, 시인	·	·	·	·	·	2	6	6	14
제원	·	·	·	·		10	20	32	62
제주자제	·	·	·	·	1	1	2	2	6
장용위	·	·	·	·	1	2	2	10	15
대졸	·	·	·	·	·	·	11	·	11
팽배	·	·	·	·	·	·	20	·	20
동몽훈도	·	·	·	·	·	·	·	1	1
합계	**3**	**9**	**28**	**110**	**157**	**288**	**504**	**1,906**	**3,005**

(근거: 『경국대전』 권4, 병전 번차도목)

〈부표 5〉『대전회통』에 기록된 오위 체아직 지급 대상과 규모

지급대상 \ 오위직		정3 당하	종3	정4	종4	정5	종5	정6	종6	정7	종7	정8	종8	정9	종9	계
원록체아		2	2	4		11	17	21	35	20	33	15	27	24	105	316
친공신		·	5	·	5	·	·	·	5	·	·	·	·	·	·	15
공신적장		·	2	·	2	·	7	·	7		6	·	·	·	20	44
승습군		·	·	·	1	·	3	·	2		1	·	·	·	·	7
가족 미인솔 수령·변장		·	·	·	·	·	3	·	·	·	·	·	4	·	21	28
사자관		1	1	·	1	·	1	·	1	·	·	·	·	·	·	5
제술관		1	·	·	·		·		·	·	·	·	·	·	·	1
이문학관		·	·	·	·	·	·	·	1	·	1	·	1	·	·	3
습독관	전의감	·	·	·	·	·	··	·	1	·		·		·	·	1
	관상감	·	·	·	·	·		·	1	·	3	·	2	·	4	10
의원	내의원	·	·	·	4	·	6	·	2	·	2	·	·	·		14
	종친부	·	·	·	·	·	·	·	·	·	1	·	1	·	1	3
	의정부	·	·	·	·	·	·	·	·	·	·	·	1	·	·	1
	중추부	·	·	·	·	·	·	·	·	·	·	·	1	·	·	1
	충훈부	·	·	·	·	·	·	·	·	·	·	·	1	·	·	1
	육조	·	·	·	·	·	·	·	·	·	·	·	1	·	·	1
역관		·	·	·	·	·	7	·	1	·	2	·	8	·	18	36
화원		·	·	·	·	·	·	·	2	·	1	·	1	·	·	4
통례원 겸·가인의		·	·	·	·	·	·	·	·	·	6	·	6	·	·	12
관상감 술자		·	·	·	·	·	1	·	·	·	·	·	·	·	·	1
명과학 교수		·	·	·	·	·	·	·	·	·	·	·	2	·	·	2
율학		·	·	·	·	·	·	·	1	·	·	·	·	·	·	1
금루관		·	·	·	·	·	·	·	1	·	1	·	1	·	·	3
혜민서	총민	·	·	·	·	·	·	·	1	·	·	·	·	·	·	1
	치종	·	·	·	·	·	·	·	1	·	·	·	·	·	1	2
영희전 감監/규장각 감		·	·	·	·	·	·	·	1/2		·	·	·	·	·	3
제술관		·	·	·	·	·	·	·	·	·	·	·	1	·	·	1
교서관	보자관	·	·	·	·	·	·	·	·	·	·	·	·	·	1	1
	창준	·	·	·	·	·	·	·	·	·	·	·	·	·	11	11
기로소 약방		·	·	·	·	·	·	·	·	·	·	·	1	·		1
궁방 사약		·	·	·	·	·	·	·	·	·	·	·	·	·	2	2
별장	금군	·	·	·	1	·	·	·	·	·	·	·	·	·	·	1
	호위청	·	·	·	3	·		·	·	·	·	·	·	·	·	3
장관	훈련도감	·	·	·	8	·	6	·	·	·	·	·	·	·	·	14
	금위영	·	·	·	6	·	5	·	·	·	·	·	·	·	·	11
	어영청	·	·	·	7	·	·	·	·	·	·	·	·	·	·	7
	총융청	·	·	·	3	·	·	·	·	·	·	·	·	·	·	3
금군장		·	·	·	6	·	·	·	·	·	·	·	·	·	·	6
오위장		·	·	·		·	·	·	·	·	3	·	·	·	·	3
통제중군		·			1	·	·	·	·	·	·	·	·	·	·	1
남우후		·	1	·	·	·	·	·	·	·	·	·	·	·	·	1
훈련원	첨정	·	·	·	·	·	·	·	·	·	2	·	·	·	·	2
	판관	·	·	·	·	·	·	·	·	·	4	·	·	·	·	4
	주부	·	·	·	·	·	·	·	·	·	6	·	·	·	·	6
	습독관	·	·	·	·	·	·	·	7	·	1	·	·	·	22	30
	권지봉사	·	·	·	·	·	·	·		·	26	·	·	·	·	26
	권지참군	·	·	·	·	·	·	·		·	2	·	2	·	4	8
포도군관		·	·	·	5	·	12	·	18	·	12	·	·	·	·	47
수문장		·	·	·	·	·		·	1	·	3	·	·	·	7	11
선전관		1	1	·	1	·				·	1	·	4	·	·	8
무겸		·	·	·	·	·				·	11	·	8	·	19	38
금군		3	·	·	13	·	30		83	·	115	·	132	·	224	600
충의위		·	·	·	·	·			2	·	·	·	3	·	·	5
군병	훈련도감	·	·	·	2	·	4		6	·	6	·	·	·	·	18
	금위영	·	·	·	·	·			1	·	1	·	·	·	·	2
계		**8**	**12**	**4**	**69**	**11**	**102**	**21**	**183**	**20**	**250**	**15**	**208**	**24**	**460**	**1,387**

(근거:『대전통편』권4, 병전 오위)

〈부표 6〉『육전조례』에 기록된 잡체아 지급 대상과 규모

오위직	지급 대상(인원)	계
대호군 (정3당하)	행수선전관(1), 제술관(1), 사자관(1), 금군(3)	6
상호군 (종3)	친공신(5), 공신적장(2), 남우후(1), 선전관(1), 사자관(1)	10
부호군 (종4)	친공신(5), 승습군(1), 공신적장(2), 금군별장(1), 금군장(6) 호위별장(3), 훈련도감 중군(1)·별장(2)·천총(2)·국별장(3)·군병(2) 금위영 중군(1)·별장(1)·천총(4), 어영청 중군(1)·별장(1)·천총(5) 총융청 중군(1)·천총(2), 통제영 중군(1), 선전관(1), 내의(4) 사자관(1), 포교捕校(5), 금군(13)	69
부사직 (종5)	승습군(3), 공신적장(7), 가족 미동반 수령(의주·동래·제주)(3) 훈련도감 파총(5)·군병(4), 금위영 파총(5), 내의(6), 사자관(1) 역관(6), 관상감 술자(1), 포교(12), 금군(31)	84
부사과 (종6)	친공신(5), 승습군(2), 공신적장(7), 훈련도감군(6), 금위군(1) 내의(2), 사자관(11), 이문학관(1), 역관(1), 훈련원 습독(7) 화원(6), 전의감 습독(1), 관상감 습독(1), 천문 별체아(1) 택일관(2), 금루관(1), 혜민서 총민(1)·치종(1), 수문장(1) 포교(18), 금군(82), 종친부 충의위(1), 겸낭청(1) 충훈부 충의위(1), 서천부원군 정곤수손鄭崑壽孫(1) 충신 홍림봉사손洪霖奉祀孫(1), 이제독 주사인李提督主祀人(1) 중조인中朝人 강세작손康世爵孫(1), 충신 강효원손姜孝元孫(1) 국복國卜(1), 율관 별체아(1), 영희전 감監(1), 규장각 감監(2) 별검別兼 춘추·검교·대교·전한(이상 무정수), 별설 도감 낭청(수시)	171 +α
부사정 (종7)	승습군(1), 공신적장(6), 선전관(1), 무겸(11), 훈련도감군(6) 금위군(1), 내의(2), 이문학관(1), 역관(2), 관상감 습독(3) 훈련원 첨정(2)·판관(4)·주부(6)·습독(1)·권지참군(2)·권지봉사(26) 금루관(1), 화원(1), 전의감 의원(1), 수문장(3) 통례원 겸·가인의(6), 포교(12), 금군(115) 회란공신回鑾功臣 박순손朴淳孫(1), 오위장(3)	218
부사맹 (종8)	선전관(4), 무겸(8), 가족 미동반 수령·변장(4), 이문학관(1) 역관(8), 권지참군(2), 화원(1), 기로소 약방(1) 통례원 겸·가인의(6), 종부시·의정부·중추부·충훈부·육조 의원(각 1) 제술관(1), 관상감 습독(2), 명과학 교수(2), 금루관(1) 금군(132), 향실香室 충의위(3), 훈련원 첨정(3)·판관(4)·주부(6)	194
부사용 (종9)	공신적장(20), 무겸(19), 가족 미동반 수령·변장(21), 역관(18) 관상감 습독(4), 훈련원 습독(22)·권지참군(4), 보좌관補字官(1) 혜민서 치종(1), 수문장(7), 궁방 사약(2), 금군(224) 종부시 서사書寫 충의위(1), 이총병손李摠兵孫(1), 검서관(4) 종부시 가낭청·실록 낭청·각 도감 감조관監造官(이상 수시)	349 +α
계		1,101 +α

(근거: 『육전조례』 권7, 병전 병조 정색 녹패)　※ α: 정원 없음

참고문헌

1. 자료

1) 연대기 자료

朝鮮王朝實錄, 『承政院日記』, 『日省錄』, 『備邊司謄錄』, 『高麗史』

2) 법전

『經國大典』, 『大典續錄』, 『大典後續錄』, 『續大典』, 『大典通編』
『大典會通』, 『受教輯錄』, 『新補受教輯錄』, 『典錄通考』, 『增補典錄通考』
『典律通補』, 『兩銓便攷』, 『銀臺便攷』, 『六典條例』
『經國大典註解』(아세아문화사, 1983)
『西銓政格受教筵奏輯錄』(한국학중앙연구원 장서각, K2-3328)
『銓注纂要』(아세아문화사, 1984)
『銀臺條例』(이강욱 옮김, 한국고전번역원, 2012)
『校註大典會通』(中樞院調査課編, 1938:보경문화사, 1990)
『(譯註)唐律疏議』(김택민 · 임대희 공주편, 한국법제연구원, 1994)
『역주 경국대전-번역편』, 『역주 경국대전-주석편』(한우근 · 이성무 · 민현구 · 이태진 · 권오영, 한국정신문화연구원, 1986)

3) 편년, 전고, 문집

『國朝寶鑑』, 『大事編年』, 『萬機要覽』, 『東國文獻備考』
『經世遺表』(丁若鏞), 『經濟野言』(禹禎圭), 『大東野乘』
『歸溪遺稿』(金佐明), 『同春堂集』(宋浚吉), 『明皐全集』(徐瀅修)
『無名子集』(尹愭), 『磻溪隧錄』(柳馨遠), 『白湖全書』(尹鑴)
『星湖僿說』(李瀷), 『燃藜室記述』(李肯翊), 『五洲衍文長箋散稿』(李圭景)

『迂書』(柳壽垣), 『林下筆記』(李裕元), 『遲川集』(崔鳴吉)
『芝峰類說』(李睟光) (경인문화사, 1970)
『武科總要』 (아세아문화사, 1974)
『국역 증보문헌비고』 (세종대왕기념사업회, 1985~1995)
『(역주)牧民心書』(丁若鏞) (다산연구회 역주; 임형택 교열, 창작과비평사, 2018)
『역주 여자초학』(金宗壽) (김한별 · 이현주 역주, 한국학중앙연구원출판부, 2023)

4) 일기, 등록, 고문서 등

『盧尙樞日記』(盧尙樞) (총 52책, 안강노씨화림종중, 국사편찬위원회 기탁)
『국역 노상추일기 1~12』 (정해은 · 원창애 외 번역, 국사편찬위원회, 2017~2020)
『북막일기北幕日記』(朴來謙) (조남권 · 박동욱 옮김, 글항아리, 2016)
『小宅日記 7』(朴周大) (한국학중앙연구원 민간기증 · 기탁자료)
『欽英』(俞晩柱) (서울대 규장각한국학연구원 영인본, 1997)
『正祖丙午所懷謄錄』 (총 3책, 서울대 규장각한국학연구원, 奎15050)
『慶尙左兵營啓錄』 (『각사등록 11』, '한국고전종합DB' 이용)
『忠淸兵營啓錄』 (『각사등록 7』, '한국고전종합DB' 이용)
『全羅兵營啓錄』 (『각사등록 18』, '한국고전종합DB' 이용)
『(譯註)嶺營日記 · 嶺營狀啓謄錄』 (황위주 외 6인 번역, 경북대 영남문화연구원, 2004)
『(脫草譯註)營總』 (황위주 · 이세동 · 정병호 · 정우락 · 김영주 번역, 경북대 영남문화연구원, 2007)
『古文書集成 2-부안 부안김씨편』 (한국정신문화연구원, 1983)
『고문서집성 8-廣州安氏 · 慶州金氏篇』 (한국정신문화연구원, 1990)
『고문서집성 37-求禮 文化柳氏篇(Ⅰ)』 (한국정신문화연구원, 1998)
『고문서집성 39-海南 金海金氏篇』 (한국정신문화연구원, 1998)
『고문서집성 49-安東 法興 固城李氏篇』 (한국정신문화연구원, 2000)
『고문서집성 57-晉州 雲門 晉州河氏篇』 (한국정신문화연구원, 2002)
『고문서집성 97-東萊鄭氏 東萊府院君 鄭蘭宗宗宅篇』 (한국학중앙연구원, 2010)
『고문서집성 98-南原 順興安氏 思齊堂後孫家篇』 (한국학중앙연구원, 2010)

5) 군영자료, 병서

『訓局謄錄』, 『禁衛營謄錄』, 『訓局摠要』, 『御營廳事例』,
『禁衛營事例』, 『摠戎廳事例』 (이상 '디지털장서각')
『紀效新書(上 · 下)』 (국방군사연구소, 1998)
『紀效新書(上 · 下)』 (유재성 번역, 국방부 군사편찬연구소, 2011)
『兵錄』(何汝賓) ('中國基本古籍庫')
『兵將說 · 陣法』 (류재호 · 성백효 · 임홍빈 번역, 국방부전사편찬위원회, 1983)
『새로 풀어 쓴 해동명장전』 (홍양호 저, 해천서당 편역, 박이정, 2014)
『(국역)制勝方略』 (김구진 · 이현숙 공역, 세종대왕기념사업회, 1991)
『風泉遺響』(宋奎斌) (성백효 번역, 국방부전사편찬위원회, 1990)
『發符總錄』 (서울대 규장각한국학연구원, 奎11648)

6) 관안

『官案』 (1첩, 한국학중앙연구원 장서각, PB9D-1)
『國朝搢紳案』 (고려대 해외한국학자료센터)
『宣傳官廳薦案』 (총 7책, 서울대 규장각한국학연구원, 奎9758)
『宣薦部薦釐正節目』 (서울대 규장각한국학연구원, 奎5251)
『統制營事蹟及右水營事蹟:統制使先生案』 (『忠烈祠院誌』 수록)
『都摠府先生錄』 (총 4책, 한국학중앙연구원 장서각, K2-518)

7) 궁궐지, 읍지 등

『宮闕志』 (한국학중앙연구원 장서각, K2-4360)
『궁궐지 1-경복궁 · 창덕궁』 (서울학연구소, 1994)
『궁궐지 2-창경궁 · 경희궁 · 도성지』 (서울학연구소, 1996)
『輿地圖書』(上 · 下) (국사편찬위원회 영인본, 1979)
『국역 여지도서』 (총 50권, 전주대학교 고전국역총서, 디자인흐름, 2009)
『北關邑誌』 (1872년, 서울대 규장각한국학연구원 奎12170)
『湖南營誌』 (1895년, 서울대 규장각한국학연구원 奎12189)
『한경지략: 19세기 서울의 풍경과 풍속』 (장지연 역해, 아카넷, 2020)

2. 저서

김경옥, 『조선후기 도서연구』, 혜안, 2004.
김석형, 『조선봉건시대 농민의 계급구성』(1957), 신서원, 1995.
김우진, 『숙종의 대청인식과 수도권 방어정책』, 민속원, 2022.
김우철, 『조선후기 지방군제사』, 경인문화사, 2000.
김웅호, 『조선초기 중앙군 운용 연구』, 경인문화사, 2023.
김종수, 『조선후기 중앙군제연구-훈련도감의 설립과 사회변동』, 혜안, 2003.
김종수, 『숙종시대의 군사체제와 훈련도감』, 한국학중앙연구원출판부, 2018.
남지대, 『조선초기 중앙정치제도연구』, 서울대 박사학위논문, 1993.
노영구, 『조선후기 병서와 戰法의 연구』, 서울대 박사학위논문, 2002.
노영구, 『연병지남, 북방의 기병을 막을 조선의 비책』, 아카넷, 2017.
민현구, 『조선초기의 군사제도와 정치』, 한국연구원, 1983.
박용운, 『고려시대 관계 · 관직연구』, 고려대출판부, 1997.
박홍갑, 『조선시대 문음제도 연구』, 탐구당, 1994.
서태원, 『조선후기 지방군제연구-영장제를 중심으로-』, 혜안, 1999.
송기중, 『조선 후기 수군 연구: 정책, 재정, 훈련에 관하여』, 역사비평사, 2019.
신유아, 『조선전기 체아직 연구』, 서울대 박사학위논문, 2013.
신윤호, 『임진왜란과 삼도수군』, 경인문화사, 2024.
오수창, 『조선후기 평안도 사회발전 연구』, 일조각, 2002.
오종록, 『조선초기 양계의 군사제도와 국방』, 국학자료원, 2014.
원창애, 『조선왕실의 계보와 구성원』, 세창출판사, 2018.
유동호, 『조선후기 지방 군제의 변화와 하삼도 병영 운영』, 충북대 박사학위논문, 2014.
유승원, 『조선초기신분제연구』, 을유문화사, 1987.
이기명, 『조선시대 관리임용과 상피제』, 백산자료원, 2007.
이성무, 『조선초기 양반연구』, 일조각, 1980(1990 重版).
이성무, 『조선양반사회연구』, 일조각, 1995.
이숙휘, 『조선 후기 군영악대-취고수 · 세악수 · 내취』, 태학사, 2007.
이재룡, 『조선초기사회구조연구』, 일조각, 1984(1993 重版).
이지훈, 『조선초기 考課制度 연구』, 고려대 박사학위논문, 2022.

이태진, 『조선후기의 정치와 군영제 변천』, 한국연구원, 1985.
장필기, 『조선후기 무반벌열가문 연구』, 집문당, 2004.
정해은, 『한국 병서의 이해(II)』, 국방부 군사편찬연구소, 2008.
정해은, 『조선의 무관과 양반사회: 무과급제자 16,643명의 분석 보고서』, 역사산책, 2020.
차문섭, 『조선시대군제연구』, 단대출판부, 1973.
차문섭, 『조선시대 군사관계연구』, 단대출판부, 1996.
최이돈, 『조선전기 특권신분』, 경인문화사, 2017.
최효식, 『조선후기 군제사 연구』, 신서원, 1995.
한충희, 『조선초기 관직과 정치』, 계명대학교출판부, 2008.
허태구, 『정조의 무치』, 휴머니스트, 2020.

김기삼·류승주·반윤홍, 『全羅兵營史硏究－康津兵營城과 하멜滯留址 攷究』, 강진군 · 조선대학교박물관, 1999.
노영구 외, 『조선후기 중앙 군영과 한양의 문화』, 한국학중앙연구원출판부, 2018.
원창애 외, 『인정사정, 조선 군대 생활사』, 한국학중앙연구원출판부, 2017.
원창애 외, 『조선 최정예 군대의 탄생』, 한국학중앙연구원출판부, 2017.
원창애 외, 『조선 국왕의 군대 사용법』, 한국학중앙연구원출판부, 2022.
윤진영 외, 『군영 밖으로 달아난 한양 수비군』, 한국학중앙연구원출판부, 2019.
안휘준, 전상운, 정재훈, 주남철, 『동궐도 읽기』, 문화재청 창덕궁관리소, 2005.
육군사관학교 한국군사사 연구실 저, 『한국군제사: 근세조선전기편』(집필: 민현구 · 이태진 · 정하명 · 허선도 · 최길성), 육군본부, 1968.
『노상추일기, 노철 · 노상추 부자, 100년의 기록』(구미성리학역사관 기획전시 도록), 2022.

3. 논문

감병훈, 「조선전기 경상우병영의 설치와 이설」, 『민족문화논총』 79, 영남대 민족문화연구소, 2021.
강석화, 「조선후기 평안도지역 압록강변의 방어체계」, 『한국문화』 34, 서울대 규장각한국학연구원, 2004.
강석화,「조선후기 함경도 육진지역의 방어체계」,『한국문화』36, 2005.
고민정,「조선후기 관찰사의 수령 겸직과 판관의 역할」,『학림』50, 연세사학연구회, 2022.
김경옥,「조선후기 古群山鎭의 설치와 운영」,『지방사와 지방문화』10권 1호, 역사문화학회, 2007.
김백철,「조선후기 정조대『대전통편』兵典 편찬의 성격」,『군사』76, 국방부 군사편찬연구소, 2010.
김순남,「조선전기 滿浦鎭과 만포첨사」,『사학연구』97, 한국사학회, 2010.
김송희,「조선초기의「제조」제에 관한 연구」,『동아시아문화연구』12, 한양대학교 동아시아문화연구소, 1987.
김순남,「조선전기 滿浦鎭과 滿浦僉事」,『사학연구』97, 2010.
김승무,「포도청에 대하여-조선경찰제도의 기원에 대한 고찰」,『향토서울』26, 서울시사편찬위원회, 1966.
김주호,「조선 성종대 만호의 위상과 운용」, 고려대 석사학위논문, 2019.
김완호,「19세기 경상우병영의 등록을 통해 본 지방관의 등록 작성과 관리」,『규장각』59, 서울대 규장각한국학연구원, 2021.
김종수,「조선 숙종대 경기지역 군사체제의 정비」,『군사연구』143, 육군군사연구소, 2017.
김중권,「조선시대 武經讀書에 관한 연구」,『서지학연구』17, 서지학회, 1999.
김준영,「조선후기 함경도 북평사의 역할과 기능」, 경북대 석사논문, 2021.
김현구,「조선후기 통제사에 관한 연구-그 직임을 중심으로」,『부대사학』9, 부산대학교, 1985.
김현동,「17세기 어영청 창설과 番上給料制의 성립」,『한국사연구』192, 한국사연구회, 2021.
김호동,「월송포진의 역사」,『사학연구』115, 2014.
김홍백,「'문文=무武'에 대한 세 가지 담론」,『이화어문논집』50, 이화어문학회, 2020.
나영훈,「17~18세기 司僕寺 관직 운영의 실제와 참상관의 官路-장서각 소장『사복시선생안』분석을 중심으로」,『장서각』38, 한국학중앙연구원 장서각, 2017.
남도영, 「조선초기의 겸사복에 대하여」, 『김재원박사회갑기념논총』, 1969.
노영구, 「宣祖代 紀效新書의 보급과 陣法 논의」, 『군사』 34, 1997.
노영구, 「조선 增刊本 《紀效新書》의 체제와 내용」, 『군사』 36, 1998.
노영구, 「조선시대 『무경칠서』의 간행과 활용의 양상」, 『조선시대사학보』 80, 2017.
노영구, 「조선후기 전술변화와 중앙 군영의 편제 추이」, 『군사연구』 144, 2017.
노인환, 「조선시대 濟州牧使의 문서 행정 연구」, 『장서각』 34, 2015.
류정민, 「조선시대 중앙 武學 교육기관 연구: 訓鍊院과 武廟 설치를 중심으로」, 건국대 석사학위논문, 2022.
문광균, 「조선후기 雙樹山城의 군사편제와 병력운영」, 『사학연구』 121, 2016.
문광균, 「조선후기 충청수영 우후의 조운선 점검과 원산별장진의 설치」, 『해양유산연구』 16, 국립해양유산연구소, 2022.
문광균, 「조선시대 軍器寺의 직제 변천과 西班職化 양상」, 『조선시대사학보』 103, 2022.
민장원, 「『노상추일기』를 통해 본 19세기 초 영장제의 운영과 기능」, 『조선시대사학보』 109, 2024.
민현구, 「국조인물고 해제」, 『국역 국조인물고』, 세종대왕기념사업회, 1999.
박 범, 「17~18세기 안흥진 운영의 제도화 과정과 한계」, 『해양문화재』 13, 국립해양문화재연구소, 2020.
박홍갑, 「조선전기 선전관」, 『사학연구』 41, 1990.
박홍갑, 「조선시대 免新禮 풍속과 그 성격」, 『역사민속학』 11, 한국역사민속학회, 2000.
박홍갑, 「조선시대 군사훈련기구 훈련원의 성립과정과 역할」, 『군사』 43, 2001.
박홍갑, 「조선초기 훈련원의 위상과 기능-습독관과 권지를 중심으로-」, 『사학연구』 67, 2002.
방범석, 「조선 후기 문반 군영대장 임용의 양상과 의미」, 『한국문화』 98, 2022.
방성원, 「19세기 중반의 정치 상황과 헌종의 국정 운영」, 건국대 석사학위논문, 2020.
방상현, 「조선후기 수군통제사 연구-수군통제영 설치 배경을 중심으로」, 『국사관논총』 17, 국사편찬위원회, 1990.
배성수, 「숙종초 강화도 돈대의 축조와 그 의의」, 『조선시대사학보』 27, 2003.
배우성, 「정조연간 무반군영대장과 군영정책」, 『한국사론』 24, 서울대 국사학과, 1991.
배재호, 「고려전기 武散階와 鄕職의 수여 배경과 운용」, 『한국사론』 66, 2020.
변동명, 「조선시대 돌산도 방답진의 설치와 그 구조」, 『한국사학보』 29, 고려사학회, 2007.
서태원, 「朝鮮後期 忠淸道 安興鎭의 設置와 變遷」, 『역사와 실학』 50, 역사실학회, 2013.
서태원, 「조선후기 충청도 所斤鎭의 구조와 기능」, 『사학연구』 124, 2016.
서한교, 「조선 선조, 광해군 대의 납속제도 운영과 그 성과」, 『역사교육논집』 20, 역사교육학회, 1995.
송기중, 「17세기 수군방어체제의 개편」, 『조선시대사학보』 53, 2010.
송기중, 「17~18세기 통제영의 방어제제와 병력운영」, 『한국문화』 73, 2016.
송기중, 「18세기 전반 충청 수군의 위상과 운영 실태-국립해양박물관 소장 가칭 「충청수사근무수첩」을 중심으로」, 『군사』 106, 2018.
송수환, 「왜란 직후의 울산 소모군」, 『역사와 경계』 96, 경남사학회, 2015.
송은일, 「조선시대 흥양현 사도수군진의 설치와 운영」, 『도서문화』 55, 목포대 도서문화연구원, 2020.
송양섭, 「17세기 강화도 방어체제의 확립과 진무영의 창설」, 『한국사학보』 13, 2002.
신명호, 「순조대 장용영 혁파와 東闕 숙위체제」, 『군사』 60, 2006.
신유아, 「조선전기 체아직 운영의 실제」, 『한국사연구』 171, 2015.
신유아, 「조선시대 遞兒給祿制 연구」, 『조선시대사학보』 100, 2022.
신태훈, 「조선후기 월송만호와 울릉도 수토제」, 『한일관계사연구』 72, 한일관계사학회, 2021.
신해순, 「17세기 전후 동반 소속 하급 경아전제도의 변화-書吏를 중심으로-」, 『한국사학보』 40, 2010.
오대영, 「고려 말 만호제와 공민왕의 군사개혁」, 『전북사학』 61, 전북사학회, 2021.

오수창, 「17, 18세기 평안도 유생·무사층 성장의 사회경제적 배경」, 『규장각』 18, 1995.
오종록, 「조선초기 병마절도사제의 성립과 운용(상)」, 『진단학보』 59, 진단학회, 1985.
오종록, 「조선초기 변진방위와 병마첨사 · 만호」, 『역사학보』 123, 역사학회, 1989.
오종록, 「고려후기 군사 지휘체계」, 『국사관논총』 24, 1991.
유동호, 「18~19세기 충청병영의 편제와 재정」, 『군사』 84, 2012.
유지영, 「조선 후기 오위 군함체아직의 구성과 告身에 기재된 '仍資'의 의미」, 『백산학보』 129, 백산학회, 2024.
유현재, 「조선후기 금위영의 재정운영과 그 성격」, 『역사와 현실』 102, 한국역사연구회, 2016.
윤진영, 「조선후기 면신례의 관행과 선전관계회도」, 『서울학연구』 54, 서울시립대 서울학연구소, 2014.
윤훈표, 「朝鮮初期 武經講習制」, 『역사와 실학』 32, 2007.
윤훈표, 「조선 후기 동궐의 宿衛 체계의 변화」, 『서울학연구』 30, 2008.
윤훈표, 「조선초기 경관 무관직 개편-지휘 통솔 편제의 변화와 관련하여」, 『학림』 36, 연세대 사학연구회, 2015.
이강길, 「조선후기의 忠淸兵營」, 『실학사상연구』 27, 역사실학회, 2004.
이강원, 「18세기 총융청의 도성 외곽 방어체제 정비와 북한산성의 위상 변화」, 『서울과 역사』 114, 서울역사편찬원, 2023.
이강원, 「18세기 후반 노상추의 함경도 진동만호 활동과 성과」, 『한국사연구』 202, 2023.
이강한, 「고려후기 만호부(萬戶府)의 '지역단위적' 성격 검토」, 『역사와 현실』 100, 2016.
이동희, 「조선초기 官人層 연구-고려와 조선 지배세력간의 관계 규명의 일환으로」, 『국사관논총』 72, 1996.
이선희, 「조선후기 황해도 水營의 운영」, 『한국문화』 38, 2006.
이선희, 「조선후기 8도 감영의 입지 특징과 관원 구성에 대한 비교 고찰」, 『조선시대사학보』 105, 2023.
이원균, 「조선시대의 水使와 僉使의 교체실태-경상좌수사와 다대포 첨사의 경우」, 『논문집』 33(인문 · 과학편), 부산수산대학교, 1984.
이원균, 「조선후기 지방무관직의 교체실태-《慶尙左水營先生案》과 《多大浦先生案》의 분석-」, 『부대사학』 9, 부산대학교, 1985.
이원균, 「〈해제〉 勿欺齋 姜膺煥과 《來營政蹟》」, 『국역 來營政蹟』(부산광역시사편찬위원회), 부산광역시, 1997.
이재룡, 「조선전기 遞兒職에 대한 고찰-서반체아를 중심으로」, 『역사학보』 35 · 36합, 1967.
이재훈, 「오위도총부의 성립과 그 기능」, 고려대 석사학위논문, 2000.
이재훈, 「태종 · 세종대의 三軍 都摠制府」, 『사학연구』 69, 2003.
이정일, 「임명 전령의 발급범위와 형식에 대한 연구」, 『고문서연구』 30, 한국고문서학회, 2007.
이정훈, 「고려전기 문산계 운영에 대한 재검토」, 『동방학지』 150, 연세대 국학연구원, 2010.
이준구, 「조선후기 양반신분이동에 관한 연구」(상), 『역사학보』 96, 1982.
이지훈, 「조선초기 都目의 의미와 활용」, 『조선시대사학보』 101, 2022.
이철희, 「조선시대 權管의 제도화와 인사운용」, 『군사』 132, 2024.
이현수, 「18세기 북한산성의 축조와 경리청」, 『청계사학』 8, 청계사학회, 1991.
임선빈, 「조선시대 '海美邑城'의 축성과 기능변천-충청병영성에서 호서좌영으로-」, 『역사와 담론』 58, 호서사학회, 2011.
임형수, 「고려전기 女眞에 대한 武散階 授與의 양상과 특징」, 『한국중세사연구』 51, 한국중세사학회, 2017.
임형수, 「고려후기 內乘의 설치와 운영」, 『한국사학보』 70, 2018.
장병인, 「조선초기의 병마절도사」, 『한국학보』 34, 일지사, 1984.
장필기, 「조선 후기 별군직의 조직과 그 활동」, 『사학연구』 40, 1989.
장필기, 「조선후기 선전관출신 가문의 武班閥族化 過程」, 『군사』 42, 2001.
정다함, 「조선초기 습독관 제도의 운영과 그 실태」, 『진단학보』 96, 2003.
정만조, 「Ⅱ-1. 양역의 편성과 폐단」, 『한국사』 32, 국사편찬위원회, 1997.
정만조, 「연려실기술의 편찬시기와 편찬자 문제 검토」, 『한국학논총』 16, 국민대 한국학연구소, 1993.
정일태, 「15세기 전반 내금위(內禁衛)의 처지 변화와 계유정난(癸酉靖難)의 발발」, 『한국문화』 98, 2022.
정해은, 「조선 후기 무신의 중앙 관료생활 연구 -《盧尙樞日記》를 중심으로-」, 『한국사연구』 143, 2008.
정해은, 「조선후기 宣薦의 운영과 선천인의 서반직 진출 양상」, 『역사와 현실』 39, 2001.
정해은, 「숙종 초기 평안도의 변장 증설과 방어 체제의 변화」, 『사학연구』 120, 2015.
정해은, 「조선후기 무관 노상추의 중앙 관직 생활과 그 의미-오위장과 금군장을 중심으로-」, 『민족문화논총』 73, 2019.
정해은, 「조선 정조 대 훈련원의 정비 방향과 금군 강화-1797년의 〈훈련원절목〉을 중심으로」, 『역사학연구』 88, 호남사학회, 2022.
차문섭, 「선초의 내금위에 대하여」, 『사학연구』 18, 1964.
차문섭, 「선초의 충의 · 충찬 · 충순위에 대하여」, 『사학연구』 19, 1967.
차문섭, 「조선후기 병마방어영 설치고」, 『국사관논총』 17, 1990.
차인배, 「조선후기 포도청의 기능 변천」, 『경주사학』 22, 경주사학회, 2003.
차인배, 「조선 중기 포도대장 인사 특성과 정치적 의미」, 『대구사학』 112, 대구사학회, 2013.
차인배, 「조선후기 포도청의 사법적 위상과 활동 변화」, 『역사민속학』 58, 한국역사민속학회, 2020.
최복규, 「조선에 도입된 『기효신서』의 판본」, 『한국체육학회지』 제50권 제5호, 한국체육학회, 2011.
최승희, 「조선후기 양반의 사환과 가세변동」, 『한국사론』 19, 1988.
최승희, 「조선시대 代加 관련 古文書와 文科榜目 급제자의 文 · 武散階 記載」, 『조선시대사학보』 63, 2012.
최종석, 「고려초기의 官階 수여 양상과 文散階 도입의 배경」, 『역사와 현실』 67, 2008.
최주희, 「『충청병영계록』을 통해 본 19세기 전반 충청병사의 지방행정」, 『충청학과 충청문화』 29, 충청남도역사문화연구원, 2020.
최주희, 「18세기 북한산성 관리체계의 변화와 총융청의 재정운영」, 『한국학논총』 61, 2024.

최효식, 「조선시대 우림위의 성립과 그 편제」, 『동국사학』 15 · 16합집, 동국대 동국역사문화연구소, 1981.
최효식, 「어영청 · 금위영의 비교연구-주로 유래 · 조직편제를 중심으로」, 『경주사학』 1, 경주대학교, 1982.
하명준, 「정조대 영남 무관 노상추의 지역 정체성과 북방 관직활동」, 『영남학』 66, 경북대 영남문화연구원, 2018.
한성일, 「조선 전기 수군의 지역별 동원 실태와 운영」, 『역사와 경계』 111, 2019.
허대영, 「임진왜란 전후 조선의 전술 변화와 군사훈련의 전문화」, 『한국사론』 58, 2012.

4. 웹사이트

디지털장서각 http://jsg.aks.ac.kr, 한국학중앙연구원(이하 '한중연')
디지털장서각 한국고문서자료관 https://archive.aks.ac.kr, 한중연
한국학자료포털 http://kostma.aks.ac.kr, 한중연
한국고전종합DB http://db.itkc.or.kr, 한국고전번역원
승정원일기 http://sjw.history.go.kr, 국사편찬위원회(이하 '국편위')
조선왕조실록 http://sillok.history.go.kr, 국편위
조선시대법령자료 http://db.history.go.kr/law, 국편위
한국사데이터베이스 http://db.history.go.kr, 국편위
비변사등록 https://db.history.go.kr/joseon/level.do?itemId=bb, 국편위
규장각한국학연구원 http://kyu.snu.ac.kr, 서울대학교
국립중앙도서관 https://www.nl.go.kr
한국민족문화대백과사전 https://encykorea.aks.ac.kr, 한중연
위키실록사전 https://dh.aks.ac.kr/sillokwiki/index.php, 한중연
百度百科 https://baike.baidu.com(중국)
中國基本古籍庫(중국)

찾아보기

ㄱ

가전별초駕前別抄 281
거진巨鎭 85
겸내금위兼內禁衛 115, 116, 117
겸목제兼牧制 69
겸사금군兼仕禁軍 167, 184
겸사복장兼司僕將 107, 207, 219, 323, 325, 326, 328, 333, 334
경리청經理廳 73, 268, 274, 287, 289, 365
『고려사高麗史』 51
고찰考察 312, 313, 314, 319, 320, 321
『국조인물고國朝人物考』 37
공궐위장空闕衛將 75, 254
공명첩空名帖 66, 370
관리영管理營 73, 81, 268, 277, 280, 287, 288, 290, 292, 303, 353, 366
관무재觀武才 351
관성장管城將 281, 282, 289
교련관敎鍊官 281, 285, 290, 339, 343, 352, 353, 355, 356, 358, 360, 361, 362, 364, 366, 367, 456
구근久勤 167, 183, 186, 191, 362, 371, 434
구근권관 424, 472, 473
구근당상첨사 424, 426, 427, 428
구근만호 424, 453, 454, 456
구근별장 424
구근첨사 423, 424, 426, 428, 433, 434, 435
국별장局別將 281, 282, 373
국출신局出身 281, 286290, 372, 373, 374, 375, 376
군문 중군 297
군영아문軍營衙門 38, 72, 75, 78, 267, 285, 290, 317, 355, 364
군직軍職 38, 39, 40, 42, 60, 181, 239, 241, 242, 256
군직청軍職廳 39, 40
군함軍銜 38, 40, 42, 241, 242
권대운權大運 363
권무과勸武科 227, 314
권무군관勸武軍官 281, 286, 290
권지權知 112, 116, 123, 125, 126, 127
권지청 126
금군별장 258, 285, 298, 299, 301, 303, 328, 334
금군청禁軍廳 268, 326
금위대장 272, 329, 360
금위영禁衛營 33, 44, 73, 119, 158, 178, 180, 192, 209, 247, 260, 267, 272, 279, 284, 287, 288, 290, 291, 298, 303, 308, 311, 312, 313, 318, 320, 321, 322, 329, 330, 353, 357, 360, 362, 365, 371
기사장騎士將 338, 367, 370
기패관旗牌官 79, 281, 285, 289, 290, 320, 339, 342, 343, 347, 349, 352, 364, 366, 367, 368, 370, 371, 372, 456
『기효신서紀效新書』 270, 297, 303, 304, 305, 306, 307, 308, 316,340, 341, 342, 353, 364, 392
김류金瑬 275

김석주金錫胄 278
김수항金壽恒 165
김수흥金壽興 388
김재찬金載瓚 431

ㄴ

남구만南九萬 269, 270
남한산성 273, 274, 353, 362, 365, 376
남항천南行薦 154, 175, 177, 188
내금위장內禁衛將 78, 107, 207, 219, 228, 323, 325, 326, 328, 331, 336
내사복시內司僕寺 74, 378, 379, 380, 381, 382, 383, 384
내삼청內三廳 142, 147, 148, 149, 180, 191, 192, 327, 328
내승內乘 378, 379, 384, 385, 386, 387, 388
노계정盧啓禎 109
노상추盧尙樞 65, 103, 108, 109, 139, 140, 141, 156, 161, 230, 231, 232, 233, 226, 294, 311, 312, 313, 314, 332, 333, 334, 335, 337, 338, 367, 370, 396, 460, 476, 487
노인직老人職 63, 105, 108
녹사錄事 99, 107, 199, 200, 201, 219
능마아강能麽兒講 300, 343, 356, 368, 393
능마아청能麽兒廳 74, 119, 120, 125, 254, 300, 389, 390, 391, 392, 394, 395

ㄷ

대가代加 57
대보단大報壇 333
대흥산성大興山城 277
『당률소의唐律疏議』 50, 67
『도총부선생록都摠府先生錄』 142, 203, 213
도체찰사부都體察使府 374
돈대墩臺 279
동반관계東班官階 47, 49, 50, 51, 52, 54, 56, 61
동반체아東班遞兒 240
『등단록登壇錄』 86, 142

ㄹ

류수원柳壽垣 32, 56
류순정柳順汀 381
류혁연柳赫然 208, 278, 344, 350, 393
류형원柳馨遠 235

ㅁ

마안馬案 382
말부천末副薦 149, 174, 188
말천末薦 149, 174, 192
면신례免新禮 145, 146
목행선睦行善 151, 173, 187
무겸 선전관武兼宣傳官 110, 115, 132, 133, 134, 135, 137, 139, 145, 146, 190, 248, 252, 258, 428, 459, 460, 473, 475, 487
무경칠서武經七書 123
무과 34, 36, 37, 40, 41, 46, 62, 155, 156, 168, 172, 174, 187, 191, 230, 255, 262, 336, 351, 354, 360, 362, 366, 372, 373, 376, 430
무변武弁 35, 36, 42

무부武夫 35, 37, 38, 42
무산계武散階 52, 35, 57
무선달武先達 42
무용청武勇廳 372
『무예제보武藝諸譜』 341
무종사관武從事官 314
무학武學 46
문겸 선전관文兼宣傳官 133, 134, 146, 252
문산계文散階 51
문신 겸 선전관文臣兼宣傳官 81
문치주의 43, 57, 499
민유중閔維重 375
민진후閔鎭厚 159

ㅂ

박래겸朴來謙 501, 502, 503, 504
박문수朴文秀 33, 159, 177
발병부發兵符 441, 443, 458, 484
방어사防禦使 82
방어영防禦營 83
번상 급료병番上給料兵 260, 271, 272
변장邊將 91, 122, 167, 247, 257, 258, 261, 371, 401, 402, 403, 404, 406, 407, 408, 409, 411, 433, 436, 437, 438, 441, 460
변지수령邊地守令 402, 310, 430, 441
변지첨사邊地僉使 310, 422, 423, 424, 426, 427, 428, 429, 430, 431, 432, 439, 440, 441, 443, 145
별군직청別軍職廳 74
별무사別武士 285, 286, 290, 302, 321, 343, 352, 358, 368, 376, 489
별후부천총別後部千摠 287, 288, 290
병마도절제사兵馬都節制使 478, 479, 496
병마방어사 83
병마절도사 45, 368, 478, 479
병자호란 93, 131, 153, 182, 326, 372, 375, 391
병진년 만과丙辰年萬科 104, 114, 117, 135, 136, 166, 200, 375, 483
『병학지남兵學指南』 74, 342, 355, 395, 396
부수천部守薦 188
부수천기사部守薦騎士 178
부장部將 115, 148, 180, 186, 187, 189, 190, 199, 207, 209
부장천部將薦 147, 149, 150, 172
부장패部將牌 171
부천副薦 149, 172, 174
부천部薦 122, 147, 149, 165, 155, 172, 175, 176, 177, 188, 189
북한산성 273, 274, 280, 317, 365, 366
분군부장分軍部將 170

ㅅ

산관散官 48, 50, 67
산성무과山城武科 372, 373, 376
산직散職 67, 74
삼군문三軍門 44, 268, 284, 300, 301
삼포왜란 83
상피相避 61, 102, 173, 176, 207, 325
서거정徐居正 100, 203, 212
서경署經 123, 129, 180, 199
서명선徐命善 295, 384
서명응徐命膺 434
서반 체아직 79, 241, 243, 245, 261
서반관계西班官階 47, 50, 51, 52, 54, 55, 56, 57 61, 64
서유대徐有大 427

서필원徐必遠 498
선달先達 36, 40, 41, 42
선전관宣傳官 42, 115, 128, 129, 130, 137, 138, 139, 141, 143, 144, 145, 146, 148, 158, 180, 186, 187, 189, 190, 199, 209, 247, 248, 252, 258, 261, 388, 430, 433, 438, 459
선전관청宣傳官廳 73, 78
『선전관청천안宣傳官廳薦案』 142, 156
선천宣薦 122, 147, 150, 151, 152, 154, 155, 157, 158 173, 176, 180, 189, 438, 443, 459, 460, 463, 474
선천내금위宣薦內禁衛 154, 160, 161, 162, 178, 179, 210 336, 460
속오군束伍軍 83, 138, 273, 274, 315, 365
송준길宋浚吉 38
송진명宋眞明 501
수군도안무처치사 479
수군절도사 45, 82, 214, 368, 479
수궁 당상守宮堂上 210
수문장청守門將廳 73, 78, 187
수어청守禦廳 73, 119, 247, 268, 269, 273, 274, 279, 287, 292, 303, 308, 309, 353, 362, 365
수천守薦 122, 147, 149, 155, 177, 187, 189
숙위소宿衛所 276
순영중군 85, 87
순장巡將 106, 107, 205, 206, 232, 254, 314
승전기承傳岐 139
신경진申景禛 275, 373
신여철申汝哲 350
신용개申用漑 381
『신증동국여지승람新增東國輿地勝覽』 86, 466
실도정實都正 113, 393

ㅇ

아장亞將 214, 297, 484
안정복安鼎福 59
어영대장 314
어영청御營廳 33, 44, 73, 119,158, 178, 180, 192, 247, 260, 267, 271, 272, 279, 284, 287, 288, 290, 291, 298, 303, 308, 309, 311, 312, 318, 320, 321, 322, 338, 353, 357, 359, 360, 361, 362, 363, 365, 366, 370, 371
어유소魚有沼 32
『역대병요歷代兵要』 123
『연병실기練兵實紀』 304, 306, 307, 353
영장營將 122, 144, 297, 430, 439, 441
오군영五軍營 119, 268, 288
오위五衛 71
오위도총부五衛都摠府 71, 79
오위장五衛將 63, 78, 102, 107, 171, 204, 207, 209, 210, 218, 219, 220, 224, 227, 228, 229, 230, 233, 234, 254, 257, 332, 338
오위장청五衛將廳 223, 224
『(오위)진법(五衛)陣法』 163
오위진법五衛陣法 390
오위체아직五衛遞兒職 36, 245, 247, 248, 250, 259, 260, 262
외등단外登壇 86, 269, 484
외방겸파총外方兼把摠 81, 281, 282, 318, 322
용호영龍虎營 75, 209, 290, 292, 330, 353
우림위장羽林衛將 323, 326, 328, 331, 332, 335, 337, 338
원록체아原祿遞兒 137, 244, 247, 248, 249, 250, 251, 252, 253, 254

ㅈ

ㅊ

ㅌ

ㅍ

ㅎ